循阶渐进　登高望远

常见刑事案件辩护要点（第三版）

GENERAL DEFENSES TO COMMON CRIMINAL OFFENSES
THIRD EDITION

娄秋琴 / 著

北京大学出版社
PEKING UNIVERSITY PRESS

图书在版编目(CIP)数据

常见刑事案件辩护要点/娄秋琴著. —3 版. —北京:北京大学出版社,2018.1
(律师阶梯)
ISBN 978-7-301-29013-2

Ⅰ. ①常… Ⅱ. ①娄… Ⅲ. ①刑事诉讼—辩护—案例—中国 Ⅳ. ①D925.210.5

中国版本图书馆 CIP 数据核字(2017)第 303342 号

书　　　名	常见刑事案件辩护要点(第三版) Changjian Xingshi Anjian Bianhu Yaodian(Di-san Ban)
著作责任者	娄秋琴　著
策划编辑	陆建华
责任编辑	陆建华　方尔埼
标准书号	ISBN 978-7-301-29013-2
出版发行	北京大学出版社
地　　　址	北京市海淀区成府路 205 号　100871
网　　　址	http://www.pup.cn　http://www.yandayuanzhao.com
电子信箱	yandayuanzhao@163.com
新浪微博	@北京大学出版社　@北大出版社燕大元照法律图书
电　　　话	邮购部 62752015　发行部 62750672　编辑部 62117788
印 刷 者	北京宏伟双华印刷有限公司
经 销 者	新华书店
	730 毫米×1020 毫米　16 开本　31.75 印张　573 千字 2014 年 3 月第 1 版　2016 年 6 月第 2 版 2018 年 1 月第 3 版　2021 年 3 月第 5 次印刷
定　　　价	79.00 元

未经许可,不得以任何方式复制或抄袭本书之部分或全部内容。
版权所有,侵权必究
举报电话:010-62752024　电子信箱:fd@pup.pku.edu.cn
图书如有印装质量问题,请与出版部联系,电话:010-62756370

第三版修订说明

人的前行动力源自一个个细节。

2014年的某天下午,我到山东一个看守所会见我的当事人。他是我执业生涯里遇到的非常有担当的男人,很儒雅,这次见面还没有开始谈案子,他就迫不及待地告诉我:"娄律师,我们监室不少人在读你的那本书,没有请律师的还对照书中的案例为自己辩护呢……"我一顿,心生温暖。自己的这些文字居然还能帮上一些未能请得起律师的当事人,这完全出乎我的意料。

2016年,我代理的一个涉案金额过千万元的当事人终于被依法取保候审。从看守所出来后他告诉我,在那段失去自由的日子里,他多么渴望通过法律条款,了解和掌握自己的命运,以至于不让自己"死"得不明不白,但读《刑法》和《刑事诉讼法》那些条文让他感觉很吃力,后来发现"辩点"这本书条理清晰,通俗易懂,即使他们这些从未学过法律的人,也能看得明明白白,清清楚楚。他说,虽然我写这本书的初衷也许是为了给同行一些借鉴和参考,但它对法律界以外的人士也具有不可估量的意义,他作为一个曾经失去过自由的人,有着最切身的体会。这些发自肺腑的话,让我感动不已。

《常见刑事案件辩护要点》第一版于2014年春天面世,当时它就像应景的嫩芽,在泥土里绽放,在大家的呵护下,渐渐茁壮成长,在业内传开。2016年6月,我根据《刑法修正案(九)》和新颁布的一系列关于贪污贿赂、毒品、走私、抢劫、抢夺、盗窃、敲诈勒索等的司法解释,对第一版进行了大幅度的修改和调整,增加了近50个案例的实操见解,于是第二版孕育而生。深圳、广州、郑州、昆明、楚雄、佛山、中山各地还自发举办了书友会,书友们聚集一堂,共话辩点的运用。

当初应约写稿,为梳理执业经验、归纳常见刑案辩点,把多年从业经验形成文字与大家分享,希冀对同行有所启发,倘若能吸引更多的精英加入这个行业,自然是让人欣喜的事。但当这本书得到越来越多的非法律人士的认可后,让这本书更加通俗、易懂、可读,惠及更多的人,便成了修订最大的动力。

第二版面世后,为了让读者尽可能获得准确的信息,本着严谨的精神,趁着加印的机会对书中的一些纰漏做了小幅度的修改。目前第二版上市距今已有一年半的时间,在此期间,国家司法机关出台了一些司法解释;新增的执业阅历使得我对书中原有的辩护观点和策略有了不同的看法;书中原有的体系结构和语言表达也存在可推敲和雕琢的空间。因此，全面的修订应势而生。

第三版修订的几个主要板块简述如下：

第一，根据最高人民法院于2017年4月1日开始实施的修订后的《关于常见犯罪的量刑指导意见》和2017年5月1日开始实施的《关于常见犯罪的量刑指导意见（二）（试行）》的规定，增加和调整了部分犯罪的量刑指导。涉及第一、二、三、四、十章的内容。

第二，根据"两高一部"关于办理电信网络诈骗案件的司法解释，大幅增加了电信网络诈骗案件的辩护要点，包括电信网络诈骗数额的认定、从重处罚的情节、共同犯罪案件的处理等内容。修改主要集中在第三章。

第三，针对在实践中对国家出资企业以及国家出资企业人员在性质认定上存在的偏差，增加了对这两类主体性质的认定；另外还针对挪用公款罪，增加了法定的从宽处罚的情节以及挪用金额的计算方法。修改主要体现在第四章和第五章。

第四，针对对贪污贿赂、渎职、虚开增值税专用发票、走私等司法解释的遗漏和理解偏差，增补并更正了原有的内容。修改主要体现在第六、七、八、九章。

第五，对于毒品类犯罪，总共增加了三个大的辩点：共同犯罪、量刑指导和程序辩护。程序辩护是一种新的尝试，是在最高人民法院、最高人民检察院、公安部于2016年5月24日颁布《办理毒品犯罪案件毒品提取、扣押、称量、取样和送检程序若干问题的规定》的基础上总结提炼而成。应该说，第十章修改的篇幅较大。

第六，由于"两高"在2017年7月25日颁布了《关于办理组织、强迫、引诱、容留、介绍卖淫刑事案件适用法律若干问题的解释》以及"两高一部"颁布了《关于办理利用赌博机开设赌场案件适用法律若干问题的意见》，所以对第十一章中淫乱类犯罪和毒品类犯罪的修订幅度也比较大。

除了以上每一章的内容都做了调整之外，我还对全书的语言进行了调整，力争文字更加清晰明了；对标点符号进行了修改，力争书面表达更加准确无误。写到这里，已是黎明，曙光将现。中国司法文明的前行也像此时光景，只要同行们、读者们一起努力，曙光终会出现，阳光灿烂的日子终会来临。

囿于识见、学养、阅历等，本书一定仍存很多不足之处，要真正成为刑事辩护的"字典"，还需在实践中不断打磨、在前行路上不断积淀，精致、通俗、可读是本书努力的方向。三人行，必有我师。我衷心渴望得到名家、师长、同行、读者的指点与帮助，这样我的这些文字才能变得更加精致、才能惠及更多的人。"娄秋琴工作室"微信公众号随时欢迎大家莅临并提出宝贵的意见和建议。

娄秋琴

二零一七年十二月二十日

第二版修订说明

《常见刑事案件辩护要点》第一版于2014年3月面世,之后经历小幅度修改及三次印刷。在这两年多的时间里,感谢读者朋友们的陪伴与支持,感谢律师朋友们的鼓励和鞭策。

回想当年答应约稿的初衷,是为了将自己多年执业经验进行总结,将常见刑事案件辩点予以归纳,希冀对律师的辩护起到些许帮助作用,也能吸引更多的律师投入到刑事辩护中来。然而,有一次去看守所会见的一个案件的当事人却告诉我他同监室的人都在看我的这本书,说里面的很多观点与他们自己的案件很相似,他们还用书中的很多观点进行自行辩护。这样的信息完全超乎了我的预料,我从未想过这样的一本书竟然还可以帮助到犯罪嫌疑人和被告人进行自我辩护。但是,这样的信息却更加坚定了我要把这本书继续修订完善的想法,因为这可能远比我自己单纯代理案件维护个案当事人合法权益的意义要大得多。

《中华人民共和国刑法修正案(九)》的出台和一系列司法解释的颁布和废止使得对本书进行大幅度的修订、改编势在必行。此外,新增两年的执业生涯也使得笔者对书中原有的辩护观点和策略有了不同的看法,对书中原有的体系结构和语言表达也发现了可以调整和雕琢的空间。在这样的背景之下,第二版孕育而生,修订和完善的内容主要体现在以下几个方面:

第一,根据《刑法修正案(九)》的内容,对暴力类、侵占类、贿赂类、走私类、毒品类、黄赌类案件这六章中的辩点进行了大幅度的修改和调整,有的罪名还作了调整,如删除了嫖宿幼女罪,增加了对有影响力的人行贿罪,调整了强制猥亵、侮辱罪和非法生产、买卖、运输制毒物品、走私制毒物品罪。

第二,根据新颁布的一系列关于抢劫、抢夺、盗窃、敲诈勒索、走私、毒品等司法解释,对相关案件的辩点进行了大幅度的修改和调整,特别是2014年《关于办理走私刑事案件适用法律若干问题的解释》颁布实施后,2000年《关于审理走私刑事案件具体应用法律若干问题的解释》以及2006年《关于审理走私刑事案件具体应用法律若干问题的解释(二)》同时废止,2016年《关于审理毒品犯罪案件适用法律若干问题的解释》颁布实施后，2000年《关于审理毒品案件定罪量刑标准有关问题的解释》同时废止，因存在很多不一致的地方，所以修订幅度非常大。

第三，根据案件常见程度以及章节之间的衔接性，笔者对本书的章节排序进行了调整，按照暴力、财产、诈骗、侵占、挪用、贿赂、渎职、税务、走私、毒品、黄赌类犯罪的顺序进行阐述，使得读者能够更加快速地找到相关案件的辩点进行适用。

第四，为了使得整本书在体系上的完善和呼应，笔者对各章中辩点的排序也作了调整。此外，根据恩师曲新久教授的建议，删除了一些案件关于"此罪彼罪"辩点的阐述，将其内容融入其他辩点的论述中，对实务更具有可操作性。

第五，为了强化本书的实务性、可操作性和直观性，笔者在此次修订中根据辩点阐述的需要，新增了近50个案例的实操见解，其中包括人民法院刑事指导案例、经改编的案例以及笔者自己办理的案例，使得本书的案例已多达近150个，增强了对各类案件辩护要点在实务中运用的指导。

刑事辩护是一项需要动用全身智慧的工作，笔者希望本书通过对各类常见案件辩点的阐述，辅以形形色色案例的分析，能让辩护律师和当事人能够更精确更精准地行使好辩护权，使得每一个当事人的合法权益在个案中得以维护，进而合力推动法治的进程。面对感谢与肯定，我会倍受鼓舞；面对错误与质疑，我会积极改正；面对问题与困惑，我会努力解答。但由于学识有限，书中难免还有疏漏欠妥之处，敬希读者一如既往地指正赐教。为了方便读者反馈建议或意见，了解更多刑事辩护的知识，欢迎关注"娄秋琴工作室"微信公众号。

娄秋琴
二〇一六年五月一日

序 一

钱列阳*

娄秋琴律师最近又推力作《常见刑事案件辩护要点》，这已是她的第七本著作，作为一个执业八年的年轻律师，在办理了大量疑难复杂案件的同时，还能有此等力作已算是律师中的"高产作家"。律师业务是一个将理论和实践相结合的工作，而律师著书则是一个从理论中来又回到理论中去的拔高的过程，这种在实务中归纳、总结、提炼形成的沉淀是一个年轻律师业务积累的宝贵财富。我认为，娄秋琴律师八年的律师生涯，就像竹子一样，几年就是一节，几年就是一个新的台阶。她的著作反映出她对业务的执著带来了专业上的收获和成果；更重要的是，她探索了一条青年律师快速成长的道路，非常值得借鉴。

《常见刑事案件辩护要点》涵盖了辩护律师代理各类常见刑事案件进行辩护工作最主要的切入点，更像是为辩护工作提供了一个标准格式，犹如写书法，首先要练楷书，横平竖直，把字架子搭正了，即使将来练到了狂草，也不会超出字架子的范围。现在很多律师，尤其是年轻律师，在基本功不扎实的情况下，急于办大案要案，想写狂草却写成了没有字架子的花。其实每个行业都一样，都需要不断摸索标准的操作模式作为基本样板。《常见刑事案件辩护要点》这本书可以给律师，尤其是有志于进行刑事辩护的律师打通一条快速进入刑事辩护世界的捷径，当辩护律师掌握好了案件的切入点，拥有了规范的方方正正的标准，便打下了扎实的基本功，以后再遇到个别案件时，则可以因势利导地具体问题具体分析，也可以探索出超越这本书之外的拔高的辩护切入点。

广大年轻律师在学习了刑法学理论和刑事诉讼法基本知识之后迈入刑事辩护

---

* 钱列阳，北京紫华律师事务所主任，中华全国律师协会刑事专业委员会委员，中国行为法学会司法执业行为研究会副会长，中国证券投资基金业协会法律专业委员会委员，北京市法学会诉讼法学研究会副会长，北京大学、清华大学、中国人民大学、中国政法大学、中国青年政治学院、西南政法大学等高校的客座教授或兼职导师，著名刑辩律师，曾承办徐翔操纵证券市场案、刘晓庆涉税案、刘志军受贿、滥用职权案等多起国内外有重大影响的案件。

领域,如果将这本书作为切入刑事辩护工作的标准的规范的一种参考,会少走些弯路。因此,我认为这本书对年轻律师的引领作用是很大的,可以称为年轻刑事辩护律师的必备参考书,我很欣赏,也希望大家能够欣赏和参考。

我有幸做了这本书的顾问,但这本书的创作,从构思到研发,完全都是娄秋琴律师自己的主意和想法,而她所代表的年青一代的这种思想,这种进取的精神其实更让我感动,在感到后生可畏的同时,也给我们带来了鼓励。作为她的朋友,她的同事,她的搭档,同时又与她的导师曲新久教授是同龄人,我们一同见证了一个年轻律师,或者说是一代年轻律师,在这十年或者十几年中快速成长,快速走入执业主流的过程。我认为我们这一代老的法律工作者,不论是学者还是律师,都应该给年青一代做好铺路石、垫脚石,而不要成为他们的绊脚石,这是历史赋予我们的责任和使命。法治中国需要的就是每一代法律人从上一代人那里传承精华,为下一代人铺平道路,这是我们的社会责任,更是我们法治的历史责任。

是为序。

2014 年 1 月 6 日

序二

曲新久*

娄秋琴律师是我指导的硕士研究生,她心地善良,敏于思考,善辨是非,是做律师的好材料。毕业后,她执业刑辩,为著名或者不著名的刑事被告人仗义执言,为刑事被害人伸张正义,贡献聪明才智于我国刑事法治。不仅如此,她还勤于写作,先后完成《公司企业管理人员刑事法律风险与防范》《商界警示》《从政警示》《这样做HR最有效》等著作,《常见刑事案件辩护要点》是其又一部力作。

《常见刑事案件辩护要点》最大的看点是实现了刑法规范体系与刑事辩护工作实际需要的有机结合,重新分解、合并各类各种犯罪,这就是将刑事辩护工作中常见的犯罪划分十一大类,构成全书的十一章,这样的体系安排,是基于却不拘泥于我国刑法典分则体系,是将刑法规定与刑法理论以及刑事司法实践相结合的一种尝试,能够最大限度地方便律师迅速查找各种刑事案件的辩护要点。

以"贿赂类犯罪"为例,《中华人民共和国刑法》(以下简称《刑法》)将贿赂类犯罪区分为与国家工作人员和与非国家工作人员相关的两大类:有关国家工作人员的贿赂类犯罪规定在《刑法》分则第八章"贪污贿赂罪"之中;有关非国家工作人员的贿赂类犯罪,即《刑法》第163条的非国家工作人员受贿罪、第164条的对非国家工作人员行贿罪和对外国公职人员、国际公共组织官员行贿罪,规定在《刑法》分则第三章第三节之中。《刑法》分则分两章规定贿赂类犯罪有其历史与规范体系上的道理,但是,《刑法》分则第三章第三节规定的三个贿赂犯罪与第八章规定的国家工作人员贿赂犯罪实际上有密切联系,从辩护工作的角度必须关注这样的联系,因为这直接涉及罪轻罪重的问题。

再以侵财类犯罪为例,除了贪污罪、挪用公款罪外,《刑法》分则集中地规定在第五章"侵犯财产罪"之中,而这本书首先将诈骗类犯罪独立出去,从规范的角度讲,诈

---

* 曲新久,中国政法大学教授、博士生导师、刑事司法学院院长、刑法学研究所主任,挂职最高人民检察院侦查监督厅副厅长。

骗类犯罪是侵财类犯罪的重要一类，但是从辩护的角度讲，诈骗类犯罪不易与其他侵财类犯罪发生混淆。因此，《常见刑事案件辩护要点》将诈骗类犯罪作为独立的一类，专章加以叙述。

当然，本书有些犯罪的新分类也许会有争议。例如，"黄赌类犯罪"一章，包括了"淫乱类""淫秽物品类""性侵类""赌博类"四类，"性侵类"犯罪包括强奸罪，强制侮辱、猥亵妇女罪，猥亵儿童罪等性犯罪。一般来说，"性侵类"犯罪是侵犯公民人身权利的犯罪，与淫乱、淫秽物品犯罪，在法益上有着重大差异，归类于一起，也许会有争议，但是，如果考虑到现实生活中发生的"性侵类"犯罪有七八成发生于熟人之间，而强奸与淫乱犯罪之间常常有着事实上的密切联系，需要辩护律师高度关注，如此归类，也就有了一定的合理性。

本书各章分为"综述"和"辩点整理"两节。第一节是各类犯罪的"综述"部分，包括"犯罪分类索引"和"《刑法》规定对照表"两项，这一节提纲挈领，条理清晰，一目了然。"犯罪分类索引"，基于辩护需要突出了各种犯罪的共同特征，例如，本书第六章"侵财类犯罪"将侵财犯罪区分为强抢型、取得型、挪用型、勒索型、毁损型等五类。"《刑法》规定对照表"，详列了各种犯罪的类型、罪名、法条、罪状、主刑、附加刑、辩点速查，不仅方便律师快速查找有利于被告人的辩护要点，也有利于法官、检察官通过快速浏览表格发现裁判规则。第二节"辩点整理"是各章的主体部分，具体内容按照辩点展开，作者特别注意将刑法理论与司法解释结合起来，重要的辩点还穿插表格、案例说明，各章最后附有法条、法规、司法解释等规范性文件目录，实用性很强。

每位成功的辩护律师大脑中都有自己的辩点体系，《常见刑事案件辩护要点》是娄秋琴律师分类整理的各类常见刑事案件的辩护要点，是将刑法规定、司法解释、刑法理论所涉及的辩护要点，分门别类编排起来，以便辩护工作备检的一本书。该书具有类书、工具书的性质，是律师、法官、检察官、刑事警官，以及刑法研习者的必备手册。

是为序。

2014年1月5日

前 言

娄秋琴

写作是一项极度需要静下心来的既费脑力又费体力的工作,之所以答应编辑陆建华先生的约稿,完全是出于对刑事辩护的热爱。本人经历四年刑事侦查本科学习,三年刑法硕士研究生学习,十年刑事辩护律师工作,在刑事领域算来已有十七年之久。回想刚出道时著写《公司企业人员刑事风险与防范》,梳理了职务犯罪和经济犯罪的构成要件;而后历经十年刑事律师职业生涯,代理了一个又一个鲜活的刑事案件,从传统的暴力犯罪案件到法定的职务经济案件,从法律援助案件到慕名而来的案件,从无人问津的小案子到轰动一时的大案子,无论是哪一种,因为全身心地投入和经历,它们都在我心里刻下了深深的印迹。我之所以常说"刑辩,吾之最爱,亦吾之最伤",是因为刑辩律师的激情、理想可以在代理案件的过程中得以充分地展现和发挥,但也可能因为司法的现状而备受打击和摧残。无论如何,将它作为我此生的事业,我无怨无悔。因为它可以"雪中送炭",它可以救人于危难,它有助于保障人权和推动法治的进程。

因为刑事辩护直接关乎到人最宝贵的自由权和生命权,它的神圣性,容不得我们一丝的马虎和懈怠。为了更好地完成使命,加强执业素质并提高执业技能是我们刑辩律师应当努力做到的,而在一个案件中能否找准辩护的切入点,直接影响到辩护的效果,也是执业能力的重要体现。于是,在编辑陆建华先生向我提出写"辩点"这样的选题后,虽然工作和讲学已让我分身乏术,我还是同意尝试进行写作,在分享执业经验的同时,还能让更多的人了解刑事辩护,吸引更多律师投入到刑事辩护的事业中来。

本书的写作思路是:按照刑事案件的类型设立专题,再针对各类案件的具体特征,列出辩点,进行深入分析,举例说明,以期帮助大家在拿到刑事案件时便能迅速对号入座,理清思路,找到辩点。当然,由于刑事案件情节的千差万别和不具同一性,实难将各类案件的全部辩点予以全面阐述,只是希冀本书对刑辩律师能起到尽可能多的帮助作用。

本书得以顺利出版，我要特别感谢两位前辈，一位是我的搭档钱列阳律师，另一位是我的研究生导师曲新久教授。

　　钱列阳律师是我执业生涯的重要导师，他总是很形象地教导我们办理刑事案件一定要找到树的"主干"，然后根据主干再去找树的"枝杈""叶子"，他很强调对辩护要点的掌握，在与他共同代理的案件中，他言传身教，给了我莫大的指导与启发。如在代理原铁道部部长刘志军案件的过程中，面对四百多本案卷，针对十几起指控，经过反复研究、推敲、辩论、演练，在找准了切入点后，将辩点发挥到极致，那样的经历，对我而言是永生难忘的。对于本书的出版，钱列阳律师给予了大力的支持和指导，融入了他的心血和思想，希冀能不负其所望。

　　曲新久教授是我刑法理论的引路者，他用严谨治学的精神、幽默风趣的语言，为我打开了刑法领域的窗户，让我看到了一个斑斓多彩的世界，让我深深爱上了这门学科。毕业后，当我在执业中遇到疑难复杂案件向他请教时，他总是诲人不倦，非常耐心地进行指导，除了理论分析，他还经常换位思考，讲解刑辩律师应当如何分析问题。此外，本书的很多辩护要点也采纳和引用了曲新久教授著写的《刑法学》中的部分观点，在此一并表示感谢。

　　《常见刑事案件辩护要点》是本人将刑法理论和刑辩实践相结合进行研究的一种新的尝试，虽已竭尽全力，试图让它成为刑事辩护律师寻找辩护切入点的"字典"，成为刑事辩护律师业务技能训练的必备工具，但因能力和学识有限，书中难免会有疏漏欠妥之处，恳请读者多多指正并提出宝贵意见。

2016 年 4 月 10 日

目 录

第一章 暴力类犯罪

第一节 暴力类犯罪综述 ··· 001
一、暴力类犯罪分类索引 ··· 001
二、暴力类犯罪《刑法》规定对照表 ····························· 001

第二节 辩点整理 ··· 004
- 辩点1-1：犯罪主体 ·· 004
  - (一) 主体年龄 ·· 004
  - (二) 精神病人 ·· 006
  - (三) 醉酒的人 ·· 007
  - (四) 吸毒的人 ·· 008
  - (五) 家庭暴力的受害者 ·· 008
  - (六) 民间纠纷的当事人 ·· 009
  - (七) 首要分子和积极参加者 ···································· 010
- 辩点1-2：主观方面 ·· 010
  - (一) 犯罪动机 ·· 011
  - (二) 杀伤型犯罪的犯罪故意 ···································· 011
  - (三) 强抢型犯罪的犯罪目的 ···································· 012
  - (四) 绑架型犯罪的犯罪目的 ···································· 013

- 辩点1-3：犯罪对象 …… 014
  - （一）他人 …… 014
  - （二）公私财物 …… 015
- 辩点1-4：犯罪行为 …… 016
  - （一）杀人行为 …… 016
  - （二）伤害行为 …… 017
  - （三）抢劫行为 …… 017
  - （四）抢夺行为 …… 025
  - （五）哄抢行为 …… 027
  - （六）绑架行为 …… 027
- 辩点1-5：正当防卫 …… 029
  - （一）正当防卫的构成条件 …… 029
  - （二）正当防卫和互殴行为 …… 030
  - （三）无限防卫条款的适用 …… 032
- 辩点1-6：鉴定意见 …… 032
  - （一）伤情鉴定意见 …… 032
  - （二）物价鉴定意见 …… 033
  - （三）运用程序审查 …… 035
- 辩点1-7：犯罪形态 …… 036
  - （一）犯罪预备 …… 036
  - （二）犯罪中止 …… 037
  - （三）犯罪未遂 …… 038
- 辩点1-8：共同犯罪 …… 041
  - （一）共同犯罪的认定 …… 041
  - （二）共同犯罪人的作用 …… 042
  - （三）共同犯罪人的分工 …… 043
- 辩点1-9：一罪数罪 …… 045
  - （一）一罪 …… 045
  - （二）数罪 …… 047
- 辩点1-10：自首立功 …… 048
  - （一）自首 …… 049
  - （二）准自首 …… 051
  - （三）坦白 …… 052

（四）立功 …………………………………………………… 052
　　　（五）量刑适用 ………………………………………………… 053
　● 辩点1-11：量刑指导 …………………………………………… 054
　　　（一）故意伤害罪 ……………………………………………… 054
　　　（二）抢劫罪 …………………………………………………… 055
　　　（三）抢夺罪 …………………………………………………… 055
　　　（四）强奸罪 …………………………………………………… 055
　● 辩点1-12：死刑辩护 …………………………………………… 056
　　　（一）犯罪手段和犯罪后果 …………………………………… 056
　　　（二）法定从宽量刑情节 ……………………………………… 057
　　　（三）酌定从宽量刑情节 ……………………………………… 057
　　　（四）共同犯罪的死刑辩护 …………………………………… 058
　　　（五）司法机关的办案要求 …………………………………… 058
附：本章相关法律规范性文件 ………………………………………… 060

第二章　财产类犯罪

第一节　财产类犯罪综述
　一、财产类犯罪分类索引 ……………………………………………… 062
　二、财产类犯罪《刑法》规定对照表 ………………………………… 062

第二节　辩点整理
　● 辩点2-1：犯罪主体 …………………………………………… 064
　　　（一）未成年人 ………………………………………………… 064
　　　（二）家庭成员或亲属 ………………………………………… 065
　　　（三）单位有关人员 …………………………………………… 066
　● 辩点2-2：主观方面 …………………………………………… 067
　　　（一）犯罪故意 ………………………………………………… 067
　　　（二）犯罪目的 ………………………………………………… 067
　　　（三）犯罪动机 ………………………………………………… 070
　● 辩点2-3：犯罪行为 …………………………………………… 071
　　　（一）盗窃行为 ………………………………………………… 071
　　　（二）敲诈勒索行为 …………………………………………… 077

（三）毁坏财物行为 …………………………………………… 080
　　　（四）破坏生产经营行为 ………………………………………… 081
　● 辩点 2-4：犯罪对象 …………………………………………… 081
　　　（一）盗窃的对象 ……………………………………………… 081
　　　（二）敲诈勒索的对象 ………………………………………… 085
　　　（三）故意毁坏财物的对象 …………………………………… 086
　　　（四）破坏生产经营的对象 …………………………………… 086
　● 辩点 2-5：数额情节 …………………………………………… 086
　　　（一）盗窃罪 …………………………………………………… 087
　　　（二）敲诈勒索罪 ……………………………………………… 090
　　　（三）故意毁坏财物罪 ………………………………………… 091
　　　（四）破坏生产经营罪 ………………………………………… 092
　● 辩点 2-6：既遂未遂 …………………………………………… 092
　　　（一）盗窃罪 …………………………………………………… 092
　　　（二）敲诈勒索罪 ……………………………………………… 093
　　　（三）故意毁坏财物罪 ………………………………………… 093
　● 辩点 2-7：一罪数罪 …………………………………………… 094
　　　（一）一罪 ……………………………………………………… 094
　　　（二）数罪 ……………………………………………………… 095
　● 辩点 2-8：退赃退赔 …………………………………………… 096
　　　（一）启动当事人和解程序 …………………………………… 096
　　　（二）充分利用司法解释 ……………………………………… 097
　　　（三）利用量刑指导意见 ……………………………………… 097
附：本章相关法律规范性文件 …………………………………………… 098

第三章　诈骗类犯罪

第一节　诈骗类犯罪综述 ……………………………………………… 099
　一、诈骗类犯罪分类索引 …………………………………………… 099
　二、诈骗类犯罪《刑法》规定对照表 ………………………………… 099

第二节　辩点整理 ……………………………………………………… 103
　● 辩点 3-1：诈骗主体 …………………………………………… 103

　　　　（一）一般主体和特殊主体 …………………………… 103
　　　　（二）单位犯罪和自然人犯罪 ………………………… 104
　● 辩点3-2：主观方面 ……………………………………… 107
　　　　（一）金融诈骗中的非法占有目的 …………………… 107
　　　　（二）集资诈骗中的非法占有目的 …………………… 108
　　　　（三）信用卡诈骗中的非法占有目的 ………………… 109
　　　　（四）其他诈骗中的非法占有目的 …………………… 110
　● 辩点3-3：诈骗行为 ……………………………………… 110
　　　　（一）特殊型诈骗 ……………………………………… 111
　　　　（二）普通型诈骗 ……………………………………… 116
　● 辩点3-4：诈骗数额 ……………………………………… 118
　　　　（一）诈骗数额的标准 ………………………………… 118
　　　　（二）诈骗数额的认定 ………………………………… 119
　● 辩点3-5：特殊情节 ……………………………………… 121
　　　　（一）不按犯罪处理或者从宽处理 …………………… 122
　　　　（二）不起诉或者免予刑事处罚 ……………………… 122
　　　　（三）从轻处罚、免除处罚或者不追究刑事责任 …… 122
　　　　（四）应当定罪处罚或者依照处罚较重的处罚 ……… 122
　　　　（五）酌情从严惩处 …………………………………… 123
　　　　（六）从重处罚 ………………………………………… 123
　● 辩点3-6：共同犯罪 ……………………………………… 124
　　　　（一）诈骗犯罪集团 …………………………………… 124
　　　　（二）诈骗团伙 ………………………………………… 125
　　　　（三）以共同犯罪论处 ………………………………… 125
　● 辩点3-7：一罪数罪 ……………………………………… 126
　　　　（一）一罪 ……………………………………………… 126
　　　　（二）数罪 ……………………………………………… 127
　　　　（三）电信网络诈骗中的一罪与数罪 ………………… 128
　● 辩点3-8：量刑指导 ……………………………………… 129
　　　　（一）诈骗罪的量刑指导 ……………………………… 129
　　　　（二）集资诈骗罪的量刑指导 ………………………… 130
　　　　（三）信用卡诈骗罪的量刑指导 ……………………… 130
　　　　（四）合同诈骗罪的量刑指导 ………………………… 130

（五）财产刑适用的指导 …………………………………… 131
附：本章相关法律规范性文件 ………………………………… 131

第四章　侵占类犯罪

第一节　侵占类犯罪综述 ……………………………………… 134
　　一、侵占类犯罪分类索引 ………………………………… 134
　　二、侵占类犯罪《刑法》规定对照表 …………………… 134

第二节　辩点整理 ……………………………………………… 135
- 辩点 4-1：侵占主体 ……………………………………… 136
  - （一）侵占罪的主体 …………………………………… 136
  - （二）职务侵占罪的主体 ……………………………… 136
  - （三）贪污罪的主体 …………………………………… 140
- 辩点 4-2：主观方面 ……………………………………… 144
  - （一）普通型的主观认定 ……………………………… 144
  - （二）业务型和公务型的主观认定 …………………… 145
- 辩点 4-3：侵占对象 ……………………………………… 147
  - （一）侵占罪的对象 …………………………………… 147
  - （二）职务侵占罪的对象 ……………………………… 150
  - （三）贪污罪的对象 …………………………………… 151
- 辩点 4-4：侵占行为 ……………………………………… 151
  - （一）占为己有 ………………………………………… 151
  - （二）拒不交还 ………………………………………… 152
  - （三）职务之便 ………………………………………… 152
- 辩点 4-5：数额情节 ……………………………………… 153
  - （一）量刑标准 ………………………………………… 154
  - （二）情节辩护 ………………………………………… 156
  - （三）数额辩护 ………………………………………… 157
  - （四）量刑指导 ………………………………………… 158
- 辩点 4-6：未遂标准 ……………………………………… 159
  - （一）贪污罪既遂与未遂的认定 ……………………… 159
  - （二）职务侵占罪既遂与未遂的认定 ………………… 159

（三）侵占罪无未遂形态 …………………………………… 160
- 辩点4-7：共同犯罪 ………………………………………… 160
　　（一）共同犯罪的认定 …………………………………… 160
　　（二）数额及从犯的认定 ………………………………… 161
- 辩点4-8：企业改制 ………………………………………… 161
　　（一）国家出资企业的界定 ……………………………… 162
　　（二）国家出资企业中国家工作人员的认定 …………… 162
　　（三）在企业改制中相关行为的处理 …………………… 162

附：本章相关法律规范性文件 ………………………………… 164

第五章　挪用类犯罪

第一节　挪用类犯罪综述 ………………………………… 166
一、挪用类犯罪分类索引 ……………………………………… 166
二、挪用类犯罪《刑法》规定对照表 ………………………… 166

第二节　辩点整理 ………………………………………… 167
- 辩点5-1：挪用主体 ………………………………………… 167
　　（一）国家工作人员 ……………………………………… 167
　　（二）准国家工作人员 …………………………………… 168
　　（三）受委托管理、经营国有财产的人员 ……………… 168
　　（四）公司、企业和其他单位工作人员 ………………… 169
　　（五）经手、掌管特定款物的直接责任人员 …………… 170
　　（六）单位领导和单位负责人 …………………………… 171
- 辩点5-2：挪用对象 ………………………………………… 172
　　（一）"公款"的理解 ……………………………………… 172
　　（二）"资金"的种类 ……………………………………… 173
　　（三）"特定款物"的界定 ………………………………… 173
- 辩点5-3：挪用用途 ………………………………………… 174
　　（一）非法活动 …………………………………………… 175
　　（二）营利活动 …………………………………………… 175
　　（三）个人使用 …………………………………………… 176
　　（四）其他公用 …………………………………………… 178

（五）非法占有 …… 178
　• 辩点5-4：使用归还 …… 179
　　（一）是否使用 …… 179
　　（二）是否归还 …… 180
　• 辩点5-5：量刑标准 …… 181
　　（一）挪用公款罪 …… 181
　　（二）挪用资金罪 …… 182
　　（三）挪用特定款物罪 …… 183
　• 辩点5-6：追诉时效 …… 183
　• 辩点5-7：共同犯罪 …… 184
　　（一）共同犯罪成立的条件 …… 184
　　（二）主犯和从犯的认定 …… 186

附：本章相关法律规范性文件 …… 186

第六章　贿赂类犯罪

第一节　贿赂类犯罪综述 …… 189
　一、贿赂类犯罪分类索引 …… 189
　二、贿赂类犯罪《刑法》规定对照表 …… 189

第二节　辩点整理 …… 193
　• 辩点6-1：主体对象 …… 193
　　（一）国家工作人员 …… 194
　　（二）特定关系人 …… 196
　　（三）离职的国家工作人员 …… 197
　　（四）非国家工作人员 …… 198
　　（五）单位 …… 200
　• 辩点6-2：贿赂对象 …… 201
　　（一）货币 …… 201
　　（二）物品 …… 202
　　（三）财产性利益 …… 202
　• 辩点6-3：职务要件 …… 202
　　（一）受贿罪的职务要件 …… 203

（二）斡旋受贿的职务要件 …………………………………… 203
　　（三）利用影响力受贿罪的职务要件 …………………………… 204
　　（四）非国家工作人员受贿罪的职务要件 ……………………… 205
　　（五）与"工作上的便利"的区别 ……………………………… 206
● 辩点 6-4：谋利要件 …………………………………………… 206
　　（一）为他人谋取利益的认定 …………………………………… 207
　　（二）利益正当与否的标准 ……………………………………… 207
● 辩点 6-5：受贿类型 …………………………………………… 209
　　（一）借用型受贿 ………………………………………………… 209
　　（二）交易型受贿 ………………………………………………… 209
　　（三）收受干股型受贿 …………………………………………… 209
　　（四）合作投资型受贿 …………………………………………… 210
　　（五）委托理财型受贿 …………………………………………… 210
　　（六）赌博型受贿 ………………………………………………… 211
　　（七）挂名领取薪酬型受贿 ……………………………………… 211
● 辩点 6-6：行贿行为 …………………………………………… 211
　　（一）为谋取不正当利益 ………………………………………… 211
　　（二）被索贿的例外处理 ………………………………………… 212
　　（三）给予财物的行为方式 ……………………………………… 212
　　（四）影响量刑的情节 …………………………………………… 213
　　（五）财产刑的运用 ……………………………………………… 214
● 辩点 6-7：介绍贿赂 …………………………………………… 214
　　（一）介绍行为 …………………………………………………… 214
　　（二）此罪彼罪 …………………………………………………… 215
● 辩点 6-8：量刑标准 …………………………………………… 216
　　（一）受贿类犯罪 ………………………………………………… 216
　　（二）行贿类犯罪 ………………………………………………… 218
　　（三）介绍类犯罪 ………………………………………………… 219
● 辩点 6-9：共同犯罪 …………………………………………… 219
　　（一）国家工作人员之间共同受贿的责任区分 ………………… 219
　　（二）国家工作人员与非国家工作人员共同受贿的责任区分 … 220
　　（三）国家工作人员与家属共同受贿的责任区分 ……………… 220

- 辩点 6-10：自首立功 ………………………………………… 222
  - （一）主动交待 ……………………………………………… 222
  - （二）自首 …………………………………………………… 223
  - （三）准自首 ………………………………………………… 225
  - （四）单位自首 ……………………………………………… 226
  - （五）坦白 …………………………………………………… 226
  - （六）立功 …………………………………………………… 226
- 辩点 6-11：其他情节 ………………………………………… 227
  - （一）积极退赃 ……………………………………………… 227
  - （二）追缴退赔 ……………………………………………… 228
  - （三）终身监禁 ……………………………………………… 228
  - （四）索贿从重 ……………………………………………… 228
  - （五）多次受贿 ……………………………………………… 228

附：本章相关法律规范性文件 ………………………………… 229

第七章　渎职类犯罪

第一节　渎职类犯罪综述 …………………………………… 231
一、渎职类犯罪分类索引 ……………………………………… 231
二、渎职类犯罪《刑法》规定对照表 ………………………… 232

第二节　辩点整理 …………………………………………… 238
- 辩点 7-1：渎职主体 ………………………………………… 238
  - （一）国家机关工作人员的界定 …………………………… 238
  - （二）国家机关工作人员的扩展 …………………………… 239
  - （三）特殊国家机关工作人员 ……………………………… 241
- 辩点 7-2：渎职行为 ………………………………………… 242
  - （一）滥用职权 ……………………………………………… 242
  - （二）玩忽职守 ……………………………………………… 243
  - （三）徇私舞弊 ……………………………………………… 243
- 辩点 7-3：主观方面 ………………………………………… 244
  - （一）罪过形式 ……………………………………………… 244
  - （二）犯罪动机 ……………………………………………… 245

- 辩点 7-4：因果关系 · 245
  - （一）滥用职权型的因果关系 · 246
  - （二）玩忽职守型的因果关系 · 246
- 辩点 7-5：立案标准 · 247
  - （一）普通类犯罪的立案标准 · 247
  - （二）司法类犯罪的立案标准 · 250
  - （三）特定类犯罪的立案标准 · 252
- 辩点 7-6：共同犯罪 · 257
  - （一）无身份者与国家机关工作人员的共同犯罪 · · · · · · · · · 257
  - （二）渎职者与其监管、查禁对象的共犯问题 · · · · · · · · · · · 258
  - （三）国家机关工作人员之间的责任区分 · · · · · · · · · · · · · · 259
  - （四）集体行为与个人行为之间的责任区分 · · · · · · · · · · · · 259
- 辩点 7-7：此罪彼罪 · 260
  - （一）滥用职权罪与玩忽职守罪的区别 · · · · · · · · · · · · · · · · 260
  - （二）徇私枉法罪与民事、行政枉法裁判罪 · · · · · · · · · · · · 261
  - （三）普通渎职犯罪与特殊渎职犯罪的关系 · · · · · · · · · · · · 261

附：本章相关法律规范性文件 · 262

第八章 税务类犯罪

第一节 税务类犯罪综述
一、税务类犯罪分类索引 · 265
二、税务类犯罪《刑法》规定对照表 · 266

第二节 辩点整理
- 辩点 8-1：犯罪主体 · 270
  - （一）单位犯罪 · 271
  - （二）主体身份 · 276
- 辩点 8-2：主观方面 · 278
  - （一）犯罪故意 · 278
  - （二）认定明知 · 278
  - （三）犯罪目的 · 282

- 辩点 8-3：犯罪行为 ········· 284
  - （一）逃税罪 ········· 284
  - （二）抗税罪 ········· 285
  - （三）逃避追缴欠税罪 ········· 285
  - （四）骗取出口退税罪 ········· 287
  - （五）虚开型犯罪 ········· 288
  - （六）造售买型犯罪 ········· 288
  - （七）持有型犯罪 ········· 291
- 辩点 8-4：犯罪对象 ········· 292
- 辩点 8-5：数额情节 ········· 293
  - （一）数额认定 ········· 296
  - （二）情节认定 ········· 298
- 辩点 8-6：犯罪形态 ········· 301
  - （一）逃税罪 ········· 301
  - （二）抗税罪 ········· 301
  - （三）逃避追缴欠税罪 ········· 301
  - （四）骗取出口退税罪 ········· 302
  - （五）虚开型犯罪 ········· 302
  - （六）出售型犯罪 ········· 302
- 辩点 8-7：共同犯罪 ········· 303
  - （一）单位犯罪 ········· 303
  - （二）犯罪集团 ········· 304
  - （三）以共犯论 ········· 305
- 辩点 8-8：一罪数罪 ········· 306
  - （一）一罪 ········· 306
  - （二）数罪 ········· 309

附：本章相关法律规范性文件 ········· 309

第九章 走私类犯罪

第一节 走私类犯罪综述 ········· 312
  一、走私类犯罪分类索引 ········· 312
  二、走私类犯罪《刑法》规定对照表 ········· 312

第二节 辩点整理 ·· 315

- 辩点 9-1：走私主体 ·· 315
  - （一）单位犯罪主体 ·· 315
  - （二）国家工作人员 ·· 319
  - （三）海上运输人 ··· 320
  - （四）华侨、港澳同胞 ·· 320
- 辩点 9-2：主观方面 ·· 321
  - （一）犯罪故意 ··· 321
  - （二）犯罪目的 ··· 325
- 辩点 9-3：走私行为 ·· 326
  - （一）通关走私行为 ·· 327
  - （二）绕关走私行为 ·· 327
  - （三）后续走私行为 ·· 328
  - （四）变相走私行为 ·· 329
- 辩点 9-4：走私对象 ·· 330
  - （一）走私武器、弹药罪 ·· 330
  - （二）走私核材料罪 ·· 331
  - （三）走私假币罪 ··· 332
  - （四）走私文物罪 ··· 332
  - （五）走私贵重金属罪 ··· 333
  - （六）走私珍贵动物、珍贵动物制品罪 ································· 333
  - （七）走私国家禁止进出口的货物、物品罪 ·························· 334
  - （八）走私淫秽物品罪 ··· 335
  - （九）走私废物罪 ··· 335
  - （十）走私毒品罪 ··· 335
  - （十一）走私制毒物品罪 ·· 335
  - （十二）走私普通货物、物品罪 ·· 336
- 辩点 9-5：量刑标准 ·· 336
  - （一）走私武器、弹药罪 ·· 337
  - （二）走私核材料罪 ·· 338
  - （三）走私假币罪 ··· 338
  - （四）走私文物罪 ··· 339
  - （五）走私贵重金属罪 ··· 339

（六）走私珍贵动物、珍贵动物制品罪 …… 340
　　（七）走私国家禁止进出口的货物、物品罪 …… 344
　　（八）走私淫秽物品罪 …… 345
　　（九）走私废物罪 …… 346
　　（十）走私毒品罪 …… 347
　　（十一）走私制毒物品罪 …… 347
　　（十二）走私普通货物、物品罪 …… 347
● 辩点9-6：犯罪形态 …… 349
● 辩点9-7：共同犯罪 …… 351
　　（一）共同走私犯罪认定的规定 …… 351
　　（二）单位和个人共同走私的处理 …… 352
　　（三）共同走私案件罚金刑的判处 …… 353
　　（四）共同走私犯罪分子的处罚 …… 354
● 辩点9-8：单位自首 …… 357
● 辩点9-9：一罪数罪 …… 359
　　（一）一罪 …… 359
　　（二）数罪 …… 359

附：本章相关法律规范性文件 …… 360

第十章　毒品类犯罪

第一节　毒品类犯罪综述
一、毒品犯罪分类索引 …… 362
二、毒品犯罪《刑法》规定对照表 …… 362

第二节　辩点整理
● 辩点10-1：犯罪主体 …… 366
　　（一）主体年龄 …… 366
　　（二）弱势群体 …… 369
　　（三）吸毒人员 …… 370
　　（四）特殊主体 …… 372
　　（五）国家工作人员 …… 372
　　（六）近亲属 …… 373

- 辩点 10-2：主观方面 ……………………………………………… 373
- 辩点 10-3：涉毒行为 ……………………………………………… 376
  - （一）走私 ……………………………………………………… 376
  - （二）贩卖 ……………………………………………………… 377
  - （三）运输 ……………………………………………………… 377
  - （四）制造 ……………………………………………………… 377
  - （五）非法生产 ………………………………………………… 377
  - （六）非法买卖 ………………………………………………… 378
  - （七）非法种植 ………………………………………………… 378
  - （八）非法持有 ………………………………………………… 379
  - （九）非法提供 ………………………………………………… 379
  - （十）其他行为 ………………………………………………… 379
- 辩点 10-4：界定毒品 ……………………………………………… 380
  - （一）毒品的种类和名称 ……………………………………… 380
  - （二）毒品的数量 ……………………………………………… 382
  - （三）毒品的含量 ……………………………………………… 393
- 辩点 10-5：罪名认定 ……………………………………………… 395
  - （一）看主观明知 ……………………………………………… 395
  - （二）看动机目的 ……………………………………………… 395
  - （三）看是否同谋 ……………………………………………… 396
  - （四）看特殊人员 ……………………………………………… 396
  - （五）看犯罪行为 ……………………………………………… 396
- 辩点 10-6：犯罪情节 ……………………………………………… 397
  - （一）走私、贩卖、运输、制造毒品罪的情节辩护 ………… 397
  - （二）非法持有毒品罪的情节辩护 …………………………… 398
  - （三）非法生产、买卖、运输制毒物品、走私制毒物品罪的情节辩护 …… 398
  - （四）非法种植毒品原植物罪的情节辩护 …………………… 399
  - （五）引诱、教唆、欺骗他人吸毒罪的情节辩护 …………… 399
  - （六）容留他人吸毒罪的情节辩护 …………………………… 400
  - （七）非法提供麻醉药品、精神药品罪的情节辩护 ………… 400
  - （八）包庇毒品犯罪分子罪的情节辩护 ……………………… 401
  - （九）窝藏、转移、隐瞒毒品、毒赃罪的情节辩护 ………… 401
  - （十）毒品再犯和累犯的情节辩护 …………………………… 402

- 辩点10-7:特情因素 …… 403
  - (一) 犯意引诱 …… 403
  - (二) 数量引诱 …… 403
- 辩点10-8:犯罪形态 …… 404
  - (一) 走私毒品罪的未遂 …… 404
  - (二) 贩卖毒品罪的未遂 …… 404
  - (三) 制造毒品罪的未遂 …… 405
  - (四) 引诱、教唆、欺骗、强迫他人吸毒罪的未遂 …… 405
- 辩点10-9:共同犯罪 …… 405
  - (一) 共同犯罪的认定与处罚 …… 405
  - (二) 正确区分主犯和从犯 …… 406
  - (三) 认定共犯的犯罪数量 …… 406
  - (四) 确定共同犯罪人的刑罚 …… 406
  - (五) 其他特殊情况下的处理 …… 407
- 辩点10-10:立功表现 …… 410
  - (一) 共同犯罪中的立功认定 …… 410
  - (二) 立功从宽处罚把握的标准 …… 411
- 辩点10-11:量刑指导 …… 412
  - (一) 走私、贩卖、运输、制造毒品罪 …… 412
  - (二) 非法持有毒品罪 …… 413
  - (三) 容留他人吸毒罪 …… 413
- 辩点10-12:死刑辩护 …… 414
  - (一) 毒品犯罪死刑适用的原则 …… 414
  - (二) 不宜判处死刑立即执行的 …… 415
  - (三) 可能判处死刑立即执行的 …… 417
  - (四) 具体罪名中的死刑适用问题 …… 417
  - (五) 特殊情节中的死刑适用问题 …… 419
- 辩点10-13:程序辩护 …… 420
  - (一) 毒品提取和扣押 …… 421
  - (二) 毒品称量 …… 422
  - (三) 毒品取样 …… 424
  - (四) 毒品送检 …… 425

附:本章相关法律规范性文件 …… 426

第十一章 黄赌类犯罪

第一节 黄赌类犯罪综述 … 428
一、黄赌犯罪分类索引 … 428
二、《刑法》规定对照表 … 429

第二节 辩点整理 … 432

- 辩点 11-1：犯罪主体 … 432
  - （一）主体年龄 … 432
  - （二）主体性别 … 433
  - （三）主体身份 … 434
- 辩点 11-2：主观方面 … 436
  - （一）罪过形式 … 436
  - （二）认定明知 … 438
  - （三）犯罪目的 … 440
- 辩点 11-3：客观方面 … 442
  - （一）淫乱类犯罪 … 442
  - （二）淫秽物品类犯罪 … 445
  - （三）性侵类犯罪 … 447
  - （四）赌博类犯罪 … 451
- 辩点 11-4：追诉标准 … 451
  - （一）淫乱类犯罪 … 451
  - （二）淫秽物品类犯罪 … 453
  - （三）性侵类犯罪 … 460
  - （四）赌博类犯罪 … 460
- 辩点 11-5：从重情节 … 464
  - （一）不满 14 周岁的儿童 … 465
  - （二）不满 14 周岁的幼女 … 465
  - （三）不满 18 周岁的未成年人 … 465
  - （四）从重、从严处罚的情形 … 465
- 辩点 11-6：共同犯罪 … 466
  - （一）网络共同犯罪的认定 … 466
  - （二）利用赌博机开设赌场共犯的认定 … 466

（三）犯罪主体的特殊处罚 …………………………… 467
　　（四）共同强奸中的轮奸 …………………………… 467
● 辩点 11-7：罪与非罪 …………………………………… 468
　　（一）通奸行为 …………………………………… 468
　　（二）半推半就的性行为 …………………………… 470
　　（三）对男性的性侵行为 …………………………… 470
　　（四）集体卖淫行为 ………………………………… 471
● 辩点 11-8：此罪彼罪 …………………………………… 471
　　（一）存在暴力手段的案件 ………………………… 471
　　（二）赌博案件的特殊情形 ………………………… 473
　　（三）淫秽物品的出版传播 ………………………… 474
附：本章相关法律规范性文件 ………………………………… 475

第一章 暴力类犯罪

第一节 暴力类犯罪综述

暴力类犯罪并不是刑法上的一个罪种,而是对使用特定犯罪手段犯罪的一种概括。暴力类犯罪是指行为人实施犯罪时,运用暴力或暴力威胁的手段,给他人造成危害后果或损害危险的行为。从刑法的意义上说,所谓暴力类犯罪中的暴力(包括暴力胁迫),是为自然人的故意危害行为而设立的犯罪要件。所以,本章的犯罪只限于自然人的故意犯罪。我国刑法中规定的暴力类犯罪很多,故意杀人罪、故意伤害罪、抢劫罪、抢夺罪、聚众哄抢罪、绑架罪、强奸罪、强制猥亵、侮辱罪,等犯罪多以暴力或暴力威胁的手段实施,即是典型的、常见的暴力类犯罪。

一、暴力类犯罪分类索引

类型	罪名	法条
1. 杀伤型	故意杀人罪	第 232 条
	故意伤害罪	第 234 条
2. 强抢型	抢劫罪	第 263 条、第 267 条第 2 款、第 269 条
	抢夺罪	第 267 条第 1 款
	聚众哄抢罪	第 268 条
3. 绑架型	绑架罪	第 239 条
4. 性侵型	强奸罪	第 236 条
	强制猥亵、侮辱罪	第 237 条第 1、2 款

二、暴力类犯罪《刑法》规定对照表

鉴于强奸罪和强制猥亵、侮辱罪将在本书第十一章黄赌类犯罪进行详细介绍,本章只对故意杀人罪、故意伤害罪、抢劫罪、抢夺罪、聚众哄抢罪、绑架罪等案件的辩点进行阐述。

类型	罪名	法条	罪状	主刑	附加刑	辩点速查
杀伤型	故意杀人罪	第232条	故意杀人的	处死刑、无期徒刑或者10年以上有期徒刑		1. 犯罪主体：只限于自然人，已满14周岁不满16周岁的未成年人可以成为本罪的犯罪主体。 2. 主观方面：直接故意和间接故意均可，但犯罪人的主观恶性程度是不同的，在量刑上应有所区别。 3. 客观方面：被害人已经死亡的，死亡结果同杀人行为没有刑法上的因果关系的，行为人不应该对被害人的死亡承担既遂的刑事责任；被害人没有死亡的，不可能成立既遂，造成何种伤害，审查伤情鉴定意见，决定刑罚的幅度。 4. 此罪与彼罪：区分故意杀人罪与故意伤害罪的界限。 5. 防卫因素：行为人杀人的行为如果符合正当防卫的条件，成立正当防卫，不负刑事责任。如果防卫过当杀人的，应当减轻或免除处罚。
			情节较轻的	处3—10年有期徒刑		
	故意伤害罪	第234条	故意伤害他人身体的	处3年以下有期徒刑、拘役或者管制		1. 犯罪主体：只限于自然人，已满14周岁不满16周岁的未成年人只对故意伤害致人重伤、死亡的情形承担刑事责任。 2. 主观方面：直接故意和间接故意均可，要区分杀人故意和伤害故意，考察犯罪动机。 3. 客观方面：注意审查伤情鉴定意见，判断伤情鉴定是否科学合理，能否作为证据使用。参照《人体损伤程度鉴定标准》的规定。 4. 此罪与彼罪：区分故意伤害罪与故意杀人罪、抢劫罪的界限。 5. 防卫因素：行为人伤害的行为如果符合正当防卫的条件，成立正当防卫，不负刑事责任。如果防卫过当造成伤害的，应当减轻或免除处罚。
			致人重伤的	处3—10年有期徒刑		
			致人死亡或者以特别残忍手段致人重伤造成严重残疾的	处10年以上有期徒刑、无期徒刑或者死刑		
强抢型	抢劫罪	第263条	以暴力、胁迫或者其他方法抢劫公私财物的	处3—10年有期徒刑	并处罚金	1. 犯罪主体：只限于自然人，已满14周岁不满16周岁的未成年人可以成为本罪的犯罪主体。 2. 主观方面：必须具有非法占有他人财物的目的才能构成本罪。（1）为索取债务，使用暴力、暴力威胁等手段的，一般不以抢劫罪定罪处罚；（2）为个人使用，以暴力、胁迫等手段取得家庭成员或近亲属财产的，一般不以抢劫罪定罪处罚；（3）行为人仅以其所输赌资或所赢赌债为抢劫对象，一般不以抢劫罪定罪处罚。 3. 客观方面：实施了暴力、威胁或其他侵犯人身权利的手段，使被害人不能反抗、不知反抗、不敢反抗，当场被迫交出财物。抢劫罪定罪没有数额的限制。
			有下列情形之一的：（一）入户抢劫的；（二）在公共交通工具上抢劫的；（三）抢劫银行或者其他金融机构的；（四）多次抢劫或者抢劫数额巨大的；（五）抢劫致人重伤、死亡的；（六）冒充军警人员抢劫的；（七）持枪抢劫的；（八）抢劫军用物资或者抢险、救灾、救济物资的。	处10年以上有期徒刑、无期徒刑或者死刑	并处罚金或者没收财产	

（续表）

类型	罪名	法条	罪状	主刑	附加刑	辩点速查
强抢型	抢劫罪	第267条	携带凶器抢夺的，依照第263条的规定定罪处罚。			4. 犯罪未遂：既未劫取财物，又未造成他人人身伤害后果的，属抢劫未遂。据此，《刑法》第263条规定的八种处罚情节中除"抢劫致人重伤、死亡的"这一结果加重情节之外，其余七种处罚情节同样存在既遂、未遂问题。 5. 此罪和彼罪：区分抢劫罪与抢夺罪、绑架罪、敲诈勒索罪的界限。
强抢型	抢劫罪	第269条	犯盗窃、诈骗、抢夺罪，为窝藏赃物、抗拒抓捕或者毁灭罪证而当场使用暴力或者以暴力相威胁的，依照第263条的规定定罪处罚。			
强抢型	抢夺罪	第267条第1款	抢夺公私财物，数额较大的，或者多次抢夺的	处3年以下有期徒刑、拘役或者管制	并处或者单处罚金	1. 犯罪主体：自然人，已满16周岁的自然人才可以成为本罪的主体。 2. 主观方面：必须具有非法占有的目的。 3. 客观方面：注意免予刑事处罚的情形。 4. 追诉标准：《刑法修正案（九）》将多次抢夺增加为本罪的追诉情节，不再仅限于数额较大。
强抢型	抢夺罪	第267条第1款	数额巨大或者有其他严重情节	处3—10年有期徒刑	并处罚金	
强抢型	抢夺罪	第267条第1款	数额特别巨大或者有其他特别巨大情节	处10年以上有期徒刑或者无期徒刑	并处罚金或者没收财产	
强抢型	聚众哄抢罪	第268条	聚众哄抢公私财物，数额较大或者有其他严重情节的，对首要分子和积极参加的	处3年以下有期徒刑、拘役或者管制	并处罚金	1. 犯罪主体：仅限于首要分子和积极参加者，不处罚一般参与者。 2. 主观方面：必须具有非法占有的目的。 3. 客观方面：必须是聚众哄抢。
强抢型	聚众哄抢罪	第268条	数额巨大或者有其他特别严重情节的	处3—10年有期徒刑	并处罚金	
绑架型	绑架罪	第239条	以勒索财物为目的绑架他人的，或者绑架他人作为人质	处10年以上有期徒刑或者无期徒刑	并处罚金或者没收财产	1. 犯罪主体：自然人，已满16周岁的自然人才可以成为本罪的主体，但已满14周岁未满16周岁的人绑架人质后杀害或者故意伤害被绑架人的，也应当负刑事责任。 2. 主观方面：必须出于勒索财物或满足其他非经济利益的目的才能构成本罪。如果是为了索取债务而绑架他人的，一般不构成本罪。 3. 既遂标准：实施了绑架行为，实际控制人质即构成本罪的既遂。 4. 一罪数罪：绑架过程又以暴力、胁迫等手段当场劫取被害人财物，构成犯罪的，择一重罪处罚。 5. 此罪与彼罪：区别绑架罪与敲诈勒索罪的界限。 6. 量刑标准：《刑法修正案（九）》将原来致使被绑架人死亡或者杀害被绑架人一律判处死刑的规定进行了调整。
绑架型	绑架罪	第239条	情节较轻的	处5—10年有期徒刑	并处罚金	
绑架型	绑架罪	第239条	杀害被绑架人的，或者故意伤害被绑架人，致人重伤、死亡的	处无期徒刑或者死刑	并处没收财产	

第二节 辩点整理

辩点1-1:犯罪主体	辩点1-2:主观方面	辩点1-3:犯罪对象
辩点1-4:犯罪行为	辩点1-5:正当防卫	辩点1-6:鉴定意见
辩点1-7:犯罪形态	辩点1-8:共同犯罪	辩点1-9:一罪数罪
辩点1-10:自首立功	辩点1-11:量刑指导	辩点1-12:死刑辩护

辩点1-1:犯罪主体

(一) 主体年龄

1. 主体年龄对暴力类犯罪定罪量刑的影响

根据《刑法》第17条第2款的规定,已满14周岁不满16周岁的人,犯故意杀人、故意伤害致人重伤或者死亡、强奸、抢劫罪的,应当负刑事责任,犯本章其他暴力犯罪的,行为人必须已满16周岁才能承担刑事责任。可见,对于本章而言,行为人的年龄,是否已满14周岁或者已满16周岁,直接影响到行为人是否应当承担刑事责任,是暴力类犯罪辩护中的重要切入点。

根据《刑法》第17条第3款的规定,已满14周岁不满18周岁的人犯罪,应当从轻或者减轻处罚;根据《刑法》第17条之一的规定,已满75周岁的人故意犯罪的,可以从轻或减轻处罚;过失犯罪的,应当从轻或者减轻处罚。由此可见,行为人年龄的审查还直接影响到能否对其从轻或者减轻处罚。

此外,我国刑法关于年龄对于死刑适用的限制也有明确规定,如犯罪的时候不满18周岁的人不适用死刑;审判的时候已满75周岁的人,不适用死刑,但以特别残忍手段致人死亡的除外。这些规定对法定刑相对较重、死刑适用相对较多的暴力类犯罪案件的辩护非常重要,直接影响到能否对行为人适用死刑。

2. 主体年龄对抢劫罪定罪量刑的影响

虽然《刑法》第17条规定已满14周岁不满16周岁的人犯抢劫罪要承担刑事责任,但针对未成年人之间发生的抢劫案件,最高人民法院出台了《关于审理未成年人

刑事案件具体应用法律若干问题的解释》,将部分轻微的抢劫行为进行了出罪处理,例如根据该司法解释第7条的规定:

(1) 已满14周岁不满16周岁的人使用轻微暴力或者威胁,强行索要其他未成年人随身携带的生活、学习用品或者钱财数量不大,且未造成被害人轻微伤以上或者不敢正常到校学习、生活等危害后果的,不认为是犯罪。

(2) 已满16周岁不满18周岁的人具有前款规定情形的,一般也不认为是犯罪。

因此,律师在代理未成年人之间的抢劫案件时,除了把握未成年人犯罪的一般处罚原则外,还应当结合未成年人使用的手段、抢劫的数额以及造成的后果入手,如果符合司法解释规定条件的,可以进行无罪辩护。

3. 主体年龄对转化型抢劫定罪的影响

根据最高人民法院《关于审理未成年人刑事案件具体应用法律若干问题的解释》第10条的规定及精神,转化型抢劫分以下情形:

(1) 已满14周岁不满16周岁的人盗窃、诈骗、抢夺他人财物,为窝藏赃物、抗拒抓捕或者毁灭罪证而当场使用暴力,故意伤害致人轻伤或者轻微伤,不构成盗窃罪、诈骗罪、抢夺罪,也不转化为抢劫罪,不承担刑事责任。

(2) 已满14周岁不满16周岁的人盗窃、诈骗、抢夺他人财物,为窝藏赃物、抗拒抓捕或者毁灭罪证而当场使用暴力,故意伤害致人重伤或者死亡,或者故意杀人的,应当分别以故意伤害罪或者故意杀人罪定罪处罚,而不是以抢劫罪定罪处罚。

(3) 已满14周岁不满16周岁的人盗窃、诈骗、抢夺他人财物,为窝藏赃物、抗拒抓捕或者毁灭罪证而当场以暴力相威胁的,没有造成人身损伤的,不负刑事责任。

(4) 已满16周岁不满18周岁的人犯盗窃、诈骗、抢夺罪,为窝藏赃物、抗拒抓捕或者毁灭罪证而当场使用暴力或者以暴力相威胁,应当以抢劫罪定罪处罚;情节轻微的,可不以抢劫罪定罪处罚。

> **案例1-1**
>
> 犯罪嫌疑人张某在甲镇盗窃刘某的摩托车一辆,2分钟后,刘某发现自己的摩托车被盗,即外出追赶查找。张某骑车至乙镇后,车出现故障,遂离开摩托车去找朋友的架子车准备将车走。刘某追到乙镇发现了自己丢失的摩托车,遂打电话报警,警察钱某、胡某到现场后即与刘某共同在摩托车附近等候,张某找来架子车后正将摩托车往架子车上装时,警察钱某大喝一声:"不许动,警察。"

上前抱住了张某的腰,张某从身上摸出一把水果刀,将钱某的手臂刺伤后逃逸。经鉴定,钱某手臂伤情构成轻伤。案发时,张某年龄为15岁。公安机关认为张某已满14周岁未满16周岁,但其实施了盗窃行为,且为了抗拒抓捕而当场使用暴力,应当按照抢劫罪对其定罪处罚。

在本案中,张某被抓后,其父母委托了律师担任其辩护人。辩护律师提出:首先,张某在案发时年龄仅为15岁,其实施的盗窃行为依法不承担刑事责任,不构成盗窃罪;其次,根据最高人民法院《关于审理未成年人刑事案件具体应用法律若干问题的解释》第10条的规定,张某实施盗窃行为后,为抗拒抓捕,虽然当场使用了暴力,也不能转化为抢劫罪;再次,张某当场使用暴力,故意伤害他人,致人轻伤,尚未达到重伤或者死亡的结果,依法也不对故意伤害的行为承担刑事责任。综上,律师提出了张某的行为不构成犯罪的辩护意见,案件最终被撤销。

4. 主体年龄对绑架罪定罪量刑的影响

(1) 已满14周岁不满16周岁的人绑架他人后,没有实施故意伤害或者故意杀人行为的,或者实施了以上行为但没有致人重伤或者死亡的,依法不承担刑事责任。

(2) 已满14周岁不满16周岁的人绑架他人后杀害被绑架人,致人重伤或者死亡的,应以故意杀人罪追究其刑事责任。

综上所述,主体年龄的审查直接影响到本章犯罪的定罪和量刑甚至罪名的适用,辩护律师应重点把握,具体如何界定、鉴定年龄,可参照本书第十章"毒品类犯罪"的相关阐述,此处不再赘述。对于没有充分证据证明行为人实施被指控的犯罪时已经达到法定刑事责任年龄且确实无法查明的,应当提出"推定其没有达到相应法定刑事责任年龄"的无罪辩护意见;对于骨龄鉴定或者其他科学鉴定的意见不能准确确定行为人实施犯罪时的年龄,而且鉴定意见又表明行为人年龄在刑法规定的应负刑事责任年龄上下的,辩护律师可以作出"推定其没有达到相应法定刑事责任年龄"的无罪辩护意见。

(二) 精神病人

精神病人刑事责任能力可以分为以下几种:

(1) 完全无刑事责任能力的精神病人。《刑法》第18条第1款规定:"精神病人在不能辨认或者不能控制自己行为的时候造成危害结果,经法定程序鉴定确认的,不负刑事责任,但是应当责令他的家属或者监护人严加看管和医疗;在必要的时候,由政府强制医疗。"

(2) 完全有刑事责任能力的精神病人。《刑法》第18条第2款规定:"间歇性的精神病人在精神正常的时候犯罪,应当负刑事责任。"间歇性精神病人在精神正常的时候,具有辨认或者控制自己行为的能力,因此,应当对自己的犯罪行为负刑事责任。

(3) 限制刑事责任能力的精神病人。《刑法》第18条第3款规定:"尚未完全丧失辨认或者控制自己行为能力的精神病人犯罪的,应当负刑事责任,但是可以从轻或者减轻处罚。"这类精神病人在犯罪时由于精神障碍,致使其辨认或者控制自己行为的能力削弱,所以可以从轻或者减轻处罚。

在暴力类犯罪中,特别是故意杀人、故意伤害案件中,如果犯罪嫌疑人曾有过精神病史或有家族精神病史或者犯罪嫌疑人作案前后存在明显"异常"或者其作案动机存在难以解释的"疑惑"时,辩护律师可以申请司法机关对犯罪嫌疑人进行司法精神病和刑事责任能力的鉴定。行为人的精神病一经法定程序鉴定确认后,律师则可以根据鉴定意见,提出行为人"不负刑事责任"或者"可以从轻或者减轻处罚"的辩护意见。

(三) 醉酒的人

对于本章杀伤型暴力犯罪,醉酒的人是高发人群。我国《刑法》第18条第4款已经明确规定,醉酒的人犯罪,应当负刑事责任。所以律师在代理这类案件时,如果仅以行为人是因酒精刺激在神志不清的情况下作案进而提出不承担刑事责任的无罪辩护意见一般很难被采纳,但律师仍然可以从醉酒的人对自己行为的辨认和控制能力有所减弱的角度入手,提出罪轻辩护意见。根据司法实践掌握的刑事政策,醉酒状态下实施暴力类犯罪的,一般不予判处死刑立即执行,但单纯的醉酒状态不足以作为酌定从轻处罚的情节,是否从轻处罚,辩护律师还是应当结合其他认罪、悔罪等情节予以综合考虑。

但需要注意的是,前面提到的醉酒的人犯罪应当承担刑事责任的是指生理性醉酒,因为生理性醉酒是可以控制的,系由一次大量饮酒或酒精饮料,引起急性中枢神经系统兴奋或抑制状态。但如果行为人是病理性醉酒,情况则不同了。病理性醉酒,又称为特发性酒中毒,是指所饮不足以使一般人发生醉酒的酒量而出现明显的行为和心理改变,在饮酒时或其后不久突然出现激越、冲动、暴怒以及攻击或破坏行为,可造成自伤或伤人后果。发作时有意识障碍,亦可出现错觉、幻觉和片断妄想。

发作持续时间不长,至多数小时,常以深睡结束。醒后对发作过程不能回忆。如果行为人属于病理性醉酒,对自己的行为没有辨认和控制能力,辩护律师则应当提出不承担刑事责任的无罪辩护意见。

(四) 吸毒的人

在司法实践中,有些案件是行为人吸毒产生幻觉后实施的暴力行为,如果行为人是主动吸食毒品的,应当预见到吸食毒品可能会产生幻觉,主观上应当认定为故意使自己陷入该状态,是一种自陷行为,因此即使作案时不能辨认或者控制自己的行为,也应当承担刑事责任。但如果行为人是被他人诱骗或者强迫吸毒进而产生幻觉后实施暴力行为的,如果确有证据证明其犯罪时没有刑事责任能力,仍然可以进行无罪辩护。

当然,不管吸毒是自陷还是他陷,辩护律师在代理这类案件时,还是可以试图申请对行为人犯罪时的精神状态进行鉴定,如果能证明其当时辨认或者控制行为的能力确实有所减弱的,结合案件具体情况提出罪轻辩护意见。

案例1-2

2005年5月5日凌晨,被告人彭某某因服食摇头丸药性发作,在其暂住处持刀朝同室居住的被害人阮某某胸部捅刺,致阮某某抢救无效死亡。当晚9时许,被告人彭某某到公安局投案自首。经精神病医学司法鉴定认为,彭某某系吸食摇头丸和K粉后出现精神病症状,在精神病状态下作案,评定为限定刑事责任能力。

在庭审过程中,被告人彭某某及其辩护人辩解彭某某并无杀害阮某某的故意,其持刀捅人的行为系吸毒后产生幻觉所致,作案时并无刑事责任能力,不应当承担刑事责任,要求重新进行司法精神病鉴定。法院认为,吸毒是国家法律所禁止的行为,彭某某在以前已因吸毒产生过幻觉的情况下,再次吸毒而引发本案,其吸毒、持刀杀人在主观上均出于故意,应对自己吸毒后的危害行为依法承担刑事责任,其吸毒后的责任能力问题不需要重新作司法精神病鉴定。

(五) 家庭暴力的受害者

在司法实践中,有些故意杀人和故意伤害案件中的行为人也是家庭暴力的受害者,对待这一类案件,辩护律师应收集充分的证据,如行为人受虐的报警记录、去妇联或者有关组织求助的记录、受虐后的伤情诊断、行为人的供述、邻居亲友的证言等,证明行为人属于家庭暴力的受害者,其实施犯罪行为属于不堪忍受家庭暴力的施暴者才采取的"以暴制暴",只要认定这类暴力犯罪案件是因为家庭暴力和长期虐待所致,被害人对引发犯罪具有严重过错,辩护律师就可以提出从轻、减轻处罚的辩护,甚至缓刑辩护,成功几率比较高。

> **案例1-3**
>
> 2004年9月,被告人刘某不堪忍受丈夫常年的殴打、辱骂与虐待,在家中将丈夫杀害,随后刘某向公安机关自首。辩护律师收集到刘某的同事联名提供的被告人经常受到家庭暴力虐待的证言以及被告人去市妇联的求助记录,反映其多年来被丈夫虐待的事实,提出对她减轻处罚的辩护意见。后刘某被人民法院以故意杀人罪判处有期徒刑3年。

(六)民间纠纷的当事人

因民间矛盾激化引发的暴力犯罪主要有故意杀人、故意伤害、绑架等案件,这一类的民间纠纷常见的有:恋爱、婚姻家庭矛盾引起的纠纷;因宅基地、相邻权、共有物权等引起的邻里纠纷;因熟人之间债权债务、言语不和等琐事引起的纠纷以及雇主雇员之间的劳动收入报酬、工钱结算等劳资纠纷;等等。对于这类民间矛盾激化引发的犯罪案件,辩护律师可以从以下几个角度开展工作:

1. 在故意伤害罪中,只需要证明该犯罪行为是由婚姻家庭、邻里纠纷等民间矛盾激化引发的,辩护律师就可以根据《人民法院量刑指导意见(试行)》的规定提出从宽处罚的辩护意见。

2. 如果被害人确有过错,辩护律师可以收集证明被害人具有过错的证据,如果被害人在犯罪行为发生之前,先行实施了违反法律法规、道德规范和公序良俗,损害被告人的正当法益或社会公共利益的不当行为,可以确定被害人自身有过错。在具体个案中,辩护律师应根据被害人过错的性质、所侵害法益的大小以及过错行为与犯罪行为之间的关联性等情况,全面考量评定被害人过错在量刑中的影响力,进而提出适当的从宽幅度的量刑意见。

3. 对于实施了本章暴力犯罪且可能判处3年有期徒刑以下刑罚的案件,辩护律师应当根据新刑事诉讼法的规定,促成犯罪行为人和被害人之间达成和解协议,以便公安机关可以向人民检察院提出从宽处理的建议；人民检察院可以向人民法院提出从宽处罚的建议；对于犯罪情节轻微，不需要判处刑罚的，还可以作出不起诉的决定；人民法院也可以依法对被告人从宽处罚。

> **案例1-4**
>
> 　　犯罪嫌疑人陈浩(化名)与被害人陈某系同胞兄弟。2003年陈浩因结婚盖房借陈某一方砖(价值70元)，之后二人因还没还钱的事情一直相互谩骂殴打。2010年12月16日，犯罪嫌疑人陈浩与被害人因此事再次发生争吵打斗，在厮打过程中陈浩持刀将陈某砍成重伤。人民检察院以陈某涉嫌故意伤害罪起诉到人民法院。
>
> 　　辩护律师在法庭辩论阶段提出此案属于民间纠纷激化引起的犯罪，双方属于同胞兄弟，被害人也把被告人打成轻微伤，本身也有一定的过错，且被告人积极赔偿医药费等经济损失，真诚悔罪，被害人也表示原谅被告人，不希望被告人受到刑事处罚。综合以上量刑情节，请求法院对被告人从轻处罚。最后，法院采纳了辩护律师的意见，对被告人判处有期徒刑3年，缓刑5年。

(七) 首要分子和积极参加者

对于聚众类犯罪，一般只惩罚首要分子和积极参加者，不惩罚一般参加者，本章中的聚众哄抢罪也不例外，其主体除了必须具备刑事责任能力之外，还必须是首要分子和积极参加者。所谓"首要分子"，是指在聚众哄抢犯罪中起组织、策划、指挥作用的人。所谓"积极参加者"，是指积极参与哄抢或者在哄抢中起主要作用的人。对一般参加聚众哄抢活动的人不应以犯罪论处。因此，律师在代理这类案件时，要审查当事人的主体身份情况，如果不属于首要分子或者积极参加者的，可以进行无罪辩护。

辩点1-2：主观方面

犯罪构成的主观方面包括罪过心理，即故意和过失，犯罪目的和犯罪动机。本章所涉及的暴力犯罪虽然都是故意犯罪，但主观方面仍各有差异。例如：故意杀人罪和故意伤害罪分别要求具有非法剥夺他人生命的故意和非法损害他人身体健康的故意；抢劫罪和抢夺罪要求具有非法占有他人财物的故意；绑架罪要求主观上必须具备向被害人家属勒索钱财或满足其他非法要求的目的。

(一) 犯罪动机

犯罪动机是我国司法实践中的一个酌定量刑情节。辩护律师代理暴力犯罪案件,考察犯罪主体实施犯罪行为的动机是进行量刑辩护的一个切入点。如果行为人的犯罪动机是善的,是有益于社会的,辩护律师可以提出从轻或者减轻处罚的辩护意见。例如:在故意杀人、故意伤害案件中,有的行为人犯罪是出于义愤,甚至是"大义灭亲""为民除害"的动机;在抢劫、抢夺、绑架案件中,有的行为人犯罪是出于经济困难,为了救治生病的家人的动机。这些动机相比于那些为了铲除政治对手而雇凶杀人或者为了过上奢靡的生活而劫财的,犯罪情节要更轻。辩护律师应当结合犯罪的事实、性质和对社会的危害程度、被告人的主观恶性、人身危险性等方面,提出可以从宽处罚的意见。

(二) 杀伤型犯罪的犯罪故意

对于杀伤型暴力犯罪,故意杀人罪和故意伤害罪都是故意犯罪,且犯罪结果有可能相同,如故意杀人未遂和故意伤害案件中,被害人都只可能受到轻伤或重伤;在故意杀人既遂和故意伤害致人死亡的案件中,都可能出现被害人死亡的结果。对于故意杀人罪和故意伤害罪,即使产生相同的犯罪结果,由于适用的罪名不同,量刑上会产生很大的差异,因此,辩护律师代理产生死伤结果的暴力案件,应从行为人主观上的故意内容切入,正确区分行为人具有杀人的故意还是伤害的故意,以便适用正确的罪名,维护当事人的合法权益。

从司法实践来看,判断行为人基于何种犯罪故意,应该结合整个案件情况进行综合判断:

第一,考察行为人与被害人之间的关系、双方矛盾的激化程度、犯罪动机、案件发生的起因,由此判断是否足以让行为人产生杀人的故意;

第二,从行为人犯罪时实施的手段、方法、打击的部位、所使用的工具(如工具的种类、工具的杀伤力、工具是否预先选择)、行为是否有节制、犯罪后是否采取一定的补救措施等判断行为人在实施犯罪时是否有杀人的故意;

第三,从结果进行判断,如果被害人已经死亡的,要考察被害人的死亡结果是行为人积极追求的或者放任发生的,还是行为人由于过失产生的后果;如果被害人没有死亡的,要考察被害人没有死亡是行为人意志以外的因素阻拦还是行为人本来就不想致被害人于死地。

如果行为人与被害人积怨不深,因为琐事发生纠纷导致矛盾升级,行为人实施伤害行为时并未选择要害部位下手,甚至有意识地避开要害部位,且伤害比较有节制,即使最后造成了死亡或者重伤的结果,辩护律师也应该提出行为人只有伤害的故意,只构成故意伤害罪的罪轻辩护。在一些疑难案例中,如果行为人因琐事和被害人起冲突,顺手抄起一把凶器,捅死被害人的,如果律师可以证明行为人只是性情鲁莽,一时冲动,在被害人受伤后,行为人积极采取措施进行抢救,如送被害人到医院进行抢救,最后就算抢救未果,辩护律师可以就此提出行为人没有杀人的故意,只构成故意伤害罪的辩护意见。

> **案例1-5**
>
> 　　被告人张某和李某都是某职工食堂做饭菜的厨师,一日,二人在做着饭菜时因言语不和起冲突,最后发展到拳脚相向。张某被李某踢中头部,张某一怒之下,顺手抄起一把菜刀朝李某砍过去,李某躲避不及,被砍到脖子,血流不止。张某大惊失色,赶紧将李某抱起,要车送到医院,后李某因失血过多,抢救无效死亡。检察院认为张某冲动之下不计后果实施了伤害行为,导致被害人死亡,具有故意杀人的间接故意;张某虽然采取措施抢救,但仍然出现了死亡结果,也不构成犯罪中止,故以故意杀人罪的既遂将张某起诉到人民法院。
>
> 　　在本案中,辩护律师提出被告人张某和被害人李某积怨不深,因言语不和起冲突,被告人并无要杀死李某的故意和动机。被告人之所以选择菜刀作为作案工具,是因为案发的地点就在厨房,拿菜刀比较顺手,且被告人一贯性情有些鲁莽,虽拿起菜刀砍李某,主观上并无杀人的动机和意图,被害人受伤后,被告人主动积极抢救,并未放任被害人的死亡,所以被告人的行为只构成故意伤害罪。法院最终以故意伤害罪判处张某15年有期徒刑。

(三)强抢型犯罪的犯罪目的

　　对于强抢型暴力犯罪,行为人一般都具有非法占有他人财物的目的。所谓非法占有目的,是指明知是公共的或者他人的财物,而意图把它非法转归自己或者第三者占有。如果辩护律师能证明行为人并不具有非法占有他人财物的目的,则可以进行无罪辩护或者改变定性的辩护,具体情况如下:

　　1. 如果行为人只抢回自己被骗走的财物或者所输赌资或者所赢赌债,不构成抢劫罪、抢夺罪。根据最高人民法院《关于审理抢劫、抢夺刑事案件适用法律若干问题的意见》第 7 条"关于抢劫特定财物行为的定性"中的规定:抢劫赌资、犯罪所得的赃款赃物的,以抢劫罪定罪,但行为人仅以其所输赌资或所赢赌债为抢劫对象,一般不以抢劫罪定罪处罚。构成其他犯罪的,依照刑法的相关规定处罚。如造成轻伤以上后果的,可以按照故意伤害罪论处。

案例 1-6

甲、乙二人赌博,甲输给乙 1 万元。甲认为乙采用了出老千的作弊手段才赢了这 1 万元,于是对乙以暴力相威胁,逼迫其当场退还 1 万元。后甲以抢劫罪被刑事拘留。

在本案中,辩护律师认为,赌博是一种非法活动,赌资应当予以没收,如单纯地以赌资为抢劫对象,可以构成抢劫罪;但在本案中,1 万元是甲输给乙的赌资,而且甲认为乙是通过作弊手段才赢得了这 1 万元,本来就是乙欺骗了甲,甲通过暴力手段抢回的只是自己的钱,并不是乙的钱,也不是其他人的钱,其主观上不具有非法占有他人财物的目的,因此不构成抢劫罪。

2. 行为人只是为了一时使用,采用暴力、胁迫等手段控制他人财物,如暴力借贷,不能认定为抢劫罪。但如果行为人以借钱为名,行抢劫之实,并无归还的意思,则应认定为抢劫罪。判断行为人主观上是否具有非法占有的目的,可以从以下几个方面加以判断:第一,行为人实施非法取得财物行为的动机和背景,比如是否因一时之需,是否有归还的能力和意思;第二,行为人实施非法取得财物行为的具体情节,比如是否熟人,数额是否确定,有无出具借条等;第三,行为人借钱后的表现,比如是否携款逃跑,是否将款项挥霍或者进行违法犯罪活动等。

3. 为个人使用,以暴力、胁迫等手段取得家庭成员或近亲属财产的,一般不以抢劫罪定罪处罚,构成其他犯罪的,依照刑法的相关规定处理。

4. 为索要债务而当场使用暴力夺取债务人或者债务人亲友的财物的,不构成抢劫罪,如果造成债务人或者债务人亲友轻伤以上后果的,应以故意伤害罪论处。因为行为人只具有索回自己债务的目的,而无非法占有他人财物的目的。

(四)绑架型犯罪的犯罪目的

对于绑架型暴力犯罪,即绑架罪,必须以勒索财物或者扣押人质为目的。勒索财物必须以非法占有财物为目的,如果只是为了索要债务而绑架他人作为人质,不具有非法占有财物的目的,不能构成绑架罪。此外,绑架罪还可以为了达到政治目的或者其他目的扣押他人作为人质,如以恢复恋爱关系或者离婚为目的,也可以构成绑架罪。这是绑架罪与抢劫罪在主观上存在的区别,因为抢劫罪必须以非法占有财物为目的,其他目的的不能构成抢劫罪。因此,辩护律师在代理这类案件时要注意考察行为人的主观目的,区别是绑架罪还是抢劫罪,或者是其他犯罪,以便制定辩护策略。

1. 以索要债务为目的绑架他人作为人质的不构成绑架罪。此处所索要的债务,不但包括合法债务,也包括法律不予保护的债务。行为人的行为之所以不构成绑架罪,也是因为行为人客观上虽然实施了绑架行为,但主观上是为了索要债务,并无非法占有他人财物的目的。根据最高人民法院《关于对为索取法律不予保护的债务非法拘禁他人行为如何定罪问题的解释》的规定,"行为人为索取高利贷、赌博等法律不予保护的债务,非法扣押、拘禁他人的,依照刑法第二百三十八条规定的非法拘禁罪定罪处罚"。

2. 以恢复恋爱或者离婚为目的绑架他人作为人质的可以构成绑架罪。但是如果行为人只具有非法剥夺他人人身自由的目的,并未采取暴力手段或者以暴力相威胁侵犯他人人身权利的,只能构成非法拘禁罪。

3. 对于偷盗婴幼儿的案件,要注意考察行为人的主观目的。以勒索财物为目的,按照绑架罪定罪处罚;以出卖为目的的,按照拐卖儿童罪定罪处罚。可见,犯罪目的的考察直接影响到案件的定性。所谓偷盗婴幼儿,是指采取不为婴幼儿父母、保姆等监护人、看护人知晓的方式偷盗不满1周岁的婴儿或者1周岁以上6周岁以下幼儿并将其作为人质的行为。

因此,辩护律师代理强抢型和绑架型暴力犯罪案件,应当运用好这一重要辩点,如能判断犯罪嫌疑人、被告人主观上并不具备非法占有财物或者满足其他不当要求的目的,可以进行无罪辩护或者改变定性的辩护。

辩点1-3:犯罪对象

(一) 他人

故意杀人罪、故意伤害罪以及绑架罪的行为对象都是他人。

1. 自己剥夺自己生命的自杀行为,在我们国家不是犯罪,不能认定为故意杀人罪。此外,胎儿和尸体也不是故意杀人罪的行为对象,因此,堕胎和毁坏尸体的行为都不构成故意杀人罪。但是,如果将尸体误认为活人而加以杀害的,属于故意杀人对象不能犯的未遂。

2. 自己故意伤害自己身体的,一般不构成犯罪,但是行为人如果是现役军人,且在战时为了逃避履行军事义务而自伤自己身体的,可以按照战时自伤罪论处;如果自伤身体是为了诬告陷害他人,可以按照诬告陷害罪论处。

3. 谎称自己被绑架而向他人勒索财物或者将自己作为人质的,不构成绑架罪,符合诈骗罪构成要件的,可以按照诈骗罪论处。

(二) 公私财物

抢劫罪、抢夺罪和聚众哄抢罪既是暴力类犯罪,又是财产类犯罪,行为对象还涉及公私财物,这里的公私财物一般情况下表现为有经济价值的动产、有形物,也不排除特殊情况下的财产性利益,如有价支付凭证、有价证券、有价票证等。

至于借据、欠条能否作为刑法上的财物,为毁灭债务,抢劫或者抢夺借据、欠条能否构成抢劫罪、抢夺罪,这在理论和实践中仍存在一定的争议,这样的争议也为律师代理这类案件提供了一定的辩护空间。

一般说来,借据、欠条虽然不是现金、物品或者有价证券,但它却是一种证明债权的凭证,尤其当该借条是确认债权存在的唯一证明时,如果失去这一凭证,债权人就将失去债权。此时,应当把借条纳入公私财物的范围。浙江省高级人民法院、浙江省人民检察院、浙江省公安厅曾联合下发《关于抢劫、盗窃、诈骗、抢夺借据、欠条等借款凭证是否构成犯罪的意见》,其中明确规定,债务人以消灭债务为目的,抢劫、盗窃、诈骗、抢夺合法、有效的借据、欠条等借款凭证,并且该借款凭证是确认债权债务关系存在的唯一的证明的,可以抢劫罪、盗窃罪、诈骗罪、抢夺罪论处。

因此,律师在代理这类案件时,要考察涉案的借据、欠条是否确认债权债务关系存在的唯一证明,如果失去借据、欠条仍然有其他证据能够证明债权债务关系存在,债权人并不必然失去债权,债务人也没有达到消灭债务的目的,则仍然存在无罪辩护的空间。

案例1-7

2014年2月到2015年4月,被告人张某某分三次向被害人钟某某借款18.5万元(月息2%至5%),张某某每月均如期还息,共付利息款3万余元。后因无法还债,为抢回自己向被害人钟某某借款时所出具的借条和用作抵押的房

> 产证,被告人张某某事先购买了铁锤,于2015年6月9日夜里22时许,携铁锤至被害人钟某某所开的药店处,以归还借款为由进入药店,随后持铁锤打击钟某某的头部,将其打倒在地后拿起房产证和借条逃离现场。经法医鉴定,被害人钟某某的伤为八级伤残,属重伤。
>
> 在庭审过程中,被告人张某某及其辩护人辩称没有抢劫的犯意,借条也不是抢劫罪的对象,不构成抢劫罪。但法院认为,被告人张某某为毁证灭债,采用暴力手段强行取回由其出具的借条及用作抵押的房产证,致被害人重伤,其行为已经构成抢劫罪。

辩点1-4:犯罪行为

(一) 杀人行为

故意杀人罪的实行行为表现为杀人行为,即非法剥夺他人生命的行为。依法剥夺他人生命的行为不能构成故意杀人罪,如依法对被判处死刑立即执行的已决犯执行枪决或者注射。杀人的行为方式一般表现为作为,有时也表现为不作为,如故意不给婴儿喂食。在司法实践中,杀人的方法和手段是多种多样的,虽然不影响定罪,但可以影响量刑。辩护律师在代理时可以将杀人的方法和手段作为量刑情节予以考虑。

1. 关于自杀问题

自杀行为一般不认为是犯罪,但对于在实践中涉及自杀的案件,需要根据情况区别对待:

(1) 以暴力、威胁的方法逼迫他人自杀的,或者以相约自杀的方式欺骗他人自杀而本人不自杀的,实质上是借助于被害人之手完成故意杀人的行为,符合故意杀人罪的构成要件,应以故意杀人罪论处。

(2) 诱骗、帮助未满14周岁的人或者丧失辨认或者控制能力的人自杀的,实质上是借助于被害人之手完成故意杀人的行为,符合故意杀人罪的构成要件,应以故意杀人罪论处。

(3) 教唆、帮助意志完全自由的人自杀的,即他人本无自杀之意而故意诱发他人产生自杀之意而自杀,他人已有自杀之意而在精神上加以鼓励使其坚定自杀意图或者在客观上提供便利使其自杀意图得以实现的情形,可以构成故意杀人罪,但量刑要明显轻于谋杀他人的行为。

(4)组织、策划、煽动、教唆、帮助邪教组织人员自杀的,以故意杀人罪定罪处罚。

(5)实施刑法规定的作为或者不作为而造成他人自杀身亡的,他人自杀身亡的情况应作为一个定罪或者量刑的情节,结合其他案件情节加以综合考虑。例如,强奸妇女引起被害妇女自杀或者自杀身亡的,被害妇女自杀或者自杀身亡的情节,应在量刑时加以考虑。

2. 关于安乐死

安乐死目前在我国并未合法化,任何人应有不治之症、濒临死亡的人或者其亲属的请求,为免除其所遭受的极端痛苦而致其无痛苦地死亡的,仍应以故意杀人罪论处。辩护律师代理此类案件时,应查明行为人的动机是为了免除被害人所遭受的极端痛苦,实施致人死亡的行为是应被害人或者其亲属的要求,从而提出行为人所实施的行为属于"情节较轻",应当适用"三年以上十年以下有期徒刑"的量刑幅度。

(二)伤害行为

故意伤害罪的实行行为表现为非法损害他人身体健康的行为,一方面要求伤害行为必须是非法的,因执行职务、执行命令、正当防卫、紧急避险等合法行为造成他人伤害的,是合法行为,不能构成犯罪;另一方面要求伤害行为必须是损害他人身体组织的完整性和人体器官正常功能,造成的轻伤、重伤和死亡是法定的三种伤害结果,直接影响适用的量刑幅度。如果造成的伤害仅为轻微伤或者精神损伤,则不能构成故意伤害罪。

所谓轻伤,是指物理、化学及生物等各种外界原因作用于人体,造成组织、器官一定程度的损害或者部分功能障碍,尚未构成重伤亦不属于轻微伤的损伤。所谓重伤,是指具有下列情形之一的损伤:① 使人肢体残废或者毁人容貌;② 使人丧失听觉、视觉或者其他器官机能;③ 其他对于人体健康有重大伤害的。损伤程度的评定一般由司法机关委托鉴定机构根据鉴定标准作出鉴定意见,辩护律师应当认真审查这些鉴定意见,以便找到有利于被告人的切入点。

(三)抢劫行为

抢劫罪的实行行为表现为当场以暴力、胁迫或者其他方法,强行劫取财物的行为。这里的"暴力方法",是指当场对他人人身实施强制,如捆绑、殴打、禁闭、伤害甚至杀害等,足以使他人的身体受到强制而处于不能反抗或者不敢反抗的状态;这里的"胁迫方法",是指对他人以当场使用暴力相威胁,进行精神上的强制,使被害人产生恐惧而不敢反抗;这里的"其他方法",是指对他人施以暴力、胁迫方法以外的与这两种方法相似的强制性方法,如用酒灌醉或者药物麻醉的方法,使他人丧失反抗能力而无法反抗。以上这些都是强制性行为,都足以压制被害人的反抗,与强奸罪中的"暴力、胁迫或者其他方法"相同。除了实施强制性行为,还要求劫取财物,而且强制性行为与取得财物之间在时间上、场合上具有统一性,如果不具有统一性,被害人是基于强制性行为而事后给予财物的,不构成抢劫罪,可能构成敲诈勒索罪。

此外,关于抢劫行为的认定,我们还需要注意以下特殊情况:

1. 转化型抢劫

根据《刑法》第269条的规定,犯盗窃、诈骗、抢夺罪,为窝藏赃物、抗拒抓捕或者毁灭罪证而当场使用暴力或者以暴力相威胁的,以抢劫罪定罪处罚。抢劫罪的社会危害性比盗窃罪、诈骗罪或抢夺罪更严重,法定刑自然也比盗窃罪、诈骗罪和抢夺罪重得多。因此,辩护律师应当准确掌握盗窃罪、诈骗罪和抢夺罪转化为抢劫罪的条件,当被告人被指控犯有转化型抢劫罪时,辩护律师应当结合法条规定和具体案情,看当事人是否具备转化的条件,如果不具备的,应当作出只构成盗窃罪、诈骗罪和抢夺罪的罪轻辩护。2016年最高人民法院《关于审理抢劫刑事案件适用法律若干问题的指导意见》中也有重申。

(1)必须首先实施了盗窃、诈骗、抢夺行为,这是转化的前提条件。这里的实施是指已经着手实施,一般不考察盗窃、诈骗、抢夺行为是否既遂。但是所涉财物数额明显低于"数额较大"的标准,又不具有最高人民法院《关于审理抢劫、抢夺刑事案件适用法律若干问题的意见》第5条所列五种情节之一的,不构成抢劫罪。

(2)必须当场使用暴力或者以当场使用暴力相威胁,这是转化型抢劫对时间上的要求。如果强制性行为不是当场使用,而是与盗窃、诈骗、抢夺行为之间形成了明显的时空间隔,不能转化为抢劫罪。这里的"当场",是指在盗窃、诈骗、抢夺的现场以及行为人刚离开现场即被他人发现并抓捕的情形。

(3)当场使用的必须是暴力或者以暴力相威胁,这是转化型抢劫对手段的要求。对于采取的强制性手段,一定要达到足以压制被害人反抗的程度,对于以摆脱的方式逃脱抓捕,暴力强度较小,未造成轻伤以上后果的,可不认定为"使用暴力",不以抢劫罪论处。

(4)使用强制性行为的目的是为了窝藏赃物、抗拒抓捕或者毁灭罪证,这是转化的目的要求,如果为了除此之外的其他目的,不能转化为抢劫罪。所谓"窝藏赃物",是指为防止已非法获得的赃物被追回;所谓"抗拒抓捕",是指抗拒司法机关或者任何公民尤其是失主对行为人的抓捕和扭送;所谓"毁灭罪证",是指湮灭作案现场上遗留的痕迹、物品以免被刑事追究。

如果行为人不是在窝藏赃物、抗拒抓捕或者毁灭罪证的目的支配下使用强制性行为,不能构成转化型抢劫罪。比如,行为人在盗窃、诈骗、抢夺过程中被发现后,为排除妨碍进而占有财物而实施暴力或者以暴力相威胁的,或者在盗窃、诈骗、抢夺过程中为防止被害人发现而对被害人实施暴力或者以暴力相威胁的,不属于转化型抢劫,应直接认定为抢劫罪。

> **案例 1-8**
>
> 被告人赵某某与他人结伙,以摆摊摸奖的方式设局诈骗钱财,且事先明确如果摸奖的人不愿交出钱款,即围住胁迫对方交付。2013年4月29日早晨,被害人陈某某摸奖发现被骗后不愿交付钱款,赵某某与同伙即将陈某某围住迫使其交出240元。陈某某遂从自行车上取下一个装有切料刀具的袋子挥打反击,赵某某夺下袋子,并从袋子里取出一把刀具挥砍陈某某,致陈某某动脉断裂大出血而死亡。
>
> 在本案中,被告人赵某某的行为应当直接认定为抢劫罪,而非转化型抢劫罪。因为赵某某在行骗过程中被人发现后采用暴力手段不是为了窝藏赃物、抗拒抓捕或者毁灭罪证,而是以非法占有为目的劫取他人财物。

2. 抢夺型抢劫

(1) 携带凶器抢夺的认定

根据《刑法》第267条第2款的规定,携带凶器抢夺的,按照抢劫罪定罪处罚。这里的携带凶器抢夺,是指行为人随身携带枪支、爆炸物、管制刀具等国家禁止个人携带的器械进行抢夺或者为了实施犯罪而携带其他器械进行抢夺的行为。行为人携带国家禁止个人携带的器械以外的其他器械进行抢夺的,需要视其是否为实施犯罪而定,如果确有证据证明不是为了实施犯罪准备的,不应以抢劫罪定罪。

行为人只要携带了凶器进行抢夺,不要求行为人向被害人展示凶器或者向被害人显示持有、佩带凶器。如果行为人展示或者显示凶器的,直接构成抢劫罪,而无需适用《刑法》第267条第2款的规定。

(2) 驾驶车辆抢夺的认定

根据2005年最高人民法院《关于审理抢劫、抢夺刑事案件适用法律若干问题的意见》(以下简称《关于抢劫抢夺案件的意见》)第11条的规定,对于驾驶机动车、非机动车夺取他人财物的,一般以抢夺罪从重处罚。但具有下列情形之一的,应当以抢劫罪定罪处罚：

① 驾驶车辆，逼挤、撞击或者强行逼倒他人以排除他人反抗、乘机夺取财物的；

② 驾驶车辆强抢财物时，因被害人不放手而采取强拉硬拽方法劫取财物的；

③ 行为人明知其驾驶车辆强行夺取他人财物的手段会造成他人伤亡的后果，仍然强行夺取并放任造成财物持有人轻伤以上后果的。

2013年11月18日开始施行的最高人民法院、最高人民检察院《关于办理抢夺刑事案件适用法律若干问题的解释》(以下简称《关于抢夺案件的解释》)第6条也进一步明确了驾驶机动车、非机动车夺取他人财物，具有下列情形之一的，应当以抢劫罪定罪处罚：

① 夺取他人财物时因被害人不放手而强行夺取的；

② 驾驶车辆逼挤、撞击或者强行逼倒他人夺取财物的；

③ 明知会致人伤亡仍然强行夺取并放任造成财物持有人轻伤以上后果的。

需要注意的是，驾驶车辆抢夺并由此造成被害人人身伤亡后果的，应以抢劫致人重伤、死亡论处，构成抢劫罪的加重情节。

案例1-9

2010年5月9日晚10时许，被告人钱某某、黄某某经预谋，由钱某某驾驶白色新田摩托车载黄某某至自行车道，尾随骑自行车的女青年赵某某至路口处时，在车速较快的情况下，由被告人黄某某用力抢夺赵某某的右肩挎包，并加速逃离现场，将挎包抢走，致赵某某当场摔倒，送医院抢救无效，因重度颅脑损伤死亡，被抢挎包内装有人民币300余元、IC电话卡等物。公诉机关认为二被告人明知自己驾驶摩托车抢夺他人财物可能造成被害人死亡，却放任结果的发生，致使被害人死亡，其行为构成故意杀人罪。

在庭审过程中，二被告人辩解他们只有抢夺他人财物的故意，对被害人的死亡在主观上没有故意，是过失造成的，应当认定为抢夺致人死亡罪。法院经审理认为，二被告人以非法占有为目的，其行为虽然是将强力作用于被抢取的财物，但该强力可能会造成他人死亡的结果，二被告人是明知的，且放任危害结果的发生，抢走被害人财物并致被害人死亡，构成抢劫致人死亡，属于抢劫罪的结果加重犯。

3. 抢劫罪的加重情节

《刑法》第263条规定了抢劫罪在八种情形之下的法定刑为10年以上有期徒刑、无期徒刑或者死刑，并处罚金或者没收财产。因此，当司法机关指控被告人犯有抢劫罪，且具备抢劫罪的八种加重处罚的量刑情节之一的，辩护律师就要深入理解法条及相关司法解释的规定，看能否排除加重情节法条的适用，最大限度地维护当事人的合法权益。

（1）"入户抢劫"的认定

根据2016年最高人民法院《关于审理抢劫刑事案件适用法律若干问题的指导意见》的规定，认定"入户抢劫"，要注重审查行为人"入户"的目的，将"入户抢劫"与"在户内抢劫"区别开来。以侵害户内人员的人身、财产为目的，入户后实施抢劫，包括入户实施盗窃、诈骗等犯罪而转化为抢劫的，应当认定为"入户抢劫"。因访友办事等原因经户内人员允许入户后，临时起意实施抢劫，或者临时起意实施盗窃、诈骗等犯罪而转化为抢劫的，不应认定为"入户抢劫"。

对于部分时间从事经营、部分时间用于生活起居的场所，行为人在非营业时间强行入内抢劫或者以购物等为名骗开房门入内抢劫的，应认定为"入户抢劫"。对于部分用于经营、部分用于生活且之间有明确隔离的场所，行为人进入生活场所实施抢劫的，应认定为"入户抢劫"；如场所之间没有明确隔离，行为人在营业时间入内实施抢劫的，不认定为"入户抢劫"，但在非营业时间入内实施抢劫的，应认定为"入户抢劫"。

（2）"在公共交通工具上抢劫"的认定

根据2016年最高人民法院《关于审理抢劫刑事案件适用法律若干问题的指导意见》的规定，"公共交通工具"，包括从事旅客运输的各种公共汽车，大、中型出租车，火车、地铁、轻轨、轮船、飞机等，不含小型出租车。对于虽不具有商业营运执照，但实际从事旅客运输的大、中型交通工具，可认定为"公共交通工具"。接送职工的单位班车、接送师生的校车等大、中型交通工具，视为"公共交通工具"。

"在公共交通工具上抢劫"，既包括在处于运营状态的公共交通工具上对旅客及司售、乘务人员实施抢劫，也包括拦截运营途中的公共交通工具对旅客及司售、乘务人员实施抢劫，但不包括在未运营的公共交通工具上针对司售、乘务人员实施抢劫。以暴力、胁迫或者麻醉等手段对公共交通工具上的特定人员实施抢劫的，一般应认定为"在公共交通工具上抢劫"。

（3）"抢劫银行或者其他金融机构"的认定

"抢劫银行或者其他金融机构"是指抢劫银行或者其他金融机构的经营资金、有价证券和客户的资金等。抢劫正在使用的银行或者其他金融机构的运钞车的,视为"抢劫银行或者其他金融机构"。如果行为人以银行的办公用品,如电脑等作为抢劫罪的对象时,不属于抢劫银行或者金融机构。正在银行或者其他金融机构等待办理业务的客户不是金融机构本身,抢劫这些客户财物的行为不能认定为"抢劫银行或者其他金融机构"。但是,如果这些客户的财物已经递交银行或者其他金融机构工作人员后,行为人进行抢劫的,应以"抢劫银行或者其他金融机构"论处。

案例1-10

2008年9月9日下午,被告人曾某某携带斧头窜至某银行营业厅内,在某公司女职员罗某某拿出现金放在柜台上准备办理存款业务时,将其现金计人民币3万元悉数抢走,欲逃跑时被群众于营业厅内当场抓获,并被搜出随身携带的斧头一把。公诉机关认为被告人曾某某携带凶器抢夺他人财物,数额巨大,其行为已构成抢劫罪,且夺取的是金融机构的储户资金,应以"抢劫银行或者其他金融机构"论处。

但辩护律师认为,正在银行或者其他金融机构等待办理业务的客户不是金融机构本身,抢劫这些客户资金的行为不能认定为"抢劫银行或者其他金融机构"。且被告人曾某某在犯罪中对被害人的人身并未造成任何伤害,在抓捕时没有持械反抗,尚未造成严重后果。后法院对被告人曾某某酌情予以从轻处罚。

(4)"多次抢劫"和"抢劫数额巨大"的认定

《刑法》第263条第(四)项中的"多次抢劫"是指抢劫3次以上。对于"多次"的认定,应以行为人实施的每一次抢劫行为均已构成犯罪为前提,综合考虑犯罪故意的产生,犯罪行为实施的时间、地点等因素,客观分析、认定。对于行为人基于一个犯意实施犯罪的,如在同一地点同时对在场的多人实施抢劫的;或基于同一犯意在同一地点实施连续抢劫犯罪的,如在同一地点连续地对途经此地的多人进行抢劫的;或在一次犯罪中对一栋居民楼房中的几户居民连续实施入户抢劫的,一般应认定为一次犯罪。也就是说,行为人在同一地点连续对多人同时实施抢劫的,虽属抢劫多人,但由于是基于同一犯意,不仅具有犯罪时间的连续性,还具有犯罪地点的相近性,不属于多次抢劫。

根据2016年最高人民法院《关于审理抢劫刑事案件适用法律若干问题的指导

意见》的规定,认定"抢劫数额巨大",参照各地认定盗窃罪数额巨大的标准执行。抢劫数额以实际抢劫到的财物数额为依据。对以数额巨大的财物为明确目标,由于意志以外的原因,未能抢到财物或实际抢得的财物数额不大的,应同时认定"抢劫数额巨大"和犯罪未遂的情节,根据刑法有关规定,结合未遂犯的处理原则量刑。

根据 2005 年《关于抢劫抢夺案件的意见》第 6 条第 1 款规定,抢劫信用卡后使用、消费的,以行为人实际使用、消费的数额为抢劫数额。由于行为人意志以外的原因无法实际使用、消费的部分,虽不计入抢劫数额,但应作为量刑情节考虑。通过银行转账或者电子支付、手机银行等支付平台获取抢劫财物的,以行为人实际获取的财物为抢劫数额。

案例 1-11

被告人陈某某系某超市员工,知道超市的会计会在夜里十点左右清点一天的流水。一天,陈某某没有上班,赌博输了很多钱,遂夜里潜回超市,持水果刀向值班会计刘某某索要人民币 3 万元,刘某某不给,被告人陈某某便将刘某某的颈部划伤,后经法医鉴定为轻伤。最终刘某某逃脱,陈某某也没有抢得任何钱财。次日陈某某被抓获归案。后一审法院认定陈某某以非法占有为目的,采用暴力手段强行劫取他人数额巨大的财物,致人轻伤,其行为已构成抢劫罪,判处有期徒刑 10 年,剥夺政治权利 2 年,并处罚金人民币 6 万元。

在二审庭审过程中,辩护律师提出,陈某某虽然以数额巨大的财物为明确目标,但由于意志以外的原因未能抢到任何财物,虽然具有"抢劫数额巨大"的情节,但同时构成犯罪未遂,应当依法结合未遂犯的处理原则量刑。一审判决量刑过重,依法应予改判。该辩护意见后被采纳,二审法院将陈某某改判为有期徒刑 6 年,并处罚金人民币 4 万元。

(5)"抢劫致人重伤、死亡"的认定

行为人在实施抢劫过程中,因使用暴力直接导致被害人产生重伤或者死亡的结果,都属于本项下的加重情节。主要有三种情况:A. 在实施抢劫的过程中,为排除被害人的反抗,故意先重伤他人,然后当场将财物夺走;B. 在实施抢劫的过程中,为排除被害人的反抗,故意重伤他人以夺取财物,使其受伤致死;C. 实施抢劫的过程中,为排除被害人的反抗,故意将其杀死,然后劫取财物。不管是哪一种情形,发生的加重结果均是针对遭受抢劫的被害人。如果抢劫行为导致遭受抢劫的被害人以外的其他人重伤或者死亡结果的,不能认定为抢劫罪的加重情节。如果行为人为劫取财物而预谋故意杀人,或者在劫取财物过程中,为制服被害人反抗而故意杀人的,以抢劫罪定罪处罚,因杀人行为造成重伤、死亡结果的,属于抢劫罪的加重情节。如果行为人实施抢劫后,为灭口而故意杀人的,以抢劫罪和故意杀人罪定罪,实行数罪并罚。如果行为人在实施劫取财物的过程中并未造成被害人重伤或者死亡,重伤或者死亡结果是抢劫后为灭口实施故意杀人行为所造成的,那么对于抢劫罪不能适用加重情节,该结果属于另起犯意,应当以故意杀人罪进行评价。

(6)"冒充军警人员抢劫"的认定

根据2016年最高人民法院《关于审理抢劫刑事案件适用法律若干问题的指导意见》的规定,认定"冒充军警人员抢劫",要注重对行为人是否穿着军警制服、携带枪支、是否出示军警证件等情节进行综合审查,判断是否足以使他人误以为是军警人员。对于行为人仅穿着类似军警的服装或仅以言语宣称系军警人员但未携带枪支、也未出示军警证件而实施抢劫的,要结合抢劫地点、时间、暴力或威胁的具体情形,依照常人判断标准,确定是否认定为"冒充军警人员抢劫"。军警人员利用自身的真实身份实施抢劫的,不认定为"冒充军警人员抢劫",应依法从重处罚。

(7)"持枪抢劫"的认定

"持枪抢劫"是指行为人使用枪支或者向被害人显示持有、佩带的枪支进行抢劫的行为。为抢劫而携带枪支并不一定就属于"持枪抢劫",是否属于持枪抢劫要从行为人的主观目的和客观行为的一致性上进行判断,如果行为人携带枪支只是为了在抢劫过程中起到威慑作用,但客观上并未持枪进行威胁或者伤害,则不能认定为"持枪抢劫"。这里的"枪支"的概念和范围,适用《中华人民共和国枪支管理法》的规定。因此,持仿真手枪、假枪等抢劫不属于抢劫罪的加重情节。

案例1-12

2010年12月至2011年1月,被告人张某某与同案被告人白某某等人经预谋后多次结伙在某区域内实施盗窃,盗窃财物价值共计人民币1万余元。2011年1月14日凌晨,张某某和白某某又来到针织公司,先用携带的毒鸭肉毒死看门狗,后用大力钳剪断窗栅进入厂房实施盗窃,张某某将不同样式的袜子(后经鉴定价值为5000余元)扔出窗口,白某某将袜子装进事先准备的蛇皮袋运离现场。后因被巡逻的联防人员徐某某等人发现,张某某为抗拒抓捕,使用随身携带的枪支(经鉴定该枪以火药发射为动力,可以击发并具有杀伤力)向徐某某射击,致徐某某轻伤。后张某某以持枪抢劫被提起公诉。

在庭审过程中,辩护律师提出,被告人持枪的目的是抗拒抓捕,并不是劫取财物,不具有持枪抢劫的目的性,不能认定为持枪抢劫。将此种行为认定为持枪抢劫,是对持枪情节的重复评价。但该意见未被采纳,法院认为,被告人张某某在盗窃过程中随身携带枪支,其主观目的已经包含了为确保顺利取得财物并逃离现场而使用枪支的意图,符合持枪抢劫的犯罪特征,应当认定为持枪抢劫。那种认为盗窃后持枪抗拒抓捕的目的是抗拒抓捕,并不是劫取财物,是将一个整体行为割裂开来进行理解,难以准确地概括行为的本质特征。

(8)"抢劫军用物资或抢险、救灾、救济物资"的认定

如果行为人误以为是普通财物,但客观上抢劫了军用物资,或者误以为是军用物资,客观上抢劫了普通财物,都不能适用本项,这里的"抢险、救灾、救济物资"是指已经确定用于或者正在用于抢险、救灾、救济的物资。

(四)抢夺行为

抢夺罪的实行行为是以非法占有为目的,公然夺取公私财物的行为,这里的"公然夺取",是指在被害人直接持有、控制着财物的情况下,采用可以使被害人立即发觉、知晓但是难以马上夺回的方式,公开夺取其直接持有或者控制着的财物。虽然与抢劫罪一样都实施了"抢"的行为,往往也会伴随暴力行为,但抢夺行为中的暴力,不是直接针对被害人的,而是直接针对和作用于财物,直接使财物脱离被害人的持有、控制。一般情况下,抢夺罪中的强力仅以夺取公私财物为目的,一般不会侵犯到被害人的人身权利。如果针对财物的强力过猛,即使造成被害人伤亡的,也不能认定为抢劫罪,可以作为抢夺罪的量刑情节予以考虑。

1. 抢夺的数额认定

2015年《刑法修正案(九)》实施之前,抢夺罪是数额犯,抢夺财物的数额必须达到"数额较大"的标准才能构成犯罪,即使《刑法修正案(九)》将多次抢夺也作为了入罪的标准,但抢夺财物数额的认定仍是律师进行辩护时需要重点考察的内容,因为数额达到"较大""巨大""特别巨大"的标准所适用的量刑幅度是不同的。根据2013年《关于抢夺案件的解释》第1条的规定:

① 抢夺公私财物价值人民币1000元至3000元以上的,为"数额较大";

② 抢夺公私财物价值人民币3万元至8万元以上的,为"数额巨大";

③ 抢夺公私财物价值人民币20万元至40万元以上的,为"数额特别巨大"。

各省、自治区、直辖市高级人民法院、人民检察院可以根据本地区经济发展状况,并考虑社会治安状况,在前款规定的数额幅度内,确定本地区执行的具体数额标准,报最高人民法院、最高人民检察院批准。

需要注意的是,"1000元至3000元以上"是认定抢夺罪中"数额较大"的一般标准,但这个标准也有例外,2013年《关于抢夺案件的解释》第2条规定了抢夺公私财物,具有下列情形之一的,"数额较大"的标准按照"1000元至3000元以上"的50%确定,换句话说,抢夺公私财物具有下列情形之一,数额达到"500元至1500元以上"的,即可构成犯罪:

A. 曾因抢劫、抢夺或者聚众哄抢受过刑事处罚的;

B. 一年内曾因抢夺或者哄抢受过行政处罚的;

C. 一年内抢夺3次以上的;

D. 驾驶机动车、非机动车抢夺的;

E. 组织、控制未成年人抢夺的;

F. 抢夺老年人、未成年人、孕妇、携带婴幼儿的人、残疾人、丧失劳动能力人的财物的;

G. 在医院抢夺病人或者其亲友财物的;

H. 抢夺救灾、抢险、防汛、优抚、扶贫、移民、救济款物的;

I. 自然灾害、事故灾害、社会安全事件等突发事件期间,在事件发生地抢夺的;

J. 导致他人轻伤或者精神失常等严重后果的。

2. 抢夺的情节认定

① 其他严重情节:抢夺公私财物,具有下列情形之一的,应当认定为《刑法》第267条规定的"其他严重情节":

A. 导致他人重伤的;

B. 导致他人自杀的;

C. 具有下列情形之一,数额达到1.5万元至4万元以上的;a. 一年内抢夺3次以上的;b. 驾驶机动车、非机动车抢夺的;c. 组织、控制未成年人抢夺的;d. 抢夺老年人、未成年人、孕妇、携带婴幼儿的人、残疾人、丧失劳动能力人的财物的;e. 在医院抢夺病人或者其亲友财物的;f. 抢夺救灾、抢险、防汛、优抚、扶贫、移民、救济款物的；g. 自然灾害、事故灾害、社会安全事件等突发事件期间，在事件发生地抢夺的；h. 导致他人轻伤或者精神失常等严重后果的。

② 其他特别严重情节：抢夺公私财物，具有下列情形之一的，应当认定为《刑法》第267条规定的"其他特别严重情节"：

A. 导致他人死亡的；

B. 具有下列情形之一，数额达到10万元至20万元以上的：a. 一年内抢夺3次以上的；b. 驾驶机动车、非机动车抢夺的；c. 组织、控制未成年人抢夺的；d. 抢夺老年人、未成年人、孕妇、携带婴幼儿的人、残疾人、丧失劳动能力人的财物的；e. 在医院抢夺病人或者其亲友财物的；f. 抢夺救灾、抢险、防汛、优抚、扶贫、移民、救济款物的；g. 自然灾害、事故灾害、社会安全事件等突发事件期间，在事件发生地抢夺的；h. 导致他人轻伤或者精神失常等严重后果的。

3. 不起诉或者免予刑事处罚的情节

根据2013年《关于抢夺案件的解释》第5条的规定，抢夺公私财物数额较大，但未造成他人轻伤以上伤害，行为人系初犯，认罪、悔罪、退赃、退赔，且具有下列情形之一的，可以认定为犯罪情节轻微，不起诉或者免予刑事处罚；必要时，由有关部门依法予以行政处罚：

① 具有法定从宽处罚情节的；

② 没有参与分赃或者获赃较少，且不是主犯的；

③ 被害人谅解的；

④ 其他情节轻微、危害不大的。

(五) 哄抢行为

聚众哄抢罪的实行行为是以非法占有为目的，聚集多人，公然夺取公私财物的行为。所谓"聚众"，是指在首要分子的组织策划下纠集3人以上实施犯罪行为；所谓"哄抢"，是指一哄而起，当着公私财物所有人、保管人、持有人的面公然夺取的行为。从本质上看，聚众哄抢罪属于一种聚众型的抢夺犯罪，与抢夺罪的区别在于借助于人多势众使公私财物的所有人、保管人或者持有人无法加以制止，公然抢走财物。

(六) 绑架行为

绑架罪的实行行为是绑架他人的行为。所谓绑架，是指用暴力、胁迫、麻醉或者其他强制性手段将他人置于自己的控制之下作为人质的行为。

1. 行为手段的强制性：一般说来，绑架行为必须以强制手段进行，具有强制性，使用欺骗等非强制方法的，不属于绑架，但是，如果先是欺骗他人进入某地而后强制加以控制或者意图强制加以控制的，也构成绑架。

2. 胁迫的现实紧迫性：绑架罪是行为人在绑架他人后以杀害或伤害被绑架人为内容逼迫人质的亲友或有关组织交付财物，发生的胁迫内容随时都可以实现，因为行为人发出胁迫时，人质已经在行为人的控制之下了，这种胁迫的内容具有加害的现实紧迫性。如果胁迫内容的实施不具有紧迫性，而是以将对被害人实施暴力、揭发隐私、不名誉的事相威胁或要挟，不能构成绑架罪，可能构成敲诈勒索罪。

3. 劫取财物的非当场性：绑架罪一般表现为行为人以杀害、伤害等方式向被绑架人的亲属或其他人或单位发出威胁，索取赎金或提出其他非法要求，劫取财物一般不具有"当场性"。而抢劫罪劫取财物一般应在同一时间、同一地点，具有"当场性"。

4. 对第三人财产的侵犯性：绑架罪既侵害了被绑架人的人身权利，也侵犯了第三人的财产权益，被绑架人和交付财物的人不是同一个人。如果被强制的人与交付财物的人是同一个人，不是从第三人手中取得财物，则不构成绑架罪，可能构成抢劫罪或者敲诈勒索罪。

> **案例 1-13**
>
> 被告人文某某与林某某、朱某某经事先预谋后，于 2010 年 2 月 17 日 11 时许窜至酒店守候，当被害人何某某欲进入自己轿车驾驶室时，被告人文某某持匕首与朱某某将何某某挟持到车后座后，由林某某驾驶汽车。在途中，三名被告人强行搜走何某某身上和车内的 3 万元人民币，又用纱布蒙住被害人何某某的眼睛后威逼何某某打电话叫家人拿钱，何某某被迫打电话向朋友王某某借款 10 万元并让王某某送到被告人指定的地点。当天下午 5 时许，三名被告人挟持何某某到指定的地点接款。尔后，三名被告人将车钥匙还给何某某并将其放走，三人逃离现场进行分赃。后三人以涉嫌绑架罪被移送起诉。
>
> 在庭审过程中，辩护人提出，三名被告人虽然以暴力、胁迫手段挟持了被害人何某某，也实施了勒索财物的行为，但这些行为都只是针对何某某一个人，虽然何某某在威逼下向朋友王某某借钱，但被告人并未告知王某某他们已经控制了何某某，需要用钱来赎回何某某，故被告人的行为没有指向第三人，不符合绑架罪的构成要件。该辩护意见后被采纳，三名被告人被法院认定为抢劫罪。

构成绑架罪,而且杀害被绑架人的,或者故意伤害被绑架人,致人重伤、死亡的,是绑架罪的结果加重犯。在《刑法修正案(九)》实施之前,只要造成被绑架人死亡的结果,不论这个死亡结果是行为人过失造成的,还是被绑架人自杀造成的,或是行为人故意杀死被绑架人造成的,都一律判处死刑,并处没收财产。但《刑法修正案(九)》为造成死亡结果的绑架案件的辩护提供了很大空间,因为这类案件不再一律判处死刑,对于有较轻情节的,还可以判处无期徒刑。辩护律师应当认真审查行为人对死亡结果的发生是否存在过失,以便适用较轻的量刑。

辩点 1-5:正当防卫

在当事人被指控犯有故意伤害罪、故意杀人罪,还有本章没有介绍的聚众斗殴罪、寻衅滋事罪等罪名时,尤其是案件的加害人和受害人都存在使用暴力的情况下,辩护律师不能忽略一个重要的辩点,即防卫问题。辩护律师应当审查被告人的行为是否属于正当防卫,从而提出无罪的辩护意见;即使正当防卫超过必要限度,构成防卫过当,辩护律师也可以提出"应当减轻或免除处罚"的罪轻辩护意见。

(一) 正当防卫的构成条件

1. 防卫起因

正当防卫的起因是客观上存在具有一定紧迫性的不法侵害。不法侵害是指侵害国家、公共利益、本人或者他人的人身、财产和其他合法权利的行为。不法侵害还必须具备以下特点:

(1) 具有侵害性:即不法侵害行为客观上对合法权益具有危害性。

(2) 具有紧迫性:即不法侵害行为一般都带有暴力性和破坏性。

(3) 具有真实性:即不法侵害是真实存在的,不是出于主观想象、推测的,对不存在的不法侵害进行防卫,是假想防卫,要根据行为人主观上有无过失,来判断是否承担法律责任。

2. 防卫意图

正当防卫是行为人主观上为了使国家、公共利益、本人或者他人的人身、财产权利和其他合法权利免受不法侵害而实施的。这种不法侵害可能是针对国家、集体的,也可能是针对自然人的;可能是针对本人的,也可能是针对他人的;可能是侵害人身权利,也可能是侵害财产或其他权利。只要是为了保护合法权益免受不法侵害而实施的行为,即符合本要件。如果是为了维护非法利益而实行防卫的,原则上不能视为正当防卫。但是,这里仍有一定的空间,例如,因赌博赢得的赌资是非法的,应当予以没收,但如果有人来抢劫赌资,赢得赌资的人也仍有权实施防卫行为,辩护律师应当具体案件具体分析。

此外,行为人故意挑逗他人进行不法侵害而借机加害于他人的,是防卫挑拨,因挑拨人主观上没有正当的防卫意图,不是正当防卫,因而构成犯罪的,应当承担刑事责任。还有一种偶然防卫,即行为人出于犯罪故意实施了某种危害行为,但客观上却发生了有利于社会或者他人的效果或者结果,由于其主观上也不存在正当的防卫意图,所以也不属于正当防卫,依然可能构成犯罪而承担刑事责任。

3. 防卫时间

正当防卫的时间条件是,不法侵害正在进行之中,不法侵害已经开始且尚未结束。进行事前防卫或者事后防卫的,都不是正当防卫,而是防卫不适时,应承担相应的法律责任。因此,在进行正当防卫的辩护时,辩护律师应当掌握不法侵害的开始和结束时间,尤其是结束时间,如抢劫、抢夺、盗窃等财产性犯罪,即使已经构成了既遂,也并不表明不法侵害行为已经完全结束,对于犯罪分子完成犯罪但尚未离开犯罪现场的,也可以实行正当防卫。

4. 防卫对象

正当防卫的对象只能是不法侵害者,不能对没有实施不法侵害行为的第三人实施,包括不法侵害者的家属或者亲友,否则不属于正当防卫。这里的不法侵害者包括共同进行不法侵害的人,对于遭受共同不法侵害的,防卫人可以选择侵害力量最弱或者没有使用侵害工具的人进行防卫。需要注意的是,这里的不法侵害者,也包括实施不法侵害但不能辨认或者不能控制自己行为的精神病人。

5. 防卫限度

正当防卫不能明显超过必要限度造成重大损失,否则就属于防卫过当。所谓"必要限度",是指对于不法侵害所造成的损害只是为了满足制止不法侵害以保护合法利益的需要。这里的"明显""重大"都是限制性术语,没有明确的标准,也给了辩护律师一定的辩护空间,可以根据具体案情进行综合判断。

(二) 正当防卫和互殴行为

在相互斗殴中,斗殴双方都具有攻击、伤害对方的故意。也就是说,双方都是以侵害对方为目的,实施积极的侵害行为,行为人在主观上具有相互伤害的故意,客观上具有连续的互相侵害行为,因此,斗殴的任何一方不得主张正当防卫的权利。轻微的相互斗殴是违法行为,情节严重的相互斗殴,双方都构成故意伤害罪或者故意杀人罪。对于纠集多人聚众斗殴的,应当按照《刑法》第292条聚众斗殴罪处理。

在司法实践中,如果互殴出现以下两种情形的,允许实施防卫行为:

1. 互殴停止后,一方仍紧追不舍,继续实行侵害,互殴行为转化为单方不法侵害,允许被侵害的另一方实施防卫行为。

2. 互殴没有结束或者刚刚结束而没有明显的冷静期,一方因为明显处于劣势而逃跑并一再求饶的,另一方不依不饶明显超出斗殴程度继续以暴力侵害对方,劣势求饶一方可以实施防卫行为。

因此,辩护律师在代理存在互殴情节的案件中,应当认真审查证据,辨别案件中是否存在防卫情节,以便正确运用正当防卫的辩点。

案例1-14

2008年10月13日19时许,被告人张某某到饭店与朋友马某某、付某某一起饮酒,上卫生间时遇到了曾经是邻居的徐某某,遂同徐某某戏言:"待会儿你把我们那桌的账也结了。"欲出卫生间的徐某某闻听此言又转身返回,对张某某进行辱骂并质问说:"你刚才说什么呢?我凭什么给你结账?"徐某某边说边扑向张某某并掐住其脖子,张某某当即推挡徐某某。闻讯赶来的马某某将张、徐二人劝开。徐某某离开卫生间返回到饮酒处,抄起两个空啤酒瓶,将酒瓶磕碎后即寻找张某某。当张某某从酒楼走出时,徐某某嘴里说"扎死你",即手持碎酒瓶向张某某面部扎去。张某某躲闪不及,被扎伤左颈、面部(现留有明显疤痕长约12cm)。后张某某双手抱住徐某某的腰部将徐摔倒在地,致使徐某某被自持的碎酒瓶刺伤左下肢动、静脉,造成失血性休克,经医院抢救无效死亡。被告人张某某于当日夜到医院疗伤时,被公安民警传唤归案。

本案的发展分为两个阶段,第一阶段是争执阶段,张某某和徐某某因一句戏言发生争执打斗,行为性质属于互殴;第二阶段是争执结束后的阶段。经人劝解,两人分开,互殴结束。但徐某某并未善罢甘休,而是手持碎酒瓶继续扎向张某某,张某某躲闪不及被扎伤,这属于互殴停止后,一方又进行突然袭击的情形,此时张某某为使本人的人身免受正在进行的不法侵害而采取的制止不法侵害的行为,属正当防卫,对不法侵害人造成的损害,不负刑事责任。后法院宣告张某某无罪。

(三) 无限防卫条款的适用

实施防卫行为,必须同时满足五个要件,才能构成正当防卫,不负刑事责任,如果其超出必要限度造成重大损害的,则属于防卫过当,应当负刑事责任。区别正当防卫和防卫过当关键在于是否超出了防卫限度,也是辩护律师进行辩护的重要切入点。对于出现重大损害的案件,尤其是发生人员伤亡的案件,辩护律师除了从防卫限度进行辩护外,还应当充分利用《刑法》第20条第3款关于"无限防卫"的规定,该条款明确规定,"对正在进行行凶、杀人、抢劫、强奸、绑架以及其他严重危及人身安全的暴力犯罪,采取防卫行为,造成不法侵害人伤亡的,不属于防卫过当,不负刑事责任"。这是为了打击暴力犯罪,解除防卫人的后顾之忧,从而有效地保护合法权益。如果适用该条款,辩护律师只要证明防卫行为符合防卫起因、意图、时间、对象四个要件即可构成正当防卫,而不受防卫限度的限制。

当然,适用该条款,必须正确理解"行凶、杀人、抢劫、强奸、绑架以及其他严重危及人身安全的暴力犯罪"的基本含义。这里的"行凶、杀人、抢劫、强奸、绑架"是指犯罪行为,而不是具体的罪名;而且要求这些犯罪行为必须达到严重危及人身安全或者可能造成人员死亡、重伤的程度才能进行无限防卫,而不是说不法侵害者只要实施了这些罪行即可以实施无限防卫。例如,以将要实施暴力相威胁的抢劫,抢劫人并未实施暴力,也尚未严重危及人身安全,就不能实施无限防卫,对造成抢劫人伤亡后果的,属于防卫过当。"其他严重危及人身安全的暴力犯罪"是指与行凶、杀人、抢劫、强奸、绑架等暴力罪行相当的犯罪行为,如放火、爆炸、决水等。

辩点1-6:鉴定意见

对于本章涉及的暴力犯罪案件,要么侵犯的是人身权利,要么侵犯的是财产权利,很容易产生人身伤亡或者财产受损的危害结果,这些危害结果的大小和轻重直接影响到定罪和量刑。为了准确地评价危害后果的大小,司法机关通常会委托专门的鉴定机构对涉及专业知识的伤情或者价格进行鉴定,作出的鉴定意见属于证据的一种。辩护律师在代理此类案件时,应当特别注意对鉴定意见的审查,提出鉴定意见是否被采信的质证意见。

(一) 伤情鉴定意见

人体损伤程度鉴定(简称伤情鉴定)为在刑事案件中查明案件的基本事实,正确地定罪量刑提供了科学的根据。因此,伤情鉴定的客观、正确、合法与否,对整个案件起到了举足轻重的作用,直接关系到案件性质的认定、责任大小的区分、罪与非罪的确定。

1. 伤情鉴定对定罪量刑的影响

在故意伤害案件中,被害人的伤情鉴定意见必须达到轻伤及轻伤以上,行为人的行为才能构成犯罪,造成轻微伤的不构成犯罪。在抢劫案件中,如果行为人的抢劫行为并未抢到财物,也未造成被害人轻伤以上的后果,则只能认定构成抢劫罪的未遂。同时,涉及人身伤害的犯罪如故意杀人、故意伤害、抢劫、绑架等案件中,被害人的伤情鉴定意见会直接影响到对被告人的量刑轻重。因此,辩护律师应该认真审查伤情鉴定意见,以最大限度地维护被告人的合法权益。

2. 对伤情鉴定意见的审查

司法实践中,辩护律师可以从以下几个角度审查伤情鉴定意见。

第一,司法鉴定书一般由编号、绪言、资料(案情)摘要、检验过程、分析说明、鉴定意见、结尾、附件等部分组成,上述内容欠缺或不明确的,辩护律师可以要求予以说明、补充鉴定或重新鉴定。

第二,辩护律师除了查阅司法鉴定书,还应当查阅、复制完整的鉴定所依据的材料(如入院记录、出院小结、住院病历等),以便能全面了解伤者鉴定前的客观情况,为实质性审查伤情鉴定报告收集基础性资料。

第三,我国目前对人体损伤程度的鉴定标准是最高人民法院、最高人民检察院、公安部、国家安全部、司法部于2013年8月30日以联合公告的形式颁布的《人体损伤程度鉴定标准》,该标准自2014年1月1人起正式施行,《人体重伤鉴定标准》(司发〔1990〕070号)、《人体轻伤鉴定标准(试行)》(法(司)发〔1990〕6号)和《人体轻微伤的鉴定》(GA/T 146-1996)同时废止。鉴于鉴定行为的专业性,加之损伤本身的多样性以及人体组织器官机能的复杂性,即使最新颁布的人体损伤程度鉴定标准也不可能完全覆盖所有的损伤情况,也仍然存在不够严密的地方。因此,辩护律师在代理存在伤情鉴定意见的案件中,在有条件的情况下,可以咨询具有相关领域专门知识的人员,并在其帮助下审查有关鉴定标准的适用。

(二)物价鉴定意见

物价鉴定是物价部门依法接受公安、司法机关的委托,对案件中的物品进行分析、估定其价值的活动。物价鉴定意见作为证据的一种,在涉及财产的犯罪案件司法认定中起着关键作用。涉案财物金额大小直接关系到罪与非罪、罪轻与罪重的判定。

1. 犯罪数额对定罪量刑的影响

根据相关的法条及司法解释的规定，犯罪数额对本章探讨的暴力类犯罪定罪量刑的影响如下：

（1）《刑法》第263条把"抢劫数额巨大"明文规定为抢劫罪的情节加重犯，司法解释规定此处的"数额巨大"认定标准参照盗窃罪的认定标准执行，根据盗窃罪相关的司法解释，盗窃公私财物价值3万元至10万元以上，为"数额巨大"。

（2）根据《刑法》第267条的规定，抢夺罪定罪要求犯罪数额必须达到"数额较大"的标准，"数额巨大"或者"数额特别巨大"的，可以适用更高的量刑幅度。《关于抢夺案件的解释》第1条规定：抢夺公私财物"数额较大""数额巨大""数额特别巨大"的标准如下：

① 抢夺公私财物价值人民币1 000元至3 000元以上的，为"数额较大"；

② 抢夺公私财物价值人民币3万元至8万元以上的，为"数额巨大"；

③ 抢夺公私财物价值人民币20万元至40万元以上的，为"数额特别巨大"。

（3）根据《刑法》第268条的规定，聚众哄抢罪的立案标准之一便是犯罪数额必须达到"数额较大"的标准，如果"数额巨大"的，可以适用更高的量刑幅度。

（4）扣押人质，索取微不足道的财物或提出其他轻微不法要求的，不能认定为绑架罪。

2. 对物价鉴定意见的审查

辩护律师对涉及财产的犯罪案件，应当把犯罪数额作为一个很重要的辩点，根据犯罪数额的多少及其他情节，提出无罪辩护或者罪轻辩护。因此，对于出现物价鉴定意见的，辩护律师应当认真审查物价鉴定意见是否科学、客观、真实、合法，例如：

（1）鉴定机构和鉴定人是否具有法定资质；

（2）鉴定人是否存在应当回避的情形；

（3）检材的来源、取得、保管、送检是否符合法律、有关规定，与相关提取笔录、扣押物品清单等记载的内容是否相符，检材是否充足、可靠；

（4）鉴定意见的形式要件是否完备，是否注明提起鉴定的事由、鉴定委托人、鉴定机构、鉴定要求、鉴定过程、鉴定方法、鉴定日期等相关内容，是否由鉴定机构加盖司法鉴定专用章并由鉴定人签名、盖章；

（5）鉴定程序是否符合法律、有关规定；

（6）鉴定的过程和方法是否符合相关专业的规范要求；

（7）鉴定意见是否明确；

(8) 鉴定意见与案件待证事实有无关联；

(9) 鉴定意见与勘验、检查笔录及相关照片等其他证据是否矛盾；

(10) 鉴定意见是否依法及时告知相关人员，当事人对鉴定意见有无异议。

（三）运用程序审查

辩护律师对于存在鉴定意见的案件，除了提出质证意见外，还可以利用刑事诉讼法赋予辩护律师的权利，运用诉讼权利对鉴定意见进行深入审查。

1. 申请重新鉴定或者补充鉴定

根据新《刑事诉讼法》第146条的规定，侦查机关应当将用作证据的鉴定意见告知犯罪嫌疑人、被害人。犯罪嫌疑人、被害人提出申请，可以补充鉴定或者重新鉴定。根据《人民检察院刑事诉讼规则（试行）》第253条第2款的规定，犯罪嫌疑人、被害人或者被害人的法定代理人、近亲属、诉讼代理人提出申请，经检察长批准，可以补充鉴定或者重新鉴定。根据《刑事诉讼法》第192条第1款的规定，法庭审理过程中，当事人和辩护人、诉讼代理人有权申请重新鉴定。

《公安机关办理刑事案件程序规定》第245条和第246条明确规定了应当补充鉴定和应当重新鉴定的情形，作为辩护律师，应当协助当事人找到应当补充或者重新鉴定的条件，让申请权落到实处。需要注意的是，如果对人身伤害的鉴定意见有异议而重新鉴定的，还应该要求由省级人民政府指定的医院进行。

> **案例1-15**
>
> 在火车站，李某看见孙某在看报纸，其手机就放在座位上。趁孙某不备，李某将其手机抢走。李某来到僻静处，卸下手机套，发现这部手机非常破旧，不值几个钱，随手将该手机扔在垃圾桶里。但是物价部门将手机的价值鉴定为1 500元。侦查机关据此认定李某构成抢夺罪，移送人民检察院审查起诉，随后，人民检察院又据此向人民法院提起公诉。
>
> 李某的家属委托了律师参加法庭审理，在法庭审理过程中，辩护律师对物价部门作出的价格鉴定意见产生质疑，认为其与被告人李某的供述存在矛盾，遂申请对手机价格进行重新鉴定，后该手机价值被鉴定为300元。最终查明，原来的鉴定人只是询问了一下商场该型号手机的价格，并没有详细看案卷。由此可见，审查无实物的价格鉴定意见与案件中其他证据之间的关联性对于审查鉴

> 定意见的客观性和真实性意义重大。最后,由于该案犯罪数额未达到抢夺罪的定罪标准,被告人被宣判无罪。

2. 申请鉴定人出庭作证

辩护律师对鉴定意见有异议的,可以根据新《刑事诉讼法》第 187 条和《关于适用〈中华人民共和国刑事诉讼法〉的解释》第 205 条的规定,申请法庭通知鉴定人出庭作证。为了保障申请能被法庭采纳,辩护律师最好详细阐述申请的理由以及对鉴定意见的异议,如果法庭也认为鉴定人有出庭的必要,就会依法通知鉴定人出庭,如果鉴定人经法院通知而拒不出庭作证的,鉴定意见则不得作为定案的根据。如果鉴定人出庭作证的,辩护律师可以通过向鉴定人发问,了解鉴定的程序是否合法,鉴定的过程和方法是否符合规范要求,鉴定意见的形式和内容是否明确、准确,鉴定意见与案件待证事实有无关联性等问题。

3. 申请有专门知识的人出庭

新《刑事诉讼法》在第 192 条新增加了一个条款,即公诉人、当事人和辩护人、诉讼代理人可以申请法庭通知有专门知识的人出庭,就鉴定人作出的鉴定意见提出意见。由于鉴定意见是司法机关指派、聘请有专门知识的人对案件中某些专门性问题作出的鉴定,具有一定的专业性,辩护律师如果不是具有专门知识的人,有时也很难对鉴定意见提出异议和意见,这时便可以依法申请具有专门知识的人,即所谓的专家证人出庭,由他们对鉴定意见提出专业的意见,辩护律师要运用好这项法定的权利,进行借力打力。

辩点 1-7:犯罪形态

掌握犯罪在发展过程中所处的形态,提出犯罪尚处于预备、中止或者未遂形态是律师辩护的一个重点,因为这些都是法定的可以从轻、减轻甚至免除处罚的情节。尤其是暴力类案件,犯罪未完成形态比较多发,辩护律师更应当特别注意,并运用好这些辩点。

(一) 犯罪预备

根据《刑法》第 22 条的规定,为了犯罪,准备工具、制造条件的,是犯罪预备。对于预备犯,可以比照既遂犯从轻、减轻处罚或者免除处罚。律师在辩护时要注意犯罪预备的认定具有以下特征：

1. 实施了预备行为，即准备工具或者制造条件。前者如购买、制造、改装、租用物品作为犯罪工具等，后者如调查被害人行踪、到犯罪现场进行踩点、练习犯罪技术、勾结犯罪同伙、制定犯罪计划等，这些预备行为不能直接造成犯罪结果的发生，但为实行行为的顺利完成提供了可能。

2. 未能着手实施实行行为。如果已经开始着手实施刑法分则所规定的杀人、伤害、抢劫、抢夺、绑架、强奸等实行行为的，不能认定为犯罪预备。

3. 主观目的必须是为了实施犯罪，便于犯罪的完成，具有实施犯罪的主观意图或者目的，如为了进一步实施杀人、伤害、抢劫、抢夺、绑架、强奸等行为，不是为了实施犯罪，就不具有承担刑事责任的基础。

4. 未着手犯罪实行行为系因行为人意志以外的原因。要求客观上不可能继续实施预备行为，或者客观上不可能着手实行行为，或者因为行为人认识到自己客观上不可能继续实施预备行为与着手实行犯罪从而被迫放弃犯罪预备行为。如果因为行为人主动放弃犯罪预备行为的，不是犯罪预备，辩护律师可以考虑预备阶段的犯罪中止。

案例 1-16

2008 年 3 月的一天，被告人黄某某邀被告人舒某某去外地抢劫他人钱财，并一同精心策划，准备了杀猪刀、绳子、地图册、手套等作案工具，然后伺机作案。3 月 20 日晚 7 时许，黄某某和舒某某在某汽车站以 100 元的价钱骗租一辆豪华夏利出租车，准备在僻静处对出租车司机吴某某实施抢劫，但两被告人一直感到没有机会下手，于是又以 50 元的价钱要求司机前往另一地点，由于司机吴某某察觉异样，于是报警，二被告人后被抓捕，对其准备作案工具、图谋抢劫出租车的事实供认不讳。

在庭审过程中，二被告人辩解自己在途中有条件实行抢劫但一直未着手实施，应当属于犯罪中止。法院经审理认为，二被告人并不是自动停止犯罪，而是在欲继续租车前行伺机作案时，被出租车司机察觉报案，二被告人未能着手实行抢劫犯罪系因意志以外的原因，属于犯罪预备。

（二）犯罪中止

根据《刑法》第 24 条的规定，在犯罪过程中，自动放弃犯罪或者自动有效地防止犯罪结果发生的,是犯罪中止。对于中止犯,没有造成损害的,应当免除处罚;造成损害的,应当减轻处罚。相比于犯罪预备,对中止犯的处罚是应当减轻或者免除处罚,力度更大。律师在辩护时要注意犯罪中止的认定具有以下特征:

1. 必须发生在犯罪过程中。犯罪过程是指犯罪预备到犯罪完成的全过程,包括犯罪预备阶段和犯罪实行阶段,只要犯罪过程尚未结束,犯罪尚未完成,都可以成立犯罪中止。犯罪过程结束,在犯罪完成之后采取补救措施或者悔改表现,如把抢得的财物归还被害人的,不是犯罪中止,只能作为酌定从轻处罚的情节。

2. 必须自动中止犯罪。这里强调的是自动性,即出于自我意愿而停止犯罪活动或者防止危害结果的发生。如果是因意志以外的原因而不得不中止,则不具有自动性。司法实践中,行为人中止犯罪的动机可能多种多样,除了来源于行为人自己内心的怜悯、悔悟、畏惧之外,还可能来源于外界的刺激或者影响,如第三人的规劝或者被害人承诺事后给予利益等,只要这些外界的力量没有起到强制作用,中止犯罪是出于行为人的自愿,就是自动中止。但因被害人呼救而仓惶逃走的,不是自动中止。

3. 中止犯罪必须彻底。也就是说,行为人必须决心以后不再继续实施已经放弃的犯罪,如果只是因为条件或者时机不成熟而暂时停止犯罪活动,等待时机以后再犯的,只是暂时中断犯罪,而不是犯罪中止。

4. 必须自动放弃犯罪或者有效地防止犯罪结果的发生。这是犯罪中止的有效性。自动放弃犯罪,就是自动停止进行犯罪活动。有效地防止犯罪结果的发生,是针对犯罪行为已经实施终了但法定的危害结果尚未发生的特殊情况,如投毒杀人案件,行为人投毒后积极送被害人进行抢救,挽救了被害人的生命,构成犯罪中止。

(三) 犯罪未遂

根据《刑法》第23条的规定,已经着手实行犯罪,由于犯罪分子意志以外的原因而未得逞的,是犯罪未遂。对于未遂犯,可以比照既遂犯从轻或者减轻处罚。可见,相比于犯罪预备,犯罪未遂是已经着手实施犯罪;相比于犯罪中止,是由于犯罪分子意志以外的原因而未得逞。可见,未遂犯的社会危害性较大,只能从轻或者减轻处罚,不能免除处罚。对于本案暴力类犯罪,常常出现犯罪着手实施后但尚未得逞的情况,辩护律师则应当考虑构成犯罪未遂。现具体介绍每个罪名的未遂标准。

1. 故意杀人罪

在故意杀人案件中,如果没有出现死亡的结果,不可能出现犯罪既遂,可以根据具体情况,判断犯罪是属于未遂、中止还是预备形态。如果出现了死亡结果,也不必然成立犯罪既遂,还要看死亡结果同杀人行为之间有没有直接因果关系。行为人虽然实施了杀害行为,但被害人在行为人实施杀害行为之前就已经死亡,行为人误以尸体为活人加以杀害,属于对象不能犯,只能构成犯罪未遂,而不能成立既遂。

2. 故意伤害罪

通说认为,在故意伤害案件中,如果行为人的伤害行为只致被害人轻微伤,尚未达到故意伤害罪轻伤的定罪标准,则故意伤害罪不成立,不再涉及犯罪未遂问题。若有证据证明行为人积极追求轻伤以上的伤害后果的发生,但因为意志以外的原因而未得逞,只造成轻微伤或者没有受到伤害,理论上虽然存在犯罪未遂,但实践中一般不作为犯罪处理。

3. 抢劫罪

(1)普通抢劫

根据最高人民法院《关于审理抢劫、抢夺刑事案件适用法律若干问题的意见》的规定,抢劫罪侵犯的是复杂客体,既侵犯财产权利又侵犯人身权利,具备劫取财物或者造成他人轻伤以上后果两者之一的,均属抢劫既遂;既未劫取财物,又未造成他人轻伤以上后果的,属抢劫未遂。对于行为人实施抢劫时是否已经劫取财物,一般采用失控说加控制说,即应以被抢财物是否脱离所有人、保管人的控制并且实际置于行为人控制之下为标准。

案例1-17

2007年2月8日晚21时许,被告人沈某某酒后在某宾馆附近,对被害人石某某拳打脚踢,强行抢走了石某某黑色挎包一个,在沈某某逃跑过程中,石某某将持该黑色挎包的沈某某追上,并夺回挎包,后公安民警前来将沈某某抓获。该挎包内有现金2万元及价值1000元的手机一部。石某某被殴打致面部、右小腿软组织损伤,经法医鉴定构成轻微伤。

在本案中,被告人沈某某抢下石某某的挎包,但石某某立即起身追捕,沈某某一直未脱离石某某的视线范围和追逐犯罪,石某某尚未完全丧失对自己财物的控制,后石某某将挎包夺回。可见,沈某某虽然开始将挎包夺下,但由于被害人的自救行为而未能实际抢得财物,也未造成被害人轻伤以上的后果,构成抢劫未遂。

（2）转化型抢劫

转化型抢劫与普通抢劫罪的主要区别在于：普通抢劫罪使用暴力、威胁在先，劫财在后；转化型抢劫罪是占有财物在先，使用暴力、胁迫在后。两者只是占有财物行为先后顺序有差异，在犯罪构成上并无实质区别，因此，两者的未遂标准也是相同的。

案例1-18

2008年9月3日10时许，被告人顾某某在某建材城停车场内，用随身携带的改锥撬开车锁，盗窃温某某白鸽牌自行车1辆（后经鉴定该车价值人民币100元），在被保安人员潘某某发现后，为抗拒抓捕，用改锥将潘某某颈部划伤，经法医鉴定为轻微伤。后被告人顾某某以涉嫌抢劫罪被提起公诉。

在庭审过程中，辩护律师提出，本案虽然是一起转化型抢劫案件，但被告人顾某某被当场抓获，所盗窃的财物被当场起获并已发还，并未实际劫取到财物；在抓获过程中，顾某某实施暴力抗拒抓捕的行为致一人轻微伤的后果，没有造成他人轻伤以上的伤害后果，不符合抢劫既遂的特征，应认定为抢劫未遂。该辩护意见被法院采纳，以顾某某犯抢劫罪判处有期徒刑1年，并处罚金1 000元。

（3）抢劫加重犯

《刑法》第263条规定的八种处罚情节属于抢劫罪中的加重犯，除了"抢劫致人重伤、死亡的"这一结果加重情节之外，其余七种处罚情节同样存在既遂和未遂问题，其中构成抢劫未遂的，应当根据刑法关于加重情节的法定刑规定，结合未遂犯的处理原则量刑。例如，入户抢劫，但既未劫取财物，又未造成他人轻伤以上后果的，属于入户抢劫未遂，按照十年以上有期徒刑的量刑幅度，再结合未遂犯的处理原则进行量刑。而对于"抢劫致人重伤、死亡"这一加重犯，则必须造成重伤或者死亡这一结果才能适用加重情节的法定刑规定，未造成重伤或者死亡这一结果的不存在未遂问题。

4. 抢夺罪和聚众哄抢罪

在抢夺案件和聚众哄抢案件中，应以行为人是否实际控制了所夺取的财物作为区分既遂与未遂的标准。行为人公然夺取财物的当场又被财物所有人、保管人或者持有人夺回去或者行为人由于当场被人追捕而扔掉了抢夺的财物，由于行为人还没有实际控制夺取的财物,非法占有的目的还没有达到,应认定抢夺未遂或者哄抢未遂。

5. 绑架罪

在绑架案件中,行为人主观上出于勒索财物或者满足其他不当要求的目的,客观上实施了绑架他人并实际控制他人的,即构成犯罪既遂。至于行为人是否实施了勒索行为,不影响既遂的成立。在实施绑架犯罪的过程中,由于被害人的反抗或其他客观条件的限制,未能实际控制被绑架人的,应认定为犯罪未遂。这是一种观点。

还有一种观点认为,行为人实施了绑架并实际控制他人的行为,尚未提出勒索财物或者其他非法要求,绑架犯罪就被破获、制止或者被绑架人自己逃走的,只能构成犯罪未遂,因为在这种情况下,第三人的身心、财物或者其他合法利益尚未受到实际的损害,没有达到既遂的程度。支持这样的观点,有利于承认绑架罪存在中止,防止了不合理地限制绑架罪未遂和中止的范围。根据以上观点,以下情形属于犯罪未遂:行为人没有完成绑架行为的,即没能将他人置于自己的强力控制之下的;或者完成了绑架行为而将他人控制起来作为人质,但是尚未发出勒索要求的;或者第三人没有接到勒索信息的。以下情形属于犯罪中止:行为人实行绑架过程中放弃绑架行为;或者完成绑架行为而将他人置于自己的控制之下,但是在向第三人提出勒索财物和其他非法要求之前,释放被绑架人的。

由于理论界的观点存在分歧,这也为律师提供了很大的辩护空间。辩护律师在代理绑架案件中,要结合案件的具体情况和法律规定,尽可能根据现有理论提出对当事人有利的辩护观点,尽可能地说服司法人员。

辩点1-8:共同犯罪

共同犯罪是单独犯罪的对称。对于本章涉及的暴力类犯罪,一般是直接面对被害人并使用暴力手段或者以暴力相威胁,容易遭到被害人的反抗,所以行为人经常结伙共同实施犯罪。对于这类案件,辩护律师首先要考察是否构成共同犯罪,在构成共同犯罪的情况下,考察自己当事人在共同犯罪中所起的作用,是构成主犯还是从犯甚至胁从犯,以便制定辩护策略。

(一) 共同犯罪的认定

根据《刑法》第25条的规定,2人以上共同故意犯罪是共同犯罪。可见,认定共同犯罪必须把握以下特征:

1. 必须 2 人以上

共同犯罪必须是 2 人或者 2 人以上,且必须具备达到刑事责任年龄或者具有刑事责任能力。如果只有一人达到刑事责任年龄、具备刑事责任能力,其他人都未达到刑事责任年龄或者具有刑事责任能力,则不能构成共同犯罪。如利用未满 14 周岁的人或者无刑事责任能力的精神病人实施故意杀人、抢劫、强奸行为的,达到刑事责任年龄、具备刑事责任能力的人单独构成故意杀人罪、抢劫罪、强奸罪,在理论上称之为间接正犯,未满 14 周岁的人或者无刑事责任能力的精神病人只是犯罪人实施犯罪的工具,不与犯罪人构成共同犯罪。在暴力类犯罪中,这里的 2 人以上的"人"都是自然人,不包括单位。

2. 必须具有共同的犯罪行为

在共同犯罪中,共同犯罪人的行为是紧密联系、相互配合的,每个共同犯罪人的犯罪行为都是共同犯罪活动的有机组成部分,犯罪行为具有共同性,可以是共同的作为,也可以是共同的不作为,还可以是作为和不作为的结合。所有共同犯罪人的行为总和在一起,满足了刑法分则具体犯罪罪状所要求具备的实行行为、行为对象、行为结果、因果关系等客观要件。

3. 必须具有共同的犯罪故意

共同过失犯罪的,不能以共同犯罪论处。在共同犯罪中,每个共同犯罪人对他们共同犯罪行为会发生的结果都明知并且希望或者放任这种结果的发生,缺少共同犯罪故意,不能构成共同犯罪。辩护律师在认定时要特别注意是否存在以下情况:

(1) 2 人以上共同过失犯罪的,《刑法》第 25 条第 2 款明确规定不以共同犯罪论处,应当负刑事责任的,按照他们所犯的罪分别处罚。

(2) 故意犯罪和过失犯罪之间不构成共同犯罪。

(3) 2 人以上的故意犯罪行为在客观上有密切联系,但主观上无犯意联络的,不构成共同犯罪。

(4) 共同犯罪人超出共同犯罪故意范围,单独实施其他犯罪,其他共同犯罪人对此缺乏共同犯罪故意,不以共同犯罪论。

(5) 事前无通谋的窝藏、包庇、窝赃、销赃行为,不构成共同犯罪;事前有通谋的,构成共同犯罪。

(二) 共同犯罪人的作用

在共同犯罪中,可以根据共同犯罪人所起的作用,分为主犯、从犯和胁从犯。刑法对他们规定了不同的处罚原则。对于从犯,应当从轻、减轻或者免除处罚;对于胁从犯,应当按照他的犯罪情节减轻或者免除处罚。因此,律师在代理共同犯罪案件时,要审查自己当事人在共同犯罪中所起的作用,看能否构成从犯或者胁从犯。

1. 主犯

根据《刑法》第26条的规定,组织、领导犯罪集团进行犯罪活动的或者在共同犯罪中起主要作用的,是主犯。包括组织、领导犯罪集团的首要分子,犯罪集团首要分子以外的主犯(如积极参加者)以及一般共同犯罪中的主犯。对前一类首要分子,按照集团所犯的全部罪行处罚,对于后两类的主犯,按照其所参与的或者组织、指挥的全部犯罪处罚。

2. 从犯

根据《刑法》第27条的规定,在共同犯罪中起次要或者辅助作用的,是从犯。起次要作用的,可以是实行犯,也可以是教唆犯;起帮助作用的,称为帮助犯。对于从犯,应当从轻、减轻处罚或者免除处罚。在司法实践中,从犯对于共同犯罪罪行贡献的大小以及罪责的程度并不影响其对参与的全部犯罪负责,但直接影响到在量刑时是从轻处罚、减轻处罚还是免除处罚。因此,即使认定为从犯,辩护律师还应当继续审查当事人对共同犯罪罪行贡献的大小以及罪责的程度,以便获得更轻的处罚。

3. 胁从犯

胁从犯,是指被胁迫参加犯罪的犯罪分子。这里的被胁迫,是指精神上受到一定程度的强制,但没有完全丧失意志自由。如果行为人完全丧失意志自由,则不构成犯罪。在共同犯罪中,胁从犯处于被动地位,罪责比从犯还要轻,不只是从轻处罚,而是应当按照他的犯罪情节减轻处罚或者免除处罚。

(三) 共同犯罪人的分工

在共同犯罪中,根据共同犯罪人分工的不同,还可以分为实行犯、帮助犯和教唆犯。根据他们在共同犯罪中所起的作用来看,实行犯和教唆犯都可能是主犯、从犯、胁从犯,帮助犯属于从犯。按分工进行划分,有助于认定在共同犯罪中所起的作用从而影响量刑,对于教唆犯而言,刑法还规定了特殊的处罚原则,需要特别加以注意。

1. 实行犯

实行犯是在共同犯罪中直接从事犯罪实行行为的人。实行行为是指刑法分则罪状所规定的能够直接造成法益损害结果的行为。组织、领导、指挥和策划犯罪实行行为的,无论是否亲自实行犯罪,均是实行行为的一部分,且危险性更大。但实行犯不一定都是主犯;在共同犯罪中仅起次要或者帮助作用的,是从犯;被胁迫实行犯罪的,是胁从犯。

2. 帮助犯

帮助犯是向共同犯罪的实行犯提供帮助的人,属于从犯。这里的帮助,包括物质帮助和精神帮助两种。例如,提供凶器或者被害人行踪给杀人者属于提供物质帮助,从精神上鼓励、支持已有杀人犯意的人杀人属于提供精神帮助。帮助行为只能存在于他人实行犯罪的过程中,他人已经完成犯罪之后的帮助行为,不成立帮助犯。例如,窝藏、包庇杀人、抢劫、强奸的罪犯,窝藏、隐匿抢劫或者抢夺所得的赃物,虽对实行犯起到帮助作用,但不属于帮助犯,而单独成立窝藏罪、包庇罪或者掩饰、隐瞒犯罪所得、犯罪所得收益罪,但如果事前有通谋的,则可以构成共同犯罪。

3. 教唆犯

教唆犯是故意教唆他人实行犯罪行为的人。

(1) 教唆的故意

在共同犯罪中,教唆犯具有双重故意,即唆使他人产生犯意的故意以及希望或者放任被教唆的人完成其所教唆的犯罪的故意,如果缺失其一,不能构成教唆,也不应承担共同犯罪的责任。律师在进行辩护时要特别注意这类情形,如果能证明行为人不具有这种双重故意的,可以提出不构成教唆的辩护意见。

A. 无心引发他人犯罪的。通常所说的"说者无心,听者有意",对于无心之言引发他人犯罪的,不属于教唆犯罪,如果存在过失的,可能成立过失犯罪。

B. 为了陷害他人而教唆的。为了陷害他人,并不希望或者不容许他人完成犯罪,缺乏教唆故意,也不构成教唆。例如,教唆他人实行犯罪后报警抓捕被教唆人的。

(2) 教唆的未遂

《刑法》第29条第2款关于"如果被教唆的人没有犯被教唆的罪,对于教唆犯,可以从轻或者减轻处罚"的规定,被认为是教唆未遂。笔者认为,只有被教唆人着手实行被教唆的犯罪但没有完成而呈现未遂、中止形态时,才属于教唆未遂,可以从轻或者减轻处罚。如果被教唆人拒绝接受教唆或者接受教唆并产生犯意但没有着手实施犯罪的,不能认定为教唆未遂。因为教唆行为是从行为,没有主行为的存在,教唆行为不能单独构成犯罪。教唆没有刑事责任能力的未成年人、精神病人实行犯罪直接构成犯罪,不属于共同犯罪中的教唆。

(3) 教唆的中止

在被教唆人实施犯罪预备以前,教唆犯劝说被教唆人放弃犯罪意图的,在被教唆人实施犯罪预备时,教唆犯制止被教唆人实施犯罪预备的,在被教唆人实行犯罪后而犯罪结果尚未发生时,教唆犯制止被教唆人继续实行犯罪并有效防止犯罪结果发生的,成立犯罪中止。教唆犯明知被教唆人又教唆第三人犯所教唆之罪的,在确保被教唆人能及时、有效地通知、说服、制止第三人停止犯罪预备或者制止第三人实行犯罪并有效防止犯罪结果发生的情况下,才能构成犯罪中止。教唆犯虽意图放弃犯罪,并积极实施了一定的补救措施,但未能有效防止犯罪结果发生的,不成立犯罪中止,在量刑时可酌情从轻处罚。

(4) 教唆犯的处罚

根据《刑法》第 29 条第 1 款的规定,教唆他人犯罪的,应当按照他在共同犯罪中所起的作用处罚。教唆不满 18 周岁的人犯罪的,应当从重处罚。可见,教唆犯并不必然被认定为主犯,律师在辩护时要重点考察其在共同犯罪中所起的作用,考察被教唆人是否年满 18 周岁,考察被教唆人是否着手实行被教唆的罪,最终是否完成了被教唆的罪,这些因素直接影响到了定罪和量刑。

辩点 1-9:一罪数罪

(一) 一罪

1. 法定一罪

(1) 绑架他人并且杀害被绑架人的,行为人的行为除符合绑架罪的构成要件外,还符合故意杀人罪的构成要件,但按照法律规定,只定绑架罪一个罪,不实行数罪并罚。

(2) 行为人为劫取财物而预谋故意杀人,或者在劫取财物过程中,为制服被害人反抗而故意杀人的,按照法律规定,只定抢劫罪一个罪,不实行数罪并罚。

> **案例 1-19**
>
> 2005 年 10 月间,被告人罗某某结识王某某(在逃),两人商定用安眠药将运输棉纱的司机迷昏后劫取棉纱,并一同购买了安眠药,寻找作案机会。同年 12 月中旬,二人搭乘某运输公司杨某某驾驶的载有 10 吨棉纱的东风半挂车(车辆

> 价值4.5万元,棉纱价值23万元)。天黑时,车行至314国道时,王某某趁杨某某停车换轮胎之机,意欲杀害杨某某,持石头朝其头部砸了一下,致杨某某倒地。之后王某某抬着杨某某的头部,罗某某抬着杨某某的双脚(腿、脚还在动),将其扔到路基下。因怕被人发现,两人走下路基,抬着杨某某继续往下拖了几米。王某某又持石头朝杨某某砸了几下,并用石头将杨某某压住。然后由罗某某驾车,两人一起逃离现场。被害人杨某某头部受打击,造成严重颅脑损伤、脑挫裂伤死亡。后被告人罗某某被公诉机关以抢劫罪和故意杀人罪提起公诉。
>
> 在庭审过程中,辩护律师提出,被告人罗某某和王某某虽然杀死了被害人杨某某,但杀人行为实际是实施抢劫行为的使用暴力部分,只能定一个抢劫罪,不能数罪并罚。法院最终采纳了该辩护意见。

(3) 故意杀人后为毁灭罪证、掩盖罪迹而毁坏、抛弃尸体的,其行为已被故意杀人行为所吸收,只定故意杀人罪一个罪,不与侮辱尸体罪并罚。

(4) 犯盗窃、诈骗、抢夺罪,为窝藏赃物、抗拒抓捕或者毁灭罪证而当场使用暴力或者以暴力相威胁的,以抢劫罪定罪处罚。

(5) 组织、策划、煽动、教唆、帮助邪教组织人员自杀、自残的,以故意杀人罪、故意伤害罪定罪处罚。

(6) 未经本人同意摘取其器官,或者摘取不满18周岁的人的器官、欺骗他人捐献器官的,以故意杀人罪、故意伤害罪定罪处罚。

2. 择一重罪

(1) 行为人以放火、决水、爆炸、投放危险物质、破坏交通工具、破坏交通设备等方式杀人,行为人的行为既构成故意杀人罪又构成危害公共安全罪,属于想象竞合犯,按照想象竞合犯的原则从一重罪论处。

(2) 行为人在绑架过程中,又以暴力、威胁等手段当场劫取被害人财物,构成犯罪的,择一重罪处罚。

(3) 行为人为获取实施保险诈骗所需费用而杀人取财的,属于抢劫罪与保险诈骗(预备)的想象竞合,应从一重罪处断,以抢劫罪论处。

(4) 行为人将他人杀死制造被保险人死亡假象以骗取保险金的,属于故意杀人罪与保险诈骗罪的想象竞合,应从一重罪处断,以故意杀人罪论处。

案例 1-20

被告人王某某打工时与被害人朱某某相识,认为朱某某比较有钱,遂起意先抢了朱某某的钱后再买人寿保险来骗取保险金。2010年1月23日王某某以合伙做生意为名将朱某某骗到老家。25日凌晨4时许,王某某乘朱某某睡熟时,用斧子向朱某某头部猛击数下,致其死亡,并搜走朱某某随身携带的人民币5 300余元。杀死朱某某后,王某某用抢来的钱先后在保险公司为自己购买了7份人寿保险,保险金额总计14万余元。其后便与另一被告人黄某某共同预谋商定杀死被害人刘某某,自己再借尸诈死实施保险诈骗。之后,王某某以请客为名骗刘某某一起喝酒吃饭并将刘某某灌醉后,二被告人即共同将刘某某摁倒在床上,用衣物捂压刘某某的口鼻致其死亡。次日晨,王某某用事先准备好的汽油浇在尸体上和室内,点燃后逃往外地躲藏起来,黄某某则向公安机关报案谎称死者系王某某,并让其家人等共同欺骗公安机关,以骗取公安机关的证明后再向保险公司骗取保险金。因公安机关及时侦破此案,王某某尚未来得及向保险公司申请赔付,保险诈骗未得逞。后王某某和黄某某被公诉机关以涉嫌保险诈骗罪被提起公诉。

法院经审理认为:被告人王某某为购买人寿保险而杀死朱某某抢劫财物,又为诈骗保险金与被告人黄某某共同预谋并杀死刘某某,其行为已分别构成抢劫罪、故意杀人罪;被告人黄某某为帮助王某某骗取保险金,与王某某共同预谋并杀死刘某某,其行为已构成故意杀人罪。公诉机关指控二被告人犯有保险诈骗罪,定性不准,不予支持。

(二) 数罪

1. 行为人实施抢劫后,为灭口而故意杀人的,以抢劫罪和故意杀人罪定罪,实行数罪并罚。如果行为人预谋抢劫并杀人灭口,按预谋内容实施抢劫完毕后,又杀人灭口的,以抢劫罪和故意杀人罪定罪,实行数罪并罚。但如果行为人实施抢劫后,误认为被害人已死亡,为毁灭罪证又实施其他犯罪行为造成被害人死亡的,以抢劫罪论处,其他犯罪行为又构成犯罪的,实行数罪并罚。

2. 行为人故意杀人后,又产生非法占有他人财物的意图,顺手牵羊取走已死亡被害人的财物,数额较大的,以故意杀人罪和盗窃罪数罪并罚。

案例 1-21

2009年9月,被告人李某某到被害人刘某某承包经营的速递公司打工,并与刘某某共同租住一房。同年11月,刘某某以人民币2万元将速递公司的经营权转包给李某某。因刘某某多次向李某某催要转包费,李某某无钱支付,遂起意杀死刘某某。一日,被告人李某某趁刘某某熟睡之机,持斧头猛砍刘的头部和颈部,将刘的颈右侧动脉及静脉切断,致刘因失血性休克合并颅脑损伤而死亡。后又将刘某某身上的2800元人民币和旅行包内一工商银行活期存折连同灵通卡(存有人民币2万元)及其密码纸拿走。李某某用灵通卡分4次从自动取款机上将存折内2万元人民币取出后购买了个人用品。后被告人李某某被法院以故意杀人罪和盗窃罪数罪并罚决定执行死刑。

在本案中,速递公司的经营权已由被告人李某某通过合法手段取得,无须再通过杀死刘某某取得,其杀人的目的是为了逃避债务,虽然也具有非法占有刘某某2万元转包费的目的,但这种方式并不是刑法意义上的当场劫取财物,不属于抢劫罪,而应以故意杀人罪论处。李某某杀死刘某某后,拿走刘某某身上的现金和银行卡,这一非法占有目的产生于故意杀害刘某某之后,与故意杀人行为之间不存在事实上的牵连或者吸收关系,应另行以盗窃罪定罪处罚。

3. 行为人实施故意伤害、强奸等犯罪行为,在被害人未失去知觉时,利用被害人不能反抗、不敢反抗的处境,临时起意劫取他人财物的,应以此前实施的具体犯罪与抢劫罪实行数罪并罚;在被害人失去知觉或者没有发觉的情形下,临时起意拿走他人财物的,应以此前所实施的具体犯罪与盗窃罪实行数罪并罚。

4. 为实施抢劫以外的其他犯罪劫取机动车辆的,以抢劫罪和实施的其他犯罪实行数罪并罚。

5. 抢劫违禁品后又以违禁品实施其他犯罪的,应以抢劫罪与具体实施的其他犯罪实行数罪并罚。

辩点 1-10:自首立功

在暴力类犯罪中,自首和立功是律师在进行量刑辩护时要特别注意的辩点,因为这是法定的从轻、减轻甚至免除处罚的情节,在关键时刻还可能起到"保命"的作用。对不具有自首情节的,还要继续考察是否具有坦白情节,这也是《刑法修正案

(八)》增设的可以从轻或者减轻处罚的情节。

根据《刑法》第 67 条和第 68 条的规定,对于自首的犯罪分子,可以从轻或者减轻处罚。其中,犯罪较轻的,可以免除处罚。对于坦白的犯罪分子,可以从轻处罚;如实供述自己的罪行,避免特别严重后果发生的,减轻处罚。对于有立功表现的犯罪分子,可以从轻或者减轻处罚;有重大立功表现的犯罪分子,可以减轻或者免除处罚。

(一) 自首

根据我国《刑法》第 67 条第 1 款的规定,犯罪以后自动投案,如实供述自己的罪行的,是自首。由此可见,"自动投案"和"如实供述"是认定自首的两大要件。律师辩护时要考察案件是否同时具备这两大要件以便作出自首的认定。

1. 自动投案的认定

所谓"自动投案",是指犯罪事实或者犯罪嫌疑人未被司法机关发觉,或者虽被发觉,但犯罪嫌疑人尚未受到讯问、未被采取强制措施前,主动、直接向公安机关、人民检察院或者人民法院投案。这是典型的"自动投案"的情形。除了这种情形之外,我国司法解释还详细列举了其他"视为自动投案"的情形,辩护律师对此应当熟练掌握,对于不具有典型自动投案情形的,看是否符合"视为自动投案"的标准,或者看案件是否存在"不能认定为自动投案"的情形。

(1) 司法解释规定的可以"视为自动投案"的情形

① 犯罪嫌疑人向其所在单位、城乡基层组织或者其他有关负责人员投案的;

② 犯罪嫌疑人因病、伤或者为了减轻犯罪后果,委托他人先代为投案,或者先以信电投案的;

③ 罪行未被司法机关发觉,仅因形迹可疑被有关组织或者司法机关盘问、教育后,主动交代自己的罪行的;

④ 犯罪后逃跑,在被通缉、追捕过程中,主动投案的;

⑤ 经查实确已准备去投案,或者正在投案途中,被公安机关捕获的;

⑥ 并非出于犯罪嫌疑人主动,而是经亲友规劝、陪同投案的;

⑦ 公安机关通知犯罪嫌疑人的亲友,或者亲友主动报案后,将犯罪嫌疑人送去投案的;

⑧ 犯罪后主动报案,虽未表明自己是作案人,但没有逃离现场,在司法机关询问时交代自己罪行的;

⑨ 明知他人报案而在现场等待,抓捕时无拒捕行为,供认犯罪事实的;

⑩ 在司法机关未确定犯罪嫌疑人,尚在一般性排查询问时主动交代自己罪行的;

⑪ 因特定违法行为被采取劳动教养、行政拘留、司法拘留、强制隔离戒毒等行政、司法强制措施期间,主动向执行机关交代尚未被掌握的犯罪行为的;

⑫ 犯罪以后潜逃至异地,其罪行尚未被异地司法机关发觉,仅因形迹可疑,被异地司法机关盘问、教育后,主动交代自己罪行的;

⑬ 交通肇事后保护现场、抢救伤者,并向公安机关报告的;

⑭ 其他符合立法本意,应当视为自动投案的情形。

(2) 司法解释规定的"不能认定为自动投案"的情形

① 犯罪嫌疑人自动投案后又逃跑的,不能认定为自首;

② 罪行未被有关部门、司法机关发觉,仅因形迹可疑被盘问、教育后,主动交代了犯罪事实的,应当视为自动投案,但有关部门、司法机关在其身上、随身携带的物品、驾乘的交通工具等处发现与犯罪有关的物品的,不能认定为自动投案;

③ 犯罪嫌疑人被亲友采用捆绑等手段送到司法机关,或者在亲友带领侦查人员前来抓捕时无拒捕行为,并如实供认犯罪事实的,虽然不能认定为自动投案,但可以参照法律对自首的有关规定酌情从轻处罚。

2. 如实供述的认定

所谓"如实供述",是指犯罪嫌疑人自动投案后,如实交代自己的主要犯罪事实。对于"如实供述"的认定,还要重点把握以下原则:

(1) 一般情况下,除供述自己的主要犯罪事实外,还应包括姓名、年龄、职业、住址、前科等情况。犯罪嫌疑人供述的身份等情况与真实情况虽有差别,但不影响定罪量刑的,应认定为如实供述自己的罪行。犯罪嫌疑人自动投案后隐瞒自己的真实身份等情况,影响对其定罪量刑的,不能认定为如实供述自己的罪行。

(2) 犯罪嫌疑人多次实施同种罪行的,应当综合考虑已交代的犯罪事实与未交代的犯罪事实的危害程度,决定是否认定为如实供述主要犯罪事实。虽然投案后没有交代全部犯罪事实,但如实交代的犯罪情节重于未交代的犯罪情节,或者如实交代的犯罪数额多于未交代的犯罪数额,一般应认定为如实供述自己的主要犯罪事实。无法区分已交代的与未交代的犯罪情节的严重程度,或者已交代的犯罪数额与未交代的犯罪数额相当,一般不认定为如实供述自己的主要犯罪事实。

(3) 犯有数罪的犯罪嫌疑人,仅如实供述所犯数罪中部分犯罪的,只对如实供述部分犯罪的行为,认定为自首。

（4）共同犯罪案件中的犯罪嫌疑人，除如实供述自己的罪行，还应当供述所知的同案犯，主犯则应当供述所知其他同案的共同犯罪事实，才能认定为自首。

（5）犯罪嫌疑人自动投案并如实供述自己的罪行后又翻供的，不能认定为自首，但在一审判决前又能如实供述的，应当认定为自首。

（6）犯罪嫌疑人自动投案时虽然没有交代自己的主要犯罪事实，但在司法机关掌握其主要犯罪事实之前主动交代的，应认定为如实供述自己的罪行。

（7）犯罪嫌疑人、被告人对行为性质的辩解不影响自首的成立。

（二）准自首

根据我国《刑法》第67条第2款的规定，被采取强制措施的犯罪嫌疑人、被告人和正在服刑的罪犯，如实供述司法机关还未掌握的本人其他罪行的，以自首论。由于该情形不具备自动投案的要件，但可以以自首论，所以我们称之为准自首。因此，对于被采取强制措施的犯罪嫌疑人、被告人和正在服刑的罪犯，辩护律师要特别注意审查是否构成准自首。

1. 还未掌握的认定

对于准自首，要求如实供述的罪行必须是"司法机关还未掌握的本人其他罪行"。该罪行能否认定为司法机关已掌握，应根据不同情形区别对待。如果该罪行已被通缉，一般应以该司法机关是否在通缉令发布范围内作出判断，不在通缉令发布范围内的，应认定为还未掌握，在通缉令发布范围内的，应视为已掌握；如果该罪行已录入全国公安信息网络在逃人员信息数据库，应视为已掌握。如果该罪行未被通缉、也未录入全国公安信息网络在逃人员信息数据库，应以该司法机关是否已实际掌握该罪行为标准。

2. 不同种罪行的认定

被采取强制措施的犯罪嫌疑人、被告人和已宣判的罪犯，如实供述司法机关尚未掌握的罪行，必须与司法机关已掌握的或者判决确定的罪行属不同种罪行的，才能以自首论；如果与司法机关已掌握的或者判决确定的罪行属同种罪行的，不能以自首论，但可以酌情从轻处罚，若如实供述的同种罪行较重的，一般应当从轻处罚。

犯罪嫌疑人、被告人在被采取强制措施期间如实供述本人其他罪行，该罪行与司法机关已掌握的罪行属同种罪行还是不同种罪行，一般应以罪名区分。虽然如实供述的其他罪行的罪名与司法机关已掌握犯罪的罪名不同，但如实供述的其他犯罪与司法机关已掌握的犯罪属选择性罪名或者在法律、事实上密切关联，如因受贿被采取强制措施后，又交代因受贿为他人谋取利益行为，构成滥用职权罪的，应认定为同种罪行。

(三) 坦白

根据我国《刑法》第67条第3款的规定,犯罪嫌疑人虽然不具有自首情节,但是如实供述自己罪行的,可以从轻处罚;因其如实供述自己罪行,避免特别严重后果发生的,可以减轻处罚。可见,即使案件不具备自首的条件,辩护律师还应当继续审查当事人是否如实供述自己的罪行,如果能认定为坦白,也可以进行罪轻辩护。

(四) 立功

根据《刑法》第68条的规定,犯罪分子有揭发他人犯罪行为,查证属实的,或者提供重要线索,从而得以侦破其他案件等立功表现的,可以从轻处罚或者减轻处罚;有重大立功表现的,可以减轻或者免除处罚。

1. 应当认定为有立功表现

(1) 犯罪分子到案后有检举、揭发他人犯罪行为,包括共同犯罪案件中的犯罪分子揭发同案犯共同犯罪以外的其他犯罪,经查证属实。

(2) 提供侦破其他案件的重要线索,经查证属实。

(3) 阻止他人犯罪活动。

(4) 协助司法机关抓捕其他犯罪嫌疑人(包括同案犯)。

犯罪分子具有下列行为之一,使司法机关抓获其他犯罪嫌疑人的,可以认定为"协助司法机关抓捕其他犯罪嫌疑人":① 按照司法机关的安排,以打电话、发信息等方式将其他犯罪嫌疑人(包括同案犯)约至指定地点的;② 按照司法机关的安排,当场指认、辨认其他犯罪嫌疑人(包括同案犯)的;③ 带领侦查人员抓获其他犯罪嫌疑人(包括同案犯)的;④ 提供司法机关尚未掌握的其他案件犯罪嫌疑人的联络方式、藏匿地址的;等等。

犯罪分子提供同案犯姓名、住址、体貌特征等基本情况,或者提供犯罪前、犯罪中掌握、使用的同案犯联络方式、藏匿地址,司法机关据此抓捕同案犯的,不能认定为协助司法机关抓捕同案犯。

(5) 具有其他有利于国家和社会的突出表现的。

需要注意的是,犯罪分子检举揭发或者协助抓获的人的行为构成犯罪,但因法定事由不追究刑事责任、不起诉、终止审理的,不影响对犯罪分子立功表现的认定。

2. 应当认定为有重大立功表现

(1) 犯罪分子有检举、揭发他人重大犯罪行为,经查证属实。

（2）提供侦破其他重大案件的重要线索，经查证属实。

（3）阻止他人重大犯罪活动。

（4）协助司法机关抓捕其他重大犯罪嫌疑人（包括同案犯）。

（5）对国家和社会有其他重大贡献等表现的。

以上所称"重大犯罪""重大案件""重大犯罪嫌疑人"的标准，一般是指犯罪嫌疑人、被告人可能被判处无期徒刑以上刑罚或者案件在本省、自治区、直辖市或者全国范围内有较大影响等情形。这里的"可能被判处无期徒刑以上刑罚"，应当理解为排除罪后情节而可能判处无期徒刑以上的宣告刑，不能一概以法定刑幅度内含有无期徒刑就认为是可能判处无期徒刑。犯罪分子检举揭发或者协助抓获的人的行为应判处无期徒刑以上刑罚，但因具有法定、酌定从宽等罪后情节，宣告刑为有期徒刑或者更轻刑罚的，不影响对犯罪分子重大立功表现的认定。

3. 不能认定为有立功表现

（1）犯罪分子通过贿买、暴力、胁迫等非法手段，或者被羁押后与律师、亲友会见过程中违反监管规定，获取他人犯罪线索并"检举揭发"的，不能认定为有立功表现。

（2）犯罪分子将本人以往查办犯罪职务活动中掌握的，或者从负有查办犯罪、监管职责的国家工作人员处获取的他人犯罪线索予以检举揭发的，不能认定为有立功表现。

（3）犯罪分子亲友为使犯罪分子"立功"，向司法机关提供他人犯罪线索、协助抓捕犯罪嫌疑人的，不能认定为犯罪分子有立功表现。

（4）如实供述其所参与的对合型犯罪中的对方的犯罪行为，属于如实供述自己的罪行的内容，不构成立功。但对于掩饰、隐瞒抢劫或者抢夺犯罪所得、犯罪所得收益罪的犯罪嫌疑人，在供述中揭发所得或者所得收益来源的犯罪人抢劫或者抢夺等具体犯罪行为的，应当认定为揭发他人犯罪行为，成立立功。

（五）量刑适用

本节提到的自首、准自首、坦白、立功等情节都是暴力类犯罪中法定的从轻量刑情节，最高人民法院于2017年4月1日开始实施的修改后的《最高人民法院关于常见犯罪的量刑指导意见》对这些情节如何适用进行了专门且细致的规定，辩护律师应当掌握这些标准，以便做好委托人和当事人的庭前辅导工作。

1. 自首情节

对于自首情节，综合考虑自首的动机、时间、方式、罪行轻重、如实供述罪行的程度以及悔罪表现等情况,可以减少基准刑的40%以下;犯罪较轻的,可以减少基准刑的40%以上或者依法免除处罚。恶意利用自首规避法律制裁等不足以从宽处罚的除外。

2. 坦白情节

对于坦白情节,综合考虑如实供述罪行的阶段、程度、罪行轻重以及悔罪程度等情况,确定从宽的幅度。

(1) 如实供述自己罪行的,可以减少基准刑的20%以下;

(2) 如实供述司法机关尚未掌握的同种较重罪行的,可以减少基准刑的10%~30%;

(3) 因如实供述自己罪行,避免特别严重后果发生的,可以减少基准刑的30%~50%。

3. 立功情节

对于立功情节,综合考虑立功的大小、次数、内容、来源、效果以及罪行轻重等情况,确定从宽的幅度。

(1) 一般立功的,可以减少基准刑的20%以下;

(2) 重大立功的,可以减少基准刑的20%~50%;

(3) 犯罪较轻的,减少基准刑的50%以上或者依法免除处罚。

至于如何确定量刑的起点,可以参见辩点1-11。

辩点1-11:量刑指导

在2017年4月1日开始实施的修改后的《最高人民法院关于常见犯罪的量刑指导意见》中,涉及四个暴力类犯罪,辩护律师掌握如何根据不同的情形在相应的幅度内确定量刑起点,有利于制定合理的辩护策略以及做好庭前辅导工作。

(一) 故意伤害罪

1. 构成故意伤害罪的,可以根据下列不同情形在相应的幅度内确定量刑起点:

(1) 故意伤害致1人轻伤的,可以在2年以下有期徒刑、拘役幅度内确定量刑起点。

(2) 故意伤害致1人重伤的,可以在3年至5年有期徒刑幅度内确定量刑起点。

(3) 以特别残忍手段故意伤害致1人重伤,造成六级严重残疾的,可以在10年至13年有期徒刑幅度内确定量刑起点。依法应当判处无期徒刑以上刑罚的除外。

2. 在量刑起点的基础上,可以根据伤害后果、伤残等级、手段残忍程度等其他影响犯罪构成的犯罪事实增加刑罚量,确定基准刑。

故意伤害致人轻伤的,伤残程度可在确定量刑起点时考虑,或者作为调节基准刑的量刑情节。

(二) 抢劫罪

1. 构成抢劫罪的,可以根据下列不同情形在相应的幅度内确定量刑起点:

(1) 抢劫1次的,可以在3年至6年有期徒刑幅度内确定量刑起点。

(2) 有下列情形之一的,可以在10年至13年有期徒刑幅度内确定量刑起点:入户抢劫的;在公共交通工具上抢劫的;抢劫银行或者其他金融机构的;抢劫三次或者抢劫数额达到数额巨大起点的;抢劫致1人重伤的冒充军警人员抢劫的;持枪抢劫的;抢劫军用物资或者抢险、救灾、救济物资的。依法应当判处无期徒刑以上刑罚的除外。

2. 在量刑起点的基础上,可以根据抢劫情节严重程度、抢劫次数、数额、致人伤害后果等其他影响犯罪构成的犯罪事实增加刑罚量,确定基准刑。

(三) 抢夺罪

1. 构成抢夺罪的,可以根据下列不同情形在相应的幅度内确定量刑起点:

(1) 达到数额较大起点或者两年内3次抢夺的,可以在1年以下有期徒刑、拘役幅度内确定量刑起点。

(2) 达到数额巨大起点或者有其他严重情节的,可以在3年至5年有期徒刑幅度内确定量刑起点。

(3) 达到数额特别巨大起点或者有其他特别严重情节的,可以在10年至12年有期徒刑幅度内确定量刑起点。依法应当判处无期徒刑的除外。

2. 在量刑起点的基础上,可以根据抢夺数额、次数等其他影响犯罪构成的犯罪事实增加刑罚量,确定基准刑。多次抢夺,数额达到较大以上的,以抢夺数额确定量刑起点,抢夺次数可作为调节基准刑的量刑情节;数额未达到较大的,以抢夺次数确定量刑起点,超过3次的次数作为增加刑罚量的事实。

(四) 强奸罪

1. 构成强奸罪的,可以根据下列不同情形在相应的幅度内确定量刑起点:

(1) 强奸妇女1人的,可以在3年至6年有期徒刑幅度内确定量刑起点。奸淫幼女1人的,可以在4年至7年有期徒刑幅度内确定量刑起点。

(2) 有下列情形之一的,可以在 10 年至 13 年有期徒刑幅度内确定量刑起点:强奸妇女、奸淫幼女情节恶劣的;强奸妇女、奸淫幼女 3 人的;在公共场所当众强奸妇女的;2 人以上轮奸妇女的;强奸致被害人重伤或者造成其他严重后果的。依法应当判处无期徒刑以上刑罚的除外。

2. 在量刑起点的基础上,可以根据强奸妇女、奸淫幼女情节恶劣程度、强奸人数、致人伤害后果等其他影响犯罪构成的犯罪事实增加刑罚量,确定基准刑。

强奸多人多次的,以强奸人数作为增加刑罚量的事实,强奸次数作为调节基准刑的量刑情节。

辩点 1-12:死刑辩护

从司法实践中死刑执行情形来看,无论是国内还是国外,暴力犯罪的死刑执行个案始终占最大比例。本章所探讨的故意杀人罪、故意伤害罪、抢劫罪、绑架罪都可以判处死刑,只有抢夺罪没有死刑。在代理非常严重的暴力犯罪案件中,辩护律师在关注犯罪手段和犯罪后果是否达到适用死刑的条件和标准的同时,除了关注被告人有无法定的或者酌定的从宽量刑的情节,还要把握国家司法机关对办理死刑案件应当遵循的原则要求,只有进行综合运用,才能做好死刑案件的辩护。

(一) 犯罪手段和犯罪后果

我国《刑法》第 48 条第 1 款规定,死刑只适用于罪行极其严重的犯罪分子。一般认为,犯罪手段特别残忍、情节恶劣,后果特别严重的才属于罪行极其严重的犯罪分子,才能适用死刑。根据《刑法》第 234 条的规定,故意伤害罪只有致人死亡或以特别残忍的手段致人重伤或严重残疾的,法定刑中才可以选择适用死刑。《全国法院维护农村稳定刑事审判工作座谈会纪要》规定,故意伤害致人死亡,手段特别残忍,情节特别恶劣的,才可以判处死刑。故意伤害致重伤造成严重残疾,只有犯罪手段特别残忍,后果特别严重的,才能考虑适用死刑(包括死刑缓期两年执行)。根据《刑法》第 239 条的规定,只有杀害被绑架人的,或者故意伤害被绑架人,致人重伤、死亡的,才可能以绑架罪适用死刑,相比于《刑法修正案(九)》实施之前的一律适用死刑,2015 年对刑法的修订对这类情形又增加了适用无期徒刑的可能性。根据《刑法》第 263 条的规定,抢劫罪中只有出现法定的八种加重处罚的情节,才可以选择适用死刑。通常,在法条规定可以选择适用死刑时,还要可以根据抢劫致人伤亡的后果、次数、数额、手段等其他影响犯罪构成的犯罪事实,最终决定是否适用死刑。因此,辩护律师应当关注犯罪手段是不是很残忍、犯罪后果是不是很严重、是否属于情节特别恶劣,判断对被告人是否适用死刑条款。如果可以适用死刑条款,再关注被告人有无法定的或酌定的从宽处罚的量刑情节,只要具备其中一条,都应当提出对被告人不适用死刑或不适用死刑立即执行的辩护意见。鉴于本书其他部分已经对法定的从宽量刑情节有充分论述,此处,结合暴力类犯罪,重点介绍常见的酌定从宽量刑情节。

(二) 法定从宽量刑情节

我国《刑法》总则中明确规定了诸多可以从轻、减轻甚至免除处罚的情节,律师在代理非常严重的暴力犯罪案件时,如果能找到这些法定从宽量刑的情节,一般可以排除适用死刑,依法提出适用无期徒刑以下刑罚的量刑建议。

如存在未成年人犯罪、审判时怀孕的妇女、防卫过当、避险过当、犯罪中止、从犯、胁从犯等应当从宽情节时,凡是有上述情节之一的,应当排除适用死刑。再如预备犯、未遂犯、精神有障碍的犯罪人、又聋又哑的犯罪人、盲人、教唆未遂、自首、立功表现等可以从宽的情节,如果具有上述情节之一的,只要没有相反的特殊情况,一般也应当排除适用死刑。

(三) 酌定从宽量刑情节

除了以上法定从宽情节,辩护律师还要关注酌定从宽量刑的情节。只要行为人没有法定从重处罚的情节,如累犯、主犯、犯罪动机恶劣、犯罪手段残忍、危害后果特别严重等情节,辩护律师就可以根据酌定从宽情节的数量、性质以及宽宥程度,再结合其人身危险性大小,依法提出适用死刑缓期两年执行,或者无期徒刑以下刑罚的量刑建议。

> **案例 1-22**
>
> 被告人王某某与被害人赵某某(女,殁年 26 岁)在 A 市某职业学院同学期间建立恋爱关系。2005 年,王某某毕业后参加工作,赵某某考入 B 市某大学继续专升本学习。2007 年赵某某毕业参加工作后,王某某与赵某某商议结婚事宜,因赵某某家人不同意,赵某某多次提出分手,但在王某某的坚持下二人继续保持联系。2008 年 10 月 9 日中午,王某某在赵某某的集体宿舍再次谈及婚恋问题,因赵某某明确表示二人不可能在一起,王某某感到绝望,愤而产生杀死赵某某然后自杀的念头,即持赵某某宿舍内的一把单刃尖刀,朝赵某某的颈部、胸

> 腹部、背部连续捅刺，致其失血性休克死亡。次日 8 时 30 分许，王某某服农药自杀未遂，被公安机关抓获归案。王某某平时表现较好，归案后如实供述自己罪行，并与其亲属积极赔偿，但未与被害人亲属达成赔偿协议。
>
> 本案一审、二审均判处被告人死刑立即执行，报请最高人民法院复核，后最高人民法院根据复核确认的事实，不核准被告人王某某死刑，发回山东省高级人民法院重新审判。山东省高级人民法院经依法重新审理，辩护律师提出鉴于本案系因婚恋纠纷引发，属于民间纠纷，王某某求婚不成，恼怒并起意杀人，归案后坦白悔罪，积极赔偿被害方经济损失，且平时表现较好，故请求人民法院从轻处罚。后法院采纳了辩护律师的意见，于 2011 年 5 月 3 日作出刑事判决，以故意杀人罪改判被告人王某某死刑，缓期两年执行，剥夺政治权利终身，并对其限制减刑。

（四）共同犯罪的死刑辩护

在司法实践中，对共同犯罪中罪行极其严重的犯罪分子是否判处死刑立即执行，应当考虑以下因素：多个主犯中罪行最严重的主犯已经判处死刑立即执行，其他主犯地位、作用相对次要的；共同犯罪人作用、地位相当，责任相对分散的；共同犯罪人责任不清的；同案人在逃，有证据证明被告人起次要作用的；对在案的被告人适用死刑立即执行可能影响对在逃的同案人定罪量刑的；等等。对具有上列因素的，一般不适用死刑立即执行。辩护律师在为共同犯罪案件中罪行极其严重的犯罪分子进行辩护时，要注意审查案件是否具备上列因素。有其他对于多名被告人共同致死一名被害人的案件，要进一步分清各被告人的作用，准确认定各被告人的罪责，以做到区别对待，提出即使按照"杀人偿命""一命抵一命"的传统朴素观念，原则上也不能对两名甚至两名以上的被告人同时适用死刑。

（五）司法机关的办案要求

2007 年 3 月 9 日，最高人民法院、最高人民检察院、公安部、司法部联合印发了《关于进一步严格依法办案确保办理死刑案件质量的意见》，要求各级人民法院、人民检察院、公安机关、司法行政机关全面落实科学发展观和牢固树立社会主义法治理念，依法履行职责，严格执行刑法和刑事诉讼法，切实把好死刑案件的事实关、证据关、程序关、适用法律关，使办理的每一起死刑案件都经得起历史的检验。作为辩护律师，应当把握这些规定，把握司法机关办理死刑案件应当遵循的原则要求，并运用这些规定和原则对死刑案件进行辩护。

《意见》指出了充分认识确保办理死刑案件质量的重要意义,规定了认真履行法定职责,严格依法办理死刑案件的具体做法,还提出了办理死刑案件应当遵循的原则要求,这些原则要求对于辩护工作也具有极大的指导意义,必要时也可以作为律师对死刑案件辩护的切入点,下面简单做一下介绍。

1. 坚持惩罚犯罪与保障人权相结合

坚持依法惩罚犯罪和依法保障人权并重,坚持罪刑法定、罪刑相适应、适用刑法人人平等和审判公开、程序法定等基本原则,真正做到有罪依法惩处,无罪不受刑事追究。

2. 坚持保留死刑,严格控制和慎重适用死刑

"保留死刑,严格控制死刑"是我国的基本死刑政策。我国现在还不能废除死刑,但应逐步减少适用,凡是可杀可不杀的,一律不杀。办理死刑案件,必须根据构建社会主义和谐社会和维护社会稳定的要求,严谨审慎,既要保证根据证据正确认定案件事实,杜绝冤错案件的发生,又要保证定罪准确,量刑适当,做到少杀、慎杀。

3. 坚持程序公正与实体公正并重,保障犯罪嫌疑人、被告人的合法权利

人民法院、人民检察院和公安机关进行刑事诉讼,既要保证案件实体处理的正确性,也要保证刑事诉讼程序本身的正当性和合法性。在侦查、起诉、审判等各个阶段,必须始终坚持依法进行诉讼,坚决克服重实体、轻程序,重打击、轻保护的错误观念,尊重犯罪嫌疑人、被告人的诉讼地位,切实保障犯罪嫌疑人、被告人充分行使辩护权等诉讼权利,避免因剥夺或者限制犯罪嫌疑人、被告人的合法权利而导致冤错案件的发生。

4. 坚持证据裁判原则,重证据、不轻信口供

办理死刑案件,要坚持重证据、不轻信口供的原则。只有被告人供述,没有其他证据的,不能认定被告人有罪;没有被告人供述,其他证据确实充分的,可以认定被告人有罪。对刑讯逼供取得的犯罪嫌疑人供述、被告人供述和以暴力、威胁等非法方法收集的被害人陈述、证人证言,不能作为定案的根据。对被告人作出有罪判决的案件,必须做到"事实清楚,证据确实、充分"。证据不足,不能认定被告人有罪的,应当作出证据不足、指控的犯罪不能成立的无罪判决。

5. 坚持宽严相济的刑事政策

对死刑案件适用刑罚时,既要防止重罪轻判,也要防止轻罪重判,做到罪刑相

当,罚当其罪,重罪重判,轻罪轻判,无罪不罚。对罪行极其严重的被告人必须依法惩处,严厉打击;对具有法律规定"应当"从轻、减轻或者免除处罚情节的被告人,依法从宽处理;对具有法律规定"可以"从轻、减轻或者免除处罚情节的被告人,如果没有其他特殊情节,原则上依法从宽处理;对具有酌定从宽处罚情节的也依法予以考虑。

附:本章相关法律规范性文件①

1. 法律

《中华人民共和国刑法》(2015年修正,法宝引证码:CLI.1.17010)第232、234、263、267、239、236、237条

2. 司法解释

最高人民法院《关于常见犯罪的量刑指导意见》(法发〔2017〕7号,2017.04.01实施,法宝引证码:CLI.3.292969)

最高人民法院《关于审理抢劫刑事案件适用法律若干问题的指导意见》(法发〔2016〕2号,2016.01.06实施,法宝引证码:CLI.3.262976)

最高人民法院、最高人民检察院《关于办理抢夺刑事案件适用法律若干问题的解释》(法释〔2013〕25号,2013.11.18实施,法宝引证码:CLI.3.213070)

最高人民法院刑三庭《在审理故意杀人、伤害及黑社会性质组织犯罪案件中切实贯彻宽严相济刑事政策》(2010.04.14实施,法宝引证码:CLI.3.279931)

最高人民法院《关于贯彻宽严相济刑事政策的若干意见》(法发〔2010〕9号,2010.2.8实施,法宝引证码:CLI.3.126987)

最高人民法院《关于审理未成年人刑事案件具体应用法律若干问题的解释》(法释〔2006〕1号,2006.01.23实施,法宝引证码:CLI.3.73233)

最高人民法院《关于审理抢劫、抢夺刑事案件适用法律若干问题的意见》(法发〔2005〕8号,2005.06.08实施,法宝引证码:CLI.3.59300)

最高人民法院、最高人民检察院《关于办理妨害预防、控制突发传染病疫情等灾害的刑事案件具体应用法律若干问题的解释》(法释〔2003〕8号,2003.05.15实施,法宝引证码:CLI.3.45773)

---

① 所列法律规范性文件的详细内容,可登录"北大法宝"引证码查询系统(www.pkulaw.cn/fbm),输入所提供的相应的"法宝引证码",免费查询。

最高人民法院《关于审理偷税抗税刑事案件具体应用法律若干问题的解释》(法释〔2002〕33号,2002.11.07实施,法宝引证码:CLI.3.43218)

最高人民法院、最高人民检察院《关于办理组织和利用邪教组织犯罪案件具体应用法律若干问题的解释(二)》(法释〔2001〕19号,2001.06.11实施,法宝引证码:CLI.3.35585)

最高人民法院《关于审理抢劫案件具体应用法律若干问题的解释》(法释〔2000〕35号,2000.11.28实施,法宝引证码:CLI.3.34725)

最高人民法院《关于审理交通肇事刑事案件具体应用法律若干问题的解释》(法释〔2000〕33号,2000.11.21实施,法宝引证码:CLI.3.34723)

最高人民法院、最高人民检察院《关于办理组织和利用邪教组织犯罪案件具体应用法律若干问题的解释》(法释〔1999〕18号,1999.10.09实施,法宝引证码:CLI.3.23536)

3. 其他

最高人民法院《全国法院维护农村稳定刑事审判工作座谈会纪要》(法〔1999〕217号,1999.10.27实施,法宝引证码:CLI.3.26458)

第二章 财产类犯罪

第一节 财产类犯罪综述

与暴力类犯罪一样,财产类犯罪也不是刑法上的一个罪种,而是对以财产作为侵犯对象的这类犯罪的一种概括。本章涉及的犯罪除了我国《刑法》第五章侵犯财产罪外,还包括第四章侵犯人身权利、民主权利罪和第八章贪污贿赂罪中客体涉及财产权益的抢劫罪、绑架罪和贪污罪、挪用公款罪。

一、财产类犯罪分类索引

类型	罪名	法条
1. 强抢型	抢劫罪	第263、269条
	抢夺罪	第267条
	聚众哄抢罪	第268条
2. 勒索型	敲诈勒索罪	第274条
	绑架罪	第239条
3. 取得型	盗窃罪	第264、265条
	诈骗罪	第266条
	侵占罪	第270条
	职务侵占罪	第271条
	贪污罪	第382条
4. 挪用型	挪用特定款物罪	第273条
	挪用资金罪	第272条
	挪用公款罪	第384条
5. 毁损型	故意毁坏财物罪	第275条
	破坏生产经营罪	第276条

二、财产类犯罪《刑法》规定对照表

根据针对侵犯财产的手段不同,笔者将财产类犯罪分成五类,分别为强抢型、勒索型、取得型、挪用型和毁损型。鉴于强抢型中的抢劫罪、抢夺罪、聚众哄抢罪和勒索型中的绑架罪已经在第一章暴力类犯罪中作了详细介绍,故本章不再赘述;鉴于取得型中的诈骗罪和金融诈骗罪、合同诈骗罪之间存在法条竞合,本书在第三章中

将诈骗类犯罪单列一章,故本章不再赘述;鉴于取得型中的侵占罪、职务侵占罪和贪污罪以及挪用型中的挪用特定款物罪、挪用资金罪和挪用公款罪在行为方式上存在相似性,本书也将单列侵占类犯罪和挪用类犯罪两章,故本章也不再赘述。因此,本章主要就敲诈勒索罪、盗窃罪、故意毁坏财物罪和破坏生产经营罪等案件的辩点进行阐述。

类型	罪名	法条	罪状	主刑	附加刑	辩点速查
勒索型	敲诈勒索罪	第274条	敲诈勒索公私财物,数额较大的或多次敲诈勒索的	3年以下有期徒刑、拘役或者管制		1. 客观方面:行为人采用威胁、要挟、恫吓等手段,迫使被害人交出财物的行为。 2. 主观方面:非法强索他人财物的目的,若索取财物目的合法,则不构成本罪。 3. 既遂未遂:被害人并未产生恐惧情绪;或者虽然产生了恐惧,但并未交出财物,均属未遂。
			数额巨大或者有其他严重情节的	3—10年有期徒刑		
			数额特别巨大或者有其他特别严重情节的	10年以上有期徒刑或者无期徒刑	并处罚金或者没收财产	
取得型	盗窃罪	第264条	盗窃公私财物,数额较大或者多次盗窃、携带凶器盗窃和扒窃的	3年以下有期徒刑、拘役或者管制	并处或者单处罚金	1. 单位犯罪:仅追究直接责任人员的责任。 2. 盗窃数额:各地区对"数额较大、巨大、特别巨大"的标准有所差别。 3. 行为方式:注意"入户盗窃""多次盗窃"、携带凶器盗窃和扒窃的认定以及盗窃电信资费案件的认定。 4. 入罪情形:接近"数额较大"起点,具有法定情形之一的仍应追究刑事责任。 5. 出罪情形:未成年人犯罪虽已达到"数额较大"起点,但具有法定情形之一的,可不作为犯罪处罚。 6. 从轻情节:偷拿自己家或者近亲属财物的,一般不按犯罪处理,确有必要追究的应从轻。
			数额巨大或者有其他严重情节的	3—10年有期徒刑	并处罚金	
			数额特别巨大或者有其他特别严重情节的	10年以上有期徒刑或者无期徒刑	并处罚金或者没收财产	
毁损型	故意毁坏财物罪	第275条	故意毁坏公私财物,数额较大或者有其他严重情节的	3年以下有期徒刑、拘役或者罚金		1. 犯罪动机:出于对财物所有人的打击报复或嫉妒心理或其他类似有针对性的心理态度。 2. 追诉标准:《关于公安机关管辖的刑事案件立案追诉标准的规定(一)》第33条。
			数额巨大或者有其他特别严重情节的	3—7年有期徒刑		
	破坏生产经营罪	第276条	由于泄愤报复或者其他个人目的,毁坏机器设备、残害牲畜或以其他方法破坏生产经营的	3年以下有期徒刑、拘役或者管制		1. 犯罪目的:泄愤报复或其他个人目的。 2. 破坏对象:必须与生产经营活动直接相联系。 3. 追诉标准:《关于公安机关管辖的刑事案件立案追诉标准的规定(一)》第34条。

第二节 辩点整理

辩点 2-1：犯罪主体	辩点 2-2：主观方面	辩点 2-3：犯罪行为
辩点 2-4：犯罪对象	辩点 2-5：数额情节	辩点 2-6：既遂未遂
辩点 2-7：一罪数罪	辩点 2-8：退赃退赔	

辩点 2-1：犯罪主体

（一）未成年人

根据我国刑法的规定，行为人达到刑事责任年龄的，才能承担刑事责任。一般情况下，已满 16 周岁属于完全负刑事责任年龄，对于已满 14 周岁不满 16 周岁的行为人，只有实施了刑法特别规定的部分犯罪，才能承担刑事责任，本章中的抢劫罪就是其中的一种，除抢劫罪以外的其他财产类犯罪，都需要达到 16 周岁才能承担刑事责任。已满 14 周岁不满 18 周岁的未成年人犯罪的，应当从轻或者减轻处罚。由此可见，如果犯罪主体是未成年人，可以考虑进行罪轻辩护或者不承担刑事责任的无罪辩护。

对于未成年人实施本章财产类犯罪，我国还专门出台了一些特殊的司法解释，明确规定了可以不作为犯罪处理或者不认为是犯罪或者可以从轻、减轻处罚的情形，有利于维护未成年人的合法权益，辩护律师更应当特别加以注意，审查案件是否具备以下情形。

1. 不认为是犯罪

（1）已满 16 周岁不满 18 周岁的人实施盗窃行为未超过 3 次，盗窃数额虽已达到"数额较大"标准，但案发后能如实供述全部盗窃事实并积极退赃，且具有下列情形之一的，可以认定为"情节显著轻微危害不大"，不认为是犯罪：① 系又聋又哑的人或者盲人；② 在共同盗窃中起次要或者辅助作用，或者被胁迫；③ 具有其他轻微情节的。

（2）已满 16 周岁不满 18 周岁的人盗窃未遂或者中止的，可不认为是犯罪。

2. 不作为犯罪处理

（1）已满16周岁不满18周岁的人盗窃自己家庭或者近亲属财物，或者盗窃其他亲属财物但其他亲属要求不予追究的，可不按犯罪处理。

（2）已满16周岁不满18周岁的未成年人盗窃公私财物虽已达到"数额较大"的起点，但情节轻微，可不作为犯罪处理。

（3）已满16周岁不满18周岁的未成年人偶尔盗窃、抢夺、诈骗，数额刚达到较大的标准，案发后能如实交代并积极退赃的，可以认定为情节显著轻微，不作为犯罪处理。

3. 不按转化抢劫罪论处

已满16周岁不满18周岁的人犯盗窃、诈骗、抢夺罪，为窝藏赃物、抗拒抓捕或者毁灭罪证而当场使用暴力或者以暴力相威胁，情节轻微的，可不以抢劫罪定罪处罚。

4. 从轻处理

（1）已满16周岁不满18周岁的未成年人偶尔盗窃、抢夺、诈骗，罪行较轻的，可以依法适当多适用缓刑或者判处管制、单处罚金等非监禁刑；依法可免予刑事处罚的，应当免予刑事处罚。

（2）对于犯罪情节严重的未成年人，也应当予以从轻或者减轻处罚。

（3）对于已满16周岁不满18周岁的未成年犯罪人，一般不判处无期徒刑。

（二）家庭成员或亲属

对于本章犯罪，如果行为人与被害人之间是家庭成员或者具有亲属关系的，在符合特定条件时，可以不按犯罪处理，即使按照犯罪处理的，也可以从宽处罚。辩护人在代理具备这些特殊关系的案件时，要注意运用相关规定进行辩护。

1. 盗窃家庭成员或者亲属的财物

（1）已满16周岁不满18周岁的未成年人盗窃自己家庭或者近亲属财物，或者盗窃其他亲属财物但其他亲属要求不予追究的，可不按犯罪处理。

（2）偷拿自己家的财物或者近亲属的财物，一般可不按犯罪处理；对确有追究刑事责任必要的，处罚时也应与社会上作案的有所区别。

（3）盗窃近亲属财物的，可以减少基准刑的50%以下。

2. 诈骗近亲属的财物

（1）诈骗近亲属的财物，近亲属谅解的，一般可不按犯罪处理。

(2) 诈骗近亲属的财物，确有追究刑事责任必要的，具体处理也应酌情从宽。

3. 敲诈勒索近亲属的财物

(1) 敲诈勒索近亲属的财物，获得谅解的，一般不认为是犯罪。

(2) 认定为犯罪的，应当酌情从宽处理。

上述所提的"确有追究刑事责任必要"，必须是盗窃或者诈骗数额较大或巨大，同时又具有其他严重情节，引起家庭成员和亲属愤慨，要求追究刑事责任的。如多次盗窃家庭亲属财产，经教育不改，引起家庭成员和亲属不安的；盗窃无生活来源的亲属财产，造成其生活困难，或造成其他严重后果的；盗窃数额特别巨大，挥霍浪费，无法追回，给家庭成员和亲属造成重大损失的；盗窃主观恶性深，多次在社会上盗窃，因种种原因限制而盗窃数额不大，而又转为盗窃家庭亲属财产的；因盗窃造成家庭成员和亲属关系劣变和其他严重后果的；等等。

(三) 单位有关人员

根据刑法的规定，本章的犯罪主体都只限于自然人，没有规定单位可以构成本章之罪。但在司法实践中，仍然存在以单位名义实施犯罪，违法所得归单位所有的情形，如实施盗窃或者诈骗。对于这类案件，由于刑法没有规定单位可以构成本章犯罪，故不能以盗窃罪和诈骗罪等罪名追究单位的刑事责任，这是不存在争议的，如果司法机关将单位作为指控对象，辩护律师对单位当然应当进行无罪辩护。

但是，对于司法机关单独指控单位里组织、策划、实施盗窃、诈骗等行为的主管人员或者直接责任人员的案件，有的辩护律师会提出单位不构成犯罪，其主管人员和直接责任人员自然也不构成犯罪的辩护意见，这样的意见可以在2001年最高人民法院《全国法院审理金融犯罪案件工作座谈会纪要》中找到些许依据，里面提到，对于单位实施的贷款诈骗行为，不能以贷款诈骗罪定罪处罚，也不能以贷款诈骗罪追究直接负责的主管人员和其他直接责任人员的刑事责任。

但具体到本章中的犯罪，例如盗窃罪，最高人民法院、最高人民检察院《关于办理盗窃刑事案件适用法律若干问题的解释》第13条就明确规定："单位组织、指使盗窃，符合刑法第二百六十四条及本解释有关规定的，以盗窃罪追究组织者、指使者、直接实施者的刑事责任。"再如诈骗罪，最高人民法院曾在1996年发布的《关于审理诈骗案件具体应用法律的若干问题的解释》中规定："单位直接负责的主管人员和其他直接责任人员以单位名义实施诈骗行为，诈骗所得归单位所有，数额在5万至10万元以上的，应当依照〈刑法〉第一百五十一条的规定追究上述人员的刑事责任；数额在20万至30万元以上的，依照〈刑法〉第一百五十二条的规定追究上述人员的刑事责任。"该司法解释虽然早已失效,但反映了单位实施诈骗行为可以追究单位相关人员刑事责任的精神。

2014年4月24日第十二届全国人民代表大会常务委员会第八次会议通过了《关于〈中华人民共和国刑法〉第三十条的解释》,对单位不构成犯罪,对单位有关人员能否追究刑事责任这一问题进行了彻底解决,其规定:"公司、企业、事业单位、机关、团体等单位实施刑法规定的危害社会的行为,刑法分则和其他法律未规定追究单位的刑事责任的,对组织、策划、实施该危害社会行为的人依法追究刑事责任。"因此,律师在代理这类案件时要特别注意辩护策略的制定,盲目进行无罪辩护恐怕很难达到预期的效果。

辩点2-2:主观方面

(一)犯罪故意

财产类犯罪在主观上均为故意,且为直接故意。即行为人明知是公共的或者他人的财物而意图把它非法转归己有或者归第三者占有。对于财产类犯罪而言,一般不存在间接故意以及过失的心理状态。但是,在故意毁坏财物罪中,可能存在间接故意的情形,即行为人在实施其他行为的同时,虽然没有追求毁坏财物的主观心态,但放任财物毁坏结果的发生,也可以构成故意毁坏财物罪。

对于本章财产类犯罪而言,侵犯的财产数额大小直接影响到量刑的档次和幅度。实践中通常是以行为人实际侵犯到的财产的数额进行量刑。但如果行为人犯罪时确实没有认识到所侵犯的财产的实际价值,辩护人仍然可以从犯罪故意的主观方面切入进行辩护,提出行为人主观上只有非法占有或者毁坏他人数额较大财物的故意,而无非法占有或者毁坏数额巨大财物的故意;或者提出行为人主观上只有非法占有或者毁坏他人数额巨大财物的故意,而无非法占有或者毁坏数额特别巨大财物的故意。

(二)犯罪目的

1. 非法占有财物的目的

所谓"非法占有",是指明知是公共的或者他人的财物而意图把它非法转归己有或者归第三人占有。在财产类犯罪中,大多数犯罪的行为人对涉案的财产具有非法占有的目的,如已经在其他章节介绍的诈骗罪、侵占罪、职务侵占罪、抢劫罪、抢夺罪等,在本章中,盗窃罪和敲诈勒索罪也要求行为人具有非法占有的目的。需要注意的是,这里的"非法占有"并不以据为己有为必要,为他人占有或者为公益事业如捐赠而占有公私财物,也属于"以非法占有为目的"。如果辩护律师能够证明行为人主观上并不具有非法占有的目的,则可以进行无罪辩护,具体情况如下:

(1) 误将公私财物当做自己财物的认定

在实践中,行为人因为认识的错误,将他人财物当做自己的财物而将财物占为己有的,虽然客观上造成了占有他人财物的后果,但由于行为人主观上不具有非法占有他人财物的目的,不能成立盗窃罪。

案例2-1

某天夜里,周某和朋友在歌厅108包房内唱歌,唱歌时喝了很多酒,出来上洗手间,回来时走错了包房,走进隔壁的107包房,看到桌子上有一个iphone手机,以为是自己的,便揣进了口袋里,见朋友不在包房内,出来寻找,碰上了回107包房的客人李某和张某,李某发现桌上的手机不见了,问周某是否偷了他的手机,不由分说地在其口袋里找出了手机,并要求周某赔偿其损失费,周某认为自己只是误拿,不是偷,不同意赔偿,李某遂报警。

在本案中,李某在接受询问时坚持是周某偷了自己的手机,而且是人赃俱获,要求司法机关进行严惩,而周某的口供一直很稳定,说是自己喝多了酒,走错了房间,才误拿了手机。辩护律师介入案件后,对周某喝酒的状况进行了调查,查明周某当晚和朋友在一起确实喝了很多酒,然后提出107包房离周某自己的包房很近,就在108包房隔壁,且周某自己的手机与李某的手机在外观上很接近,再结合周某自己的辩解,提出了周某不具有非法占有的目的,只是将他人财物误当做自己的财物,不构成盗窃罪的辩护意见,辩护意见被侦查机关采纳,案件最终被撤销。

(2) 偷开机动车辆的认定

在司法实践中,行为人偷开机动车,有的并不是为了占有机动车本身,而只是将机动车作为工具进行使用,后导致车辆丢失的,也可以认定行为人具有"非法占有的目的",具体情况的认定可以适用最高人民法院、最高人民检察院《关于办理盗窃刑事案件适用法律若干问题的解释》的规定:

① 偷开机动车,导致车辆丢失的,以盗窃罪定罪处罚;

② 为盗窃其他财物,偷开机动车作为犯罪工具使用后非法占有车辆,或者将车辆遗弃导致丢失的,被盗车辆的价值计入盗窃数额;

③ 为实施其他犯罪,偷开机动车作为犯罪工具使用后非法占有车辆,或者将车辆遗弃导致丢失的,以盗窃罪和其他犯罪数罪并罚;

④ 将车辆送回未造成丢失的,按照其所实施的其他犯罪从重处罚。

(3) 使用手段进行维权的认定

如果行为人主观上只是维护自己的合法权利,使用了盗窃或者敲诈勒索的手段,且窃取或者索要的财物数额合理,辩护律师可考虑进行无罪辩护。例如,行为人通过窃取的方式拿到债务人的财产进行抵押,或者行为人通过威胁或者恐吓的方式索取债务,辩护人可以提出行为人不具有非法占有的目的,所以不构成盗窃罪或者敲诈勒索罪的辩护意见。

> **案例 2-2**
>
> 2009 年 4 月,湖北某集团公司在某县开发区开发项目,其中拆迁由开发区管委会委托拆迁公司实施。2009 年 11 月中旬,因涉及白某家房屋拆迁和坟墓迁移,白某与拆迁公司签订了关于房屋拆迁协议,并收到房屋拆迁补偿费 5 万余元和坟墓迁移补偿费 3 万余元。被告人蔡某某系白某的女儿,对其母亲白某签订拆迁协议非常不满,想重新向开发区管委会等单位索取拆迁、迁坟相关损失赔偿费。于是先后起草打印了一份要求开发区管委会、湖北某集团公司等单位赔偿住宅和祖坟毁坏及精神损失费计 35 万元的索赔材料将该索赔材料交给开发区管委会,一份举报湖北某集团公司在项目开发过程中存在违规、违法行为的举报信并将该举报信交给县信访局。2010 年 1 月 13 日晚,湖北某集团公司老总唐某某得知蔡某某举报该公司开发的项目后,担心对工程进展不利,通过开发区有关人员了解到联系方式,打电话约见被告人蔡某某。次日,蔡某某依约与唐某某见面,并将举报信和索赔材料交给唐某某,蔡某某声称"不满足我的要求,要举报这个项目不合法,要这个项目搞不下去"。唐某某考虑到该项目已大量投资,为不使举报行为对项目产生不利影响,答应对蔡某某赔偿,后双方协商,确定赔偿给蔡某某共计 20 万元。1 月 19 日,蔡某某在一份由唐某某起草的关于愿意支付人民币 20 万元、蔡某某不再举报该项目的承诺书上签字后,收到唐某某首期支付的 10 万元。案发后,蔡某某以涉嫌敲诈勒索罪被提起公诉,后被一审法院判处有期徒刑 4 年。

> 一审宣判后，蔡某某不服，提出上诉。辩护律师提出，被告人蔡某某不具备非法敲诈他人财物的主观故意，其就房屋、祖坟向开发商提出赔偿是一项正常主张民事权利的行为；不具备敲诈勒索的客观行为，其与开发商接触是一个民事谈判的过程，不是敲诈对方的过程，开发商支付10万元是自愿的。请求撤销原审判决，宣告被告人无罪。二审法院经审理认为，虽然被告人以要挟为手段索赔，获取了巨额钱财，但被告人的索赔是基于在房屋拆迁、坟墓搬迁中享有一定的民事权利提出的，故认定被告人具有敲诈勒索罪构成要件中"以非法占有为目的"的主观故意，证据不足，不能认定被告人有罪。故判决撤销原判，宣告蔡某某无罪。

2. 泄愤报复或者其他个人目的

在本章中，强抢型、勒索型和取得型犯罪一般都要求以非法占有为目的；挪用型犯罪一般要求以非法占用为目的；对于毁损型犯罪，一般是出于泄愤报复或者其他个人目的，这里的其他个人目的，主要是指基于个人得失的各种心怀不满、愤恨、厌恶、解气等目的。应当注意的是，这里的泄愤报复等个人目的一般是实施犯罪的动机，有别于目的犯中的目的。对于破坏生产经营罪，由于刑法条文中明确要求"由于泄愤报复或者其他个人目的"，辩护律师在代理此类案件时，也可以从行为人的目的和动机入手，如果行为人破坏生产经营并非因为泄愤报复，也不是为了其他个人目的，也可以考虑进行无罪辩护。

（三）犯罪动机

财产类犯罪的动机多种多样，如贪图钱财、追求享乐、好逸恶劳、泄愤、嫉妒或者陷害他人等。一般说来，犯罪动机不影响犯罪的成立，但可以影响量刑。因此，辩护律师在代理财产类犯罪案件时，可以挖掘行为人犯罪的动机，如果是出于善良的动机或者出于生活困难等动机实施了犯罪，可以提出从轻处罚的辩护意见。例如，行为人确因生活困难或者为了救治家人而实施了盗窃行为，辩护律师可以从犯罪动机切入进行罪轻辩护，以便获得从轻处罚。

案例2-3

2013年1月20日,赵某骑车窜至一家门市店内,乘人不备用螺丝刀将收银台的抽屉撬开后,盗走现金4 800元。2013年3月9日,某县检察院依法批准逮捕了赵某。律师介入案件后,协助赵某积极退赃,赵某也真心悔罪,认罪态度较好,并取得了被害人的谅解。与此同时,辩护律师根据赵某实施盗窃是为了给身患重病的父亲看病的辩解,走访了赵某的家,了解到其父亲确实身患重病,但因经济困难而无法住院。赵某被逮捕后,家中失去了经济支柱,生活非常困难,父亲无人照顾。于是辩护律师根据走访调查的情况向司法机关递交了法律意见书,提出赵某是出于救治父亲的动机,且悔罪明显,不具有社会危害性的辩护意见,申请对赵某变更强制措施,该意见被司法机关采纳,后赵某被取保候审。

辩点2-3:犯罪行为

(一) 盗窃行为

1. 实行行为

盗窃罪的实行行为是盗窃。我国刑法理论通说将盗窃定义为秘密窃取,那么对于公开盗取的案件,律师应当如何进行辩护?此外,在司法实践的一些案例中,盗窃罪与侵占罪、诈骗罪的认定很容易混淆,律师应当如何处理并制定辩护策略呢?下面进行详细阐述。

(1) 秘密窃取还是公开盗取

对于盗取,我国刑法理论通说将其定义为秘密窃取,最高人民法院也曾于1998年在颁布施行的《关于审理盗窃案件具体应用法律若干问题的解释》第1条中将盗窃罪界定为"以非法占有为目的,秘密窃取公私财物数额较大或者多次盗窃公私财物的行为"。因此,在实践中辩护律师也经常以此为据对不具有"秘密窃取"特征的案件进行无罪辩护。但随着理论的深入,公开盗取也可以构成盗窃罪越来越成为共识。因此,2013年4月4日开始施行的最高人民法院、最高人民检察院《关于办理盗窃刑事案件适用法律若干问题的解释》废止了上述1998年的司法解释,也没有对盗窃罪进行概念上的界定。应当认为,盗窃主要是指秘密窃取,但不限于秘密窃取,也可以是抢劫、抢夺、聚众哄抢等强制方法之外的公开盗取,只是后者在实践中发生的概率较低。

①"秘密窃取",是一种最常见的盗窃行为,指采取不会被财物所有人、管理人、持有人发觉、知晓的方法,将公私财物转移到自己的控制之下,并非法占有或者让第三人占有。需要注意的是,"秘密"只是针对被害人知与不知而言的,并不是针对被害人以外的其他人,在实践中存在公开或者公然进行秘密窃取的情况,即在被害人不知晓,但被害人以外的其他人知晓的情况下公开盗窃,如在公共场所或者公共交通工具上的扒窃行为。

②"公开窃取",在实践中发生的概率较小,但仍然存在,是指在被害人已经知晓的情形,非法占有或者让第三人占有公私财物的盗窃行为。其实,我国刑法在某种意义上也承认,盗窃是可以针对被害人公开进行的。例如,我国《刑法》第265条规定,以牟利为目的,盗接他人通信线路、复制他人电信码号或者明知是盗接、复制的电信设备、设施而使用的,以盗窃罪论处。在实践中,这一类的盗窃行为,既有秘密进行的,也有公开进行的。故,律师对不具有"秘密窃取"特征的案件进行辩护时,应当慎重制定无罪辩护的策略。

> **案例2-4**
>
> 　　2006年4月21日晚10时,被告人许霆来到天河区黄埔大道广州市商业银行的ATM取款机取款,先行取出1 000元后,发现机器出错连续取款5.4万元。当晚,被告人许霆回到住处,将此事告诉了同伴郭安山(另案已判决)。两人随即再次前往提款,之后反复操作多次。后经警方与公诉机关提交的银行账单查实,许霆先后取款171笔,合计17.5万元;郭安山则取款1.8万元。事后,二人各携款潜逃。案发后,被告人许霆被广州市中级人民法院以犯盗窃罪,判处无期徒刑,剥夺政治权利终身,并处没收个人全部财产。后案件被广东省高级人民法院发回重审。广州市中级人民法院以被告人许霆犯盗窃罪,判处5年有期徒刑。许霆再次上诉,被维持原判。
>
> 　　该案在社会上引起了广泛关注,对以盗窃罪定罪的最大争议焦点就在于许霆的行为是否符合"秘密窃取"这一特征,控辩双方也是围绕这一焦点展开的辩论。后法院经审理认为,刑法盗窃罪的"秘密窃取",虽然通常表现为秘密,但并不限于客观上的秘密窃取,还包括行为人自以为被害人不知晓的窃取。本案被告人许霆利用银行系统升级出错漏洞,自以为银行工作人员不会及时发现,非法

获取银行资金,与储户正常、合法的取款行为有本质区别,且未退还赃款,表明其主观上具有非法占有银行资金的故意,客观上实施了秘密窃取的行为,构成盗窃罪。

(2) 盗窃行为还是侵占行为

根据《刑法》第 270 条的规定,侵占罪是以非法占有为目的,将自己所保管的、持有的、经手的他人的财物,转为己有或擅自使用的行为。也就是说,只有那些已经由自己保管的、持有的、经手的他人的财物才是侵占罪的犯罪对象。侵占罪是以他人之物已经归自己持有为前提,即他人的财物因一定原因,由自己直接予以支配,只有预先持有,才能谈得上侵占;如果是将他人持有或者控制下的财物,乘人不知移入自己管理和控制范围,则属盗窃而非侵占。在客观方面,盗窃行为与侵占行为可能都具有一定的秘密性,区别的关键主要是看其财物是否在他人的有效控制范围之内。在他人有效控制范围之内秘密占有的,是窃取;对他人失去控制或弛于控制的财物秘密占有,则是侵占。

案例 2-5

2010 年 9 月 29 日 17 时许,被告人梁某某在协助警察郭某某执行公务时,发现郭某某的手机掉在地上,就用脚踩住。郭某某发现手机不见后,四处寻找,梁某某没有回应。趁郭某某不备,将踩在脚下的华为手机拿走,后将该手机销赃得款 350 元。经某市价格认证中心鉴定,该手机价值 1 120 元。案发后,手机已追回并发还被害人郭某某。

在庭审过程中,被告人梁某某辩解,手机是郭某某自己掉在地上的,并不是其从郭某某身上偷走的,其没有实施盗窃行为。梁某某的辩护人也提出梁某某不构成盗窃罪的辩护意见,认为被告人梁某某是把被害人郭某某掉落的手机当做了遗失物,在这种认识因素下,被告人主观上的故意应属于侵占而不是盗窃。但法院经审理认为,被告人梁某某在见到他人的手机掉在地上时,以用脚踩住的隐蔽行为,使被害人查找未得,随后将手机带离现场,从而脱离了被害人的控制而置于其控制之下,并予以销赃,数额较大,其行为已构成盗窃罪。换句话说,

> 本案中虽然手机掉在地上是由于被害人保管不善造成的,但不能因此就断定该手机系遗失物,更谈不上是遗忘物。就本案当时的情形而言,手机是掉在特定的现场,而且就在失主的旁边,被告人为避免被人发觉,用脚踩住,且不敢弯腰将手机捡起,可见手机并未完全失去控制。因此认定被告人构成盗窃罪是恰当的。

(3) 盗窃行为还是诈骗行为

盗窃罪是以非法占有为目的,秘密窃取数额较大公私财物的行为;而诈骗罪是以非法占有为目的,用虚构事实或者隐瞒真相的方法,骗取数额较大公私财物的行为。诈骗罪与盗窃罪的关键区别在于:受骗人是否基于认识错误处分了财物,也就是说,是否将财物转移给行为人占有和支配,倘若被害人自愿处分了财物,则构成诈骗罪;倘若被害人没有处分财物,则构成盗窃罪。

案例2-6

2014年12月的一天晚上,被告人秦某某与郭某某预谋后,由郭某某以与以前的男友冯某某和好为由,将冯某某约至某商业街"老兵"酒吧。席间,秦某某给冯某某打电话称要找郭某某,郭某某以在酒吧内说话不方便为由,将冯某某的一部三星T408型手机拿出酒吧外,后二人将手机销赃,得赃款600余元,经估价鉴定,该手机价值1 330元。2015年1月初的一天下午,被告人秦某某与郭某某预谋后,两人来到某中学门口找到郭某某的朋友李某某,秦某某趁郭某某和李某某说话之机,以借用电话为名,将李某某的一部熊猫700型手机拿走,后秦某某与郭某某将手机销赃,得赃款400余元,经估价鉴定,该手机价值1 530元。后被告人秦某某和郭某某以涉嫌盗窃罪被提起公诉。

在庭审过程中,被告人秦某某和郭某某均辩称他们并没有实施任何盗窃行为,手机是他们从被害人手中骗取的,被害人也是自愿交付的手机,他们没有采取秘密窃取的方法,不构成盗窃罪。辩护人也认为两名被告人的行为属于诈骗,但鉴于本案两部手机的价值只有2 860元,没有达到本省要求的3 000元以上的定罪标准,故两名被告人的行为不构成犯罪。法院经审理认为,虽然本案的被告人实施了欺骗行为,但本案的被害人没有基于认识错误将自己的手机交由被告人占有和控制,被告人随后的秘密逃离行为才导致了被害人丧失对手机的占有和控制。所以,被告人的行为应构成盗窃罪。

在司法实践中,随着计算机信息技术的发展,网络购物、网上充值、电子支付等网络交易、支付行为不断兴起,成为人们日常生活中的重要组成部分。与此同时,通过网络支付平台中非法获取他人财产或财产性利益的案件也呈现多发趋势。这类案件一般具有以下特征:一是犯罪行为人与财物所有者之间介入了具有一定智能的电子系统或网络技术;二是网络系统本身不可能对犯罪行为人发送的信息进行实质性审核,因而犯罪行为人发送的虚假信息极易获得网络支付平台的"认可",具有"基于认识错误而处分(交付)财物"的表象;三是无论是网络支付平台还是财物实际的权利人,通常都是在事后查验账户发现资金短缺时,才意识到可能遭遇犯罪行为的侵害,行为人实施的非法转移占有的行为具有秘密窃取的特征,由此造成了盗、骗交织性关系。对此,刑法理论与司法实践均存在较大争议,前面所阐述的盗窃罪与诈骗罪之间的区别在这类案件中也很难完全直接适用。在现实的司法实践中,以盗窃罪定罪量刑或者以诈骗罪定罪量刑的案例均大量存在,辩护律师应当认真研读这些案例,从中寻找可以适用于自己案例的切入点。

案例 2-7

2013 年 6 月 27 日,覃有信利用 QQ 与广西某广告公司客服取得联系,以每期 30 元的价格,委托该公司帮他刊登一则"出资找合作"的广告,内容为:本人出资寻求有生意项目的老板一起合作,只要有投资项目,50 万元以内本人出钱投资,利润双方协商分配。广告刊出后一个月,被告人覃有信接到莫先生电话,称其有投资石油的项目,正寻求合伙人。覃有信以要了解情况为由,让莫先生提供了姓名及身份证号码。同年 8 月 1 日,覃有信假称合作有风险,怕亏本,只愿意无息贷款给莫先生,莫先生以为遇到贵人,欣然同意。此时,覃有信又电话告知莫先生,已经准备好钱了,但要求他到银行新开一个账户,存入 5 万元,以证明经济实力;并假称,为及时收到开户者存钱进银行的信息,要求莫先生开户的联系方式上登记他提供的电话号码。求款心切的莫先生信以为真,便到银行开通了账户,存入5万元。得知莫先生存好钱后,覃有信立刻在自己的电脑上,用莫先生的身份资料注册支付宝账户,并使用快捷支付方式,将莫先生存入银行账户的5万元转入一个名为"黄明灵"的支付宝账户上,并分批提取到不同的银行卡内。除了莫先生外,覃有信还通过上述方式,于2012年10月至2013年7月期间,将多名受害人共计19万余元的资金,转移到自己的账户。后覃有信被抓获,如实供述了自己的犯罪事实,并主动将存有全部犯罪所得的银行卡交给公安机关,返还给上述各被害人。公诉机关以被告人覃有信涉嫌犯盗窃罪,起诉到人民法院。

在庭审过程中,被告人覃有信对自己的犯罪事实供认不讳,但辩称自己是诈骗,不是盗窃。一审法院审理后认为,被告人覃有信以非法占有为目的,刊登虚假广告,以无抵押贷款或寻找生意伙伴为名,骗取被害人的身份资料及银行卡账号,后通过支付宝快捷支付方式占有被害人钱财,欺骗行为系为秘密窃取创造可行条件,欺骗是盗窃的辅助手段。在本案中,被害人将钱存入自己的账户中,是为了证明自己的经济实力,并没有交付钱财给覃有信的意愿,被告人覃有信在获取被害人钱财时,亦未告知被害人并取得被害人的同意,而是采取偷偷转账的方法,因此,被告人覃有信的行为符合盗窃罪的特征,公诉机关指控盗窃罪的罪名成立。

案例2-8

2015年3月11日晚,被告人徐雅芳使用单位配发的手机登录支付宝时,发现可以直接登录原同事、被害人马某的支付宝账户,该账户内显示有5万余元。次日下午1时许,在某理发店,徐雅芳利用其工作时获取的马某支付宝密码,使用上述手机分两次从该账户转账1.5万元到刘浩的中国银行账户,后刘浩从银行取现1.5万元交给徐雅芳。案发后,涉案赃款已全部追还给被害人。公诉机关指控被告人徐雅芳犯盗窃罪,向人民法院提起公诉。

法院经审理认为:支付宝(中国)网络技术有限公司(以下简称支付宝公司)作为第三方支付平台,为用户提供代管、转账等服务,被害人马某在支付宝账户

> 内的款项由支付宝公司代管。徐雅芳利用偶然获取的支付宝密码操作马某的支付宝账户转账,使支付宝公司陷入错误认识,误以为该操作系受用户马某的委托,从而支付款项,徐雅芳的行为符合诈骗罪的构成要件。公诉机关指控徐雅芳犯盗窃罪不成立,法院不予支持,判决被告人徐雅芳犯诈骗罪,判处有期徒刑7个月,缓刑1年,并处罚金3000元。后检察机关以原判定罪错误为由,提出抗诉。但二审法院裁定驳回上诉,维持原判。

2. 行为方式

根据《刑法修正案(八)》的规定,盗窃罪的行为方式有五种:

(1)盗窃数额较大的公私财物。这是最常见的行为方式,要求盗窃的数额必须达到"较大"的标准才能构成犯罪。

(2)多次盗窃:是指2年内盗窃3次以上。

(3)入户盗窃:是指非法进入供他人家庭生活,与外界相对隔离的住所盗窃。

(4)携带凶器盗窃:是指携带枪支、爆炸物、管制刀具等国家禁止个人携带的器械盗窃,或者为了实施违法犯罪携带其他足以危害他人人身安全的器械进行盗窃。

(5)扒窃:是指在公共场所或者公共交通工具上盗窃他人随身携带的财物。

由此可见,2011年颁布的《刑法修正案(八)》在第(1)和(2)的基础上又增加了(3)(4)(5)三种方式,除了第(1)种方式要求达到数额较大的标准外,另外四种都没有数额上的要求,加大了对盗窃行为的打击范围和力度。辩护律师在进行盗窃案件的辩护时,也要加强法律的学习,及时转换思路,不能简单地仅从数额进行辩护。

(二) 敲诈勒索行为

1. 实行行为

敲诈勒索罪的实行行为是敲诈勒索,是指以威胁或者要挟的方法,强行索取公私财物的行为。由于敲诈勒索的手段具有一定的强制性,故在一定程度上易与抢劫罪混淆,但其强制手段又非暴力强制,故有时又容易与诈骗罪混淆。因此,辩护律师在代理这类案件时,要牢牢掌握敲诈勒索行为的本质特征,以便制定周全的辩护策略。

(1)敲诈勒索的手段和方式

使用"威胁或者要挟"的方法是敲诈勒索行为的核心手段。这里的"威胁",是指以将要对被害人或者其亲属实施杀害或者伤害等暴力行为,或者揭发、张扬其违法犯罪行为、隐私，或者以毁坏财物、损害名誉等相威胁，引起被害人心理恐惧的精神强制方法，迫使被害人交出财物。这里的"要挟"，是指利用被害人所处的困境、危险或者弱点进行要挟，迫使被害人交出财物。

一般说来，敲诈勒索罪的犯罪手段通常不包括暴力手段，但轻微的暴力手段也可以成为敲诈勒索罪的犯罪手段。轻微暴力是指程度较轻的暴力，具体到敲诈勒索罪的手段来讲，是指不足以抑制被害人反抗的暴力，例如程度较轻的拳打脚踢。如果暴力程度达到足以抑制被害人反抗的程度，则不构成敲诈勒索罪，可能成立抢劫罪。

案例 2-9

2011年12月19日21时许，被告人李某某和韩某某预谋敲诈韩某某的男网友蔡某某，后由韩某某约蔡某某到某迎宾招待所开设房间见面，李某某尾随其后，在蔡某某进入房间不久，李某某就以蔡某某欺负其表妹为由对蔡某某进行殴打，后以到派出所报案并通知其妻子相要挟，向蔡某某索要现金10 000元。李某某从蔡某某钱包拿走4 000元，又让韩某某在房间看着蔡某某，自己拿着蔡某某的银行卡到银行取出现金6 000元。后公诉机关以李某某和韩某某涉嫌抢劫罪向法院提起公诉。

在庭审过程中，公诉机关认为，被告人李某某当场对被害人蔡某某实施殴打，并当场从蔡某某身上取得现金10 000元，构成抢劫罪。但辩护律师提出，被告人李某某虽然对蔡某某实施了暴力，但该暴力的目的不在于对被害人造成人身伤害，而是为了使被害人内心产生恐惧心理，特别是后来以到派出所报案并通知其妻子为由实施威胁，才是使被害人交出财物的主要原因，符合敲诈勒索罪的构成要件。后法院采纳了辩护人的意见，以敲诈勒索对被告人李某某和韩某某进行定罪和量刑。

（2）敲诈勒索行为还是抢劫行为

敲诈勒索罪和抢劫罪都具有非法占有的目的，且使用的威胁方法在给财物所有人、保管人、持有人造成精神压力方面具有相似之处。但两者在客观行为上还是具有很大的区别：① 实施威胁的方式不同。抢劫行为只能是行为人当面亲自对被害人实施，但敲诈勒索行为的方式多样化，既可以是当面实施，也可以通过寄信、打电话、发电子邮件等不是当面的间接的方式进行；既可以是亲自实施，也可以通过第三人带口信等方式进行。② 威胁的内容不同。抢劫行为仅限于暴力威胁，被害人在暴力威胁下实际已经丧失了自己处分财物的意识，系行为人强行从被害人处劫走财物，而敲诈勒索行为威胁的内容非常广泛，既可以包括暴力，也可以包括非暴力，且实践中以非暴力相威胁居多。③ 实施威胁内容的方式不同。抢劫行为一般都是当场就实施暴力威胁，而敲诈勒索行为的威胁内容一般不是当场实施的，威胁的内容有可能实施，也有可能不实施。④ 取得财物的时间不同。抢劫行为中实施威胁内容与取得财物一般具有同时、同地性，一般是当场就取得财物，而敲诈勒索行为既可以是当场取得财物，也可以在以后的某个时间点取得财物。

（3）敲诈勒索行为还是诈骗行为

敲诈勒索罪与诈骗罪虽然都是财产类犯罪，虽然都具有以非法占有为目的，但两者的行为手段是有很大区别的，敲诈勒索行为使用的是轻微暴力、威胁或要挟的方法，而诈骗罪使用的是欺骗的方法；被敲诈勒索的人是基于心理恐惧被迫交付财物或提供财产性利益，而被诈骗的人是基于被骗而自愿地交付财物。但在实践中，也有发生因被骗而产生错误认识因此陷入恐惧而交出财物的案例，辩护律师需要具体情况进行具体分析。此外，对于实践中常发的"碰瓷"案件，一般是以敲诈勒索罪定罪，但不能一概而论，也需要区别具体情形，看被害人主要是基于被骗而自愿交出财物，还是基于恐惧而被迫交出财物，以此制定辩护策略。

案例2-10

被告人张某谎称李某得罪了王某，王某要找人对李某进行报复，只要李某愿意出8000元给张某，他可以出面"摆平"此事，李某听后非常害怕，便按照张某的要求将8000元钱交给了张某，后张某因涉嫌敲诈勒索罪被起诉。

辩护律师介入本案后，认为公诉机关指控的罪名有误，被告人张某假借"他人"王某对受害人李某实施报复为名对被害人李某实施威胁，这种威胁离不开其所设的骗局，离不开被害人李某的主观错误认识，张某的行为只侵犯了李某的财产所有权，并没有侵犯其人身权利。虚假言论本身并不会在客观上对被害人李某的人身权利形成威胁，因此辩护律师认为被告人张某的行为符合诈骗罪的特点，但不构成敲诈勒索罪。

（4）敲诈勒索行为还是绑架行为

敲诈勒索罪与绑架罪均是勒索型犯罪，但两者在客观行为上的区别还是明显的:① 取财对象不同。敲诈勒索行为是直接从受威胁者身上取得财物,受威胁者与交付财物者为同一个人;而绑架行为不是从被绑架人身上取得财物,被绑架人和交付财物的人不是同一个人。② 胁迫的内容不同。敲诈勒索行为是以将对被害人实施暴力、揭发隐私、不名誉的事相威胁或要挟进行逼迫;而绑架行为是在绑架他人后以杀害或伤害被绑架人为内容进行逼迫。③ 胁迫内容的特点不同。敲诈勒索行为威胁的内容可以是暴力的也可以是非暴力的,可以是合法的也可以是非法的,并且威胁内容的实现一般不具有当时性;而绑架行为的胁迫内容随时都可以实现,因为胁迫内容发出时,人质已经在行为人的控制之下了,胁迫内容具有加害的现实紧迫性。

但在司法实践中,勒索型绑架罪与诱拐型敲诈勒索罪在构成要件上却有很多相似之处,主要表现为:都是以对被害人实施加害相要挟,向被害人的利害关系人提出索财要求,以达到其获取财物的目的。由于两个罪名在量刑上存在很大差异,因此律师在代理此类案件时要特别加以注意,避免敲诈勒索行为被认定为绑架罪。我国刑法将绑架罪归类于第四章侵犯公民的人身权利、民主权利罪中,将敲诈勒索罪归类于第五章侵犯财产罪中,可见,从犯罪客体方面来看,人身权利是绑架罪侵犯的主要客体,财产权利是敲诈勒索罪侵犯的主要客体。因此,区别勒索型绑架罪还是诱拐型的敲诈勒索罪,关键就是要确定被告人是否真正绑架了被害人,也即其行为对被害人人身自由的剥夺是否达到严重的程度、是否严重危及了被害人的人身安全。

2. 行为方式

根据《刑法修正案(八)》的规定,敲诈勒索罪的行为方式表现为两种:

(1)敲诈勒索数额较大的公私财物。这是最常见的行为方式,要求敲诈勒索财物的数额必须达到"较大"的标准才能构成犯罪。

(2)多次敲诈勒索。是指 2 年内敲诈勒索 3 次以上,这是《刑法修正案(八)》新增的,不管敲诈勒索财物的数额是否达到"较大"的标准,只要在 2 年内敲诈勒索 3 次以上的,就可以构成敲诈勒索罪。因此,辩护律师在进行敲诈勒索案件的辩护时,也要及时转换思路,不能简单地仅从数额进行辩护。

(三) 毁坏财物行为

故意毁坏财物罪的行为表现为故意毁灭或者损坏公私财物。所谓"毁灭",是指以破坏的手段使公私财物灭失或者完全丧失价值或者使用价值,不可修复或者恢复原状,如烧毁他人钱币。所谓"损坏",是指以破坏手段使公私财物部分丧失价值或者使用价值,如将相机或者手机丢进污水中。

如果使用各种危险方法毁坏财物从而危害到公共安全的,则以具体的危害公共安全的犯罪定罪处罚。例如,以放火或者爆炸的方式毁坏他人房屋,如果危害到公共安全的,则构成放火罪或者爆炸罪。

(四) 破坏生产经营行为

破坏生产经营罪的行为表现为毁坏机器设备、残害耕畜或者以其他方法破坏生产经营。其他方法是指以前两种方法以外的足以使生产经营不能正常进行或者使已经进行的生产经营归于无效的方法。例如,放水闸淹没农作物、切断电源造成停电事故等。

如果使用各种危险方法破坏生产经营从而危害到公共安全的,则以具体的危害公共安全的犯罪定罪处罚。例如,放火罪、决水罪、爆炸罪等。如果以破坏特定对象达到破坏生产经营目的,从而危害到公共安全的,则以破坏电力设备罪、破坏交通工具罪论处。

案例2-11

被告人刘某某与被害人武某某系同一个村的村民,两人素有积怨。2008年至2009年,武某某开始种植萝卜,并租赁位于该村国家湿地公园管理局的冷库用于冷藏萝卜。被告人刘某某的冷库恰好与武某某租赁的冷库相邻,大致呈垂直排列,两家冷库前的空地是车辆进入冷库的必然通道。2008年6月,刘某某请人在武某某租赁的冷库前建起长约18米、高约40厘米的障碍物,致使武某某无法将成熟的萝卜运至冷库储藏,萝卜大量腐烂。障碍物经多方协调拆除后,刘某某又三次建起障碍物,致使武某某的萝卜大量腐烂。公诉机关对刘某某以故意毁坏财物罪提起公诉。

法院经审理认为,由于被告人刘某某与武某某素有积怨,刘某某主观目的是为了泄愤报复,客观上实施了破坏行为,且破坏的对象是武某某生产经营过程中的农作物,侵犯的客体应当是武某某生产经营活动的正常进行,故以破坏生产经营罪对被告人刘某某进行定罪量刑。

辩点2-4:犯罪对象

(一) 盗窃的对象

盗窃罪的行为对象是公私财物,范围非常宽广。但是否所有的公私财物都可以成为盗窃罪的犯罪对象呢？当然不是。因此，辩护律师在代理盗窃案件的过程中，还需要甄别盗窃财物的类别，如果不属于盗窃罪的对象，可以考虑进行无罪辩护或者变更罪名的辩护。

1. 他人财物和本人财物

从财物的归属和占有情况来看，公私财物可以分为他人财物和本人财物。盗窃罪的行为对象当然是指他人财物，即不属于行为人的公私财物，这里的"不属于"是指不属于行为人自己所有或者不属于行为人合法占有的财物。

行为人以自己所有的财物或者以自己合法占有的他人财物为对象进行盗窃，不构成盗窃罪。例如，行为人将基于保管合同的约定而合法占有的保管物秘密窃走并以失窃为由拒不返还保管物的，可以构成侵占罪，但不能构成盗窃罪。但是，如果行为人窃取本人已被依法扣押的财物，或者偷回已交付他人合法持有或者保管的财物，致使他人因负赔偿责任而遭受财产损失的，则仍应以盗窃罪论处。①

> **案例 2-12**
>
> 2007 年 3 月 28 日 10 时许，被告人秦某某驾驶自己的一辆简易机动三轮车在 204 国道上行驶。因秦某某无驾驶执照，其所驾车辆被执勤交通民警查扣，停放在交通民警中队大院内。当晚 10 时许，秦某某潜入该院内，趁值班人员不备偷取院门钥匙欲将车盗走。值班人员黄某某发现后上前制止。秦某某即殴打黄某某，并用绳索将黄某某手、脚捆绑后驾驶自己的三轮车逃离。后黄某某被鉴定为轻伤。公诉机关认为秦某某在实施盗窃的过程中，为抗拒抓捕而当场使用暴力，应当以抢劫罪论处。
>
> 在庭审过程中，辩护律师提出，涉案的三轮车虽然被公安机关查扣，但被告人秦某某仍然属于所有权人，秘密取走自己享有所有权的财物，从犯罪对象和犯罪目的来看，都不能构成盗窃罪，因此也不存在转化为抢劫的问题。公诉机关指控秦某某构成抢劫罪不能成立。法院采纳了辩护律师的意见，最终以故意伤害罪判处被告人秦某某拘役 3 个月。

2. 动产和不动产

从财物是否可移动并且移动是否会损害价值的角度来看，公私财物可以分为动

---

① 参见曲新久：《刑法学》（第三版），中国政法大学出版社 2012 年版，第 458 页。

产和不动产。理论上认为,盗窃罪的对象限于动产,不包括不动产,除非是与不动产可以分离的附着物。例如,行为人当然不能将土地移动到他处,但是却可以窃取甚至公然盗取他人土地上的土壤,这里的土壤也依然属于动产意义上的财物。

至于不动产是否属于盗窃罪的对象,由于我国刑法没有明文规定盗窃的财物仅限于动产,也没有就盗窃不动产专门规定新的罪名,随着社会的发展,盗窃已经不限于自然意义上的拿走和物理意义上的移动,因此,不动产亦可成为盗窃罪的对象。

3. 有形物和无形物

从财物是否具有实物形态的角度来看,公私财物可以分为有形物和无形物,它们都可以成为盗窃罪的行为对象。这里的无形物,包括电力、煤气、天然气、电信码号资源等具有经济价值的无形物。具体的行为体现为:

(1) 以牟利为目的,盗接他人通信线路、复制他人电信码号或者明知是盗接、复制的电信设备、设施而使用的,依照盗窃罪定罪处罚。

(2) 将电信卡非法充值后使用,造成电信资费损失数额较大的,以盗窃罪定罪处罚。

(3) 盗用他人公共信息网络上网账号、密码上网,造成他人电信资费损失数额较大的,以盗窃罪定罪处罚。

(4) 明知是非法制作的 IC 电话卡而使用或者购买并使用,造成电信资费损失数额较大的,以盗窃罪定罪处罚。

(5) 盗窃油气或者正在使用的油气设备,未危害到公共安全的,以盗窃罪定罪处罚。

需要注意的是,债权及其他财产上的请求权,是一种权利,而不是财物,所以不属于盗窃罪的对象,但是记载这些权利的权利凭证,如股票、债券、支票、汇票、存单(折)、借条等,可以成为盗窃罪的对象。

案例2-13

2005 年 3 月至 8 月间,被告人程某某多次通过互联网,经由西藏移动公司计算机系统,非法侵入北京移动公司充值中心,采取将数据库中已充值的充值卡数据修改后重新写入未充值数据库的手段,对已使用的充值卡进行非法充值后予以销售,非法获利人民币 377.5 万元。案发后,上述款项已被追缴。公司机关以被告人程某某涉嫌盗窃罪提起公诉。

在庭审过程中，被告人程某某对指控事实不持异议，但辩称其没有非法占有的目的。辩护律师提出，充值卡密码本身不具有经济价值，不属于盗窃罪中所指公私财物，而是一种商业秘密，不能成为盗窃罪的犯罪对象，故程某某的行为不构成盗窃罪。法院经审理认为，被告人程某某非法侵入北京移动公司充值中心，利用修改数据库中已充值的充值卡数据的手段，将已充值的充值卡重置为未充值状态，并将其编写的明文密码予以销售，使已不能充值的充值卡重新具有充值功能并被使用，该行为性质系对充值卡进行非法充值后予以使用。作为充值卡有效充值依据的充值卡明文密码，虽然在形式上表现为一串数字，但该串数字与对应的北京移动公司充值中心未充值数据库中的密文密码共同代表了一定金额的电信服务。对客户而言，取得明文密码就取得了对应的充值卡的价值，就可通过充值程序获得一定金额的电信服务，因此，充值卡明文密码代表了充值卡标明的金额，该密码本身具有一定的经济价值，属于财物范畴，能够作为盗窃罪的对象。

4. 合法财物和非法财物

从财物是否具有合法性的角度来看，公私财物可以分为合法财物和非法财物。盗窃罪的行为对象不限于合法财物，也包括非法财物和禁止买卖的物品，甚至包括违禁物品。例如：盗窃他人窃取、骗取、夺取的财物也可以构成盗窃罪；盗窃增值税专用发票、珍贵动植物、人体器官、许可证等禁止买卖的物品也可以构成盗窃罪；盗窃毒品、伪造的货币、走私物等违禁物品也可以构成盗窃罪。由此可见，盗窃的对象是否具有合法性，不影响盗窃罪的成立。

案例2-14

刘某某和许某某均为吸毒人员。一天，刘某某得知张某某有毒品，即与许某某商量将该毒品盗走。2001年1月5日21时许，刘某某和许某某潜入张某某所在单位的员工宿舍，偷走张某某放在宿舍的耐克牌黑色旅行包一个，里面放有安非他命类毒品MDA药品4万余片，共计10余千克。后毒品被起获并没收。公诉机关以刘某某和许某某涉嫌盗窃罪，且数额特别巨大提起公诉。

在庭审过程中，辩护人认为毒品是违禁品，因其本身不为法律所保护，没有合法的市场交易价格，所以不应计数额，公诉机关认定盗窃数额特别巨大没有法律依据。法院经审理最终采纳了辩护人的辩护意见。但基于涉案违禁品的数量特别巨大，法院最终决定在情节特别严重的法定刑幅度内追究两名被告人的刑事责任。

5. 普通财物和特定财物

盗窃罪的行为对象是公私财物，但是刑法另有规定的，依照特别规定定罪处罚。我国刑法分则中有盗窃枪支、弹药、爆炸物罪，盗窃国家机关公文、证件、印章罪，盗窃武装部队公文、证件、印章罪，盗窃武器装备、军用物资罪，盗伐林木罪，盗掘古人类化石、古脊椎动物化石罪，盗掘古文化遗址、古墓葬罪，盗窃尸体罪，为境外窃取国家秘密、情报罪，为境外窃取军事秘密罪，侵犯商业秘密罪，窃取信用卡信息罪等罪名。因此，这些罪名所涉及的对象，属于特定财物，不属于盗窃罪的对象。

（二）敲诈勒索的对象

敲诈勒索罪的对象也是公私财物，具体的理解可以参考盗窃罪的行为对象。总的来说，敲诈勒索罪的对象既包括财产也包括财产性利益；既包括动产也包括不动产；既包括合法财产，也包括非法财产和禁止买卖的物品，甚至包括违禁物品。具体不再展开和赘述。

案例2-15

被告人刘某某与邱某某于1981年9月30日登记结婚，并育有一子。二人于2005年6月1日在法院提起离婚诉讼，法院于2006年9月15日判决离婚。法院判决离婚时并未就财产分割及子女抚养问题进行处理。被告人刘某某于2007年2、3月间，以语言及寄信等手段，称不解决"经济问题"就向检察院检举揭发邱某某的行贿行为，向邱某某索要人民币200万元。后经双方协商，邱某某称先支付50万元，刘某某表示同意。后检察机关以被告人刘某某涉嫌敲诈勒索罪提起公诉。另查明，在婚姻关系存续期间，二人尚未分割的财产达2 000万元左右。

> 在庭审过程中,辩护律师提出,被告人刘某某与被害人邱某某之间的婚姻关系虽然已经结束,但二人之间存在大量的财产并未分割。被告人刘某某尽管在索要财产的过程中采取了敲诈的手段,但对其所得财物的占有,在二人财产关系得到明确划分之前无法确定为非法占有状态,故不应认定为敲诈勒索罪。后检察机关提出撤诉申请,法院作出同意撤诉的裁定。

(三)故意毁坏财物的对象

故意毁坏财物罪的对象是公私财物,但不包括名胜古迹、文物、电力设备、广播电视设施、公用电信设施、交通工具、交通设施、易燃易爆设备、界碑、界桩、永久性测量标志、武器装备、军事设施、军事通信等,因为针对这些财物实施毁坏行为,我国刑法分则专门规定了特定的罪名,依照特别法优于普通法的原则,应当按照特定的犯罪定罪处罚。

(四)破坏生产经营的对象

破坏生产经营罪的对象是与生产经营有关的生产资料、生产工具、生产对象等,如机器设备、耕畜,但这里的机器设备必须是生产使用中的,如果破坏的是未投入生产使用或者已经废弃不用的设备,不构成本罪;这里的耕畜也是用于耕作生产的牲畜,破坏仅供食用的肉用畜,也不构成本罪。如果符合故意毁坏财物罪的构成要件,应按故意毁坏财物罪论处。

辩点2-5:数额情节

对于本章犯罪的量刑,既要考虑侵犯财产的数额,也要考虑侵犯财产的情节,这两个因素都直接决定着对当事人适用哪一个量刑幅度。因此,作为辩护律师,不但要熟练掌握数额和情节的认定标准,还要熟练掌握数额的认定方法。此外,最高人民法院于2017年4月1日开始实施的修订后的《关于常见犯罪的量刑指导意见》对部分财产类犯罪的量刑规范化作出了规定,2010年9月13日《最高人民法院人民法院量刑指导意见(试行)》和2014年1月1日《最高人民法院关于常见犯罪的量刑指导意见》均已被废止,辩护律师应当掌握最新的规定,掌握如何根据不同的情形在相应的幅度内确定量刑起点,以便制定合理的辩护策略,做好委托人和当事人的庭前辅导工作。

(一) 盗窃罪

1. 数额的认定标准

（1）数额较大：一般情况下，盗窃公私财物价值1 000元至3 000元以上或者盗窃国有馆藏一般文物的，认定为"数额较大"；如果具有下列情形之一的，"数额较大"以盗窃公私财物价值500元至1 500元以上为标准：①曾因盗窃受过刑事处罚的；②1年内曾因盗窃受过行政处罚的；③组织、控制未成年人盗窃的；④自然灾害、事故灾害、社会安全事件等突发事件期间，在事件发生地盗窃的；⑤盗窃残疾人、孤寡老人、丧失劳动能力人的财物的；⑥在医院盗窃病人或者其亲友财物的；⑦盗窃救灾、抢险、防汛、优抚、扶贫、移民、救济款物的；⑧因盗窃造成严重后果的。

（2）数额巨大：盗窃公私财物价值3万元至10万元以上或者盗窃国有馆藏三级文物的，认定为"数额巨大"。

（3）数额特别巨大：盗窃公私财物价值30万元至50万元以上或者盗窃国有馆藏二级以上文物的，认定为"数额特别巨大"。

各省、自治区、直辖市高级人民法院、人民检察院可以根据本地区经济发展状况，并考虑社会治安状况，在前款规定的数额幅度内，确定本地区执行的具体数额标准，报最高人民法院、最高人民检察院批准。在跨地区运行的公共交通工具上盗窃，盗窃地点无法查证的，盗窃数额是否达到"数额较大""数额巨大""数额特别巨大"，应当根据受理案件所在地省、自治区、直辖市高级人民法院、人民检察院确定的有关数额标准认定。

2. 情节的认定标准

（1）多次盗窃：2年内盗窃3次以上的，应当认定为"多次盗窃"。

（2）其他严重情节：具有以下情形之一，且盗窃公私财物价值1.5万元至5万元以上：①入户盗窃的；②携带凶器盗窃的；③组织、控制未成年人盗窃的；④自然灾害、事故灾害、社会安全事件等突发事件期间，在事件发生地盗窃的；⑤盗窃残疾人、孤寡老人、丧失劳动能力人的财物的；⑥在医院盗窃病人或者其亲友财物的；⑦盗窃救灾、抢险、防汛、优抚、扶贫、移民、救济款物的；⑧因盗窃造成严重后果的。

（3）其他特别严重情节：具有以下情形之一，且盗窃公私财物价值15万元至25万元以上：①入户盗窃的；②携带凶器盗窃的；③组织、控制未成年人盗窃的；④自然灾害、事故灾害、社会安全事件等突发事件期间，在事件发生地盗窃的；⑤盗窃残疾人、孤寡老人、丧失劳动能力人的财物的；⑥在医院盗窃病人或者其亲友财物的；⑦盗窃救灾、抢险、防汛、优抚、扶贫、移民、救济款物的；⑧因盗窃造成严重后果的。

3. 数额的认定方法

(1) 被盗财物有有效价格证明的,根据有效价格证明认定;无有效价格证明,或者根据价格证明认定盗窃数额明显不合理的,应当按照有关规定委托估价机构估价。

(2) 盗窃外币的,按照盗窃时中国外汇交易中心或者中国人民银行授权机构公布的人民币对该货币的中间价折合成人民币计算;中国外汇交易中心或者中国人民银行授权机构未公布汇率中间价的外币,按照盗窃时境内银行人民币对该货币的中间价折算成人民币,或者该货币在境内银行、国际外汇市场对美元汇率,与人民币对美元汇率中间价进行套算。

(3) 盗窃电力、燃气、自来水等财物,盗窃数量能够查实的,按照查实的数量计算盗窃数额;盗窃数量无法查实的,以盗窃前6个月月均正常用量减去盗窃后计量仪表显示的月均用量推算盗窃数额;盗窃前正常使用不足6个月的,按照正常使用期间的月均用量减去盗窃后计量仪表显示的月均用量推算盗窃数额。

(4) 明知是盗接他人通信线路、复制他人电信码号的电信设备、设施而使用的,按照合法用户为其支付的费用认定盗窃数额;无法直接确认的,以合法用户的电信设备、设施被盗接、复制后的月缴费额减去被盗接、复制前6个月的月均电话费推算盗窃数额;合法用户使用电信设备、设施不足6个月的,按照实际使用的月均电话费推算盗窃数额。

(5) 盗接他人通信线路、复制他人电信码号出售的,按照销赃数额认定盗窃数额。

(6) 盗窃不记名、不挂失的有价支付凭证、有价证券、有价票证的,应当按票面数额和盗窃时应得的孳息、奖金或者奖品等可得收益一并计算盗窃数额。

(7) 盗窃记名的有价支付凭证、有价证券、有价票证,已经兑现的,按照兑现部分的财物价值计算盗窃数额;没有兑现,但失主无法通过挂失、补领、补办手续等方式避免损失的,按照给失主造成的实际损失计算盗窃数额。

除了第(7)项情形外,如果盗窃行为给失主造成的损失大于盗窃数额的,损失数额可以作为量刑情节考虑。

案例 2-16

2011年4月至2012年1月间,被告人钱某某在某证券营业部交易大厅,通过偷窥和推测的方法先后获得蒋某某、叶某某等10人的股票账户账号及交易密码后,利用电话或者电脑操作等委托方式,在蒋某某、叶某某这10人的账户上高买低卖某一股票,同时在自己开设的股票账户上低买高卖同一股票的方法,从中获利,共给被害人造成35万余元的经济损失,钱某某共从中非法获利18万余元。案发后,钱某某退出人民币22万元,已发还被害人。公诉机关认为,被告人钱某某多次盗窃公民财物,数额特别巨大,应以盗窃罪追究刑事责任。

在庭审过程中,辩护律师提出,被告人钱某某秘密侵入被害人账户后,通过被害人账户与自己账户的对应买卖即通过自己账户高卖或低买,被害人账户低卖或高买,从中进行获利。但由于证券市场的集合竞价方式,交易成功与否由多种因素决定,被告人意图使被害人账户与自己账户进行相对买卖的委托不可能均能成功,这样便产生了很多次交易使被害人遭受了损失,但被告人却没有获利的状况。因此,在本案中,被害人虽然损失了35万余元,但被告人只获利18万余元。公诉机关以35万余元作为被告人钱某某盗窃的数额是不恰当的,应以其获利的18万余元作为盗窃数额,属于盗窃数额巨大,而非盗窃数额特别巨大。对于被害人的损失,可以作为量刑情节予以考虑。法院最终采纳了辩护律师的意见。

4. 量刑起点的确定

最高人民法院于2017年4月1日开始实施的修订后的《关于常见犯罪的量刑指导意见》就盗窃罪规定了量刑指导意见,认为可以根据不同的情形在相应的幅度内确定量刑起点,辩护律师应当掌握最新的规定,以便制定合理的辩护策略及做好庭前辅导工作。

(1)达到数额较大起点的,两年内3次盗窃的,入户盗窃的,携带凶器盗窃的,或者扒窃的,可以在1年以下有期徒刑、拘役幅度内确定量刑起点。

(2)达到数额巨大起点或者有其他严重情节的,可以在3年至4年有期徒刑幅度内确定量刑起点。

(3)达到数额特别巨大起点或者有其他特别严重情节的,可以在10年至12年有期徒刑幅度内确定量刑起点。依法应当判处无期徒刑的除外。

此外,在量刑起点的基础上,可以根据盗窃数额、次数、手段等其他影响犯罪构成的犯罪事实增加刑罚量,确定基准刑。多次盗窃,数额达到较大以上的,以盗窃数额确定量刑起点,盗窃次数可作为调节基准刑的量刑情节。数额未达到较大的,以盗窃次数确定量刑起点,超过3次的次数作为增加刑罚量的事实。

(二) 敲诈勒索罪

2011年颁布的《刑法修正案(八)》对敲诈勒索罪进行了修订,体现为:首先,降低了入罪门槛,将"多次敲诈勒索"入罪,不论数额大小;其次,增加了罚金刑,构成敲诈勒索罪的,一律并处或者单处罚金;最后,提高了法定最高刑,增加了"数额特别巨大或者有其他特别严重情节的,处10年以上有期徒刑,并处罚金"的量刑档次,将敲诈勒索罪的法定最高刑提高到15年。

1. 数额的认定标准

(1) 数额较大:一般情况下,敲诈勒索公私财物价值2000元至5000元以上的,认定为"数额较大";如果具有下列情形之一的,"数额较大"的标准以敲诈勒索公私财物价值1000元至2500元以上为标准:① 曾因敲诈勒索受过刑事处罚的;② 一年内曾因敲诈勒索受过行政处罚的;③ 对未成年人、残疾人、老年人或者丧失劳动能力人敲诈勒索的;④ 以将要实施放火、爆炸等危害公共安全犯罪或者故意杀人、绑架等严重侵犯公民人身权利犯罪相威胁敲诈勒索的;⑤ 以黑恶势力名义敲诈勒索的;⑥ 利用或者冒充国家机关工作人员、军人、新闻工作者等特殊身份敲诈勒索的;⑦ 造成其他严重后果的。

(2) 数额巨大:敲诈勒索公私财物价值3万元至10万元以上的,认定为"数额巨大"。

(3) 数额特别巨大:敲诈勒索公私财物价值30万元至50万元以上的,认定为"数额特别巨大"。

各省、自治区、直辖市高级人民法院、人民检察院可以根据本地区经济发展状况和社会治安状况,在前面规定的数额幅度内,共同研究确定本地区执行的具体数额标准,报最高人民法院、最高人民检察院批准。

2. 情节的认定标准

(1) 多次敲诈勒索:2年内敲诈勒索3次以上的,应当认定为"多次敲诈勒索"。

(2) 其他严重情节:具有以下情形之一,且敲诈勒索公私财物价值24000元至8万元以上:① 对未成年人、残疾人、老年人或者丧失劳动能力人敲诈勒索的;② 以将要实施放火、爆炸等危害公共安全犯罪或者故意杀人、绑架等严重侵犯公民人身权利犯罪相威胁敲诈勒索的;③ 以黑恶势力名义敲诈勒索的;④ 利用或者冒充国家机关工作人员、军人、新闻工作者等特殊身份敲诈勒索的;⑤ 造成其他严重后果的。

(3) 其他特别严重情节:具有以下情形之一,且敲诈勒索公私财物价值 24 万元至 40 万元以上的:① 对未成年人、残疾人、老年人或者丧失劳动能力人敲诈勒索的;② 以将要实施放火、爆炸等危害公共安全犯罪或者故意杀人、绑架等严重侵犯公民人身权利犯罪相威胁敲诈勒索的;③ 以黑恶势力名义敲诈勒索的;④ 利用或者冒充国家机关工作人员、军人、新闻工作者等特殊身份敲诈勒索的;⑤ 造成其他严重后果的。

3. 量刑起点的确定

最高人民法院于 2017 年 4 月 1 日开始实施的修订后的《关于常见犯罪的量刑指导意见》就敲诈勒索罪规定了量刑指导意见,认为可以根据不同的情形在相应的幅度内确定量刑起点,辩护律师应当掌握最新的规定,以便制定合理的辩护策略及做好庭前辅导工作。

(1) 达到数额较大起点的,或者两年内 3 次敲诈勒索的,可以在 1 年以下有期徒刑、拘役幅度内确定量刑起点。

(2) 达到数额巨大起点或者有其他严重情节的,可以在 3 年至 5 年有期徒刑幅度内确定量刑起点。

(3) 达到数额特别巨大起点或者有其他特别严重情节的,可以在 10 年至 12 年有期徒刑幅度内确定量刑起点。

此外,在量刑起点的基础上,可以根据敲诈勒索数额、次数、犯罪情节严重程度等其他影响犯罪构成的犯罪事实增加刑罚量,确定基准刑。多次敲诈勒索,数额达到较大以上的,以敲诈勒索数额确定量刑起点,敲诈勒索次数可作为调节基准刑的量刑情节数额未达到较大的,以敲诈勒索次数确定量刑起点,超过 3 次的次数作为增加刑罚量的事实。

(三) 故意毁坏财物罪

根据最高人民检察院、公安部《关于公安机关管辖的刑事案件立案追诉标准的规定(一)》(2008 年 6 月 25 日实施)第 33 条的规定,故意毁坏公私财物,涉嫌下列情形之一的,应予立案追诉:

1. 造成公私财物损失 5 000 元以上的;
2. 毁坏公私财物 3 次以上的;
3. 纠集 3 人以上公然毁坏公私财物的;
4. 其他情节严重的情形。

如果辩护律师发现行为人的行为不具备以上情形之一的,可以进行尚未达到立案标准的无罪辩护。

(四) 破坏生产经营罪

根据最高人民检察院、公安部《关于公安机关管辖的刑事案件立案追诉标准的规定(一)》(2008年6月25日实施)第34条的规定,由于泄愤报复或者其他个人目的,毁坏机器设备、残害耕畜或者以其他方法破坏生产经营,涉嫌下列情形之一的,应予立案追诉:

1. 造成公私财物损失5 000元以上的;
2. 破坏生产经营3次以上的;
3. 纠集3人以上破坏生产经营的;
4. 其他破坏生产经营应予追究刑事责任的情形。

如果辩护律师发现行为人的行为不具备以上情形之一的,可以进行尚未达到立案标准的无罪辩护。

辩点 2-6:既遂未遂

在办理本章财产类犯罪案件中,掌握犯罪所处的形态是律师辩护的一个重点。犯罪完成形态的犯罪既遂与犯罪未完成形态的犯罪未遂、犯罪预备和犯罪中止在量刑上有着重大区别。对于预备犯,可以比照既遂犯从轻、减轻处罚或者免除处罚;对于未遂犯,可以比照既遂犯从轻或者减轻处罚;对于中止犯,没有造成损害的,应当免除处罚,造成损害的,应当减轻处罚。有的司法解释甚至明确规定了,具备未完成形态的可不作为犯罪处理。由此可见,作为辩护律师,应当准确把握未完成犯罪形态的判断标准,以便正确适用法律,维护当事人的正当合法权益。在未完成犯罪形态中,相比于犯罪预备和犯罪中止,犯罪未遂的标准更难掌握,现重点阐述。

(一) 盗窃罪

关于盗窃罪的既遂标准,通说观点是失控加控制说,即盗窃行为已经使被害人丧失了对财物的控制,或者行为人已经控制了所盗财物时,都是既遂。一般情况下,被害人的失控与行为人的控制通常是统一的,被害人的失控即意味着行为人的控制。但是,二者也存在不统一的情况,即被害人失去了控制,但行为人并没有实际控制财物,例如,行为人从被害人处窃取财物后放置在不被行为人控制下的某隐蔽场所,等待时机再去取的,但行为人在尚未到隐蔽场所取回所窃财物时就被抓获了,对此也应认定为盗窃既遂。刑法以保护合法权益为目的,既遂与未遂的区分主要是从社会危害性来看的,就盗窃罪而言,其危害程度的大小不在于行为人是否控制了财物,而在于被害人是否丧失了对财物的控制。因此,只要被害人失去了对财物的控制,即使行为人没有控制财物,也成立盗窃既遂,没有理由以未遂论处。

因此,关于盗窃罪的未遂标准,通说观点就是被害人尚未丧失对财物的控制,并结合是否造成被害人损失进行判断。盗窃行为以数额巨大的财物,或者以珍贵文物、金融机构为盗窃目标,即使行为人没有盗得任何财物,也应当以盗窃未遂予以定罪处罚。需要注意的是,如果盗窃行为是以数额较大的财物为盗窃目标,行为人没有盗得任何财物,虽然是盗窃未遂,但根据最高人民法院、最高人民检察院《关于办理盗窃刑事案件适用法律若干问题的解释》的规定,一般不作为犯罪处理,可以不追究刑事责任。这是辩护律师在代理盗窃未遂案件中的一个重大辩点,从行为人的盗窃目标切入,看公诉机关是否有足够的证据证明行为人是以数额巨大的财物,或者以珍贵文物、金融机构为盗窃目标。如果没有证据证明,或者有证据证明行为人只是以数额较大的财物为盗窃目标,在没有盗得任何财物的情况下,辩护律师则可以进行不作为犯罪处理的无罪辩护,而非构成犯罪未遂的罪轻辩护。

在实践中还要注意一种情形,即行为人盗窃记名的有价支付凭证、有价证券、有价票证,尚没有兑现,但失主无法通过挂失、补领、补办手续等方式避免损失的,如果给失主造成的实际损失达到盗窃罪的立案标准的,构成盗窃既遂,而非犯罪未遂。

(二) 敲诈勒索罪

敲诈勒索罪在主观与客观需具备两个方面的要求:即被害人主观上受到了威胁;客观上基于威胁原因向行为人交付了财物。因此,敲诈勒索罪的既遂也需在两个条件均满足时才成立。

对于敲诈勒索罪而言,行为人使用了威胁或要挟手段,非法取得了他人的财物,就构成了敲诈勒索罪的既遂。如果行为人仅仅使用了威胁或要挟手段,被害人并未产生恐惧情绪,因而没有交出财物;或者被害人虽然产生了恐惧,但并未交出财物,或者被害人交付财物并不是因为心生恐惧,而是出于怜悯或其他因素交付财物的,均属于敲诈勒索罪的未遂。

(三) 故意毁坏财物罪

关于故意毁坏财物罪的既遂标准,一般认为故意毁坏财物的行为直接造成公私财物全部或部分毁坏,导致财物部分或者全部丧失价值或者使用价值的,认定为既遂。实践中,对于公私财物的外形并未毁坏,但其价值或者使用价值受损的,也应视为本罪的既遂。因此,如果公私财物并未被毁坏或效用并未受到影响的,只构成本罪的未遂。

> **案例2-17**
>
> 贾某和李某是单位同事,两人平时因为工作原因,关系闹得很僵。有一天,贾某买了一台新的佳能牌的型号5D的单反相机,价值2万多元,拿到单位进行炫耀显摆,李某看到很生气,看到相机摆在桌子上,端着一杯咖啡假装不小心洒到了相机上,贾某赶紧将相机送售后,但因咖啡已经进入机器内部,花费了5 000元才修好,且已无法恢复到新机的状态。后李某以涉嫌故意毁坏财物罪被刑事拘留。李某辩解,其并未想毁坏掉贾某的相机,也从没想到相机洒上那么一点咖啡就要花费5 000元。公安机关认为,李某的行为已经造成贾某相机丧失部分价值和使用价值,且给贾某造成至少5 000元的损失,构成故意毁坏财物罪的既遂。

辩点2-7:一罪数罪

(一) 一罪

1. 法定一罪

(1) 盗窃信用卡并使用的,以盗窃罪定罪处罚。

(2) 实施盗窃犯罪,造成公私财物损毁的,以盗窃罪从重处罚。

(3) 盗窃公私财物未构成盗窃罪,但因采用破坏性手段造成公司财物损毁数额较大的,以故意毁坏财物罪定罪处罚。

(4) 盗窃后毁坏自己盗窃所得的财物,仅构成盗窃罪。

(5) 故意毁坏特定对象,法律另有规定的,依照特别法优于普通法的原则按照特定的犯罪定罪处罚。

(6) 以各种危险方法实施毁坏财物的行为,如果危害了公共安全,则以具体的危害公共安全的犯罪定罪处罚。

(7) 行为人冒充正在执行公务的人民警察"抓赌""抓嫖"、没收赌资或者罚款的行为,构成犯罪的,以招摇撞骗罪从重处罚;在实施上述行为中使用暴力或者暴力威胁的,以抢劫罪定罪处罚。行为人冒充治安联防队员"抓赌"、"抓嫖"、没收赌资或者罚款的行为,构成犯罪的,以敲诈勒索罪定罪处罚;在实施上述行为中使用暴力或者暴力威胁的,以抢劫罪定罪处罚。

2. 择一重罪

（1）采用破坏性的手段盗窃广播电视设施、公用电信设施,同时构成盗窃罪和破坏广播电视设施、公用电信设施罪的,从一重罪处罚。

（2）采用破坏性的手段盗窃使用中的电力设备,同时构成盗窃罪和破坏电力设备罪的,从一重罪处罚。

（3）采用破坏性的手段盗窃正在使用的油田输油管道中的油品,同时构成盗窃罪和破坏易燃易爆设备罪的,从一重罪处罚。

（4）为实施其他犯罪,偷开机动车作为犯罪工具使用后将车辆送回未造成丢失的,按照其所实施的其他犯罪从重处罚。

（5）以勒索财物为目的,秘密窃取财物后,以所窃财物作为交换条件,向被害人索取财物的,从一重罪处罚。

（二）数罪

1. 盗窃后为掩盖盗窃罪行或者报复等,故意破坏公私财物构成犯罪的,应当以盗窃罪和构成其他罪实行数罪并罚。

2. 行为人先行实施杀人、伤害、强奸等暴力犯罪,在被害人尚未失去知觉的情况下,行为人利用被害人不能反抗、不敢反抗的处境,临时起意劫取他人财物的,应以先前犯罪与抢劫罪数罪并罚;在被害人已经失去知觉或者没有知觉的情形下,行为人临时起意拿走他人财物的,应以先前犯罪与盗窃罪数罪并罚。

3. 为实施其他犯罪,偷开机动车作为犯罪工具使用后非法占有车辆,或者将车辆遗弃导致丢失的,以盗窃罪和其他犯罪数罪并罚。

4. 盗窃违禁品后又以违禁品实施其他犯罪的,应以盗窃罪与具体实施的其他犯罪实行数罪并罚。

案例2-18

被告人杨某某系某摄影店员工,于2014年11月6日凌晨3时许,跳窗进入其工作的摄影店内,盗走两台佳能牌相机和镜头,价值共计18 000元。后被告人杨某某拨打电话通知该店老板常某某,告知店内物品是其所盗,向常某某索要人民币1万元作为归还物品的条件。后杨某某被抓获,并被检察机关以盗窃罪和敲诈勒索罪提起公诉。

> 在庭审过程中,辩护律师提出,被告人虽然实施了两个行为,一个是从摄影店内窃走相机和镜头等财物,一个是以归还财物为条件向被害人索要钱款,但这两个行为之间存在牵连关系,其盗窃行为是实现敲诈勒索的手段行为,盗窃的目的不是为了占有这些财物,而是为了进行敲诈,因此在盗窃行为与敲诈行为之间存在手段和目的的关系,构成牵连犯,应当择一重罪处罚,而不能数罪并罚。法院最终采纳了辩护律师的意见,以盗窃罪判处被告人杨某某有期徒刑3年,并处罚金3 000元。

辩点2-8:退赃退赔

在侵犯财产类犯罪中,案发后积极退赃、积极赔偿被害人经济损失,可以认定为具有悔罪态度和表现,对被破坏的社会关系的修复具有积极意义。所以在司法实践中,退赃和退赔都是酌定可以从宽处罚的情节,辩护律师充分利用这些情节,有利于达到良好的辩护效果。

(一) 启动当事人和解程序

根据2013年1月1日开始施行的《中华人民共和国刑事诉讼法》第277条的规定,对于因民间纠纷引起的,涉嫌侵犯财产的犯罪案件,对可能判处3年有期徒刑以下刑罚的犯罪嫌疑人、被告人真诚悔罪,通过向被害人赔偿损失、赔礼道歉等方式获得被害人谅解,被害人自愿和解的,双方当事人可以和解。

根据《中华人民共和国刑事诉讼法》第279条的规定,对于达成和解协议的案件,公安机关可以向人民检察院提出从宽处理的建议。人民检察院可以向人民法院提出从宽处罚的建议;对于犯罪情节轻微,不需要判处刑罚的,可以作出不起诉的决定。人民法院可以依法对被告人从宽处罚。

据此,辩护律师在办理本章犯罪案件时,对于符合刑事和解条件的,应当尽量发挥律师的积极作用,向犯罪嫌疑人、被告人解读法律,通过向被害人赔偿损失、赔礼道歉等方式获得被害人谅解,积极促成犯罪嫌疑人、被告人和被害人之间达成和解协议。对不符合刑事和解条件的,辩护律师也应当协助犯罪嫌疑人、被告人及其家属,尽量获得被害人的谅解,以争取从宽处罚。

(二) 充分利用司法解释

一般说来，认罪、悔罪、退赃、退赔、获得被害人谅解等属于酌情从宽处罚的情节，但有的司法解释确定了可以不起诉或者免予刑事处罚的规定，辩护律师在辩护时要充分注意这些规定，为当事人争取最大限度的从轻处罚。

例如，根据最高人民法院、最高人民检察院《关于办理盗窃刑事案件适用法律若干问题的解释》第7条规定，盗窃公私财物数额较大，行为人认罪、悔罪、退赃、退赔，且具有下列情形之一，情节轻微的，可以不起诉或者免予刑事处罚；必要时，由有关部门予以行政处罚：（1）具有法定从宽处罚情节的；（2）没有参与分赃或者获赃较少且不是主犯的；（3）被害人谅解的；（4）其他情节轻微、危害不大的。

再如，根据最高人民法院、最高人民检察院《关于办理敲诈勒索刑事案件适用法律若干问题的解释》第5条规定，敲诈勒索数额较大，行为人认罪、悔罪、退赃、退赔，并具有下列情形之一的，可以认定为犯罪情节轻微，不起诉或者免予刑事处罚，由有关部门依法予以行政处罚：（1）具有法定从宽处罚情节的；（2）没有参与分赃或者获赃较少且不是主犯的；（3）被害人谅解的；（4）其他情节轻微、危害不大的。

(三) 利用量刑指导意见

最高人民法院于2017年4月1日开始实施的修订后的《关于常见犯罪的量刑指导意见》中常见量刑情节的适用就涉及到了退赃退赔，并就相关的量刑情节确定了调节比例，辩护律师应当掌握最新的规定，以便制定合理的辩护策略及做好庭前辅导工作。

1. 对于退赃、退赔的，综合考虑犯罪性质，退赃、退赔行为对损害结果所能弥补的程度，退赃、退赔的数额及主动程度等情况，可以减少基准刑的30%以下。

2. 对于积极赔偿被害人经济损失并取得谅解的，综合考虑犯罪性质、赔偿数额、赔偿能力以及认罪、悔罪程度等情况，可以减少基准刑的40%以下；积极赔偿但没有取得谅解的，可以减少基准刑的30%以下；尽管没有赔偿，但取得谅解的，可以减少基准刑的20%以下。

3. 对于当事人根据刑事诉讼法第277条达成刑事和解协议的，综合考虑犯罪性质、赔偿数额、赔礼道歉以及真诚悔罪等情况，可以减少基准刑的50%以下；犯罪较轻的，可以减少基准刑的50%以上或者依法免除处罚。

附：本章相关法律规范性文件[①]

1. 法律

《中华人民共和国刑法》(2015年修正,法宝引证码：CLI.1.17010)第263—276条

2. 司法解释

最高人民法院《关于常见犯罪的量刑指导意见》(法发〔2017〕7号,2017.04.01实施,法宝引证码：CLI.3.292969)

最高人民法院、最高人民检察院《关于办理敲诈勒索刑事案件适用法律若干问题的解释》(法释〔2013〕10号,2013.04.27实施,法宝引证码：CLI.3.200335)

最高人民法院、最高人民检察院《关于办理盗窃刑事案件适用法律若干问题的解释》(法释〔2013〕8号,2013.04.04实施,法宝引证码：CLI.3.198681)

最高人民检察院、公安部《关于公安机关管辖的刑事案件立案追诉标准的规定(一)》(公通字〔2008〕36号,2008.06.25实施,法宝引证码：CLI.4.109511)

最高人民法院、最高人民检察院《关于办理盗窃油气、破坏油气设备等刑事案件具体应用法律若干问题的解释》(法释〔2007〕3号,2007.01.19实施,法宝引证码：CLI.3.83346)

最高人民法院《关于审理未成年人刑事案件具体应用法律若干问题的解释》(法释〔2006〕1号,2006.01.23实施,法宝引证码：CLI.3.73233)

最高人民检察院《关于非法制作、出售、使用IC电话卡行为如何适用法律问题的答复》(〔2003〕高检研发第10号,2003.04.02实施,法宝引证码：CLI.3.62175)

最高人民检察院《关于单位有关人员组织实施盗窃行为如何适用法律问题的批复》(高检发释字〔2002〕5号,2002.08.13实施,法宝引证码：CLI.3.40970)

最高人民法院《关于审理破坏森林资源刑事案件具体应用法律若干问题的解释》(法释〔2000〕36号,2000.12.11实施,法宝引证码：CLI.3.34733)

最高人民法院《关于审理扰乱电信市场管理秩序案件具体应用法律若干问题的解释》(法释〔2000〕12号,2000.05.24实施,法宝引证码：CLI.3.29253)

最高人民法院《关于村民小组组长利用职务便利非法占有公共财物行为如何定性问题的批复》(法释字〔1999〕12号,1999.07.03实施,法宝引证码：CLI.3.22671)

[①] 所列法律规范性文件的详细内容,可登录"北大法宝"引证码查询系统(www.pkulaw.cn/fbm),输入所提供的相应的"法宝引证码",免费查询。

第三章 诈骗类犯罪

第一节 诈骗类犯罪综述

一、诈骗类犯罪分类索引

类型		罪名	法条
1. 普通型		诈骗罪	第266条
2. 特殊型	（1）金融诈骗型	集资诈骗罪	第192条
		贷款诈骗罪	第193条
		票据诈骗罪、金融凭证诈骗罪	第194条
		信用证诈骗罪	第195条
		信用卡诈骗罪	第196条
		有价证券诈骗罪	第197条
		保险诈骗罪	第198条
	（2）扰乱市场型	合同诈骗罪	第224条

二、诈骗类犯罪《刑法》规定对照表

类型	罪名	法条	罪状		主刑	附加刑	辩点速查
普通型	诈骗罪	第266条	诈骗公私财物	数额较大的	处3年以下有期徒刑、拘役或者管制	并处或者单处罚金	1. 犯罪主体：自然人；单位犯罪的，仅追究单位直接负责的主管人员和其他直接责任人员的刑事责任。 2. 特殊情节：是否具有可不起诉或免予刑事处罚或者特殊案件可不按犯罪处理的情形。 3. 此罪彼罪：本罪与侵占罪和敲诈勒索罪的界限。 4. 立案标准：《关于办理诈骗刑事案件具体应用法律若干问题的解释》第1条。
				数额巨大或者有其他严重情节的	处3—10年有期徒刑	并处罚金	
				数额特别巨大或者有其他特别严重情节的	处10年以上有期徒刑或者无期徒刑	并处罚金或者没收财产	
			本法另有规定的，依照规定				

(续表)

类型	罪名	法条	罪状	主刑		附加刑	辩点速查
特殊型	集资诈骗罪	第192条	以非法占有为目的,使用诈骗方法非法集资	数额较大的	处5年以下有期徒刑或者拘役	并处2—20万元罚金	1. 犯罪主体:自然人和单位。 2. 此罪彼罪:本罪与非法吸收公众存款罪的界限。 3. 立案标准:《关于公安机关管辖的刑事案件立案追诉标准的规定(二)》第49条。 4. 量刑标准:《刑法修正案(九)》废除了本罪的死刑。
				数额巨大或者有其他严重情节的	处5—10年以下有期徒刑	并处5—50万元罚金	
				数额特别巨大或者有其他特别严重情节的	处10年以上有期徒刑或者无期徒刑	并处5—50万元罚金或者没收财产	
	贷款诈骗罪	第193条	有下列情形之一,以非法占有为目的,诈骗银行或者其他金融机构的贷款:(一)编造引进资金、项目等虚假理由的;(二)使用虚假的经济合同的;(三)使用虚假的证明文件的;(四)使用虚假的产权证明作担保或者超出抵押物价值重复担保的;(五)以其他方法诈骗贷款的。	数额较大的	处5年以下有期徒刑或者拘役	并处2—20万元罚金	1. 犯罪主体:自然人,无单位犯罪。 2. 罪与非罪:区分本罪与贷款纠纷的界限。 3. 此罪彼罪:区分本罪与骗取贷款、票据承兑、金融票证罪的界限。 4. 立案标准:《关于公安机关管辖的刑事案件立案追诉标准的规定(二)》第50条。
				数额巨大或者有其他严重情节的	处5—10年有期徒刑	并处5—50万元罚金	
				数额特别巨大或者有其他特别严重情节的	处10年以上有期徒刑或者无期徒刑	并处5—50万元罚金或者没收财产	
	票据诈骗罪	第194条第1款	有下列情形之一,进行金融票据诈骗活动:(一)明知是伪造、变造的汇票、本票、支票而使用的;(二)明知是作废的汇票、本票、支票而使用的;(三)冒用他人的汇票、本票、支票的;(四)签发空头支票或者与其预留印鉴不符的支票,骗取财物的;(五)汇票、本票的出票人签发无资金保证的汇票、本票或者在出票时作虚假记载,骗取财物的。	数额较大的	处5年以下有期徒刑或者拘役	并处2—20万元罚金	1. 犯罪主体:自然人和单位。 2. 一罪数罪:伪造、变造金融票据后使用并进行诈骗活动的认定。 3. 立案标准:《关于公安机关管辖的刑事案件立案追诉标准的规定(二)》第51条。
				数额巨大或者有其他严重情节的	处5—10年有期徒刑	并处5—50万元罚金	
				数额特别巨大或者有其他特别严重情节的	处10年以上有期徒刑或者无期徒刑	并处5—50万元罚金或者没收财产	

(续表)

类型	罪名	法条	罪状	主刑		附加刑	辩点速查
特殊型	金融凭证诈骗罪	第194条第2款	使用伪造、变造的委托收款凭证、汇款凭证、银行存单等其他银行结算凭证，进行诈骗活动	数额较大的	处5年以下有期徒刑或者拘役	并处2—20万元罚金	1. 犯罪主体：自然人和单位。 2. 一罪数罪：伪造、变造金融凭证后使用，并进行诈骗活动的认定。 3. 立案标准：《关于公安机关管辖的刑事案件立案追诉标准的规定(二)》第52条。
				数额巨大或者有其他严重情节的	处5—10年有期徒刑	并处5—50万元罚金	
				数额特别巨大或者有其他特别严重情节的	处10年以上有期徒刑或者无期徒刑	并处5—50万元罚金或者没收财产	
	信用证诈骗罪	第195条	有下列情形之一，进行信用证诈骗活动的：(一)使用伪造、变造的信用证或者附随的单据、文件的；(二)使用作废的信用证的；(三)骗取信用证的；(四)以其他方法进行信用证诈骗活动的。		处5年以下有期徒刑或者拘役	并处2—20万元以下罚金	1. 犯罪主体：自然人和单位。 2. 一罪数罪：伪造、变造信用证后使用，并进行诈骗活动的认定。 3. 立案标准：《关于公安机关管辖的刑事案件立案追诉标准的规定(二)》第53条。
				数额巨大或者有其他严重情节的	处5—10年有期徒刑	并处5—50万元罚金	
				数额特别巨大或者有其他特别严重情节的	处10年以上有期徒刑或者无期徒刑	并处5—50万元罚金或者没收财产	
	信用卡诈骗罪	第196条	有下列情形之一，进行信用卡诈骗活动的：(一)使用伪造的信用卡，或者使用以虚假的身份证明骗领的信用卡的；(二)使用作废的信用卡的；(三)冒用他人信用卡的；(四)恶意透支的。	数额较大的	处5年以下有期徒刑或者拘役	并处2—20万元罚金	1. 犯罪主体：自然人。 2. 特殊情节：是否具有从轻、免除处罚或者不追究刑事责任的情节。 3. 一罪数罪：伪造信用卡后使用，并进行诈骗活动的认定。 4. 立案标准：《关于公安机关管辖的刑事案件立案追诉标准的规定(二)》第54条。
				数额巨大或者有其他严重情节的	处5—10年有期徒刑	并处5—50万元罚金	
				数额特别巨大或者有其他特别严重情节的	处10年以上有期徒刑或者无期徒刑	并处5—50万元罚金或者没收财产	

(续表)

类型	罪名	法条	罪状	主刑		附加刑	辩点速查
特殊型	有价证券诈骗罪	第197条	使用伪造、变造的国库券或者国家发行的其他有价证券,进行诈骗活动	数额较大的	处5年以下有期徒刑或者拘役	并处2—20万元罚金	1. 犯罪主体:自然人。 2. 一罪数罪:伪造、变造有价证券后使用,并进行诈骗活动的认定。 3. 立案标准:《关于公安机关管辖的刑事案件立案追诉标准的规定(二)》第55条。
				数额巨大或者有其他严重情节的	处5—10年有期徒刑	并处5—50万元罚金	
				数额特别巨大或者有其他特别严重情节的	处10年以上有期徒刑或者无期徒刑	并处5—50万元罚金或者没收财产	
	保险诈骗罪	第198条	有下列情形之一,进行保险诈骗活动:(一)投保人故意虚构保险标的,骗取保险金的;(二)投保人、被保险人或者受益人对发生的保险事故编造虚假的原因或者夸大损失的程度,骗取保险金的;(三)投保人、被保险人或者受益人编造未曾发生的保险事故,骗取保险金的;(四)投保人、被保险人故意造成财产损失的保险事故,骗取保险金的;(五)投保人、受益人故意造成被保险人死亡、伤残或者疾病,骗取保险金的。	数额较大的	处5年以下有期徒刑或者拘役	并处1—10万元罚金	1. 犯罪主体:自然人和单位。 2. 一罪数罪:投保人、被保险人故意造成财产损失的保险事故或者投保人、受益人故意造成被保险人死亡、伤残或者疾病,骗取保险金又同时构成其他犯罪的定罪处罚。 3. 立案标准:《关于公安机关管辖的刑事案件立案追诉标准的规定(二)》第56条。
				数额巨大或者有其他严重情节的	处5—10年有期徒刑	并处2—20万元罚金	
				数额特别巨大或者有其他特别严重情节的	处10年以上有期徒刑	并处2—20万元罚金或者没收财产	
			单位犯上述罪的,对单位判处罚金,并对其直接负责的主管人员和其他直接责任人员,处5年以下有期徒刑或者拘役;数额巨大或者有其他严重情节的,处5年以上10年以下有期徒刑;数额特别巨大或者有其他特别严重情节的,处10年以上有期徒刑。				

(续表)

类型	罪名	法条	罪状	主刑	附加刑	辩点速查
特殊型	合同诈骗罪	第224条	有下列情形之一,以非法占有为目的,在签订、履行合同过程中,骗取对方当事人财物:(一)以虚构的单位或者冒用他人名义签订合同的;(二)以伪造、变造、作废的票据或者其他虚假的产权证明作担保的;(三)没有实际履行能力,以先履行小额合同或者部分履行合同的方法,诱骗对方当事人继续签订和履行合同的;(四)收受对方当事人给付的货物、货款、预付款或者担保财产后逃匿的;(五)以其他方法骗取对方当事人财物的。	数额较大的	并处或者单处罚金	1. 犯罪主体:自然人和单位。 2. 一罪数罪:合同诈骗罪与金融诈骗罪的竞合。 3. 立案标准:《关于公安机关管辖的刑事案件立案追诉标准的规定(二)》第77条。
				数额巨大或者有其他严重情节的,处3—10年有期徒刑	并处罚金	
				数额特别巨大或者有其他特别严重情节的,处10年以上有期徒刑或者无期徒刑	并处罚金或者没收财产	
		第231条	单位犯以上罪的,对单位判处罚金,并对其直接负责的主管人员和其他直接责任人员,依照上述规定处罚。			
备注		第200条	单位犯本节第192条、第194条、第195条规定之罪的,对单位判处罚金,并对其直接负责的主管人员和其他直接责任人员,处5年以下有期徒刑或者拘役,可以并处罚金;数额巨大或者有其他严重情节的,处5年以上10年以下有期徒刑,并处罚金;数额特别巨大或者有其他特别严重情节的,处10年以上有期徒刑或者无期徒刑,并处罚金。			

第二节 辩点整理

辩点3-1:诈骗主体	辩点3-2:主观方面	辩点3-3:诈骗行为
辩点3-4:诈骗数额	辩点3-5:特殊情节	辩点3-6:共同犯罪
辩点3-7:一罪数罪	辩点3-8:量刑指导	

辩点3-1:诈骗主体

(一) 一般主体和特殊主体

在本章犯罪中,只有保险诈骗罪是特殊主体,其他诈骗类犯罪均为一般主体,不要求其具有特殊的身份,只要达到刑事责任年龄,具有刑事责任能力的人均可以构成犯罪。

对于保险诈骗罪的犯罪主体,我国刑法规定了两类:一类是投保人、被保险人和受益人,另一类是保险事故的鉴定人、证明人和财产评估人。投保人、被保险人和受益人是保险诈骗罪的实行犯,保险事故的鉴定人、证明人和财产评估人故意提供虚假的证明文件,为他人诈骗提供条件的,可以与投保人、被保险人和受益人构成共犯。

案例3-1

2013年4月间,被告人曾某某因无力归还蔡某某10万元的债务,遂产生保险诈骗的念头,于是分别向四家保险公司投保了四份意外伤害保险,保额共计50万元。为了达到骗取保险金的目的,曾某某找到蔡某某,劝说其砍掉他的双脚,用以向上述保险公司诈骗,并承诺将所得高额保险金中的16万元用于偿还其所欠债务。蔡某某经曾某某多次劝说同意帮其一起实施。2013年6月17日晚9时许,二人来到事先选好的地点,由蔡某某用随身携带的砍刀将曾某某双脚砍断后逃离,曾某某在蔡某某离开现场后呼救,被周围群众发现后报警,后被接警送至医院抢救。案发后,被告人曾某某向公安机关和保险公司谎称自己是被三名陌生男子抢劫时砍去双脚,以期获得保险赔偿。之后,曾某某的妻子向保险公司提出人身险理赔申请,后因公安机关侦破此案未能得逞。经法医鉴定与伤残评定,曾某某的伤情属重伤,伤残评定为三级。

在本案中,被告人蔡某某虽然既不是投保人、被保险人、受益人,也不是保险事故的鉴定人、证明人、财产评估人,但其明知被告人曾某某实施保险诈骗罪而提供帮助,属于保险诈骗罪的帮助犯。但是,蔡某某帮助曾某某实施自残的行为,既伤害了他人的身体健康,又为保险诈骗制造了条件,属于一个行为触犯了两个罪名,系想象的竞合犯。按照想象的竞合犯的从一重处断原则,应按故意伤害罪对蔡某某进行论处。

(二)单位犯罪和自然人犯罪

在本章犯罪中,有的犯罪规定了单位犯罪,有的犯罪没有规定单位犯罪。一般情况下,相比于自然人犯罪,对单位犯罪的立案门槛更高,且对单位犯罪中的直接负责的主管人员和其他直接责任人员的量刑更轻。例如,个人集资诈骗数额在10万元以上的,就可以予以立案追诉,而单位集资诈骗数额必须达到50万元以上的,才可以予以立案追诉。因此,辩护人在代理诈骗类案件时,如果以犯罪主体作为辩护的切入点,可以考虑案件是单位犯罪还是自然人犯罪。

1. 是否存在单位犯罪

在本章犯罪中,并不是所有的犯罪主体都可以由单位构成的。有些犯罪规定了单位犯罪,如集资诈骗罪、票据诈骗罪、金融凭证诈骗罪、信用证诈骗罪、保险诈骗罪、合同诈骗罪;有些犯罪没有规定单位犯罪,如诈骗罪、贷款诈骗罪、信用卡诈骗罪、有价证券诈骗罪。

根据《刑法》第30条的规定,公司、企业、事业单位、机关、团体实施的危害社会的行为,法律规定为单位犯罪的,应当负刑事责任。换言之,如果法律没有规定为单位犯罪的,单位则不承担刑事责任。那么,在单位不承担刑事责任的情况下,单位直接负责的主管人员和其他直接责任人员等个人是否还要承担刑事责任呢?2001年最高人民法院《全国法院审理金融犯罪案件工作座谈会纪要》曾规定,对于单位实施的贷款诈骗行为,不能以贷款诈骗罪定罪处罚,也不能以贷款诈骗罪追究直接负责的主管人员和其他直接责任人员的刑事责任。而1996年最高人民法院《关于审理诈骗案件具体应用法律的若干问题的解释》又规定,单位直接负责的主管人员和其他直接责任人员以单位名义实施诈骗行为,诈骗所得归单位所有的,也应当以诈骗罪追究上述人员个人的刑事责任。由于这两个截然相反的规定,使得在实践的操作中存在很大的混乱,辩护律师从有利于当事人利益的角度出发,通常也会根据《全国法院审理金融犯罪案件工作座谈会纪要》的精神对单位中的有关人员进行无罪辩护。

2014年4月24日第十二届全国人民代表大会常务委员会第八次会议通过的《关于〈中华人民共和国刑法〉第三十条的解释》则对以上问题进行了彻底解决,其规定:"公司、企业、事业单位、机关、团体等单位实施刑法规定的危害社会的行为,刑法分则和其他法律未规定追究单位的刑事责任的,对组织、策划、实施该危害社会行为的人依法追究刑事责任。"随着该立法解释的出台,辩护律师再以《全国法院审理金融犯罪案件工作座谈会纪要》为根据进行无罪辩护恐怕很难再达到预期的效果,从当事人是否属于组织、策划、实施危害社会行为的人入手可能更可行。

2. 如何认定单位犯罪

(1)以单位名义实施犯罪,违法所得归单位所有的,是单位犯罪。以单位的分支机构或者内设机构、部门的名义实施犯罪,违法所得亦归这些机构或者部门所有的,也应认定为单位犯罪。

(2)个人为进行违法犯罪活动而设立的公司、企业事业单位实施犯罪的,或者公司、企业、事业单位设立后,以实施犯罪为主要活动的,不以单位犯罪论处。

(3) 盗用单位名义实施犯罪,违法所得由实施犯罪的个人私分的,依照刑法有关自然人犯罪的规定定罪处罚。

3. 如何为单位辩护

按照上述原则,如果辩护律师认为案件属于单位犯罪的,应当提出适用按照刑法有关单位犯罪规定的辩护意见,例如适用单位犯罪的立案标准,适用单位犯罪的量刑幅度。对单位实施了没有规定单位犯罪的危害社会行为的,不能追究单位的刑事责任,单位的辩护律师应当进行无罪辩护。

对于贷款诈骗罪,《全国法院审理金融犯罪案件工作座谈会纪要》提出,"在司法实践中,对于单位十分明显地以非法占有为目的,利用签订、履行借款合同诈骗银行或其他金融机构贷款,符合刑法第二百二十四条规定的合同诈骗罪构成要件的,应当以合同诈骗罪定罪处罚"。在这种情况下,辩护律师可以进行从贷款诈骗罪改为合同诈骗罪的改变定性的辩护。

案例3-2

被告人李某某和王某某于2001年成立了一家科技有限公司,公司运营两年后严重亏损,负债累累。为了解决公司的资金困难问题,李某某和王某某谎称公司将要引进某高科技项目,且伪造了一份其公司与外国某公司签署的项目合作协议,并以此向当地某信用社申请贷款,信用社最终向该家科技公司放贷25万元。李某某和王某某后将这25万元全部用于归还公司之前所欠的债务。案发后,公诉机关以贷款诈骗罪将李某某和王某某提起公诉。

在本案中,如果认定李某某和王某某个人贷款诈骗25万元,属于数额特别巨大,他们可能将面临10年以上有期徒刑的判决。辩护律师代理该案后,首先提出李某某和王某某是以单位科技有限公司的名义实施的贷款,而且所贷款项全部用于归还公司债务,李某某和王某某个人没有任何获益,应当属于单位犯罪;其次,李某某和王某某明知公司负债累累,没有任何偿还能力,还编造引进项目的理由,并使用虚假合同与信用社签订贷款合同,确实有非法占有贷款的目的,符合贷款诈骗罪的特征,但由于单位不能构成贷款诈骗罪,公诉机关指控的罪名错误。最终,法院认定本案属于单位犯罪,认定李某某和王某某构成合同诈骗罪,按照单位犯罪中的直接负责的主管人员分别判处李某某和王某某有期徒刑各4年。

辩点 3-2：主观方面

诈骗类犯罪主观上普遍要求行为人具有诈骗的故意，并以非法占有为目的。原则上讲，只要行为人实施了诈骗行为，使被害单位或者被害人陷于重大错误认识而处分财产，就可以认定行为人具有非法占有的目的，如果能证明行为人确实没有诈骗故意或者没有非法占有的目的，则不能按照本章犯罪论处。

可见，是否具有非法占有的目的直接影响到罪与非罪以及此罪与彼罪，是辩护律师从主观方面切入案件的辩点。由于犯罪故意和犯罪目的的主观性，司法实践中有时很难把握，为了解决这个问题，有的司法解释便对如何认定具有非法占有的目的作出了明确的规定，辩护律师应当予以把握。

（一）金融诈骗中的非法占有目的

虽然刑法关于金融诈骗犯罪的条文中，只对集资诈骗罪、贷款诈骗罪和信用卡诈骗罪中的"恶意透支"行为明确规定了必须具有非法占有的目的，没有明确规定票据诈骗罪、金融凭证诈骗罪、信用证诈骗罪、有价证券诈骗罪和保险诈骗罪是"以非法占有为目的"的犯罪，但并不是说这些金融犯罪就不要求有非法占有的目的。只是由于金融诈骗比普通诈骗犯罪的情况复杂，在认定行为人是否具有非法占有的目的上存在一定的特殊性。在非法集资（诈骗）、违法贷款（诈骗）和恶意透支信用卡行为中，行为人采取虚假手段集资、贷款或者恶意透支信用卡，并不一定都具有非法占有目的，因此刑法更强调它们必须以非法占有为目的才能构成犯罪。

根据《全国法院审理金融犯罪案件工作座谈会纪要》的规定，金融诈骗罪中非法占有目的的认定，应当坚持主客观相一致的原则，既要避免单纯根据损失结果客观归罪，也不能仅凭被告人自己的供述，而应当根据案件具体情况具体分析。在司法实践中，对于行为人通过诈骗的方法非法获取资金，造成数额较大资金不能归还，并具有下列情形之一的，可以认定为具有非法占有的目的：

1. 明知没有归还能力而大量骗取资金的；
2. 非法获取资金后逃跑的；
3. 肆意挥霍骗取资金的；
4. 使用骗取的资金进行违法犯罪活动的；
5. 抽逃、转移资金，隐匿财产，以逃避返还资金的；
6. 隐匿、销毁账目，或者搞假破产、假倒闭，以逃避返还资金的；
7. 其他非法占有资金、拒不返还的行为。

但是,在处理具体案件的时候,对于有证据证明行为人不具有非法占有目的的,不能单纯以财产不能归还就按金融诈骗罪处罚。

还有一点必须注意的是,金融诈骗罪中的贷款诈骗罪、票据诈骗罪、信用证诈骗罪都必须是以非法占有为目的,如果以非法占用为目的,使用欺骗的手段取得了银行或者其他金融机构的贷款、票据承兑、信用证、保函,即使给银行或者其他金融机构造成重大损失,也不应当构成贷款诈骗罪、票据诈骗罪或者信用证诈骗罪,如果符合骗取贷款、票据承兑、金融票证罪的构成要件,可以按骗取贷款、票据承兑、金融票证罪论处。由于贷款诈骗罪、票据诈骗罪和信用证诈骗罪最高都可以判处无期徒刑,而骗取贷款、票据承兑、金融票证罪最高只能判处 7 年有期徒刑,两者在量刑上具有很大差异,所以辩护律师从主观方面切入进行改变定性的辩护是非常必要的。

(二) 集资诈骗中的非法占有目的

根据最高人民法院《关于审理非法集资刑事案件具体应用法律若干问题的解释》(2010 年 12 月 13 日实施)第 4 条的规定,使用诈骗方法非法集资,具有下列情形之一的,可以认定为"以非法占有为目的":

1. 集资后不用于生产经营活动或者用于生产经营活动与筹集资金规模明显不成比例,致使集资款不能返还的;
2. 肆意挥霍集资款,致使集资款不能返还的;
3. 携带集资款逃匿的;
4. 将集资款用于违法犯罪活动的;
5. 抽逃、转移资金,隐匿财产,逃避返还资金的;
6. 隐匿、销毁账目,或者搞假破产、假倒闭,逃避返还资金的;
7. 拒不交代资金去向,逃避返还资金的;
8. 其他可以认定非法占有目的的情形。

集资诈骗罪中的非法占有目的,应当区分情形进行具体认定。行为人部分非法集资行为具有非法占有目的的,对该部分非法集资行为所涉集资款以集资诈骗罪定罪处罚;非法集资共同犯罪中部分行为人具有非法占有目的,其他行为人没有非法占有集资款的共同故意和行为的,对具有非法占有目的的行为人以集资诈骗罪定罪处罚。

此外,正确认定集资诈骗罪的犯罪目的,有助于区别此罪与彼罪。例如,集资诈骗罪和欺诈发行股票、债券罪、非法吸收公众存款罪在客观上均表现为向社会公众非法募集资金,区别的关键就在于行为人是否具有非法占有的目的。对于以非法占有为目的而非法集资,或者在非法集资过程中产生了非法占有他人资金的故意,均构成集资诈骗罪。但是,在处理具体案件时要注意以下两点:一是不能仅凭较大数额的非法集资款不能返还的结果,推定行为人具有非法占有的目的;二是行为人将大部分资金用于投资或生产经营活动,而将少量资金用于个人消费或挥霍的,不应仅以此便认定具有非法占有的目的。因此,如果能够认定行为人不具有非法占有的目的,律师可以提出不构成集资诈骗罪的无罪辩护意见或者提出仅符合欺诈发行股票、债券罪或非法吸收公众存款罪特征的改变定性的辩护意见。

(三) 信用卡诈骗中的非法占有目的

根据最高人民法院、最高人民检察院《关于办理妨害信用卡管理刑事案件具体应用法律若干问题的解释》(2009年12月16日实施)第6条的规定,有以下情形之一的,应当认定为《刑法》第196条第2款规定的恶意透支中的"以非法占有为目的":

1. 明知没有还款能力而大量透支,无法归还的;
2. 肆意挥霍透支的资金,无法归还的;
3. 透支后逃匿、改变联系方式,逃避银行催收的;
4. 抽逃、转移资金,隐匿财产,逃避还款的;
5. 使用透支的资金进行违法犯罪活动的;
6. 其他非法占有资金,拒不归还的行为。

案例3-3

2008年11月至2009年1月间,被告人刘某先后以自己或他人身份向交通银行股份有限公司、中国光大银行申办信用卡后共透支信用卡本金为人民币50 227.02元,经银行工作人员多次催缴,拒不归还。后被告人刘某改变联系方式逃避催收。刘某被公安机关抓获,公诉机关以其涉嫌信用卡诈骗罪移送起诉。

在庭审过程中,刘某辩称其没有诈骗的故意,只是与银行之间的欠款纠纷。法院经审理认为,被告人刘某超过规定期限透支,并且经发卡银行两次催收后超过3个月仍不归还,透支后逃匿、改变联系方式,逃避银行催收,足以认定其具有非法占有的目的。

(四) 其他诈骗中的非法占有目的

对普通型和扰乱市场型的诈骗犯罪虽然没有出台明确的司法解释认定非法占有目的,但都可以参照上述规定,主要从行为人是否实施了诈骗行为,是否使被害单位或者被害人陷于重大错误认识,以及对于诈骗来的财物如何进行处置等方面进行认定,不再一一赘述。

案例 3-4

杨某在 2004 年组建了一个施工队,没有到工商部门登记注册,而是靠着自己的口碑和别人的介绍在一些工地施工。2005 年 11 月,杨某与乙公司业务员张某联系,想要购进一批建筑材料,但张某提出公司有规定不能与个人签合同,只与公司签署销售合同,遂杨某便以河北某建筑工程劳务有限公司的名义向乙公司购买建筑材料,张某明知河北某建筑工程劳务有限公司不是杨某的公司,但也没有提出异议。后杨某与张某达成合意,乙公司先送货,杨某在 1 个月内将货款付清。但是,杨某在取得乙公司价值共计 10 万元的建筑材料后突然失踪了,张某通过电话和其他途径都联系不上杨某,遂报案。公安机关后来在杨某的老家某村庄将杨某缉拿归案。

在侦查阶段,辩护律师到看守所会见了杨某,杨某提出其使用河北某建筑工程劳务有限公司的名义与乙公司签署合同是因为乙公司不与个人签合同,而杨某没有登记注册公司,乙公司业务员张某对此是明知的,且其回老家是为了回去处理丧事,不是为了逃避债务,其没有占有货物的目的。律师经过核实后向公安机关提供了证据线索和法律意见,公安机关经侦查作出了撤案处理。

辩点 3-3:诈骗行为

本章共涵盖了十个罪名,它们在客观方面有一个共性,就是都实施了诈骗行为。应该说,《刑法》第 266 条关于诈骗罪的法条属于一般法,而规定其他罪名的法条则属于特殊法。按照特殊法优于一般法的原则,只要特殊法有特殊规定的,则按照特殊法规定的罪名定罪处罚。因此,对于一个诈骗行为,适用哪个罪名和法条,应当对照每一个犯罪的具体的行为方式。

(一) 特殊型诈骗

1. 集资诈骗罪

根据《刑法》第 192 条的规定,集资诈骗罪的行为表现为使用诈骗方法非法集资。这里的"诈骗方法",是指编造事实或者隐瞒真相的方法。在实际案件中,诈骗方法多种多样,可以以引资合作经营为名,可以以共同投资为名,还可以以高利率为诱饵吸引公众投资。这里的"非法集资",是指违反国家规定,未经批准,通过某种渠道或者某种手段向社会公众募集资金的行为。

使用"诈骗方法"和"非法集资"是集资诈骗罪客观方面的两个要素,缺一不可。如果只是违反国家金融管理法律规定,向不特定社会公众非法集资,并没有使用诈骗方法的,也不是以非法占有为目的的,不能构成集资诈骗罪,符合非法吸收公众存款罪构成要件的,按照非法吸收公众存款罪论处。集资诈骗和非法吸收公众存款都属于非法集资行为,但非法吸收公众存款罪的量刑明显轻于集资诈骗罪。因此,辩护律师在代理这类案件时要注意考察犯罪行为和犯罪目的,如果指控的罪名错误,应当提出改变定性的辩护意见。

2. 贷款诈骗罪

根据《刑法》第 193 条的规定,贷款诈骗的行为方式表现为:

(1) 编造引进资金、项目等虚假理由的;
(2) 使用虚假的经济合同的;
(3) 使用虚假的证明文件的;
(4) 使用虚假的产权证明作担保或者超出抵押物价值重复担保的;
(5) 以其他方法诈骗贷款的。

案例 3-5

2005 年 6 月 7 日,被告人郭某某用某有色金属铸造厂的 1 400 平方米厂房和机器设备作抵押,与某城建信用社签订了 250 万元的贷款合同。贷款合同到期后,经信用社多次催要,郭某某均没有偿还借款。2006 年 10 月 21 日,郭某某擅自将有色金属铸造厂的全部建筑物及厂区土地(包括上述贷款抵押物)作价 200 万元,一次性转让给某塑料制品厂厂长吴某某,并对吴某某隐瞒了有色金属

> 铸造厂已有部分建筑物抵押给信用社的事实。郭某某收到吴某某分期给付的150万元现金,但未用于偿还贷款。2006年12月15日,郭某某以有色金属铸造厂的名义起诉塑料制品厂,要求认定其与吴某某之间的转让合同无效。后该案经两级法院审理,认定郭某某与信用社签订的抵押合同因未到有关部门登记而无效,郭某某与吴某某之间所签订的转让合同合法有效,至此造成信用社不能通过抵押的财产收回贷款。
>
> 在庭审过程中,被告人郭某某辩称,其将厂房卖给吴某某时,已将贷款一并移交给吴某某,由吴某某代为偿还贷款。后因吴某某不承认代其还贷一事,故向法院起诉吴某某,是因法院驳回了其诉讼请求才导致不能偿还贷款,其没有非法占有贷款的故意,不构成贷款诈骗罪。法院经审理认为,被告人在贷款当时没有采取欺诈手段,只是在还贷的过程中将抵押物卖掉,如果该抵押是合法有效的,信用社可随时采取法律手段将抵押物收回,不会造成贷款无法收回的后果;且郭某某在转让抵押物后,确也采取了诉讼的手段欲将抵押物收回,因认定抵押合同无效才致使本案发生,故被告人不构成犯罪的理由成立。

3. 票据诈骗罪

根据《刑法》第194条第1款的规定,票据诈骗的行为方式表现为:

(1) 明知是伪造、变造的汇票、本票、支票而使用的。这里的使用,是指行为人故意将伪造、变造的汇票、本票、支票作为支付、结算、流通、融资、信用工具使用,直接或者间接骗取他人财物。

(2) 明知是作废的汇票、本票、支票而使用的。这里的作废,是指原来真实有效的票据失去票据效力。

(3) 冒用他人的汇票、本票、支票的。这里的冒用,是指行为人擅自以票据权利人的名义,支配、使用、转让自己不具有支配权的他人票据的行为,票据的来源可以是以欺诈、盗窃等非法手段获取,也可以通过拾得、保管等合法手段获取。

(4) 签发空头支票或者与其预留印鉴不符的支票,骗取财物的。空头支票是指出票人所签发的支票金额超出其银行存款账户余额或者透支额度而不能兑付的支票。与其预留印鉴不符的支票是指支票签发人在其签发的支票上加盖与其预留在银行或者其他金融机构处的印鉴不一致的财务公章或者支票签发人的名章。

(5) 汇票、本票的出票人签发无资金保证的汇票、本票或者在出票时作虚假记载,骗取财物的。

4. 金融凭证诈骗罪

根据《刑法》第194条第2款的规定,金融凭证诈骗的行为方式表现为使用伪造、变造的委托收款凭证、汇款凭证、银行存单等其他银行结算凭证,骗取财物的行为。其中,委托收款凭证,是指行为人在委托银行向付款人收取款项时所填写、提供的凭据和证明。汇款凭证,是指汇款人委托银行将款项汇给外地收款时,所填写的凭据和证明。其他银行结算凭证是指除本票、汇票、支票、委托收款凭证、汇款凭证、银行存单以外的办理银行结算的凭证和证明。

何谓结算凭证?2000年8月的中国人民银行办公厅《关于单位定期存款开户证实书性质认定的批复》认为,支付结算是指单位、个人在社会经济活动中使用票据、信用卡和汇兑、托收承付、委托收款等结算方式进行货币给付及其资金清算的行为,中国人民银行为上述结算活动统一制定的书面凭证为结算凭证。2003年12月9日,中国人民银行办公厅《关于其他银行结算凭证有关问题的复函》再次明确:根据《支付结算办法》的有关规定,办理票据、信用卡和汇兑、托收承付、委托收款等转账结算业务所使用的凭证,均属银行结算凭证。此外,银行办理现金缴存或支取业务使用的有关凭证也属银行结算凭证,如现金解款单是客户到银行办理现金缴存业务的专用凭证,也是银行和客户凭以记账的依据,它证明银行与客户之间发生了资金收付关系,代表相互间债权、债务关系的建立,属于银行结算凭证。而单位定期存款开户证实书、对账单、银行询证函等,只具有证明或事后检查作用,不具有货币给付和资金清算作用,不属于结算凭证。因此,只要在经济活动中具有货币给付和资金清算作用,并表明银行与客户之间已受理或已办结相关支付结算业务的凭据,均应认定为银行结算凭证。

5. 信用证诈骗罪

根据《刑法》第195条的规定,信用证诈骗的行为方式表现为:
(1) 使用伪造、变造的信用证或者附随的单据、文件的。
(2) 使用作废的信用证的。
(3) 骗取信用证的。
(4) 以其他方法进行信用证诈骗活动的。这里的其他方法,还包括利用远期信用证支付时,进口商先取货后付款,在信用证到期前转移、隐匿财产,骗取财物;与银行勾结,在信用证到期付款前,将银行资金转移,宣告资不抵债,非法占有进口货物;利用软条款信用证,非法占有进口财物;等等。

6. 信用卡诈骗罪

根据《刑法》第196条的规定,信用卡诈骗的行为方式表现为:

（1）使用伪造的信用卡，或者使用以虚假的身份证明骗领的信用卡的。

（2）使用作废的信用卡的。这里的作废的信用卡，是指因超过有效使用期限或者办理了退卡手续或者挂失等原因而失效作废的信用卡。

（3）冒用他人信用卡的。这里的冒用他人信用卡，包括以下情形：① 拾得他人信用卡并使用的（包括在自动柜员机即 ATM 机上使用）；② 骗取他人信用卡并使用的；③ 窃取、收买、骗取或者以其他非法方式获取他人信用卡信息资料，并通过互联网、通讯终端等使用的；④ 其他冒用他人信用卡的情形。

（4）恶意透支的。这里的恶意透支，是指持卡人以非法占有为目的，超过法定限额或者规定期限透支，并且经发卡银行两次催收后超过 3 个月仍不归还的行为。可见，恶意透支有银行催收次数和不归还时间上的要求，辩护律师在代理时应当予以注意。

这里的信用卡，是指由商业银行或者其他金融机构发行的具有消费支付、信用贷款、转账结算、存取现金等全部功能或者部分功能的电子支付卡。

案例 3-6

2012 年 7 月，被告人郑某某与被告人陈某某商议，由郑某某出资，由陈某某利用邱某某的身份证，在北京市五道口开办了艺精工艺品店，并向中国银行北京分行为该店申请开立了银行结算基本账户及国际信用卡交易 POS 机，准备实施信用卡诈骗。同年 7 月 17 日至 8 月 30 日，郑某某事先伪造了国际信用卡，在艺精工艺品店并无货物实际交易的情况下，郑某某、陈某某多次利用伪造的国际信用卡刷卡，伪造交易，并在交易记录确认单上虚假签名，进而从中国银行北京分行骗取交易结算款，共计 30 余万元人民币。

在庭审过程中，辩护律师提出被告人郑某某使用的是国际信用卡，即使造成损害也是针对国外信用卡公司或者国外的信用卡持有者，没有破坏到我国的信用卡管理秩序和制度。法院经审理认为，本案是一种新类型的利用国际信用卡实施诈骗的行为，陷入错误认识、处分行为的人系国内委托收单银行，虽然实际受害者是国外信用卡公司或者信用卡持有人，但由于我国银行与国外信用卡公司之间签订有委托收单协议，其行为严重破坏了我国的信用卡管理秩序和制度，损害了国际金融资金安全，具有严重的法益侵害性，应当以信用卡诈骗罪定罪处罚。

7. 有价证券诈骗罪

根据《刑法》第 197 条的规定,有价证券诈骗的行为方式表现为使用伪造、变造的国库券或者国家发行的其他有价证券进行诈骗活动。

8. 保险诈骗罪

根据《刑法》第 198 条的规定,保险诈骗的行为方式表现为:

(1) 投保人故意虚构保险标的,骗取保险金的;

(2) 投保人、被保险人或者受益人对发生的保险事故编造虚假的原因或者夸大损失的程度,骗取保险金的;

(3) 投保人、被保险人或者受益人编造未曾发生的保险事故,骗取保险金的;

(4) 投保人、被保险人故意造成财产损失的保险事故,骗取保险金的;

(5) 投保人、受益人故意造成被保险人死亡、伤残或者疾病,骗取保险金的。

9. 合同诈骗罪

根据《刑法》第 224 条的规定,合同诈骗的行为方式表现为:

(1) 以虚构的单位或者冒用他人名义签订合同的。即以虚假的主体身份与他人签订合同。在司法实践中,如果为了规避法律或者其他目的,合同一方以虚假的身份签订合同,对方当事人完全知道其真实身份的,不属于本条情形。

(2) 以伪造、变造、作废的票据或者其他虚假的产权证明作担保的。

(3) 没有实际履行能力,以先履行小额合同或者部分履行合同的方法,诱骗对方当事人继续签订和履行合同的。行为人是否确实没有实际履行能力,应从行为人的主体资格、资信状况、经营能力、经营状况、负债状况等诸多方面进行综合判断。

(4) 收受对方当事人给付的货物、货款、预付款或者担保财产后逃匿的。如果行为人暂时外出寻找不到,或者因主客观原因拒不接受传讯,而无转移、隐匿对方当事人给付的货款、货物、预付款或者担保财产的,不能认为是本条情形。

(5) 以其他方法骗取对方当事人财物的。

> 案例 3-7[①]
>
> 2003 年 2 月,被告人王贺军谎称自己是中国石油天然气集团公司计划司"司长",并虚构了一个"辽河石油管理局油建公司 24 号工程项目",称不需要招

---

① 案例来源:《刑事审判参考》总第 51 集[第 403 号]。

> 标、投标，其就能够将该工程发包给王小岱和王惠明。后王小岱又将核工业长沙中南建设集团公司项目负责人杨宜章介绍给王贺军。为骗取杨宜章等人的信任，王贺军伪造了虚假的工程批文，并要其朋友张发两次假冒辽河石油管理局基建处"张子良处长"与杨宜章等人见面，因此，杨宜章等人对王贺军深信不疑。王贺军则以办理工程批文需要活动经费为由，自2003年3月至2004年1月期间，先后骗取了杨宜章72万元、王惠明20万元、王小岱11万元。2004年1月7日，王贺军称受"张子良处长"的全权委托，与杨宜章所属的核工业长沙中南建设工程集团公司经理陈志荣签订了一份虚假的"24号井至主干线公路工程施工承包合同"。合同记载的工程项目总造价为5 906万元，王贺军在合同上签名为"张子良"。2004年1月28日王贺军在上海被抓获。除公安机关追回的4万元赃款外，其余赃款均被王贺军挥霍。
>
> 一审法院以合同诈骗罪判处被告人王贺军无期徒刑。二审法院经审理认为，王贺军假冒国家工作人员，虚构工程项目和能揽到工程项目的事实，以许诺给他人承包虚假的工程项目为诱饵，骗取他人财物，其行为构成诈骗罪，原审认定为合同诈骗罪不当。因为合同诈骗罪是一种利用合同进行诈骗的犯罪，诈骗行为发生或者伴随着合同的签订、履行，以签订虚假合同为诱饵骗取他人财物的，不构成合同诈骗罪。

（二）普通型诈骗

相对于特殊型诈骗，《刑法》第266条规定的诈骗罪属于普通型诈骗，如果行为人的行为方式符合特殊型诈骗的，则按照相对应的犯罪定罪处罚。如果不符合特殊型诈骗的行为方式，但实施了诈骗行为的，则按照诈骗罪定罪处罚。

需要注意的是，2014年4月24日第十二届全国人民代表大会常务委员会第八次会议通过了《关于〈中华人民共和国刑法〉第二百六十六条的解释》，以欺诈、伪造证明材料或者其他手段骗取养老、医疗、工伤、失业、生育等社会保险金或者其他社会保障待遇的，也属于普通型诈骗的范围。

诈骗罪的行为方式表现为采用虚构事实或者隐瞒真相的方法，骗取公私财物。这里的虚构事实，是指捏造并不存在的事实，骗取被害人的信任。这里的隐瞒真相，是指对被害人掩盖客观存在的某种事实，使被害人对客观事实产生错误认识。诈骗的方式多种多样，可以是作为，也可以是不作为。

需要注意的是,不是使用虚构事实或者隐瞒真相的方法就一定是诈骗罪中的诈骗行为,盗窃行为有时也会采取一些欺骗、蒙骗的方法,这种情况下要特别注意两者的界限:诈骗行为是通过欺骗手段使被害人产生错误并自愿作出处分财产的决定而交出财物;而盗窃行为则是秘密或者公开从被害人那里盗取财物,行为人采取的欺骗手段只是为了转移被害人的注意力,被害人虽然也可能受到欺骗,但并非自愿作出处分财产的决定。由此可以引申出一个问题,诈骗罪的被害人应当具有民事行为能力,才有陷于错误的可能,无民事行为能力人因不存在处分财产的可能性而不能成为诈骗罪的被害人。如果行为人采用欺骗的手段骗取幼儿、精神病人等无民事行为能力人的财物,数额较大的,则不是诈骗,而是盗窃。

案例3-8

2007年11月26、27日晚上,周某分别伙同王某等人在取款机插卡口内安装吞卡器,李某使用银行卡在取款机上取款时,银行卡被吞,于是周某告诉李某拨打取款机上被王某事先更改的银行热线电话,于是王某在电话中告诉李某"按取消键,输入95599,再输入密码,卡就会退出来",李某按上述提示操作后卡并未退出,周某则乘机偷窥获得李某银行卡的密码,李某因卡被吞无奈离开现场后,周某从取款机插卡口内撬出李某的银行卡,然后使用偷窥到的密码从取款机上取出李某的存款5.98万元。后周某和王某被公安机关抓获。

在本案中,周某和王某坚称自己只是实施了诈骗手段,应定诈骗罪。但法院经审理后认为,周某和王某以非法占有为目的,两人合伙盗窃他人信用卡并使用,其行为构成盗窃罪。诈骗罪是指行为人以非法占有为目的,用虚构事实或者隐瞒真相的方法,骗取数额较大的公私财物的行为。其本质特征是以虚构事实或隐瞒真相的方法骗取被害人的信任,使被害人信以为真,从而自愿地向行为人交付财物。本案中,被告人周某和王某虽然使用了一定的欺诈手段,即在被害人的信用卡被吞后诱骗被害人拨打虚假的热线电话,但被害人并未因该欺诈手段而自愿地将信用卡交付给周某和王某,他们最终是趁被害人不备之机,采用螺丝刀从取款机插卡口内撬取的方法获得被害人的信用卡的,其行为明显不符合诈骗罪的构成要件。

辩点 3-4:诈骗数额

(一) 诈骗数额的标准

对于本章中的犯罪,诈骗的数额不仅是定罪的重要标准,也是量刑的主要依据。纵观刑法中关于诈骗类犯罪的条文,都根据"数额较大""数额巨大"以及"数额特别巨大"规定了不同的量刑幅度,因此,掌握每个犯罪数额中"较大""巨大"和"特别巨大"的标准尤为重要。

根据最高人民检察院、公安部《关于公安机关管辖的刑事案件立案追诉标准的规定(二)》(2010年5月7日实施),最高人民法院《关于审理非法集资刑事案件具体应用法律若干问题的解释》(2011年1月1日实施),最高人民法院、最高人民检察院《关于办理妨害信用卡管理刑事案件具体应用法律若干问题的解释》(2009年12月16日实施),最高人民法院、最高人民检察院《关于办理诈骗刑事案件具体应用法律若干问题的解释》(2011年4月8日实施),最高人民法院《全国法院审理金融犯罪案件工作座谈会纪要》(2001年1月21日实施)等相关司法解释,对本章各个犯罪的数额标准汇总如下:

罪名	主体		数额较大	数额巨大	数额特别巨大
集资诈骗罪	个人		10万元以上	30万元以上	100万元以上
	单位		50万元以上	150万元以上	500万元以上
贷款诈骗罪	个人		2万元以上		
票据诈骗罪	个人		1万元以上	5万元以上	10万元以上
	单位		10万元以上	30万元以上	100万元以上
金融凭证诈骗罪	个人		1万元以上		
	单位		10万元以上		
信用证诈骗罪	个人			10万元以上	50万元以上
	单位			50万元以上	250万元以上
信用卡诈骗罪	个人	一般行为	5000元以上	5万元以上	50万元以上
		恶意透支	1万元以上	10万元以上	100万元以上
有价证券诈骗罪	个人		1万元以上		
保险诈骗罪	个人		1万元以上	5万元以上	20万元以上
	单位		5万元以上	25万元以上	100万元以上
合同诈骗罪	个人		2万元以上		
	单位				
诈骗罪	个人		3000元至1万元以上	3万元至10万元以上	50万元以上

需要注意的是,最高人民法院、最高人民检察院、公安部《关于办理电信网络诈

骗等刑事案件适用法律若干问题的意见》的规定,利用电信网络技术手段实施诈骗,诈骗公私财物价值3000元以上、3万元以上、50万元以上的,应当分别认定为诈骗罪规定的"数额较大""数额巨大""数额特别巨大",与上述标准是一致的。

(二) 诈骗数额的认定

1. 金融诈骗的数额

(1) 一般原则:以行为人实际骗取的数额计算。

(2) 应予扣除的部分:案发前已归还的数额应予扣除。

(3) 不予扣除的部分:行为人为实施金融诈骗活动而支付的中介费、手续费、回扣等,或者用于行贿、赠与等费用,均应计入金融诈骗的犯罪数额。

2. 集资诈骗的数额

(1) 一般原则:集资诈骗的数额以行为人实际骗取的数额计算。

(2) 应予扣除的部分:案发前已归还的数额应予扣除。

(3) 不予扣除的部分:① 行为人实施集资诈骗活动而支付的广告费、中介费、手续费、回扣,或者用于行贿、赠与等费用,不予扣除。② 行为人为实施集资诈骗活动而支付的利息,除本金未归还可折抵本金以外,应当计入诈骗数额。

3. 信用卡诈骗的数额

恶意透支的数额,是指持卡人以非法占有为目的,超过规定限额或者规定期限透支,并且经发卡银行两次催收后超过3个月拒不归还的数额或者尚未归还的数额,不包括复利、滞纳金、手续费等发卡银行收取的费用。

> **案例3-9**
>
> 2008年5月至2009年4月,被告人秦某先后向光大银行、中信银行、华夏银行、民生银行等四家银行申办信用卡6张。其后,秦某对其中3张信用卡通过消费或直接取现的方式予以透支。光大银行向秦某多次催收后秦某仍拒不归还,于是向公安机关报案。公安机关经侦查后发现,秦某对其他信用卡也存在透支的情况,在秦某被抓获时,中信银行已向秦某催收过3次,都已经超过3个月,华夏银行向秦某催收过2次,第一次催收已经超过3个月,但第二次才刚过1个月,民生银行向秦某催收过一次,已经超过3个月,秦某对这四张信用卡都没有

归还透支的款项,透支的金额共计59 000元,四家银行还向公安机关递交了秦某未归还款项而产生的复利、滞纳金、手续费共计35 000元的证明。

在本案中,辩护律师提出,只有经过发卡银行两次催收后超过3个月拒不归还的数额或者尚未归还的数额才属于恶意透支的数额,华夏银行虽向秦某催收过两次,但尚未超过3个月,故秦某透支华夏银行信用卡的数额不能计算在信用卡诈骗的数额内;民生银行的催收虽然超过了3个月,但其只催收过一次,故秦某透支民生银行信用卡的数额也不能计算在信用卡诈骗的数额内;至于透支所产生的35 000元的复利、滞纳金、手续费也不应计算在信用卡诈骗的数额内。因此,秦某信用卡诈骗的数额只包括其透支光大银行和中信银行信用卡尚未归还的部分。后公安机关经核实,认定秦某信用卡诈骗数额为11 200元。

4. 电信网络诈骗的数额

(1) 累计计算:二年内多次实施电信网络诈骗未经处理,诈骗数额累计计算构成犯罪的,应当依法定罪处罚。

(2) 既遂数额:实施电信网络诈骗犯罪,犯罪嫌疑人、被告人实际骗得财物的,以诈骗罪(既遂)定罪处罚。

(3) 未遂标准:诈骗数额难以查证,但具有下列情形之一的,应当认定为《刑法》第266条规定的"其他严重情节",以诈骗罪(未遂)定罪处罚:

① 发送诈骗信息5 000条以上的,或者拨打诈骗电话500人次以上的;

② 在互联网上发布诈骗信息,页面浏览量累计5 000次以上的。

具有上述情形,数量达到相应标准10倍以上的,应当认定为《刑法》第266条规定的"其他特别严重情节",以诈骗罪(未遂)定罪处罚。

上述"拨打诈骗电话",包括拨出诈骗电话和接听被害人回拨电话。反复拨打、接听同一电话号码,以及反复向同一被害人发送诈骗信息的,拨打、接听电话次数、发送信息条数累计计算。

5. 普通诈骗的数额

(1) 一般原则:以行为人实际骗取的数额计算。

(2) 特殊情况:被害人的损失数额高于行为人所得数额,该差额可归因于诈骗行为的,诈骗数额应以损失数额认定。

案例 3-10

被告人白某某与被告人钱某某出国时经人介绍后相识。2008年4月,两被告人商量从外省购买移动电话GSM卡在深圳设点拨打国际声讯台,以此获取国际电话费回扣,并商定回扣所得白某某分30%、钱某某分70%。尔后,两被告人在钱某某的租房处开始安装移动电话、控制手机拨号电脑,然后又购置了电话卡、充电器、稳压器等物,并雇用10余人为他们拨打国际声讯台。白某某还负责与境外人员联系和领取电话费回扣。2008年7月至9月间,钱某某指使雇用人员到其他省市用假身份证购得GMS卡16张后,又指使雇用人员按照白某某告诉的电话号码用其中的14张卡昼夜拨打国际声讯台,给电信公司造成话费损失490万元。白某某共领取了200万元国际电话费回扣,由两被告人共同分赃。后两名被告人以涉嫌诈骗490万元被公诉机关提起公诉。

在庭审过程中,辩护人提出490万元是电信公司损失的金额,不是诈骗的金额,诈骗的数额应为两被告人从国际声讯台所获得的回扣,或者以拨打国际声讯台所产生的话费减去电信公司利润的差额。法院经审理认为,两被告人利用虚假的主体购买手机卡,逃避电话费缴纳义务,实际上是非法占有了电信公司的电信资费。490万元话费是电信公司本应收到而损失的金额,也是被告人应当支出而未支出的费用,应当认定为是两被告人非法占有的金额,即诈骗金额。

辩点 3-5:特殊情节

前面提过,诈骗的数额虽然是定罪和量刑的重要标准,但不是唯一的标准。辩护人在掌握诈骗数额的基础上,还要综合考虑案件的情节,因为情节也可以直接影响到定罪和量刑。例如,有的诈骗数额已经达到了立案标准,但因为具有某种情节而不予追诉;有的诈骗数额尚未达到数额巨大,但因为具有某种情节而处以3年以上有期徒刑。除此之外,我国司法解释还有就具有某种情节明确规定了可以或者应当从轻或者从严处罚的规定。

因此,辩护律师在代理诈骗类犯罪案件时,重视诈骗数额的同时,还要注意情节辩护,尽量找到法律或者司法解释明确规定可以从轻处罚甚至不作为犯罪处理的情节,这些情节主要包括:(1)诈骗的对象是否存在特殊人群,如近亲属、残疾人、老年人、丧失劳动能力的人或者不特定多数人;(2)诈骗的财物是否存在特殊款物,如救灾、抢险、防汛、优抚、扶贫、移民、救灾、医疗款物等;(3)是否取得被害人谅解;(4)是否退赃、退赔,如偿还全部透支款息;(5)是否参与分赃及分赃多少;(6)是否造成严重后果,如被害人自杀、精神失常等;(7)是否认罪、悔罪;(8)是否具有其他法定从宽或者从严的情节;等等。

下面将刑法及司法解释明确规定的情节及处理方式汇总如下:

(一) 不按犯罪处理或者从宽处理

1. 诈骗近亲属的财物,近亲属谅解的,一般可不按犯罪处理。
2. 诈骗近亲属的财物,确有追究刑事责任必要的,具体处理也应酌情从宽。

(依据:《关于办理诈骗刑事案件具体应用法律若干问题的解释》第 4 条)

(二) 不起诉或者免予刑事处罚

诈骗公私财物已达到"数额较大"的标准,但具有下列情形之一,且行为人认罪、悔罪的,可以不起诉或者免予刑事处罚:

1. 具有法定从宽处罚情节的;
2. 一审宣判前全部退赃、退赔的;
3. 没有参与分赃或者获赃较少且不是主犯的;
4. 被害人谅解的;
5. 其他情节轻微、危害不大的。

(依据:《关于办理诈骗刑事案件具体应用法律若干问题的解释》第 3 条)

(三) 从轻处罚、免除处罚或者不追究刑事责任

1. 恶意透支应当追究刑事责任,但在公安机关立案后人民法院判决宣告前已偿还全部透支款息的,可以从轻处罚,情节轻微的,可以免除处罚。
2. 恶意透支数额较大(1万元以上不满10万元),在公安机关立案前已偿还全部透支款息,情节显著轻微的,可以依法不追究刑事责任。

(依据:《关于办理妨害信用卡管理刑事案件具体应用法律若干问题的解释》第 6 条)

(四) 应当定罪处罚或者依照处罚较重的处罚

1. 诈骗未遂,以数额巨大的财物为诈骗目标的,或者具有其他严重情节的,应当定罪处罚。
2. 利用发送短信、拨打电话、互联网等电信技术手段对不特定多数人实施诈骗,诈骗数额难以查证,但具有下列情形之一的,应当认定为《刑法》第 266 条规定的

"其他严重情节",以诈骗罪(未遂)定罪处罚:(1)发送诈骗信息5 000条以上的;(2)拨打诈骗电话500人次以上的;(3)诈骗手段恶劣、危害严重的。实施前款规定行为,数量达到前款第(1)(2)项规定标准10倍以上的,或者诈骗手段特别恶劣、危害特别严重的,应当认定为《刑法》第266条规定的"其他特别严重情节",以诈骗罪(未遂)定罪处罚。

3. 诈骗既有既遂,又有未遂,分别达到不同量刑幅度的,依照处罚较重的规定处罚;达到同一量刑幅度的,以诈骗罪既遂处罚。

(依据:《关于办理诈骗刑事案件具体应用法律若干问题的解释》第5、6条)

(五)酌情从严惩处

诈骗公私财物达到数额标准,具有下列情形之一的,可以依照《刑法》第266条的规定酌情从严惩处:

1. 通过发送短信、拨打电话或者利用互联网、广播电视、报刊杂志等发布虚假信息,对不特定多数人实施诈骗的;

2. 诈骗救灾、抢险、防汛、优抚、扶贫、移民、救济、医疗款物的;

3. 以赈灾募捐名义实施诈骗的;

4. 诈骗残疾人、老年人或者丧失劳动能力人的财物的;

5. 造成被害人自杀、精神失常或者其他严重后果的。

诈骗数额接近"数额巨大""数额特别巨大"的标准,并具有前款规定的情形之一或者属于诈骗集团首要分子的,应当分别认定为《刑法》第266条规定的"其他严重情节""其他特别严重情节"。

(依据:《关于办理诈骗刑事案件具体应用法律若干问题的解释》第2条)

(六)从重处罚

1. 在预防控制突发传染病疫情等灾害期间,假借研制、生产或者销售用于预防、控制突发传染病疫情等灾害用品的名义,诈骗公私财产,数额较大,依照刑法有关诈骗罪的规定定罪,依法从重处罚。

(依据:《关于办理妨害预防、控制突发传染病疫情等灾害的刑事案件具体应用法律若干问题的解释》第7条)

2. 实施电信网络诈骗犯罪,达到相应数额标准,具有下列情形之一的,酌情从重处罚:

(1)造成被害人或其近亲属自杀、死亡或者精神失常等严重后果的;

(2)冒充司法机关等国家机关工作人员实施诈骗的;

（3）组织、指挥电信网络诈骗犯罪团伙的；

（4）在境外实施电信网络诈骗的；

（5）曾因电信网络诈骗犯罪受过刑事处罚或者二年内曾因电信网络诈骗受过行政处罚的；

（6）诈骗残疾人、老年人、未成年人、在校学生、丧失劳动能力人的财物，或者诈骗重病患者及其亲属财物的；

（7）诈骗救灾、抢险、防汛、优抚、扶贫、移民、救济、医疗等款物的；

（8）以赈灾、募捐等社会公益、慈善名义实施诈骗的；

（9）利用电话追呼系统等技术手段严重干扰公安机关等部门工作的；

（10）利用"钓鱼网站"链接、"木马"程序链接、网络渗透等隐蔽技术手段实施诈骗的。

实施电信网络诈骗犯罪，诈骗数额接近"数额巨大""数额特别巨大"的标准，具有前述情形之一的，应当分别认定为《刑法》第 266 条规定的"其他严重情节""其他特别严重情节"。这里的"接近"，一般应掌握在相应数额标准的 80% 以上。

（依据：《关于办理电信网络诈骗等刑事案件适用法律若干问题的意见》第 2 条）

辩点 3-6：共同犯罪

对于诈骗类案件中共同犯罪的认定，可以参见第一章暴力类犯罪中辩点 1-8 中的相关内容，不再赘述。在这里，我们重点阐述电信网络诈骗犯罪案件中的共同犯罪。

（一）诈骗犯罪集团

1. 认定：三人以上为实施电信网络诈骗犯罪而组成的较为固定的犯罪组织，应依法认定为诈骗犯罪集团。

2. 处罚：

（1）对组织、领导犯罪集团的首要分子，按照犯罪集团所犯的全部罪行处罚。对犯罪集团中组织、指挥、策划者和骨干分子依法从严惩处。

（2）对犯罪集团中起次要、辅助作用的从犯，特别是在规定期限内投案自首、积极协助抓获主犯、积极协助追赃的，依法从轻或减轻处罚。

（3）对犯罪集团首要分子以外的主犯，应当按照其所参与的或者组织、指挥的全部犯罪处罚。全部犯罪包括能够查明具体诈骗数额的事实和能够查明发送诈骗信息条数、拨打诈骗电话人次数、诈骗信息网页浏览次数的事实。

(二) 诈骗团伙

1. 认定:多人共同实施电信网络诈骗,没有组成较为固定的犯罪组织,可以认定为诈骗团伙。

2. 处罚:犯罪嫌疑人、被告人应对其参与期间该诈骗团伙实施的全部诈骗行为承担责任。在其所参与的犯罪环节中起主要作用的,可以认定为主犯;起次要作用的,可以认定为从犯。

上述规定的"参与期间",从犯罪嫌疑人、被告人着手实施诈骗行为开始起算。

(三) 以共同犯罪论处

1. 明知他人实施电信网络诈骗犯罪,具有下列情形之一的,以共同犯罪论处,但法律和司法解释另有规定的除外:

(1) 提供信用卡、资金支付结算账户、手机卡、通讯工具的;

(2) 非法获取、出售、提供公民个人信息的;

(3) 制作、销售、提供"木马"程序和"钓鱼软件"等恶意程序的;

(4) 提供"伪基站"设备或相关服务的;

(5) 提供互联网接入、服务器托管、网络存储、通讯传输等技术支持,或者提供支付结算等帮助的;

(6) 在提供改号软件、通话线路等技术服务时,发现主叫号码被修改为国内党政机关、司法机关、公共服务部门号码,或者境外用户改为境内号码,仍提供服务的;

(7) 提供资金、场所、交通、生活保障等帮助的;

(8) 帮助转移诈骗犯罪所得及其产生的收益,套现、取现的。

上述规定的"明知他人实施电信网络诈骗犯罪",应当结合被告人的认知能力、既往经历、行为次数和手段、与他人关系、获利情况、是否曾因电信网络诈骗受过处罚、是否故意规避调查等主客观因素进行综合分析认定。

2. 负责招募他人实施电信网络诈骗犯罪活动,或者制作、提供诈骗方案、术语清单、语音包、信息等的,以诈骗共同犯罪论处。

3. 事先通谋,明知是电信网络诈骗犯罪所得及其产生的收益,以下列方式之一予以转账、套现、取现的,以共同犯罪论处:

(1) 通过使用销售点终端机具(POS 机)刷卡套现等非法途径,协助转换或者转移财物的;

(2) 帮助他人将巨额现金散存于多个银行账户,或在不同银行账户之间频繁划转的;

(3) 多次使用或者使用多个非本人身份证明开设的信用卡、资金支付结算账户或者多次采用遮蔽摄像头、伪装等异常手段,帮助他人转账、套现、取现的;

(4) 为他人提供非本人身份证明开设的信用卡、资金支付结算账户后,又帮助他人转账、套现、取现的;

(5) 以明显异于市场的价格,通过手机充值、交易游戏点卡等方式套现的。

辩点3-7:一罪数罪

(一) 一罪

1. 行为人伪造、变造汇票、本票、支票等金融票据后,使用其伪造、变造的金融票据进行诈骗活动,骗取公私财物数额较大的,符合牵连犯的特征,应从一重罪,即以票据诈骗罪论处,无需和伪造、变造金融票证罪数罪并罚。

2. 行为人伪造、变造委托收款凭证、汇款凭证、银行存单等其他银行结算凭证后,使用其伪造、变造的金融凭证进行诈骗活动,骗取公私财物数额较大的,符合牵连犯的特征,应从一重罪,即以金融凭证诈骗罪论处,无需和伪造、变造金融票证罪数罪并罚。

3. 行为人伪造、变造信用证或者附随的单据、文件后,使用其伪造、变造的信用证、附随的单据、文件进行诈骗活动,骗取公私财物的,符合牵连犯的特征,应从一重罪,即以信用证诈骗罪论处,无需和伪造、变造金融票证罪数罪并罚。

4. 行为人伪造信用卡后,使用其伪造的信用卡进行诈骗活动,骗取公私财物数额较大的,符合牵连犯的特征,应从一重罪,即以信用卡诈骗罪论处,无需和伪造、变造金融票证罪数罪并罚。

5. 行为人伪造、变造国库券或者国家发行的其他有价证券后,使用其伪造、变造的有价证券进行诈骗活动,骗取公私财物数额较大的,符合牵连犯的特征,应从一重罪,即以有价证券诈骗罪论处,无需和伪造、变造国家有价证券罪数罪并罚。

6. 行为人伪造、变造票据后,使用其伪造、变造的票据进行合同诈骗活动,骗取公私财物数额较大的,符合牵连犯的特征,应从一重罪,即以合同诈骗罪论处,无需和伪造、变造金融票证罪数罪并罚。

7. 行为人以伪造、变造、作废的票据进行合同诈骗活动的,可能既构成合同诈骗罪又构成票据诈骗罪、金融凭证诈骗罪、信用证诈骗罪等金融诈骗罪,构成合同诈骗罪与金融凭证诈骗罪的竞合,应从一重罪论处。

8. 行为人非法拘禁被害人,使用暴力或者胁迫手段,逼迫被害人说出密码,然后使用劫取的信用卡的,以抢劫罪论处。抢劫的数额根据行为人抢劫信用卡后实际使用、消费的数额认定。

9. 行为人盗窃真的、有效的信用卡并使用的,以盗窃罪论处。盗窃的数额根据行为人盗窃信用卡后使用的数额认定。行为人盗窃信用卡后未使用的,不构成盗窃罪,也不构成信用卡诈骗罪。

10. 行为人盗窃伪造或者作废的信用卡,不知是伪造或者作废的信用卡而使用的,以盗窃罪未遂论处。

11. 行为人明知是伪造或者作废的信用卡而盗窃,而后利用盗窃的伪造或者作废的信用卡进行诈骗活动的,以信用卡诈骗罪论处。

12. 拾得他人信用卡并在自动柜员机(ATM 机)上使用的,以信用卡诈骗罪论处。

13. 行为人以非法占有为目的,通过伪造证据骗取法院民事裁判占有他人财物的行为所侵害的主要是人民法院正常的审判活动,可以由人民法院依照民事诉讼法的有关规定作出处理,不宜以诈骗罪追究行为人的刑事责任。如果行为人伪造证据时,实施了伪造公司、企业、事业单位、人民团体印章的行为,构成犯罪的,以伪造公司、企业、事业单位、人民团体印章罪论处;如果行为人指使他人作伪证,构成犯罪的,以妨害作证罪论处。

14. 冒充国家机关工作人员进行诈骗,同时构成诈骗罪和招摇撞骗罪的,依照处罚较重的规定定罪处罚。

15. 以虚假、冒用的身份证件办理入网手续并使用移动电话,造成电信资费损失数额较大的,以诈骗罪论处。

16. 使用伪造、变造、盗窃的武装部队车辆号牌,骗免养路费、通行费等各种规费,数额较大的,以诈骗罪论处。

17. 以使用为目的,伪造停止流通的货币,或者使用伪造的停止流通的货币的,以诈骗罪论处。

(二) 数罪

1. 投保人、被保险人故意造成财产损失的保险事故,骗取保险金的,同时构成其他犯罪的,如故意毁坏财物罪、破坏生产经营罪等,则以保险诈骗罪与其他犯罪数罪并罚。

2. 投保人、受益人故意造成被保险人死亡、伤残或者疾病,骗取保险金的,同时构成其他犯罪,如故意杀人罪、故意伤害罪等,则以保险诈骗罪与其他犯罪数罪并罚。

案例 3-11

2013 年 4 月间,被告人曾某某因无力归还蔡某某 15 万元的债务,遂产生保险诈骗的念头,于是分别向四家保险公司投保了四份意外伤害保险,保额共计 60 万元。为了达到骗取保险金的目的,曾某某找到蔡某某,劝说其砍掉他的双脚,用以向上述保险公司诈骗,并承诺将所得高额保险金中的 20 万元用于偿还其所欠债务。蔡某某经曾某某多次劝说同意帮其一起实施。2013 年 6 月 17 日晚 9 时许,二人来到事先选好的地点,由蔡某某用随身携带的砍刀将曾某某双脚砍断后逃离,曾某某在蔡某某离开现场后呼救,被周围群众发现后报警,后被接警送至医院抢救。案发后,被告人曾某某向公安机关和保险公司谎称自己是被四名陌生男子抢劫时砍去双脚,以期获得保险赔偿。之后,曾某某的妻子向保险公司提出人身险理赔申请,后因公安机关侦破此案未能得逞。经法医鉴定与伤残评定,曾某某的伤情属重伤,伤残评定为三级。

在本案中,被告人曾某某既是投保人、受益人,又是被保险人,与被告人蔡某某共谋伤残自己以骗取保险金,而蔡某某也按事先共谋的方式砍下曾某某的双脚致其重伤,貌似符合《刑法》第 198 条第 2 款关于"投保人、受益人故意造成被保险人死亡、伤残或者疾病,骗取保险金的,同时构成其他犯罪的,依照数罪并罚的规定处罚",但由于曾某某的重伤是在他自己的教唆和指使下造成的,属于自残的行为,故对被告人曾某某不能以故意伤害罪追究刑事责任并与其保险诈骗罪实行并罚。

(三)电信网络诈骗中的一罪与数罪

1. 一罪

(1)在实施电信网络诈骗活动中,非法使用"伪基站""黑广播",干扰无线电通讯秩序,符合《刑法》第 280 条规定的,以扰乱无线电通讯管理秩序罪追究刑事责任。同时构成诈骗罪的,依照处罚较重的规定定罪处罚。

(2)冒充国家机关工作人员实施电信网络诈骗犯罪,同时构成诈骗罪和招摇撞骗罪的,依照处罚较重的规定定罪处罚。

(3) 网络服务提供者不履行法律、行政法规规定的信息网络安全管理义务,经监管部门责令采取改正措施而拒不改正,致使诈骗信息大量传播,或者用户信息泄露造成严重后果的,依照《刑法》第 286 条之一的规定,以拒不履行信息网络安全管理义务罪追究刑事责任。同时构成诈骗罪的,依照处罚较重的规定定罪处罚。

(4) 实施《刑法》第 287 条之一、第 287 条之二规定之行为,构成非法利用信息网络罪、帮助信息网络犯罪活动罪,同时构成诈骗罪的,依照处罚较重的规定定罪处罚。

2. 数罪

违反国家有关规定,向他人出售或者提供公民个人信息,窃取或者以其他方法非法获取公民个人信息,符合《刑法》第 253 条之一规定的,以侵犯公民个人信息罪追究刑事责任。使用非法获取的公民个人信息,实施电信网络诈骗犯罪行为,构成数罪的,应当依法予以并罚。

辩点 3-8:量刑指导

(一) 诈骗罪的量刑指导

最高人民法院于 2017 年 4 月 1 日开始实施的修订后的《关于常见犯罪的量刑指导意见》对诈骗罪的量刑规范化作出了规定,2010 年 9 月 13 日《最高人民法院人民法院量刑指导意见(试行)》和 2014 年 1 月 1 日《最高人民法院关于常见犯罪的量刑指导意见》均已被废止,辩护律师应当掌握最新的规定,掌握如何根据不同的情形在相应的幅度内确定量刑起点,以便制定合理的辩护策略,做好委托人和当事人的庭前辅导工作。

1. 构成诈骗罪的,可以根据下列不同情形在相应的幅度内确定量刑起点:

(1) 达到数额较大起点的,可以在 1 年以下有期徒刑、拘役幅度内确定量刑起点。

(2) 达到数额巨大起点或者有其他严重情节的,可以在 3 年至 4 年有期徒刑幅度内确定量刑起点。

(3) 达到数额特别巨大起点或者有其他特别严重情节的,可以在 10 年至 12 年有期徒刑幅度内确定量刑起点。依法应当判处无期徒刑的除外。

2. 在量刑起点的基础上,可以根据诈骗数额等其他影响犯罪构成的犯罪事实增加刑罚量,确定基准刑。

(二) 集资诈骗罪的量刑指导

最高人民法院于 2017 年 5 月 1 日开始实施的《关于常见犯罪的量刑指导意见(二)(试行)》增加了对集资诈骗罪的量刑规范化规定,辩护律师应当掌握最新的规定,掌握如何根据不同的情形在相应的幅度内确定量刑起点,以便制定合理的辩护策略,做好委托人和当事人的庭前辅导工作。

1. 构成集资诈骗罪的,可以根据下列不同情形在相应的幅度内确定量刑起点:

(1) 达到数额较大起点的,可以在 2 年以下有期徒刑、拘役幅度内确定量刑起点。

(2) 达到数额巨大起点或者有其他严重情节的,可以在 5 年至 6 年有期徒刑幅度内确定量刑起点。

(3) 达到数额特别巨大起点或者有其他特别严重情节的,可以在 10 年至 12 年有期徒刑幅度内确定量刑起点。依法应当判处无期徒刑的除外。

2. 在量刑起点的基础上,根据集资诈骗数额等其他影响犯罪构成的犯罪事实增加刑罚量,确定基准刑。

(三) 信用卡诈骗罪的量刑指导

最高人民法院于 2017 年 5 月 1 日开始实施的《关于常见犯罪的量刑指导意见(二)(试行)》增加了对信用卡诈骗罪的量刑规范化规定,辩护律师应当掌握最新的规定,掌握如何根据不同的情形在相应的幅度内确定量刑起点,以便制定合理的辩护策略,做好委托人和当事人的庭前辅导工作。

1. 构成信用卡诈骗罪的,可以根据下列不同情形在相应的幅度内确定量刑起点:

(1) 达到数额较大起点的,可以在 2 年以下有期徒刑、拘役幅度内确定量刑起点。

(2) 达到数额巨大起点或者有其他严重情节的,可以在 5 年至 6 年有期徒刑幅度内确定量刑起点。

(3) 达到数额特别巨大起点或者有其他特别严重情节的,可以在 10 年至 12 年有期徒刑幅度内确定量刑起点。依法应当判处无期徒刑的除外。

2. 在量刑起点的基础上,可以根据信用卡诈骗数额等其他影响犯罪构成的犯罪事实增加刑罚量,确定基准刑。

(四) 合同诈骗罪的量刑指导

最高人民法院于 2017 年 5 月 1 日开始实施的《关于常见犯罪的量刑指导意见(二)(试行)》增加了对合同诈骗罪的量刑规范化规定,辩护律师应当掌握最新的规定,掌握如何根据不同的情形在相应的幅度内确定量刑起点,以便制定合理的辩护策略,做好委托人和当事人的庭前辅导工作。

1. 构成合同诈骗罪的,可以根据下列不同情形在相应的幅度内确定量刑起点:

(1)达到数额较大起点的,可以在1年以下有期徒刑、拘役幅度内确定量刑起点。

(2)达到数额巨大起点或者有其他严重情节的,可以在3年至4年有期徒刑幅度内确定量刑起点。

(3)达到数额特别巨大起点或者有其他特别严重情节的,可以在10年至12年有期徒刑幅度内确定量刑起点。依法应当判处无期徒刑的除外。

2. 在量刑起点的基础上,可以根据合同诈骗数额等其他影响犯罪构成的犯罪事实增加刑罚量,确定基准刑。

(五)财产刑适用的指导

《全国法院审理金融犯罪案件工作座谈会纪要》就金融诈骗犯罪的财产刑适用作出的规定认为:

金融犯罪是图利型犯罪,惩罚和预防此类犯罪,应当注重同时从经济上制裁犯罪分子。刑法对金融犯罪都规定了财产刑,人民法院应当严格依法判处。罚金的数额,应当根据被告人的犯罪情节,在法律规定的数额幅度内确定。对于具有从轻、减轻或者免除处罚情节的被告人,对于本应并处的罚金刑原则上也应当从轻、减轻或者免除。

单位金融犯罪中直接负责的主管人员和其他直接责任人员,是否适用罚金刑,应当根据刑法的具体规定。刑法分则条文规定有罚金刑,并规定对单位犯罪中直接负责的主管人员和其他直接责任人员依照自然人犯罪条款处罚的,应当判处罚金刑,但是对直接负责的主管人员和其他直接责任人员判处罚金的数额,应当低于对单位判处罚金的数额;刑法分则条文明确规定对单位犯罪中直接负责的主管人员和其他直接责任人员只判处自由刑的,不能附加判处罚金刑。

附:本章相关法律规范性文件[①]

1. 法律

《中华人民共和国刑法》(2015年修正,法宝引证码:CLI.1.17010)第193—200、224、266条

---

① 所列法律规范性文件的详细内容,可登录"北大法宝"引证码查询系统(www.pkulaw.cn/fbm),输入所提供的相应的"法宝引证码",免费查询。

2. 司法解释

最高人民法院《关于常见犯罪的量刑指导意见(二)(试行)》(2017.05.01 实施,法宝引证码:CLI.3.300153)

最高人民法院《关于常见犯罪的量刑指导意见》(法发〔2017〕7 号,2017.04.01 实施,法宝引证码:CLI.3.292969)

最高人民法院、最高人民检察院、公安部《关于办理电信网络诈骗等刑事案件适用法律若干问题的意见》(法发〔2016〕32 号,2016.12.20 实施,法宝引证码:CLI.3.286976)

最高人民法院、最高人民检察院《关于办理妨害武装部队制式服装、车辆号牌管理秩序等刑事案件具体应用法律若干问题的解释》(法释〔2011〕16 号,2011.08.01 实施,法宝引证码:CLI.3.155392)

最高人民法院、最高人民检察院《关于办理诈骗刑事案件具体应用法律若干问题的解释》(法释〔2011〕7 号,2011.04.08 实施,法宝引证码:CLI.3.149016)

最高人民法院《关于审理非法集资刑事案件具体应用法律若干问题的解释》(法释〔2010〕18 号,2011.01.04 实施,法宝引证码:CLI.3.143591)

最高人民法院《关于审理伪造货币等案件具体应用法律若干问题的解释(二)》(法释〔2010〕14 号,2010.11.03 实施,法宝引证码:CLI.3.139778)

最高人民检察院、公安部《关于公安机关管辖的刑事案件立案追诉标准的规定(二)》(公通字〔2010〕23 号,2010.05.07 实施,法宝引证码:CLI.4.131249)

最高人民法院、最高人民检察院《关于办理妨害信用卡管理刑事案件具体应用法律若干问题的解释》(法释〔2009〕19 号,2009.12.16 实施,法宝引证码:CLI.3.124750)

最高人民检察院《关于拾得他人信用卡并在自动柜员机(ATM 机)上使用的行为如何定性问题的批复》(高检发释字〔2008〕1 号,2008.05.07 实施,法宝引证码:CLI.3.104728)

最高人民法院、最高人民检察院《关于办理妨害预防、控制突发传染病疫情等灾害的刑事案件具体应用法律若干问题的解释》(法释〔2003〕8 号,2003.05.15 实施,法宝引证码:CLI.3.45773)

最高人民检察院法律政策研究室《关于通过伪造证据骗取法院民事裁判占有他人财物的行为如何适用法律问题的答复》(〔2002〕高检研发第 18 号,2002.10.24 实施,法宝引证码:CLI.3.44251)

最高人民法院《关于审理扰乱电信市场管理秩序案件具体应用法律若干问题的解释》(法释〔2000〕12号,2000.05.24实施,法宝引证码:CLI.3.29253)

最高人民检察院政策研究室《关于保险诈骗未遂能否按犯罪处理问题的答复》(〔1998〕高检研发第20号,1998.11.27实施,法宝引证码:CLI.3.147135)

3. 其他

《全国法院审理金融犯罪案件工作座谈会纪要》(法〔2001〕8号,2001.01.21实施,法宝引证码:CLI.3.73063)

全国人民代表大会常务委员会《关于〈中华人民共和国刑法〉有关信用卡规定的解释》(2004.12.29实施,法宝引证码:CLI.1.56440)

第四章 侵占类犯罪

第一节 侵占类犯罪综述

一、侵占类犯罪分类索引

类型	罪名	法条
1. 普通型	侵占罪	第 270 条
2. 业务型	职务侵占罪	第 271 条第 1 款
3. 公务型	贪污罪	第 382 条

二、侵占类犯罪《刑法》规定对照表

类型	罪名	法条	罪状	主刑	附加刑	辩点速查
普通型	侵占罪	第270条	将代为保管的他人财物非法占为己有,数额较大,拒不退还的	处 2 年以下有期徒刑、拘役	单处罚金	1. 侵占主体:一般主体,限于自然人。 2. 侵占对象:行为人合法持有的代为保管的他人财物、他人的遗忘物或者埋藏物。 3. 主观方面:变占有为所有。 4. 案件类型:告诉才处理的自诉案件。 5. 此罪彼罪:侵占罪、职务侵占罪、贪污罪以及盗窃罪之间的界限。
			数额巨大或者有其他严重情节的	处 2—5 年有期徒刑	并处罚金	
			将他人的遗忘物或者埋藏物非法占为己有,数额较大,拒不交出的,依照前款规定处罚			
业务型	职务侵占罪	第271条第1款	公司、企业或者其他单位的人员,利用职务上的便利,将本单位财物非法占为己有,数额较大的	处 5 年以下有期徒刑或者拘役		1. 侵占主体:特殊主体,即公司、企业或者其他单位的人员。 2. 侵占对象:本单位财物。 3. 主观方面:明知是本单位的财物而非法占为己有。 4. 量刑标准:《关于办理贪污贿赂刑事案件适用法律若干问题的解释》第 11 条第 1 款。
			数额巨大的	处 5 年以上有期徒刑	可以并处没收财产	

(续表)

类型	罪名	法条	罪状	主刑	附加刑	辩点速查
公务型	贪污罪	第382条	国家工作人员利用职务上的便利，侵吞、窃取、骗取或者以其他手段非法占有公共财物的，是贪污罪。 受国家机关、国有公司、企业、事业单位、人民团体委托管理、经营国有财产的人员，利用职务上的便利，侵吞、窃取、骗取或者以其他手段非法占有国有财物的，以贪污论。 与前两款所列人员勾结，伙同贪污的，以共犯论处。			1. 侵占主体：特殊主体，仅限国家工作人员以及受国家机关、国有公司、企业、事业单位、人民团体委托管理、经营国有财产的人员。 2. 侵占对象：公共财物，注意是否属于特定款物。 3. 侵占行为：不但包括利用职务上的便利非法占有公共财物，还包括接受礼物应当交公而不交公。 4. 主观方面：明知是公共财物而非法占为己有。 5. 共同犯罪：本罪的主体和职务侵占罪的主体，各自利用自己的职务便利共同侵占本单位财产的，构成共犯，以主犯的性质定性。 6. 数额情节：见《刑法修正案（九）》及《关于办理贪污贿赂刑事案件适用法律若干问题的解释》中的最新规定。 7. 追赃退赃：赃款赃物的去向及用途对量刑的影响。 8. 死刑辩护：《刑法修正案（九）》的最新规定，注意终身监禁的适用。
			贪污数额较大或者有其他较重情节的	处3年以下有期徒刑或者拘役	并处10万元以上20万元以下的罚金	
			贪污数额巨大或者有其他严重情节的	处3—10年有期徒刑	并处20万元以上犯罪数额二倍以下的罚金或者没收财产	
			贪污数额特别巨大或者有其他特别严重情节的	处10年以上有期徒刑或者无期徒刑	并处50万元以上犯罪数额二倍以下的罚金或者没收财产	
			数额特别巨大，并使国家和人民利益遭受特别重大损失的	处无期徒刑或者死刑	并处没收财产	
		第394条	国家工作人员在国内公务活动或者对外交往中接受礼物，依照国家规定应当交公而不交公，数额较大的，依照本法第382条、第383条的规定定罪处罚。			

第二节 辩点整理

辩点4-1：侵占主体　　　　辩点4-2：主观方面　　　　辩点4-3：侵占对象

辩点4-4：侵占行为　　　　辩点4-5：数额情节　　　　辩点4-6：未遂标准

辩点4-7：共同犯罪　　　　辩点4-8：企业改制

辩点 4-1：侵占主体

本章犯罪的主体都只能是自然人,且必须已满 16 周岁,单位不可能构成本章之罪。其中,侵占罪的犯罪主体为一般主体,职务侵占罪和贪污罪的主体为特殊主体。相比而言,侵占罪的罪质和法定刑最轻,职务侵占罪次之,贪污罪则最重。辩护律师在代理此类案件时,首先可以从犯罪主体入手,进行无罪辩护或者改变定性的罪轻辩护。

(一)侵占罪的主体

侵占罪的主体为一般主体,而且仅限于自然人,一般是指合法占有他人财物的人,如代为保管他人财物的人,他人遗忘物的拾得人或者埋藏物的发现人等。

对于侵占罪,单位不能成为其犯罪主体。实践中,虽然存在一些单位或其他组织侵占代为保管的他人财物的情况,也不应当按照单位犯罪处理,而应当对组织、策划、实施该侵占行为的人按照有关个人犯罪的规定依法追究刑事责任。

(二)职务侵占罪的主体

职务侵占罪的主体为特殊主体,仅限于公司、企业或者其他单位的人员,不具备该身份的人员不构成本罪。根据理论界的通说,"公司人员",是指依法设立的有限责任公司、股份有限责任公司和一人有限责任公司的所有职工。"企业人员",是指在依法设立的从事经营活动的经济实体(包含国有企业、集体企业、合资企业和私营企业)中不具有国家工作人员身份的所有职工。"其他单位人员",是指公司、企业人员以外的其他单位人员。司法实践中,公司、企业和其他单位的种类繁多,律师在代理此类犯罪案件时,要特别注意以下几类情形。

1. 个人独资企业

个人独资企业是指根据《中华人民共和国个人独资企业法》的规定在中国境内设立,由一个自然人投资,财产为投资人个人所有,投资人以其个人财产对企业债务承担无限责任的经营实体。由此可见,个人独资企业的财产均为投资人个人所有,企业财产和投资人个人财产是混同的。由于投资人要以其个人财产对企业债务承担无限责任,因此投资人理论上不存在占有企业财物的情形,不符合职务侵占罪的主体要件。

但是,个人独资企业的投资人以外的人员,如企业聘用的其他人员,利用职务上的便利将本企业财物非法占为己有的,仍侵犯了个人独资企业的管理秩序,亦可构成职务侵占罪。

2. 个体工商户

个体工商户是《中华人民共和国民法通则》所规范的，属于个人投资经营，用个人财产承担责任的特殊民事主体。首先，个体工商户与个人独资企业有所不同，它不属于企业；其次，个体工商户在民事法律上之所以不同于自然人，其中一个特征就是，个体工商户既可以是公民个人投资经营，也可以由家庭成员一部分或全部投资经营。就前者而言，个体工商户在刑法意义上应视为个人；就后者而言，从刑法意义上看也不能视为单位。能称之为单位的，必须是依法成立的具有一定经费和财产，有相对独立性的社会组织。个体工商户是特殊的民事主体，具有自然人的全部特征，却不具备单位的组织性特点。因此，在刑法意义上，个体工商户是实质的个人，而不是企业或单位。所以，个体工商户聘用的雇员、帮工、学徒，无论其称谓如何，均不能成为职务侵占罪的主体。

案例 4-1

2013年1月17日上午8时许，被告人张某某利用其任某不锈钢加工厂司机的职务之便，在该厂安排其独自一人开车将一批价值人民币8万余元的不锈钢卷带送往本市另一家不锈钢制品有限公司之际，将该批货物擅自变卖给他人，并弃车携变卖所得款40 000元逃匿，后被抓获。另查明，该不锈钢加工厂的注册性质系个体工商户，投资人为朱某某。后检察机关以张某某涉嫌职务侵占罪向法院提起公诉。

在庭审过程中，辩护律师提出，本案个体工商户某不锈钢加工厂虽然规模较大，管理方式类似于企业，但在法律意义上仍不具备单位的组织性特点，被告人张某某作为该加工厂所聘用的专职司机，不属于职务侵占罪的主体，依法不构成职务侵占罪。在本案中，被告人张某某作为受雇佣的司机，负责将户主所有的货物运交他人，这种雇佣委托关系，使双方就所交运的货物已形成一种实质意义上的代为保管关系。其非法占有代为保管的他人财物而逃匿，拒不退还或拒不交出，确实符合侵占罪的特征。但由于侵占罪属于告诉才处理的自诉案件，案发后，张某某已经与该厂投资人朱某某达成谅解，故不应再追究张某某的刑事责任。后检察机关撤回起诉，法院裁定准许。

3. 合伙企业

合伙企业是指自然人、法人和其他组织依照《中华人民共和国合伙企业法》的规定在中国境内设立的普通合伙企业和有限合伙企业。普通合伙企业由普通合伙人组成,合伙人对合伙企业债务承担无限连带责任;而有限合伙企业由普通合伙人和有限合伙人组成,普通合伙人对合伙企业债务承担无限连带责任,有限合伙人以其认缴的出资额为限对合伙企业债务承担责任。不管是普通合伙企业还是有限合伙企业,只要符合法定登记形式的,登记部门应当发给营业执照。由此可见,合伙企业属于一种经营实体,属于一种企业形式,其聘用的人员实施职务侵占行为的,也可以构成本罪。对于普通合伙人,虽然其对合伙企业债务承担的是无限连带责任,但由于合伙企业必须由两个以上的合伙人设立,普通合伙人利用职务之便侵占合伙企业财物的行为,侵犯了合伙企业的管理秩序,也侵犯了其他合伙人的利益,仍可以构成本罪。

4. 个人合伙

个人合伙,是指两个以上的公民按照协议,各自提供资金、实物、技术等,合伙经营、共同劳动的民事主体。个人合伙可以起字号,依法经核准登记。但与合伙企业不同的是,个人合伙适用的是《中华人民共和国民法通则》,起字号的个人合伙领取的是个体工商户营业执照,而合伙企业适用的是《中华人民共和国合伙企业法》,领取的是合伙企业营业执照。根据最高人民法院《关于适用〈中华人民共和国民事诉讼法〉的解释》第60条的规定,未依法登记领取营业执照的个人合伙的全体合伙人在诉讼中为共同诉讼人。可见,即使起了字号的个人合伙也不是独立的诉讼主体,其合伙人对外必须承担无限连带责任。因此,个人合伙只是一种民事主体,不具有企业资格,不属于刑法意义上的"单位",不论是其合伙人,还是执行合伙事务的人,还是其他聘用的人员,利用职务之便侵占个人合伙组织的财产,实质上只是侵犯了合伙人的个人财产,不符合职务侵占罪的主体要求。

案例4-2

刘某受聘于一家网络游戏工作室,担任主管。2010年1月至2月间,刘某利用保管该工作室电脑机房钥匙的便利,趁其他人员休假的机会,多次开门进入机房,窃走机房内电脑芯片、硬盘、显卡、内存条等财物,价值共计人民币2万余元,公诉机关将刘某以职务侵占罪移送法院审判。

在代理案件过程中,律师经调查发现,刘某受聘的网络游戏工作室系金某和白某合伙开设的,没有企业字号,也没有在工商行政管理部门进行注册登记。刘某受金某雇佣对该工作室进行管理,主要负责工作室内20余台电脑的日常维护,但没有与金某和白某签订任何劳动合同或者聘用合同。在庭审过程中,辩护律师提出,刘某所在的网络游戏工作室系个人合伙,未登记注册,不具有企业组织形式和企业资格,刘某的身份不符合职务侵占罪的主体资格,不构成职务侵占罪。后该案被公诉机关撤回起诉。

5. 村民小组、村委会

根据最高人民法院《关于村民小组组长利用职务便利非法占有公共财物行为如何定性问题的批复》的规定,对村民小组组长利用职务上的便利,将村民小组集体财产非法占为己有,数额较大的行为,以职务侵占罪定罪处罚。

根据最高人民法院《全国法院维护农村稳定刑事审判工作座谈会纪要》的规定,关于村委会和村党支部成员利用职务上的便利侵吞集体财产犯罪的定性问题,为了保证案件的及时审理,在没有司法解释规定之前,原则上以职务侵占罪定罪处罚。

根据上述两个规定,村民小组组长、村委会和村党支部成员,可以构成职务侵占罪的主体。但这类主体是否一定按照职务侵占罪定罪处罚,还要具体情况具体分析。一般来说,如果村民小组组长、村委会和村党支部成员侵占的财产未定性为集体财产,而是依法从事公务的人员这一主体所对应的公共财产,则构成的不是职务侵占罪,而是贪污罪。具体理由在贪污罪主体中进行详细分析。

案例 4-3

2009 年某村被县政府确定为旧村改造新村建设试点村,要对该村的"上岭桥"角落进行改造建设。被告人林某某利用担任村委会主任管理"上岭桥"改造建设的便利,事先私下联系土方承包者方某某,与其约定以计时、计车的方式承包土方工程。但在村民委员会、村党支部委员会开会时,林某某提议后经研究决定:"上岭桥"规划区土方工程按土方量每方 10 元的方式发包。村委员会组织对该土方测量,确定共 8 000 立方米,需 8 万元。后该工程交由方某某承包施工,完工后被告人林某某以按计时、计车的方式实际付款 5 万元给方某某,指使方某某按土方量承包方式开具 8 万元的发票,交由他向村里报支 8 万元,从中赚取两种承包方式的差价 3 万元。被告人林某某的违法所得 3 万元用于个人及家

> 庭开支，案发后向检察机关退还全部赃款。后检察机关以林某某涉嫌贪污罪向法院提起公诉。
>
> 辩护律师提出检察机关指控林某某犯贪污罪定性不准，该村对"上岭桥"改造是新村建设，属村一级集体事务，非协助政府从事行政管理工作。被告人林某某在履行集体管理事务中，利用职务便利，骗取了集体财产，构成职务侵占罪。案发后，其认罪态度较好，退还全部赃款，具有悔罪表现，建议从轻处罚，并适用缓刑。法院最终采纳了律师的辩护意见，以被告人林某某犯职务侵占罪，判处其有期徒刑1年零6个月，缓刑两年。

6. 国有资本控股、参股企业

根据最高人民法院《关于在国有资本控股、参股的股份有限公司中从事管理工作的人员利用职务便利非法占有本公司财物如何定罪问题的批复》的规定，在国有资本控股、参股的股份有限公司中从事管理工作的人员，除受国家机关、国有公司、企业、事业单位委派从事公务的以外，不属于国家工作人员。对于其利用职务上的便利，将本单位财物非法占为己有，数额较大的，应当以职务侵占罪定罪处罚。对于国有资本控股、参股的股份有限公司，虽然有国有资本的控制和参与，但已然不属于国有企业，对于其中从事管理工作的人员，除非能认定为国家工作人员外，都属于职务侵占罪的主体。

综上所述，对于第1、2、3类主体，辩护律师重点考虑罪与非罪的界限；而对于第4、5、6类主体，辩护律师则应重点考虑此罪与彼罪的界限，即职务侵占罪与贪污罪的界限问题。

（三）贪污罪的主体

贪污罪的主体也是特殊主体。《刑法》第382条规定了两类主体：一类为"国家工作人员"；另一类为"受国家机关、国有公司、企业、事业单位和人民团体委托管理、经营国有财产的人员"，以下简称为"受托管理经营国有财产的人员"。如果行为人不属于这两类主体，辩护律师可以提出不构成贪污罪的无罪辩护或只构成职务侵占罪的改变定性的辩护。

1. 第一类"国家工作人员"的认定

根据《刑法》第93条的规定："本法所称国家工作人员，是指国家机关中从事公务的人员。国有公司、企业、事业单位、人民团体中从事公务的人员和国家机关、国有公司、企业、事业单位委派到非国有公司、企业、事业单位、社会团体从事公务的人员,以及其他依照法律从事公务的人员,以国家工作人员论。"由此可见,国家工作人员的认定有两大标准:一是公务标准;二是身份标准。

(1) 公务标准

是否从事公务,是认定国家工作人员的一个重要标准。所谓"从事公务",是指代表国家机关、国有公司、企业、事业单位、人民团体等履行组织、领导、监督、管理等职责。公务主要表现为与职权相联系的公共事务以及监督、管理国有财产的职务活动。如国家机关工作人员依法履行职责,国有公司的董事、经理、监事、会计、出纳等人员依法管理、监督国有财产,都属于从事公务。

不具备职权内容的劳务活动、技术服务工作,如售货员、售票员等所从事的工作,一般不认为是公务。因此,在国家机关、国有公司、企业、事业单位、人民团体中从事劳务、技术性服务工作的人员,由于不具备"从事公务"的标准,不属于国家工作人员,不符合贪污罪的主体要件。如果其利用职务便利,侵占本单位数额较大的财物,只能以职务侵占罪定罪处罚。

(2) 身份标准

除了公务标准之外,还要看身份标准,即这些人员是在哪里从事公务的,如:

① 在国家机关中从事公务的人员

国家机关中从事公务的人员,包括在各级国家权力机关、行政机关、司法机关和军事机关中从事公务的人员。根据《全国法院审理经济犯罪案件工作座谈会纪要》中的有关规定,在依照法律、法规规定行使国家行政管理职权的组织中从事公务的人员,或者在受国家机关委托代表国家行使职权的组织中从事公务的人员,或者虽未列入国家机关人员编制但在国家机关中从事公务的人员,视为国家机关工作人员。在乡(镇)以上中国共产党机关、人民政协机关中从事公务的人员,司法实践中也应当视为国家机关工作人员。

② 在国有公司、企业、事业单位和人民团体中从事公务的人员

国有公司是指公司财产完全属于国家所有的公司,国家参股、国家控股或者国有成分与其他经济成分合资、合作的公司,都不是国有公司。国有企业是指企业财产完全属于国家所有的从事生产、经营活动的经济实体。国有事业单位是指国家投资兴办管理的,为了满足社会的公共需求,实现国家和社会的公共利益,向社会提供教育、科研、文化、卫生、体育、新闻、出版、广播电视等公共服务的非营利性组织。人民团体是指由国家财政拨款,负责组织、协调有关国家或者社会公共事务的组织(包括工会、共青团、妇联、科协、归国华侨联合会、台湾同胞联谊会、青年联合会和工商

业联合会等）。对于在国有资本控股、参股的股份有限公司中从事管理工作的人员，只有是受国家机关、国有公司、企业、事业单位委派从事公务的，才属于国家工作人员。

③ 国家机关、国有公司、企业、事业单位委派到非国有公司、企业、事业单位、社会团体从事公务的人员

所谓委派，即委任、派遣，其形式多种多样，如任命、指派、提名、批准等。不论被委派的人身份如何，只要是接受国家机关、国有公司、企业、事业单位委派，代表国家机关、国有公司、企业、事业单位在非国有公司、企业、事业单位、社会团体中从事组织、领导、监督、管理等工作，都可以认定为此类委派从事公务的人员。如前面提到的，国家机关、国有公司、企业、事业单位委派在国有控股或者参股的股份有限公司从事公务的人员，以国家工作人员论。

④ 其他依照法律从事公务的人员

除了以上三类人员之外，还有一些人员是依照法律从事公务的，他们虽然不具备以上三类人员的身份，但也具备国家工作人员的身份，具体包括：

A. 依法履行职责的各级人民代表大会代表。

B. 依法履行审判职责的人民陪审员。

C. 协助乡镇人民政府、街道办事处从事行政管理工作的村民委员会、居民委员会等农村和城市基层组织人员。这里的行政管理工作具体包括：a. 救灾、抢险、防汛、优抚、扶贫、移民、救济款物的管理；b. 社会捐助公益事业款物的管理；c. 国有土地的经营和管理；d. 土地征用补偿费用的管理；e. 代征、代缴税款；f. 有关计划生育、户籍、征兵工作；g. 协助人民政府从事的其他行政管理工作。

D. 其他由法律授权从事公务的人员。

2. 第二类"受托管理、经营国有财产的人员"的认定

所谓"受委托管理、经营国有财产"，是指因承包、租赁、临时聘用等管理、经营国有财产。这类人员本身不是国家工作人员，也不因受委托而取得国家工作人员的身份，但依照法律规定能够成为贪污罪的主体。在司法实践中，承包、租赁、聘用的表现形式多种多样，能否认定为贪污罪的主体，还需要具体情况具体分析。

（1）承包人把承包事项转包给第三人的情形

承包人与国有单位签订承包合同，承包合同的双方当事人是国有单位和承包人，承包人是受国有单位的委托管理、经营国有财产的人员，符合贪污罪的主体要求。但当承包人将承包事项转包给第三人时，虽然是由第三人管理、经营国有财产，但因为其不是受国有单位的委托，而是因承包人的转包，因此第三人不能成为贪污

罪的主体。第三人在承包过程中非法占有国有财产,构成其他罪的按其他罪处理,但不构成贪污罪。

(2) 私营企业以承包的形式挂靠在国有单位的情形

私营企业以承包的形式挂靠在国有单位时,国有单位一般既不投资,也不参加管理,更不承担经营风险,只是按照承包合同的规定向承包人收取一定数额的管理费,该种企业虽然名义上挂靠国有单位,但并未管理、经营国有财产,这种企业中的人员不符合贪污罪的主体要求。

案例 4-4

被告人张某某通过与国有的储运公司签订临时劳务合同,受聘担任储运公司承包经营的海关验货场门卫,当班时负责验货场内货柜及物资安全,凭司机所持的缴费卡放行车辆,晚上还代业务员、核算员对进出场车辆进行打卡、收费。受聘用期间,张某某多次萌发纠集他人合伙盗窃验货场内货柜的想法,后结识被告人黄某某后经密谋商定作案。2012 年 5 月 14 日,张某某利用当班的时机,通知黄某某联系拖车前来验货场行窃。当日下午 7 时许,黄某某带着联系好的拖车前往海关验货场,在张某某的配合下,将验货场内的 3 个集装箱货柜偷运出验货场,并利用其窃取的货物出场单,将货柜运出保税区大门。黄某某走后,张某某到保税区门岗室,乘值班经警不备,将上述 3 个货柜的货物出场单及货物出区登记表偷出销毁。次日,二被告人被公安机关抓获,所有赃物均已被查获并发还被窃单位。

检察机关认为,储运公司在承包经营海关验货场后,对进入验货场的货物负有保管责任。因此,货物在受储运公司保管期间,视同储运公司所有的财产,张某某作为受国有公司委托管理、经营国有财产的人员,利用职务上的便利,窃取国有财产,构成贪污罪。辩护律师认为,储运公司系国有公司,该公司保管的财产虽可列为经手管理的国有财产,但被告人张某某只是该公司雇佣的工作人员,从事的只是看管验货场的劳务工作,其身份是一般工勤人员,对场内货物不具有管理权利,既不属于在"国有公司中从事公务的人员",也不属于"受委托管理、经营国有财产的人员",因此不能成为贪污罪的主体。法院采纳了辩护人的意见,最终以职务侵占罪判处张某某有期徒刑 5 年,罚金 1 万元。

辩点 4-2：主观方面

对于侵占类犯罪，行为人主观上都是故意犯罪，对危害结果的发生持有积极希望或者放任的心态，而且行为人一般还具有非法占有的目的。如果行为人主观上不是故意，而是过失，则不构成本章的罪，可以进行无罪辩护；如果行为人不具有非法占有的目的，而只是为了挪作他用，也不构成本章的罪，可以进行改变定性的辩护。此外，作为辩护律师，还要注意审查行为人非法占有目的产生的时间，看其是产生于合法占有他人之物之前、之时还是之后，这可以直接影响到辩护策略的制定。

本章三个罪名在主观方面存在共性，但也各有差异，详细分述如下：

（一）普通型的主观认定

普通型的侵占罪，在主观方面要求行为人具有明知是代为保管的他人财物、遗忘物或者埋藏物而非法占有的主观心理态度，即具有非法地将自己占有的不属于自己所有的财物转归自己所有的目的。简言之，即具有将"占有"转为"所有"的意图。如果行为人只是将所占有的他人财物予以使用或延缓不交，并没有归自己所有的意图，可以构成民事侵权，但不构成侵占罪。本罪非法占有的故意必须发生在合法占有关系成立之后，如果在还没有形成占有关系的情况下，以非法占有为目的，用各种方式非法取得他人财物的，不构成侵占罪，而应按侵犯财产罪中其他相应的罪名论处，如盗窃罪、诈骗罪等。

1. 非法占有目的产生的时间

一般认为，侵占罪中非法占有的目的产生于行为人合法占有他人之物之时或者之后。即行为人在已具有合法的根据和原因占有他人财物的过程中，具有把对他人财物的占有转变为所有的意图。

2. 排除非法占有目的的几种情形

在下列几种情形中，辩护律师可以认定行为人主观上不具有非法占有的目的，从而提出不构成侵占罪的辩护意见。

（1）行为人有理由认为其享有财物的处分权。行为人客观上合法占有他人的财物，但是行为人有理由认为他对该财物拥有合法的处分权，比如说被害人欠行为人债务到期未还，行为人认为自己不归还对方的财产是为了抵销债务。即使行为人出现了认识错误，也不宜认定行为人具有非法占有的目的。

（2）行为人依法行使履约抗辩权。形成财物代为保管状态的法律关系的双方往往互负义务，并且这些法律关系的义务履行通常存在明确的先后顺序，这种情况下,先履行一方未履行之前,后履行一方有权拒绝其履行请求,先履行一方履行债务不符合约定,后履行一方有权拒绝相应的履行请求。在这种情况下,后履行一方拒不归还对方财物如果是依法行使履约抗辩权,应当认定行为人主观上不具有非法占有的目的。

(3) 行为人为了实现债权而依法行使留置权。在货物运输合同、保管合同、仓储合同中,托运人、寄存人、存货人没有支付费用和报酬的情况下,相对方有权依照法律规定对财物留置,并可从变卖所得中优先受偿。在这种情况下,行为人拒不退还对方财物并对财物进行处分的行为是为了得到相应报酬和费用,应当认定行为人主观上不具有非法占有的目的。

(二) 业务型和公务型的主观认定

业务型的职务侵占罪和公务型的贪污罪与普通型的侵占罪在主观方面都是故意,过失不能构成,只是侵占罪要求行为人具有明知是代为保管的他人财物、遗忘物或者埋藏物而非法占有的主观心理态度,而职务侵占罪和贪污罪要求行为人具有明知是本单位的财物而非法占为己有的主观心理态度。

1. 非法占有目的产生的时间

一般说来,非法占有目的产生的时间存在以下两种情况:

(1) 行为人因职务原因合法占有本单位财物,在占有过程中产生非法占有目的,即非法占有目的的产生在占有之后。

(2) 行为人产生非法占有目的后,利用自己职务上的便利非法侵占本单位财物,即非法占有目的的产生于实际占有之前。

2. 排除非法占有目的的几种情形

在下列几种情形中,辩护律师可以认定行为人主观上不具有非法占有的目的,从而提出不构成犯罪的无罪辩护意见或者提出只能构成挪用型犯罪的改变定性的罪轻辩护意见。

(1) 主观上的过失或者工作上的失误。如果行为人是因为主观上的过失或者工作上的失误造成占有公共财物或者本单位财物的结果,或者是由于他人利用自己主观上的过失或工作上的失误而实施了占有公共财物或者本单位财物的行为,行为人没有事先通谋或者事后没有进行分赃的,律师可以从不具有非法占有目的进行不构成贪污罪或职务侵占罪的辩护。

(2) 行为人出于暂时挪用的目的。如果行为人使用单位资金只是为了暂时挪用,日后还要归还,并不具有非法占有的目的,辩护律师可以进行无罪辩护或者只构成挪用资金罪或挪用公款罪改变定性的辩护。在司法实践中,有些案件还会出现挪用类犯罪和侵占类犯罪相互转化的情形。例如,对于以下挪用款项的行为,应当按照职务侵占罪或者贪污罪定罪处罚:① 行为人携带挪用的款项潜逃的;② 行为人挪用款项后采取虚假发票平账、销毁有关账目等手段,使所挪用的款项已难以在单位财务账目上反映出来,且没有归还行为的;③ 行为人截取单位收入不入账,非法占有,使所占有的公款难以在单位财务账目上反映出来,且没有归还行为的。由此可见,辩护人在代理此类案件时,不但要审查被告人的供述和辩解,更要从行为人的客观行为进行分析。侵占行为由于行为人的主观意图在于永久占有资金,其必然尽其所能掩盖、隐匿资金的真实去向,尽量在有关账目上不留痕迹;挪用行为由于行为人的初衷只是临时性地使用资金,所以一般总要给使用的款项留个"后门",使其在有条件的情况下可以顺利归还。所以,如果行为人挪用后并未平账、销账,挪用的账目仍然能在单位财务账目上反映出来,且行为人并未将其挥霍致使无法归还的,应当认定行为人主观上没有非法占有的目的,不能构成职务侵占罪或者贪污罪。

(3) 因与单位的纠纷引发的侵占。在司法实践中,公司、企业或者其他单位因种种原因拖欠员工工资、奖金的情况时有发生,从而可能引发单位员工扣押单位的财物迫使单位发放报酬,或者直接以扣押的单位财物抵偿报酬的行为。对于这类案件,应当区别对待,在认真辨别行为人主观目的后再进行定性。如果员工所扣押的财物数额大大超过被拖欠的报酬数额,且任意处置甚至随意变卖被扣押的财物的,一般可以认定行为人主观上具有非法占有的目的;如果行为人只是为了维护自己的合法民事权利,所扣押的财物数额与被拖欠的报酬数额相当,或者即使超过被拖欠的报酬数额,但妥善保管被扣押的财物,并在得到报酬后立即主动返还的,应当认定其主观上没有非法占有的目的,一般不宜认定为职务侵占罪或者贪污罪。

案例 4-5

某快递公司聘用胡某担任主管,聘用时胡某谈的工资比较高,但胡某担任主管后公司业绩并未明显提高,公司想辞退胡某但又不愿意支付高额的赔偿金,双方因此闹得都很不愉快。就在胡某打算与公司办理工作交接时,胡某发现手上有一笔收取的业务费还没有支付公司财务,共计 45 000 元。由于公司迟迟未向胡某支付赔偿金,胡某便将该 45 000 元进行了隐瞒,没有交接给公司。后案发,公安机关以胡某涉嫌职务侵占罪立案侦查。

本案中,辩护人经调查核实,公司单方解除与胡某的劳动合同,按照胡某的工资标准进行计算,公司应当向胡某支付 42 800 元的赔偿金。辩护人认为,胡某与公司产生纠纷,理应通过劳动仲裁或者诉讼手段维护自己的合法权益,其通过隐瞒 45 000 元业务费在处理方法上是不当的,但基于公司确实应当向其支付 42 800 元的赔偿金而未支付,胡某隐瞒的 45 000 元与 42 800 元在数额上相当,其主观上只是为了维护自己的民事权益,并无非法占有公司财物的目的,不宜按职务侵占罪认定。后胡某与公司达成了谅解协议,公安机关对胡某进行了撤案处理。

辩点 4-3:侵占对象

本章涉及三个罪名,客观方面都表现为侵占行为,但侵占的对象各不相同,侵占罪的对象是行为人合法占有的代为保管的他人财物、他人的遗忘物、埋藏物;职务侵占罪的对象是本单位的财物;贪污罪的对象是公共财物。因此,律师在代理侵占类案件时,可以从侵占的对象入手,确定适用侵占类犯罪中的哪一个罪名。

此外,由于盗窃罪和诈骗罪也具有非法占有的目的,在实践中与侵占类犯罪容易产生混淆,因此辩护律师在办理这类案件时,还要仔细审查侵占对象的具体情况,如有无对委托运输的财物进行监视,有无对委托保管的财物进行封缄,然后再根据具体的行为确定罪名。

(一) 侵占罪的对象

侵占罪的犯罪对象是行为人合法占有的代为保管的他人财物、他人的遗忘物、埋藏物,这些都属于他人的财物。这里的他人,是指公民个人,不包括国家和单位。

1. 代为保管的他人财物

代为保管的他人财物,既包括受他人委托,代为收藏、管理其财物,如寄存、委托暂时照看,又包括未受委托因无因管理而代为保管他人的财物;既包括依照有关规定而由其托管的财物,如无行为能力的未成年人、精神病人的财物依法应由其监护人代为保管,又包括依照某种契约如借贷、租赁、委托、寄托、运送、合伙、抵押等而持有代为保管,但因职务或工作上的关系代为保管本单位的财物的,不属于本罪的代为保管。对于代为保管的他人财物,在实践中,还要特别注意以下两类情形,注意区别侵占罪与盗窃罪之间的界限。

(1) 押运货物

委托人将货物委托他人进行运输,如果委托人没有自己亲自或委派第三人押运货物,对货物进行监视的,托运人对托运货物独立占有,若托运人将托运货物非法据为己有,拒不归还的,构成侵占罪。但是,如果委托人自己亲自或委派第三人对货物的运输进行监视,托运人趁委托人或第三人放松监视之机将货物占为己有逃匿的,则应认定为盗窃罪。

(2) 封缄委托物及其内容物

所谓封缄委托物是指委托保管、运输的财物被装在容器中,并盖有封印或者被锁住。若委托人将该封缄物交受托人保管或者运输,受托人将封缄物或其内容物占为己有,构成盗窃罪还是侵占罪?一般认为,委托人将存有物品的容器加锁或封印后寄托时,容器的占有转移到受托者,但委托人对其中的内容物依然拥有现实性的支配力。受托人若将内容物取出转为自己支配的行为构成盗窃罪而非侵占罪。《刑法》第253条的规定印证了上述观点,即"邮政工作人员私自开拆或者隐匿、毁弃邮件、电报的,处二年以下有期徒刑或者拘役。犯前款罪而窃取财物的,依照本法第二百六十四条的规定定罪从重处罚"。

案例 4-6

自诉人赵某某系某袜厂业主,自2009年上半年开始,其将袜子分批交由被告人杨某某的父亲所经营的定型厂定型,该定型厂系从事袜子加工业务的个体工商户,系家庭经营,主要由被告人杨某某的父母二人负责经营。同年12月下旬,自诉人赵某某发现有人在出售自己厂里生产的袜子,遂报案。公安机关经侦查发现,系被告人杨某某从定型厂偷偷盗取赵某某委托加工定型的袜子卖给他人。公安机关追回袜子95包,每包300—500双,价值共计10万余元。案件发生后,被告人及其家属从一开始就表示愿意进行等价赔偿,但遭到赵某某拒绝。后赵某某以被告人杨某某犯侵占罪,向人民法院提起诉讼。

在庭审过程中,辩护律师提出,自诉人赵某某将袜子委托给被告人杨某某的

> 父母经营的定型厂加工定型，尽管该定型厂在组织形式上系家庭经营，但实际上系由杨某某父母共同经营，其父母并未将自诉人委托加工的袜子交由杨某某保管，杨某某对该批袜子未形成事实上的占有，故杨某某将这些袜子予以盗卖的行为不符合侵占罪的构成特征。法院最终采纳了辩护人的辩护意见，判决被告人杨某某无罪。

2. 他人的遗忘物

所谓他人的遗忘物，是指财物所有人或者持有人由于自己不慎而暂时失去控制的财物，过后能想起是遗忘在何处，如果不被他人处置，还能在原地找到。如买东西将物品忘在柜台上，到他人家里玩将东西遗忘在人家家里，乘坐出租车把财物遗忘在车里等。一般情况下，行为人将遗忘物据为己有拒不退还的构成侵占罪。但将遗忘物占为己有是否只能构成侵占罪呢？一般说来，对于遗忘在特定场所的财物，司法实践通常采取"双重控制说"，即在特定场所的财物具有双重控制关系：一是财物所有人的控制；二是特定场所的有关人员的控制。如果财物遗忘在他人有权控制的范围内，行为人乘人不备将其据为己有的，构成盗窃罪，而非侵占罪。例如，被害人在餐厅用餐后将手机遗忘在餐桌上，行为人趁餐厅服务员不注意，将手机拿走，构成盗窃罪。

（1）遗忘物不等于遗失物

遗失物是财物所有人或者持有人不知何时何地在何种情况下丢失的财物，失去对财物的控制时间相对较长，一般也不知道丢失的时间和地点，不能根据记忆找回，拾捡者一般不知道也难以找到失主。而遗忘物，则是刚刚、暂时遗忘之物，遗忘者对之失去的控制时间相对较短，一般会很快回想起来遗忘的时间与地点。在刑法理论上，有观点认为侵占遗失物的行为不构成侵占罪，也有观点反对，认为侵占遗失物与侵占遗忘物的性质完全相同，都是变合法占有为非法所有，应当可以构成侵占罪。辩护律师在代理这类案件时，要注意细分案件具体情形，结合侵占罪的其他要件进行分析判断，制定辩护策略。

（2）遗忘物不同于遗弃物

遗弃物是财物所有人认为对自己已无任何价值而放弃所有权加以处分或者抛弃的财物。因为财物所有人已经放弃了财物的所有权，所以将遗弃物占为己有没有侵犯任何法益，遗弃物不属于侵占罪的行为对象。

3. 埋藏物

所谓埋藏物,是指埋藏于地下、沉没在水里或者隐藏于他物之中的财物。对于侵占罪的对象,必须是一般人根据经验能够判断财物是有主物,是财物主人埋藏于此但又未形成有效控制。虽是埋藏物,但依然属于他人占有之下的,不属于侵占罪的对象,例如进入他人住宅窃取主人埋藏在地窖里的财物,应以盗窃罪论处,而非侵占罪。此外,埋藏物不同于地下的文物,文物年代久远,具有历史、文化、科学、艺术价值,一般应属于国家所有。如果在建筑过程中发现古墓葬,继续挖掘并进而非法占有其中埋藏的文物,以盗掘古墓葬罪论处,而非侵占罪。

(二) 职务侵占罪的对象

职务侵占罪的对象是本单位的财物,这里的"本单位财物"不仅指单位"所有"的财物,而且指本单位"持有"的财物。具体而言,不仅包括已经在本单位占有、管理之下并为本单位所有的财物,也包括本单位尚未占有、支配但属于本单位所有的财物,还包括由本单位依照法律规定和契约约定临时管理、使用或者运输的他人财物。

案例 4-7

被告人贺某某系某铁路公司聘用的临时装卸工,利用当班装卸旅客托运的行李、包裹的职务便利,在 2013 年 5 月至 2015 年 12 月间,先后 19 次窃取电脑、手机、电磁炉等物品,共计价值人民币 4 万余元。后检察机关以贺某某涉嫌盗窃罪提起公诉。

在庭审过程中,辩护律师提出检察机关指控贺某某构成盗窃罪的定性错误。首先,被告人贺某某虽然是聘用的临时工,但根据《中华人民共和国劳动法》的规定,固定工、合同工、临时工均为单位职工,贺某某符合职务侵占罪的主体资格;其次,被告人窃取的财物虽然是托运人的私人用品,不属于铁路公司所有,但属于铁路公司受托运输中的财物,属于职务侵占罪的对象;最后,被告人贺某某的盗窃行为,就是利用其当班管理、经手这些财物的职务之便,在自己负责的中转货物的库区非法占有这些财物,完全可以认定为利用职务上的便利而窃取单位财物。因此,贺某某的行为依法不构成盗窃罪。法院最终采纳了辩护人的意见,以职务侵占罪对贺某某定罪处罚。

(三) 贪污罪的对象

贪污罪的对象是公共财物,包括国有财物、劳动群众集体所有的财物以及用于扶贫和其他公益事业的社会捐助或者专项基金的财物。在国家机关、国有单位、企业、集体企业和人民团体管理、使用或者运输中的私人财物,也属于公共财物。这里的公共财物,不但包括动产,也包括不动产;既包括普通公共财物,也包括救灾、抢险、防汛、优抚、扶贫、移民、救济等特定款物。

需要特别注意的是,辩护律师在代理贪污案件过程中,应当注意犯罪对象是否属于特定款物。因为根据最高人民法院、最高人民检察院《关于办理贪污贿赂刑事案件适用法律若干问题的解释》的规定,相比于非特定款物,贪污特定款物的量刑会更重,贪污数额的把握标准也不同。例如,贪污非特定款物3万元以上的才能立案追诉,而贪污特定款物达到1万元以上的即可;贪污非特定款物20万元以上的可以判处三年以上十年以下有期徒刑,而贪污特定款物达到10万元以上的即可;贪污非特定款物300万元以上的可以判处十年以上有期徒刑,而贪污特定款物达到150万元以上的即可。由此可见,辩护律师代理贪污案件时审查犯罪对象也是一个非常重要的辩点。

辩点4-4:侵占行为

对于本章的侵占类犯罪,其核心的犯罪行为就是"侵占",即非法占为己有。三个罪名虽有共性,但又有很大差异。例如,侵占罪要求具有拒不退还或者拒不交出的要件,职务侵占罪和贪污罪则要求行为人必须利用职务上的便利。虽然都要求"利用职务上的便利",职务侵占罪与贪污罪中的含义仍有所区别。

(一) 占为己有

"占为己有"是侵占类犯罪的核心行为,且不但要求占为己有,还要求"非法占为己有",是指将他人财物、本单位财物或者公共财物转换为自己或者第三人所有或者占有,具体表现为排除财物的所有人对于财物的所有或者占有,而自己以所有人的身份、名义、意思占有、使用或者处分财物。

侵占罪的特征是"变合法占有为非法所有",职务侵占罪和贪污罪的特征是"将主管、经管的财物变为非法占有"。需要注意的是,职务侵占罪和贪污罪中的"占为己有"并不要求"占为自己所有",转为自己非法占有控制或者第三人非法占有控制即可。

案例 4-8

被告人秦某某是某旋耕机厂厂长,在担任厂长期间,指使财务人员蔡某某做假账,通过"增加应负、减少应收"等方法,以不入账的形式隐瞒产成品,以估价入账的形式虚构负债,并以旋耕机厂的名义在银行设立了账外账户,截至2005年2月,该账外账户上共有100余万元没有纳入旋耕机厂的银行存款和应收账款总账。2005年2月,旋耕机厂被另外一家国有企业收购,财务人员蔡某某离职,并将旋耕机厂的账外账户交给秦某某。2007年旋耕机厂因审计被查出该账外账户,秦某某在压力之下只好主动向检察机关交代了事情的经过。检察机关以秦某某涉嫌贪污罪提起公诉。

律师接受被告人秦某某家属的委托后,到看守所会见秦某某,秦某某认为自己没有将旋耕机厂账外账户上的资金占为己有,该账户上的资金仍处于旋耕机厂名下,自己不构成贪污罪,要求律师进行无罪辩护。律师认为秦某某的辩解很难成立,其虽然没有将账外账户的资金直接据为己有,但该账户上的资金已经通过做假账等方法被秦某某实际控制,不但构成了贪污罪,而且属于贪污既遂。如果秦某某坚持做无罪辩护,可能会丧失自首这一法定从轻、减轻的情节。最终,秦某某听取了辩护律师的意见,在庭审过程中认罪悔罪,法院最终也采纳了辩护律师提出的罪轻辩护意见,以贪污罪判处被告人秦某某7年有期徒刑。

(二)拒不交还

所谓"拒不交还",是指物主或者有关机关要求行为人退还或者交出而拒不退还或者交出,即行为人不履行其应当履行的返还义务。"拒不退还、拒不交出"与"非法占为己有"都是侵占罪的构成要素,如果行为人有非法占有财物的行为,但一经要求其退还或者交出,便立即退还或者交出的,则不应以侵占罪论处。但职务侵占罪和贪污罪则没有"拒不交还"这一构成要素。

(三)职务之便

职务侵占罪和贪污罪客观上体现为行为人"利用职务上的便利",实施了将本单位财物或者公共财物"非法占为己有",至于"非法占为己有"的行为方式如何在所不问,可以是侵吞、盗窃、骗取等一切非法手段;侵占罪则没有"利用职务上的便利"

的要求。这里所提的"便利"是由行为人担任的职务产生的,利用与职务无关的便利,不属于所要求的"利用职务上的便利"。由于职务侵占罪和贪污罪侵犯的客体不同,它们所利用的"职务之便"也不同。例如,贪污罪中的"职务"一般特指"公务",不包括劳务和其他非公务性工作;而职务侵占罪中的"职务",既包括公务,也包括劳务和非公务性工作。

1. 职务侵占罪中"职务便利"

职务侵占罪中"职务便利"是指利用自己主管、管理、经营、经手本单位财物的便利条件。包括利用从事公务活动的便利和利用从事劳务活动的便利。不论行为人是公司、企业或其他单位的董事、经理等管理层或其他管理人员,还是从事速递、搬运、售票、售货、保管等工作的劳务人员,只要行为人具体从事的工作属于主管、管理、经营、经手本单位财物,行为人利用了这一便利条件,就属于职务侵占罪中的"利用职务上的便利"。如果行为人只是利用在本单位工作、熟悉作案环境等条件,则不属于"利用职务上的便利"。

2. 贪污罪中"职务便利"

根据最高人民检察院《关于人民检察院直接受理立案侦查案件立案标准的规定(试行)》的规定,贪污罪中的"利用职务上的便利"是指利用职务上主管、管理、经手公共财物的权力及方便条件,既包括利用本人职务上主管、管理、经手公共财物的职务便利,也包括利用职务上有隶属关系的其他国家工作人员的职务便利。"主管"是指行为人本人虽然不具体管理、经手公共财物,但是对公共财物具有调拨、统筹、使用的决定权、决策权;"管理"是指行为人对公共财物直接负有保管、使用的职权;"经手"是指行为人虽无决定对公共财物进行调拨、统筹、使用的权力,也不具有管理、处置公共财物的职权,但因为工作需要,公共财物一度由其经手,行为人对公共财物具有实际控制权。贪污罪中的职务便利只包括从事公务的便利,不包括从事劳务的便利。因此,在国家机关、国有公司、企业、事业单位、人民团体中从事劳务的职工,利用从事劳务经手单位财物的便利条件,侵占单位财物数额较大的,不属于贪污罪中的"利用职务上的便利",符合条件的,可以构成职务侵占罪。

辩点4-5:数额情节

对于本章犯罪的量刑,既要考虑侵占财产的数额,也要考虑侵占财产的情节,这两个因素直接决定对当事人适用哪一个量刑幅度。尤其是《刑法修正案(九)》实施之后,贪污罪的量刑标准发生了很大的变化,案件是否具有规定的犯罪情节,直接影响到适用哪一个数额标准。因此,律师代理案件的过程中,不能只审查犯罪数额,还要注意审查犯罪情节。由于犯罪数额在计算和认定上还存在一定的空间,所以律师还应当注意把握数额的认定方法。此外,最高人民法院于2010年9月13日颁布了《人民法院量刑指导意见》,辩护律师也应当对涉及本章犯罪不同情形下相应幅度内的量刑起点有所了解,有利于对当事人和委托人进行庭前辅导。

(一) 量刑标准

1. 侵占罪

根据《刑法》第270条的规定,侵占罪的量刑,不但要考虑数额,还要考虑情节。侵占的数额达到"较大"标准的,才能构成犯罪,处2年以下有期徒刑、拘役或者罚金;数额达到"巨大"标准或者情节达到"严重"程度的,处2年以上5年以下有期徒刑,并处罚金。

但至于数额达到多少是"较大",达到多少是"巨大",情节达到什么程度才是"严重",《刑法》和司法解释都未作出明确的规定。辩护律师在进行数额和情节辩护时,应掌握当地的标准,本着有利于被告的原则进行辩护。

2. 职务侵占罪

根据《刑法》第271条的规定,职务侵占罪是数额犯,条文中只规定了数额,达到"较大"标准构成犯罪,处5年以下有期徒刑或者拘役;达到"巨大"标准的,处5年以上有期徒刑,可以并处没收财产。

对于"数额较大""数额巨大"的标准,最高人民法院、最高人民检察院《关于办理贪污贿赂刑事案件适用法律若干问题的解释》作出了规定,按照贪污罪相对应的数额标准规定的二倍、五倍执行,即职务侵占数额在6万元以上不满100万元的,属于数额较大;职务侵占数额在100万元以上的,属于数额巨大。如此一来,最高人民检察院、公安部《关于公安机关管辖的刑事案件立案追诉标准的规定(二)》中关于职务侵占罪立案追诉标准的规定不再适用。具体列表如下:

罪状表述	数额较大	数额巨大
数额标准	6万元≤数额<100万元	数额≥100万元
量刑幅度	5年以下有期徒刑或者拘役	5年以上有期徒刑,可以并处没收财产

3. 贪污罪

《刑法修正案(九)》对贪污罪的量刑标准进行了较大调整,由原来刚性的数额标准改为更有弹性的"数额加情节"模式。《刑法修正案(九)》颁布之前,贪污罪的量刑标准共分为"十万元以上""五万元以上""五千元以上不满五万元""五千元以上不满一万元"四个档次,修正后的《刑法》则调整为"数额较大或者较重情节""数额巨大或者严重情节""数额特别巨大或者特别严重情节""数额特别巨大并使国家和人民利益遭受特别重大损失"四个档次,这样的调整,既是为了应对社会经济快速发展,也是对刑事司法活动中普遍存在的量刑不平衡问题的回应。

2016年4月18日开始实施的两高《关于办理贪污贿赂刑事案件适用法律若干问题的解释》对"数额较大""较重情节""数额巨大""严重情节""数额特别巨大""特别严重情节"分别作出了明确的规定,为了在司法实践中适用方便,现使用列表的方式展示如下:

量刑	罪状	"数额+情节"标准	
3年以下有期徒刑或者拘役,并处罚金。	数额较大	3万元≤数额<20万元	
	其他较重情节	1万元≤数额<3万元	1. 贪污救灾、抢险、防汛、优抚、扶贫、移民、救济、防疫、社会捐助等特定款物的; 2. 曾因贪污、受贿、挪用公款受过党纪、行政处分的; 3. 曾因故意犯罪受过刑事追究的; 4. 赃款赃物用于非法活动的; 5. 拒不交待赃款赃物去向或者拒不配合追缴工作,致使无法追缴的; 6. 造成恶劣影响或者其他严重后果的。
3年以上10年以下有期徒刑,并处罚金或者没收财产。	数额巨大	20万元≤数额<300万元	
	其他严重情节	10万元≤数额<20万元	1. 贪污救灾、抢险、防汛、优抚、扶贫、移民、救济、防疫、社会捐助等特定款物的; 2. 曾因贪污、受贿、挪用公款受过党纪、行政处分的; 3. 曾因故意犯罪受过刑事追究的; 4. 赃款赃物用于非法活动的; 5. 拒不交待赃款赃物去向或者拒不配合追缴工作,致使无法追缴的; 6. 造成恶劣影响或者其他严重后果的。
10年以上有期徒刑、无期徒刑或者死刑,并处罚金或者没收财产。	数额特别巨大	数额≥300万元	
	其他特别严重情节	150万元≤数额<300万元	1. 贪污救灾、抢险、防汛、优抚、扶贫、移民、救济、防疫、社会捐助等特定款物的; 2. 曾因贪污、受贿、挪用公款受过党纪、行政处分的; 3. 曾因故意犯罪受过刑事追究的; 4. 赃款赃物用于非法活动的; 5. 拒不交待赃款赃物去向或者拒不配合追缴工作,致使无法追缴的; 6. 造成恶劣影响或者其他严重后果的。

(二) 情节辩护

律师掌握侵占类犯罪的量刑标准,既要考虑数额,也要考虑情节,由于贪污罪规定的情形较为复杂,现重点对贪污罪的情节辩护予以阐述。

1. 审查案件是否具备从重处罚的情节

根据《刑法修正案(九)》关于数额与情节并重的立法精神,两高《关于办理贪污贿赂刑事案件适用法律若干问题的解释》同时规定,贪污数额1万元以上不满3万元,具有规定情形的,应当认定为"其他较重情节";数额不满"数额巨大""数额特别巨大",但达到起点一般的,同时具有规定情形的,应当认定为"严重情节""特别严重情节"。因此,律师在代理这一类案件时,首先应当审查案件是否具备法律规定的以下情节:

(1) 贪污救灾、抢险、防汛、优抚、扶贫、移民、救济、防疫、社会捐助等特定款物的;

(2) 曾因贪污、受贿、挪用公款受过党纪、行政处分的;

(3) 曾因故意犯罪受过刑事追究的;

(4) 赃款赃物用于非法活动的;

(5) 拒不交待赃款赃物去向或者拒不配合追缴工作,致使无法追缴的;

(6) 造成恶劣影响或者其他严重后果的。

2. 审查案件是否具备从轻处罚的情节

根据《刑法修正案(九)》的规定,犯贪污罪,在提起公诉前如实供述自己罪行、真诚悔罪、积极退赃,避免、减少损害结果的发生,贪污数额较大或者有其他较重情节的,可以从轻、减轻或者免除处罚;贪污数额巨大或者有其他严重情节的,数额特别巨大或者有其他特别严重情节的,可以从轻处罚。这样的规定,将以往一些酌定从轻的情节规定了法定的从轻、减轻甚至免除处罚的情节。

此外,司法解释还规定,贪污后将赃款赃物用于单位公务支出或者社会捐赠的,不影响贪污罪的认定,但在量刑时可以酌情考虑。

因此,律师在代理贪污案件时,还要注意审查案件是否具备法定或者酌定可以从轻、减轻甚至免除处罚的情节。

3. 审查案件是否具备判处死刑的情节

根据《刑法修正案(九)》规定,数额特别巨大,并使国家和人民利益遭受特别重大损失,处无期徒刑或者死刑,并处没收财产。可见,对贪污罪判处死刑的条件是

"数额特别巨大"和"使国家和人民利益遭受特别重大损失",但即使这两个条件同时具备,也可以判处无期徒刑,不必然判处死刑。

两高《关于办理贪污贿赂刑事案件适用法律若干问题的解释》进一步规定了可以判处死刑的条件,即贪污数额特别巨大、犯罪情节特别严重、社会影响特别恶劣、给国家和人民利益造成特别重大损失。这四个条件必须同时具备,才可以判处死刑;但即使同时具备这四个条件,也不是必然判处死刑立即执行,如果具有自首、立功、如实供述自己罪行、真诚悔罪、积极退赃,或者避免、减少损害结果的发生等情节,可以判处死刑缓期二年执行。

对于可以判处死刑缓期二年执行的案子,审判机关可以根据犯罪情节等情况同时裁判决定在其死刑缓期执行二年期满依法减为无期徒刑后,终身监禁,不得减刑、假释。

因此,律师在代理贪污数额特别巨大的案件时,首先应当审查案件是否具备刑法及司法解释所规定的可以判处死刑的情节,尽量排除适用死刑;如果可以判处死刑,则应当继续审查案件是否具备可以判处死刑缓期二年执行的情形,尽量排除判处死刑立即实行;如果可以判处死刑缓期二年执行,还需要继续审查犯罪情节等情况,尽量排除被同时裁判为终身监禁。

(三) 数额辩护

我国刑法和司法解释虽然对侵占类犯罪的数额标准作出了明确的规定,但对数额标准的认定和计算仍存在一定的辩护空间,这是律师应当掌握的。

1. 如何计算侵占财物的数额

可以参照最高人民法院《关于审理盗窃案件具体应用法律若干问题的解释》中对被盗物品的数额计算方法。对侵占物品的价格,应以侵占物品价格的有效证明确定。对于不能确定价格的,可区别情况,根据作案当时、当地的同类物品价格,并按照下列核价方法,以人民币计算:

① 流通领域的商品,按市场零售价的中等价格计算;属于国家定价的,按国家定价计算;属于国家指导价,按指导价的最高限价计算。

② 生产领域的产品,成品按上述第一种情况规定的方法计算;半成品比照成品价格折算。

③ 是单位的或受托管理、使用和运输中的公民的生产资料、生活资料等物品,原则上按购进价计算。

④ 对进出口货物、物品进行侵占的按第一种情况规定的方法计算。

⑤ 金、银、珠宝等制作的工艺品,按国有商店零售价格计算;国有商店没有出售的,按国家主管部门核定的价格计算。黄金、白银按国家定价计算。

⑥ 对侵占外币的,若侵占日期确定,以确立日期国家外汇管理局公布的外汇卖价计算。若不能确定具体日期或连续多次侵占外币不能够确定当时价格的,可以这一段时期的平均外汇成交价格计算。如果侵占的物品价格不明或者价格难以确定的,应当按最高人民法院、最高人民检察院、公安部《扣押、追缴、没收物品估价管理办法》的规定,委托指定的估价机构估价。

2. 侵占物品所生孳息是否计入犯罪数额

最高人民法院曾对贪污公款所生利息应否计入贪污公款犯罪数额问题有过明确的批复,行为人贪污公款后产生的利息不作为贪污犯罪数额。根据该批复的精神,职务侵占本单位的资金所生孳息或者侵占他人财物所生孳息都不应计入职务侵占罪或者侵占罪的犯罪数额。但需要注意的是,该孳息是侵占行为给被害人造成实际经济损失的一部分,应作为被告人的非法所得,连同其侵占的财物一并依法追缴。

3. 共同犯罪中的分赃数额如何考量

在共同侵占犯罪中,应当以行为人参与犯罪的数额作为定罪量刑的基本依据,个人分赃数额仅作为量刑的一个情节予以考虑。

4. 多次侵占未经处理的数额如何认定

我国《刑法》第383条第2款对多次贪污未经处理的,作出了"按照累计贪污数额处罚"的规定。与此同时,最高人民法院、最高人民检察院还在《关于执行〈关于惩治贪污罪贿赂罪的补充规定〉若干问题的解答》中对此作了解释:多次贪污未经处理,是指两次以上(含两次)的贪污行为,既没有受到刑事处罚(包括免予起诉、免予刑事处分),也没有受到行政处理。对累计贪污数额的,应按刑法有关追诉时效的规定执行。在追诉时效期限内的贪污数额应累计计算,已过追诉时效的贪污数额不予计算。这些规定虽然是针对贪污罪的,其他侵占类犯罪也可以参照执行。

(四) 量刑指导

最高人民法院于2017年4月1日开始实施的修订后的《关于常见犯罪的量刑指导意见》对职务侵占罪的量刑规范化作出了规定,2010年9月13日《最高人民法院人民法院量刑指导意见(试行)》和2014年1月1日《最高人民法院关于常见犯罪的量刑指导意见》均已被废止,辩护律师应当掌握最新的规定,掌握如何根据不同的情形在相应的幅度内确定量刑起点,以便制定合理的辩护策略,做好委托人和当事人的庭前辅导工作。

1. 构成职务侵占罪的,可以根据下列不同情形在相应的幅度内确定量刑起点:

(1) 达到数额较大起点的,可以在2年以下有期徒刑、拘役幅度内确定量刑起点。

(2) 达到数额巨大起点的,可以在5年至6年有期徒刑幅度内确定量刑起点。

2. 在量刑起点的基础上,可以根据职务侵占数额等其他影响犯罪构成的犯罪事实增加刑罚量,确定基准刑。

辩点4-6:未遂标准

掌握犯罪所处的形态是律师辩护的一个要点。犯罪完成形态的犯罪既遂与犯罪未完成形态的犯罪未遂、犯罪预备和犯罪中止在量刑上有着重大区别。本章列举了三个罪名的既遂和未遂认定标准,有利于律师利用该辩点进行辩护。

(一) 贪污罪既遂与未遂的认定

根据《全国法院审理经济犯罪案件工作座谈会纪要》的规定,贪污罪是一种以非法占有为目的的财产性职务犯罪,与盗窃、诈骗、抢夺等侵犯财产罪一样,应当以行为人是否实际控制财物作为区分贪污罪既遂与未遂的标准。对于行为人利用职务上的便利,实施了虚假平账等贪污行为,但公共财物尚未实际转移,或者尚未被行为人控制就被查获的,应当认定为贪污未遂。行为人控制公共财物后,是否将财物据为己有,不影响贪污既遂的认定。

(二) 职务侵占罪既遂与未遂的认定

职务侵占罪与贪污罪一样,都属于一种以非法占有为目的的财产性职务犯罪,因此,可以借鉴贪污罪的既遂判断标准,以行为人是否实际控制财物为标准。行为人已经实际控制、占有本单位财物的是职务侵占罪的既遂,未能实际控制财物的是职务侵占罪的未遂。

案例4-9

被告人吴某、王某与祝某均为某科技公司员工。2009年4月29日,3人商议利用职务之便将他们经手的废塑胶粒拉出公司变卖,所得赃款均分。吴某负责找车将废塑胶粒拉出厂外,王某负责加封海关放行条,而祝某负责找买家。5月19日11时许,吴某找到货车司机宋某(另案处理)并口头承诺500元雇请宋某将一批货物运到D5码头,3人计划在D5码头用装卸车再将塑胶粒装车去卖。当日,宋某在将载有塑胶粒的车开出公司门口时,被公司保安员拦下,当场缴获准备运出厂的塑胶粒13吨。后经鉴定,塑胶粒价值为人民币52 000元。

吴某、王某与祝某作为公司工作人员,利用职务上的便利,预谋合伙非法将单位财物占为己有,数额较大,其行为完全符合职务侵占罪的要件,应当予以追究刑事责任。本案中,辩护律师唯有从犯罪未完成形态入手,才能作出对被告人有利的辩护。辩护人认为,被告人在着手实施犯罪后,还未把单位财物拉出公司的控制范围之外即被查获,尚未取得对财物的控制,属于意志以外的原因未得逞,系犯罪未遂,依法可以从轻或减轻处罚。最后,法院采纳了辩护人的意见。

(三)侵占罪无未遂形态

我国刑法确认犯罪既遂与未遂的标准是是否齐备了犯罪的全部构成要件。齐备了犯罪的全部构成要件,就是犯罪既遂,否则就是犯罪未遂。根据《刑法》第270条的规定,只要行为人实施了将数额较大的代为保管的他人财物或他人遗忘物、埋藏物非法占为己有,而"拒不退还"或者"拒不交出"的行为即构成侵占罪。这里的"拒不退还"或"拒不交出",不仅是行为人主观上非法占有他人财物的客观表现,也是构成侵占罪的一个必要要件。如果行为人主观上具有非法占有他人财物的目的,但客观上并未将该财物由持有变为所有或者在他人请求退还或者交出时就予以退还或者交出的,虽然行为人主观目的没有达到,似应构成侵占未遂,但由于这种情况下行为在客观方面没有具备侵占罪所要求的客观要件,则不构成犯罪,也就谈不上犯罪未遂了。

辩点4-7:共同犯罪

在本章犯罪中,侵占罪的共同犯罪问题比较简单,适用总则中共同犯罪的规定即可,不再赘述。在这里,我们重点介绍一下职务侵占罪和贪污罪的共同犯罪问题。

(一)共同犯罪的认定

根据最高人民法院《关于审理贪污、职务侵占案件如何认定共同犯罪几个问题的解释》的规定：

1. 行为人与国家工作人员勾结，利用国家工作人员的职务便利，共同侵吞、窃取、骗取或者以其他手段非法占有公共财物的，以贪污罪共犯论处。

2. 行为人与公司、企业或者其他单位的人员勾结，利用公司、企业或者其他单位人员的职务便利，共同将该单位财物非法占为己有，数额较大的，以职务侵占罪共犯论处。

3. 公司、企业或者其他单位中，不具有国家工作人员身份的人与国家工作人员勾结，分别利用各自的职务便利，共同将本单位财物非法占为己有的，按照主犯的犯罪性质定罪。司法实践中，如果根据案件的实际情况，各共同犯罪人在共同犯罪中的地位、作用相当，难以区分主从犯的，可以贪污罪定罪处罚。

（二）数额及从犯的认定

根据《全国法院审理经济犯罪案件工作座谈会纪要》的规定：

1. 个人贪污数额，在共同贪污犯罪案件中应理解为个人所参与或者组织、指挥共同贪污的数额，不能只按个人实际分得的赃款数额来认定。

2. 对共同贪污犯罪中的从犯，应当按照其所参与的共同贪污的数额确定量刑幅度，并依照《刑法》第27条第2款的规定，从轻、减轻处罚或者免除处罚。

（1）贪污犯罪集团的首要分子，应当计算犯罪集团实施的全部贪污行为所涉及的贪污数额；

（2）贪污犯罪集团的其他主犯和一般共同贪污犯罪案件中的主犯，应当计算其所参与的或者组织、指挥的全部贪污行为涉及的贪污数额；

（3）共同贪污犯罪案件中的从犯，应当计算其参与的贪污行为所涉及的贪污数额。

各共犯对参与的贪污数额负责，但不意味着参与数额相等的各共犯承担同等罪责。数额只是决定各共犯罪刑轻重的因素之一。根据贪污数额确定法定刑幅度后，应当根据各行为人在共同犯罪中所起的作用、所处的地位以及他们的分赃情况来确定主犯、从犯甚至胁从犯，然后根据总则中共同犯罪的规定，提出从轻、减轻或免除处罚的辩护意见。

辩点4-8：企业改制

随着企业改制的不断推进，司法机关在办理国家出资企业中的贪污、职务侵占等职务犯罪案件时遇到了一些新情况、新问题。这些新情况、新问题具有一定的特殊性和复杂性,需要结合企业改制的特定历史条件,依法妥善地进行处理。2010年11月26日,最高人民法院、最高人民检察院根据刑法规定和相关政策精神,出台了《关于办理国家出资企业中职务犯罪案件具体应用法律若干问题的意见》,辩护律师在办理此类案件时也应当注意相关的规定。

(一) 国家出资企业的界定

根据上述《意见》的规定,"国家出资企业"包括国家出资的国有独资公司、国有独资企业,以及国有资本控股公司、国有资本参股公司。是否属于国家出资企业不清楚的,应遵循"谁投资、谁拥有产权"的原则进行界定。企业注册登记中的资金来源与实际出资不符的,应根据实际出资情况确定企业的性质。企业实际出资情况不清楚的,可以综合工商注册、分配形式、经营管理等因素确定企业的性质。

(二) 国家出资企业中国家工作人员的认定

经国家机关、国有公司、企业、事业单位提名、推荐、任命、批准等,在国有控股、参股公司及其分支机构中从事公务的人员,应当认定为国家工作人员。具体的任命机构和程序,不影响国家工作人员的认定。经国家出资企业中负有管理、监督国有资产职责的组织批准或者研究决定,代表其在国有控股、参股公司及其分支机构中从事组织、领导、监督、经营、管理工作的人员,应当认定为国家工作人员。国家出资企业中的国家工作人员,在国家出资企业中持有个人股份或者同时接受非国有股东委托的,不影响其国家工作人员身份的认定。

(三) 在企业改制中相关行为的处理

1. 关于国家出资企业工作人员在改制过程中隐匿公司、企业财产归个人持股的改制后公司、企业所有的行为的处理

(1) 国家工作人员或者受国家机关、国有公司、企业、事业单位、人民团体委托管理、经营国有财产的人员利用职务上的便利,在国家出资企业改制过程中故意通过低估资产、隐瞒债权、虚设债务、虚构产权交易等方式隐匿公司、企业财产,转为本人持有股份的改制后公司、企业所有,应当依法追究刑事责任的,以贪污罪定罪处罚。贪污数额一般应当以所隐匿财产全额计算;改制后公司、企业仍有国有股份的,按股份比例扣除归于国有的部分。所隐匿财产在改制过程中已为行为人实际控制,或者国家出资企业改制已经完成的,以犯罪既遂处理。

(2) 其他人员(即国家工作人员或者受国家机关、国有公司、企业、事业单位、人民团体委托管理、经营国有财产的人员以外的人员)实施上述行为的,以职务侵占罪定罪处罚。

(3) 其他人员与国家工作人员或者受国家机关、国有公司、企业、事业单位、人民团体委托管理、经营国有财产的人员共同实施上述行为的,以贪污罪的共犯论处。

(4) 在企业改制过程中未采取低估资产、隐瞒债权、虚设债务、虚构产权交易等方式故意隐匿公司、企业财产的,一般不应当认定为贪污;造成国有资产重大损失,依法构成《刑法》第168条或者第169条规定的犯罪的,依照该规定定罪处罚。

> **案例4-10**
>
> 某燃料公司原系国有企业。2003年,该燃料公司进行产权制度改革,在资产评估过程中,被告人徐某某明知公司的应付款账户中有三笔共计47万元系上几年虚设,而未向评估人员作出说明,隐瞒该款项的真实情况,从而使评估人员将该三笔款项作为应付款评估并予以确认。同年12月,区政府发文同意该燃料公司产权制度改革实施方案。此后,燃料公司在21名职工中平均配股。2005年4月,被告人徐某某在部分职工得知内情要求私分的情况下,商定开职工大会,经讨论并确定虚报负债部分用于冲减企业亏损或上缴国有资产管理部门。6月30日,被告人徐某某被燃料有限公司股东大会选举为董事长。尔后,被告人徐某某又收购了10名股东的全部股份成为该公司最大的股东。2005年9月7日,燃料有限公司向区财政局交清该燃料公司国有资产购买款465万元。随后,被告人徐某某积极办理公司产权转移手续。案发时,手续尚在办理之中。后检察机关以徐某某涉嫌贪污罪向法院提起公诉。
>
> 在庭审过程中,被告人徐某某辩称,其在国有资产评估后是民事法律关系的一方当事人,不是国有资产管理者;没有贪污故意;评估结论中隐瞒的47万元已在职工大会上宣布,没有实施秘密占有的行为;其行为不构成贪污罪。法院经审理认为,被告人徐某某身为国有公司工作人员,为达到非法占有的目的,在国有企业改制的资产评估中,对公司虚设负债款不作说明,从而骗取评估人员的确认,之后又积极到有关部门办理企业改制后继手续,造成国有资产即将转移。被告人徐某某的行为已构成贪污(未遂)罪。

2. 关于国有公司、企业在改制过程中隐匿公司、企业财产归职工集体持股的改制后公司、企业所有的行为的处理

国有公司、企业违反国家规定,在改制过程中隐匿公司、企业财产,转为职工集体持股的改制后公司、企业所有的,对其直接负责的主管人员和其他直接责任人员,

以私分国有资产罪定罪处罚。如果改制后的公司、企业中只有改制前公司、企业的管理人员或者少数职工持股,改制前公司、企业的多数职工未持股的,以贪污罪定罪处罚。

3. 关于国家工作人员在企业改制过程中徇私舞弊行为的处理

国家出资企业中的国家工作人员在公司、企业改制或者国有资产处置过程中徇私舞弊,将国有资产低价折股或者低价出售给特定关系人持有股份或者本人实际控制的公司、企业,致使国家利益遭受重大损失的,以贪污罪定罪处罚。贪污数额以国有资产的损失数额计算。

4. 关于改制前后主体身份发生变化的犯罪的处理

国家工作人员在国家出资企业改制前利用职务上的便利实施犯罪,在其不再具有国家工作人员身份后又实施同种行为,依法构成不同犯罪的,应当分别定罪,实行数罪并罚。

国家工作人员利用职务上的便利,在国家出资企业改制过程中隐匿公司、企业财产,在其不再具有国家工作人员身份后将所隐匿财产据为己有的,以贪污罪定罪处罚。

附:本章相关法律规范性文件[①]

1. 法律

《中华人民共和国刑法》(2015 年修正,法宝引证码:CLI.1.17010)第 270、271、382 条

2. 司法解释

最高人民法院《关于常见犯罪的量刑指导意见》(法发〔2017〕7 号,2017.04.01 实施,法宝引证码:CLI.3.292969)

最高人民法院、最高人民检察院《关于办理贪污贿赂刑事案件适用法律若干问题的解释》(法释〔2016〕9 号,2006.04.18 实施,法宝引证码:CLI.3.268586)

最高人民法院、最高人民检察院《关于办理国家出资企业中职务犯罪案件具体应用法律若干问题的意见》(法发〔2010〕49 号,2010.11.26 实施,法宝引证码:CLI.3.154888)

---

① 所列法律规范性文件的详细内容,可登录"北大法宝"引证码查询系统(www.pkulaw.cn/fbm),输入所提供的相应的"法宝引证码",免费查询。

最高人民检察院、公安部《关于公安机关管辖的刑事案件立案追诉标准的规定（二）》（法发〔2010〕22号,2010.06.21实施,法宝引证码:CLI.3.154883）

最高人民法院研究室《关于对行为人通过伪造国家机关公文、证件担任国家工作人员职务并利用职务上的便利侵占本单位财物、收受贿赂、挪用本单位资金等行为如何适用法律问题的答复》（法研〔2004〕38号,2004.03.30实施,法宝引证码:CLI.3.54545）

最高人民法院《关于在国有资本控股、参股的股份有限公司中从事管理工作的人员利用职务便利非法占有本公司财物如何定罪问题的批复》（法释〔2001〕17号,2001.05.26,法宝引证码:CLI.3.35582）

最高人民法院《关于审理贪污、职务侵占案件如何认定共同犯罪几个问题的解释》（法释〔2000〕15号,2000.07.08实施,法宝引证码:CLI.3.30915）

最高人民检察院《关于人民检察院直接受理立案侦查案件立案标准的规定（试行）》（高检发释字〔1999〕2号,1999.09.16实施,法宝引证码:CLI.3.23469）

最高人民法院《关于村民小组组长利用职务便利非法占有公共财物行为如何定性问题的批复》（法释字〔1999〕12号,1999.07.03实施,法宝引证码:CLI.3.22671）

最高人民法院、最高人民检察院《关于办理职务犯罪案件认定自首、立功等量刑情节若干问题的意见》（法发〔2009〕13号,2009.03.12实施,法宝引证码:CLI.3.114655）

3. 其他

《全国法院审理经济犯罪案件工作座谈会纪要》（法〔2003〕167号,2003.11.13实施,法宝引证码:CLI.3.51080）

全国人民代表大会常务委员会《关于〈中华人民共和国刑法〉第九十三条第二款的解释》（2000.04.29实施,法宝引证码:CLI.1.27170）

《全国法院维护农村稳定刑事审判工作座谈会纪要》（法〔1999〕217号,1999.10.27实施,法宝引证码:CLI.3.26458）

第五章 挪用类犯罪

第一节 挪用类犯罪综述

一、挪用类犯罪分类索引

罪名	法条
挪用公款罪	第 384 条、第 272 条第 2 款、第 185 条第 2 款
挪用资金罪	第 272 条第 1 款、第 185 条第 1 款
挪用特定款物罪	第 273 条

二、挪用类犯罪《刑法》规定对照表

类型	罪名	法条	罪状	主刑	附加刑	辩点速查
挪用类犯罪	挪用公款罪	第384条	国家工作人员利用职务上的便利,挪用公款归个人使用,进行非法活动的,或者挪用公款数额较大、进行营利活动的,或者挪用公款数额较大、超过3个月未还的	处 5 年以下有期徒刑或者拘役		1. 挪用主体:国家工作人员,主体应当具备处理特定公共事务或管理国有财产的职权属性,单位不能构成本罪的主体,经单位领导集体研究决定将公款给个人使用,或者单位负责人为单位利益,决定将公款给个人使用的,不以挪用公款罪定罪处罚。 2. 挪用对象:广义的公款,不仅包括货币形式的公款,也包括票证形式的公款。 3. 挪用行为:一是挪用公款进行非法活动;二是挪用公款进行营利活动;三是挪用公款进行非法、营利活动以外的个人活动。如果在挪用的行为中还伴有拒不归还的主观心态和为掩饰而篡改账目、销毁凭证等行为的,则可能转化为贪污罪。
			情节严重的	处 5 年以上有期徒刑		
			挪用公款数额巨大不退还的	处 10 年以上有期徒刑或者无期徒刑		
	挪用资金罪	第272条第1款	公司、企业或者其他单位的工作人员,利用职务上的便利,挪用本单位资金归个人使用或者借贷给他人,数额较大、超过3个月未还的,或者虽未超过3个月,但数额较大、进行营利活动的,或者进行非法活动的	处 3 年以下有期徒刑或者拘役		1. 挪用主体:公司、企业或者其他单位的工作人员,主要包括公司的董事、监事以及高级管理人员,或者企业、单位内部的负责人或职工。 2. 挪用对象:本单位的资金。 3. 挪用行为:一是挪用本单位资金归个人使用或借贷给他人;二是挪用本单位资金进行营利活动;三是挪用本单位资金进行非法活动。
			挪用本单位资金数额巨大的,或者数额较大不退还的	处3—10年有期徒刑		

(续表)

类型	罪名	法条	罪状	主刑	附加刑	辩点速查
挪用类犯罪	挪用特定款物罪	第273条	挪用用于救灾、抢险、防汛、优抚、扶贫、移民、救济款物,情节严重,致使国家和人民群众利益遭受重大损害的	对直接责任人员,处3年以下有期徒刑或者拘役		1. 挪用主体:特殊主体,即对特定款物具有保管、分配、使用等管理权限的管理人员或者责任人员。 2. 挪用对象:特定款物,救灾、抢险、防汛、优抚、扶贫、移民、救济款物。 3. 挪用行为:挪作其他公用,若挪归个人使用,则以挪用公款罪从重处罚,本罪要求达到情节严重,给国家和人民群众利益造成重大损害。
			情节特别严重的	处3—7年有期徒刑		

第二节 辩点整理

辩点5-1:挪用主体　　辩点5-2:挪用对象　　辩点5-3:挪用用途
辩点5-4:使用归还　　辩点5-5:追诉标准　　辩点5-6:追诉时效
辩点5-7:共同犯罪

辩点5-1:挪用主体

本章犯罪对犯罪主体都有特殊要求,挪用公款罪的主体是国家工作人员,挪用资金罪的主体是公司、企业或者其他单位的人员,而挪用特定款物罪的主体是对保管、分配和使用特定款物直接负责的主管人员和其他直接责任人员。由此可见,本章犯罪的主体均存在职务上的特性,只是职务上的特性各有不同。辩护律师在代理挪用类案件过程中要注意辨别当事人的主体性质,若当事人不符合指控犯罪的犯罪主体资格,可以提出不构成指控犯罪的无罪辩护意见,或者提出符合量刑更轻的犯罪构成的罪轻辩护意见。

(一) 国家工作人员

根据我国《刑法》第93条第1款的规定,国家工作人员,是指国家机关中从事公务的人员。主要包括在各级国家权力机关、行政机关、司法机关和军事机关中从事公务的人员。在乡(镇)以上中国共产党机关、人民政协机关中从事公务的人员,司法实践中也应当视为国家机关工作人员。具备这样的主体身份,可以构成挪用公款罪。

(二)准国家工作人员

根据我国《刑法》第93条第2款的规定,国有公司、企业、事业单位、人民团体中从事公务的人员和国家机关、国有公司、企业、事业单位委派到非国有公司、企业、事业单位、社会团体从事公务的人员,以及其他依照法律从事公务的人员,以国家工作人员论。我们暂且称之为准国家工作人员。具备这一类的主体身份,也可以构成挪用公款罪,符合挪用公款罪的主体要件。

1. 国有公司、企业、事业单位、人民团体中从事公务的人员

这里的"国有公司、企业"是指国有独资公司、国有独资企业,不包括国有资本控股公司、国有资本参股公司。

2. 国家机关、国有公司、企业、事业单位委派到非国有公司、企业、事业单位、社会团体从事公务的人员

这里的"非国有公司"包括国有资本控股公司和国有资本参股公司。国有公司、企业改制为股份有限公司后,除了代表国有投资主体行使监督、管理职权的人以外,原国有公司、企业的工作人员和股份有限公司新任命的人员则不能以国家工作人员论,这些人员如果实施挪用行为,只能构成挪用资金罪,不能构成挪用公款罪。

此外,我国《刑法》第185条第2款还专门针对金融机构作出规定,即国有商业银行、证券交易所、期货交易所、证券公司、期货经纪公司、保险公司或者其他国有金融机构的工作人员和国有商业银行、证券交易所、期货交易所、证券公司、期货经纪公司、保险公司或者其他国有金融机构委派到非国有金融机构从事公务的人员,利用职务上的便利,挪用本单位或者客户资金的,以挪用公款罪而非挪用资金罪追究刑事责任。

3. 其他依照法律从事公务的人员

包括依法履行职责的各级人民代表大会代表,依法履行审判职责的人民陪审员,协助乡镇人民政府、街道办事处从事行政管理工作的村民委员会、居民委员会等农村和城市基层组织人员,等等。这里的行政管理工作的范围参见第四章《侵占类犯罪》中"贪污罪的主体"的相关内容,在此不再赘述。

(三)受委托管理、经营国有财产的人员

根据我国《刑法》第382条第2款的规定,受国家机关、国有公司、企业、事业单位、人民团体委托管理、经营国有财产的人员,利用职务上的便利,侵吞、窃取、骗取

或者以其他手段非法占有国有财物的,以贪污论。可见,这一类人员是贪污罪的主体。但如果这一类人员实施了挪用国有资金的行为,该如何定性呢?

2000年2月16日最高人民法院发布的《关于对受委托管理、经营国有财产人员挪用国有资金行为如何定罪问题的批复》明确规定:对于受国家机关、国有公司、企业、事业单位、人民团体委托,管理、经营国有财产的非国家工作人员,利用职务上的便利,挪用国有资金归个人使用构成犯罪的,应当依照《刑法》第272条第1款的规定定罪处罚。

律师在代理这类人员的案件时要特别加以重视,受国家机关、国有公司、企业、事业单位、人民团体委托管理、经营国有财产的人员虽然是贪污罪的主体,但并不是挪用公款罪的主体,如果司法机关将这类人员实施挪用国有资金的行为指控为挪用公款罪时,应当提出不构成挪用公款罪的无罪辩护意见,或者提出只构成挪用资金罪的罪轻辩护意见。

(四) 公司、企业和其他单位工作人员

这里的公司、企业和其他单位一般不包括国有公司、企业、事业单位、人民团体,这里的工作人员指的是非国家工作人员。这一类人员符合挪用资金罪的主体要件,不可能构成挪用公款罪。在司法实践中,这些人员主要包括三类:

1. 股份有限公司、有限责任公司的董事、监事。

2. 上述公司的工作人员,是指除公司董事、监事之外的经理、部门负责人和其他一般职工。

3. 上述企业以外的企业或者其他单位的职工,包括集体性质的企业、私营企业、外商独资企业的职工,以及在国有公司、国有企业、中外合资、中外合作股份制公司、企业中不具有国家工作人员身份的职工。

需要注意的是,有些特殊形式的单位(如个体工商户和个人独资企业)的负责人挪用单位的资金是否构成犯罪,应当具体情况具体分析。

案例 5-1

张某成立了个人独资企业,其妻子胡某在企业管理财务。胡某的弟弟向胡某借钱做生意,胡某没有和张某商量,便从企业拿出30万元资金借给了弟弟做生意使用。后张某和胡某夫妻关系破裂欲离婚,张某以挪用资金罪向公安机关

控告胡某从企业借钱给其弟弟。

　　胡某委托的律师提出胡某的行为不构成挪用资金罪。因为个人独资企业是指一个自然人投资、财产归个人所有,投资人以其全部财产对企业承担无限责任的经营实体。因此,个人独资企业的财产归属私营企业主个人或家庭所有,私营业主挪用企业资金的行为也不能认定为挪用资金的行为。本案中,张某成立个人独资企业的财产来自于家庭,胡某作为张某的妻子,即使擅自使用了企业资金,也不能认定为挪用资金罪。

(五)经手、掌管特定款物的直接责任人员

　　该类人员符合挪用特定款物罪的主体要件。我国《刑法》第273条虽然没有明确规定挪用特定款物罪的犯罪主体是特殊主体,但由于该罪立法设置的目的就是为了打击和预防在使用赈灾救济等款项中出现的腐败犯罪,加上我国对赈灾、扶贫、救济等特定款物的使用和发放都有着严格的监督和管理制度,只有经手、管理国家救灾、抢险、防汛、优抚、扶贫、移民、救济款物的直接责任人员,才具有挪作他用的职务和职权上的便利,不具有这种便利的普通公民不可能成为挪用特定款物罪的犯罪主体。

　　需要注意的是,在上述第(一)、(二)、(三)、(四)类主体中,如果经手、掌管国家救灾、抢险、防汛、优抚、扶贫、移民、救济款物,也有可能成为挪用特定款物罪的主体。具体是构成挪用公款罪、挪用资金罪还是挪用特定款物罪,还要具体分析挪用行为。

案例 5-2

　　李某在担任某街道办事处居委会主任期间,结识了某公司董事长陈某,两人交往甚密。陈某因企业经营不善资金紧张,又无法从银行得到贷款而发愁时,得知某居委会刚得到一笔扶贫款项。陈某遂向李某请求借部分款项以救企业经营之需。李某遂将80万元的扶贫款借给了陈某,陈某使用该笔扶贫款半年后归还给了居委会。

　　本案中,居委会主任李某作为协助街道办事处从事行政管理工作的人员,

属于"其他依照法律从事公务的人员",符合挪用公款罪的主体要求。与此同时,李某还经手国家扶贫款项,又符合挪用特定款物罪的主体要求。李某将经手的国家扶贫款项借给他人,超过 3 个月未还,应当构成挪用公款罪。如果李某没有将经手的国家扶贫款项挪给他人使用,而是将款项用于居委会的办公场所改建等公用,则构成挪用特定款物罪。

(六) 单位领导和单位负责人

单位领导和单位负责人符合上述五类主体身份的,按照相应的行为对照相应的犯罪处理。但如果是经单位领导集体研究决定将款项给个人使用,或者单位负责人为了单位的利益,决定将款项给个人使用的,如何追究单位领导和单位负责人的责任?

不论是在国有公司、企业、事业单位还是非国有公司、企业、事业单位,都可能存在相关的单位章程、内部规定或者财会制度,在特定情况下可以为了单位利益向外出借款项,但必须经过规定的审批程序。如果经单位领导集体研究决定将款项给个人使用,或者单位负责人为单位利益,决定将款项给个人使用的,不应以挪用公款罪或者挪用资金罪定罪处罚。《全国法院审理经济犯罪案件工作座谈会纪要》中有过相关的规定,如果这些行为致使单位遭受重大损失,构成其他犯罪的,可以依照《刑法》的有关规定对责任人员定罪处罚。

但即使有这样的规定,并不意味着这些人员一定不能构成挪用类犯罪,辩护律师在代理案件过程中还要仔细分析决策的过程,如果能完全排除以下情况,才能对挪用类犯罪的指控进行无罪辩护:

1. 是否存在个别领导"一人独大",以个人权力迫使其他人员作出决定的情况;

2. 是否存在个人为了某些私利而隐瞒事实真相,通过走过场而由单位领导集体研究通过资金使用的决定;

3. 是否存在领导集体共谋挪用的情况。

案例 5-3

张某系某市甲国有企业董事长。乙公司系地方民营企业,企业负责人刘某与张某是同学关系。乙公司因计划并购其他企业需要大量资金,于是刘某找到张某请求借款 2 000 万元,并承诺给予银行同期利率的 3 倍计算利息。张某考虑到既能帮助老同学,也能为企业谋取利益,随即召开了董事会研究此事,董事会全体成员按照议事规则,同意了此事项,最终借给刘某 2 000 万元。后甲国有企业被审计时发现有 2 000 万元借给民营企业未归还,将张某以涉嫌挪用公款罪移送司法机关。

本案中,张某的辩护律师提出,甲国有企业借给刘某 2 000 万元的事项,虽然系由董事长张某提议,但最终是由甲公司董事会按照议事规则集体研究决定的,属于"经单位领导集体研究决定将公款给个人使用",按照《全国法院审理经济犯罪案件工作座谈会纪要》的规定,张某不构成挪用公款罪。

辩点 5-2:挪用对象

本章三个罪名中,虽然都涉及挪用行为,但挪用的对象各不相同:挪用公款的,构成挪用公款罪;挪用公司、企业或者其他单位资金的,构成挪用资金罪;挪用用于救灾、抢险、防汛、优抚、扶贫、移民、救济款物的,构成挪用特定款物罪。三个对象虽然各不相同,但又有交叉,如用于救灾等款项也可能是公款,对于这种交叉的情况,还要结合其他要件确定相关罪名。

(一)"公款"的理解

挪用公款罪的行为对象是公款。本罪中的公款,不仅包括国家工作人员所在单位的公款,也包括具有法人资格的下级单位的公款;不仅包括货币资金,也包括其他可以变现的金融票据。

根据《全国法院审理经济犯罪案件工作座谈会纪要》的规定:"国有单位领导利用职务上的便利指令具有法人资格的下级单位将公款供个人使用的,属于挪用公款行为,构成犯罪的,应以挪用公款罪定罪处罚。"

根据最高人民检察院《关于挪用国库券如何定性问题的批复》(1997 年 10 月 13 日实施)的规定,国家工作人员利用职务上的便利,挪用公有或本单位的国库券的行为以挪用公款论;符合《刑法》第 384 条、第 272 条第 2 款规定的情形构成犯罪的,按挪用公款罪追究刑事责任。根据《全国法院审理经济犯罪案件工作座谈会纪要》的规定:"挪用金融凭证、有价证券用于质押,使公款处于风险之中,与挪用公款为他人提供担保没有实质的区别,符合刑法关于挪用公款罪规定的,以挪用公款罪定罪处罚,挪用公款数额以实际或者可能承担的风险数额认定。"由此可知,虽然对于挪用公款的通常理解是货币形式的资金,但是如汇票、本票、支票等票据法意义上的金融票据,也都是资金或者货币的载体,一旦被挪用,都会对公款造成损害,所以也是挪用公款罪的行为对象。

(二)"资金"的种类

挪用资金罪的行为对象是公司、企业或者其他单位的资金,也包括客户的资金,但一般是指账内资金。如果银行或者其他金融机构及其工作人员用账外客户资金非法拆借、发放贷款,则可能构成吸收客户资金不入账罪,如果行为人利用职务上的便利,挪用已经记入金融机构法定存款账户的客户资金归个人使用的,或者吸收客户资金不入账,却给客户开具银行存单,客户也认为将款已存入银行,该款却被行为人以个人名义借贷给他人的,均应认定为挪用资金罪或者挪用公款罪。这里所提的资金,一般是指以货币形式表现出来的属于公司或者企业的财产。

尚未注册完成的公司的资金,可以成为本罪的犯罪对象。根据最高人民检察院《关于挪用尚未注册成立公司资金的行为适用法律问题的批复》(2000年10月9日实施)的规定,筹建公司的工作人员在公司登记注册前,利用职务上的便利,挪用准备设立的公司在银行开设的临时账户上的资金,归个人使用或者借贷给他人,数额较大、超过3个月未还的,或者虽未超过3个月,但数额较大、进行营利活动的,或者进行非法活动的,应当根据《刑法》第272条的规定,追究刑事责任。因此,即便是尚未注册完成的公司或企业的资金,也可以作为本罪的行为对象。

关于债权能否成为本罪的对象,存在着争议。一方面,有观点认为,从民事法律角度看,债权属于相对权,债权人对债权仅享有请求权,并不具有支配权,行为人即便挪用了公司或企业的债权,其实际侵害了公司的债权请求权而非物权所有权,并不等同于实际侵犯了公司的资金。另一方面,也有人认为,行为人侵犯公司的债权的行为,无论其将债权抵销或者通过债的实现而消除了债权,对于公司来说,将公司享有的债权挪出个人使用这一具体事实的本质与挪用资金罪中将公司的货币资金挪作个人使用这一规范特征是相一致的,将挪用债权的行为解释为挪用资金罪中的挪用资金行为并不会超出一般人的预期。因此,面对行为人挪用公司或企业的债权的具体案例时,需要分析行为人的行为是否具有实际可罚的危害性,从对被告人有利的角度切入,进行辩护。

(三)"特定款物"的界定

挪用特定款物罪的行为对象是用于救灾、抢险、防汛、优抚、移民和救济款物。

救灾扶贫基金,是指救灾款有偿使用回收本金及其增值部分的资金和其他渠道的社会资金,由各级民政部门掌握并周转使用。鉴于救灾扶贫基金是基于国家拨给的救灾款实行有偿使用而来的,或以救灾为名吸引筹集社会资金而形成的,属于一种常备的救灾资金,应当专款专用,不得挪用。挪用救灾扶贫基金构成犯罪的,以挪用特定款物罪论处。

社会公众或者境外捐赠的资金属于"特定款物"。按照民政部《关于安排使用境外捐赠资金有关事宜的通知》(1991年10月15日实施)的规定:"境外捐赠资金有明确意向的,应按上述原则协商,统筹安排使用。如捐赠方坚持单建项目,也可允许,但应采取对应措施,用国家下拨救灾资金、国内及其他捐赠资金在同一乡村或邻近乡村建同类项目。"

失业保险基金和下岗职工基本生活保障资金属于"特定款物"。根据最高人民检察院《关于挪用失业保险基金和下岗职工基本生活保障资金的行为适用法律问题的批复》(2003年1月30日实施)的规定,挪用失业保险基金和下岗职工基本生活保障资金属于挪用救济款物。挪用失业保险基金和下岗职工基本生活保障资金,情节严重,致使国家和人民群众利益遭受重大损害的,对直接负责人员,应当依照《刑法》第273条的规定,以挪用特定款物罪追究刑事责任;国家工作人员利用职务上的便利,挪用失业保险基金和下岗职工基本生活保障资金归个人使用,构成犯罪的,应当依照《刑法》第384条的规定,以挪用公款罪追究刑事责任。

需要注意的是,"特定款物"既是挪用特定款物罪的对象,也是挪用公款罪的对象。如果挪用特定款物归个人使用,量刑会更重。例如,对于挪用公款归个人使用,进行非法活动的情形,挪用特定款物在50万元以上就可以判处5年以上有期徒刑,而挪用非特定款物则需要达到100万元以上;对于挪用公款归个人使用,进行营利活动或者超过3个月未还的情形,挪用特定款物在100万元以上就可以判处5年以上有期徒刑,而挪用非特定款物则需要达到200万元以上。

因此,对于挪用类犯罪案件,审查挪用对象是否属于救灾、抢险、防汛、优抚、扶贫、移民、救济等特定款物,不但影响到罪名的适用,还影响到量刑的轻重。

辩点5-3:挪用用途

对于挪用公款罪和挪用资金罪,刑法将挪用方式根据用途分为三类:一是挪用公款、资金进行非法活动;二是挪用公款、资金进行营利活动;三是挪用公款、资金进行非法、营利活动以外的个人活动。在理论上可以分为非法活动型、营利活动型和超期未还型。

对于挪用特定款物罪,只能是将救灾、抢险、防汛、优抚、扶贫、移民、救济等特定款物挪作其他公用,如果挪用特定款物归个人使用的,应以挪用公款罪从重处罚。

(一) 非法活动

这里的非法活动,既包括触犯刑法的犯罪活动,也包括一般的违法活动,主要包括以下几类:一是营利性非法活动,即挪用公款、资金后用于非法营利活动以获取利益的行为,如走私、赌博、贩毒、非法经营等;二是非法挥霍活动,即挪用公款、资金用于满足非法的私欲,如嫖娼、吸毒、包养情妇等;三是补救活动,即挪用公款、资金用于清偿非法活动所负的债务。

挪用公款或者资金给他人使用,挪用人明知使用人用于非法活动的,应认定为挪用进行非法活动。如果挪用公款或者资金归还个人进行非法活动产生的欠款,也应当认定为进行非法活动。

一般说来,挪用公款或资金用于非法活动的,以犯罪论,不受挪用数额多少和时间长短限制。当然,这并不意味着数额上没有任何要求,根据两高《关于办理贪污贿赂刑事案件适用法律若干问题的解释》的规定,挪用资金进行非法活动的,以6万元为追究刑事责任的数额起点,挪用公款进行非法活动的,以3万元为追究刑事责任的数额起点。如果挪用的数额不大,时间很短,情节显著轻微危害不大的,律师也可以根据《刑法》第13条但书的规定,提出"不作为犯罪处理"的辩护意见。

> **案例 5-4**
>
> 某国有企业出纳应某过节放假时在朋友家打牌,将其保管的公司小金库的资金5 000元输光,但第二天就从自己的积蓄中抽出5 000元补上了小金库的亏空。在这种情况下,应某的行为虽然也属于挪用公款进行非法活动,但从挪用的数额和归还的时间来看,情节都属于显著轻微,律师可以提出"不作为犯罪处理"的辩护意见。

(二) 营利活动

这里的营利活动,通常是指进行经商、办企业等经营性活动以及投资于股票、债券、期货市场或者用于拆借、集资、存入银行等行为。至于经营性活动是否实际获利,不影响犯罪的成立。

申报注册资本是为进行生产经营活动做准备,属于成立公司、企业进行营利活动的组成部分。因此,挪用公款或者资金归个人用于公司、企业注册资本验资证明,应当认定为挪用进行营利活动。

挪用公款或者资金给他人使用,挪用人明知使用人用于营利活动的,应认定为挪用进行营利活动。如果挪用公款或者资金归还个人进行营利活动产生的欠款,也应当认定为进行营利活动。

一般说来,用于营利活动的挪用行为构成犯罪,不受挪用时间的限制,但受挪用数额的限制。根据两高《关于办理贪污贿赂刑事案件适用法律若干问题的解释》的规定,挪用资金和挪用公款进行营利活动的,分别以10万元和5万元作为追究刑事责任的数额起点。因营利活动产生的利息、利润、收益等违法所得,应当追缴,但不计入挪用的数额。

案例5-5

王某系某股份制银行职员,为完成工作业绩,找到在某集团公司下属的财务公司担任会计的大学同学苏某,请求苏某帮忙购买银行推出的理财产品。苏某在获知该理财产品系本金无任何损失风险的情况下,将其保管的5万元公司资金购买了该理财产品,帮助王某完成了业绩要求。一个月后王某将公司资金连同收益一起返还了苏某。苏某将资金和收益一同入了公司账目。

本案中,苏某将其保管的公司资金用于购买银行理财产品,表面上看应认定为挪用资金用于营利活动,但仔细分析,苏某购买理财产品的行为,并不是为了个人谋利,而是为了帮助同学完成工作业绩,最终将资金和利息都记入了公司账目,不应认定为挪用资金进行营利活动。

(三) 个人使用

挪用公款、资金归个人使用,主要是指那些挪用公款、资金进行非法活动和营利活动之外的,挪用数额较大、超过3个月未还的情形。这里的"未还",是指案发前即被司法机关、主管部门或者有关单位发现前未还。该情形只有在挪用数额较大和超过3个月未还两个条件同时具备时,才构成犯罪。根据司法解释的规定,挪用资金和挪用公款归个人使用,超过3个月未还的,分别以10万元和5万元作为追究刑事责任的数额起点。

1. "归个人使用"的情形

(1) 将公款或者资金供本人、亲友或者其他自然人使用的；

(2) 以个人名义将公款或者资金供其他单位使用的；

(3) 个人决定以单位名义将公款或者资金供其他单位使用，谋取个人利益的。

司法实践中，对于将公款或者资金供其他单位使用的，认定是否属于"以个人名义"，不能只看形式，还要从实质上把握。对于行为人逃避财务监管，或者与使用人约定以个人名义进行，或者借款、还款都以个人名义进行，将公款或者资金给其他单位使用的，应认定为"以个人名义"。"个人决定"既包括行为人在职权范围内决定，也包括超越职权范围决定。"谋取个人利益"，既包括行为人与使用人事先约定谋取个人利益实际尚未获取的情况，也包括虽未事先约定但实际已获取了个人利益的情况。其中的"个人利益"，既包括不正当利益，也包括正当利益；既包括财产性利益，也包括非财产性利益，但这种非财产性利益应当是具体的实际利益，如升学、就业等。

> **案例 5-6**
>
> 任某在某国有独资公司任董事长，崔某系某建筑公司负责人，和任某为世交。崔某所在单位因承建某项目需要大量垫资，于是崔某找到任某请求借款 1 000 万元，承诺只要建设单位一拨付资金，立即归还给任某的公司。任某考虑到崔某系世交，且其建筑公司实力也不错，遂答应借款。
>
> 任某未经集体研究，指示下属以该公司名义与崔某建筑公司签订了 1 000 万元的借款合同，合同加盖双方公司公章并由双方负责人签字，之后任某所在公司从银行账上支付给崔某建筑公司 1 000 万元。后建筑公司没能及时归还该 1 000 万元，任某被人举报挪用公款而被立案侦查。
>
> 本案中，辩护律师认为任某虽然是个人决定向建筑公司借出公款，但其以公司名义与崔某所在的建筑公司签订了借款合同，两公司之间形成了正常的债权债务关系。任某与崔某虽系世交，但任某既没有事先与崔某约定谋取个人利益，也没有因此实际获取个人利益，故不符合"个人决定以单位名义将公款供其他单位使用，谋取个人利益的"条件，不属于挪用公款的行为。

2. "归个人使用"的认定

相比于非法活动和营利活动，归个人使用的情形能够构成犯罪的条件更高。在司法实践中，认定"归个人使用"还需要注意以下问题：

(1) 这里"归个人使用"的"个人"既包括自然人也包括单位,单位的性质在所不问。

(2) 挪用公款或者资金给他人使用,不知道使用人用公款或者资金进行营利活动或者用于非法活动,不能按照"进行营利活动或者进行非法活动"的情形处理,如果具备"数额较大"和"超过3个月未还"构成要件,可以构成挪用类犯罪。

(3) 挪用公款或者资金后尚未投入实际使用的,只要同时具备"数额较大"和"超过3个月未还"的构成要件,也可以构成挪用类犯罪。

案例 5-7

张某因挪用公款被举报到检察机关。被传唤后,张某供述了其在 2009 年 3 月挪用公款进行赌球的情况。据此,检察机关于 2009 年 4 月立案侦查。立案后,张某一直未归还其所挪用的款项,而检察机关也一直未查到张某参与赌博的其他证据。2009 年 10 月,检察机关以张某挪用公款数额较大、超过 3 个月未归还为由将其移送起诉。公诉人认为,在移送起诉前张某未归还挪用款项超过 3 个月,应当定罪处罚。

本案中,辩护律师认为不应对张某定罪处罚,辩护理由如下:首先,张某供述挪用公款用于赌球,而司法机关未能查清证据,挪用公款进行非法活动的证据不足。其次,张某挪用公款被发现时尚未超过 3 个月,是因为被刑事拘留而无法归还。因此,张某的行为属于挪用公款归个人使用,尚未超过 3 个月,故不构成挪用公款罪。

(四) 其他公用

该用途仅限于挪用特定款物罪,即将本应用于救灾、抢险、防汛、优抚、扶贫、移民、救济等用途的特定款物用于其他公共用途,如修建职工宿舍、发放职工福利等,构成挪用特定款物罪。将特定款物以外的其他公款、资金挪作其他公用的,不能构成本章中的犯罪。

(五) 非法占有

在本章犯罪中,行为人对于挪用的公款、资金或者特定款物都不具有非法占有的目的,都是为了挪作他用。如果行为人将挪用的款物占为己有,挪用类犯罪则可能转化为量刑更重的贪污罪或职务侵占罪。律师在代理此类转化犯罪案件时,关键要根据主客观相一致的原则,具体判断和认定行为人主观上是否具有非法占有的目

的。司法实践中,具有以下情形之一的,可以认定行为人具有非法占有的目的:

1. 行为人携带挪用的公款、资金或者特定款物潜逃的,对于其携带挪用的部分,以贪污罪或者职务侵占罪定罪处罚。

2. 行为人挪用公款后采取虚假发票平账、销毁有关账目等手段,使所挪用的款项已难以在单位财务账目上反映出来,且没有归还行为的。

3. 行为人截取单位收入不入账,非法占有,使所占有的款项难以在单位财务账目上反映出来,且没有归还行为的。

4. 有证据证明行为人有能力归还所挪用的款项而拒不归还,并隐瞒挪用的款项去向的。

辩点5-4:使用归还

在挪用类犯罪中,挪用的款物是否实际被使用以及是否归还,不但影响量刑,有的还直接影响到定罪,律师在进行辩护时应当注意核实这两个情节。

(一) 是否使用

挪用款物后并使用的是典型的挪用行为,但在司法实践中,也存在大量"挪而未用"的现象。而"未用"的原因具有以下几种情形:

1. 挪而不能用。行为人将款物控制后,具体用途明确,但由于客观原因导致款物未能实际投入使用,此时案发,款物被追回。

2. 挪而准备用。行为人将款物控制后,具体用途明确,准备投入使用,但在实际使用前案发,款物被追回。

3. 挪而停止用。行为人将款物控制后,具体用途明确,准备投入使用,后因行为人主观原因停止使用,并准备将款物归还,此时案发,将款物交回。

4. 挪而不准备用。行为人将款物控制后,并没有实际使用的打算,只是作为炫耀或证明之用,计划要在事发前将款物归还的,此时案发,行为人主动交还款物。

在以上四种情形中,第一种情形被认为是犯罪未遂,可以比照既遂犯从轻或者减轻处罚;第二种情形被认为是犯罪预备,可以比照既遂犯从轻、减轻处罚或者免除处罚;第三种情形被认为是犯罪中止,对没有造成损害的应当免除处罚,对造成损害的,应当减轻处罚;第四种情形可不作为犯罪处理,因其社会危害性较小,情节显著轻微。可见,不同原因引发"未用"的结果在量刑上存在很大的差异。

我国司法解释虽然没有对挪用类犯罪的犯罪形态作出明确的规定,但根据《全国法院审理经济犯罪案件工作座谈会纪要》的规定:"挪用公款后尚未投入实际使用的,只要同时具备'数额较大'和'超过三个月未还'的构成要件,应当认定为挪用公款罪,但可以酌情从轻处罚。"对挪而未用的处理原则就是定罪但可酌情从轻处罚。辩护律师应该在把握该条规定的基础上,进一步分析行为人未用的原因,以便取得更大幅度的从轻处理。

> **案例 5-8**
>
> 　　徐某系某国有企业出纳,嗜好赌博。为到境外赌博,徐某决定从单位挪用一些资金,遂私自开具了一张金额为 5 万元的现金支票。但还没等到徐某到银行承兑,事情就被单位领导发现了。
> 　　本案中,徐某虽然已经开出单位的现金支票,但因其尚未承兑成功,资金并未脱离单位控制,属于犯罪未遂,可以比照既遂犯从轻或者减轻处罚。

(二) 是否归还

1. 挪用公款或者资金归个人使用,数额较大,超过 3 个月未还的,构成挪用公款罪或者挪用资金罪,如果行为人在 3 个月以内归还的,则不构成犯罪。可见,是否在 3 个月以内归还直接影响到犯罪是否成立。

2. 挪用公款或者资金归个人使用,数额较大,超过 3 个月但在案发前全部归还本金的,可以从轻或者免除处罚。挪用数额巨大,超过 3 个月但在案发前全部归还本金的,可以酌情从轻处罚。可见,是否在案发前全部归还本金直接影响到量刑轻重。

3. 挪用公款或者资金数额较大,归个人进行营利活动的,在案发前部分或者全部归还本息的,可以从轻处罚;情节轻微的,可以免除处罚。可见,是否在案发前全部归还本息直接影响到量刑轻重。

4. 按照《刑法》规定,挪用本单位资金数额较大的,处 3 年以下有期徒刑或者拘役,挪用本单位资金数额巨大的,处 3 年以上 10 年以下有期徒刑。如果挪用本单位资金数额较大,同时又具有"不退还"的情节,则按照数额巨大的量刑标准处 3 年以上 10 年以下有期徒刑。可见,挪用资金是否退还直接影响到适用哪个量刑幅度。

5. 按照《刑法》规定,挪用公款数额情节严重的,处 5 年以上有期徒刑。如果挪用公款数额巨大,同时又具有"不退还"情节,则处 10 年以上有期徒刑或者无期徒刑。可见,挪用公款是否退还直接影响到适用哪个量刑幅度。

6. 根据两高《关于办理贪污贿赂刑事案件适用法律若干问题的解释》的规定,对于非法活动型的挪用公款行为,不退还数额在 50 万元以上不满 100 万元的,对于营利活动和超期未还型的挪用公款行为,不退还数额在100万元以上不满200万元的,应当认定为情节严重。可见,挪用公款不退还的数额直接影响到情节的认定。

> **案例5-9**
>
> 　　胡某系某国有事业单位财务主管,为结婚欲全款购买住房,但其在银行的定期存款两个月后才到期,若提前支取则会损失利息,若等到两个月后支取,又恐房价再涨,遂从单位的资金账户上支取10万元支付了购房款。两个月后,其银行定期存款到期后,胡某立即取出归还了从单位支取的款项。
> 　　本案中,胡某挪用公款的行为虽然已经完成,但其并未使用公款进行营利活动和非法活动,而且其已在3个月内归还了挪用的公款,不符合挪用公款罪的构成要件,其行为不构成挪用公款罪。

辩点5-5:量刑标准

(一) 挪用公款罪

量刑	罪状	挪用类型	"数额+情节"标准
5年以下有期徒刑或者拘役	数额较大	非法活动型	3万元≤挪用公款数额<100万元
		营利活动型和超期未还型	5万元≤挪用公款数额<200万元
5年以上有期徒刑	情节严重	非法活动型	1. 挪用公款数额≥100万元 2. 50万元≤挪用特定款物数额<100万元 3. 50万元≤挪用公款不退还数额<100万元 4. 其他严重的情节
		营利活动型和超期未还型	1. 挪用公款数额≥200万元 2. 100万元≤挪用特定款物数额<200万元 3. 100万元≤挪用公款不退还数额<200万元 4. 其他严重的情节
10年以上有期徒刑或者无期徒刑	数额巨大不退还	非法活动型	挪用公款数额≥300万元
		营利活动型和超期未还型	挪用公款数额≥500万元

辩护律师除了应当掌握上述量刑标准,还应当掌握以下从宽处罚的情节以及数额的计算方法:

1. 挪用正在生息或者需要支付利息的公款归个人使用,数额较大,超过三个月但在案发前全部归还本金的,可以从轻处罚或者免除处罚。给国家、集体造成的利息损失应予追缴。挪用公款数额巨大,超过三个月,案发前全部归还的,可以酌情从轻处罚。

2. 挪用公款数额较大,归个人进行营利活动的,在案发前部分或者全部归还本息的,可以从轻处罚;情节轻微的,可以免除处罚。

挪用公款存入银行、用于集资、购买股票、国债等,属于挪用公款进行营利活动。所获取的利息、收益等违法所得,应当追缴,但不计入挪用公款的数额。

3. 挪用公款给他人使用,不知道使用人用公款进行营利活动或者用于非法活动,数额较大、超过三个月未还的,构成挪用公款罪;明知使用人用于营利活动或者非法活动的,应当认定为挪用人挪用公款进行营利活动或者非法活动。

4. 多次挪用公款不还,挪用公款数额累计计算;多次挪用公款,并以后次挪用的公款归还前次挪用的公款,挪用公款数额以案发时未还的实际数额认定。

5. 犯罪分子及其亲友主动退赃或者在办案机关追缴赃款赃物过程中积极配合的,在量刑时应当与办案机关查办案件过程中依职权追缴赃款赃物的有所区别。

6. 立案后,犯罪分子及其亲友自行挽回的经济损失,司法机关或者犯罪分子所在单位及其上级主管部门挽回的经济损失,或者因客观原因减少的经济损失,不予扣减,但可以作为酌情从轻处罚的情节。

(二) 挪用资金罪

量刑	罪状	挪用类型	"数额+情节"标准
3年以下有期徒刑或者拘役	数额较大	非法活动型	6万元≤挪用资金数额<200万元
		营利活动型和超期未还型	10万元≤挪用资金数额<400万元
3年以上10年以下有期徒刑	数额巨大	非法活动型	挪用资金数额≥200万元
		营利活动型和超期未还型	挪用资金数额≥400万元
	数额较大不退还	非法活动型	挪用资金不退还数额≥6万元
		营利活动型和超期未还型	挪用资金不退还数额≥10万元

(三) 挪用特定款物罪

两高《关于办理贪污贿赂刑事案件适用法律若干问题的解释》对挪用公款罪和挪用资金罪的量刑标准作出了明确的规定,但没有提及挪用特定款物罪。所以最高人民检察院、公安部《关于公安机关管辖的刑事案件立案追诉标准的规定(二)》中关于挪用特定款物罪立案追诉标准的规定原则上仍然有效,即挪用用于救灾、抢险、防汛、优抚、扶贫、移民、救济款物,涉嫌下列情形之一的,应予立案追诉:

1. 挪用特定款物数额在 5 000 元以上的;
2. 造成国家和人民群众直接经济损失数额在 5 万元以上的;
3. 虽未达到上述数额标准,但多次挪用特定款物的,或者造成人民群众的生产、生活严重困难的;
4. 严重损害国家声誉,或者造成恶劣社会影响的;
5. 其他致使国家和人民群众利益遭受重大损害的情形。

需要注意的是,以上立案追诉标准,尤其是第一条和第二条标准,辩护律师在司法实践中应当结合最新的司法解释的精神对其适用提出意见,以维护当事人正当合法的权益。

辩点5-6:追诉时效

所谓追诉时效,是指按照刑法的规定追究犯罪行为的有效期限。犯罪行为已经超过法律规定的追诉时效期限的,不再追究其法律责任。因此,律师在代理刑事案件过程中,判定涉案的犯罪行为是否已经超过追诉时效,也是辩护的一大切入点。在挪用类犯罪中,由于存在挪用行为的连续状态和伴随归还行为,如何计算追诉期限就显得尤为重要。

最高人民法院《关于挪用公款犯罪如何计算追诉期限问题的答复》(2003年10月10日实施)就明确规定:

1. 挪用公款归个人使用,进行非法活动的,或者挪用公款数额较大、进行营利活动的,犯罪的追诉期限从挪用行为实施完毕之日起计算;
2. 挪用公款数额较大、超过3个月未还的,犯罪的追诉期限从挪用公款罪成立之日起计算;
3. 挪用公款行为有连续状态的,犯罪的追诉期限应当从最后一次挪用行为实施完毕之日或者犯罪成立之日起计算。

挪用资金罪和挪用特定款物罪虽然没有明确的司法解释,但亦可参照上述标准执行。

案例 5-10

李某在某公司担任会计,于 2003 年 4 月 7 日将自己保管的 5 000 元单位资金用于个人赌博,于 5 月 10 日将挪用的钱归还。后表妹余某向其借钱,其又在 2003 年 5 月 29 日将公司 2 万元资金借给了余某,余某在 9 月 10 日将 2 万元资金还给李某后,李某即刻将钱归还给了公司。公司在 2008 年 5 月审计时发现了李某的挪用行为并向公安机关举报,后李某被移送审查起诉。

庭审过程中,李某认为自己挪用 5 000 元进行赌博,挪用 2 万元借给他人,自己确实构成挪用资金罪,但时间已经过去这么多年了,早已过了追诉时效,不应再对其追究刑事责任。

本案中,李某有两次挪用行为,第一次是挪用 5 000 元进行赌博,后一次是挪用 2 万元借给他人,对其挪用行为的追诉期限应当按照最后一次挪用行为实施完毕之日或者犯罪成立之日起计算。李某于 2003 年 5 月 29 日挪用 2 万元借给他人,到 9 月 10 日将 2 万元全部归还给单位,归还的时间已经超过 3 个月,故犯罪的追诉时效应当从挪用公款罪成立之日起计算,即在李某 5 月 29 日挪用之后的 3 个月,即 2003 年 8 月 30 日时挪用资金罪成立。根据李某挪用的数额和情节,法定最高刑为不满 5 年有期徒刑,那么经过 5 年则不应再追诉。换句话说,如果李某的行为在 2008 年 8 月 30 日之后被发现,对其可不再追诉,但本案于 2008 年 5 月案发,尚未超过 5 年,故仍在追诉期限内。

辩点 5-7:共同犯罪

挪用类犯罪除了可以由行为人一人实施外,还经常存在着共同犯罪的情形,包括内部人员共同利用职务之便实施挪用犯罪,使用人与挪用人共谋实施挪用犯罪以及其他人员教唆、指使、帮助挪用人实施挪用犯罪等。在此,我们着重介绍挪用人与使用人之间的共同犯罪。

(一) 共同犯罪成立的条件

根据最高人民法院《关于审理挪用公款案件具体应用法律若干问题的解释》第 8 条的规定:"挪用公款给他人使用,使用人与挪用人共谋,指使或者参与策划取得挪用款的,以挪用公款罪的共犯定罪处罚。"使用人与挪用人要构成共同犯罪,必须具备以下主客观条件。

1. 主观方面

挪用人与使用人共谋,在主观上具有共同挪用的故意。这里的"共谋"是指挪用人与使用人之间具有主观犯意的联络和沟通。

如果挪用人和使用人在犯意上并无联络和沟通,则不构成共同犯罪。例如,使用人不知道其所使用的款项是挪用人挪用的公款或者资金,而误以为是挪用人的自有资金或是其他合法途径获得的资金时,不能将使用人与挪用人认定为共同犯罪。再如,即使使用人事后知道其所用的款项是挪用人挪用的公款或资金,但事先与挪用人之间并无共同挪用的故意时,也不能将使用人认定为挪用犯罪的共犯。

但是,当挪用人与使用人对于款项用途存在不同认识时,则需要具体情况具体分析。一般说来,在挪用类犯罪中,犯罪故意的内容是行为人明知是公款或者资金而仍然挪用,至于公款的使用用途,则属于犯罪目的,不属于犯罪故意的内容。因此尽管使用人与挪用人对款项的用途有不同认识,但仍然不妨碍其共同故意的成立。根据最高人民法院《关于审理挪用公款案件具体应用法律若干问题的解释》(1998年5月9日实施)第2条第3项的规定,挪用公款给他人使用,不知道使用人用公款进行营利活动或者非法活动,数额较大,超过3个月未还的,构成挪用公款罪;明知使用人用于营利活动或者非法活动的,应当认定为挪用人挪用公款进行营利活动或者非法活动。这个解释为司法实践解决上述问题提供了一个准则。

2. 客观方面

共同犯罪的成立必须是两人以上具有共同的犯罪行为。根据相关司法解释的精神,使用人应当指使或者参与策划取得挪用款才能与挪用人构成共犯。使用人仅有犯罪决意及单纯的犯意表示,不作为刑法调整对象,只有进一步实施了犯罪行为,才能纳入刑法调整的范围。使用人向款项管理人提出"借用"公款或者资金的意思表示后,又利用自己的优势指使管理人挪用公款或资金,或是与管理人一起策划挪用公款或资金的方法、步骤、时间等,这种情形符合共犯的特征,应以共犯论处。

如果使用人仅是提出借用款项的建议,款项的挪用与否取决于款项管理人的意志,使用人没有进一步提出利益分配的建议或进一步出谋划策让挪用人实施具体挪用行为的,不宜认定为共犯。

> **案例 5-11**
>
> 2010年夏天,某学校出纳张某的表弟王某说炒股能盈利,建议张某将其管理的学生校服款借出一个暑假假期用来炒股,张某想想觉得可行,便将其管理的35万元校服款交给王某,王某用该35万元炒股,学校开学后张某将该35万元归还。后案发。王某以挪用公款罪的共犯同张某一起被移送起诉。
>
> 本案中,公款使用人王某向公款管理人张某提出借用公款的请求后,并未与张某进一步策划如何挪用,即与挪用人没有犯意上的"共谋",不能构成挪用的共犯。不宜将仅提出用款请求并使用公款的人视为参与共谋,构成犯罪。在此情形下,张某利用自己的职务之便,将公款未经批准挪作他用,符合挪用公款罪的犯罪构成,应单独构成挪用公款罪。

(二)主犯和从犯的认定

在使用人与挪用人共同犯罪中,并不是挪用人一定是主犯,使用人一定是从犯。如何认定主犯与从犯,还是应当从行为人在共同犯罪中所起的作用进行区分。在共同犯罪中起组织、领导和主要作用的,是主犯。在共同犯罪中起次要或者辅助作用的,是从犯。

使用人虽然不具有挪用上的职务便利,但在犯罪中起主导作用,如组织、领导、教唆、指使、策划挪用人实施挪用行为,也应当认定为主犯。

附:本章相关法律规范性文件①

1. 法律

《中华人民共和国刑法》(2015年修正,法宝引证码:CLI.1.17010)第272、273、384条

2. 司法解释

最高人民法院、最高人民检察院《关于办理贪污贿赂刑事案件适用法律若干问题的解释》(法释〔2016〕9号,2016.04.18实施,法宝引证码:CLI.3.268586)

---

① 所列法律规范性文件的详细内容,可登录"北大法宝"引证码查询系统(www.pkulaw.cn/fbm),输入所提供的相应的"法宝引证码",免费查询。

最高人民法院、最高人民检察院《关于办理国家出资企业中职务犯罪案件具体应用法律若干问题的意见》(法发〔2010〕49号,2010.11.26实施,法宝引证码:CLI.3.154888)

最高人民法院、最高人民检察院《关于办理职务犯罪案件认定自首、立功等量刑情节若干问题的意见》(法发〔2009〕13号,2009.03.12实施,法宝引证码:CLI.3.114655)

最高人民法院《关于挪用公款犯罪如何计算追诉期限问题的批复》(法释〔2003〕16号,2003.10.10实施,法宝引证码:CLI.3.49731)

最高人民检察院《关于挪用失业保险基金和下岗职工基本生活保障资金的行为适用法律问题的批复》(高检发释字〔2003〕1号,2003.01.30实施,法宝引证码:CLI.3.44535)

最高人民检察院《关于挪用尚未注册成立公司资金的行为适用法律问题的批复》(高检发研字〔2000〕19号,2000.10.09实施,法宝引证码:CLI.3.31459)

最高人民法院《关于如何理解刑法第二百七十二条规定的"挪用本单位资金归个人使用或者借贷给他人"问题的批复》(法释〔2000〕22号,2000.07.27实施,法宝引证码:CLI.3.31023)

最高人民检察院、公安部《关于公安机关管辖的刑事案件立案追诉标准的规定(二)》(公通字〔2010〕23号,2010.05.07实施,法宝引证码:CLI.4.131249)

最高人民检察院《关于国家工作人员挪用非特定公物能否定罪的请示的批复》(高检发释字〔2000〕1号,2000.03.15实施,法宝引证码:CLI.3.29254)

最高人民法院《关于对受委托管理、经营国有财产人员挪用国有资金行为如何定罪问题的批复》(法释〔2000〕5号,2000.02.24实施,法宝引证码:CLI.3.26469)

最高人民检察院《关于人民检察院直接受理立案侦查案件立案标准的规定(试行)》(高检发释字〔1999〕2号,1999.09.16实施,法宝引证码:CLI.3.23469)

最高人民法院《关于审理挪用公款案件具体应用法律若干问题的解释》(法释〔1998〕号,1998.05.09实施,法宝引证码:CLI.3.19722)

最高人民检察院《关于挪用国库券如何定性问题的批复》(高检发释字〔1997〕5号,1997.10.13实施,法宝引证码:CLI.3.19708)

3. 其他

《全国法院审理经济犯罪案件工作座谈会纪要》(法发〔2003〕167号,2003.11.13实施,法宝引证码:CLI.3.51080)

全国人民代表大会常务委员会《关于〈中华人民共和国刑法〉第三百八十四条第一款的解释》(2002.04.28 实施,法宝引证码:CLI.1.39701)

全国人民代表大会常务委员会《关于〈中华人民共和国刑法〉第九十三条第二款的解释》(2000.04.29 实施,法宝引证码:CLI.1.27170)

第六章 贿赂类犯罪

第一节 贿赂类犯罪综述

一、贿赂类犯罪分类索引

类型	罪名	法条
1. 受贿类	受贿罪	第 385 条
	单位受贿罪	第 387 条
	利用影响力受贿罪	第 388 条之一
	非国家工作人员受贿罪	第 163 条第 1 款
2. 行贿类	行贿罪	第 389 条、第 390 条
	对有影响力的人行贿罪	第 390 条之一
	对单位行贿罪	第 391 条
	单位行贿罪	第 393 条
	对非国家工作人员行贿罪	第 164 条第 1 款
	对外国公职人员、国际公共组织官员行贿罪	第 164 条第 2 款
3. 介绍类	介绍贿赂罪	第 392 条

二、贿赂类犯罪《刑法》规定对照表

类型	罪名	法条	罪状	主刑	附加刑	辩点速查
受贿类	受贿罪	第 385 条	国家工作人员利用职务上的便利,索取他人财物的,或者非法收受他人财物,为他人谋取利益的。			1. 受贿主体:特殊主体,限于国家工作人员。 2. 行贿一方:包括自然人和单位。 3. 财物范围:包括货币、物品和财产性利益,尤其是房屋装修、债务免除、会员服务、旅游等利益的认定。 4. 职务要件:利用职务上的便利的认定。 5. 谋利要件:为他人谋取利益的认定,不论利益正当与否,注意感情投资的处理。 6. 受贿类型:特殊受贿和斡旋受贿的认定。 7. 受贿情节:索贿的处理,多次受贿的处理。 8. 共同犯罪:共同受贿的认定,与特定关系人共同受贿的主观认定。 9. 数额情节:见《刑法修正案(九)》及《关于办理贪污贿赂刑事案件适用法律若干问题的解释》中的最新规定。 10. 追赃退赃:赃款赃物的去向及用途对量刑的影响。 11. 死刑辩护:《刑法修正案(九)》的最新规定,注意终身监禁的适用。
			国家工作人员在经济往来中,违反国家规定,收受各种名义的回扣、手续费,归个人所有的。			
		第 388 条	国家工作人员利用本人职权或者地位形成的便利条件,通过其他国家工作人员职务上的行为,为请托人谋取不正当利益,索取请托人财物或者收受请托人财物的。			

(续表)

类型	罪名	法条	罪状	主刑	附加刑	辩点速查
受贿类	受贿罪	第386条	对犯受贿罪的,根据受贿所得数额及情节,分别依照下列规定处罚			1. 受贿主体:特殊主体,限于国家工作人员。 2. 行贿一方:包括自然人和单位。 3. 财物范围:包括货币、物品和财产性利益,尤其是房屋装修、债务免除、会员服务、旅游等利益的认定。 4. 职务要件:利用职务上的便利的认定。 5. 谋利要件:为他人谋取利益的认定,不论利益正当与否,注意感情投资的处理。 6. 受贿类型:特殊受贿与斡旋受贿的认定。 7. 受贿情节:索贿的处理,多次受贿的处理。 8. 共同犯罪:共同受贿的认定,与特定关系人共同受贿的主观认定。 9. 数额情节:见《刑法修正案(九)》及《关于办理贪污贿赂刑事案件适用法律若干问题的解释》中的最新规定。 10. 追赃退赃:赃款赃物的去向及用途对量刑的影响。 11. 死刑辩护:《刑法修正案(九)》的最新规定,注意终身监禁的适用。
			数额较大或者有其他较重情节的	处3年以下有期徒刑或者拘役	并处10万元以上50万元以下的罚金	
			数额巨大或者有其他严重情节的	处3—10年有期徒刑	并处20万元以上犯罪数额2倍以下的罚金或者没收财产	
			数额特别巨大或者有其他特别严重情节的	处10年以上有期徒刑或者无期徒刑	并处50万元以上犯罪数额2倍以下的罚金或者没收财产	
			数额特别巨大,并使国家和人民利益遭受特别重大损失的	处无期徒刑或者死刑	并处没收财产	
	单位受贿罪	第387条	国家机关、国有公司、企业、事业单位、人民团体,索取、非法收受他人财物,为他人谋取利益,情节严重的	对直接负责的主管人员和其他直接责任人员,处5年以下有期徒刑或者拘役	对单位判处罚金	1. 受贿主体:特殊主体,限于单位,包括国家机关、国有公司、企业、事业单位、人民团体。 2. 行贿一方:包括自然人和单位。 3. 受贿行为:"账外暗中"的认定和回扣、手续费的界定。 4. 财物范围:财产性利益的认定。 5. 谋利要件:利用职务上的便利的认定。
	利用影响力受贿罪	第388条之一	国家工作人员的近亲属或者其他与该国家工作人员关系密切的人,通过该国家工作人员职务上的行为,或者利用该国家工作人员职权或者地位形成的便利条件,通过其他国家工作人员职务上的行为,为请托人谋取不正当利益,索取请托人财物或者收受请托人财物			1. 受贿主体:特殊主体,限于国家工作人员的近亲属或者其他与国家工作人员关系密切的人、离职的国家工作人员或者其近亲属以及其他与其关系密切的人。 2. 行贿一方:包括自然人和单位。 3. 财物范围:财产性利益的认定。 4. 职务要件:利用职权或者地位形成的便利条件的认定。 5. 谋利要件:谋取不正当利益的认定。 6. 共同犯罪:本罪与共同受贿的界限。 7. 量刑标准:参照受贿罪的规定执行。
			数额较大或者有其他较重情节的	处3年以下有期徒刑或者拘役	并处罚金	
			数额巨大或者有其他严重情节的	处3—7年有期徒刑	并处罚金	
			数额特别巨大或者有其他特别严重情节的	处7年以上有期徒刑	并处罚金或者没收财产	
			离职的国家工作人员或者其近亲属以及其他与其关系密切的人,利用该离职的国家工作人员原职权或者地位形成的便利条件实施前款行为的,依照前款的规定定罪处罚			

(续表)

类型	罪名	法条	罪状	主刑	附加刑	辩点速查
受贿类	非国家工作人员受贿罪	第163条第1款	公司、企业或者其他单位的工作人员利用职务上的便利,索取他人财物或者非法收受他人财物,为他人谋取利益			1. 受贿主体:特殊主体,限于公司、企业或者其他单位的工作人员。 2. 行贿一方:包括自然人和单位。 3. 财物范围:财产性利益的认定。 4. 谋利要件:为他人谋取利益的认定。 5. 此罪彼罪:与其他受贿类犯罪的区别。
			数额较大的	处5年以下有期徒刑或拘役		
			数额巨大的	处5年以上有期徒刑	可以并处没收财产	
行贿类	行贿罪	第389条	为谋取不正当利益,给予国家工作人员以财物			1. 行贿主体:仅限自然人,不包括单位。 2. 行贿对象:国家工作人员,审查是否是司法工作人员或者是否负有监督管理职责。 3. 谋利要件:不正当利益的认定,审查是否谋取职务提拔、调整。 4. 行贿情节:有无被索贿,如因被勒索给予国家工作人员以财物,没有获得不正当利益的,不是行贿。 5. 主动交待:时机的把握以及对从轻、减轻、免除处罚的适用。
			在经济往来中,违反国家规定,给予国家工作人员以财物,数额较大的,或者违反国家规定,给予国家工作人员以各种名义的回扣、手续费的			
		第390条	对犯行贿罪的	处5年以下有期徒刑或拘役	并处罚金	
			因行贿谋取不正当利益,情节严重的,或者使国家利益遭受重大损失的	处5—10年有期徒刑	并处罚金	
			情节特别严重的,或者使国家利益遭受特别重大损失的	处10年以上有期徒刑或者无期徒刑	并处罚金或者没收财产	
	对有影响力的人行贿罪	第390条之一	为谋取不正当利益,向国家工作人员的近亲属或者其他与该国家工作人员关系密切的人,或者向离职的国家工作人员或者其近亲属以及其他与其关系密切的人行贿的			1. 行贿主体:自然人和单位。 2. 行贿对象:国家工作人员的近亲属、其他与国家工作人员关系密切的人、离职的国家工作人员或者其近亲属以及其他与其关系密切的人。 3. 谋利要件:不正当利益的认定。 4. 法条变更:《刑法修正案(九)》增设。 5. 量刑标准:参照行贿罪的规定执行,单位行贿的,应达到20万以上。
				处3年以下有期徒刑或者拘役	并处罚金	
			情节严重的,或者使国家利益遭受重大损失的	处3—7年有期徒刑	并处罚金	
			情节特别严重的,或者使国家利益遭受特别重大损失的	处7—10年有期徒刑	并处罚金	

(续表)

类型	罪名	法条	罪状	主刑	附加刑	辩点速查
行贿类	对单位行贿罪	第391条	为谋取不正当利益,给予国家机关、国有公司、企业、事业单位、人民团体以财物的,或者在经济往来中,违反国家规定,给予各种名义的回扣、手续费的	处3年以下有期徒刑或者拘役	并处罚金	1. 行贿主体:自然人和单位。 2. 行贿对象:国家机关、国有公司、企业、事业单位、人民团体。 3. 谋利要件:不正当利益的认定。
	单位行贿罪	第393条	单位为谋取不正当利益而行贿,或者违反国家规定,给予国家工作人员以回扣、手续费,情节严重的	对其直接负责的主管人员和其他直接责任人员,处5年以下有期徒刑或者拘役	对单位判处罚金 对其直接负责的主管人员和其他直接责任人员,并处罚金	1. 行贿主体:仅限单位。 2. 行贿对象:国家工作人员。 3. 谋利要件:不正当利益的认定。
	对非国家工作人员行贿罪	第164条第1款	为谋取不正当利益,给予公司、企业或者其他单位的工作人员以财物,数额较大的	处3年以下有期徒刑或拘役	并处罚金	1. 行贿主体:自然人和单位。 2. 行贿对象:公司、企业或者其他单位的工作人员。 3. 谋利要件:不正当利益的认定。
			数额巨大	处3—10年有期徒刑	并处罚金	
	对外国公职人员、国际公共组织官员行贿罪	第164条第2款	为谋取不正当商业利益,给予外国公职人员或者国际公共组织官员以财物,数额较大的	处3年以下有期徒刑或拘役	并处罚金	1. 行贿主体:自然人和单位。 2. 行贿对象:外国公职人员或者国际公共组织官员。 3. 谋利要件:不正当利益的认定。
			数额巨大	处3—10年有期徒刑	并处罚金	

(续表)

类型	罪名	法条	罪状	主刑	附加刑	辩点速查
介绍类	介绍贿赂罪	第392条	向国家工作人员介绍贿赂,情节严重的	处3年以下有期徒刑或拘役	并处罚金	1. 介绍对象:限于国家工作人员。 2. 共同犯罪:本罪与共同受贿或者共同行贿的界限。 3. 主动交待:时机的把握。

第二节 辩点整理

辩点6-1:主体对象　　辩点6-2:贿赂对象　　辩点6-3:职务要件
辩点6-4:谋利要件　　辩点6-5:受贿类型　　辩点6-6:行贿行为
辩点6-7:介绍贿赂　　辩点6-8:量刑标准　　辩点6-9:共同犯罪
辩点6-10:自首立功　　辩点6-11:其他情节

辩点6-1:主体对象

在本章犯罪中,受贿类犯罪与行贿类犯罪属于对向犯,收受贿赂的主体同时也是行贿的对象,我国刑法根据受贿主体和行贿对象的不同设置了不同的罪名,以打击各类贿赂犯罪。例如,国家工作人员受贿构成受贿罪,对国家工作人员行贿则构成行贿罪;国有性质单位受贿的构成单位受贿罪,对国有性质单位行贿的则构成对单位行贿罪;国家工作人员的近亲属或者其他与该国家工作人员关系密切的人受贿构成利用影响力受贿罪,对国家工作人员的近亲属或者其他与该国家工作人员关系密切的人行贿构成对有影响力的人行贿罪;公司、企业或者其他单位的工作人员受贿构成非国家工作人员受贿罪,对公司、企业或者其他单位的工作人员行贿则构成对非国家工作人员行贿罪。具体对比表如下:

受贿类犯罪	受贿主体	行贿对象	行贿类犯罪
受贿罪	国家工作人员受贿	个人向国家工作人员行贿	行贿罪
		单位向国家工作人员行贿	单位行贿罪
单位受贿罪	国家机关、国有公司、企业、事业单位、人民团体受贿	个人向国家机关、国有公司、企业、事业单位、人民团体行贿	对单位行贿罪
		单位向国家机关、国有公司、企业、事业单位、人民团体行贿	
利用影响力受贿罪	国家工作人员的近亲属或者其他与该国家工作人员关系密切的人受贿	（个人或者单位）向国家工作人员的近亲属或者其他与该国家工作人员关系密切的人行贿	对有影响力的人行贿罪
	离职的国家工作人员或者其近亲属以及其他与其关系密切的人受贿	（个人或者单位）向离职的国家工作人员或者其近亲属以及其他与其关系密切的人行贿	对有影响力的人行贿罪
		事先约定，（个人或者单位）在国家工作人员离职后对其行贿	行贿罪或者单位行贿罪
非国家工作人员受贿罪	公司、企业或者其他单位的工作人员受贿	（个人或者单位）向公司、企业或者其他单位的工作人员行贿	对非国家工作人员行贿罪
		（个人或者单位）向外国公职人员、国际公共组织官员行贿	对外国公职人员、国际公共组织官员行贿罪

由此可见，主体身份的确定，不但影响到对受贿类犯罪的认定，也同时影响到对行贿类犯罪的认定。与此同时，我国刑法只将向国家工作人员介绍贿赂的行为界定为介绍贿赂罪，换句话说，向非国家工作人员或者其他单位介绍贿赂的并不构成犯罪。因此，国家工作人员的界定还直接影响到介绍类犯罪的构成。辩护律师代理本章涉及的案件时，主体和对象的身份是一个非常重要的辩点。下面我们一一进行分析。

（一）国家工作人员

1. 国家工作人员涉及的罪名

通过上述分析，受贿罪、利用影响力受贿罪、行贿罪、单位行贿罪、对有影响力的人行贿罪、介绍贿赂罪六个罪名的条款中都涉及国家工作人员。受贿罪要求受贿的主体是国家工作人员；利用影响力受贿罪要求受贿的主体是国家工作人员的近亲属或者其他与该国家工作人员关系密切的人,和离职的国家工作人员或者其近亲属以及其他与其关系密切的人;行贿罪是指向国家工作人员行贿的行为;对有影响力的人行贿罪是指向国家工作人员的近亲属或者其他与该国家工作人员关系密切的人,以及离职的国家工作人员或者近亲属以及其他与其关系密切的人行贿的行为;单位行贿罪是指单位向国家工作人员行贿的行为;介绍贿赂罪则是向国家工作人员介绍贿赂的行为。在这六个罪名中,国家工作人员要么是受贿的主体,要么是行贿的对象,要么是介绍贿赂的对象,要么是受贿主体的近亲属或者关系密切的人,要么是行贿对象的近亲属或者关系密切的人。如果受贿主体或者行贿、介绍贿赂的对象与国家工作人员无关,那么就不能以这些罪名定罪处刑。

2. 国家工作人员的含义

根据《刑法》第93条的规定,国家工作人员是指国家机关中从事公务的人员。国有公司、企业、事业单位、人民团体中从事公务的人员和国家机关、国有公司、企业、事业单位委派到非国有公司、企业、事业单位、社会团体从事公务的人员,以及其他依照法律从事公务的人员,以国家工作人员论。

3. 国家工作人员的认定

国家工作人员的具体认定标准在第四章"贪污罪的主体"中有详细阐述,包括公务和身份两大标准,不再赘述,在此仅提示以下两个情形:

(1) 根据最高人民检察院法律政策研究室《关于集体性质的乡镇卫生院院长利用职务之便收受他人财物的行为如何适用法律问题的答复》,经过乡镇政府或者主管行政机关任命的乡镇卫生院院长,在依法从事本区域卫生工作的管理与业务技术指导,承担医疗预防保健服务工作等公务活动时,属于《刑法》第93条第2款规定的其他依照法律从事公务的人员。对其利用职务上的便利,索取他人财物的,或者非法收受他人财物,为他人谋取利益的,应当以受贿罪追究刑事责任。

(2) 根据最高人民法院、最高人民检察院《关于办理国家出资企业中职务犯罪案件具体应用法律若干问题的意见》,国家工作人员在国家出资企业改制过程中利用职务上的便利为请托人谋取利益,事先约定在其不再具有国家工作人员身份后收受请托人财物,或者在身份变化前后连续收受请托人财物的,以受贿罪定罪处罚。

> **案例 6-1**
>
> 谢某在担任村委会主任期间,结识了茶场的承包业主张某(已另案处理),两人交往甚密。张某为骗取国家退耕还林补助款,让作为村委会主任的谢某等人将自己承包的长安乡明月村集体茶场的180亩土地分解到该村42户农民的名下,伪造成退耕还林的花名册一本。张某利用该花名册骗取国家退耕还林补助粮食2.7万公斤、国家退耕还林补助款近24万元。张某为表示感谢先后给谢某好处费共计5万元。公诉机关以谢某涉嫌受贿罪移送人民法院提起公诉。谢某认为自己只是村民委员会成员,不属于国家机关工作人员,不构成受贿罪。法院经审理认为,谢某作为协助乡镇人民政府从事行政管理工作的村民委员会成员,属于"其他依照法律从事公务的人员",应以国家工作人员论,符合受贿罪的主体,其行为构成受贿罪。

由此可见,国家工作人员除了在国家机关从事公务的人员外,还存在很多"以国家工作人员论"的情形,他们有可能不在国家机关工作,有可能不具有国家机关人员编制,辩护律师进行辩护时不能简单地只看表面、看形式,而应结合相关的法律和司法解释正确认定"国家工作人员"。

(二) 特定关系人

1. 特定关系人涉及的罪名

《刑法修正案(七)》设立了利用影响力受贿罪,不属于国家工作人员但属于国家工作人员的"特定关系人"可以单独构成利用影响力受贿罪。《刑法修正案(九)》又增设了对有影响力的人行贿罪,对国家工作人员的特定关系人可以构成对有影响力的人行贿罪。除此之外,特定关系人与国家工作人员通谋,共同实施受贿行为的,对特定关系人以受贿罪的共犯论处。如果国家工作人员利用职务上的便利为请托人谋取利益,授意请托人以各种形式将有关财物给予特定关系人,特定关系人虽然接收了财物,但没有与国家工作人员通谋,不构成犯罪,对国家工作人员仍以受贿论处。反过来,国家工作人员与特定关系人即使事先没有通谋,但知道特定关系人索取、收受他人财物后仍未退还或者未上交,则可以推断国家工作人员具有受贿的故意,可以按照共犯处理,这是两高《关于办理贪污贿赂刑事案件适用法律若干问题的解释》中的规定,需要特别加以注意。

可见,特定关系人可以单独构成利用影响力受贿罪,也可以构成受贿罪的共犯,还可以成为行贿人给予财物的对象。与此同时,对特定关系人进行行贿可以构成对有影响力的人行贿罪。

2. 特定关系人的含义和范围

最高人民法院、最高人民检察院《关于办理受贿刑事案件适用法律若干问题的意见》(2007年7月8日实施)第11条对"特定关系人"的范围作出了明确的界定。所谓"特定关系人",是指与国家工作人员有近亲属、情妇(夫)以及其他共同利益关系的人。具体包括:

(1) 近亲属:包括夫、妻、父、母、子、女、同胞兄弟姐妹;

(2) 情妇或者情夫;

(3) 共同利益关系人。

现有司法解释并未对"共同利益关系"作出明确的规定,在实务中的理解应该把握两点:一是共同利益关系主要是指经济利益关系,纯粹的同学、同事、朋友关系不属于共同利益关系;二是共同的利益关系不限于共同财产关系。

(三) 离职的国家工作人员

离职的国家工作人员从广义上虽然也属于国家工作人员的范围,但因其已经离职或者退休,已无直接的职务便利,其收受贿赂的情形与任职的国家工作人员有所区别。因此,我国《刑法》及其司法解释对"离职的国家工作人员"作出了一些特殊的规定。

(1) 离职的国家工作人员以及其他与其关系密切的人,利用该离职的国家工作人员原职权或者地位形成的便利条件,通过其他国家工作人员职务上的行为,为请托人谋取不正当利益,索取请托人财物或者收受请托人财物,构成犯罪的,按照利用影响力受贿罪定罪处罚。该情形要求行为人为请托人谋取的是不正当利益,如果谋取的是正当利益,则不能按照本罪来处理。此外,《刑法修正案(九)》还增设了对有影响力的人行贿罪,行为人为谋取不正当利益,向离职的国家工作人员行贿的,也可以构成犯罪。

(2) 国家工作人员利用职务上的便利为请托人谋取利益,并与请托人事先约定,在其离职后收受请托人财物,构成犯罪的,应以受贿罪定罪处罚。因此,国家工作人员利用职务上的便利为请托人谋取利益,在离职后收取他人财物的行为是否构成受贿罪的关键在于"事先有无约定"。如果行为人在任职期间利用职权为他人谋取利益时没有受贿的意图,但在离职后实施了收受财物的行为,此时行为人已经离职,已无职权可利用,如果事先没有和请托人约定在离职后收取财物,不能认定收受财物的行为与职务行为存在联系。因此,无约定的离职后收受财物的行为不能认定为犯罪。

需要特别注意的是,两高《关于办理贪污贿赂刑事案件适用法律若干问题的解释》规定履职时未被请托,但事后基于该履职事由收受他人财物,也应当认定为"为他人谋取利益"。这里的"事后",不应进行扩大解释,不应包括"离职后"。离职后收受财物能否按照受贿罪处理,还是应当考察"事先有无约定",这是辩护律师可以切入的点。

> **案例 6-2**
>
> 2002 年到 2009 年间,金某为某区教委主任,2009 年底退休。在任教委主任期间,大力促进民办教育发展,并接受李某请托,为其办的学校在硬件建设、师资力量引进、政策扶持上做了大量工作。退休后,李某为感谢金某在任职期间对学校的支持,送其人民币 15 万元。
>
> 在本案中,虽然金某在任职期间为李某开办学校提供便利和支持,但并没有向李某索要过任何财物,李某也并未送过金某任何财物,双方也没有约定在退休后金某再收取李某财物。因此,金某在其退休后收取李某 15 万元的行为不构成受贿罪。

(四) 非国家工作人员

1. 非国家工作人员涉及的罪名

在本章犯罪中,涉及非国家工作人员的有非国家工作人员受贿罪和对非国家工作人员行贿罪两个罪名,它们与国家工作人员的受贿罪和对国家工作人员行贿的行贿罪是相互对应的。因此,是否属于"国家工作人员"直接关系到此罪与彼罪的界限。

2. 非国家工作人员的含义与范围

根据《刑法》第 163 条的规定,非国家工作人员是指公司、企业或者其他单位的工作人员。根据最高人民法院、最高人民检察院《关于办理商业贿赂刑事案件适用法律若干问题的意见》(2008 年 11 月 20 日实施)及相关规定,非国家工作人员主要包括:

(1) 非国有公司、企业的工作人员。包括董事、经理、监事、管理人员和职工。

(2) 国有公司、企业以及其他国有单位中的非国家工作人员。例如,为国家工作人员提供交通、饮食服务的人员,他们在国有公司、企业以及其他国有单位中也担任一定的工作职责,也存在利用职务上的便利索取或收受贿赂的情形,但并非属于从事公务,应以非国家工作人员认定。

(3)"其他单位"中的非国家工作人员。既包括在事业单位、社会团体、村民委员会、居民委员会、村民小组等常设性的组织,也包括在为组织体育赛事、文艺演出或者其他正当活动而成立的组委会、筹委会、工程承包队等非常设性组织中非从事公务的人员。

3. 区分标准的实例解析

(1)医疗机构

A. 医疗机构中的国家工作人员,在药品、医疗器械、医用卫生材料等医药产品采购活动中,利用职务上的便利,索取销售方财物,或者非法收受销售方财物,为销售方谋取利益,构成犯罪的,以受贿罪定罪处罚。

B. 医疗机构中的非国家工作人员,有前款(A项)行为,构成犯罪的,以非国家工作人员受贿罪定罪处罚。

C. 医疗机构中的医务人员,利用开处方的职务便利,以各种名义非法收受药品、医疗器械、医用卫生材料等医药产品销售方财物,为医药产品销售方谋取利益,数额较大,构成犯罪的,以非国家工作人员受贿罪定罪处罚。

案例 6-3

2003年3月至2005年11月,某国有医院内科医师李某应多名医药代表之托,在为临床诊疗病人开具的处方中经常选用医药代表所推荐的药品,并按照双方事先约定的比例,从中收受医药代表回扣4万余元,后被以涉嫌受贿罪移送起诉。辩护律师认为,被告人李某虽然是在国有事业单位工作,但其看病开具处方属于医疗行为,不具有管理性和职权性,不属于从事公务的人员,不应认定为国家工作人员。法院采纳了辩护人的意见,最终认定被告人李某构成非国家工作人员受贿罪。

从该案例可以看出,国有医院虽然是国有事业单位,但并不是该单位中所有的工作人员都是国家工作人员。国有医院医生开处方的行为,只是一项公共服务活动,并非从事公务,其身份不能认定为国家工作人员,故不构成受贿罪。

> 但是,如果李某作为医师,在采购药品的活动中,利用职务便利,非法收受医药代表财物的,则属于从事公务,可以按照受贿罪定罪处罚。可见,是否从事公务直接影响到主体的认定。

(2) 学校及其他教育机构

A. 学校及其他教育机构中的国家工作人员,在教材、教具、校服或者其他物品的采购等活动中,利用职务上的便利,索取销售方财物,或者非法收受销售方财物,为销售方谋取利益,构成犯罪的,以受贿罪定罪处罚。

B. 学校及其他教育机构中的非国家工作人员,有前款(A项)行为构成犯罪的,以非国家工作人员受贿罪定罪处罚。

C. 学校及其他教育机构中的教师,利用教学活动的职务便利,以各种名义非法收受教材、教具、校服或者其他物品销售方财物,为教材、教具、校服或者其他物品销售方谋取利益,数额较大构成犯罪的,以非国家工作人员受贿罪定罪处罚。

(3) 依法组建的评标委员会、竞争性谈判采购中的谈判小组、询价采购中的询价小组

A. 依法组建的评标委员会、竞争性谈判采购中的谈判小组、询价采购中的询价小组的组成人员,在招标、政府采购等事项的评标或者采购活动中,索取他人财物或者非法收受他人财物,为他人谋取利益,构成犯罪的,以非国家工作人员受贿罪定罪处罚。

B. 依法组建的评标委员会、竞争性谈判采购中的谈判小组、询价采购中的询价小组中国家机关或者其他国有单位的代表,有前款(A项)行为构成犯罪的,以受贿罪定罪处罚。

由此可见,非国家工作人员和国家工作人员的认定,不但要看其所在单位的性质,还要看其所从事的是否属于公务,两个标准缺一不可。

(五) 单位

在本章犯罪的罪名中直接涉及单位的有单位受贿罪、对单位行贿罪和单位行贿罪。

1. 单位受贿罪

根据《刑法》第387条的规定,单位受贿罪是单位犯罪,其主体不但要求必须是单位,而且还要求必须是国家机关、国有公司、企业、事业单位、人民团体。这里的

"事业单位",仅指国家出资设立,经费由国家拨付的事业单位,而不包括集体所有制和民办的事业单位;"人民团体"也要求为国有性质,一般是指各民主党派、各级共青团、工会、妇联、残联等。

2. 对单位行贿罪

根据《刑法》第 391 条的规定,对单位行贿罪的行为对象是单位,其范围与单位受贿罪的犯罪主体相一致,是指国家机关、国有公司、企业、事业单位、人民团体,如果向非国有公司、企业、事业单位、人民团体等单位行贿的,则不构成对单位行贿罪,如果构成行贿罪或者对非国家工作人员行贿罪的,则按照相关规定定罪处刑。

3. 单位行贿罪

根据《刑法》第 393 条的规定,单位行贿罪也是单位犯罪,但对单位的性质和属性没有任何限制,既包括国有性质的单位,也包括非国有性质的单位。只要是以单位名义或者为了单位利益实施行贿,所得利益归单位所有的,可以构成单位行贿罪。

案例 6-4

> 某国有企业为剥离非主营业务,与两家民营企业共同出资成立了一家有限责任公司,国有企业参股 20%,控股股东为其中一家民营企业。为经营方便,成立的有限公司选举国有企业委派的管理人员担任董事长。该公司在经营中,接受其他企业请托,通过该国有企业为其他企业谋取利益,并收取各种回扣归公司所有。对成立的有限责任公司来讲,由于国有企业仅仅参股 20%,即使该有限公司的董事长是由国有企业委派的,也不能认定该有限公司为国有公司,故不符合单位受贿罪的主体要件。

辩点 6-2:贿赂对象

对于贿赂类犯罪的辩护,贿赂的对象是切入点之一。从刑法条文的表述来看,贿赂对象涉及到的有:财物和回扣、手续费,回扣和手续费也可以统称为财物。所以,从贿赂对象入手,主要是审查财物的范围,如果接受或者给予的财物不是法律规定的对象,可以进行无罪辩护。

(一) 货币

这是贿赂犯罪中常见的财物之一。所谓"货币",本质上是所有者之间关于交换权的契约,也就是我们所称的"金钱"。根据不同的分类标准,可以分为纸币和硬币,也可以分为现金和储蓄货币,还可以分为本国货币和外国货币。不管是哪一种类型,只要是货币,都属于贿赂犯罪中"财物"的范围。需要说明的是,对于外国货币,一般行贿或者受贿时中国外汇交易中心或者中国人民银行授权机构公布的人民币对该货币的中间价折合成人民币计算犯罪数额;中国外汇交易中心或者中国人民银行授权机构未公布汇率中间价的外币按照行贿或者受贿时境内银行人民币对该货币的中间价折算成人民币,或者按照该货币在境内银行、国际外汇市场对美元汇率与人民币对美元汇率中间价进行套算。

(二) 物品

在社会生活中,物品的范围非常宽泛,它是一种客观存在的有形的实体,通常可以折算为货币或者需要支付货币才能取得。物品具备有效价格证明的,犯罪数额按照有效价格证明认定;不具备有效价格证明的或者根据价格证明认定数额明显不合理的,按照有关规定委托估价机构估价认定。因此,在代理这类案件时,辩护律师一定要注意审查估价方面的鉴定意见,通过推翻鉴定意见或者重新鉴定将鉴定价格降低,从而达到降低犯罪数额的目的。

(三) 财产性利益

2008年两高《关于办理商业贿赂刑事案件适用法律若干问题的意见》中就明确规定:"商业贿赂中的财物,既包括金钱和实物,也包括可以用金钱计算数额的财产性利益,如提供房屋装修、含有金额的会员卡、代币卡(券)、旅游费用等。具体数额以实际支付的资费为准。"

2016年两高《关于办理贪污贿赂刑事案件适用法律若干问题解释》也进一步明确了"财物"的范围包括财产性利益,还对"财产性利益"的范围进行了界定,包括:

(1) 可以折算为货币的物质利益

这些物质利益是可以直接折算为货币的,犯罪的数额以折算出的货币计算。例如房屋装修、债务免除等。

(2) 需要支付货币的其他利益

这些利益虽然不能直接折算为货币,但需要支付货币才能取得,仍然属于财产性利益,犯罪数额以实际支付或者应当支付的数额计算。例如会员服务、旅游等。

辩点 6-3:职务要件

在本章犯罪中,不论是受贿类犯罪、行贿类犯罪,还是介绍类犯罪,都与"利用职务上的便利"有着或多或少的联系。在我国目前的刑法框架下,利用职务上的便利是受贿类犯罪在客观方面的重要构成要件之一。司法实务中理解把握受贿类犯罪的职务要件的内涵和外延,对准确理解受贿类犯罪有非常重要的意义,也是律师为受贿类犯罪辩护的一个重要切入点。

(一) 受贿罪的职务要件

受贿罪要求利用职务上的便利。根据《全国法院审理经济犯罪案件工作座谈会纪要》的规定,《刑法》第385条第1款规定的"利用职务上的便利",既包括利用本人职务上主管、负责、承办某项公共事务的职权,也包括利用职务上有隶属、制约关系的其他国家工作人员的职权。担任单位领导职务的国家工作人员通过不属于自己主管的下级部门的国家工作人员的职务为他人谋取利益的,应当认定为"利用职务上的便利"为他人谋取利益。

案例6-5

某市主管农业的副市长张某,受某民营企业负责人请托,向某国有商业银行行长打了一个招呼,希望银行能向该企业发放贷款。银行向该企业发放贷款后,企业负责人为表示感谢,给予张某5万元感谢费,张某后被人民检察院以受贿罪提起公诉。在代理该案过程中,律师可以从张某是否利用职务上的便利作为切入点,张某虽然是副市长,但主管的是农业,而且国有商业银行系垂直管理,并非地方政府下级机构,张某对银行既没有主管的职权,与银行工作人员之间也没有形成隶属、制约的关系,因此不符合《刑法》第385条第1款规定的"利用职务上的便利"的条件。

(二) 斡旋受贿的职务要件

斡旋受贿要求利用本人职权或者地位形成的便利条件,通过其他国家工作人员职务上的行为为他人谋利。根据《全国法院审理经济犯罪案件工作座谈会纪要》的规定,《刑法》第388条规定的"利用本人职权或者地位形成的便利条件",是指行为人与被其利用的国家工作人员之间在职务上虽然没有隶属、制约关系,但是行为人利用了本人职权或者地位产生的影响和一定的工作联系,如单位内不同部门的国家工作人员之间、上下级单位没有职务上隶属、制约关系的国家工作人员之间、有工作联系的不同单位的国家工作人员之间等。

虽然斡旋受贿按照受贿罪定罪处罚，但两者之间有很大区别，普通受贿利用的是职务上的便利，而斡旋受贿利用的是本人职权或者地位形成的便利条件。普通受贿中为他人谋取的可以是不正当利益也可以是正当利益，而斡旋受贿中为他人谋取的是不正当利益。在案例6-5中，张某作为某市主管农业的副市长，虽然与银行行长之间没有隶属、制约关系，但因其副市长的职权和地位仍会对银行行长产生影响，其向银行行长打招呼希望银行向企业发放贷款虽然不属于"利用职务上的便利"，但属于"利用本人职权或者地位形成的便利条件"，如果张某为该民营企业谋取的是正当利益，则不构成犯罪，但如果为企业谋取的是不正当利益，则属于斡旋受贿，构成受贿罪。

> **案例6-6**
>
> 王某因涉嫌经济犯罪被某区公安分局经侦支队抓获。王某的家人找到在该区司法局工作的老乡张某帮忙。张某打听后得知经侦支队主办该案的副支队长胡某正好是其同学，遂联系到胡某请求帮忙开脱王某。侦查期满后，王某被经侦支队取保候审。之后张某收取了王某及其家人给予的好处费10万元。张某因涉嫌受贿罪被逮捕。律师接受委托代理该案，向侦查机关提交法律意见认为，虽然张某通过经侦支队胡某为涉嫌犯罪的王某开脱，但并非利用职权和地位形成的便利条件。张某系司法局一般工作人员，对在公安局工作的胡某不会产生任何影响，双方在业务及工作上也没有任何联系，其接受王某家人请托联系到胡某也是基于与胡某的同学关系，因此不能认定为利用职权和地位形成的便利条件，不属于斡旋受贿。

（三）利用影响力受贿罪的职务要件

在利用影响力受贿罪中，存在以下三种情形：

（1）国家工作人员的近亲属或者其他与该国家工作人员关系密切的人，通过该国家工作人员职务上的行为，为请托人谋取不正当利益而索贿或者受贿的。在这种情形中，职务要件是通过该国家工作人员职务上的行为，利用的是该国家工作人员职务上的便利。

（2）国家工作人员的近亲属或者其他与该国家工作人员关系密切的人，利用该国家工作人员职权或者地位形成的便利条件，通过其他国家工作人员职务上的行为,为请托人谋取不正当利益而索贿或者受贿的。在这种情形中,职务要件是利用该国家工作人员职权或者地位形成的便利条件,实现为他人谋利的途径是通过其他国家工作人员职务上的行为。

(3) 离职的国家工作人员或者其近亲属以及其他与其关系密切的人,利用该离职的国家工作人员原职权或者地位形成的便利条件,通过其他国家工作人员职务上的行为,为请托人谋取不正当利益而索贿或者受贿的。在这种情形中,职务要件是利用该离职国家工作人员原来职权或者地位形成的便利条件,实现为他人谋利的途径是通过其他国家工作人员职务上的行为。

> **案例 6-7**
>
> 刘某是某市中级人民法院院长,已经退休,该市某公司因合同纠纷被另一家单位起诉到该市某区人民法院。该公司老总陈某找到刘某,希望刘某能够帮忙给予关照,刘某遂找到某区法院院长,表达了请托人的想法,后该公司胜诉,陈某送给刘某 20 万元以表谢意。本案中,刘某虽然已经退休,但其利用自己原来担任中级人民法院院长职务形成的便利条件,通过某区法院院长职务上的行为,为请托人陈某谋取了不正当利益,符合利用影响力受贿罪职务要件上的要求。

(四) 非国家工作人员受贿罪的职务要件

受贿罪与非国家工作人员受贿罪在职务要件上都是"利用职务上的便利",但由于两者在犯罪主体上的差别以及犯罪领域的不同,"利用职务上的便利"的内涵也存在不同之处。非国家工作人员受贿罪中的"利用职务上的便利"是指利用本人在公司、企业或者其他单位中组织、领导、监督、管理等职权以及利用与上述职权有关的便利条件,通常包括资产管理、资本运作、经济活动的支配、管理、控制等职权。其与受贿罪中的"利用职务上的便利"的区别在于:

(1) 非国家工作人员受贿罪中"利用职务上的便利"不包括间接利用本人职权,仅指直接利用本人职权。

(2) 非国家工作人员在离职后收取贿赂,或利用原职权或地位形成的便利条件,索取或收受贿赂,不能以非国家工作人员受贿罪论处。

案例 6-8

赵某系某民营集团公司负责法务的副总,某办公家具企业找到赵某希望向其所在的公司推销办公家具。赵某遂向公司负责采购的行政副总宋某推荐了该办公家具企业。宋某接受赵某建议从该企业采购了一批办公家具。该企业为感谢赵某,送去人民币5万元。本案中,赵某系民营公司副总,属于非国家工作人员,其在公司负责法务,采购办公家具并非其职权范围内的事项,因此其收受5万元的行为不构成非国家工作人员受贿罪。

(五) 与"工作上的便利"的区别

不论是受贿罪还是非国家工作人员受贿罪,本质上都是一种权钱交易,与行为人的职权密不可分,这种"职务上的便利"不包括"工作上的便利",两者在本质上是不同的。"工作上的便利"是行为人在履职过程中产生的便利条件,与职权没有内在联系,比如因工作而熟悉环境、认识熟人、听到消息等。因此,准确地区分"职务上的便利"与"工作上的便利"是正确区分受贿类犯罪中罪与非罪界限的一个关键因素。

案例 6-9

郭某系区财政局法制科工作人员。政府采购中心要通过招投标的方式购买一批办公电脑,某电脑销售商丁某请郭某帮忙。郭某在和政府采购中心工作人员谈论事情时无意知道了该次采购的标底,遂告知丁某,丁某即调整标书而中标。事后,丁某给郭某送去感谢费6万元。本案中,郭某虽然是财政局工作人员,但其不在政府采购中心工作,亦不参与或者负责此次电脑采购,其获悉标底,是其在工作中无意得知的,利用的是其工作上的便利,而非职务上的便利,因此其收受丁某6万元的行为不构成受贿罪。

辩点 6-4:谋利要件

根据我国现行《刑法》及相关司法解释的规定,收受或者索取型受贿必须具备"为他人谋取利益"的要件,斡旋受贿和利用影响力受贿必须具备"为他人谋取不正当利益"要件,行贿类犯罪则必须要以谋取不正当利益为要件。所以,清楚准确地认定"为他人谋取利益"以及"正当利益"和"不正当利益"的含义,对本章犯罪的构成以及区分此罪与彼罪都具有关键意义。

(一) 为他人谋取利益的认定

1. 总的认定

根据《全国法院审理经济犯罪案件工作座谈会纪要》的规定,为他人谋取利益包括承诺、实施和实现三个阶段的行为,只要具有其中一个阶段的行为,不管是根据他人的请托事项承诺为其谋取利益的,还是利用职务上的便利,实施为他人谋取利益的行为,还是利用职务便利,为他人实际谋取到了利益,均应认定为"为他人谋取利益"。

除此之外,两高《关于办理贪污贿赂刑事案件适用法律若干问题的解释》进一步细化了"为他人谋取利益"要件的情形,只要具有下列情形之一的,就应当认定为"为他人谋取利益":

(1) 实际或者承诺为他人谋取利益的;
(2) 明知他人有具体请托事项的;
(3) 履职时未被请托,但事后基于该履职事由收受他人财物的。

这些新的规定,辩护律师应当熟练,并根据法律和司法解释的不断变化,随时转变辩护思路和辩护策略,不能仅审查行贿人是否明确提出具体的请托事项,或者收受他人财物的时候有无被请托。

2. 感情投资

在以往的司法实践中,对于没有任何请托事项的"感情投资",律师通常会从"没有为他人谋取利益"的角度进行无罪辩护,这样的辩护在以前还存在一定的空间,但在2016年4月18日之后,则需要调整辩护思路。因为两高《关于办理贪污贿赂刑事案件适用法律若干问题的解释》对一些所谓的"感情投资"提出了明确的处理意见,即国家工作人员索取、收受具有上下级关系的下属或者具有行政管理关系的被管理人员的财物,价值三万元以上,可能影响职权行使的,则视为承诺为他人谋取利益,应当以受贿犯罪定罪处罚。换句话说,具有以上情形的,不管是否有请托事项,均视为承诺为他人谋取利益。所以辩护律师不能仅从有无请托事项入手,而是应当审查是否具有上下级关系或者是否具有行政管理关系,审查是否可能影响职权的行使。作为辩护律师,随着法律和司法解释的变更而转变思路是非常重要的。

(二) 利益正当与否的标准

同为受贿类犯罪,收受或者索取型受贿中的"为他人谋取利益"不区分是正当利益还是不正当利益；而斡旋受贿和利用影响力受贿则要求为他人谋取的是不正当利益，如果为他人谋取的是正当利益，即使收受或者索取了他人财物，也不构成犯罪。对于行贿类犯罪，不管是行贿罪，对有影响力的人行贿罪，对非国家工作人员行贿罪，对外国公职人员、国际公共组织官员行贿罪，单位行贿罪，还是对单位行贿罪，都要求必须是"为谋取不正当利益"，如果为了谋取正当利益而行贿的，则不构成行贿类犯罪中的任何一个罪名。

根据最高人民法院、最高人民检察院《关于在办理受贿犯罪大要案的同时要严肃查处严重行贿犯罪分子的通知》（1999年3月4日实施）和最高人民法院、最高人民检察院《关于办理行贿刑事案件具体应用法律若干问题的解释》（2013年1月1日实施）的规定，行贿犯罪中的"谋取不正当利益"，是指行贿人谋取的利益违反法律、法规、规章、政策规定，或者要求国家工作人员违反法律、法规、规章、政策、行业规范的规定，为自己提供帮助或者方便条件。分析该规定可以看出"不正当利益"主要包括：

（1）利益本身违法，即谋取违反法律、法规、规章、政策规定的利益，比如免除犯罪应当承担的刑事责任。

（2）利益本身合法，但谋取利益的途径或手段违法，即要求国家工作人员提供违反法律、法规、规章、政策规定的帮助或方便条件。

（3）违背公平、公正原则，在经济、组织人事管理等活动中，谋取竞争优势的，应当认定为"谋取不正当利益"。

对于不正当利益，还要特别注意审查是否存在为他人谋取职务提拔或者职务调整的情形，因为不论是他人谋取职务提拔、调整而受贿的，还是为了谋取职务提拔、调整而向他人行贿的，都属于从重处罚的情节，作为辩护律师，应当尽量排除这类情形。

案例6-10

某开发商为了竞得一国有土地使用权，向规划局和国土资源局的工作人员行贿，规划局和国土资源局的工作人员为使该开发商获得该国有土地的使用权，针对该开发商的实际情况设置了竞标条件，最后使得该开发商顺利中标。本案中，国有土地使用权本身属于合法利益，但开发商通过行贿排除竞争的违法手段获得，对其来讲即构成了不正当利益。

辩点6-5：受贿类型

（一）借用型受贿

依据《全国法院审理经济犯罪案件工作座谈会纪要》的规定，国家工作人员利用职务上的便利，以借为名向他人索取财物，或者非法收受财物为他人谋取利益的，应当认定为受贿。具体认定时，除双方交代或者书面协议之外，应当根据以下因素综合判定：(1) 有无借用的合理事由；(2) 款项的去向或者物品是否实际使用；(3) 双方平时关系如何、有无经济往来；(4) 出借方是否要求国家工作人员利用职务上的便利为其谋取利益；(5) 借用时间的长短；(6) 有无归还的意思表示及行为；(7) 有无归还的能力和条件；(8) 未归还的原因；等等。律师应综合上述因素判定借用人与出借人之间是真实的借用关系还是以借为名的贿赂关系，以便确定辩护方向。

（二）交易型受贿

根据最高人民法院、最高人民检察院《关于办理受贿刑事案件适用法律若干问题的意见》（以下简称《办理受贿案意见》）第1条的规定，国家工作人员利用职务上的便利为请托人谋取利益，以下列交易形式收受请托人财物的，以受贿论处。

1. 以明显低于市场价的价格向请托人购买房屋、汽车等物品；
2. 以明显高于市场价的价格向请托人出售房屋、汽车等物品；
3. 以其他交易形式非法收受请托人财物的。

把握交易型受贿的关键点在于对"明显"的理解。由于《办理受贿案意见》没有进一步界定什么是"明显"，司法实践中可根据具体个案的具体问题处理，但有一点应该明确的是，是否"明显"应当以普通公众的认识来判断，而不是以行为人或者某一个国家工作人员的认识来判断，既要考虑相差的数额，又要考虑相差的比例数，并结合当地物价水平和收入水平衡量，不可绝对化和片面化。

交易型受贿的数额按照交易时当地市场价格与实际支付价格的差额计算。这里所说的"市场价格"包括商品经营者事先设定的不针对特定人的最低优惠价格。根据商品经营者事先设定的各种优惠交易条件，以优惠价格购买商品的，不属于受贿。

（三）收受干股型受贿

根据《办理受贿案意见》第2条的规定，国家工作人员利用职务上的便利为请托人谋取利益，收受请托人提供的干股的，以受贿论处。这里的干股是指未出资而获得的股份。对于收受干股型受贿，关键在于对受贿数额的把握。

（1）进行了股权转让登记，或者相关证据证明股份发生了实际转让的，受贿数额按转让行为时股份价值计算，所分红利按受贿孳息处理。

（2）股份未实际转让，以股份分红名义获取利益的，实际获利数额应当认定为受贿数额。

（四）合作投资型受贿

根据《办理受贿案意见》第3条的规定，国家工作人员利用职务上的便利为请托人谋取利益，由请托人出资，"合作"开办公司或者进行其他"合作"投资的，以受贿论处。受贿数额为请托人给国家工作人员的出资额。

国家工作人员利用职务上的便利为请托人谋取利益，以合作开办公司或者其他合作投资的名义获取"利润"，没有实际出资和参与管理、经营的，以受贿论处。实际获利数额应当认定为受贿数额。

根据上述规定，对国家工作人员和请托人合作投资是否构成受贿，应当看国家工作人员是否有实际出资，是否参与了管理、经营。如果国家工作人员有实际出资，即便是该出资最初由请托人垫付，但国家工作人员事后归还了请托人的垫资，无论该国家工作人员是否参与了管理、经营，都不能以受贿论处。

> **案例 6-11**
>
> 李某投资成立一家矿产企业，为了取得某石灰矿的开采权，李某找到国土资源部门领导谢某帮忙办理采矿证，承诺可以让谢某在企业里投资共同经营。谢某利用职权为李某办理了采矿证。李某为感谢谢某帮忙，拿出50万元作为谢某的出资投到了该矿产企业。事后谢某感觉不妥，遂拿出50万元归还了李某。后谢某获得该企业利润分配5万元。根据上述司法解释，应该认定为谢某自己实际出资，因出资获得利润分配5万元，不构成受贿罪。

（五）委托理财型受贿

根据《办理受贿案意见》第4条的规定，国家工作人员利用职务上的便利为请托人谋取利益，以委托请托人投资证券、期货或者其他委托理财的名义，未实际出资而获取"收益"，或者虽然实际出资，但获取"收益"明显高于出资应得收益的，以受贿论处。受贿数额，前一情形，以"收益"额计算；后一情形，以"收益"额与出资应得收益额的差额计算。

(六) 赌博型受贿

根据《办理受贿案意见》第5条和最高人民法院、最高人民检察院《关于办理赌博刑事案件具体应用法律若干问题的解释》第7条的规定,国家工作人员利用职务上的便利为请托人谋取利益,通过赌博方式收受请托人财物的,构成受贿。

实践中应注意区分贿赂与赌博活动、娱乐活动的界限。具体认定时,主要应当结合以下因素进行判断:

(1) 赌博的背景、场合、时间、次数。如国家工作人员和参赌者有无利益诉求关系;场合是随机的,还是请托人精心策划的;是经常性的还是偶然性的。

(2) 赌资来源。是否为国家工作人员自己出资。

(3) 其他赌博参与者有无事先通谋,输赢结果是否被控制或者设计。

(4) 输赢钱物的具体情况和金额大小。

(七) 挂名领取薪酬型受贿

根据《办理受贿案意见》第6条的规定,国家工作人员利用职务上的便利为请托人谋取利益,要求或者接受请托人以给特定关系人安排工作为名,使特定关系人不实际工作却获得所谓薪酬的,以受贿论处。

辩点6-6:行贿行为

在行贿类犯罪中,核心行为就是为谋取不正当利益,给予个人或者单位以财物。根据给予的主体和给予的对象的不同,又分为行贿罪,对有影响力的人行贿罪,对非国家工作人员行贿罪,对外国公职人员、国际公共组织官员行贿罪,对单位行贿罪和单位行贿罪。

(一) 为谋取不正当利益

为谋取不正当利益是行贿类犯罪必要的谋利要件,如果是为了谋取正当利益而行贿的,不论是向谁行贿,均不构成行贿类犯罪。如何区分正当利益和不正当利益,在以上谋利要件中有详细分析,不再赘述。

对于行贿犯罪取得的不正当财产性利益,应当依照《刑法》第64条的规定予以追缴、责令退赔或者返还被害人。因行贿犯罪取得财产性利益以外的经营资格、资质或者职务晋升等其他不正当利益,建议有关部门依照相关规定予以处理。

对于谋取不正当利益,还要注意审查是否谋取职务提拔、调整等不正当利益,以及谋取不正当利益是否给国家和人民利益造成经济损失,如果存在这些情节,则可能从重处罚,辩护律师要注意排除这两类情形。

(二) 被索贿的例外处理

对于受贿类犯罪,索贿的从重处罚,多次索贿的还将降低入刑的数额标准,比如一般情况下受贿3万元的才立案,但多次索贿数额达到1万元的即可追诉。可见,索贿对于受贿类犯罪而言是一种从重或者加重处罚的情节。

但对于行贿类犯罪而言,如果存在被索贿的情节,则存在出罪的可能性。行贿类犯罪要求必须为了谋取不正当利益,至于不正当利益是否实际取得,是不影响犯罪成立的。但是有一种情况例外,那就是行为人因被勒索给予财物,又没有获得不正当利益的,不是行贿。该规定虽然只规定在《刑法》第389条第3款行贿罪中,但其立法精神应当也适用于其他行贿类犯罪。

需要注意的是,不是所有被勒索给予财物的都不按行贿处理,如果行为人虽被勒索给予财物,但不正当利益最终也实现或者获取了,则仍旧构成行贿。

> **案例6-12**
>
> 张某涉嫌生产伪劣产品被工商部门查获,工商部门执法人员私下向其表示如果愿意给3万元,可以免除处罚,否则就从重处罚。张某遂给该执法人员送去人民币3万元。但是,该执法人员拟定的免予处罚决定被上级领导否定,张某受到了应有的处罚。本案中,张某虽然送给执法人员3万元,但是是被执法人员勒索而给予的,也没有被免除处罚而获得不正当利益,因此其行为不构成行贿罪。

(三) 给予财物的行为方式

行贿与受贿是对向犯,在实践中,受贿的形式多种多样,行贿的方式自然也是层出不穷,主要体现为以下方式:

1. 直接给予钱物进行行贿;
2. 以各种名义的回扣、手续费进行行贿;
3. 以财产性利益进行行贿;
4. 以借为名进行行贿;
5. 以交易为名进行行贿;
6. 以提供干股为名进行行贿;
7. 以开办公司等合作投资名义进行行贿;

8. 以受托投资证券、期货或者其他理财为名进行行贿；

9. 以赌博形式进行行贿；

10. 以给特定关系人挂名发放薪酬为名进行行贿；

11. 以各种形式将有关财物给予特定关系人进行行贿。

（四）影响量刑的情节

根据刑法和司法解释的规定，对于行贿类的量刑，情节轻重至关重要，对各个档位的量刑虽然都有数额上的标准，但如果具备法定的情节，数额标准则从宽把握，有的档位的量刑标准甚至可以降到50%。因此，律师在代理行贿类案件时，需要注意审查以下情节。

1. 行贿对象的人数

在行贿类犯罪中，需要审查行贿对象的人数有多少，如果行为人向三人以上或者三个以上单位行贿的，相比于向一人（一个单位）或者二人（两个单位）行贿的，处罚要重，数额标准降低。

2. 行贿对象的身份

行贿对象的身份不同，其负有的职责也不同，向具有特定职责的人员或者单位行贿，社会危害性可能更大。因此，司法解释规定，对于个人的，向负有食品、药品、安全生产、环境保护等监督管理职责的国家工作人员行贿，或者向司法工作人员行贿，处罚要重，数额标准降低。当然，前者要求实施非法活动，后者要求影响司法公正，这样的限定也为律师提供了一定辩护空间。对于单位的，向党政机关、司法机关、行政执法机关行贿，处罚要重，数额标准降低。

3. 行贿款物的来源

在司法实践中，用以行贿的款物有的是合法收入，有的是违法所得，如果将违法所得用于行贿，处罚要重，数额标准降低。

4. 谋取利益的范围

行贿类犯罪所要求谋取的都是不正当利益，但社会生活中不正当利益的范围也很宽泛，辩护律师要特别注意审查是否属于谋取职务提拔、调整的利益，如果属于，则处罚要重，数额标准降低。

5. 经济损失的要求

为谋取不正当利益而行贿，有的没有造成经济损失，有的则造成了经济损失。造成经济损失达到达到50万元以上的，则处罚要重，数额标准降低。

(五) 财产刑的运用

在《刑法修正案(九)》实施之前,对于行贿类犯罪,只有对非国家工作人员行贿罪(数额巨大),对外国公职人员、国际公共组织官员行贿罪(数额巨大),行贿罪(情节特别严重,或者使国家利益遭受特别重大损失的)在法定刑上附加了罚金或者没收财产的财产刑,除此以外的罪名以及该三项罪名的其他法定刑均无财产刑的规定。但2015年颁布的《刑法修正案(九)》加大了对行贿类犯罪的打击,使得每一个行贿类犯罪的每一个量刑档次中均附加了财产刑,包括罚金和没收财产。而对于这些行贿类犯罪中并处罚金的判罚标准,2016年两高《关于办理贪污贿赂刑事案件适用法律若干问题的解释》也作出了明确的规定,应当在10万元以上犯罪数额2倍以下判处罚金,这加大了经济处罚力度,也提高了犯罪的经济成本,这样的变化律师应当及时把握。

除了对行贿类犯罪加大了财产刑的运用,受贿类犯罪并处罚金的判罚标准也作了明确规定,尤其对受贿罪,还根据主刑的不同,分层次地规定了远重于其他犯罪的罚金刑判罚标准:一是对受贿罪判处3年以下有期徒刑以下刑罚的,应当判处10万元以上50万元以下的罚金;二是判处3年以上10年以下有期徒刑的,应当判处20万元以上犯罪数额2倍以下的罚金或者没收财产;三是判处10年以上有期徒刑或者无期徒刑的,应当判处50万元以上犯罪数额2倍以下的罚金或者没收财产。其他受贿类犯罪,还有介绍贿赂罪,与行贿类犯罪一样,并处罚金的,均在10万元以上犯罪数额2倍以下判处。

辩点6-7:介绍贿赂

介绍类犯罪只有一个介绍贿赂罪,我国《刑法》第392条第1款规定:"向国家工作人员介绍贿赂,情节严重的,处三年以下有期徒刑或者拘役,并处罚金。"

(一) 介绍行为

根据最高人民检察院《关于人民检察院直接受理立案侦查案件立案标准的规定(试行)》的规定,介绍贿赂罪的"介绍行为"是指在行贿人与受贿人之间沟通关系、撮合条件,使贿赂行为得以实现的行为。

> **案例6-13**
>
> 高某是某国有房地产公司总经理的司机。由于工作关系,高某和公司的领导都比较熟悉。从事拆房工程的张某通过关系认识了高某,提出请高某帮助介

> 绍拆房业务给自己做。通过高某的介绍,张某结识了该公司的副总经理陈某。随后,高某组织张某与陈某一起打麻将,并通过这种"工作麻将"的形式完成了张某对陈某行贿的活动。他个人也从张某处得到好处费人民币3万余元。之后,陈某利用职务便利,帮助张某承揽了上海某企业的拆房业务。本案中,高某在行贿人张某与国家工作人员陈某之间联络、撮合,促使行贿、受贿得以实现,而且单独从张某处得到了好处费,其行为是典型的介绍贿赂行为。

(二) 此罪彼罪

在实践中,介绍贿赂人在行贿人与受贿人之间进行沟通和撮合,不论是对行贿还是受贿都起到了一定的帮助作用,所以与行贿罪和受贿罪共同犯罪中的帮助犯在行为上有相似之处,尤其是行贿人或者受贿人在贿赂实现后又分给介绍行贿人财物或者给予介绍贿赂人以财物的情况下,罪与罪之间的界限显得更为模糊,突出体现在介绍贿赂罪与受贿罪共同犯罪之间的界限,在实践中,主要从以下几个方面对两者进行区分:

1. 主观故意不同

受贿罪的共同犯罪中,各行为人在主观上均具有共同受贿的故意,目的在于通过权钱交易,从行贿人一方取得权钱交易的对价。而介绍贿赂罪的犯罪故意则是通过中介行为,促成行贿人和受贿人的权钱交易,从而收取居间费用,其性质是佣金,介绍贿赂人主观上并无与受贿人共同犯罪的故意。

2. 行为人代表的利益不同

受贿罪的共同犯罪中,帮助犯代表着受贿方的利益,只为受贿一方服务,实施的是帮助、实行行为。而介绍贿赂罪中,介绍人代表自己的利益,同时为行贿人和受贿人提供服务,其行为在于为行贿人和受贿人沟通关系、穿针引线。

3. 财物性质及占有情况不同

受贿罪的共同犯罪中,各行为人是一个利益整体,行贿财物不区分特别的份额。在介绍贿赂中,介绍贿赂人与受贿人是两个利益主体,介绍人不能共同占有贿赂财物,而在此之外单独收取费用。

总之,介绍贿赂人是根据行贿人和受贿人双方的意图进行斡旋、撮合,是一种独立的犯罪主体。

案例6-14

赵某酒后驾车路遇紧急情况采取措施不当发生了交通事故,致使乘车人死亡。事故发生后,赵某找到其朋友任某交给其2万元人民币,请其帮助打点,任某找到专门负责酒精检验的公安鉴定人员马某,将钱交给了马某,马某篡改了检验结果。公安交巡警大队据此鉴定,作出了事故双方负同等责任的认定书,致使赵某逃避了刑事处罚。后来,因群众举报而事发。法院最终对赵某以行贿罪、任某以行贿罪的共同犯罪依法判处了刑罚。

本案中,赵某为了谋取逃避处罚的不正当利益而给予国家工作人员财物,其行为构成行贿罪不容置疑。任某受行贿人之托帮助赵某实施行贿行为,促成行贿得以实现,其客观上在帮助行贿人实施行贿行为。从其主观意图上看,他明知赵某已触犯了法律还是帮助了赵某,说明他与赵某有着共同的犯罪故意,即希望赵某逃脱刑罚处罚。从其将2万元钱交给马某的行为来看,其并不介绍贿赂的行为,符合行贿罪共同犯罪的成立条件。因此,任某的行为应定性为行贿罪。

辩点6-8:量刑标准

(一)受贿类犯罪

1. 受贿罪

数额		数额+情节	量刑
3万元≤数额<20万元	1万元≤数额<3万元	1. 多次索贿; 2. 为他人谋取不正当利益,致使公共财产、国家和人民利益遭受损失; 3. 为他人谋取职务提拔、调整; 4. 曾因贪污、受贿、挪用公款受过党纪、行政处分的; 5. 曾因故意犯罪受过刑事追究的; 6. 赃款赃物用于非法活动的; 7. 拒不交待赃款赃物去向或者拒不配合追缴工作,致使无法追缴的; 8. 造成恶劣影响或者其他严重后果的。	3年以下有期徒刑或者拘役,并处罚金。
20万元≤数额<300万元	10万元≤数额<20万元		3年以上10年以下有期徒刑,并处罚金或者没收财产。
数额≥300万元	150万元≤数额<300万元		10年以上有期徒刑、无期徒刑或者死刑,并处罚金或者没收财产。

2. 单位受贿罪

数额	数额+情节	量刑
数额≥10万元	数额<10万元	1. 故意刁难、要挟有关单位、个人,造成恶劣影响; 2. 强行索取财物; 3. 致使国家或者社会利益遭受重大损失。	进行立案追诉。

3. 利用影响力受贿罪

数额		数额+情节	量刑
3万元≤数额<20万元	1万元≤数额<3万元	1. 多次索贿; 2. 为他人谋取不正当利益,致使公共财产、国家和人民利益遭受损失; 3. 为他人谋取职务提拔、调整;	3年以下有期徒刑或者拘役,并处罚金。
20万元≤数额<300万元	10万元≤数额<20万元	4. 曾因贪污、受贿、挪用公款受过党纪、行政处分的; 5. 曾因故意犯罪受过刑事追究的; 6. 赃款赃物用于非法活动的;	3年以上7年以下有期徒刑,并处罚金或者没收财产。
数额≥300万元	150万元≤数额<300万元	7. 拒不交待赃款赃物去向或者拒不配合追缴工作,致使无法追缴的; 8. 造成恶劣影响或者其他严重后果的。	7年以上有期徒刑,并处罚金或者没收财产。

4. 非国家工作人员受贿罪

数额	量刑
6万元≤数额<100万元	5年以下有期徒刑或者拘役。
数额≥100万元	5年以上有期徒刑,可以并处没收财产。

(二) 行贿类犯罪

1. 行贿罪

数额	数额+情节		量刑
1. 3万元≤行贿数额＜100万元 2. 1万元≤行贿数额＜3万元,且50万元≤经济损失＜100万元	1万元≤行贿数额＜3万元	1. 向3人以上行贿; 2. 将违法所得用于行贿; 3. 通过行贿谋取职务提拔、调整; 4. 向负有食品、药品、安全生产、环境保护等监督管理职责的国家工作人员行贿,实施非法活动; 5. 向司法工作人员行贿,影响司法公正的。	5年以下有期徒刑或者拘役,并处罚金。
1. 100万元≤行贿数额＜500万元 2. 100万元≤经济损失＜500万元	50万元≤行贿数额＜100万元		5年以上10年以下有期徒刑,并处罚金。
1. 行贿数额≥500万元 2. 经济损失≥500万元	250万元≤行贿数额＜500万元		10年以上有期徒刑或者无期徒刑,并处罚金或者没收财产。

2. 对有影响力的人行贿罪

数额	数额+情节		量刑
1. 3万元≤个人行贿数额＜100万元 2. 1万元≤个人行贿数额＜3万元,且50万元≤经济损失＜100万元	1万元≤个人行贿数额＜3万元	1. 向3人以上行贿; 2. 将违法所得用于行贿; 3. 通过行贿谋取职务提拔、调整; 4. 向负有食品、药品、安全生产、环境保护等监督管理职责的国家工作人员行贿,实施非法活动; 5. 向司法工作人员行贿,影响司法公正的。	3年以下有期徒刑或者拘役,并处罚金。
1. 100万元≤个人行贿数额＜500万元 2. 100万元≤经济损失＜500万元	50万元≤个人行贿数额＜100万元		3年以上7年以下有期徒刑,并处罚金。
1. 个人行贿数额≥500万元 2. 经济损失≥500万元	250万元≤个人行贿数额＜500万元		7年以上10年以下有期徒刑,并处罚金。
单位行贿数额≥20万元			对单位判处罚金,并对其直接负责的主管人员和其他直接责任人员,处3年以下有期徒刑或者拘役,并处罚金。

3. 对单位行贿罪

数额		数额+情节	量刑
个人行贿数额≥10万元	个人行贿数额<10万元	1. 为谋取不正当利益而行贿； 2. 向3个以上单位行贿； 3. 向党政机关、司法机关、行政执法机关行贿； 4. 致使国家或者社会利益遭受重大损失。	进行立案追诉。
单位行贿数额≥20万元	10万元≤单位行贿数额<20万元		

4. 对非国家工作人员行贿罪

数额	量刑
6万元≤数额<200万元	3年以下有期徒刑或者拘役，并处罚金。
数额≥200万元	3年以上10年以下有期徒刑，并处罚金。

（三）介绍类犯罪

数额		数额+情节	量刑
介绍个人行贿数额≥2万元	介绍个人行贿数额<2万元	1. 为使行贿人获取非法利益而介绍贿赂； 2. 3次以上或者向3人以上介绍贿赂； 3. 向党政领导、司法工作人员、行政执法人员介绍贿赂； 4. 致使国家或者社会利益遭受重大损失。	进行立案追诉。
介绍单位行贿数额≥2万元	介绍单位行贿数额<20万元		

辩点6-9：共同犯罪

我国刑法规定对共同犯罪的处罚实行区别对待的原则，根据每个共同犯罪人在共同犯罪中所起作用的大小确定每个人的责任轻重。因此，是否存在共同犯罪以及每个行为人在犯罪中所起的作用和地位是律师进行辩护的又一切入点。

在本章犯罪中，行贿类犯罪和介绍类犯罪的共同犯罪问题比较简单，前面也已经做过介绍，不再赘述。下面重点介绍一下共同受贿犯罪的问题。

（一）国家工作人员之间共同受贿的责任区分

在国家工作人员相互勾结的共同受贿中，一般来说各行为人均构成受贿罪，但不能简单认定为所有参与人均是实行犯，从而认定均是主犯。在共同受贿犯罪中，要注意区分主犯、从犯与胁从犯，区分实行犯、组织犯、教唆犯和帮助犯。区分的关键在于行为人是否利用职务上的便利。如果所有行为人的职务与请托人的事项有关联,向请托人索要贿赂或收受贿赂为他人谋利益,则构成共同的实行犯,属于主犯。如果有的行为人没有利用本人的职务上的便利条件,则可能构成帮助犯或教唆犯。

在司法实践中,共同受贿犯罪与斡旋受贿都涉及两个以上的国家工作人员,但两者具有本质区别。体现在:(1)犯罪主体不同。在斡旋受贿中,直接利用职务便利为请托人谋利的国家工作人员并没有收受贿赂,所以不能成为共同受贿犯罪的主体;而斡旋受贿人可以单独构成受贿罪。(2)主观方面不同。共同受贿的国家工作人员之间存在意思联络,是共同的故意;而在斡旋受贿中,两名国家工作人员之间并无共同受贿的意思联络,直接利用职权的行为人是在另一国家工作人员的指示、要求下为他人谋取不正当利益,没有收取贿赂的主观故意。

(二)国家工作人员与非国家工作人员共同受贿的责任区分

1. 事先通谋的处理

国家工作人员与非国家工作人员通谋,共同收受他人财物,构成共同犯罪的,根据双方利用职务便利的具体情形分别定罪追究刑事责任。

(1)利用国家工作人员的职务便利为他人谋取利益的,以受贿罪追究刑事责任。

(2)利用非国家工作人员的职务便利为他人谋取利益的,以非国家工作人员受贿罪追究刑事责任。

(3)分别利用各自的职务便利为他人谋取利益的,按照主犯的犯罪性质追究刑事责任,不能分清主从犯的,可以受贿罪追究刑事责任。

2. 事先无通谋的处理

(1)国家工作人员与非国家工作人员事先无通谋,非国家工作人员先收受贿赂后,要求国家工作人员为请托人谋取利益,而国家工作人员在明知非国家工作人员已经收受贿赂的情况下还利用职务之便为请托人谋利,两者构成实行共犯。

(2)国家工作人员与非国家工作人员事先无通谋,国家工作人员利用职务便利为请托人谋取利益,而后由非国家工作人员收受贿赂,由于非国家工作人员对犯罪没有支配作用,应以帮助犯承担责任。

(三)国家工作人员与家属共同受贿的责任区分

根据《全国法院审理经济犯罪案件工作座谈会纪要》的规定,国家工作人员的近亲属向国家工作人员代为转达请托事项,收受请托人财物并告知该国家工作人员,或者国家工作人员明知其近亲属收受了他人财物,仍按照近亲属的要求利用职权为他人谋取利益的,对该国家工作人员应认定为受贿罪,其近亲属以受贿罪共犯论处。

1. 家属作为受贿共犯的责任区分

（1）实行犯。如果家属和国家工作人员事先存在共谋,由国家工作人员利用职权为请托人谋利,家属负责收受贿赂,两者相互分工、配合共同完成受贿的,两者均为实行犯。

（2）教唆犯。如果家属为收受财物而教唆、鼓励、劝说国家工作人员利用职务便利为他人谋取利益,构成共同受贿犯罪,家属属于教唆犯。

（3）帮助犯。如果国家工作人员利用职权为请托人谋利后,告知或指示家属收取贿赂的,家属明知是贿赂款而收受的,则属于帮助犯。

案例6-15

辛某是某区地税局局长,受某企业负责人冯某之托违规为其减免税费50万元。冯某为感谢辛某,到其家送8万元人民币,但辛某不在家,只有其妻子赵某在家,赵某遂打电话问辛某情况,辛某告知赵某其帮助冯某的情况并让赵某收下。本案中,赵某的行为构成受贿罪的帮助犯,属于从犯。如果辛某并未告诉赵某其帮助冯某的情况,只是让辛某收下钱,辛某因缺乏共同犯罪的故意,不应构成犯罪。

2. 家属明知国家工作人员收受了贿赂而占有使用的行为定性

如果国家工作人员利用职权为他人谋利后收取了贿赂,又将贿赂交给家属保管、占有、使用,则家属不构成受贿共犯。因为家属保管、占有、使用受贿财物时,国家工作人员已经完成了受贿的全过程,家属在主观上没有受贿的故意,也没有受贿的行为,故不构成受贿罪共犯。在案例6-15中,如果辛某自己收下冯某8万元,回到家后告知妻子赵某并让赵某把钱存到银行,在这种情况下,赵某虽然明知8万元是辛某受贿所得,但辛某收钱后受贿犯罪已经完成,赵某在受贿完成之后得知情况,其保管8万元的行为不构成受贿罪。

3. 国家工作人员明知家属收受贿赂而未退还或者上交的主观推定

如果家属索取、收受他人财物,国家工作人员知道后仍未退还或者上交,即使之前没有通谋,也可以推断国家工作人员具有受贿故意。这是2016年两高《关于办理贪污贿赂刑事案件适用法律若干问题的解释》中新增的内容,需要特别予以注意。

以上关于家属的相关处理原则,同样也适用其他特定关系人,如情妇、情夫。

4. 家属共同受贿与利用影响力受贿的区别

不论是在国家工作人员与家属共同受贿中还是在家属利用影响力单独受贿中,国家工作人员都可能存在利用职务上的便利为请托人谋取利益的行为,如果国家工作人员与家属存在共同受贿的故意,则构成受贿罪的共犯;如果国家工作人员既没有与家属共同受贿的故意,也不知道家属收受了贿赂,即使其利用了职务上的便利为请托人谋取了不正当利益,国家工作人员也不构成犯罪,其家属可以单独构成利用影响力受贿罪。

辩点6-10:自首立功

(一) 主动交待

我国《刑法》总则中虽然规定了自首和坦白的处理原则,但为了鼓励行贿人和介绍贿赂人在被追诉前主动交待,《刑法》分则中还针对行贿人和介绍贿赂人专门作出了"被追诉前主动交待"的处罚原则的规定。

1. 法律规定

(1) 对非国家工作人员行贿罪和对外国公职人员、国际公共组织官员行贿罪:行贿人在被追诉前主动交待行贿行为的,可以减轻处罚或者免除处罚。(《刑法》第164条第4款)

(2) 行贿罪:行贿人在被追诉前主动交待行贿行为的,可以从轻或者减轻处罚。其中,犯罪较轻的,对侦破重大案件起关键作用的,或者有重大立功表现的,可以减轻或者免除处罚。(《刑法》第390条第2款)

这个是《刑法修正案(九)》的最新规定,对行贿罪从宽处罚的条件和幅度作了重要调整,对减轻或者免除处罚设定了更为严格的适用条件,明确行贿人在被追诉前主动交待行贿行为,只有在"犯罪较轻""对侦破重大案件起关键作用""有重大立功表现"这三种情况下才可以减轻或者免除处罚。为了司法机关正确掌握、严格使用,两高《关于办理贪污贿赂刑事案件适用法律若干问题的解释》对"犯罪较轻""重大案件"以及"对侦破重大案件起关键作用"等规定的具体理解作出了明确规定。

① "情节较轻"。是指根据行贿犯罪的事实、情节,可能被判处3年有期徒刑以下刑罚的。

②"重大案件"。是指根据犯罪的事实、情节,已经或者可能被判处10年有期徒刑以上刑罚的,或者案件在本省、自治区、直辖市或者全国范围内有较大影响的案件。

③"对侦破重大案件起关键作用"。具有下列情形之一的,可以认定为"对侦破重大案件起关键作用":A.主动交待办案机关未掌握的重大案件线索的;B.主动交待的犯罪线索不属于重大案件的线索,但该线索对于重大案件侦破有重要作用的;C.主动交待行贿事实,对于重大案件的证据收集有重要作用的;D.主动交待行贿事实,对于重大案件的追逃、追赃有重要作用的。

(3) 单位行贿罪:单位行贿的,在被追诉前,单位集体决定或者单位负责人决定主动交待单位行贿行为的,依照《刑法》第390条第2款的规定处罚;受委托直接办理单位行贿事项的直接责任人员在被追诉前主动交待自己知道的单位行贿行为的,对该直接责任人员可以依照《刑法》第390条第2款的规定处罚。(两高《关于办理行贿刑事案件具体应用法律若干问题的解释》第7条第2款)

(4) 介绍贿赂罪:介绍贿赂人在被追诉前主动交待介绍贿赂行为的,可以减轻处罚或者免除处罚。(《刑法》第390条第2款)

2. 法律适用

(1) 适用范围:主要针对行贿类犯罪和介绍类犯罪;对于受贿类犯罪,如果构成自首或者坦白的,按照自首或者坦白的规定处理。

(2) 适用条件:限于行贿人或者介绍贿赂人在被追诉前主动交代,如果是在被追诉后才如实交代的,构成自首或者坦白的,按照自首或者坦白的规定处理,而不适用《刑法》分则的条文。这里的"被追诉前",是指检察机关对行贿人的行贿行为刑事立案前。

(3) 适用后果:相比于自首和坦白,从轻减轻的力度更大。对于自首,一般可以从轻或者减轻处罚,只有犯罪较轻的,才可以免除处罚。对于坦白,一般可以从轻处罚,只有避免特别严重后果发生的,才可以减轻处罚。但对于向非国家工作人员、外国公职人员和国际公共组织官员行贿的人以及介绍贿赂的人在被追诉前主动交待的,直接可以减轻处罚或者免除处罚。因此,律师在代理此类案件时,如果能够直接适用《刑法》分则关于"主动交待"的条款,更有利于维护当事人的合法权益。

(二) 自首

自首是《刑法》总则中的规定,对于任何犯罪,只要构成自首,都可以适用总则条款进行罪轻辩护。对于贿赂类犯罪,同样要把握好自首中关于"自动投案"和"如实供述"两个要件的认定。

1. 自动投案的认定

对于"自动投案",虽然《刑法》总则没有明确规定,但相关的司法解释,如最高人民法院《关于处理自首和立功具体应用法律若干问题的解释》(1998年5月9日实施)、最高人民法院《关于处理自首和立功若干具体问题的意见》(2010年12月22日实施)以及最高人民法院《关于如何理解犯罪嫌疑人自动投案的有关问题的答复》(2003年8月27日实施)都对自动投案的认定作出了非常详细的规定。所谓自动投案,是指犯罪事实或者犯罪嫌疑人未被司法机关发觉,或者虽被发觉,但犯罪嫌疑人尚未受到讯问、未被采取强制措施时,主动、直接向公安机关、人民检察院或者人民法院投案。相关司法解释还详细列举了视为自动投案的情形,在此不再赘述,这些规定同样都适用于本章中的犯罪。

对于贿赂类案件,辩护律师还应特别注意最高人民法院、最高人民检察院《关于办理职务犯罪案件认定自首、立功等量刑情节若干问题的意见》(2009年3月20日实施)中的规定,该意见认为,犯罪事实或者犯罪分子未被办案机关掌握,或者虽被掌握,但犯罪分子尚未受到调查谈话、讯问,或者未被宣布采取调查措施或者强制措施时,向办案机关投案的,是自动投案。

(1)投案的对象是办案机关。根据《"两高"有关部门负责人就〈关于办理职务犯罪案件认定自首、立功等量刑情节若干问题的意见〉答记者问》,这里的办案机关包括纪检、监察、公安、检察等法定职能部门。犯罪分子向所在单位等办案机关以外的单位、组织或者有关负责人员投案的,应当视为自动投案。

(2)投案的时间是在犯罪事实或者犯罪分子未被办案机关掌握,或者虽被掌握,但犯罪分子尚未受到调查谈话、讯问,或者未被宣布采取调查措施或者强制措施时。相比于最高人民法院《关于处理自首和立功具体应用法律若干问题的解释》(1998年5月9日实施)中的规定,前述意见将"调查谈话"与"讯问",将"调查措施"与"强制措施"相提并论,换句话说,被纪检监察机关采取"两规""两指"措施期间交代罪行是否认定为自首,取决于是否满足自动投案和如实供述自己罪行这两个法定要件。故未自动投案,在纪检监察机关调查谈话、讯问、采取调查措施或者强制措施期间,犯罪分子如实交代纪检监察机关掌握的线索所针对的事实的,不能认定为自首。应当说,该意见对刑法关于准自首的认定进行了限制,缩小了准自首认定的范围,该规定是否合理合法,还值得进一步探讨。

2. 如实供述的认定

所谓"如实供述",是指犯罪嫌疑人自动投案后,如实交代自己的主要犯罪事实。

对于贿赂类案件,定罪处罚主要依据受贿人和行贿人的供述、辩解和证词,受贿人或者行贿人自动投案后,交代的犯罪事实有的是办案机关已经掌握的,有的是办案机关尚未掌握的。因此确定受贿人或者行贿人如实供述的时间对判定是否构成自首具有关键作用。

根据《关于处理自首和立功具体应用法律若干问题的解释》的规定,犯罪嫌疑人自动投案并如实供述自己的罪行后又翻供的,不能认定为自首;但在一审判决前又能如实供述的,应当认定为自首。辩护律师在代理案件过程中要特别加以注意,把握住当事人如实供述的时间点对于认定自首具有决定性意义。

> **案例 6-16**
>
> 某区纪检监察机关得到该区民防局长任某涉嫌受贿的线索,考虑到民防局长属于正处级领导干部,为慎重起见,纪检监察机关领导决定先找任某进行廉政谈话。在廉政谈话中,任某主动交待了收取贿赂的事实。此时,纪检监察机关尚未对任某立案审查,任某承认受贿的行为应当认定为自首。

(三) 准自首

对于自首的成立,自动投案和如实供述两个要件需要同时具备,缺一不可。如果没有自动投案,在办案机关调查谈话、讯问、采取调查措施或者强制措施期间,犯罪分子如实交代办案机关掌握的线索所针对的事实的,不能认定为自首。

根据《刑法》第 67 条第 2 款的规定,被采取强制措施的犯罪嫌疑人、被告人和正在服刑的罪犯,如实供述司法机关还未掌握的本人其他罪行的,以自首论。我们称之为"准自首"。

1. 不同罪行自首的认定

没有自动投案,犯罪分子如实交代办案机关未掌握的罪行,与办案机关已掌握的罪行属不同种罪行的,以自首论。例如,办案机关掌握犯罪嫌疑人涉嫌挪用公款罪,但在侦查期间,行为人又如实交代了受贿的犯罪事实,对受贿的罪行应视为自首。

2. 同种罪行自首的认定

没有自动投案,办案机关所掌握线索针对的犯罪事实不成立,在此范围外犯罪分子交代同种罪行的,以自首论。在司法实践中,办案机关对所掌握的犯罪线索调查后,发现针对的犯罪事实不成立,而行为人在此范围外交代了同种罪行的,对交代的罪行视为自首。比如办案机关掌握行为人收受请托人甲贿赂的线索,侦查后发现不构成犯罪,而行为人交代了收受请托人乙的贿赂,对收受乙贿赂的罪行应当视为自首。

(四) 单位自首

(1) 单位犯罪案件中,单位集体决定或者单位负责人决定而自动投案,如实交代单位犯罪事实的,或者单位直接负责的主管人员自动投案,如实交代单位犯罪事实的,应当认定为单位自首。

(2) 单位自首的直接负责的主管人员和直接责任人员未自动投案,但如实交代自己知道的犯罪事实的,可以视为自首;拒不交代自己知道的犯罪事实或者逃避法律追究的,不应当认定为自首。

(3) 单位没有自首,直接责任人员自动投案并如实交代自己知道的犯罪事实的,对该直接责任人员应当认定为自首。

(五) 坦白

(1)《刑法修正案(八)》在《刑法》第67条中增加一款作为第3款:"犯罪嫌疑人虽不具有前两款规定的自首情节,但是如实供述自己罪行的,可以从轻处罚;因其如实供述自己罪行,避免特别严重后果发生的,可以减轻处罚。"

(2)《刑法修正案(九)》规定,犯受贿罪,在提起公诉前如实供述自己罪行、真诚悔罪、积极退赃,避免、减少损害结果的发生,受贿数额较大或者有其他较重情节的,可以从轻、减轻或者免除处罚;受贿数额巨大或者有其他严重情节的、受贿数额特别巨大或者有其他特别严重情节的,可以从轻处罚。

(3) 最高人民法院、最高人民检察院《关于办理职务犯罪案件认定自首、立功等量刑情节若干问题的意见》(2009年3月20日实施)中关于"如实交代犯罪事实的认定和处理"与《刑法》总则规定相矛盾的,应适用《刑法》总则的规定。

(4) 最高人民法院、最高人民检察院《关于办理行贿刑事案件具体应用法律若干问题的解释》(2013年1月1日实施)第8条也明确规定:"行贿人被追诉后如实供述自己罪行,依照刑法第六十七条第三款的规定,可以从轻处罚;因其如实供述自己罪行,避免特别严重后果发生的,可以减轻处罚。"

(六) 立功

根据《刑法》第68条规定,犯罪分子有揭发他人犯罪行为,查证属实的,或者提供重要线索,从而得以侦破其他案件等立功表现的,可以从轻或者减轻处罚;有重大立功表现的,可以减轻或者免除处罚。

由于行贿类犯罪与受贿类犯罪为对向犯,在司法实践中存在因行为人在被追诉前主动交代行贿行为而破获相关受贿案件或者因行为人在被追诉前主动交代受贿行为而破获相关行贿案件的现象,在这种情况下,行为人是否构成立功存在很大争议。最高人民法院、最高人民检察院《关于办理行贿刑事案件具体应用法律若干问题的解释》第7条明确规定,因行贿人在被追诉前主动交代行贿行为而破获相关受贿案件的,对行贿人不适用《刑法》第68条关于立功的规定,依照《刑法》第390条第2款的规定,可以减轻或者免除处罚。其第9条规定,行贿人揭发受贿人与其行贿无关的其他犯罪行为,查证属实的,依照《刑法》第68条关于立功的规定,可以从轻、减轻或者免除处罚。

辩点6-11:其他情节

(一) 积极退赃

(1)《刑法修正案(九)》增加一个条款,犯受贿罪,在提起公诉前积极退赃,避免、减少损害结果的发生,对于受贿数额较大或者有其他较重情节的,可以从轻、减轻或者免除处罚;对于受贿数额巨大或者有其他严重情节的、受贿数额特别巨大或者有其他特别严重情节的,可以从轻处罚。这是新增的一个法定的从轻、减轻甚至免除处罚的条款,辩护律师在代理这类案件时要特别加以注意,要适用这个条款,应当把握积极退赃的时机。

(2)根据最高人民法院、最高人民检察院《关于办理职务犯罪案件认定自首、立功等量刑情节若干问题的意见》的规定,受贿案件中赃款赃物全部或者大部分追缴的,视具体情况可以酌定从轻处罚。犯罪分子及其亲友主动退赃或者在办案机关追缴赃款赃物过程中积极配合的,在量刑时应当与办案机关查办案件过程中依职权追缴赃款赃物的有所区别。职务犯罪案件立案后,犯罪分子及其亲友自行挽回的经济损失,司法机关或者犯罪分子所在单位及其上级主管部门挽回的经济损失,或者因客观原因减少的经济损失,不予扣减,但可以作为酌情从轻处罚的情节。根据上述司法解释,积极退赃与被动追缴在量刑上是有区别的,辩护律师在进行罪轻辩护时要加以运用。

(二) 追缴退赔

我国《刑法》第 64 条规定,犯罪分子违法所得的一切财物,应当予以追缴或者责令退赔;被害人的合法财产,应当及时返还。为了有效剥夺贪污贿赂犯罪分子的违法所得,尽可能挽回经济损失,两高《关于办理贪污贿赂刑事案件适用法律若干问题的解释》进一步强化了赃款赃物的追缴,强调贪污贿赂犯罪分子违法所得的一切财物,应当依法予以追缴或者责令退赔;尚未追缴到案或者尚未足额退赔的违法所得,应当继续追缴或者责令退赔。据此,追缴赃款赃物不设时限,一追到底,随时发现随时追缴。这样的变化,辩护律师也应当把握,并与委托人、家属以及当事人说清利害关系,做好法律辅导。

(三) 终身监禁

根据《刑法》的规定,受贿数额特别巨大,并使国家和人民利益遭受特别重大损失的,可以判处无期徒刑或者死刑,并处没收财产。对于判处死刑缓期执行的,人民法院根据犯罪情节等情况可以同时决定在其死刑缓期执行两年期满依法减为无期徒刑后,终身监禁,不得减刑、假释。这是《刑法修正案(九)》新增的内容,在生刑和死刑之间增加了"终身监禁"这一刑罚的执行,律师在代理这一类案件时,情节辩护就显得极为重要。对于受贿数额特别巨大的案件,辩护律师还应当审查犯罪情节是否特别严重,社会影响是否特别恶劣,是否存在国家和人民利益遭受特别重大损失的结果,审查该结果与受贿行为之间是否存在刑法上的因果关系,如果都没有,则应当提出不应判处死刑包括死缓的量刑建议。

(四) 索贿从重

在本章犯罪中,有一个刑法明确规定的从重情节,即索贿应从重处罚。此外,多次索贿的,还可以降低对数额的入刑标准和量刑标准。因此,律师在代理受贿类案件时,要注意区别是收受贿赂还是索取贿赂,尽量排除索贿情节,以免从重处罚。

(五) 多次受贿

对于多次受贿未经处理的,累计计算受贿数额。国家工作人员利用职务上的便利为请托人谋取利益前后多次收受请托人财物,受请托之前收受的财物数额在 1 万元以上的,应当一并计入受贿数额。

附:本章相关法律规范性文件①

1. 法律

《中华人民共和国刑法》(2015年修正,法宝引证码:CLI.1.17010)第163、164、385—393条

2. 司法解释

最高人民法院、最高人民检察院《关于办理贪污贿赂刑事案件适用法律若干问题的解释》(法释〔2016〕9号,2016.04.18实施,法宝引证码:CLI.3.268586)

最高人民法院、最高人民检察院《关于办理行贿刑事案件具体应用法律若干问题的解释》(法释〔2012〕22号,2013.01.01实施,法宝引证码:CLI.3.192108)

最高人民法院、最高人民检察院《关于办理国家出资企业中职务犯罪案件具体应用法律若干问题的意见》(法发〔2010〕49号,2010.11.26实施,法宝引证码:CLI.3.154888)

最高人民法院、最高人民检察院《关于办理职务犯罪案件认定自首、立功等量刑情节若干问题的意见》(法发〔2009〕13号,2009.03.20实施,法宝引证码:CLI.3.114655)

最高人民法院《关于办理商业贿赂刑事案件适用法律若干问题的意见》(法发〔2008〕33号,2008.11.20实施,法宝引证码:CLI.3.110862)

最高人民法院、最高人民检察院《关于办理受贿刑事案件适用法律若干问题的意见》(法发〔2007〕22号,2007.07.08实施,法宝引证码:CLI.3.94981)

最高人民检察院法律政策研究室《关于集体性质的乡镇卫生院院长利用职务之便收受他人财物的行为如何适用法律问题的答复》(〔2003〕高检研发第9号,2003.04.02实施,法宝引证码:CLI.3.53042)

最高人民法院《关于国家工作人员利用职务上的便利为他人谋取利益离退休后收受财物行为如何处理问题的批复》(法释〔2000〕21号,2000.07.12实施,法宝引证码:CLI.3.30921)

最高人民法院、最高人民检察院《关于在办理受贿犯罪大要案的同时要严肃查处严重行贿犯罪分子的通知》(高检会〔1999〕1号,1999.03.04实施,法宝引证码:CLI.3.65208)

---

① 所列法律规范性文件的详细内容,可登录"北大法宝"引证码查询系统(www.pkulaw.cn/fbm),输入所提供的相应的"法宝引证码",免费查询。

最高人民法院、最高人民检察院、公安部、国家工商行政管理局《关于依法查处盗窃、抢劫机动车案件的规定》(公通字〔1988〕31号,1998.05.08实施,法宝引证码:CLI.4.20226)

3. 其他

《全国法院审理经济犯罪案件工作座谈会纪要》(法〔2003〕167号,2003.11.13实施,法宝引证码:CLI.3.51080)

第七章 渎职类犯罪

第一节 渎职类犯罪综述

一、渎职类犯罪分类索引

类型	罪名	法条
1. 普通类	滥用职权罪,玩忽职守罪	第 397 条
	故意泄露国家秘密罪,过失泄露国家秘密罪	第 398 条
	国家机关工作人员签订、履行合同失职被骗罪	第 406 条
	非法批准征收、征用、占用土地罪,非法低价出让国有土地使用权罪	第 410 条
	招收公务员、学生徇私舞弊罪	第 418 条
	失职造成珍贵文物损毁、流失罪	第 419 条
2. 司法类	徇私枉法罪	第 399 条第 1 款
	民事、行政枉法裁判罪	第 399 条第 2 款
	执行判决、裁定失职罪,执行判决、裁定滥用职权罪	第 399 条第 3 款
	私放在押人员罪	第 400 条第 1 款
	失职致使在押人员脱逃罪	第 400 条第 2 款
	徇私舞弊减刑、假释、暂予监外执行罪	第 401 条
3. 特定类	枉法仲裁罪	第 399 条之一
	徇私舞弊不移交刑事案件罪	第 402 条
	滥用管理公司、证券职权罪	第 403 条
	徇私舞弊不征、少征税款罪	第 404 条
	徇私舞弊发售发票、抵扣税款、出口退税罪	第 405 条第 1 款
	违法提供出口退税凭证罪	第 405 条第 2 款
	违法发放林木采伐许可证罪	第 407 条
	环境监管失职罪	第 408 条
	食品监管渎职罪	第 408 条之一
	传染病防治失职罪	第 409 条
	放纵走私罪	第 411 条
	商检徇私舞弊罪	第 412 条第 1 款
	商检失职罪	第 412 条第 2 款
	动植物检疫徇私舞弊罪	第 413 条第 1 款
	动植物检疫失职罪	第 413 条第 2 款
	放纵制售伪劣商品犯罪行为罪	第 414 条

(续表)

类型	罪名	法条
3. 特定类	办理偷越国(边)境人员出入境证件罪,放行偷越国(边)境人员罪	第415条
	不解救被拐卖、绑架妇女、儿童罪	第416条第1款
	阻碍解救被拐卖、绑架妇女、儿童罪	第416条第2款
	帮助犯罪分子逃避处罚罪	第417条

二、渎职类犯罪《刑法》规定对照表

类型	罪名	法条	罪状	主刑	辩点速查
普通类	滥用职权罪	第397条	国家机关工作人员滥用职权	致使公共财产、国家和人民利益遭受重大损失的	处3年以下有期徒刑或者拘役	1. 犯罪主体:国家机关工作人员。2. 犯罪行为:滥用职权。3. 犯罪结果:既包括物质上的可量化的损失,也包括对国家社会造成的无法量化的不良影响。4. 因果关系:滥用职权行为与所造成的结果之间必须有刑法上的直接因果关系。
				情节特别严重的	处3—7年有期徒刑	
			国家机关工作人员徇私舞弊,滥用职权		处5年以下有期徒刑或者拘役	
				情节特别严重的	处5—10年有期徒刑	
	玩忽职守罪	第397条	国家机关工作人员玩忽职守	致使公共财产、国家和人民利益遭受重大损失的	处3年以下有期徒刑或者拘役	1. 犯罪主体:国家机关工作人员。2. 犯罪行为:玩忽职守。3. 犯罪结果:既包括物质上的可量化的损失,也包括对国家社会造成的无法量化的不良影响。4. 因果关系:玩忽职守行为与所造成的结果之间必须有刑法上的直接因果关系。
				情节特别严重的	处3—7年有期徒刑	
			国家机关工作人员徇私舞弊,玩忽职守		处5年以下有期徒刑或者拘役	
				情节特别严重的	处5—10年有期徒刑	
	故意泄露国家秘密罪	第398条	国家机关工作人员违反保守国家秘密法的规定,故意泄露国家秘密	情节严重的	处3年以下有期徒刑或者拘役	1. 犯罪主体:国家机关工作人员。2. 犯罪行为:泄露国家机密。3. 主观方面:故意。
				情节特别严重的	处3—7年有期徒刑	
	过失泄露国家秘密罪	第398条	国家机关工作人员违反保守国家秘密法的规定,过失泄露国家秘密	情节严重的	处3年以下有期徒刑或者拘役	1. 犯罪主体:国家机关工作人员。2. 犯罪行为:泄露国家机密。3. 主观方面:过失。
				情节特别严重的	处3—7年有期徒刑	

(续表)

类型	罪名	法条	罪状		主刑	辩点速查
普通类	国家机关工作人员签订、履行合同失职被骗罪	第406条	国家机关工作人员在签订、履行合同过程中，因严重不负责任被诈骗	致使国家利益遭受重大损失的	处3年以下有期徒刑或者拘役	1. 犯罪主体：国家机关工作人员。 2. 犯罪行为：因严重不负责而被骗。 3. 范围限制：在签订、履行合同过程中。
				致使国家利益遭受特别重大损失的	处3—7年有期徒刑	
	非法批准征收、征用、占用土地罪	第410条	国家机关工作人员徇私舞弊，违反土地管理法规，滥用职权，非法批准征收、征用、占用土地	情节严重的	处3年以下有期徒刑或者拘役	1. 犯罪主体：国家机关工作人员。 2. 犯罪行为：徇私舞弊，滥用职权，非法批准征收、征用、占用土地。
				致使国家或者集体利益遭受特别重大损失的	处3—7年有期徒刑	
	非法低价出让国有土地使用权罪	第410条	国家机关工作人员徇私舞弊，违反土地管理法规，滥用职权，非法低价出让国有土地使用权	情节严重的	处3年以下有期徒刑或者拘役	1. 犯罪主体：国家机关工作人员。 2. 犯罪行为：徇私舞弊，滥用职权，非法低价出让国有土地使用权。
				致使国家或者集体利益遭受特别重大损失的	处3—7年有期徒刑	
	招收公务员、学生徇私舞弊罪	第418条	国家机关工作人员在招收公务员、学生工作中徇私舞弊	情节严重的	处3年以下有期徒刑或者拘役	1. 犯罪主体：国家机关工作人员。 2. 犯罪行为：徇私舞弊。 3. 范围限制：在招收公务员、学生工作中。
	失职造成珍贵文物损毁、流失罪	第419条	国家机关工作人员严重不负责任，造成珍贵文物损毁或者流失	后果严重的	处3年以下有期徒刑或者拘役	1. 犯罪主体：国家机关工作人员。 2. 犯罪行为：严重不负责。
司法类	徇私枉法罪	第399条第1款	司法工作人员徇私枉法、徇情枉法，对明知是无罪的人而使他受追诉、对明知是有罪的人而故意包庇不使受追诉，或者在刑事审判活动中故意违背事实和法律作枉法裁判的		处5年以下有期徒刑或者拘役	1. 犯罪主体：司法工作人员。 2. 犯罪行为：徇私枉法、徇情枉法。 3. 范围限制：在刑事诉讼过程中。
				情节严重的	处5—10年有期徒刑	
				情节特别严重的	处10年以上有期徒刑	

(续表)

类型	罪名	法条	罪状		主刑	辩点速查
司法类	民事、行政枉法裁判罪	第399条第2款	在民事、行政审判活动中故意违背事实和法律作枉法裁判	情节严重的	处5年以下有期徒刑或者拘役	1. 犯罪主体：司法工作人员。 2. 犯罪行为：枉法裁判。 3. 范围限制：在民事、行政的审判活动中。
				情节特别严重的	处5—10年有期徒刑	
	执行判决、裁定失职罪	第399条第3款	在执行判决、裁定活动中，严重不负责任，不依法采取诉讼保全措施、不履行法定执行职责	致使当事人或者其他人的利益遭受重大损失的	处5年以下有期徒刑或者拘役	1. 犯罪主体：司法工作人员。 2. 犯罪行为：严重不负责任。 3. 范围限制：在执行判决、裁定的过程中。
				致使当事人或者其他人的利益遭受特别重大损失的	处5—10年有期徒刑	
	执行判决、裁定滥用职权罪	第399条第3款	在执行判决、裁定活动中，滥用职权，违法采取诉讼保全措施、强制执行措施	致使当事人或者其他人的利益遭受重大损失的	处5年以下有期徒刑或者拘役	1. 犯罪主体：司法工作人员。 2. 犯罪行为：滥用职权，违法采取诉讼保全措施、强制执行措施。 3. 范围限制：在执行判决、裁定的过程中。
				致使当事人或者其他人的利益遭受特别重大损失的	处5—10年有期徒刑	
	私放在押人员罪	第400条第1款	司法工作人员私放在押的犯罪嫌疑人、被告人或者罪犯的		处5年以下有期徒刑或者拘役	1. 犯罪主体：司法工作人员。 2. 犯罪行为：私放在押人员。 3. 主观方面：故意。
				情节特别严重的	处5—10年有期徒刑	
	失职致使在押人员脱逃罪	第400条第2款	司法工作人员由于严重不负责任，致使在押的犯罪嫌疑人、被告人或者罪犯脱逃	造成严重后果的	处3年以下有期徒刑或者拘役	1. 犯罪主体：司法工作人员。 2. 犯罪行为：严重不负责任致使在押人员脱逃。 3. 主观方面：过失。
				造成特别严重后果的	处3—10年有期徒刑	
	徇私舞弊减刑、假释、暂予监外执行罪	第401条	司法工作人员徇私舞弊，对不符合减刑、假释、暂予监外执行条件的罪犯，予以减刑、假释或者暂予监外执行的		处3年以下有期徒刑或者拘役	1. 犯罪主体：司法工作人员。 2. 犯罪行为：徇私舞弊，对不符合条件的罪犯，予以减刑、假释或者暂予监外执行。
				情节严重的	处3—7年有期徒刑	

第七章 渎职类犯罪 235

(续表)

类型	罪名	法条	罪状		主刑	辩点速查
特定类	枉法仲裁罪	第399条之一	依法承担仲裁职责的人员，在仲裁活动中故意违背事实和法律作枉法裁决	情节严重的	处3年以下有期徒刑或者拘役	1. 犯罪主体：依法承担仲裁职责的人员。 2. 犯罪行为：枉法仲裁。 3. 范围限制：在仲裁活动中。
				情节特别严重的	处3—7年有期徒刑	
	徇私舞弊不移交刑事案件罪	第402条	行政执法人员徇私舞弊，对依法应当移交司法机关追究刑事责任的不移交	情节严重的	处3年以下有期徒刑	1. 犯罪主体：行政执法人员。 2. 犯罪行为：徇私舞弊不移交刑事案件。
				造成严重后果的	处3—7年有期徒刑	
	滥用管理公司、证券职权罪	第403条	国家有关主管部门的国家机关工作人员，徇私舞弊，滥用职权，对不符合法律规定条件的公司设立、登记申请或者股票、债券发行、上市申请，予以批准或者登记	致使公共财产、国家和人民利益遭受重大损失的	处5年以下有期徒刑或者拘役	1. 犯罪主体：国家有关主管部门的国家机关工作人员。 2. 犯罪行为：徇私舞弊和滥用职权。 3. 范围限制：在公司设立、登记或者股票、债券发行、上市的申请过程中。
	徇私舞弊不征、少征税款罪	第404条	税务机关的工作人员徇私舞弊，不征或者少征应征税款	致使国家税收遭受重大损失的	处5年以下有期徒刑或者拘役	1. 犯罪主体：税务机关工作人员。 2. 犯罪行为：徇私舞弊，不征或者少征应征税款。
				造成特别重大损失的	处5年以上有期徒刑	
	徇私舞弊发售发票、抵扣税款、出口退税罪	第405条第1款	税务机关的工作人员违反法律、行政法规的规定，在办理发售发票、抵扣税款、出口退税工作中，徇私舞弊	致使国家利益遭受重大损失的	处5年以下有期徒刑或者拘役	1. 犯罪主体：税务机关工作人员。 2. 犯罪行为：徇私舞弊。 3. 范围限制：在办理发售发票、抵扣税款、出口退税的工作中。
				致使国家利益遭受特别重大损失的	处5年以上有期徒刑	
	违法提供出口退税凭证罪	第405条第2款	其他国家机关工作人员违反国家规定，在提供出口货物报关单、出口收汇核销单等出口退税凭证的工作中，徇私舞弊	致使国家利益遭受重大损失的	处5年以下有期徒刑或者拘役	1. 犯罪主体：其他国家机关工作人员。 2. 犯罪行为：徇私舞弊。 3. 范围限制：在提供出口货物报关单、出口收汇核销单等出口退税凭证的工作中。
				致使国家利益遭受特别重大损失的	处5年以上有期徒刑	

(续表)

类型	罪名	法条	罪状	主刑	辩点速查
特定类	违法发放林木采伐许可证罪	第407条	林业主管部门的工作人员违反森林法的规定，超过批准的年采伐限额发放林木采伐许可证或者违反规定滥发林木采伐许可证	情节严重，致使森林资源遭受严重破坏的	处3年以下有期徒刑或者拘役	1. 犯罪主体：林业主管部门的工作人员。 2. 犯罪行为：违法发放林木采伐许可证。
	环境监管失职罪	第408条	负有环境保护监督管理职责的国家机关工作人员严重不负责任	致发生重大环境污染事故，公私财产遭受重大损失或者造成人身伤亡的严重后果的	处3年以下有期徒刑或者拘役	1. 犯罪主体：负有环境保护监督管理职责的国家机关工作人员。 2. 犯罪行为：严重不负责任。
	食品监管渎职罪	第408条之一	负有食品安全监督管理职责的国家机关工作人员，滥用职权或者玩忽职守	导致发生重大食品安全事故或者造成其他严重后果的	处5年以下有期徒刑或者拘役	1. 犯罪主体：负有食品安全监管职责的国家机关工作人员。 2. 犯罪行为：滥用职权或者玩忽职守。 3. 从重情节：徇私舞弊。
				造成特别严重后果的	处5—10年有期徒刑	
	传染病防治失职罪	第409条	从事传染病防治的政府卫生行政部门的工作人员严重不负责任，导致传染病传播或者流行	情节严重的	处3年以下有期徒刑或者拘役	1. 犯罪主体：从事传染病防治工作的政府卫生行政部门工作人员。 2. 犯罪行为：严重不负责任。
	放纵走私罪	第411条	海关工作人员徇私舞弊，放纵走私	情节严重的	处5年以下有期徒刑或者拘役	1. 犯罪主体：海关工作人员。 2. 犯罪行为：徇私舞弊，放纵走私。
				情节特别严重的	处5年以上有期徒刑	
	商检徇私舞弊罪	第412条第1款	国家商检部门、商检机构的工作人员徇私舞弊，伪造检验结果的		处5年以下有期徒刑或者拘役	1. 犯罪主体：国家商检部门、商检机构的工作人员。 2. 犯罪行为：徇私舞弊，伪造检验结果。
				造成严重后果的	处5—10年有期徒刑	
	商检失职罪	第412条第2款	国家商检部门、商检机构的工作人员严重不负责任，对应当检验的物品不检验，或者延误检验出证、错误出证	致使国家利益遭受重大损失的	处3年以下有期徒刑或者拘役	1. 犯罪主体：国家商检部门、商检机构的工作人员。 2. 犯罪行为：严重不负责任。

(续表)

类型	罪名	法条	罪状		主刑	辩点速查
特定类	动植物检疫徇私舞弊罪	第413条第1款	动植物检疫机关的检疫人员徇私舞弊，伪造检疫结果的		处5年以下有期徒刑或者拘役	1. 犯罪主体：动植物检疫机关的检疫人员。 2. 犯罪行为：徇私舞弊，伪造检疫结果。
				造成严重后果的	处5—10年有期徒刑	
	动植物检疫失职罪	第413条第2款	动植物检疫机关的检疫人员严重不负责任，对应当检疫的检疫物不检疫，或者延误检疫出证、错误出证	致使国家利益遭受重大损失的	处3年以下有期徒刑或者拘役	1. 犯罪主体：动植物检疫机关的检疫人员。 2. 犯罪行为：严重不负责任。
	放纵制售伪劣商品犯罪行为罪	第414条	对生产、销售伪劣商品犯罪行为负有追究责任的国家机关工作人员，徇私舞弊，不履行法律规定的追究职责	情节严重的	处5年以下有期徒刑或者拘役	1. 犯罪主体：对生产、销售伪劣商品犯罪行为负有追究责任的国家机关工作人员。 2. 犯罪行为：徇私舞弊，不履行法律规定的追究职责。
	办理偷越国(边)境人员出入境证件罪	第415条	负责办理护照、签证以及其他出入境证件的国家机关工作人员，对明知是企图偷越国(边)境的人员，予以办理出入境证件的		处3年以下有期徒刑或者拘役	1. 犯罪主体：负责办理护照、签证以及其他出入境证件的国家机关工作人员。 2. 犯罪行为：对明知是企图偷越国(边)境的人员，予以办理出入境证件。
				情节严重的	处3—7年有期徒刑	
	放行偷越国(边)境人员罪	第415条	边防、海关等国家机关工作人员，对明知是偷越国(边)境的人员，予以放行的		处3年以下有期徒刑或者拘役	1. 犯罪主体：边防、海关等国家机关工作人员。 2. 犯罪行为：对明知是偷越国(边)境的人员，予以放行。
				情节严重的	处3—7年有期徒刑	
	不解救被拐卖、绑架妇女、儿童罪	第416条第1款	对被拐卖、绑架的妇女、儿童负有解救职责的国家机关工作人员，接到被拐卖、绑架妇女、儿童及其家属的解救要求或者接到其他人的举报，而对被拐卖、绑架的妇女、儿童不进行解救	造成严重后果的	处5年以下有期徒刑或者拘役	1. 犯罪主体：负有解救职责的国家机关工作人员，如公安机关的工作人员。 2. 犯罪行为：对被拐卖、绑架的妇女、儿童不进行解救。

(续表)

类型	罪名	法条	罪状		主刑	辩点速查
特定类	阻碍解救被拐卖、绑架妇女、儿童罪	第416条第2款	负有解救职责的国家机关工作人员利用职务阻碍解救的		处2—7年有期徒刑	1. 犯罪主体:负有解救职责的国家机关工作人员。 2. 犯罪行为:利用职务阻碍解救。
				情节较轻的	处2年以下有期徒刑或者拘役	
	帮助犯罪分子逃避处罚罪	第417条	有查禁犯罪活动职责的国家机关工作人员,向犯罪分子通风报信、提供便利,帮助犯罪分子逃避处罚的		处3年以下有期徒刑或者拘役	1. 犯罪主体:有查禁犯罪活动职责的国家机关工作人员。 2. 犯罪行为:向犯罪分子通风报信、提供便利,帮助犯罪分子逃避处罚。
				情节严重的	处3—10年有期徒刑	

第二节 辩 点 整 理

辩点 7-1:渎职主体　　　辩点 7-2:渎职行为　　　辩点 7-3:主观方面
辩点 7-4:因果关系　　　辩点 7-5:立案标准　　　辩点 7-6:共同犯罪
辩点 7-7:此罪彼罪

辩点 7-1:渎职主体

(一)国家机关工作人员的界定

　　渎职类犯罪的犯罪主体,都是与特定的职务紧密联系的,是履行特定职权的国家机关工作人员。所谓"国家机关工作人员",是指在国家机关中从事公务的人员,包括在各级立法机关、各级行政机关、各级司法机关、各级军事机构中从事公务的人员。乡镇以上的党的机关或者人民政协机关中从事公务的人员,视为国家机关工作人员。

　　本章根据主体特征将渎职犯罪分为普通类、司法类和特定类三种:普通类犯罪的主体要求是国家机关工作人员;司法类犯罪的主体要求是司法工作人员,即具有侦查、检察、审判、监管职责的工作人员；而特定类犯罪的主体要求是在某一特定领域履行特定职权的国家机关工作人员，如工商、证券、税务、海关、环保监督、食品安全监督、商检、动植物检疫等部门的工作人员。

需要注意的是，本章渎职类犯罪的主体与贪污贿赂犯罪的主体存在交叉，贪污贿赂犯罪的主体是国家工作人员，其中除了国家机关工作人员外，还包括在国有公司、企业、事业单位、人民团体中从事公务的人员，以及国家机关、国有公司、企业、事业单位委派到非国有公司、企业、事业单位、社会团体中从事公务的人员。如果国有公司、企业、事业单位的工作人员具有渎职行为，如严重不负责任或者滥用职权，致使国家利益遭受重大损失的，可以单独构成国有公司、企业、事业单位人员失职罪或者国有公司、企业、事业单位人员滥用职权罪，但不能按照本章中的玩忽职守罪和滥用职权罪定罪处罚。由此可见，本章渎职类犯罪的主体不包括国有公司、企业、事业单位的工作人员。

案例 7-1

被告人余某作为某县某镇某村的党支部书记，于 2005 年至 2008 年 12 月间，违反《中华人民共和国人口与计划生育法》的规定，滥用职权，预先收取村民鲍某、沙某、侯某等 12 户村民的社会抚养费，同意其计划外生育，致使超生多人，社会影响恶劣。后余某被立案侦查，以涉嫌滥用职权罪被移送起诉。

在庭审过程中，辩护律师提出，被告人余某违反《中华人民共和国人口与计划生育法》的规定，预先收取村民社会抚养费，同意村民计划外生育，显然属于滥用职权，其滥用职权的行为致使超生多人，社会影响恶劣，也达到了滥用职权罪的立案标准。但是余某作为村里的党支部书记，虽然属于在党的机关从事公务的人员，但因未达到乡镇以上级别，不能视为国家机关工作人员，即使其行为符合滥用职权罪的要件，但因不符合主体要求，仍不能构成滥用职权罪。

（二）国家机关工作人员的扩展

1. 立法解释

根据全国人民代表大会常务委员会《关于〈中华人民共和国刑法〉第九章渎职罪主体适用问题的解释》的规定："在依照法律、法规规定行使国家行政管理职权的组织中从事公务的人员，或者在受国家机关委托代表国家机关行使职权的组织中从事公务的人员,或者虽未列入国家机关人员编制但在国家机关中从事公务的人员,在代表国家机关行使职权时,有渎职行为,构成犯罪的,依照刑法关于渎职罪的规定追究刑事责任。"

2. 司法解释

(1)根据最高人民检察院《关于镇财政所所长是否适用国家机关工作人员的批复》的规定:"对于属行政执法事业单位的镇财政所中按国家机关在编干部管理的工作人员,在履行政府行政公务活动中,滥用职权或玩忽职守构成犯罪的,应以国家机关工作人员论。"

(2)根据最高人民检察院《关于合同制民警能否成为玩忽职守罪主体问题的批复》的规定:"根据刑法第九十三条第二款的规定,合同制民警在依法执行公务期间,属其他依照法律从事公务的人员,应以国家机关工作人员论。对合同制民警在依法执行公务活动中的玩忽职守行为,符合刑法第三百九十七条规定的玩忽职守罪构成条件的,依法以玩忽职守罪追究刑事责任。"

(3)根据最高人民检察院《关于属工人编制的乡(镇)工商所所长能否依照刑法第397条的规定追究刑事责任问题的批复》的规定:"根据刑法第93条第2款的规定,经人事部门任命,但为工人编制的乡(镇)工商所所长,依法履行工商行政管理职责时,属其他依照法律从事公务的人员,应以国家机关工作人员论。如果玩忽职守,致使公共财产、国家和人民利益遭受重大损失,可适用刑法第397条的规定,以玩忽职守罪追究刑事责任。"

(4)根据最高人民检察院《关于企事业单位的公安机构在机构改革过程中其工作人员能否构成渎职侵权犯罪主体问题的批复》的规定:"企业事业单位的公安机构在机构改革过程中虽尚未列入公安机关建制,其工作人员在行使侦查职责时,实施渎职侵权行为的,可以成为渎职侵权犯罪的主体。"

(5)根据最高人民检察院法律政策研究室《关于非司法工作人员是否可以构成徇私枉法罪共犯问题的答复》的规定:"非司法工作人员与司法工作人员勾结,共同实施徇私枉法行为,构成犯罪的,应当以徇私枉法罪的共犯追究刑事责任。"

(6)根据最高人民检察院《关于工人等非监管机关在编监管人员私放在押人员行为和失职致使在押人员脱逃行为适用法律问题的解释》的规定:"工人等非监管机关在编监管人员在被监管机关聘用受委托履行监管职责的过程中私放在押人员的,应当依照刑法第四百条第一款的规定,以私放在押人员罪追究刑事责任;由于严重不负责任,致使在押人员脱逃,造成严重后果的,应当依照刑法第四百条第二款的规定,以失职致使在押人员脱逃罪追究刑事责任。"

(7)根据最高人民法院、最高人民检察院《关于办理危害生产安全刑事案件适用法律若干问题的解释》的规定:"公司、企业、事业单位的工作人员在依法或者受委托行使安全监督管理职责时滥用职权或者玩忽职守,构成犯罪的,应当依照《全国人民代表大会常务委员会关于〈中华人民共和国刑法〉第九章渎职罪主体适用问题的解释》的规定,适用渎职罪的规定追究刑事责任。"

(三)特殊国家机关工作人员

普通类渎职犯罪的主体是一般主体,司法类和特定类渎职犯罪的主体都是特殊主体,具体要求如下:

1. 司法类渎职犯罪的主体

司法类渎职犯罪的主体都是司法工作人员。所谓司法工作人员,根据《刑法》第94条的规定,是指有侦查、检察、审判、监管职责的工作人员。不同的犯罪,主体职责的要求也不尽相同,如徇私枉法罪多为具有侦查、检察、审判职责的司法工作人员;民事、行政枉法裁判罪多为具有审判职责的司法工作人员;执行判决、裁定失职罪和执行判决、裁定滥用职权罪多为有执行职责的司法工作人员;私放在押人员罪、失职致使在押人员脱逃罪和徇私舞弊减刑、假释、暂予监外执行罪则多为有监管职责的司法工作人员。

2. 特定类渎职犯罪的主体

(1)枉法仲裁罪:依法承担仲裁职责的人员;

(2)徇私舞弊不移交刑事案件罪:行政执法人员;

(3)滥用管理公司、证券职权罪:国家有关主管部门的国家机关工作人员;

(4)徇私舞弊不征、少征税款罪和徇私舞弊发售发票、抵扣税款、出口退税罪:税务机关的工作人员;

(5)违法提供出口退税凭证罪:其他国家机关工作人员;

(6)违法发放林木采伐许可证罪:林业主管部门的工作人员;

(7)环境监管失职罪:负有环境保护监督管理职责的国家机关工作人员;

(8)食品监管渎职罪:负有食品安全监督管理职责的国家机关工作人员;

(9)传染病防治失职罪:从事传染病防治的政府卫生行政部门的工作人员;

(10)放纵走私罪:海关工作人员;

(11)商检徇私舞弊罪和商检失职罪:国家商检部门、商检机构的工作人员;

(12)动植物检疫徇私舞弊罪和动植物检疫失职罪:动植物检疫机关的检疫人员;

（13）放纵制售伪劣商品犯罪行为罪：对生产、销售伪劣商品犯罪行为负有追究责任的国家机关工作人员；

（14）办理偷越国（边）境人员出入境证件罪和放行偷越国（边）境人员罪：负责办理护照、签证以及其他出入境证件的国家机关工作人员；

（15）不解救被拐卖、绑架妇女、儿童罪和阻碍解救被拐卖、绑架妇女、儿童罪：对被拐卖、绑架的妇女、儿童负有解救职责的国家机关工作人员；

（16）帮助犯罪分子逃避处罚罪：有查禁犯罪活动职责的国家机关工作人员。

辩点 7-2：渎职行为

本章犯罪客观表现的均为渎职行为，而渎职行为主要表现为三种方式：一是滥用职权；二是玩忽职守；三是徇私舞弊。滥用职权和玩忽职守是渎职类犯罪的两大主要行为，前者是指违法行使职权，后者是指严重不负责任不履行或者不正确履行公职。对于徇私舞弊，一般认为"徇私"是为了私利，属于主观方面的犯罪动机，而"舞弊"是指弄虚作假，才是客观行为。

（一）滥用职权

所谓"滥用职权"，是指违法行使本人职务上的一般权力。所谓违法，包括直接违反国家规定，也包括违反惯例、习惯、原则，为了不正当的目的，采取不正当的方法，不经过正当程序，或者超越其职权，擅自决定或者处理没有决定、处理权限的事项。由于职权不同，滥用职权的具体表现形式也各不相同。一般说来，滥用职权大多表现为作为，但有时也可以表现为不作为，需要具体情况具体分析。

在滥用职权型渎职犯罪中，客观行为表现为滥用职权的罪名有：滥用职权罪，故意泄露国家秘密罪，徇私枉法罪，民事、行政枉法裁判罪，执行判决、裁定滥用职权罪，私放在押人员罪，违法发放林业采伐许可证罪，食品监管渎职罪，办理偷越国（边）境人员出入境证件罪，放行偷越国（边）境人员罪，阻碍解救被拐卖、绑架妇女、儿童罪。

案例 7-2

2002 年 9 月 1 日，新建县公安局洪门派出所接群众报案，反映占家村发生聚众哄抢案件，派出所安排警务区负责办理此案，并于 2002 年 9 月 24 日对犯罪

> 嫌疑人蔡某某依法刑事拘留。后派出所所长李某某将此案交由民警郭某某具体办理。9月30日,公安局向检察院提请批准逮捕蔡某某,检察院以证据不足为由作出不批准逮捕决定。在接到不批准逮捕决定后,被告人李某某作为所长,没有责成承办人对蔡某某依法立即释放或变更强制措施,而是先让给局里汇报。后又同意将蔡某某报劳教,并于12月26日向劳动教养委员会呈请对蔡某某劳动教养。2003年1月14日,蔡某某劳动教养呈报未被批准。被告人李某某于2月8日再次派承办人将案件送检察院报捕。蔡某某还是未被批准逮捕,案卷被退回。但蔡某某仍被羁押,直至3月6日李某某被检察机关采取强制措施,才得以被释放。后检察机关以李某某涉嫌非法拘禁罪将其移送起诉。
>
> 法院经审理认为,被告人李某某身为基层派出所所长,执行公务时,不能正确履行自己的工作职责,致使他人被超期羁押,非法剥夺了他人的人身自由,其行为既符合非法拘禁罪的构成要件,也符合滥用职权罪的构成要件,根据想象竞合犯择一重处的原则,以滥用职权罪判处李某某有期徒刑6个月。

(二) 玩忽职守

所谓"玩忽职守",是指严重不负责任,工作中草率马虎,不履行或者不正确履行职责。不履行职责是指应当履行,有条件履行,但是违背了职责要求而没有履行;不正确履行是指在履行过程中违反职责要求,马虎草率粗心大意,不按照法定的条件、程序和方式履行职责。不履行职责表现为不作为,不正确履行职责则一般表现为作为,或者作为和不作为相互交织。

在玩忽职守型渎职犯罪中,客观行为表现为玩忽职守的罪名有:玩忽职守罪、过失泄露国家机密罪,执行判决、裁定失职罪,失职致使在押人员脱逃罪,国家机关工作人员签订、履行合同失职被骗罪,环境监管失职罪,食品监管渎职罪,传染病防治失职罪,商检失职罪,动植物检疫失职罪,失职造成珍贵文物损毁、流失罪。

(三) 徇私舞弊

徇私舞弊包括两个方面的内容:一是徇私;二是舞弊。前面说过,"徇私"是指为了徇个人私情、私利,属于主观要素中的犯罪动机;"舞弊"是指弄虚作假,属于客观行为手段。

在本章犯罪中,存在以徇私舞弊为要件的犯罪,我们称之为徇私舞弊型犯罪,包括的罪名有:徇私舞弊减刑、假释、暂予监外执行罪,徇私舞弊不移交刑事案件罪,滥用管理公司、证券职权罪,徇私舞弊不征、少征税款罪,徇私舞弊发售发票、抵扣税款、出口退税罪,违法提供出口退税凭证罪,非法批准征收、征用、占用土地罪,非法低价出让国有土地使用权罪,放纵走私罪,商检徇私舞弊罪,动植物检疫徇私舞弊罪,放纵制售伪劣商品犯罪行为罪,招收公务员、学生徇私舞弊罪。

在上述犯罪中,徇私舞弊是犯罪构成的客观要件之一,行为人基于徇私的动机并实施了舞弊的行为,其在职权的行使上有可能是滥用职权,也可能是玩忽职守,还可能只是弄虚作假。如果国家机关工作人员不是为了徇私情、私利,而是为了其他利益,实施滥用职权、玩忽职守行为,构成犯罪的,则按照滥用职权罪和玩忽职守罪定罪处罚。

还特别需要注意的是,"徇私舞弊"不但是徇私舞弊型犯罪的构成要件,还有可能是滥用职权型犯罪和玩忽职守型犯罪的从重处罚情节。例如,对于徇私舞弊犯滥用职权罪或玩忽职守罪的,起刑点和量刑幅度都比普通的滥用职权罪或玩忽职守罪要高要重;对于徇私舞弊犯食品监管渎职罪的,刑法明确规定应从重处罚。

辩点 7-3:主观方面

对于渎职犯罪的主观方面,我们重点讲述罪过形式和犯罪动机。因为罪过形式是故意还是过失,直接影响是适用滥用职权型罪名还是玩忽职守型罪名。而主观动机是否徇私情、私利,则不但影响是否适用徇私舞弊型罪名,还可能影响是否适用从重处罚的条款。

(一) 罪过形式

1. 故意

所谓"故意",是指明知自己的行为会发生危害社会的结果,并且希望或者放任这种结果发生的主观心态。在本章犯罪中,滥用职权型犯罪和徇私舞弊型犯罪的主观罪过形式多为故意,即行为人对明知自己滥用职权的行为或者舞弊的行为不符合自身职责要求,且会发生破坏国家机关的正常活动,损害国家机关工作人员职务活动的合法性、公正性,影响社会公众对于国家机关工作人员职务行为的信赖,并且希望或者放任这种结果的发生。因此,通说认为,行为人对于滥用职权的行为和舞弊的行为主观上持有的是故意的心态,但对于最终危害结果的发生则不一定都是故意的,也存在过失。

2. 过失

所谓"过失",是指应当预见自己的行为可能发生危害社会的结果,因为疏忽大意而没有预见,或者已经预见而轻信能够避免,以致发生这种结果的主观心态。在本章犯罪中，玩忽职守型犯罪的主观罪过形式都是过失，例如玩忽职守罪，过失泄露国家秘密罪，执行判决、裁定失职罪，失职致使在押人员脱逃罪，国家机关工作人员签订、履行合同失职被骗罪，环境监管失职罪，传染病防治失职罪，商检失职罪，动植物检疫失职罪，失职造成珍贵文物损毁、流失罪等，罪名上多有"过失"或者"失职"的描述。

玩忽职守型犯罪的过失，主要是监督管理过失。由于行为人大多具有特定的职务身份，本来可以通过严格遵守职责要求而防止危害后果的发生，但是由于严重不负责任，致使公共财产、国家和人民利益遭受重大损失。"严重不负责任"，实质上是行为人对于注意义务的违反和不履行。认定行为人是否属于"严重不负责任"应当进行具体分析，需要考量行为人本身职权的范围、行使权力是否正当，将其职权因素与职务要求结合起来，不能强人所难将超越行为人能力范围的事项认定为行为人不负责任。此外，如果行为人由于经验不足、能力水平有限，或因无法预见和不可抗拒的客观因素影响，行为人尽力履行了职责，但仍造成严重的危害后果，也不应认定为"严重不负责任"。

（二）犯罪动机

一般说来，行为人不论出于何种动机或者目的，实施滥用职权或者玩忽职守行为的，都不影响犯罪的构成。

但是，对于徇私舞弊型犯罪，需要考量行为人的主观动机。如果行为人不是为了徇私情、私利，而是为了本单位的利益，实施了滥用职权、玩忽职守行为，最终造成严重危害后果的，也不构成徇私舞弊型犯罪，可以按照滥用职权罪或玩忽职守罪定罪处罚。

另外，行为人是否具有徇私的动机，还影响到是否适用从重处罚的条款，这点应加以注意。例如，对于滥用职权行为而言，致使公共财产、国家和人民利益遭受重大损失的，一般处3年以下有期徒刑或者拘役，但如果徇私舞弊滥用职权，致使公共财产、国家和人民利益遭受重大损失的，则处5年以下有期徒刑或者拘役。

辩点7-4：因果关系

在本章犯罪中，构成犯罪的一般都存在损害结果，如致使公共财产、国家和人民利益遭受重大损失，致使当事人或者其他人的利益遭受重大损失，致使国家税收遭受重大损失，致使公私财产遭受重大损失或者造成人身伤亡的严重后果等，这些损害结果是否是渎职行为造成的，渎职行为与损害结果之间是否具有刑法上的因果关系，是辩护律师在代理渎职类犯罪案件过程中应当审查的内容之一。

(一) 滥用职权型的因果关系

滥用职权行为与造成的损害结果之间,必须具有刑法上的因果关系。因果关系错综复杂,有直接原因,也有间接原因;有主要原因,也有次要原因;有领导者的责任,也有直接责任人员的责任。构成滥用职权型犯罪,应当追究刑事责任的,是指滥用职权行为与造成的损害结果之间具有必然的因果联系,不具有这种因果联系的,不能构成犯罪。

案例 7-3

某煤炭企业法定代表人梁某因涉嫌重大责任事故罪被羁押在某县看守所。陈某作为看守所狱医,置看守所工作人员不允许为在押人员私带药品等物品的规定于不顾,在接受梁某之妻的请托后,违反规定,利用工作便利,私自将梁某之妻提供的所谓"腰疼宁"药物带入看守所内让梁某服用。后梁某在看守所突发高血压病晕倒,经陈某诊断不宜羁押,后梁某被送往医院治疗,并被取保候审。当天,梁某之妻为感谢陈某对梁某的照顾送给陈某现金 5 000 元。

本案中,公诉机关认为,被告人陈某的行为构成滥用职权罪和受贿罪,应当数罪并罚。但是辩护律师认为,依据现有证据并不能证明陈某给梁某带药的行为与梁某突发高血压以致被取保候审之间具有刑法意义上的因果关系,且陈某的行为并未造成国家和人民利益遭受重大损失的后果,不符合滥用职权罪的要件。后法院采纳了辩护律师的意见,对公诉机关指控的滥用职权罪不予支持,只追究了陈某受贿罪的刑事责任。

(二) 玩忽职守型的因果关系

玩忽职守行为与造成的损害结果之间,同样必须存有刑法上的因果关系,但是与滥用职权不同。玩忽职守型犯罪属于过失犯罪,它往往与一些重大责任事故、科学技术水平以及其他人的行为因素交织在一起,对于其因果关系的判断往往更难。过失犯罪因果关系的特殊性主要表现为内容的限定性,即过失犯罪因果关系仅限于过失危害行为与危害结果之间引起和被引起的联系,只能发生在过失犯罪的领域内。玩忽职守的行为与最后的损害结果之间不仅要有"有 A 才有 B"的推导关系,还要有"无 A 则无 B"的排除性关系。

案例 7-4

某电力局副局长刘某在节日值班时擅自离开值班室回单位附近的家吃饭,住在办公室的员工庄某违章在办公楼使用电炉煮饭,因操作不当,触电身亡,办公楼被烧毁,造成巨大经济损失。公诉机关以被告人刘某涉嫌玩忽职守罪移送起诉,一审法院判定刘某构成玩忽职守罪。刘某不服上诉。

二审过程中,辩护律师认为,刘某虽然在值班期间擅离职守,确有玩忽职守的行为,但是,其行为与员工庄某的死亡之间不存在刑法上的因果关系,尽管其擅离职守与员工死亡之间在时间上有先后顺序的巧合,也不应认定其构成玩忽职守罪。如果刘某在值班时,已经知道员工庄某违章使用电炉,却不加以制止,仍擅离职守回家吃饭,那么,刘某的行为与员工庄某的死亡以及巨额损失之间才具有内在的必然的因果关系,刘某才可以构成玩忽职守罪。

辩点 7-5:立案标准

在渎职类犯罪中,罪状叙述里大都规定了结果要素或者情节要素,只有给公共财产、国家和人民利益造成重大损失或者情节严重的,才可以构成本章犯罪。这种危害结果或者犯罪情节往往通过司法解释以立案标准的形式进一步固定。律师在代理渎职案件过程中,审查当事人是否达到了立案标准,是否符合结果要素或者情节要素,是辩护的一个重要切入点。

(一) 普通类犯罪的立案标准

罪名	立案标准(最高人民法院、最高人民检察院《关于办理渎职刑事案件适用法律若干问题的解释(一)》)
滥用职权罪	1. 造成死亡1人以上,或者重伤3人以上,或者轻伤9人以上,或者重伤2人、轻伤3人以上,或者重伤1人、轻伤6人以上的; 2. 造成经济损失30万元以上的; 3. 造成恶劣社会影响的; 4. 其他致使公共财产、国家和人民利益遭受重大损失的情形。

(续表)

罪名	立案标准(最高人民法院、最高人民检察院《关于办理渎职刑事案件适用法律若干问题的解释(一)》)
玩忽职守罪	1. 造成死亡1人以上，或者重伤3人以上，或者轻伤9人以上，或者重伤2人、轻伤3人以上，或者重伤1人、轻伤6人以上的； 2. 造成经济损失30万元以上的； 3. 造成恶劣社会影响的； 4. 其他致使公共财产、国家和人民利益遭受重大损失的情形。

罪名	立案标准(最高人民检察院《关于渎职侵权犯罪案件立案标准的规定》)
故意泄露国家秘密罪	1. 泄露绝密级国家秘密1项(件)以上的； 2. 泄露机密级国家秘密2项(件)以上的； 3. 泄露秘密级国家秘密3项(件)以上的； 4. 向非境外机构、组织、人员泄露国家秘密，造成或者可能造成危害社会稳定、经济发展、国防安全或者其他严重危害后果的； 5. 通过口头、书面或者网络等方式向公众散布、传播国家秘密的； 6. 利用职权指使或者强迫他人违反国家保守秘密法的规定泄露国家秘密的； 7. 以牟取私利为目的泄露国家秘密的； 8. 其他情节严重的情形。
过失泄露国家秘密罪	1. 泄露绝密级国家秘密1项(件)以上的； 2. 泄露机密级国家秘密3项(件)以上的； 3. 泄露秘密级国家秘密4项(件)以上的； 4. 违反保密规定，将涉及国家秘密的计算机或者计算机信息系统与互联网相连接，泄露国家秘密的； 5. 泄露国家秘密或者遗失国家秘密载体，隐瞒不报、不如实提供有关情况或者不采取补救措施的； 6. 其他情节严重的情形。
国家机关工作人员签订、履行合同失职被骗罪	1. 造成直接经济损失30万元以上，或者直接经济损失不满30万元，但间接经济损失150万元以上的； 2. 其他致使国家利益遭受重大损失的情形。

(续表)

罪名	立案标准（最高人民检察院《关于渎职侵权犯罪案件立案标准的规定》）
非法批准征收、征用、占用土地罪	1. 非法批准征用、占用基本农田 10 亩以上的； 2. 非法批准征用、占用基本农田以外的耕地 30 亩以上的； 3. 非法批准征用、占用其他土地 50 亩以上的； 4. 虽未达到上述数量标准，但造成有关单位、个人直接经济损失 30 万元以上，或者造成耕地大量毁坏或者植被遭到严重破坏的； 5. 非法批准征用、占用土地，影响群众生产、生活，引起纠纷，造成恶劣影响或者其他严重后果的； 6. 非法批准征用、占用防护林地、特种用途林地分别或者合计 10 亩以上的； 7. 非法批准征用、占用其他林地 20 亩以上的； 8. 非法批准征用、占用林地造成直接经济损失 30 万元以上，或者造成防护林地、特种用途林地分别或者合计 5 亩以上或者其他林地 10 亩以上毁坏的； 9. 其他情节严重的情形。
非法低价出让国有土地使用权罪	1. 非法低价出让国有土地 30 亩以上，并且出让价额低于国家规定的最低价额标准的 60% 的； 2. 造成国有土地资产流失价额 30 万元以上的； 3. 非法低价出让国有土地使用权，影响群众生产、生活，引起纠纷，造成恶劣影响或者其他严重后果的； 4. 非法低价出让林地合计 30 亩以上，并且出让价额低于国家规定的最低价额标准的 60% 的； 5. 造成国有资产流失 30 万元以上的； 6. 其他情节严重的情形。
招收公务员、学生徇私舞弊罪	1. 徇私舞弊，利用职务便利，伪造、变造人事、户口档案、考试成绩或者其他影响招收工作的有关资料，或者明知是伪造、变造的上述材料而予以认可的； 2. 徇私舞弊，利用职务便利，帮助 5 名以上考生作弊的； 3. 徇私舞弊招收不合格的公务员、学生 3 人次以上的； 4. 因徇私舞弊招收不合格的公务员、学生，导致被排挤的合格人员或者其近亲属自杀、自残造成重伤、死亡，或者精神失常的； 5. 因徇私舞弊招收公务员、学生，导致该项招收工作重新进行的； 6. 其他情节严重的情形。
失职造成珍贵文物损毁、流失罪	1. 导致国家一、二、三级珍贵文物损毁或者流失的； 2. 导致全国重点文物保护单位或者省、自治区、直辖市级文物保护单位损毁的； 3. 其他后果严重的情形。

(二) 司法类犯罪的立案标准

罪名	立案标准(最高人民检察院《关于渎职侵权犯罪案件立案标准的规定》)
徇私枉法罪	1. 对明知是没有犯罪事实或者其他依法不应当追究刑事责任的人,采取伪造、隐匿、毁灭证据或者其他隐瞒事实、违反法律的手段,以追究刑事责任为目的立案、侦查、起诉、审判的; 2. 对明知是有犯罪事实需要追究刑事责任的人,采取伪造、隐匿、毁灭证据或者其他隐瞒事实、违反法律的手段,故意包庇使其不受立案、侦查、起诉、审判的; 3. 采取伪造、隐匿、毁灭证据或者其他隐瞒事实、违反法律的手段,故意使罪重的人受较轻的追诉,或者使罪轻的人受较重的追诉的; 4. 在立案后,采取伪造、隐匿、毁灭证据或者其他隐瞒事实、违反法律的手段,应当采取强制措施而不采取强制措施,或者虽然采取强制措施,但中断侦查或者超过法定期限不采取任何措施,实际放任不管,以及违法撤销、变更强制措施,致使犯罪嫌疑人、被告人实际脱离司法机关侦控的; 5. 在刑事审判活动中故意违背事实和法律,作出枉法判决、裁定,即有罪判无罪、无罪判有罪,或者重罪轻判、轻罪重判的; 6. 其他徇私枉法应予追究刑事责任的情形。
民事、行政枉法裁判罪	1. 枉法裁判,致使当事人或者其近亲属自杀、自残造成重伤、死亡,或者精神失常的; 2. 枉法裁判,造成个人财产直接经济损失10万元以上,或者直接经济损失不满10万元,但间接经济损失50万元以上的; 3. 枉法裁判,造成法人或者其他组织财产直接经济损失20万元以上,或者直接经济损失不满20万元,但间接经济损失100万元以上的; 4. 伪造、变造有关材料、证据,制造假案枉法裁判的; 5. 串通当事人制造伪证,毁灭证据或者篡改庭审笔录而枉法裁判的; 6. 徇私情、私利,明知是伪造、变造的证据予以采信,或者故意对应当采信的证据不予采信,或者故意违反法定程序,或者故意错误适用法律而枉法裁判的; 7. 其他情节严重的情形。
执行判决、裁定失职罪	1. 致使当事人或者其近亲属自杀、自残造成重伤、死亡,或者精神失常的; 2. 造成个人财产直接经济损失15万元以上,或者直接经济损失不满15万元,但间接经济损失75万元以上的; 3. 造成法人或者其他组织财产直接经济损失30万元以上,或者直接经济损失不满30万元,但间接经济损失150万元以上的; 4. 造成公司、企业等单位停业、停产1年以上,或者破产的; 5. 其他致使当事人或者其他人的利益遭受重大损失的情形。

（续表）

罪名	立案标准（最高人民检察院《关于渎职侵权犯罪案件立案标准的规定》）
执行判决、裁定滥用职权罪	1. 致使当事人或者其近亲属自杀、自残造成重伤、死亡，或者精神失常的； 2. 造成个人财产直接经济损失10万元以上，或者直接经济损失不满10万元，但间接经济损失50万元以上的； 3. 造成法人或者其他组织财产直接经济损失20万元以上，或者直接经济损失不满20万元，但间接经济损失100万元以上的； 4. 造成公司、企业等单位停业、停产6个月以上，或者破产的； 5. 其他致使当事人或者其他人的利益遭受重大损失的情形。
私放在押人员罪	1. 私自将在押的犯罪嫌疑人、被告人、罪犯放走，或者授意、指使、强迫他人将在押的犯罪嫌疑人、被告人、罪犯放走的； 2. 伪造、变造有关法律文书、证明材料，以使在押的犯罪嫌疑人、被告人、罪犯逃跑或者被释放的； 3. 为私放在押的犯罪嫌疑人、被告人、罪犯，故意向其通风报信、提供条件，致使该在押的犯罪嫌疑人、被告人、罪犯脱逃的； 4. 其他私放在押的犯罪嫌疑人、被告人、罪犯应予追究刑事责任的情形。
失职致使在押人员脱逃罪	1. 致使依法可能判处或者已经判处10年以上有期徒刑、无期徒刑、死刑的犯罪嫌疑人、被告人、罪犯脱逃的； 2. 致使犯罪嫌疑人、被告人、罪犯脱逃3人次以上的； 3. 犯罪嫌疑人、被告人、罪犯脱逃以后，打击报复报案人、控告人、举报人、被害人、证人和司法工作人员等，或者继续犯罪的； 4. 其他致使在押的犯罪嫌疑人、被告人、罪犯脱逃，造成严重后果的情形。
徇私舞弊减刑、假释、暂予监外执行罪	1. 刑罚执行机关的工作人员对不符合减刑、假释、暂予监外执行条件的罪犯，捏造事实，伪造材料，违法报请减刑、假释、暂予监外执行的； 2. 审判人员对不符合减刑、假释、暂予监外执行条件的罪犯，徇私舞弊，违法裁定减刑、假释或者违法决定暂予监外执行的； 3. 监狱管理机关、公安机关的工作人员对不符合暂予监外执行条件的罪犯，徇私舞弊，违法批准暂予监外执行的； 4. 不具有报请、裁定、决定或者批准减刑、假释、暂予监外执行权的司法工作人员利用职务上的便利，伪造有关材料，导致不符合减刑、假释、暂予监外执行条件的罪犯被减刑、假释、暂予监外执行的； 5. 其他徇私舞弊减刑、假释、暂予监外执行应予追究刑事责任的情形。

(三) 特定类犯罪的立案标准

罪名	立案标准(最高人民检察院《关于渎职侵权犯罪案件立案标准的规定》)
枉法仲裁罪	2006年6月29日《中华人民共和国刑法修正案(六)》增设的罪名。
徇私舞弊不移交刑事案件罪	1. 对依法可能判处3年以上有期徒刑、无期徒刑、死刑的犯罪案件不移交的; 2. 不移交刑事案件涉及3人次以上的; 3. 司法机关提出意见后,无正当理由仍然不予移交的; 4. 以罚代刑,放纵犯罪嫌疑人,致使犯罪嫌疑人继续进行违法犯罪活动的; 5. 行政执法部门主管领导阻止移交的; 6. 隐瞒、毁灭证据,伪造材料,改变刑事案件性质的; 7. 直接负责的主管人员和其他直接责任人员为牟取本单位私利而不移交刑事案件,情节严重的; 8. 其他情节严重的情形。
滥用管理公司、证券职权罪	1. 造成直接经济损失50万元以上的; 2. 工商管理部门的工作人员对不符合法律规定条件的公司设立、登记申请,违法予以批准、登记,严重扰乱市场秩序的; 3. 金融证券管理机构工作人员对不符合法律规定条件的股票、债券发行、上市申请,违法予以批准,严重损害公众利益,或者严重扰乱金融秩序的; 4. 工商管理部门、金融证券管理机构的工作人员对不符合法律规定条件的公司设立、登记申请或者股票、债券发行、上市申请违法予以批准或者登记,致使犯罪行为得逞的; 5. 上级部门、当地政府直接负责的主管人员强令登记机关及其工作人员,对不符合法律规定条件的公司设立、登记申请或者股票、债券发行、上市申请予以批准或者登记,致使公共财产、国家或者人民利益遭受重大损失的; 6. 其他致使公共财产、国家和人民利益遭受重大损失的情形。
徇私舞弊不征、少征税款罪	1. 徇私舞弊不征、少征应征税款,致使国家税收损失累计达10万元以上的; 2. 上级主管部门工作人员指使税务机关工作人员徇私舞弊不征、少征应征税款,致使国家税收损失累计达10万元以上的; 3. 徇私舞弊不征、少征应征税款不满10万元,但具有索取或者收受贿赂或者其他恶劣情节的; 4. 其他致使国家税收遭受重大损失的情形。
徇私舞弊发售发票、抵扣税款、出口退税罪	1. 徇私舞弊,致使国家税收损失累计达10万元以上的; 2. 徇私舞弊,致使国家税收损失累计不满10万元,但发售增值税专用发票25份以上或者其他发票50份以上或者增值税专用发票与其他发票合计50份以上,或者具有索取、收受贿赂或者其他恶劣情节的; 3. 其他致使国家利益遭受重大损失的情形。
违法提供出口退税凭证罪	1. 徇私舞弊,致使国家税收损失累计达10万元以上的; 2. 徇私舞弊,致使国家税收损失累计不满10万元,但具有索取、收受贿赂或者其他恶劣情节的; 3. 其他致使国家利益遭受重大损失的情形。

(续表)

罪名	立案标准（最高人民检察院《关于渎职侵权犯罪案件立案标准的规定》）
违法发放林木采伐许可证罪	1. 发放林木采伐许可证允许采伐数量累计超过批准的年采伐限额，导致林木被超限额采伐10立方米以上的； 2. 滥发林木采伐许可证，导致林木被滥伐20立方米以上，或者导致幼树被滥伐1000株以上的； 3. 滥发林木采伐许可证，导致防护林、特种用途林被滥伐5立方米以上，或者幼树被滥伐200株以上的； 4. 滥发林木采伐许可证，导致珍贵树木或者国家重点保护的其他树木被滥伐的； 5. 滥发林木采伐许可证，导致国家禁止采伐的林木被采伐的； 6. 其他情节严重，致使森林遭受严重破坏的情形。
环境监管失职罪	1. 造成死亡1人以上，或者重伤3人以上，或者重伤2人、轻伤4人，或者重伤1人、轻伤7人以上，或者轻伤10人以上的； 2. 导致30人以上严重中毒的； 3. 造成个人财产直接经济损失15万元以上，或者直接经济损失不满15万元，但间接经济损失75万元以上的； 4. 造成公共财产、法人或者其他组织财产直接经济损失30万元以上，或者直接经济损失不满30万元，但间接经济损失150万元以上的； 5. 虽未达到3、4两项数额标准，但3、4两项合计直接经济损失30万元以上，或者合计直接经济损失不满30万元，但合计间接经济损失150万元以上的； 6. 造成基本农田或者防护林地、特种用途林地10亩以上，或者基本农田以外的耕地50亩以上，或者其他土地70亩以上被严重毁坏的； 7. 造成生活饮用水地表水源和地下水源严重污染的； 8. 其他致使公私财产遭受重大损失或者造成人身伤亡严重后果的情形。
食品监管渎职罪	2011年2月25日《中华人民共和国刑法修正案（八）》增设。
传染病防治失职罪	1. 导致甲类传染病传播的； 2. 导致乙类、丙类传染病流行的； 3. 因传染病传播或者流行，造成人员重伤或者死亡的； 4. 因传染病传播或者流行，严重影响正常的生产、生活秩序的； 5. 在国家对突发传染病疫情等灾害采取预防、控制措施后，对发生突发传染病疫情等灾害的地区或者突发传染病病人、病原携带者、疑似突发传染病病人，未按照预防、控制突发传染病疫情等灾害工作规范的要求做好防疫、检疫、隔离、防护、救治等工作，或者采取的预防、控制措施不当，造成传染范围扩大或者疫情、灾情加重的； 6. 在国家对突发传染病疫情等灾害采取预防、控制措施后，隐瞒、缓报、谎报或者授意、指使、强令他人隐瞒、缓报、谎报疫情、灾情，造成传染范围扩大或者疫情、灾情加重的； 7. 在国家对突发传染病疫情等灾害采取预防、控制措施后，拒不执行突发传染病疫情等灾害应急处理指挥机构的决定、命令，造成传染范围扩大或者疫情、灾情加重的； 8. 其他情节严重的情形。

(续表)

罪名	立案标准(最高人民检察院《关于渎职侵权犯罪案件立案标准的规定》)
放纵走私罪	1. 放纵走私犯罪的; 2. 因放纵走私致使国家应收税额损失累计达10万元以上的; 3. 放纵走私行为3起次以上的; 4. 放纵走私行为,具有索取或者收受贿赂情节的; 5. 其他情节严重的情形。
商检徇私舞弊罪	1. 采取伪造、变造的手段对报检的商品的单证、印章、标志、封识、质量认证标志等作虚假的证明或者出具不真实的证明结论的; 2. 将送检的合格商品检验为不合格,或者将不合格商品检验为合格的; 3. 对明知是不合格的商品,不检验而出具合格检验结果的; 4. 其他伪造检验结果应予追究刑事责任的情形。
商检失职罪	1. 致使不合格的食品、药品、医疗器械等商品出入境,严重危害生命健康的; 2. 造成个人财产直接经济损失15万元以上,或者直接经济损失不满15万元,但间接经济损失75万元以上的; 3. 造成公共财产、法人或者其他组织财产直接经济损失30万元以上,或者直接经济损失不满30万元,但间接经济损失150万元以上的; 4. 未经检验,出具合格检验结果,致使国家禁止进口的固体废物、液态废物和气态废物等进入境内的; 5. 不检验或者延误检验出证、错误出证,引起国际经济贸易纠纷,严重影响国家对外经贸关系,或者严重损害国家声誉的; 6. 其他致使国家利益遭受重大损失的情形。
动植物检疫徇私舞弊罪	1. 采取伪造、变造的手段对检疫的单证、印章、标志、封识等作虚假的证明或者出具不真实的结论的; 2. 将送检的合格动植物检疫为不合格,或者将不合格动植物检疫为合格的; 3. 对明知是不合格的动植物,不检疫而出具合格检疫结果的; 4. 其他伪造检疫结果应予追究刑事责任的情形。
动植物检疫失职罪	1. 导致疫情发生,造成人员重伤或者死亡的; 2. 导致重大疫情发生、传播或者流行的; 3. 造成个人财产直接经济损失15万元以上,或者直接经济损失不满15万元,但间接经济损失75万元以上的; 4. 造成公共财产或者法人、其他组织财产直接经济损失30万元以上,或者直接经济损失不满30万元,但间接经济损失150万元以上的; 5. 不检疫或者延误检疫出证、错误出证,引起国际经济贸易纠纷,严重影响国家对外经贸关系,或者严重损害国家声誉的; 6. 其他致使国家利益遭受重大损失的情形。

(续表)

罪名	立案标准（最高人民检察院《关于渎职侵权犯罪案件立案标准的规定》）
放纵制售伪劣商品犯罪行为罪	1. 放纵生产、销售假药或者有毒、有害食品犯罪行为的； 2. 放纵生产、销售伪劣农药、兽药、化肥、种子犯罪行为的； 3. 放纵依法可能判处3年有期徒刑以上刑罚的生产、销售伪劣商品犯罪行为的； 4. 对生产、销售伪劣商品犯罪行为不履行追究职责，致使生产、销售伪劣商品犯罪行为得以继续的； 5. 3次以上不履行追究职责，或者对3个以上有生产、销售伪劣商品犯罪行为的单位或者个人不履行追究职责的； 6. 其他情节严重的情形。
办理偷越国（边）境人员出入境证件罪	负责办理护照、签证以及其他出入境证件的国家机关工作人员涉嫌在办理护照、签证以及其他出入境证件的过程中，对明知是企图偷越国（边）境的人员而予以办理出入境证件的，应予立案。
放行偷越国（边）境人员罪	边防、海关等国家机关工作人员涉嫌在履行职务过程中，对明知是偷越国（边）境的人员而予以放行的，应予立案。
不解救被拐卖、绑架妇女、儿童罪	1. 导致被拐卖、绑架的妇女、儿童或者其家属重伤、死亡或者精神失常的； 2. 导致被拐卖、绑架的妇女、儿童被转移、隐匿、转卖，不能及时进行解救的； 3. 对被拐卖、绑架的妇女、儿童不进行解救3人次以上的； 4. 对被拐卖、绑架的妇女、儿童不进行解救，造成恶劣社会影响的； 5. 其他造成严重后果的情形。
阻碍解救被拐卖、绑架妇女、儿童罪	1. 利用职权，禁止、阻止或者妨碍有关部门、人员解救被拐卖、绑架的妇女、儿童的； 2. 利用职务上的便利，向拐卖、绑架者或者收买者通风报信，妨碍解救工作正常进行的； 3. 其他利用职务阻碍解救被拐卖、绑架的妇女、儿童应予追究刑事责任的情形。
帮助犯罪分子逃避处罚罪	1. 向犯罪分子泄露有关部门查禁犯罪活动的部署、人员、措施、时间、地点等情况的； 2. 向犯罪分子提供钱物、交通工具、通讯设备、隐藏处所等便利条件的； 3. 向犯罪分子泄露案情的； 4. 帮助、示意犯罪分子隐匿、毁灭、伪造证据，或者串供、翻供的； 5. 其他帮助犯罪分子逃避处罚应予追究刑事责任的情形。

律师在掌握以上追诉标准的前提下，还应当进一步明确"经济损失"的认定标准。

第一，"经济损失"是指渎职犯罪或者与渎职犯罪相关联的犯罪立案时已经实际造成的财产损失，包括为挽回渎职犯罪所造成损失而支付的各种开支、费用等。

立案后至提起公诉前持续发生的经济损失，应一并计入渎职犯罪造成的经济损失。

第二，债务人经法定程序被宣告破产，债务人潜逃、去向不明，或者因行为人的责任超过诉讼时效等，致使债权已经无法实现的，无法实现的债权部分应当认定为渎职犯罪的经济损失。

第三，渎职犯罪或者与渎职犯罪相关联的犯罪立案后，犯罪分子及其亲友自行挽回的经济损失，司法机关或者犯罪分子所在单位及其上级主管部门挽回的经济损失，或者因客观原因减少的经济损失，不予扣减，但可以作为酌定从轻处罚的情节。

案例 7-5

被告人罗甲、罗乙、朱某、罗丙先后被广州市黄埔区人民政府大沙街道办事处招聘为广州市城市管理综合执法局黄埔分局大沙街执法队协管员。四名被告人上班时，身着统一发放的迷彩服，臂上戴着写有"大沙街城市管理督导员"的红袖章，手持木棍。2010年8月至2011年9月期间，罗甲等利用职务便利，先后多次向多名无照商贩索要少量现金、香烟或直接在该路段的"士多店"拿烟再让部分无照商贩结账，后放弃履行职责，允许给予好处的无照商贩在严禁乱摆卖的地段非法占道经营。由于上述被告人的行为，导致该地段的无照商贩非法占道经营十分严重，流动商贩恣意乱摆卖，严重影响了市容市貌和环境卫生，给周边商铺和住户的经营、生活、出行造成极大不便。由于执法不公，对给予钱财的商贩放任其占道经营，对其他没给好处费的无照商贩则进行驱赶或通知城管部门到场处罚，引起了群众强烈不满，城市管理执法部门执法人员在依法执行公务过程中遭遇多次暴力抗法，数名执法人员受伤住院。

本案中，四名被告人在代表国家进行执法活动时，肆意放弃职权，不正确履行职权，造成了严重的负面影响。虽然本案中并没有造成可以量化的严重的经济损失，但是由于已经造成了恶劣的社会影响，因此也被认定为"致使公共财产、国家和人民利益遭受重大损失"。

辩点 7-6：共同犯罪

根据我国《刑法》第 25 条的规定，共同犯罪，是指二人以上共同实施的犯罪。二人以上共同过失犯罪，不以共同犯罪论处；应当负刑事责任的，按照他们所犯的罪分别处罚。由于玩忽职守型犯罪为过失犯罪，所以不存在共同犯罪的情形。但是滥用职权型和徇私舞弊型犯罪存在共犯问题，如何认定以及区分责任大小则是辩护律师应当予以重视的。

（一）无身份者与国家机关工作人员的共同犯罪

对于渎职类犯罪，只有具备国家机关工作人员的身份才能构成，属于身份犯。但是不代表不具有国家机关工作人员身份的人就不能构成本章犯罪。最高人民检察院曾在 2003 年 4 月 16 日发布的《关于非司法工作人员是否可以构成徇私枉法罪共犯问题的答复》中规定："非司法工作人员与司法工作人员勾结，共同实施徇私枉法行为，构成犯罪的，应当以徇私枉法罪的共犯追究刑事责任。"可见，无身份者仍可以与有身份者构成渎职罪的共犯，当然，这里的渎职罪不包括过失犯罪。

由于渎职犯罪的特征在于"有职可渎"，因此渎职犯罪中的实行行为具有独立性和不可替代性的特点，不具备特定身份或者职责的人员由于没有实施滥用权力或者徇私舞弊的职务资格，其行为只能是教唆特定主体渎职或者帮助特定主体完成渎职行为，不可能是实施渎职的实行行为。

因此，对于共同犯罪中的不具备特定身份的犯罪人，其只能是帮助犯或者教唆犯，而无法成为真正的实行犯。对于教唆或者帮助他人渎职的，应当按照他们在共同犯罪中所起的作用处罚。如果可以认定为从犯，辩护律师应当提出"从轻、减轻处罚或者免除处罚"的意见。

案例 7-6

2009 年 6 月，村民钱某得知本村即将拆迁，于是在拆迁范围内违规建房 200 余平方米，以谋取拆迁补偿款。房屋建好之后，钱某找到镇政府负责农村居民建房审批工作的戴某，请求办理《村镇工程建设许可证》。戴某认为钱某明显不符合建房条件，发放许可证是违反规定的，一旦被发现风险很大，遂未同意其要求。钱某于是找到与戴某私交甚好的某民营企业经理田某，多次给田某请客送礼，

> 让田某在戴某面前说说情。于是田某多次找到戴某，让戴某帮帮钱某，戴某碍于情面，表示只给一张盖有公章的空白许可证，其他事项一概不管。
> 钱某拿到空白许可证后填写好，并制好建房许可所需的房屋平面图等其他材料。2010年10月该村拆迁时，国家因此多支付补偿款40余万元。后戴某和田某两人均被公诉机关以滥用职权罪提起公诉。
> 本案中，田某虽然是民营企业经理，不具有国家机关工作人员的身份，但是他的教唆行为，对具备特定身份的戴某的滥用职权行为产生了有实质性影响的"作用力"。因此，田某应当认定为共同犯罪，而不仅仅只是戴某滥用职权犯罪徇私情的对象。

此外，在办理无身份者与国家机关工作人员的共同犯罪案件中，辩护律师要应当注意一罪与数罪的问题，根据最高人民法院、最高人民检察院《关于办理渎职刑事案件适用法律若干问题的解释（一）》第4条第2款和第3款的规定，如果国家机关工作人员与他人共谋，利用其职务行为帮助他人实施其他犯罪行为，同时构成渎职犯罪和共谋实施的其他犯罪共犯的，依照处罚较重的规定定罪处罚；如果国家机关工作人员与他人共谋，既利用其职务行为帮助他人实施其他犯罪，又以非职务行为与他人共同实施该其他犯罪行为，同时构成渎职犯罪和其他犯罪的共犯的，依照数罪并罚的规定定罪处罚。

（二）渎职者与其监管、查禁对象的共犯问题

当国家机关工作人员在明知他人实施犯罪行为而予以放纵或者向犯罪分子通风报信、提供便利，帮助犯罪分子逃避处罚的情况下，国家机关工作人员可以依法单独构成渎职犯罪。如明知是走私犯罪行为而予以放任、纵容的，构成放纵走私罪；明知是生产、销售伪劣商品犯罪行为而不履行法律规定的追究责任的，构成放纵制售伪劣商品犯罪行为罪；明知是犯罪分子而向其通风报信、提供便利，帮助犯罪分子逃避处罚的，则构成帮助犯罪分子逃避处罚罪。

但是，如果国家机关工作人员与犯罪分子事先通谋，约定犯罪分子实施犯罪行为后，通过国家机关工作人员的职务便利予以纵容、包庇或者窝藏，使犯罪分子得以逃避处罚的，则既构成渎职罪，又与其监管、查禁的犯罪分子构成共犯，属于想象竞合犯，应当择一重罪处罚。

案例7-7

某税务机关在税收征收管理工作中获得线索,蔡某经营的某私营企业存在偷漏税和虚开增值税专用发票的行为。税务稽查人员黄某与蔡某是同乡,在得知税务机关第二天要去蔡某的企业进行税务稽查之后,马上发短信将该消息告诉了蔡某,蔡某连夜将企业的会计资料全部销毁,使得税务稽查人员无法准确查处其经营的企业的偷税漏税和虚开增值税专用发票的行为。

本案中,黄某是税务稽查人员,是具有查禁税务犯罪活动职责的国家机关工作人员,其向涉嫌逃税罪和虚开增值税专用发票罪的蔡某通风报信,泄露查禁犯罪活动的部署、时间、地点等情况,致使蔡某销毁会计资料,帮助蔡某逃避处罚,构成帮助犯罪分子逃避处罚罪。

(三) 国家机关工作人员之间的责任区分

两个以上的国家机关工作人员互相勾结,共同实施渎职犯罪的,应当按照共同犯罪一并处罚。但是对于多因一果的渎职案件,即使不能认定为共同渎职犯罪,也应当根据渎职行为对危害后果所起的作用大小,正确区分主要责任人与次要责任人、直接责任人与间接责任人,以便确定罪责。

对于决策者滥用职权、玩忽职守、徇私舞弊违法决策,或者强令、胁迫其他国家机关工作人员实施违法决策,或者阻挠监管人员执法,最终导致公共财产、国家和人民利益遭受重大损失的,应当区分决策者和实施人员、监管人员的责任大小,重点查处决策者的渎职犯罪;实施人员、监管人员贪赃枉法、徇私舞弊,隐瞒事实真相,提供虚假信息,影响决策者的正确决策,造成危害后果发生的,应当严肃追究实施人员和监管人员的责任;实施人员、监管人员明知决策者决策错误,而不提出反对意见,或者不进行纠正、制止、查处,造成危害后果的发生,应当视情节追究渎职犯罪的责任;对于决策者与具体实施人员、监管人员相互勾结,共同实施渎职犯罪的,应依法一并查处。

(四) 集体行为与个人行为之间的责任区分

根据最高人民法院、最高人民检察院《关于办理渎职刑事案件适用法律若干问题的解释(一)》的规定,以"集体研究"形式实施的渎职犯罪,应当依照《刑法》分则第九章的规定追究国家机关负有责任的人员的刑事责任。对于具体执行人员,应当在综合认定其行为性质、是否提出反对意见、危害结果大小等情节的基础上决定是否追究刑事责任和应当判处的刑罚。这是一个原则性的规定,但具体案件仍要具体分析。如果国家机关内部具有领导职务的工作人员经集体讨论后决定实施渎职犯罪行为,参加集体研究的赞同这一决定的所有人员因主观意思表示一致,构成渎职犯罪共犯,都应当承担责任,但持明确反对意见者不构成犯罪;如果集体讨论作出的决定是在具有领导职务的工作人员胁迫、欺骗之下作出的,由此造成危害后果的,只能由该国家机关工作人员单独构成犯罪,其他受胁迫、欺骗的普通工作人员不应被认定为渎职犯罪,主持讨论并最终作出决定的领导人员应当负主要责任。

如果集体讨论的决定是基于信赖原则,被具体承办人员操纵、欺骗或者被具有专业知识背景人员对相关专业知识的虚假介绍和欺骗的情况下作出的,即使该决定违反法律法规,参与讨论作出决定的领导也不应当承担滥用职权罪的刑事责任。但是,如果领导负有注意义务,对于相关人员的蒙蔽、欺骗手段应当能够识破或者相关人员的蒙骗并不高明,但因为其疏忽大意而没有发现,则可能构成玩忽职守罪。

辩点 7-7:此罪彼罪

(一) 滥用职权罪与玩忽职守罪的区别

滥用职权罪与玩忽职守罪虽然规定在同一个法条里,适用同一个法定刑,但从两者的立案标准来看,玩忽职守罪比滥用职权罪的立案标准或者说是门槛要高。对于辩护律师而言,有必要把握两者的区分标准。

1. 两者侵害的客体不完全相同

虽然渎职类犯罪所侵害的客体都是国家机关公务活动的合法、公正、有效执行以及国民对此的信赖,但是滥用职权与玩忽职守依然存在区别。滥用职权行为是国家机关工作人员超越权限,滥用权力,违反规范的行为,是对公务人员从事公务活动的正当性的侵害;玩忽职守行为是国家机关工作人员严重不负责任、不正确履行职责的行为,是对公务人员勤政性的侵害。

2. 两者的主观责任形式不同

滥用职权的行为主观上是故意,既包括直接故意也包括间接故意;玩忽职守的行为主观上是过失,而且主要表现为监督管理过失。

3. 两者的客观行为不同

滥用职权的行为包括超越职权和不正确履行职权。例如,行为人擅自决定或处理其没有决定或处理权限的事项,或者行为人违反职责处理公务,或者利用手中的权力随意处理公务,或者利用手中的权力以权谋私,假公济私。玩忽职守的行为包括不履行和不正确履行职责。不履行职责是指根据职责的要求应作为而不作为,或者擅离职守;不正确履行职责是指行为人在履行职责过程中,违反职责的要求,马虎大意、敷衍草率,具体表现为工作责任心不强,工作不认真、细致,履行职责时出现错误,发现问题后采取措施不当等。

在现实生活中,滥用职权与玩忽职守经常会发生竞合,不易区分。例如,行为人没有依照其职责的要求去处理公务,导致严重损害结果的发生,行为人的主观态度极其不明确,无法确定行为人是故意不履行职责还是严重不负责任而没有履行职责,这就会导致界定其行为性质很困难。在滥用职权与玩忽职守竞合时,最为关键的还是从行为人主观态度突破,需要在行为人对自己行为、对危害结果的认识程度和意志程度等多个方面进行细致分析。如果行为人认识到自己具有特定职责,但是将其职权明知不该用而用,或该用而不用,则属于滥用职权的行为;即便行为人对危害结果采取过失的主观态度,误认为不会产生损害,也不会影响其对于行为的认识和意志要素,依然属于滥用职权的行为。如果行为人意识到自己负有特定的职责,但是在履行职责过程中该履行而不履行或不认真履行,行为人对于自己行为的认识和意志要素均是过失,则应当认定为玩忽职守。

(二) 徇私枉法罪与民事、行政枉法裁判罪

徇私枉法罪与民事、行政枉法裁判罪均为司法渎职犯罪,但是两者也存在着区别。

首先,两者适用的领域不同,前者发生于刑事诉讼过程中,包括刑事审判;而后者则发生在民事审判或者行政审判过程中。

其次,两者的客观行为不完全相同。徇私枉法罪的行为既包括对无罪的人使其受到追诉,使有罪的人不受到追诉,也包括刑事审判中违背事实和法律作枉法裁判的行为;而民事、行政枉法裁判罪只表现为在民事、行政审判活动中故意违背事实和法律作枉法裁判。

最后,前者不要求情节严重;而后者要求情节严重。

(三) 普通渎职犯罪与特殊渎职犯罪的关系

渎职类犯罪既包括普通的渎职犯罪,也包括特殊的渎职犯罪,二者是一般与特殊的关系。

如果国家机关工作人员滥用职权或者玩忽职守,符合特殊渎职罪构成要件的,按照该特殊规定追究刑事责任;如果主体不符合特殊渎职罪的主体要件,但滥用职权和玩忽职守符合滥用职权罪和玩忽职守罪的构成要件,则按照普通渎职罪中的滥

用职权罪和玩忽职守罪追究刑事责任。在此种情况下,辩护律师不仅要从排除特殊渎职犯罪的情况的角度为犯罪嫌疑人或被告人进行辩护,也要从普通渎职犯罪的角度进行辩护。

附:本章相关法律规范性文件①

1. 法律

《中华人民共和国刑法》(2015 年修正,法宝引证码:CLI. 1. 17010)第 397—419 条

2. 司法解释

最高人民法院、最高人民检察院《关于办理危害生产安全刑事案件具体应用法律若干问题的解释》(法释〔2015〕22 号,2015. 12. 16 实施,法宝引证码:CLI. 3. 261366)

最高人民法院、最高人民检察院《关于办理环境污染刑事案件适用法律若干问题的解释》(法释〔2013〕15 号,2013. 06. 19 实施,法宝引证码:CLI. 3. 205145)

最高人民法院、最高人民检察院《关于办理渎职刑事案件适用法律若干问题的解释(一)》(法释〔2012〕18 号,2013. 01. 09 实施,法宝引证码:CLI. 3. 192499)

最高人民检察院《关于加强查办危害土地资源渎职犯罪工作的指导意见》(高检发渎检字〔2008〕12 号,2008. 11. 06 实施,法宝引证码:CLI. 3. 113036)

最高人民检察院《关于对林业主管部门工作人员在发放林木采伐许可证之外滥用职权玩忽职守致使森林遭受严重破坏的行为适用法律问题的批复》(高检发释字〔2007〕1 号,2007. 05. 16 实施,法宝引证码:CLI. 3. 91480)

最高人民法院、最高人民检察院《关于办理盗窃油气、破坏油气设备等刑事案件具体应用法律若干问题的解释》(法释〔2007〕3 号,2007. 01. 19 实施,法宝引证码:CLI. 3. 83346)

最高人民检察院《关于渎职侵权犯罪案件立案标准的规定》(高检发释字〔2006〕2 号,2006. 07. 26 实施,法宝引证码:CLI. 3. 78161)

最高人民法院《关于审理破坏林地资源刑事案件具体应用法律若干问题的解释》(法释〔2005〕15 号,2005. 12. 30 实施,法宝引证码:CLI. 3. 66699)

---

① 所列法律规范性文件的详细内容,可登录"北大法宝"引证码查询系统(www. pkulaw. cn/fbm),输入所提供的相应的"法宝引证码",免费查询。

最高人民法院研究室《关于对滥用职权致使公共财产、国家和人民利益遭受重大损失如何认定问题的答复》(法研〔2004〕136号,2004.11.22实施,法宝引证码:CLI.3.147141)

最高人民法院、最高人民检察院《关于办理非法制造、买卖、运输、储存毒鼠强等禁用剧毒化学品刑事案件具体应用法律若干问题的解释》(法释〔2003〕14号,2003.10.01实施,法宝引证码:CLI.3.49378)

最高人民法院、最高人民检察院《关于办理妨害预防、控制突发传染病疫情等灾害的刑事案件具体应用法律若干问题的解释》(法释〔2003〕8号,2003.05.15实施,法宝引证码:CLI.3.45773)

最高人民检察院法律政策研究室《关于非司法工作人员是否可以构成徇私枉法罪共犯问题的答复》(〔2003〕高检研发第11号,2003.04.16实施,法宝引证码:CLI.3.53043)

最高人民检察院法律政策研究室《关于对海事局工作人员如何适用法律问题的答复》(〔2003〕高检研发第1号,2003.01.13实施,法宝引证码:CLI.3.45426)

最高人民检察院《关于企事业单位的公安机构在机构改革过程中其工作人员能否成为渎职侵权犯罪主体问题的批复》(高检发释字〔2002〕3号,2002.05.16实施,法宝引证码:CLI.3.39891)

最高人民检察院《关于人民检察院直接受理立案侦查的渎职侵权重特大案件标准(试行)》(高检发〔2001〕13号,2002.01.01实施,法宝引证码:CLI.3.38476)

最高人民检察院《关于工人等非监管机关在编监管人员私放在押人员行为和失职致使在押人员脱逃行为适用法律问题的解释》(高检发释字〔2001〕2号,2001.03.02实施,法宝引证码:CLI.3.35231)

最高人民法院《关于审理破坏森林资源刑事案件具体应用法律若干问题的解释》(法释〔2000〕36号,2000.12.11实施,法宝引证码:CLI.3.34733)

最高人民检察院《关于属工人编制的乡(镇)工商所所长能否依照刑法第397条的规定追究刑事责任问题的批复》(高检发研字〔2000〕23号,2000.10.31实施,法宝引证码:CLI.3.35230)

最高人民检察院《关于合同制民警能否成为玩忽职守罪主体问题的批复》(高检发研字〔2000〕20号,2000.10.09实施,法宝引证码:CLI.3.31458)

最高人民法院《关于未被公安机关正式录用的人员、狱医能否构成失职致使在押人员脱逃罪主体问题的批复》(法释〔2000〕28号,2000.09.22实施,法宝引证码:CLI.3.31350)

最高人民法院《关于审理破坏土地资源刑事案件具体应用法律若干问题的解释》(法释〔2000〕14号,2000.06.22实施,法宝引证码:CLI.3.29555)

最高人民检察院《关于镇财政所所长是否适用国家机关工作人员的批复》(高检发研字〔2000〕9号,2000.05.04实施,法宝引证码:CLI.3.141908)

3. 其他

《全国法院审理经济犯罪案件工作座谈会纪要》(法〔2003〕167号,2003.11.13实施,法宝引证码:CLI.3.51080)

全国人民代表大会常务委员会《关于〈中华人民共和国刑法〉第九章渎职罪主体适用问题的解释》(2002.12.28实施,法宝引证码:CLI.1.44363)

第八章 税务类犯罪

第一节 税务类犯罪综述

一、税务类犯罪分类索引

类型	罪名	法条
1. 逃抗骗型	逃税罪	第201条
	抗税罪	第202条
	逃避追缴欠税罪	第203条
	骗取出口退税罪	第204条第1款
2. 虚开型	虚开增值税专用发票、用于骗取出口退税、抵扣税款发票罪	第205、212条
	虚开发票罪	第205条之一
3. 造买售型	伪造、出售伪造的增值税专用发票罪	第206条
	非法出售增值税专用发票罪	第207条
	非法购买增值税专用发票、购买伪造的增值税专用发票罪	第208条第1款
	非法制造、出售非法制造的用于骗取出口退税、抵扣税款发票罪	第209条第1款
	非法制造、出售非法制造的发票罪	第209条第2款
	非法出售用于骗取出口退税、抵扣税款发票罪	第209条第3款
	非法出售发票罪	第209条第4款
4. 持有型	持有伪造的发票罪	第210条之一

二、税务类犯罪《刑法》规定对照表

类型	罪名	法条	罪状	主刑	附加刑	辩点速查
逃抗骗型	逃税罪	第201条第1款	纳税人采取欺骗、隐瞒手段进行虚假纳税申报或者不申报，逃避缴纳税款数额较大并且占应纳税额10%以上的	3年以下有期徒刑或者拘役	并处罚金	1. 犯罪主体：自然人和单位，单位犯罪实行双罚制，限于纳税人和扣缴义务人。 2. 数额计算： ① 逃税行为涉及两个以上税种的，只要其中一个税种的逃税数额、比例达到法定标准的，即构成逃税罪，其他税种的逃税数额累计计算。② 对多次实施，未经处理的，累计数额。 3. 免责情形：经税务机关依法下达追缴通知后，补缴应纳税款，缴纳滞纳金，已受行政处罚的，不予追究刑事责任。 4. 免责例外：① 5年内因逃避缴纳税款受过刑事处罚或者被税务机关给予2次以上行政处罚的，即使存在第3点的情形，也应追究刑事责任。② 纳税人在公安机关立案后再补缴应纳税款、缴纳滞纳金或者接受行政处罚的，不影响刑事责任的追究。
			数额巨大并且占应纳税额30%以上的	处3—7年有期徒刑	并处罚金	
		第201条第2款	扣缴义务人采取前款所列手段，不缴或者少缴已扣、已收税款，数额较大的	依照前款的规定处罚		
	抗税罪	第202条	以暴力、威胁方法拒不缴纳税款的	处3年以下有期徒刑或者拘役	并处拒缴税款1—5倍罚金	1. 犯罪主体：仅限自然人，单位不能构成本罪。 2. 共同犯罪：与纳税人或者扣缴义务人共同实施抗税行为的，以抗税罪的共犯依法处罚。 3. 行为转化：实施抗税行为致人重伤、死亡，构成故意伤害罪、故意杀人罪的，分别依照《刑法》第234条第2款、第232条的规定定罪处罚。
			情节严重的	处3—7年有期徒刑	并处拒缴税款1—5倍罚金	
	逃避追缴欠税罪	第203条	纳税人欠缴应纳税款，采取转移或者隐匿财产的手段，致使税务机关无法追缴欠缴的税款数额在1万元以上不满10万元的	处3年以下有期徒刑或者拘役	并处或者单处欠税款1—5倍罚金	1. 犯罪主体：自然人和单位，单位犯罪实行双罚制，限于纳税人。 2. 犯罪结果：必须使税务机关无法追缴到欠缴的税款。 3. 此罪彼罪：区分本罪与逃税罪和抗税罪的区别。
			数额在10万元以上的	处3—7年有期徒刑	并处欠税款1—5倍罚金	

(续表)

类型	罪名	法条	罪状	主刑	附加刑	辩点速查
逃抗骗税型	骗取出口退税罪	第204条第1款	以假报出口或者其他欺骗手段,骗取国家出口退税款,数额较大的	处5年以下有期徒刑或者拘役	并处骗取税款1—5倍罚金	1. **犯罪主体**:① 单位可构成本罪,实行双罚制。② 国家工作人员参与骗取出口退税犯罪活动的,从重处罚。 2. **此罪彼罪**:① 纳税人缴纳税款后,以假报出口或者其他欺骗手段,骗取所缴纳的税款的,以逃税罪论处;骗取税款超过所缴纳的税款部分,以骗取出口退税罪论处。② 实施骗取出口退税犯罪,同时构成虚开用于骗取出口退税发票罪等其他犯罪的,择一重罪处罚。 3. **特殊情形**:有进出口经营权的公司、企业,明知他人意欲骗取国家出口退税款,仍违反国家有关进出口经营的规定,允许他人自带客户、自带货源、自带汇票并自行报关,骗取国家出口退税款的,以本罪定罪处罚。 4. **犯罪形态**:实施骗取国家出口退税行为,没有实际取得出口退税款的,可以比照既遂犯从轻或者减轻处罚。
			数额巨大或者有其他严重情节的	处5—10年有期徒刑	并处骗取税款1—5倍罚金	
			数额特别巨大或者有其他特别严重情节的	处10年以上有期徒刑或者无期徒刑	并处骗取税款1—5倍罚金或者没收财产	
虚开型	虚开增值税专用发票、用于骗取出口退税、抵扣税款发票罪	第205条	虚开增值税专用发票或者虚开用于骗取出口退税、抵扣税款的其他发票的	处3年以下有期徒刑或者拘役	并处2—20万罚金	1. **犯罪主体**:① 自然人和单位,单位犯罪实行双罚制,但对单位直接负责的主管人员和其他直接责任人与自然人犯罪的处罚不同,不判处财产刑。②《刑法修正案(八)》取消了自然人犯本罪的死刑。 2. **虚开行为**:包括为他人虚开、为自己虚开、让他人为自己虚开、介绍他人虚开。 3. **虚开对象**:"出口退税、抵扣税款的其他发票",是指除增值税专用发票以外的,具有出口退税、抵扣税款功能的收付款凭证或者完税凭证,如运输发票、废旧物品收购发票、农业产品收购发票等。
			虚开的税款数额较大或者有其他严重情节的	处3—10年有期徒刑	并处5—50万元罚金	
			虚开的税款数额巨大或者有其他特别严重情节的	处10年以上有期徒刑或者无期徒刑	并处5—50万元罚金或者没收财产	
	虚开发票罪	第205条之一	虚开本法第205条规定以外的其他发票,情节严重的	处2年以下有期徒刑、拘役或者管制	并处罚金	1. **犯罪主体**:自然人和单位,单位犯罪实行双罚制。 2. **虚开对象**:增值税专用发票、用于骗取出口退税、抵扣税款发票以外的其他发票。
			情节特别严重的	处2—7年有期徒刑	并处罚金	

(续表)

类型	罪名	法条	罪状	主刑	附加刑	辩点速查
造买售型	伪造、出售伪造的增值税专用发票罪	第206条	伪造或者出售伪造的增值税专用发票的	处3年以下有期徒刑、拘役或者管制	并处2—20万元罚金	1. 犯罪主体：①自然人和单位，单位犯罪实行双罚制，但对单位直接负责的主管人员和其他直接责任人不判处财产刑。②《刑法修正案（八）》取消了自然人犯本罪的死刑。 2. 犯罪行为：变造增值税专用发票的，按照伪造增值税专用发票行为处理。 3. 数量计算：伪造并出售同一宗增值税专用发票的，数量或者票面额不重复计算。
			数量较大或者有其他严重情节的	处3—10年有期徒刑	并处5—50万元罚金	
			数量巨大或者有其他特别严重情节的	处10年以上有期徒刑或者无期徒刑	并处5—50万元罚金或者没收财产	
	非法出售增值税专用发票罪	第207条	非法出售增值税专用发票的	处3年以下有期徒刑、拘役或者管制	并处2—20万元罚金	1. 犯罪主体：自然人和单位，单位犯罪实行双罚制。 2. 犯罪对象：仅限增值税专用发票，且系真实的增值税专用发票，如果是伪造的，则构成出售伪造的增值税专用发票罪。
			数量较大的	处3—10年有期徒刑	并处5—50万元罚金	
			数量巨大的	处10年以上有期徒刑或者无期徒刑	并处5—50万元罚金或者没收财产	
	非法购买增值税专用发票、购买伪造的增值税专用发票罪	第208条第1款	非法购买增值税专用发票或者购买伪造的增值税专用发票的	处5年以下有期徒刑或者拘役	并处或者单处2—20万元罚金	1. 犯罪主体：自然人和单位，单位犯罪实行双罚制。 2. 购买对象：非法购买真、伪两种增值税专用发票的，数量累计计算，不实行数罪并罚。 3. 此罪彼罪：存在本罪行为又虚开或者出售的，分别依照本法第205—207条的规定定罪处罚。
	非法制造、出售非法制造的用于骗取出口退税、抵扣税款发票罪	第209条第1款	伪造、擅自制造或者出售伪造、擅自制造的可以用于骗取出口退税、抵扣税款的其他发票的	处3年以下有期徒刑、拘役或者管制	并处2—20万元罚金	1. 犯罪主体：自然人和单位，单位犯罪实行双罚制。 2. 此罪彼罪：从犯罪对象和犯罪行为具体区分定罪量刑，本罪限于用于骗取出口退税、抵扣税款的发票；如果是增值税专用发票，则按伪造、出售伪造的增值税专用发票罪；如果是其他发票，则按非法制造、出售非法制造的发票罪。
			数量巨大的	处3—7年有期徒刑	并处5—50万元罚金	
			数量特别巨大的	处7年以上有期徒刑	并处5—50万元罚金或者没收财产	

(续表)

类型	罪名	法条	罪状	主刑	附加刑	辩点速查
造买售型	非法制造、出售非法制造的发票罪	第209条第2款	伪造、擅自制造或者出售伪造、擅自制造的第1款规定以外的其他发票的	处2年以下有期徒刑、拘役或者管制	并处或者单处1—5万元罚金	1. 犯罪主体：自然人和单位，单位犯罪实行双罚制。 2. 此罪彼罪：从犯罪对象和犯罪行为具体区分定罪量刑，本罪限于不具有骗取出口退税、抵扣税款功能的普通发票。
			情节严重	处2—7年有期徒刑	并处5—50万元罚金	
	非法出售用于骗取出口退税、抵扣税款发票罪	第209条第3款	非法出售可以用于骗取出口退税、抵扣税款的其他发票的	处3年以下有期徒刑、拘役或者管制	并处2—20万元罚金	1. 犯罪主体：自然人和单位，单位犯罪实行双罚制。 2. 犯罪对象：限于可以用于骗取出口退税、抵扣税款的其他发票。
			数量巨大的	处3—7年有期徒刑	并处5—50万元罚金	
			数量特别巨大的	处7年以上有期徒刑	并处5—50万元罚金或者没收财产	
	非法出售发票罪	第209条第4款	非法出售第3款规定以外的其他发票	处2年以下有期徒刑、拘役或者管制	并处或者单处1—5万元罚金	1. 犯罪主体：自然人和单位，单位犯罪实行双罚制。 2. 犯罪对象：限于不具有骗取出口退税、抵扣税款功能的普通发票。
			情节严重的	处2—7年有期徒刑	并处5—50万元罚金	
持有型	持有伪造的发票罪	第210条之一	明知是伪造的发票而持有，数量较大的	处2年以下有期徒刑、拘役或者管制	并处罚金	1. 犯罪主体：自然人和单位，单位犯罪实行双罚制。 2. 主观方面：必须明知其持有的是伪造的发票，否则不构成本罪。
			数量巨大的	处2—7年有期徒刑	并处罚金	
备注		第211条	单位犯本节第201条、第203条、第204条、第207条、第208条、第209条规定之罪的，对单位判处罚金，并对其直接负责的主管人员和其他直接责任人员，依照各该条的规定处罚。			
		第212条	犯本节第201条至第205条规定之罪，被判处罚金、没收财产的，在执行前，应当先由税务机关追缴税款和所骗取的出口退税款。			

第二节 辩点整理

辩点8-1:犯罪主体	辩点8-2:主观方面	辩点8-3:犯罪行为
辩点8-4:犯罪对象	辩点8-5:数额情节	辩点8-6:犯罪形态
辩点8-7:共同犯罪	辩点8-8:一罪数罪	

辩点8-1:犯罪主体

在本章涉及的罪名中,除了抗税罪只能由自然人构成外,其他罪名均可以既由自然人构成,也可以由单位构成。单位构成犯罪的,实行双罚制,对单位判处罚金,对直接负责的主管人员和其他直接责任人员判处刑罚。一般说来,对直接负责的主管人员和其他直接责任人员的处罚与自然人犯罪适用的条款相同,量刑相当。

但有两个罪名要特别注意,一个是虚开增值税专用发票罪,另一个是伪造、出售伪造的增值税专用发票罪。在《刑法修正案(八)》施行之前,自然人犯这两个罪的,存在判处死刑的规定,但单位犯这两个罪的,对直接负责的主管人员和其他直接责任人员不存在判处死刑的规定。虽然《刑法修正案(八)》废除了这两个罪名的死刑,但自然人犯这两个罪的处罚和单位犯这两个罪对直接负责的主管人员和其他直接责任人员的处罚仍存在区别,前者需要并处财产刑,而后者不得并处财产刑。

对于本章犯罪的主体身份,绝大部分是一般主体,对主体身份没有特殊要求,只有逃税罪和逃避追缴欠税罪对主体身份有特殊要求,仅限于纳税人和扣缴义务人。具体情况总结如下:

《刑法》条文序号	罪名	犯罪主体
第201、211条	逃税罪	自然人、单位(仅限纳税人、扣缴义务人)
第202条	抗税罪	仅限自然人
第203、211条	逃避追缴欠税罪	自然人、单位(仅限纳税人)

(续表)

《刑法》条文序号	罪名	犯罪主体
第 204 条第 1 款、第 211 条	骗取出口退税罪	自然人、单位
第 205 条	虚开增值税专用发票、用于骗取出口退税、抵扣税款发票罪	
第 205 条之一	虚开发票罪	
第 206、211 条	伪造、出售伪造的增值税专用发票罪	
第 207、211 条	非法出售增值税专用发票罪	
第 208 第 1 款、第 211 条	非法购买增值税专用发票、购买伪造的增值税专用发票罪	
第 209 第 1 款、第 211 条	非法制造、出售非法制造的用于骗取出口退税、抵扣税款发票罪	
第 209 第 2 款、第 211 条	非法制造、出售非法制造的发票罪	
第 209 第 3 款、第 211 条	非法出售用于骗取出口退税、抵扣税款发票罪	
第 209 第 4 款、第 211 条	非法出售发票罪	
第 210 条之一	持有伪造的发票罪	

(一) 单位犯罪

通过上述表格可以发现,本章绝大多数犯罪都可以由自然人和单位构成。单位犯本章犯罪的,对单位判处罚金,并按照相关规定追究直接负责的主管人员和其他直接责任人员的刑事责任,实行的是双罚制。

由于单位犯罪和自然人犯罪在量刑上存在一定的差异,例如上面提到的,单位犯虚开增值税专用发票罪或者伪造、出售伪造的增值税专用发票罪的,对直接负责的主管人员和其他直接责任人员不再判处财产刑,而自然人犯这两个罪的则应当并处财产刑。因此,在司法实践中,区分是单位犯罪还是自然人犯罪,是辩护律师的一个重要切入点。

1. 如何界定单位犯罪

(1) 主体要求:公司、企业、事业单位、机关、团体。这里的公司,也包括一人公司。所谓一人公司,是指仅有一个股东持有公司全部出资的有限公司。在 1997 年刑法修订时,从立法本意上看,一人公司不能成为单位犯罪的主体,因此,在司法实务中一人公司犯罪都是作为自然人犯罪处理的。但随着公司法的修改,一人公司法人地位的确立,刑法当中的单位犯罪的主体应当将一人公司涵盖进来,辩护律师代理一人公司的案件时要特别加以注意。

(2) 行为要求:实施了本章涉及的犯罪行为,抗税行为除外。换句话说,即使以单位名义实施了抗税行为,也不能构成单位犯罪。

(3) 特征要点:以单位名义、为了单位利益、违法所得归单位所有。这三个条件必须同时具备,缺失其中任何一个条件的,都不能构成单位犯罪。如,以单位名义实施犯罪,违法所得归犯罪者个人所有的,不构成单位犯罪。

同时满足上述三个要求的,辩护律师可以考虑界定为单位犯罪,有一个要求不符合的,则可能构成自然人犯罪。

案例8-1

2009年2月18日,被告人蔡某注册成立以其一人为股东的A公司,蔡某系法定代表人。2010年5月12日、8月27日,蔡某以支付开票费的方式,通过他人让B公司先后为A公司虚开增值税专用发票各一份,价税合计分别为221 000元、350 000元,其中税款分别为32 111.11元、50 854.70元,并分别于开票当月向税务局申报抵扣,骗取税款共计82 965.81元。2011年5月10日,蔡某被传唤到案。公诉机关最终以虚开增值税专用发票罪将蔡某提起公诉。

在本案中,公诉机关认为A公司虽然是经合法登记的公司,但公司的股东只有一个人,就是蔡某,法定代表人也是蔡某,公司大小事务全部是由蔡某一个人说了算,A公司体现的是蔡某的个人意志,不具有公司独立的意志,因此不构成单位犯罪。

辩护人提出,公司能否成为单位犯罪的主体,要从公司是否具有公司所应当具有的最本质特质,即公司人格独立来判断,具有独立人格的公司,就可以成为单位犯罪的主体。修订后的《公司法》确定了一人公司的法人地位,它具有独立的财产,能够独立承担责任,具有独立的意志,属于具有独立人格的公司。因此,A公司可以成为单位犯罪的主体,本案构成单位犯罪。该辩护意见最终被法院采纳,鉴于A公司和蔡某自愿认罪,并已退回了全部税款,法院对其酌情从轻处罚。

案例 8-2

被告人林某被 A 公司聘任为下属经营部 B 的经理,聘任时间为 1998 年 1 月 1 日至 2001 年 1 月 1 日。2000 年 5 月,林某向当地工商行政管理局提出将经营部 B 变更为 C 公司的申请,当月获批准。C 公司于 2000 年 12 月底停止营业。2001 年 3 月,陈某找到林某,以支付高额手续费为条件,要求林某为五家公司出具增值税专用发票。林某遂带着已经停业的 C 公司的有关手续到当地工商行政管理局和税务局办理了执业执照年检和税务登记证并领取了增值税专用发票,然后根据陈某的要求,先后为四家公司虚开增值税专用发票 72 份,价款 175 456 452.92 元,税额 29 827 597.15 元,致使国家税款被抵扣而损失 21 325 200 元,林某共收取手续费 129 万余元,只有数千元用于 C 公司开支,绝大部分用于其个人经商和挥霍。后林某被法院以虚开增值税专用发票罪判处死刑,剥夺政治权利终身,并处没收个人财产。

本案案发在《刑法修正案(八)》实施之前,自然人犯虚开增值税专用发票罪可以判处死刑,但如果认定是单位犯罪,对直接负责的主管人员和其他直接责任人员的最高量刑是无期徒刑。因此,本案能否认定为单位犯罪直接关系到林某的生死。在庭审过程中,林某抗辩其虚开的增值税专用发票是由 C 公司向税务部门领购,由 C 公司对外开出的,不是个人犯罪而应认定为单位犯罪。法院经审理认为,被告人林某只是以已经停业的 C 公司的名义实施犯罪,但违法所得并没有归 C 公司所有,而是绝大部分被林某用于个人经商和挥霍,不符合单位犯罪的要件,不构成单位犯罪。

2. 单位犯罪如何辩护

对于认定为单位犯罪的案件,单位可以聘请辩护律师,作为直接负责的主管人员和其他直接责任人员的自然人也可以聘请辩护律师。作为自然人的辩护律师,应当熟练掌握直接负责的主管人员或者其他直接责任人员的认定标准,承担刑事责任的仅限于在单位犯罪中起决定、批准、授意、纵容、指挥等作用的人员或者在单位犯罪中具体实施犯罪并起较大作用的人员,除此之外的人员,辩护律师可以进行无罪辩护。

对于单位犯罪,还要确定诉讼代表人参与诉讼,一般应当是法定代表人或者主要负责人,如果他们被追究刑事责任或者无法参与的,则确定其他负责人作为诉讼代表人,作为单位的辩护律师,在庭前也应当对诉讼代表人进行庭前辅导。在实践中,由于法定代表人或者主要负责人通常也被追究刑事责任,作为诉讼代表人的人员一般不了解案件情况,因此,辩护律师对诉讼代表人的发问不宜太深入,重点还是应放在了解案件情况的直接负责的主管人员或者其他直接责任人员身上。

3. 法定代表人如何辩护

法定代表人是指依照法律或者法人组织章程规定,代表法人行使职权的负责人。法定代表人代表企业法人的利益,按照法人的意志行使法人权利。一般来说,法定代表人在法人内部负责组织和领导生产经营活动;对外代表法人,全权处理一切民事活动。

但在刑事领域,单位犯罪的,并不必然意味着单位的法定代表人就一定要承担刑事责任。因为单位犯税务犯罪,虽然实行的是双罚制,不但要处罚单位,还要处罚自然人,但这里所处罚的自然人是指对税务犯罪行为直接负责的主管人员和其他直接责任人员。如果单位的法定代表人只是名义上进行挂名,并不实际参与具体的经营管理,也没有组织和领导生产经营活动,其对单位违反税收征管秩序的犯罪行为并不知情,则不能追究法定代表人的刑事责任,而应由在单位实施的犯罪中起决定、批准、授意、纵容、指挥等作用的"直接负责的主管人员"和具体操作的"其他直接责任人员"承担刑事责任。

辩护律师在代理单位法定代表人涉嫌税务犯罪的案件中,不但要注意主体的身份,还应当具体分析法定代表人在犯罪中所起的作用,提出无罪或者罪轻的辩护意见。

> **案例 8-3**
>
> 刘某某是个专业演员,成立了一家艺术公司,自己担任法定代表人,因平时自己经常外出演出,无暇打理公司,于是聘请了张某某担任公司的总经理,由张某某全权打理公司事务。在 2005 年至 2009 年期间,该艺术公司通过采用伪造、隐匿记账凭证、多列支出、不列收入、进行虚假的纳税申报等手段逃避缴纳国家税款共计 300 余万元。后检察机关将该艺术公司作为单位犯罪,将公司法定代表人刘某某和总经理张某某作为被告单位直接负责的主管人员提起公诉。

> 在庭审过程中,刘某某的辩护律师提出,刘某某虽然是文化公司的法定代表人,但实际上只是公司的出资人,因其自身演艺工作很繁忙,公司的具体经营包括税务方面的管理均是由公司总经理张某某全面负责,其并未实际参与公司的经营和管理。对于公司的逃税行为,刘某某完全不知情,也没有起到组织、策划、指挥的作用,故其不应作为直接负责的主管人员对单位逃税犯罪承担刑事责任。该辩护意见被法院采纳,刘某某被无罪释放。

4. 仅起诉个人如何辩护

对于应当认定为单位犯罪的案件,检察机关只作为自然人犯罪起诉的,辩护律师应当综合全案进行分析并与当事人进行充分沟通,如果认定为单位犯罪有利于当事人的定罪和量刑的,辩护律师应当及时提出案件应当属于单位犯罪的辩护意见,甚至可以要求检察机关对犯罪单位补充起诉。如果检察机关不补充起诉,人民法院仍依法审理的,辩护律师应当提出对被起诉的自然人根据指控的犯罪事实、证据及庭审查明的事实,依法按单位犯罪中的直接负责的主管人员或者其他直接责任人员追究刑事责任的辩护意见,引用刑法分则关于单位犯罪追究直接负责的主管人员和其他直接责任人员刑事责任的有关条款进行量刑辩护。

> **案例 8-4**
>
> 2010 年 5 月,被告人胡某某作为 A 公司的法人代表,在经营期间,从 B 公司购进 400 吨棉花并予以销售,后又以 150 吨棉花抵该公司欠款 160 万元,均未在账簿上反映,未进行纳税申报,少缴增值税共计 25 万元,占 2010 年应纳税额的 14.93%。2013 年 12 月 16 日,胡某某被公安局抓获。后检察院仅以胡某某涉嫌逃税罪移送法院起诉。
>
> 辩护律师认为本案应认定为单位犯罪,不应只起诉胡某某。检察机关提出胡某某已于 2012 年 12 月将 A 公司转让给了他人,该公司的工商档案已经转至甲市工商局,公安机关已发协查函,但一直未收到回复。因此,检察机关坚持不补充起诉 A 公司。辩护律师进而提出,即使不补充起诉 A 公司,对胡某某的量刑也应当按照单位犯罪的主管人员或者其他直接责任人员追究其刑事责任,法院采纳了辩护人的意见,判处胡某某有期徒刑 6 个月。

5. 单位被撤销如何辩护

对于应当认定为单位犯罪的案件,如果在追诉单位刑事责任时单位已被依法撤销、注销、吊销营业执照或者宣告破产的,应当如何处理或者如何辩护呢?

我国《刑事诉讼法》第15条第(五)项规定,犯罪嫌疑人、被告人死亡的,不追究刑事责任,已经追究的,应当撤销案件,或者不起诉,或者终止审理,或者宣告无罪。最高人民法院《关于适用〈中华人民共和国刑事诉讼法〉的解释》第286条规定,"审判期间,被告单位被撤销、注销、吊销营业执照或者宣告破产的,对单位犯罪直接负责的主管人员和其他直接责任人员应当继续审理"。

因此,作为代理涉嫌税务犯罪的单位的辩护律师,首先应当审查单位是否具有诉讼主体的资格,如果单位已经被撤销、注销、吊销营业执照或者宣告破产,且无承受原单位权利义务的单位,应当要求侦查机关对单位撤销案件,或者要求公诉机关作出不起诉决定,或者要求法院对单位终止审理,或者直接作出无罪判决,提出不能再作为诉讼主体追究其刑事责任的辩护意见。当然,这并不影响司法机关依法追究该单位的主管人员和其他直接责任人员的刑事责任。

案例 8-5

湖南某半导体材料厂的法定代表人宋某,在1998年至2002年担任该厂厂长期间,明知企业欠国家税款,为逃避税务机关追缴,故意将企业异地动迁所得补偿金500万元落在小金库账上,致使负责征税的税务机关无法追缴欠税17万元。2005年2日,该厂宣告破产。2005年5月,宋某以逃避追缴欠税罪被移送审查起诉。

宋某辩解,当年将企业动迁补偿金放在小金库账上是单位管理层的集体决定,是为了单位利益,后来这些款项也都用于单位,其个人没有获取任何利益,现在单位已经破产,已经不具有主体资格,不能对其个人追究刑事责任。

在本案中,虽然湖南某半导体材料厂已经宣告破产,不具有诉讼主体的资格,无法再对该厂追究刑事责任,判处罚金。但是,这并不意味着该单位直接负责的主管人员和其他直接责任人员也能因此免责,如果能够查明主管人员和其他直接责任人员应当承担刑事责任的,可以单独追究其刑事责任,如本案中的宋某。

(二)主体身份

在税务类犯罪中,主体身份是辩护时应当审核的另一个重点,因为有的主体身份可能直接影响到定罪,有的主体身份可能直接影响到量刑。例如,对于逃税罪和逃避缴纳追缴欠税罪而言,是否具备纳税人和扣缴义务人的身份直接影响到是否构成犯罪;对于税务犯罪中的共同犯罪,主体是否具有国家工作人员或者犯罪集团首要分子的身份,直接影响到是否对其从重处罚。

1. 纳税人

按照我国《税收征收管理法》第 4 条规定,"纳税人",是指法律、法规规定负有纳税义务的单位和个人。在增值税领域中,纳税人又有一般纳税人和小规模纳税人之分,一般纳税人是与小规模纳税人相对应的,是指年应征增值税销售额(包括一个公历年度内的全部应税销售额)超过财政部规定的小规模纳税人标准的企业和企业性单位。小规模纳税人是指年销售额在规定标准以下,并且会计核算不健全,不能按规定报送有关税务资料的增值税纳税人。《增值税暂行条例实施细则》第 28 条对小规模纳税人的界定如下:

(1)从事货物生产或者提供应税劳务的纳税人,以及以从事货物生产或者提供应税劳务为主,并兼营货物批发或者零售的纳税人,年应征增值税销售额(以下简称应税销售额)在 50 万元以下(2009 年以前为 100 万元,2009 年以后为 50 万元)。

(2)除上一项规定以外的纳税人,年应税销售额在 80 万元以下的(2009 年以前为 180 万元,2009 年以后为 80 万元)。

纳税人可以成为本章所有税务犯罪的主体,而其中的逃避追缴欠税罪只能由纳税人构成,逃税罪只能由纳税人和扣缴义务人构成,但逃税人所占比例更大。在虚开增值税专用发票罪中,为他人虚开和为自己虚开增值税专用发票的主体往往是具备增值税一般纳税人资格的。

2. 扣缴义务人

按照我国《税收征收管理法》第 4 条规定,"扣缴义务人",是指法律、行政法规规定负有代扣代缴,代收代缴税款义务的单位和个人。逃税罪虽然可以由纳税人构成,也可以由扣缴义务人构成,但在进行刑事辩护时,仍然要注意这两类主体之间存在的区别:纳税人采取欺骗、隐瞒手段进行虚假纳税申报或者不申报,逃避缴纳税款的行为,经税务机关依法下达追缴通知后,补缴应纳税款,缴纳滞纳金,已受行政处罚的,可以不予追究刑事责任,但该条款并不适用于扣缴义务人采取欺骗、隐瞒手段,不缴或者少缴已扣、已收税款的情形。

3. 国家工作人员

税务人员或者其他国家工作人员一般不是本章税务类犯罪的主要主体,但在实践中,这些人员存在与涉税犯罪人员相互勾结或者相互帮助而实施犯罪的情形,可以与涉税犯罪人员构成共同犯罪,因为具备这种特殊的身份,还可能被从重处罚。律师在进行辩护时,首先要界定犯罪主体是否属于国家工作人员,其次再看主体具备国家工作人员的身份是否属于法律或者司法解释明确规定的从重处罚的情形。如果没有明文规定,即使具备国家工作人员身份,也不应当从重处罚,仅应当按照共同犯罪中所起的作用和地位进行惩处。

对于国家工作人员参与税务犯罪从重处罚的,只有 2002 年 9 月 23 日开始实施的最高人民法院《关于审理骗取出口退税刑事案件具体应用法律若干问题的解释》中有所规定,其第 8 条规定,国家工作人员参与实施骗取出口退税犯罪活动的,依照《刑法》第 204 条第 1 款的规定从重处罚。

4. 犯罪集团的首要分子

根据全国人民代表大会常务委员会《关于惩治虚开、伪造和非法出售增值税专用发票犯罪的决定》的规定,虚开增值税专用发票的犯罪集团的首要分子,分别依照刑法的规定从重处罚;伪造、出售伪造的增值税专用发票的犯罪集团的首要分子,分别依照刑法的规定从重处罚。

对于这个特殊主体的辩护,可以从是否构成"犯罪集团",是否属于"首要分子"入手,看其是否知悉集团成员所从事的犯罪活动,对犯罪活动是否有指示、默许等行为,否则不能认定为犯罪集团的首要分子,或者即使认定,也不应对其不知情的个别犯罪行为承担刑事责任。

辩点 8-2:主观方面

(一) 犯罪故意

本章涉及的税务类犯罪全部都是故意犯罪,主观上要求具备犯罪故意,即明知自己的行为会发生危害社会的结果,并且希望或者放任这种结果的发生。犯罪故意既包括直接故意,又包括间接故意。本章的犯罪多为直接故意。过失不能构成本章的犯罪。

例如,由于不了解、不熟悉税法规定和财务制度或者因工作粗心大意,错用税率、漏报应税项目,不计应税数量、销售金额和经营利润等,属于漏税,不具有犯罪故意,不构成逃税罪。

(二) 认定明知

对于故意犯罪,必须具备明知的要件。所谓"明知",包括知道和应当知道。知道的情况比较好掌握,即根据案件事实、证据材料直接证实当事人是否知道。应当知道,则需根据行为当时的具体情况、客观条件来综合分析判断当事人当时是否知道、能否知道,当时的心理状态究竟怎样。这是法律上的一种推定,而不是一般意义上的明知,是对客观行为的一种法律评价。因此,律师在代理相关案件时,不能简单地根据当事人否认明知的辩解就进行无罪辩护。

下面我们针对具有出口经营权的公司企业以"四自三不见"的方式代理出口涉嫌骗取出口退税案件的主观认定方面进行详细阐述。

代理出口业务总是与出口退税相联系。出口退税是国际贸易中的通行做法,是各国政府提高本国商品国际竞争力的重要手段。根据《出口货物退(免)税管理办法》第1条的规定,有出口经营权的企业出口和代理出口的货物,可在货物报关出口并在财务上做销售记账后,凭有关凭证按月报送税务机关批准退还或者免征增值税和消费税。第14条规定,企业办理出口退税必须提供以下凭证:购进出口货物的增值税专用缴款书(税款抵扣联)或者普通发票、出口货物销售明细账、盖有海关验讫章的《出口货物报关单(出口退税联)》、出口收汇单证。手续齐全后,交由有出口经营权的公司、企业办理出口退税。

虽然有出口经营权的公司、企业,以"四自三不见"的方式代理出口,易于导致国家税款被骗,但只要在办理出口退税时提供的凭证真实,就不会发生国家税款被骗的问题,因此,最高人民法院《关于审理骗取出口退税刑事案件具体应用法律若干问题的解释》第6条明确,有进出口经营权的公司、企业,在不见进口产品、不见供货货主、不见外商的情况下,允许他人自带客户、自带货源、自带汇票、自行报关,并导致国家税款被骗的,是否构成骗取出口退税罪,应当以"明知他人意欲骗取国家出口退税款"为条件。对于不能证实有进出口经营权的公司、企业"明知他人意欲骗取国家出口退税款"的,即使造成了国家税款被骗的后果,辩护律师也可以提出不能以骗取出口退税罪定罪处罚的无罪辩护意见。

可见,对于这类案件,有进出口经营权的公司、企业是否"明知他人意欲骗取国家出口退税款"就成为辩护律师能否进行无罪辩护的切入点。辩护律师不能简单地听取当事人不知道的辩解,还应当根据当时的具体情况、客观条件来综合分析判断以便制定周全的辩护策略。因为"四自三不见"业务本是国家明令禁止的业务,如果在从事"四自三不见"业务中,又出现了其他一些不合常理的情况,有进出口经营权的公司、企业仍继续坚持业务合作,造成国家税款流失,可推定这些公司、企业主观上明知他人意欲骗税的故意,构成骗取出口退税罪。那么对明知的程度又该如何要求呢?是明知他人骗取出口退税的必然性才构成此罪,还是明知他人骗取出口退税的可能性即成立此罪？根据上述司法解释第 6 条的规定，只要有事实和证据证明有进出口经营权的公司、企业明知他人可能要骗取出口退税，仍违反规定从事"四自三不见"业务，造成国家税款流失，即可推定其主观上明知，而不要求有证据证明这些公司、企业明知他人必然要骗取出口退税。

案例 8-6

1994 年 3 月，被告单位攀枝花外贸公司经对外贸易经济合作部批准，取得自营和代理攀枝花市商品的出口经营权。1995 年下半年，时任攀枝花外贸公司总经理的被告人杨康林主持召开经理办公会，被告人曹培强、张继金、赵泓宇等公司中层干部参加会议。在明知攀枝花外贸公司只能经营自营出口和代理本市商品出口业务的情况下，会议决定，与被告人张上光及林秋坤（在逃）合作开展代理广东潮汕地区的服装、塑料出口业务，并指定时任进出口部经理的赵泓宇负责操作代理出口业务、时任财务科长的张继金负责代理出口业务的结汇、申办退税等事宜。之后，杨康林、赵泓宇等人在知道张上光、林秋坤不是货主的情况下，代表攀枝花外贸公司先后与张上光、林秋坤签订了多份代理出口协议。协议约定：张上光、林秋坤负责联系外商，提供出口货源、增值税专用发票和出口货物专用税收缴款书，联系报关，自带外汇本票与攀枝花外贸公司结汇；攀枝花外贸公司负责提供报关委托书、空白外汇核销单等出口单证，向攀枝花市国税局申请退税及所退税款的划拨。

杨康林等人在对合同约定的部分供货企业进行考察时，发现供货企业的生产能力与合同约定的出口数量不符，出口产品存在质次价高等问题，无法保证货物真实出口，仍然允许张上光、林秋坤自带货源、自行报关、自带香港银行开出的美元即期汇票到攀枝花市结汇。

为了达到在攀枝花市办理出口退税的目的，攀枝花外贸公司通过与张上光、林秋坤签订虚假的工矿产品供销合同和外销合同等方式，以"倒计成本法"做假财务账，将"四自三不见"的代理出口业务处理为自营出口业务，并根据虚构的自营业务账目制作虚假的退税申请表，随同退税单证呈报攀枝花市国税局申请出口退税。

1995年7月至1999年12月,攀枝花外贸公司先后27次向攀枝花市国税局虚假申报出口退税3 855.87836万元,除最后一次因被举报而停止退税外,实际骗取出口退税款3 646.86435万元。攀枝花外贸公司从中扣除代理费186万余元,将其余款项划到张上光、林秋坤指定的银行账户上,张、林随即伙同他人将款划转据为己有。被告人张上光在1995年9月至1998年7月与攀枝花外贸公司合作开展所谓代理潮汕地区的出口业务中,通过非法途径购买海关验讫的报关单出口退税联和增值税专用发票,通过非法途径在黑市购买外汇进行结汇,伪造虚假出口的假象,并通过攀枝花外贸公司虚假申报,先后分9次从攀枝花市国税局骗取出口退税款664.740151万元。

在庭审过程中,杨康林辩称,其主观上没有骗取退税款的动机,主要目的是为了完成出口创汇任务。其辩护人以杨康林不知张上光、林秋坤骗取出口退税的目的,没有骗税的主观故意,其行为应按履行合同失职被骗罪处理为由提出辩护意见;曹培强辩称,其没有骗取税款牟利的目的,将代理处理为自营是为了完成创汇任务,是工作失误被他人利用;张继金辩称,其是执行单位的决定,没有骗税的动机和目的,只是操作过程中监管不力;赵泓宇辩称称,其对张上光、林秋坤骗取税款的目的并不知情。

法院经审理认为,被告单位攀枝花外贸公司及其直接负责的主管人员被告人杨康林、曹培强,直接责任人员被告人张继金、赵泓宇,违反国家规定从事"四自三不见"买单业务,采用隐匿代理协议、与被告人张上光及林秋坤签订虚假的内外销合同、以"倒计成本法"做假财务账、伪造出口货物销售明细账等方式,隐瞒代理出口及从事"四自三不见"买单业务的事实,虚构自营出口事实,向攀枝花市国税局虚假申报出口退税,骗取国家出口退税款。被告人张上光伙同他人,通过非法途径购买海关验讫的报关单、增值税专用发票,购买外汇用于结汇,骗取结汇证明,并将虚假出口形成的退税单证通过攀枝花外贸公司的虚假申报,骗取国家出口退税款。被告单位攀枝花外贸公司及被告人杨康林、曹培强、张继金、赵泓宇、张上光的行为均已构成骗取出口退税罪,且骗取国家退税款数额特别巨大。

在本案中,杨康林及其辩护人以及曹培强、赵泓宇、张继金提出主观上没有骗取国家出口退税款的动机,主要目的是为了单位完成出口创汇任务,不知张上光、林秋坤骗取出口退税的目的,不构成骗取出口退税罪的辩解理由最终没有被法院所采纳,那是因为现有证据足以证明攀枝花外贸公司及杨康林、曹培强、赵泓宇、张继金在违反法律法规从事"四自三不见"买单业务的操作过程中就发现了大量异常情况,如在杨康林等人去考察的二三家企业中,发现企业生产能力与所签合同的产品数量不符,达不到要求,并且存在产品质次价高等问题;杨康林、曹培强、张继金、赵泓宇1997年便知道张上光、林秋坤从香港黑市买汇到国内结汇;有的货物出口日期在前而报关日期在后,极不正常;1998年贷款140万元去潮阳市帮张上光垫交税款,开具增值税专用发票,张称给了税务人员好处费,而汇票解汇后,款全部划到张上光指定的与攀枝花外贸公司无任何业务关系的多二贸易公司的账户上,几经转账后去向不明。同时,为了达到退税的目的,攀枝花外贸公司通过签订虚假的内、外销合同,以"倒计成本法"做假财务账,将"四自三不见"的代理业务处理为自营业务账目,隐瞒代理出口真相,虚构货物自营出口的事实,从而办理了退税。综上可以看出,攀枝花外贸公司在业务操作过程中,发现大量异常情况下,仍违反有关规定与对方继续合作,不管实际是否有产品出口。杨康林、曹培强、赵泓宇、张继金作为外贸局及外贸公司的负责人、中层干部,熟悉外贸业务及有关法律规定,在业务中出现诸多反常情况下,对张上光等人意欲骗取国家出口退税款的目的应当知晓,并且从当时的具体情况分析能够知晓。在此情况下,杨康林、曹培强等人仍然坚持与张上光、林秋坤从事"四自三不见"买单业务,并持虚假业务形成的退税单证向国税部门申请退税,造成国家税款3 000多万元的重大损失,其具有主观上的故意,当事人及辩护律师以"不知道"为由进行抗辩不能成立。

(三) 犯罪目的

本章税务类犯罪中的逃抗骗型和虚开型犯罪都在一定程度上危害到了国家的税收征管制度,一般都具有逃避缴纳税款或者骗取、抵扣国家税款的目的。而造买售型和持有型主要侵犯的是发票的管理制度,不以逃避缴纳税款或者骗取、抵扣国家税款为目的。因此,律师代理逃抗骗型和虚开型案件,也可以从当事人是否具有犯罪目的切入进行辩护。一般说来,逃税罪、抗税罪、逃避追缴欠税罪具有逃避缴纳税款的目的,骗取出口退税罪具有骗取税款的目的,虚开型犯罪具有骗取税款或者抵扣国家税款的目的。如果以逃税为目的实施虚开发票的行为,可以从目的入手进行罪名方面的辩护。

案例8-7

被告人张某某是一个个体运输户,于2009年7月至2010年12月期间,以每月支付管理费的形式挂靠A公司,又以支付车辆租金、风险抵押金的形式承租B公司,并从上述两公司分别获取了全国联运业货运统一发票和公路集装箱运输专用发票及公路货运专用发票等运输发票。

被告人张某某在以A公司名义经营运输业务期间,为少缴应纳税款,先后从自己承租的B公司以及其他托运站等5家运输企业接受虚开的表明营业支出的联运发票和运输发票共53张,价税合计人民币674万余元,并将上述发票全部入账,用于冲减其以A公司名义经营运输业务的营业额,实际偷逃税款54万余元。此外,为帮助其他联运企业偷逃税款,被告人张某某又将自己承租的B公司的运输专用发票的发票联提供给C公司用于虚开,虚开的发票联金额总计为414万余元,存根联或记账联金额仅为5万余元。以上虚开的运输发票均已被C公司用以冲减营业额,实际偷逃税款33万余元。后案发,公诉机关以虚开用于抵扣税款发票罪将被告人张某某移送起诉。

在本案中,公诉机关认为本案的运输发票具有抵扣税款的功能,被告人张某某为他人虚开和让他人为自己虚开具有抵扣功能的发票,其行为构成虚开用于抵扣税款发票罪。该罪属于行为犯,被告人只要实施了虚开可以抵扣税款的发票(包括使用此种发票)的行为,不管其主观意图是想以虚增成本的方法偷税,还是想用虚开的发票非法抵扣税款,都只构成虚开用于抵扣税款的发票罪。

对此,辩护人认为,虽然虚开抵扣税款发票罪是行为犯,只要行为人实施了虚开用于抵扣税款的发票,就可构成犯罪,至于是否已将发票用于抵扣税款,不影响虚开抵扣税款发票罪的成立。但行为人没有抵扣税款的故意,即使实施了虚开抵扣税款发票的行为,也不能以虚开抵扣税款发票罪定罪处罚。在这里,对刑法第205条中的"用于抵扣税款"的理解不能过于宽泛,"用于"应指主观上想用于和客观上实际用于,而不包括虽然可以用于但行为人主观上不想用于,客观上也没有用于,也不能将行为人使用发票意图不明的视为准备用于。在本案中,被告人张某某虚开发票在主观上是为了少缴应纳税款,而不是为了抵扣税款,在客观上因用票单位都是运输企业,均不是增值税一般纳税人,无申报抵扣税款的资格,既没有抵扣税款,即使入账也不可能用于抵扣税款,因此,不能对被告人张某某以虚开抵扣税款发票罪定罪处罚。

该辩护意见最终被法院采纳。法院经审理认为,被告张某某以个体运输户的名义挂靠A公司和承租B公司后,依法成为营业税、企业所得税、城市建设维护税的纳税人,为了少缴应纳税款,采取了虚开运输发票以虚增营业开支、冲减营业数额的方式,进行虚假的纳税申报偷逃税款。此外,被告人张某某为帮助其他联运企业偷逃税款,还将运输发票提供给其他运输企业进行虚开,用于冲减营业额,接受虚开发票的运输企业因此也实际偷逃了税款。法院最终判定其行为已构成逃税罪,判处有期徒刑6年,并处罚金100万元。

辩点8-3:犯罪行为

(一) 逃税罪

逃税罪是指纳税人采取欺骗、隐瞒手段进行虚假申报或者不申报,逃避缴纳税款的行为或者扣缴义务人采取前述手段,不缴或者少缴已扣、已收税款的行为。

1. 行为手段:采取欺骗、隐瞒的手段,如伪造、变造、隐匿、擅自销毁账簿、记账凭证,在账簿上多列支出、少列收入等。

2. 行为方式:"虚假纳税申报",是指纳税人制造虚假材料进行申报。例如,不如实填写或者提供纳税申报表、财务会计报表及其他的纳税资料等。通常的行为手段包括:设立虚假的账簿、记账凭证或者对账簿、记账凭证进行挖补、涂改、变造甚至隐匿,或者未经税务主管机关批准而擅自将正在使用中或尚未过期的账簿、记账凭证销毁处理;在账簿上大量填写超出实际支出的数额以冲抵或减少实际收入的数额或者不列、少列收入数额。"不申报",是指依法办理纳税申报的纳税人,采取欺骗和隐瞒手段,不履行法律、行政法规规定的义务办理纳税申报的行为。

3. 行为界限:(1) 逃税与欠税:如果按期如实予以申报,只是由于公司经济困难,未按时缴纳税款,并未采取任何逃避缴纳税款的措施,则属于欠税行为,即使未缴纳的税款达到5万元以上并且占应纳税额10%以上,也不应当以逃税罪追究刑事责任。根据国家税务总局《关于进一步明确契税纳税人有关法律责任的通知》的规定,纳税人应在主管契税征收管理工作的财政机关或者地方税务机关核定的期限内缴纳税款。纳税人因有特殊困难,不能按期缴纳税款的,经县以上征收机关批准,可以延期缴纳税款,但最长不得超过 3 个月,且同一纳税人在一个纳税年度内只能申请延期缴纳一次。在征收机关批准的期限内,不加收滞纳金。纳税人未按规定期限缴纳税款的,征收机关除责令限期缴纳外,从滞纳税款之日起,按日加收滞纳税款2‰的滞纳金。因征收机关的责任,致使纳税人未缴或者少缴税款的,征收机关在 3 年内可以要求纳税人补缴税款,但不得加收滞纳金。因纳税人计算错误等失误,未缴或者少缴税款的,征收机关在 3 年内可以追征;未缴或者少缴数额在 10 万元以上的,追征期可以延长到 10 年。因此,准确地界定是逃税行为还是欠税行为至关重要。(2)逃税与骗取出口退税:纳税人缴纳税款后,采取假报出口或者其他欺骗手段,骗取国家出口退税款的,虽然行为方式与骗取出口退税罪的无异,但因为纳税人已经缴纳了税款,其采用的手段是为了骗回已经缴纳的税款,具有的仍然是逃避缴纳税款的目的,所以仍然属于逃税行为,按逃税罪定罪处罚,而不是按骗取出口退税罪定罪处罚。但如果骗取的税款超过了纳税人所缴纳的税款部分,则按照骗取出口退税罪定罪处罚。

(二) 抗税罪

抗税罪是指以暴力、威胁方法拒不缴纳税款的行为。

1. 行为手段:采取暴力、威胁的方法。所谓"暴力",是指对他人身体实施攻击或者使用其他强暴手段,如殴打、伤害、捆绑、禁闭等行为;所谓"威胁",是指对他人进行胁迫、恫吓,达到精神上的强制、使他人不敢抗拒的手段,如手持凶器威吓,扬言行凶报复、揭发隐私、毁坏名誉、加害亲属等相威胁。

2. 行为方式:拒不缴纳税款。行为人采取暴力或者威胁的方法,目的是为了抗拒缴纳税款,如果不是为了抗拒缴纳税款,而以暴力、威胁方法阻碍税务人员依法执行职务的,则依《刑法》第 277 条规定的妨害公务罪论处。

3. 行为界限:(1)抗税与妨害公务:不是为了抗拒缴纳税款,而以暴力、威胁方法阻碍税务人员依法执行职务的是妨害公务行为,为了抗拒缴纳税款而采取暴力、威胁手段的是抗税行为。(2)抗税与故意伤害、故意杀人:实施抗税行为致人重伤、死亡的,构成故意伤害罪、故意杀人罪的,按相关法条定罪处罚,但因抗税行为过失致人重伤、死亡的,仍按抗税罪定罪处罚。

(三) 逃避追缴欠税罪

逃避追缴欠税罪是指纳税人欠缴应纳税款,采取转移或者隐匿财产的手段,致使税务机关无法追缴欠缴的税款的行为。

1. 行为前提：必须有欠税的事实。欠税事实是该罪赖以成立的前提要件，如果行为人不欠税，就谈不上追缴，无追缴也就谈不上逃避追缴。欠税是指纳税单位或个人超过税务机关核定的纳税期限，没有按时缴纳、拖欠税款的行为。在认定行为是否"欠税"时，必须查明其欠税行为是否已过法定期限，只有超过了法定的纳税期限，其欠税行为才是逃避追缴欠税罪所要求的"欠税"事实。

2. 行为手段：采取转移或者隐匿财产的手段逃避追缴欠税。这是该罪能否成立的关键所在，如果不是将财产转移或隐匿，而是欠税的纳税人本人逃匿起来，则不构成逃避追缴欠税罪。需要特别注意的是，行为人实施的"逃避"行为应当与"欠税"之间存在着必然的因果联系。至于是先实施"逃避"行为，而后欠税，还是先具备欠税条件，而后实施"逃避"行为，都不影响逃避追缴欠税罪的成立。

3. 行为目的：致使税务机关无法追缴，这既是逃避行为所要求达到的目的，也是逃避追缴欠税罪所要求的客观结果。税收实践中的欠税是时常发生的，对于拥有纳税能力而故意欠税者，税务机关可采取强制措施，如通过银行从其账户上扣缴税款，或扣押、查封、拍卖其财产抵缴税款。所以，只要欠税人拥有相当数量的资金和财产，所欠税款是可以追缴的；但如行为人将资金和财产转移、隐匿，所欠税款就难以追缴，会给国家造成损失。所以逃避追缴欠税罪是结果犯，只有造成"税务机关无法追缴欠税"的后果，才能成立既遂，如果行为人尽管采取了逃避的行为，但其转移或隐匿的财产最终还是被税务机关追回，弥补了税款，则构成未遂。

4. 行为界限：逃避追缴欠税罪是针对纳税人存在欠税事实而言的，如果纳税人采取了欺骗、隐瞒手段进行虚假纳税申报或者不申报，逃避追缴纳税款后，又采取转移或者隐匿财产的手段，致使税务机关无法追缴欠缴的税款的，仍按逃税罪一个罪定罪处罚，而不是逃避追缴欠税罪。

案例8-8

2009年2月至10月间，A水泥厂采用伪造、隐匿记账凭证、多列支出、不列收入、进行虚假的纳税申报等手段逃避缴纳增值税款47万元，被告人王某系该厂的法定代表人。2009年11月7日，税务机关向该厂发出行政处罚决定书，限该厂于同年11月10日前缴纳应纳税款及罚款，但该厂并未如期履行义务。同年11月12日，税务机关依法查封了A水泥厂的库存水泥870吨，被告人王某在

> 未经税务机关同意和未办理解除查封手续的情况下，指使 A 水泥厂负责人擅自将查封的 870 吨水泥（价值 22 万余元）拆封，销售给 B 公司，用于冲抵货款。后 A 水泥厂和王某被检察机关以逃税罪和逃避追缴欠税罪移送起诉。
>
> 　　在本案中，辩护律师认为检察机关起诉 A 公司和王某两个罪名是错误的，A 公司和王某虽然实施了转移财产的行为，客观上也产生了导致税务机关无法追缴税款的结果，但逃避追缴欠税罪应以欠税为前提，A 公司先采取欺骗、隐瞒手段逃避缴纳税款，后又采取转移财产的手段，逃避追缴其逃避缴纳的税款，只能构成逃税罪，不能进行数罪并罚。该辩护意见最终被法院所采纳。

（四）骗取出口退税罪

　　骗取出口退税罪是指纳税人以假报出口或者其他欺骗手段，骗取出口退税款的行为。

　　1. 行为手段："假报出口"和"其他欺骗手段"。如果纳税人没有采取欺骗手段，由于报关人员的过失或者其他不属于纳税人的过错导致取得出口退税，不属于骗取出口退税的情形。

　　（1）假报出口：是指以虚构已税货物出口事实为目的，具有下列情形之一的行为：

　　① 伪造或者签订虚假的买卖合同；

　　② 以伪造、变造或者其他非法手段取得出口货物报关单、出口收汇核销单、出口货物专用缴款书等有关出口退税单据、凭证；

　　③ 虚开、伪造、非法购买增值税专用发票或者其他可以用于出口退税的发票；

　　④ 其他虚构已税货物出口事实的行为。

　　（2）其他欺骗手段，包括：

　　① 骗取出口货物退税资格的；

　　② 将未纳税或者免税货物作为已税货物出口的；

　　③ 虽有货物出口，但虚构该出口货物的品名、数量、单价等要素，骗取未实际纳税部分出口退税款的；

　　④ 以其他手段骗取出口退税款的。

　　2. 行为界限：纳税人缴纳税款后，又以假报出口或者其他欺骗手段骗回所缴纳的税款的，按照逃税罪定罪处罚，但如果骗取的税款超过所缴纳的税款部分，按照骗取出口退税罪定罪处罚。

（五）虚开型犯罪

虚开型犯罪主要包括虚开增值税专用发票、用于骗取出口退税、抵扣税款发票罪和虚开发票罪两个罪名，他们的核心行为方式都是虚开。所谓"虚开"，是指开票人为了取得非法所得或者牟取其他私利，在没有货物销售或没有提供应税劳务的情况下开具发票，或者虽有货物销售或者提供了应税劳务，但开具内容不实的发票给受票人。

根据最高人民法院《关于适用〈全国人民代表大会常务委员会关于惩治虚开、伪造和非法出售增值税专用发票犯罪的决定〉的若干问题的解释》第1条第2款的规定：具有下列行为之一的，属于"虚开增值税专用发票"：（1）没有货物购销或者没有提供或接受应税劳务而为他人、为自己、让他人为自己、介绍他人开具增值税专用发票；（2）有货物购销或者提供或接受了应税劳务但为他人、为自己、让他人为自己、介绍他人开具数量或者金额不实的增值税专用发票；（3）进行了实际经营活动，但让他人为自己代开增值税专用发票。在司法实践中，第（2）种和第（3）种情形比较常见，因为存在实际的真实经营活动，辩护律师进行辩护时，要根据现有证据理清哪些发票属于虚开，哪些发票属于正常开具。

需要注意的是，"虚开"行为包括四种方式：一是为他人虚开，二是为自己虚开，三是让他人为自己虚开，四是介绍他人虚开。行为人只要实施了其中一种，即为"虚开"。

（六）造售买型犯罪

1. 非法制造

本章涉及非法制造行为的罪名有：伪造增值税专用发票罪、非法制造用于骗取出口退税、抵扣税款发票罪和非法制造发票罪。非法制造的对象不同，适用的罪名不同。

罪名	制造对象
伪造增值税专用发票罪	增值税专用发票
非法制造用于骗取出口退税、抵扣税款发票罪	用于骗取出口退税、抵扣税款发票
非法制造发票罪	其他发票

"伪造"是"非法制造"的一种方式，"非法制造"包括"伪造"和"擅自制造"两种方式。

所谓"伪造",是指行为人仿照增值税专用发票的图案、色彩、形状、式样(包括发票所属的种类、各联用途、内容、版面排列、规格、使用范围等事项),使用印刷、复制、复印、描绘、拓印、蜡印、石印等方法,非法制造假增值税专用发票的行为。

所谓"擅自制造",是指印制发票企业或生产发票防伪专用品企业未经有关主管税务机关批准,私自印制发票或私自制造防伪专用品,或虽经批准,但未按发票印制通知书或发票防伪专用品生产通知书所规定的印制数量或生产产量,私自超量加印或制造的行为。

擅自制造与伪造的不同主要在于:第一,行为人不同,前者为印制发票企业或生产防伪专用品企业,后者为任何人;第二,所制成的发票效力不同,前者制成的发票是真实有效的,后者制成的发票是虚假无效的。但无论是伪造还是擅自制造,均是非法制造的行为。

特别需要注意的是,制造、销售伪造增值税专用发票和其他发票的印制模板等印制工具的行为,其社会危害性与伪造增值税专用发票、非法制造用于骗取出口退税、抵扣税款发票和其他普通发票的行为是相当的,实践中有的辩护律师可能会以罪刑法定原则为根据,提出刑法没有明确规定而认定制造、销售伪造增值税专用发票和其他发票的印制模板等印制工具的行为不能以犯罪论处的辩护意见。但该意见可能不会被采纳。因为制造、销售伪造增值税专用发票和其他发票的印制模板等印制工具的行为,本质上就是为制造发票型犯罪提供条件。参照最高人民法院《关于审理伪造货币等案件具体应用法律若干问题的解释》第1条第3款的规定:行为人制造货币版样或者与他人事前通谋,为他人伪造货币提供版样的,依照伪造货币罪定罪处罚,以及《全国法院审理金融犯罪案件工作座谈会纪要》中关于假币犯罪的规定:"伪造货币的,只要实施了伪造行为,不论是否完成全部印制工序,即构成伪造货币罪;对于尚未制造出成品,无法计算伪造、销售假币面额的,或者制造、销售用于伪造货币的版样的,不认定犯罪数额,依据犯罪情节决定刑罚",对于制造、销售伪造增值税专用发票和其他发票的印制模板等印制工具的行为,应以伪造增值税专用发票罪、非法制造用于骗取出口退税、抵扣税款发票罪或者非法制造发票罪定罪处罚。因此,对于这类犯罪,辩护律师不宜把重点放在无罪辩护上,基于这类案件不认定犯罪数额,所以应把重点放在情节辩护上。当然,如果能证明制造发票的印制模板等印制工具只是为了个人收藏、欣赏,不是为非法制造发票提供条件,辩护律师也应当进行无罪辩护。

> **案例8-9**
>
> 　　1999年底至2000年6月间,被告人廖赞升、廖锡湖以营利为目的,以每套100元人民币的价格,为被告人曾珠玉提供伪造增值税专用发票以及普通发票用的印刷模板共33套,收取人民币3 300元。2000年8月25日,公安机关在被告人廖赞升、廖锡湖家中将两名被告人抓获,当场查获伪造发票模板用的胶版395套,未形成的印模28枚,伪造的增值税专用发票172份(其中,被告人连焕发寄放在廖赞升、廖锡湖家中准备出售的伪造增值税专用发票75份)。后被告人廖赞升、廖锡湖以涉嫌伪造增值税专用发票罪和非法制造发票罪被公诉机关提起公诉。
>
> 　　在庭审过程中,被告人廖赞升及其辩护人辩称:廖赞升所卖的33套模板中有一些不是增值税专用发票的模板,是普通发票的模板;起诉书指控廖赞升卖给曾珠玉的增值税专用发票和普通发票的模板是"彭乌鬼"制作的,其没有参与"彭乌鬼"的伪造行为;廖赞升的行为不属于"情节特别严重"。被告人廖锡湖及其辩护人辩称:廖锡湖主观上没有为他人伪造增值税专用发票和非法制造发票提供印刷模板的故意,客观上没有为他人伪造增值税专用发票和非法制造发票提供印刷模板的行为,缺乏犯罪构成的客观要件和主观要件,其行为不构成犯罪。
>
> 　　法院经审理认为,被告人廖赞升、廖锡湖为他人伪造增值税专用发票和普通发票提供印刷模板共33套,从中非法牟利人民币3 000多元,其行为均已分别构成伪造增值税专用发票罪,且情节特别严重;以及非法制造发票罪,且情节严重。

2. 非法出售

　　根据出售对象的不同,非法出售分为出售伪造的发票、出售非法制造的发票和出售真实的发票三种情况。

　　出售伪造发票的罪名为出售伪造的增值税专用发票罪,对象仅限于伪造的增值税专用发票。

　　出售非法制造发票的罪名有出售非法制造的用于骗取出口退税、抵扣税款发票罪和出售非法制造的发票罪,出售的对象为非法制造的用于骗取出口退税、抵扣税款发票和非法制造的用于骗取出口退税、抵扣税款发票以外的其他发票。

出售真实发票的罪名有非法出售增值税专用发票罪、非法出售用于骗取出口退税、抵扣税款发票罪、非法出售发票罪。出售的对象必须是真实有效的发票,因违反国家发票管理法规出售而构成犯罪。

罪名	出售对象	
出售伪造的增值税专用发票罪	伪造的	增值税专用发票
非法出售增值税专用发票罪	真实的	
出售非法制造的用于骗取出口退税、抵扣税款发票罪	非法制造的	用于骗取出口退税、抵扣税款发票
非法出售用于骗取出口退税、抵扣税款发票罪	真实的	
出售非法制造的发票罪	非法制造的	其他发票
非法出售发票罪	真实的	

3. 非法购买

购买分为非法购买真实的发票和购买伪造的发票两种行为,本章购买类犯罪仅限于非法购买增值税专用发票罪和购买伪造的增值税专用发票罪。非法购买增值税专用发票罪中购买的对象必须是真实有效的增值税专用发票,如果购买的是伪造的增值税专用发票,则按购买伪造的增值税专用发票罪处罚。

罪名	购买对象	
购买伪造的增值税专用发票罪	伪造的	增值税专用发票
非法购买增值税专用发票罪	真实的	

由此可见,对于非法制造和非法出售行为,不论是以增值税专用发票为对象,还是以用于骗取出口退税、抵扣税款发票为对象,还是以除此之外的任何其他发票,都可以构成犯罪。但对于非法购买行为,仅限于以增值税专用发票为对象才能构成犯罪,购买增值税专用发票以外的其他发票均不构成犯罪,不论是伪造的还是真实的发票。

(七)持有型犯罪

持有型犯罪仅限于持有伪造的发票罪,该罪名系《刑法修正案(八)》第35条所增设的罪名。持有的对象仅限于伪造的发票,发票的种类包括增值税专用发票、用于骗取出口退税、抵扣税款发票和其他不具有抵扣税款功能的发票。

罪名	持有对象	
持有伪造的发票罪	伪造的	增值税专用发票
		用于骗取出口退税、抵扣税款发票
		其他发票

持有是指行为人对伪造的发票处于占有、支配、控制的一种状态。随身携带、邮寄、运输伪造的发票是持有，在其住所、驾驶的运输工具上发现的，也同样可以认定为持有。一旦达到本罪的立案标准，达到数量较大的要求，即可构成犯罪，持有时间长短不影响本罪的认定。

辩点8-4：犯罪对象

税务类犯罪涉及的罪名主要都规定在《刑法》第三章第六节危害税收征管罪中，虽然它们侵犯的客体均为我国的税收征管秩序，但犯罪对象各有不同，尤其是针对发票的犯罪，罪名繁多。犯罪对象不同，涉及的罪名和量刑都会有差异。例如，根据发票的功能来分，可以分为增值税专用发票、用于骗取出口退税发票、抵扣税款发票和不具有抵扣功能的普通发票，虚开具有抵扣功能的发票和不具有抵扣功能的发票，其行为所触犯的罪名不同，量刑上更有很大的差异；根据发票的真假来分，发票又可以分为真实的发票和伪造的发票两种，行为人买卖、出售、制造这些发票的行为所触犯的罪名也是各不相同的。

因此，刑辩律师在进行这类犯罪的辩护时，还需要从犯罪对象入手，以便正确确定罪名，维护当事人的合法权益。

罪名	犯罪对象
虚开增值税专用发票、用于骗取出口退税、抵扣税款发票罪	增值税专用发票：以商品或者劳动增值额为征税对象，并具有直接抵扣税款功能的专门用于增值税的收付款凭证。 用于骗取出口退税、抵扣税款发票：是指除增值税专用发票以外的普通发票中，具有与增值税专用发票相同功能的，可以用于骗取出口退税、抵扣税款的其他非增值税专用发票。
虚开发票罪	增值税专用发票或用于骗取出口退税、抵扣税款发票以外的其他发票。
伪造、出售伪造的增值税专用发票罪	伪造的增值税专用发票。

(续表)

罪名	犯罪对象
非法出售增值税专用发票罪	真实的增值税专用发票。
非法购买增值税专用发票、购买伪造的增值税专用发票罪	非法购买增值税专用发票罪:真实的增值税专用发票;购买伪造的增值税专用发票罪:伪造的增值税专用发票。
非法制造、出售非法制造的用于骗取出口退税、抵扣税款发票罪	非法制造的用于骗取出口退税、抵扣税款发票。
非法制造、出售非法制造的发票罪	非法制造的用于骗取出口退税、抵扣税款发票以外的其他发票。
非法出售用于骗取出口退税、抵扣税款发票罪	真实的用于骗取出口退税、抵扣税款的发票。
非法出售发票罪	真实的用于骗取出口退税、抵扣税款的发票以外的其他发票。
持有伪造的发票罪	伪造的发票,包括伪造的增值税专用发票,伪造的用于骗取出口退税、抵扣税款发票和伪造的其他发票。

在对这类犯罪进行刑事辩护时,要认真甄别犯罪对象,行为相同,对象不同,定罪和量刑也不同。例如:

1. 同为虚开行为,虚开的对象是增值税专用发票、用于骗取出口退税、抵扣税款发票的,最高可以判处无期徒刑,而虚开增值税专用发票、用于骗取出口退税、抵扣税款发票以外的其他发票的,最高只能判处7年有期徒刑。

2. 同为出售行为,出售伪造的增值税专用发票和出售真实的增值税专用发票,出售非法制造的用于骗取出口退税、抵扣税款发票和出售真实的用于骗取出口退税、抵扣税款发票,出售非法制造的其他发票和出售真实的其他发票,虽然在量刑上相当,但涉及的罪名却是各不相同的。

3. 同为购买行为,只有购买真实的增值税专用发票和伪造的增值税专用发票才能构成犯罪,购买其他不管是伪造的还是真实的用于骗取出口退税、抵扣税款或者其他不具有抵扣功能的普通发票均不构成犯罪。

辩点8-5:数额情节

在税务类犯罪中,犯罪数额和犯罪情节是能否追诉和具体量刑应当考虑的重要因素,也是律师在进行辩护时的一个重要切入点。现将本章涉及各犯罪的立案标准和量刑标准归纳如下:

类型	罪名	"数额"及"情节"	
逃抗骗型	逃税罪	立案标准（数额较大）	逃避缴纳税款5万元以上并且占应纳税额10%以上的。
		数额巨大	逃避缴纳税款数额巨大并且占应纳税额30%以上的。
	抗税罪	立案标准	(1) 造成税务工作人员轻微伤以上的； (2) 以给税务工作人员及其亲友的生命、健康、财产等造成损害为威胁，抗拒缴纳税款的； (3) 聚众抗拒缴纳税款的； (4) 以其他暴力、威胁方法拒不缴纳税款的。
		情节严重	(1) 聚众抗税的首要分子； (2) 抗税数额在10万元以上的； (3) 多次抗税的； (4) 故意伤害致人轻伤的； (5) 具有其他严重情节。
	逃避追缴欠税罪	立案标准	致使税务机关无法追缴欠缴的税款数额在1万元以上不满10万元的。
		数额巨大	致使税务机关无法追缴欠缴的税款数额在10万元以上的。
	骗取出口退税罪	立案标准（数额较大）	骗取国家出口退税款5万元以上的。
		数额巨大或者有其他严重情节	(1) 骗取国家出口退税款50万元以上； (2) 造成国家税款损失30万元以上并且在第一审判决宣告前无法追回的； (3) 因骗取国家出口退税行为受过行政处罚，两年内又骗取国家出口退税款数额在30万元以上的； (4) 情节严重的其他情形。
		数额特别巨大或者有其他特别严重情节	(1) 骗取国家出口退税款250万元以上； (2) 造成国家税款损失150万元以上并且在第一审判决宣告前无法追回的； (3) 因骗取国家出口退税行为受过行政处罚，两年内又骗取国家出口退税款数额在150万元以上的； (4) 情节特别严重的其他情形。

(续表)

类型	罪名	"数额"及"情节"	
虚开型	虚开增值税专用发票、用于骗取出口退税、抵扣税款发票罪	立案标准	虚开的税款数额在5万元
		数额较大或者有其他严重情节	(1) 虚开的税款数额在50万元以上； (2) 因虚开增值税专用发票造成国家税款损失30万元以上并且在第一审判决宣告前无法追回的； (3) 因虚开增值税专用发票受过行政处罚,两年内又虚开增值税专用发票造成国家税款损失30万元以上的； (4) 具有其他严重情节的。
		数额巨大或者有其他特别严重情节	(1) 虚开的税款数额在250万元以上； (2) 因虚开增值税专用发票造成国家税款损失150万元以上并且在第一审判决宣告前无法追回的； (3) 因虚开增值税专用发票受过行政处罚,两年内又虚开增值税专用发票造成国家税款损失150万元以上的； (4) 具有其他特别严重情节的。
	虚开发票罪	立案标准（情节严重）	(1) 虚开发票100份以上或者虚开金额累计在40万元以上的； (2) 虽未达到上述数额标准,但5年内因虚开发票行为受过行政处罚2次以上,又虚开发票的； (3) 其他情节严重的情形。
		情节特别严重	
造买售型	伪造、出售伪造的增值税专用发票罪	立案标准	发票数量25份以上或者票面额累计在10万元以上的。
		数量较大或者有其他严重情节	(1) 发票数量100份以上或者票面额累计50万元以上的； (2) 违法所得数额在1万元以上的； (3) 伪造并出售伪造的增值税专用发票60份以上或者票面额累计30万元以上的； (4) 造成严重后果或者具有其他严重情节的。
		数量巨大或者有其他特别严重情节	(1) 发票数量500份以上或者票面额累计250万元以上的； (2) 违法所得数额在5万元以上的； (3) 伪造并出售伪造的增值税专用发票300份以上或者票面额累计200万元以上的； (4) 接近"数量巨大"并有其他严重情节的。
	非法出售增值税专用发票罪	立案标准	发票数量25份以上或者票面额累计在10万元以上的。
		数量较大	发票数量100份以上或者票面额累计50万元以上的。
		数量巨大	发票数量500份以上或者票面额累计250万元以上的。
	非法购买增值税专用发票、购买伪造的增值税专用发票罪	立案标准	发票数量25份以上或者票面额累计在10万元以上的。

（续表）

类型	罪名	"数额"及"情节"	
造买售型	非法制造、出售非法制造的用于骗取出口退税、抵扣税款发票罪；非法出售用于骗取出口退税、抵扣税款发票罪	立案标准	发票数量50份以上或者票面额累计在20万元以上的。
		数量巨大	发票数量200份以上的。
		数量特别巨大	发票数量1 000份以上的。
	非法制造、出售非法制造的发票罪；非法出售发票罪	立案标准	发票数量100份以上或者票面额累计在40万元以上的。
		情节严重	
持有型	持有伪造的发票罪	立案标准（数量较大）	（1）增值税专用发票:50份以上或者票面额累计在20万元以上； （2）用于骗取出口退税、抵扣税款的其他发票:100份以上或者票面额累计在40万元以上； （3）其他发票:200份以上或者票面额累计在80万元以上。
		数量巨大	

辩护律师在把握以上这些标准后，还要掌握具体的认定标准，即如何认定数额，如何认定情节。

(一) 数额认定

1. 如何认定逃税罪中的逃税数额及占应纳税额的百分比

虽然最高人民法院、最高人民检察院《关于执行〈中华人民共和国〉确定罪名的补充规定(四)》根据《刑法修正案(七)》第3条的规定，将《刑法》第201条的罪名由"偷税罪"改为"逃税罪"，但在未出台新的司法解释之前，有关偷税罪的司法解释仍然有效，可以参照。

因此,根据最高人民法院《关于审理偷税抗税刑事案件具体应用法律若干问题的解释》(2002年11月7日实施)第3条的规定:"偷税数额,是指在确定的纳税期间,不缴或者少缴各税种税款的总额。偷税数额占应纳税额的百分比,是指一个纳税年度中的各税种偷税总额与该纳税年度应纳税总额的比例。不按纳税年度确定纳税期的其他纳税人,偷税数额占应纳税额的百分比,按照行为人最后一次偷税行为发生之日前一年中各税种偷税总额与该年纳税总额的比例确定。纳税义务存续期间不足一个纳税年度的,偷税数额占应纳税额的百分比,按照各税种偷税总额与实际发生纳税义务期间应当缴纳税款总额的比例确定。偷税行为跨越若干个纳税年度,只要其中一个纳税年度的偷税数额及百分比达到刑法第二百零一条第一款规定的标准,即构成偷税罪。各纳税年度的偷税数额应当累计计算,偷税百分比应当按照最高的百分比确定。"

根据公安部《关于如何理解〈刑法〉第二百零一条规定的"应纳税额"问题的批复》的规定,《刑法》第201条规定的"应纳税额"是指某一法定纳税期限或者税务机关依法核定的纳税期间内应纳税额的总和。逃税行为涉及两个以上税种的,只要其中一个税种的逃税数额、比例达到法定标准的,即构成逃税罪,其他税种的逃税数额累计计算。对多次实施,未经处理的,数额累计。

2. 发票的份额和票面额分别达到不同的量刑档次如何处理

由于发票的份数和票面额均能在一定程度上反映发票犯罪行为的社会危害性,因此有的发票犯罪的立案标准和量刑标准均采用了两种计算依据,如非法出售增值税专用发票数量达到25份以上或者票面额累计达到10万元以上的即可构成犯罪,如果发票数量100份以上或者票面额累计50万元以上的则属于更高的量刑档次。在司法实践中,如果行为人非法出售了80份增值税专用发票,且这些增值税专用发票的票面额累计达到55万元时,按照发票份额,应在3年以下有期徒刑的档次量刑,而按照票面额,则应在3年以上10年以下有期徒刑的档次量刑。为了准确评价这种非法行为的社会危害性程度,一般适用处罚较重的量刑档次进行量刑。

3. 伪造并出售同一宗增值税专用发票的如何计算

在我国刑法中,伪造增值税专用发票可以单独构成伪造增值税专用发票罪,如果出售伪造的增值税专用发票又可以单独构成出售伪造的增值税专用发票罪。如果伪造并出售同一宗增值税专用发票的,只按伪造、出售伪造的增值税专用发票罪一个罪名定罪处刑,其数量或者票面额不重复计算。

4. 购买真、伪两种增值税专用发票的犯罪数额如何计算

如果既购买了真的增值税专用发票,又购买了伪造的增值税专用发票,仍然按

照非法购买增值税专用发票、购买伪造的增值税专用发票罪一个罪名定罪处刑,但是数量或者票面额应当将真、伪两种增值税专用发票进行累计计算。

5. 购买大量伪造的增值税专用发票只出售其中少部分的犯罪数额如何计算

根据《刑法》第208条第2款的规定,这种情形仍应按照出售伪造的增值税专用发票罪定罪处罚,但犯罪数额不是只计算已经出售的伪造的增值税专用发票数额,已经购买但尚未出售的伪造的增值税专用发票数额也应计入其出售的犯罪数额,但可将其视为犯罪未遂的数额,作为量刑情节予以考虑。

6. 制造、销售伪造发票的印制模板的印制工具的犯罪数额如何计算

由于制造、销售伪造发票的印制模板的印制工具本质上是为非法制造发票提供条件,其社会危害性与非法制造发票类犯罪相当,所以按照非法制造发票类犯罪定罪处罚,但由于行为人制造、销售的只是印制工具,尚未使用这些印制工具非法制造发票,故这类案件不认定犯罪数额,只根据犯罪情节决定刑罚。

(二) 情节认定

在税务类犯罪中,除了犯罪数额外,还要考量其他情节,主要有:

1. 是否受过行政处罚

税务类犯罪一般都是行政犯,即违反行政法规范而构成的犯罪,构成了犯罪的程度肯定也达到了给予行政处罚的程度,但给予行政处罚,并不必然构成犯罪。在税务类犯罪的辩护中,当事人是否受过行政处罚却可以成为律师进行罪轻辩护甚至无罪辩护的一个重要辩点。

(1) 逃税罪

行为人有逃税行为,达到了追诉的标准,但如果该行为经税务机关依法下达追缴通知后,行为人补缴了应纳税款,缴纳了滞纳金,已经受到行政处罚的,就应当不予追究刑事责任。在这里,行为人受到行政处罚,成为不追究其刑事责任的一个挡箭牌。但这又不是一概而论的,有除外情形。第一种除外情形是,行为人在5年以内因为逃避缴纳税款受过刑事处罚或者被税务机关给予二次以上行政处罚的,即使补缴了应纳税款,缴纳了滞纳金,仍应当追究其刑事责任。在这里,此前的二次行政处罚又成为追究其刑事责任的入罪情形。第二种除外情形是,行为人在公安机关立案后再补缴应纳税款、缴纳滞纳金或者接受行政处罚的,则不影响刑事责任的追究。由此可见,补缴应纳税款、缴纳滞纳金或者接受行政处罚并不必然成为不追究刑事责任的理由,要看补缴的时间是否在公安机关立案前,还要看行为人此前有无受过

刑事处罚或者二次行政处罚。

(2) 虚开发票罪

在虚开发票罪中,二次以上的行政处罚也可能会直接影响到是否追诉,一般说来,虚开发票必须达到 100 份以上或者虚开金额累计达到 40 万元以上的才能构成犯罪,没有达到上述数额标准的就不应追诉刑事责任。但是,如果 5 年内因虚开发票行为受过行政处罚二次以上又虚开发票的,可以不受数额标准的限制,也可以予以追诉。

(3) 骗取出口退税罪

行为人是否受过行政处罚,可能直接影响到刑事责任追究与否,例如上述逃税罪和虚开发票罪,同时,它还可以直接影响到量刑,例如骗取出口退税罪。一般说来,骗取国家出口退税 50 万元以上的,属于数额巨大,但如果因骗取出口退税行为已经受过行政处罚的,两年内又骗取出口退税数额只要达到 30 万元的,就可以认定为"有其他严重情节",可以按照"数额巨大"的量刑档予以处罚;同样的,骗取国家出口退税 250 万元以上的,属于数额特别巨大,但如果因骗取出口退税行为已经受过行政处罚的,两年内又骗取出口退税数额只要达到 150 万元的,就可以认定为"有其他特别严重情节",可以按照"数额特别巨大"的量刑档予以处罚。

由此可见,行为人是否受过行政处罚,不但可以直接影响定罪,也可以直接影响量刑,辩护律师在进行辩护时,要特别予以注意,确定行为人所受处罚是否属于行政处罚,行政处罚在程序和实体上是否合法等问题。

案例 8-10

梁某系上海某光伏公司的法定代表人,该公司在 2007 年期间,从其他公司分别购进电池片共计 10 吨予以销售,但并未进行纳税申报,少缴税款共计 20 万元,占 2007 年应纳税额的 18%。后税务机关稽查时发现该公司少缴税款,对其作出了行政处罚的决定,该公司收到行政处罚决定后既没有提出行政复议,也没有接受处罚。后税务机关将案件移送公安机关,2009 年 3 月 18 日,梁某被抓获,同年 4 月 1 日被逮捕。后梁某被公诉机关以涉嫌逃税罪被移送起诉。

在庭审过程中,辩护律师提出,对在 2007 年少缴税款的情形,公司已经受到了行政处罚,根据《刑法修正案(七)》和一事不再罚的原则,不应再对梁某及其

> 公司追究刑事责任。但该辩护意见未被法院采纳,因为修订的刑法将偷税罪改为逃税罪后,逃税行为已受行政处罚,不予追究刑事责任的条件是,行为人在经税务机关依法下达追缴通知后,应当补缴应纳税款,缴纳滞纳金,才属于"已受行政处罚"。而在本案中,上海某光伏公司虽然接受了行政处罚决定书,但并未实际履行,不符合"不予追究刑事责任"的上述条件,所以不影响对其逃税行为继续追究刑事责任。

2. 是否造成税款损失

税务类犯罪侵犯的客体是国家税收征管秩序,有些犯罪虽然没有直接将给国家造成税款损失作为犯罪情节,但犯罪的后果在一定程度上都或多或少地影响到国家税收,因此,是否给国家税款造成损失是考量税务类犯罪的定罪以及量刑的一个重要指标,辩护律师应当予以充分重视。

(1) 在逃税罪中,逃避缴纳税款5万元以上且占应纳税额10%以上的,达到追诉标准,虽然没有直接要求造成5万元以上税款损失,但在实践中,构成逃税罪的往往造成了至少5万元以上的税款损失;数额如果达到巨大标准的,量刑则更重。

(2) 在逃避追缴欠税罪中,致使税务机关无法追缴欠缴的税款数额在1万元以上不满10万元的,达到追诉标准,同样的,虽然没有直接使用造成国家税款损失的字眼,但国家税款损失也就不言自明了;如果致使无法追缴欠税的数额达到10万元以上的,量刑则更重。

(3) 在骗取出口退税罪中,一般是以骗取国家出口退税款的数额作为定罪和量刑的标准,是否给国家税款造成损失以及损失的数额是明确作为犯罪情节予以考虑的,如果骗取国家出口退税款的数额没有达到"巨大"的标准,但造成国家税款损失30万元以上并且在第一审判决宣告前无法追回的,亦可以按照"5—10年"的量刑档予以处罚。同理,如果骗取国家出口退税款的数额没有达到"特别巨大"的标准,但造成国家税款损失150万元以上并且在第一审判决宣告前无法追回的,亦可以按照"10年以上有期徒刑或者无期徒刑"的量刑档予以处罚。

(4) 在虚开增值税专用发票、用于骗取出口退税、抵扣税款发票罪中,虚开发票的税款数额与因虚开发票致使国家税款被骗取的数额是选择性标准,只要达到其中一个标准即可构成犯罪或者按照相应的量刑档处以刑罚。

3. 是否有违法所得

伪造、出售伪造的增值税专用发票罪将违法所得数额作为犯罪情节予以考量,伪造增值税专用发票或者出售伪造的增值税专用发票违法所得在 1 万元以上的,按照"3—10 年有期徒刑"的量刑档予以处罚,违法所得数额在 5 万元以上的,按照"10 年以上或者无期徒刑"的量刑档予以处罚。

4. 是否造成人员伤亡

在所有税务类犯罪中,可能直接造成人员伤亡的只有抗税罪,该罪的行为方式就是使用暴力、威胁方法拒不缴纳税款,只要造成税务工作人员轻微伤以上的,就可以予以追诉;如果故意伤害致人轻伤的,则属于"情节严重",应按照"3—7 年有期徒刑"的量刑档予以处罚;如果实施抗税行为致人重伤、死亡,构成故意伤害罪、故意杀人罪的,则分别依照《刑法》第 234 条第 2 款、第 232 条的规定定罪处罚。

由此可见,在抗税过程中,可能造成不同程度的损害结果,从轻微伤、轻伤、重伤到死亡,不同的损害结果,所适用的法条及刑事责任也是有所不同的,辩护律师在进行辩护时,要特别注意伤情鉴定、损害结果与抗税行为之间的因果联系等切入点。

辩点 8-6:犯罪形态

在税务类犯罪中,同样存在犯罪预备、犯罪未遂、犯罪中止和犯罪既遂四种犯罪形态。相对于犯罪既遂,犯罪预备、犯罪未遂和犯罪中止都属于犯罪的未完成形态,可以比照既遂犯从轻、减轻处罚甚至免除处罚。因此,犯罪形态是辩护律师进行量刑辩护非常重要的一个切入点:

(一) 逃税罪

纳税人在公安机关对逃税予以立案后再补缴应纳税款、缴纳滞纳金或者接受行政处罚的,属于犯罪既遂,不影响刑事责任的追究。但是,由于补缴应纳税款、缴纳滞纳金或者接受行政处罚,能够及时挽回国家税款损失,仍可以作为一个酌定从轻处罚的情节。

(二) 抗税罪

行为人只要实施了暴力、威胁方法抗拒缴纳税款的行为,即构成犯罪既遂,而不论抗税是否成功。

(三) 逃避追缴欠税罪

逃避追缴欠税罪属于结果犯,逃避追缴税款的行为必须造成税务机关无法追缴欠税的结果才构成犯罪既遂,如果行为人尽管采取了逃避的行为,但其转移或隐匿的财产最终还是被税务机关追回,弥补了税款,则构成犯罪未遂。

（四）骗取出口退税罪

行为人实施了骗取国家出口退税的行为并骗取了国家出口退税款的，构成犯罪既遂；没有实际取得国家出口退税款的，属于犯罪未遂。

（五）虚开型犯罪

通说观点认为该类犯罪属于行为犯，只要行为人实施了虚开的行为，就认定构成既遂。发票是否实际用于骗取出口退税或者抵扣税款不影响犯罪既遂。

（六）出售型犯罪

以出售发票为目的，但因没有联系到买主而没有将发票出售出去即案发的，属于犯罪未遂。

> **案例 8-11**
>
> 自 2008 年 7 月份开始，被告人詹某某为牟取非法利益，出售非法制造的各类发票，同年 10 月起，詹某某租用地处某街某楼的 102 房作为工作场所，由刘某某利用手机短信群发系统向不特定人群发送出售发票信息，詹某某使用电脑和伪造的印章，根据客户的要求打印假发票进行销售，林某某则负责送交发票。2009 年 12 月 2 日 16 时许，公安人员在上述地点将詹某某抓获，并现场缴获用于销售的非法制造的国税类普通发票 3 万余份，地税类普通发票 4 万余份，增值税专用发票 800 份，并缴获电脑及打印机等作案工具一批。
>
> 一审法院作出以下判决：被告人詹某某犯出售伪造的增值税专用发票罪，判处有期徒刑 10 年 6 个月，并处罚金 15 万元；犯出售非法制造的发票罪，判处有期徒刑 5 年，并处罚金 10 万元。决定执行有期徒刑 13 年，并处罚金 25 万元。
>
> 宣判后，詹某某提出上诉。辩护律师提出一审判决将公安机关缴获的存放在房间内的各类发票的数量认定为出售伪造的发票罪的既遂不当，那些发票由于一直没有联系到买主，还未出售，属于法律规定的已经着手实施犯罪，由于意志以外的原因而未得逞，是犯罪未遂，依法应当比照既遂犯减轻处罚。二审法院采纳了辩护律师的意见并依法予以改判。

辩点 8-7：共同犯罪

（一）单位犯罪

在本章犯罪中，除了抗税罪不能由单位构成外，其他犯罪均可以由单位构成。根据《刑法》第 31 条的规定，单位犯罪的，对单位判处罚金，并对其直接负责的主管人员和其他直接责任人员判处刑罚。

1. 如何认定直接负责的主管人员和其他直接责任人员

直接负责的主管人员，是在单位实施的犯罪中起决定、批准、授意、纵容、指挥等作用的人员，一般是单位的主管负责人，包括法定代表人，在税务类犯罪中，通常还包括财务负责人等。应当注意的是，在单位犯罪中，对于受单位领导指派或者奉命而参与实施了一定犯罪行为的人员，一般不宜作为直接责任人员追究刑事责任。换句话说，在单位犯罪中参与实施了一定犯罪行为的人员，并不必然作为直接责任人员而受到刑事处罚，要具体情况具体分析，如果只是受领导指派或者奉命参与的，主观上并无犯罪的明知和故意，则不应对其追究刑事责任。

案例 8-12

某县国家税务局税务分局局长吴某，副局长纪某，两人为了给本单位谋取不正当利益，于 2008 年 2 月与该县竹木综合厂厂长宋某开始合谋，将不符合申报条件的竹木综合厂虚报为一般纳税人。嗣后，该税务分局利用竹木综合厂代管监开的增值税专用发票为辖区内其他小规模纳税人虚开增值税专用发票，按销售金额收取 3%—6% 的税款。宋某在增值税专用发票上加盖本厂财务章，并协助支取税款。至 2010 年 11 月，该税务分局以竹木综合厂名义，共为阎某等 60 余人虚开增值税专用发票 302 份，虚开税款数额 135 万余元，已抵扣 130 万余元，完税入库 29 万余元。在所虚开的增值税专用发票中，经吴某、纪某等审批后，安排票管员汪某填开 6 份，虚开税款数额 6 万余元。后汪某也以涉嫌虚开增值税专用发票罪被移送起诉。

在庭审过程中，被告人汪某的辩护律师提出，汪某作为票管员，未参与虚开增值税专用发票的预谋，是根据领导安排帮助他人代填申请表和增值税专用发票，这种代填行为不是代开行为，不具有虚开增值税专用发票的主观故意和客

> 观行为,且情节显著轻微,应宣告无罪。法院经审理认为,汪某作为票管员,盲目服从单位领导的决定,为他人代填增值税专用发票参与犯罪,但其是根据吴某、纪某等单位领导的审批手续,并受吴某指派代为他人填开,犯罪情节显著轻微,对其行为不宜以犯罪论,故宣告其无罪。

2. 单位犯罪中如何分清主从犯

对单位犯罪中的直接负责的主管人员和其他直接责任人员,应根据其在单位犯罪中的地位、作用和犯罪情节,分别处以相应的刑罚。在单位犯罪中,不一定非要分清主、从犯。如果主管人员与直接责任人员在实施犯罪行为的主从关系不明显的,可不分主、从犯。但如果可以分清主、从犯,且不分清主、从犯,在同一法定刑档次、幅度内量刑无法做到罪刑相适应的,则应当分清主、从犯,依法处罚。因此,律师在担任单位犯罪中自然人的辩护人时,应当根据自己当事人在单位犯罪中的地位、作用和犯罪情节,提出不构成主犯,属于从犯甚至胁从犯的辩护意见。

3. 单位共同犯罪的处理

两个以上单位共同故意实施的犯罪,应当根据各单位在共同犯罪中的地位、作用大小,确定犯罪单位的主、从犯。对于从犯,应当从轻、减轻处罚或者免除处罚。

(二) 犯罪集团

犯罪集团是3人以上为共同实施犯罪而组成的较为固定的犯罪组织。对组织、领导犯罪集团的首要分子,按照集团所犯的全部罪行处罚;对于首要分子以外的主犯,应当按照其所参与或者组织、指挥的全部犯罪处罚。根据全国人民代表大会常务委员会《关于惩治虚开伪造和非法出售增值税专用发票犯罪的决定》(1995年10月30日实施)的规定,对于虚开增值税专用发票的犯罪集团和伪造、出售伪造的增值税专用发票的犯罪集团的首要分子,应当依法从重处罚。可见,虚开增值税专用发票的犯罪集团和伪造、出售伪造的增值税专用发票的犯罪集团的首要分子不但要对犯罪集团所犯的全部罪行负责,而且还要从重处罚。

因此,辩护律师在对这类案件进行辩护时,要从以下几个方面入手:

(1) 属于一般的共同犯罪还是犯罪集团,是否具备犯罪集团的特点;

(2) 是否属于虚开增值税专用发票的犯罪集团或者伪造、出售伪造的增值税专用发票的犯罪集团,因为这两类犯罪集团的首要分子还要从重处罚;

(3) 当事人是否属于集团的首要分子,即在犯罪集团中是否属于起到组织、策划、指挥作用的犯罪分子；

(4) 不属于首要分子的,是属于主犯、从犯还是胁从犯,量刑各不相同。

(三) 以共犯论

1. 一般说来,抗税罪的主体多为纳税人或者扣缴义务人,但又不限于这两类主体,根据最高人民法院《关于审理偷税抗税刑事案件具体应用法律若干问题的解释》第6条第2款的规定:"与纳税人或者扣缴义务人共同实施抗税行为的,以抗税罪的共犯依法处罚。"

2. 根据最高人民法院《关于审理骗取出口退税刑事案件具体应用法律若干问题的解释》第6条的规定,有进出口经营权的公司、企业,明知他人意欲骗取国家出口退税款,仍违反国家有关进出口经营的规定,允许他人自带客户、自带货源、自带汇票并自行报关,骗取国家出口退税款的,依照骗取出口退税罪的规定定罪处罚。该条规定虽然没有明确属于共同犯罪,但在司法实践中,一般按照共同犯罪处理。

需要注意的是,要构成共同犯罪,各行为人之间必须具有共同犯罪的故意和共同犯罪行为。缺失其一,辩护律师都可以提出不构成共同犯罪的辩护意见。在司法实践中,是否具有共同犯罪故意具有很大的辩护空间。所谓共同犯罪故意,指的是各共同行为人通过犯意联络,明知自己与他人配合共同实施犯罪行为会造成某种危害结果,并且希望或者放任这种危害结果发生的心理态度。这里各共同行为人之间的犯意联络及对危害结果的预见是构成共同犯罪的实质性内容,而对危害结果的态度却可以有希望或放任两种不同的形式。在司法实践中,各个共同行为人由于地位、角色的不同,对危害结果的心理态度会有所不同,可能并不希望危害社会结果的发生,但只要意识到自己的行为与他人行为结合可能会发生危害社会的结果并持放任态度,也具备了共同犯罪故意。

在案例 8-6 中,被告人张上光在 1995 年 9 月至 1998 年 7 月与攀枝花外贸公司合作开展所谓代理潮汕地区的出口业务中,通过非法途径购买海关验讫的报关单出口退税联和增值税专用发票,通过非法途径在黑市购买外汇进行结汇,伪造虚假出口的假象,并通过攀枝花外贸公司虚假申报,先后分9次从攀枝花市国税局骗取出口退税款 664.740151 万元。但其在庭审中辩称,单证都是他人办好后让其转交给攀枝花外贸公司的,其只是中间介绍人,不属于共同犯罪。那么,攀枝花外贸公司与直接实施骗取出口退税行为的张上光等人是否构成共同犯罪呢？

在案例 8-6 中,张上光通过"四自三不见"业务,伙同其他不法分子向攀枝花外贸公司提供虚假退税单证,所追求的就是骗得国家出口退税款,进而非法占有。而攀枝花外贸公司与张上光等人从事"四自三不见"业务,带有完成单位出口创汇任务的目的,但在业务过程中,攀枝花外贸公司明知张上光等人意欲骗取出口退税后仍继续合作,并将出口退税款划至张上光等人的账户上,造成国家税款的重大损失。对国家出口退税款重大损失这个危害结果,双方所持的心理态度虽然不同,但主观上是具有共同的故意的,客观上又实施了共同行为,因此构成共同犯罪。

辩点 8-8:一罪数罪

(一) 一罪

1. 择一重罪

(1) 实施骗取出口退税犯罪,同时构成虚开增值税专用发票罪等其他犯罪的,择一重罪处罚,不数罪并罚。

(2) 盗窃增值税专用发票或者其他发票后,又实施虚开、出售等犯罪的,择一重罪处罚,不实行数罪并罚。

(3) 诈骗增值税专用发票或者其他发票后,又实施虚开、出售等犯罪的,择一重罪处罚,不实行数罪并罚。

2. 法定一罪

(1) 抗税罪:实施抗税行为致人重伤、死亡,构成故意伤害罪、故意杀人罪的,分别依照故意伤害罪、故意杀人罪定罪处罚。

(2) 逃税罪:纳税人缴纳税款后,以假报出口或者其他欺骗手段,骗取国家出口退税款的,以逃税罪处理。

(3) 骗取出口退税罪:纳税人缴纳税款后,以假报出口或者其他欺骗手段,骗取国家出口退税款超过已缴纳税款部分的,以骗取出口退税罪处理。

(4) 非法购买增值税专用发票、购买伪造的增值税专用发票罪:

① 非法购买增值税专用发票或者购买伪造的增值税专用发票又虚开的,按照虚开增值税专用发票罪一个罪定罪处罚。

② 非法购买真实的增值税专用发票又出售的,按照非法出售增值税专用发票罪一个罪定罪处罚。

③ 购买伪造的增值税专用发票又出售的,按照出售伪造的增值税专用发票罪一个罪定罪处罚。

④ 购买了真实的增值税专用发票又购买了伪造的增值税专用发票,按照非法

购买增值税专用发票、购买伪造的增值税专用发票罪一个罪定罪处罚。

对于前三种情形,即非法购买增值税专用发票或者购买伪造的增值税专用发票又虚开或者出售的,分别按照《刑法》第205—207条的规定定罪处罚,这是《刑法》第208条第2款的明文规定。该条规定的是非法购买增值税专用发票罪或者购买伪造的增值税专用发票罪与虚开增值税专用发票罪、非法出售增值税专用发票罪或者出售伪造的增值税专用发票罪的牵连犯的定罪处罚原则。其基本含义是,在行为人购买的手段行为与虚开、出售的目的行为均单独成立犯罪从而形成牵连犯罪的情况下,应以目的行为的罪名定罪处罚。因为相对于手段行为构成的犯罪来说,目的行为构成的犯罪处罚更重,这也是牵连犯从一重罪定罪处罚一般原则的要求。因此,对于行为人购买伪造的增值税专用发票又出售的行为,如果购买与出售伪造的增值税专用发票行为均成立犯罪,则应以出售伪造的增值税专用发票罪定罪处罚。只有购买伪造的增值税专用发票尚未出售或者出售行为尚未达到追究刑事责任的数额标准的情况下,才以购买伪造的增值税专用发票罪定罪处罚。

(5) 伪造增值税专用发票罪:伪造增值税专用发票后予以出售的,出售行为被伪造行为所吸收,只构成伪造增值税专用发票罪。

案例8-13

1998年底,被告人曾珠玉以营利为目的,购买印刷设备,雇用陆克昌(在逃)和被告人刘彬森为印刷工人,在其家中,印刷伪造的增值税专用发票和普通发票,并将其伪造的增值税专用发票,以每本(每本共25份,下同)100元人民币的价格,出售给被告人林楚秋95本、共计2 375份(尚未收到付款);出售给郑银洲(另案处理)30本、共计1 250份,收取人民币5 000元;出售给郑明宣(在逃)600本、共计15 000份,收取人民币5万元;以每本65元人民币的价格出售给张惠彬40本、共计1 000份(尚未收到付款)。此外,被告人曾珠玉还送给被告人林楚秋伪造的增值税专用发票1 907份,伪造的普通发票1 288份。2000年8月25日,被告人曾珠玉、刘彬森被公安机关抓获,当场在曾珠玉家中查获伪造的增值税专用发票3 237份,无票号半成品票2 785张,散页550张;伪造普通商品发票14 329份,无票号散页1万张,以及印刷机、切纸机、印章、模板等印刷器具一批。后被告人曾珠玉被公诉机关以涉嫌伪造、出售伪造的增值税专用发票罪、非法制造发票罪移送起诉。

1999年初至2000年8月份,被告人林楚秋以每本100元人民币的价格,先后由其本人和指使被告人陈昌杰帮其向被告人曾珠玉购买了伪造的增值税专用发票共95本、共计2375份,被告人林楚秋将购得的伪造增值税专用发票,以每本1200元人民币价格贩卖给"周亚二"10本、共计250份,收取人民币1200元;以每本150元人民币价格,先后由其本人和指使被告人陈昌杰帮其卖给普宁人"姐夫"共25本、共计625份,收取人民币3750元。2000年8月25日公安机关分别在被告人林楚秋、陈昌杰家中将两被告人抓获。后被告人林楚秋、陈昌杰被公诉机关以涉嫌购买伪造的增值税专用发票罪、出售伪造的增值税专用发票罪移送起诉。

2000年3月下旬,被告人张惠彬以每本65元人民币的价格,向曾珠玉购买增值税专用发票40本、共计1000份(尚未付款),藏放在家中准备伺机销售。2000年8月25日公安机关在张惠彬家中将其抓获,当场查获伪造的增值税专用发票1159份,已开具内容的伪造的电脑增值税专用发票69份,伪造普通发票1593份,伪造电脑增值税专用发票销货清单37本,伪造合同专用章3枚。后被告人张惠彬被公诉机关以涉嫌购买伪造的增值税专用发票罪移送起诉。

在庭审过程中,被告人林楚秋及其辩护人辩称其购买伪造的增值税专用发票又出售的行为,只构成出售伪造的增值税专用发票罪,不能认定构成购买伪造的增值税专用发票罪和出售伪造的增值税专用发票罪两罪。被告人陈昌杰及其辩护人辩称:陈昌杰不知道林楚秋交给他的是伪造的增值税专用发票,其行为不构成购买伪造的增值税专用发票罪、出售伪造的增值税专用发票罪。被告人张惠彬及其辩护人辩称:张惠彬购买伪造的增值税专用发票后没有出售,尚未给国家税款造成实际损害后果,此次犯罪属偶犯,且归案后认罪态度较好,犯罪过程中主观恶性较小,情节较轻,应给予从轻处罚,适用缓刑。

法院经审理认为,被告人林楚秋、陈昌杰为牟取非法利益,向他人购买、出售伪造的增值税专用发票共2375份,从中非法牟利人民币4950元,其行为均已构成出售伪造的增值税专用发票罪,且数量巨大。公诉机关指控被告人林楚秋、陈昌杰的行为均构成购买伪造的增值税专用发票罪,根据《刑法》第208条第2款之规定,指控不能成立。被告人张惠彬为牟取非法利益,向他人购买伪造的增值税专用发票共1000份,藏放于其家中,准备伺机出售,其行为已构成了购买伪造的增值税专用发票罪。法院最终采纳了辩护人的部分辩护意见。

> 在本案中，像被告人林楚秋、陈昌杰购买大量伪造的增值税专用发票只出售其中少部分的情形，是否仍应适用《刑法》第208条第2款的规定，在司法实践中存在不同认识。一种观点认为，《刑法》第208条第2款规定的是购买伪造的增值税专用发票又全部出售行为的定罪处罚原则，对于大量购买少量出售的，应以购买伪造的增值税专用发票罪定罪处罚。否则，以出售伪造的增值税专用发票罪定罪处罚，有可能带来因出售犯罪数额少而轻纵被告人的结果。其实这样的担忧是不必要的，因为在出售行为成立犯罪的情况下，已经购买但尚未出售的伪造的增值税专用发票数额应计入其出售的犯罪数额，但可将其视为犯罪未遂的数额，作为量刑情节予以考虑。法院对于被告人林楚秋、陈昌杰犯出售伪造的增值税专用发票罪的犯罪数额就是以其购买的数额作为定罪量刑的依据，并酌情考虑了各被告人有部分伪造的增值税专用发票尚未出售的情节。

（二）数罪

（1）行为人既虚开增值税专用发票、用于骗取出口退税、抵扣税款发票，又虚开普通发票情节严重的，应当数罪并罚。

（2）行为人构成本章中的犯罪的同时，又构成其他犯罪，根据刑法的规定，应当数罪并罚的，予以数罪并罚。

当被告人被指控涉嫌两项以上罪名时，辩护律师应当首先分析具体犯罪行为，然后再看法律对于这些行为是否有明确的规定，分别构成什么罪名，应以一罪处理还是数罪并罚。如果有明确的法律规定，应当依照某一个罪名处罚的，找出相应的法律依据进行辩护；如果刑法或者司法解释明确规定应当数罪并罚，那么结合案件的具体情形，从指控的罪名是否成立，是否具有从轻减轻处罚的情节进行辩护，从而达到无罪或者罪轻的辩护效果。

附：本章相关法律规范性文件[①]

1. 法律

《中华人民共和国刑法》(2015 年修正，法宝引证码：CLI.1.17010) 第 201—210

[①] 所列法律规范性文件的详细内容，可登录"北大法宝"引证码查询系统（www.pkulaw.cn/fbm），输入所提供的相应的"法宝引证码"，免费查询。

条之一

《中华人民共和国税收征收管理法》(主席令第 5 号,2013.06.29 修订,法宝引证码:CLI.1.206072)

2. 司法解释

最高人民法院研究室《关于如何适用法发〔1996〕30 号司法解释数额标准问题的电话答复》(法研〔2014〕179 号,2014.11.27 实施,法宝引证码:CLI.3.276302)

最高人民检察院、公安部《关于公安机关管辖的刑事案件立案追诉标准的规定(二)的补充规定》(公通字〔2011〕47 号,2011.11.14 实施,法宝引证码:CLI.4.162601)

最高人民检察院、公安部《关于公安机关管辖的刑事案件立案追诉标准的规定(二)》(公通字〔2010〕23 号,2010.05.07 实施,法宝引证码:CLI.4.131249)

最高人民法院《关于审理偷税抗税刑事案件具体应用法律若干问题的解释》(法释〔2002〕33 号,2002.11.07 实施,法宝引证码:CLI.3.43218)

最高人民法院《关于审理骗取出口退税刑事案件具体应用法律若干问题的解释》(法释〔2002〕30 号,2002.09.23 实施,法宝引证码:CLI.3.42555)

最高人民法院《关于审理骗购外汇、非法买卖外汇刑事案件具体应用法律若干问题的解释》(法释〔1998〕20 号,1998.09.01 实施,法宝引证码:CLI.3.20797)

最高人民法院《关于适用〈全国人民代表大会常务委员会关于惩治虚开、伪造和非法出售增值税专用发票犯罪的决定〉的若干问题的解释》(法发〔1996〕30 号,1996.10.17 实施,法宝引证码:CLI.3.50129)

3. 其他

《中华人民共和国发票管理办法》(国务院令第 587 号,2010.12.20 修订,法宝引证码:CLI.2.143018)

国家税务总局《关于修订〈增值税专用发票使用规定〉的通知》(国税发〔2006〕156 号,2007.01.01 实施,法宝引证码:CLI.4.81296)

全国人民代表大会常务委员会《关于〈中华人民共和国刑法〉有关出口退税、抵扣税款的其他发票规定的解释》(2005.12.29 实施,法宝引证码:CLI.1.66670)

《全国法院审理金融犯罪案件工作座谈会纪要》(法〔2001〕8 号,2001.01.21 实施,法宝引证码:CLI.3.73063)

公安部《关于如何理解〈刑法〉第二百零一条规定的"应纳税额"问题的批复》(公复字〔1999〕4 号,1999.11.23 实施,法宝引证码:CLI.4.84386)

国家税务总局《关于进一步明确契税纳税人有关法律责任的通知》(国税发〔1998〕195号,1998.11.10实施,法宝引证码:CLI.4.21448)

全国人民代表大会常务委员会《关于惩治虚开、伪造和非法出售增值税专用发票犯罪的决定》(主席令第57号,1995.10.30实施,法宝引证码:CLI.1.13134)

第九章 走私类犯罪

第一节 走私类犯罪综述

一、走私类犯罪分类索引

类型	罪名	法条
1. 普通型	走私普通货物、物品罪	第153、154条
2. 特殊型	走私武器、弹药罪,走私核材料罪,走私假币罪	第151条第1款
	走私文物罪,走私贵重金属罪,走私珍贵动物、珍贵动物制品罪	第151条第2款
	走私国家禁止进出口的货物、物品罪	第151条第3款
	走私淫秽物品罪	第152条第1款
	走私废物罪	第152条第2款
	走私毒品罪	第347条
	走私制毒物品罪	第350条

二、走私类犯罪《刑法》规定对照表

类型	罪名	法条	罪状	主刑	附加刑	辩点速查
普通型	走私普通货物、物品罪	第153条第1款	走私本法第151条、第152条、第347条规定以外的货物、物品	偷逃应缴税额较大或者1年内曾因走私被给予2次行政处罚后又走私的	处3年以下有期徒刑或者拘役	并处偷逃应缴税额1倍以上5倍以下罚金	1. 犯罪主体:自然人和单位,但单位犯罪的起刑点高于个人犯罪,虽然与其他走私类犯罪实行的都是双罚制,但对单位直接负责的主管人员和其他直接责任人与自然人犯罪的处罚不同,不判处财产刑。 2. 犯罪对象:第151、152、347条规定以外的货物、物品,但要特别注意一些特殊物品的认定,如仿真枪、报废的弹头弹壳等。 3. 量刑因素:① 偷逃税数额;② 是否受过行政处罚及次数;③ 其他情节。 4. 数额计算:对多次走私未经处理的,按照累计走私货物、物品的偷逃应缴税额处罚。
				偷逃应缴税额巨大或者有其他严重情节的	处3—10年有期徒刑	并处偷逃应缴税额1倍以上5倍以下罚金	

(续表)

类型	罪名	法条	罪状	主刑	附加刑	辩点速查
普通型	走私普通货物、物品罪	第153条第1款	走私本法第151条、第152条、第347条规定以外的货物、物品	偷逃应缴税额特别巨大或者有其他特别严重情节的	处10年以上有期徒刑或者无期徒刑	并处偷逃应缴税额1倍以上5倍以下罚金或者没收财产	5. 犯罪行为:未经海关许可并且未补缴应缴税额,擅自将下列两类货物、物品在境内销售牟利的,以本罪论:① 来料加工、来件装配、补偿贸易的原材料、零件、制成品、设备等保税货物;② 特定减税、免税进口的货物、物品。
特殊型	走私武器、弹药罪 走私核材料罪 走私假币罪	第151条第1款	走私武器、弹药、核材料或者伪造的货币	情节特别严重的	处无期徒刑	并处没收财产	1. 犯罪主体:自然人和单位,单位犯罪实行双罚制,对单位直接负责的主管人员和其他直接责任人按照自然人犯罪的条款处罚。2. 犯罪对象:武器、弹药、核材料、伪造的货币,不包括管制刀具、仿真枪、报废或无法组装并使用的各种弹药的弹头、弹壳。3. 量刑标准:《刑法修正案(九)》废除了本款三个罪名的死刑。
特殊型	走私武器、弹药罪 走私核材料罪 走私假币罪	第151条第1款	走私武器、弹药、核材料或者伪造的货币		处7年以上有期徒刑	并处罚金或者没收财产	
特殊型	走私武器、弹药罪 走私核材料罪 走私假币罪	第151条第1款	走私武器、弹药、核材料或者伪造的货币	情节较轻的	处3—7年有期徒刑	并处罚金	
特殊型	走私文物罪 走私贵重金属罪 走私珍贵动物、珍贵动物制品罪	第151条第2款	走私国家禁止出口的文物、黄金、白银和其他贵重金属或者国家禁止进出口的珍贵动物及其制品		处5年以上有期徒刑	并处罚金	1. 犯罪主体:自然人和单位,单位实行双罚制,对单位直接负责的主管人员和其他直接责任人按照自然人犯罪的条款处罚。2. 犯罪对象:国家禁止出口的文物、黄金、白银和其他贵重金属或者国家禁止进出口的珍贵动物及其制品,这里的文物包括有科学价值的古脊椎动物化石、古人类化石,但不包括古生物化石。3. 量刑标准:《刑法修正案(八)》废除了本款三个罪名的死刑。
特殊型	走私文物罪 走私贵重金属罪 走私珍贵动物、珍贵动物制品罪	第151条第2款	走私国家禁止出口的文物、黄金、白银和其他贵重金属或者国家禁止进出口的珍贵动物及其制品	情节特别严重的	处10年以上有期徒刑或者无期徒刑	并处没收财产	
特殊型	走私文物罪 走私贵重金属罪 走私珍贵动物、珍贵动物制品罪	第151条第2款	走私国家禁止出口的文物、黄金、白银和其他贵重金属或者国家禁止进出口的珍贵动物及其制品	情节较轻的	处5年以下有期徒刑	并处罚金	

(续表)

类型	罪名	法条	罪状	主刑	附加刑	辩点速查
特殊型	走私国家禁止进出口的货物、物品罪	第151条第3款	走私珍稀植物及其制品等国家禁止进出口的其他货物、物品	处5年以下有期徒刑或者拘役	并处或者单处罚金	1. 犯罪主体:自然人和单位,单位犯罪实行双罚制,对单位直接负责的主管人员和其他直接责任人按照自然人犯罪的条款处罚。 2. 犯罪对象:不仅限于珍稀植物及其制品,还包括国家禁止进出口的其他货物、物品,这是《刑法修正案(七)》所修订的。
				情节严重的 处5年以上有期徒刑	并处罚金	
	走私淫秽物品罪	第152条第1款	以牟利或者传播为目的,走私淫秽的影片、录像带、录音带、图片、书刊或者其他淫秽物品	处3—10年有期徒刑	并处罚金	1. 犯罪主体:自然人和单位,单位犯罪实行双罚制,对单位直接负责的主管人员和其他直接责任人按照自然人犯罪的条款处罚。 2. 主观方面:系故意犯罪,且需要以牟利或者传播为目的。 3. 犯罪对象:通过文字、声音、形象等形式表现淫秽内容的影碟、音碟、电子出版物等物品。
				情节严重的 处10年以上有期徒刑或者无期徒刑	并处罚金或者没收财产	
				情节较轻的 处3年以下有期徒刑、拘役或者管制	并处罚金	
	走私废物罪	第152条第2款	逃避海关监管将境外固体废物、液态废物和气态废物运输进境	情节严重的 处5年以下有期徒刑	并处或者单处罚金	1. 犯罪主体:自然人和单位,单位犯罪实行双罚制,对单位直接负责的主管人员和其他直接责任人按照自然人犯罪的条款处罚。 2. 犯罪对象:既包括国家禁止进口的废物,也包括国家限制进口的可用作原料的废物。 3. 客观行为:是指将境外废物运输进境,将境内废物运输出境的不构成本罪。
				情节特别严重的 处5年以上有期徒刑	并处罚金	
	走私毒品罪	第347条	参见毒品类犯罪章节相应内容,此不赘述。《刑法修正案(九)》对走私制毒物品罪的量刑作了修订,将原来的最高刑期从10年提高到了15年,要特别加以注意。			
	走私制毒物品罪	第350条				

(续表)

类型	罪名	法条	罪状	主刑	附加刑	辩点速查
备注		第155条	下列行为,以走私罪论处,依照本节的有关规定处罚	直接向走私人非法收购国家禁止进口物品的,或者直接向走私人非法收购走私进口的其他货物、物品,数额较大的。		
				在内海、领海、界河、界湖运输、收购、贩卖国家禁止进出口物品的,或者运输、收购、贩卖国家限制进出口货物、物品,数额较大,没有合法证明的。		
		2011年《刑法修正案(八)》废除了走私文物罪,走私贵金属罪,走私珍贵动物、珍贵动物制品罪的死刑,2015年《刑法修正案(九)》又废除了走私武器、弹药罪、走私核材料罪、走私假币罪的死刑,截止到目前,走私类犯罪仅剩走私毒品罪还存在死刑的规定。与此同时,《刑法修正案(九)》还提高了走私制毒物品罪的量刑标准,加大了对毒品犯罪的打击。			

第二节 辩点整理

辩点9-1:走私主体	辩点9-2:主观方面	辩点9-3:走私行为
辩点9-4:走私对象	辩点9-5:量刑标准	辩点9-6:犯罪形态
辩点9-7:共同犯罪	辩点9-8:单位自首	辩点9-9:一罪数罪

辩点9-1:走私主体

(一) 单位犯罪主体

根据我国刑法的规定,单位和个人均可以构成本章所有的犯罪。单位犯本章之罪的,对单位判处罚金,并按照相关规定追究直接负责的主管人员和其他直接责任人员的刑事责任,实行双罚制。

从辩护的角度来看,认定为单位犯罪还是自然人犯罪,可能会直接影响到对犯罪嫌疑人或者被告人的量刑,最高人民法院、最高人民检察院、海关总署于2002年7月8日发布的《关于办理走私刑事案件适用法律若干问题的意见》对于单位走私犯罪的相关问题作出了比较详细的规定,律师进行辩护时应当予以重视。

1. 关于单位走私犯罪的认定

在司法实践中,有的当事人希望案件认定为单位犯罪从而减轻个人的刑事责任,有的当事人希望案件认定为个人犯罪从而不影响企业的正常运行,委托目标不尽相同,辩护律师为了更好地维护当事人的合法权益,必须熟练掌握单位犯罪认定的标准,在辩护过程中做到心中有数。

一般说来,具备下列特征的,可以认定为单位走私犯罪:(1)以单位的名义实施走私犯罪,即由单位集体研究决定,或者由单位的负责人或者被授权的其他人员决定、同意;(2)为单位谋取不正当利益或者违法所得大部分归单位所有。

但如果具有下列情形之一的,则不能认定为单位犯罪:(1)个人就是为了进行走私活动而设立公司、企业或者事业单位,并以单位名义实施走私犯罪,且违法所得全部或者大部分归单位所有的;(2)个人设立公司、企业、事业单位后,以实施走私犯罪为主要活动的,单位是否以实施走私犯罪为主要活动,应根据单位实施走私行为的次数、频度、持续时间,单位进行合法经营的状况等因素综合考虑认定;(3)利用单位名义进行走私活动,违法所得归个人所有的。

案例9-1

2007年1月至2008年7月间,被告人林某纠集江某、陈某等人,以A公司名义,先后委托进出口公司从境外进口柴油、汽油等成品油。为了使进口成品油能偷逃税款且不被查扣,支付报酬给李某等人用于疏通海关工作人员。成品油从境外运抵天津港口后,林某指使江某串通进出口商品检验局工作人员出具虚假商检单,然后由陈某用B公司、C公司和D公司等单位的名义,委托天津港将油卸入天津港油库。之后,林某指使江某、陈某在海关未批准放行前,使用虚假的海关放行出库单、提货单将油提走,在国内销售,指使李某按照代理合同书等审核、支付购油款,并购买进项增值税发票以抵扣在国内销售油的税款。采用上述方法共涉及10船成品油,共计20万余吨,价额3亿元,从中偷逃应缴税额9000万元。

经查,工商登记显示A公司于2005年由林某与其妻兄共同注册,系有限责任公司,但实际上是由林某个人出资、控制,2005年设立时不是为走私而设,但2005年到2007年期间公司没有开展任何业务,从2007年开始,公司的主要业务就是从境外进口涉案中的22船成品油。B公司和C公司是以虚假资料骗取的工商登记,D公司是未经工商登记的虚构公司。

在庭审过程中,被告人林某辩解其是公司的董事长,公司经营的利润用于员工福利和公司的扩大发展,其行为是公司行为。辩护人辩称该案是单位走私,

> 犯罪主体是A、B、C、D等公司。但该意见未被采纳。因为A公司虽然是合法注册登记的公司,但成立之后以实施走私犯罪为主要活动,不能以单位论处。B和C公司是骗取的工商登记,不属于合法成立的公司,而D公司则是未经工商登记的虚构公司,这三个公司都不属于《刑法》第30条所指的公司,不构成单位犯罪,即使这三家公司属于《刑法》第30条所指的公司,也是林某为进行走私而专门设立的公司,也不能以单位犯罪论。此外,本案涉及的走私决定都是由林某基于个人意志作出的,违法所得也全部归林某个人所有,他只是利用了这四家公司的名义,也不能以单位论处。

2. 关于直接负责的主管人员和其他直接责任人员的认定

在单位走私犯罪中,除了单位会被判处罚金,单位直接负责的主管人员和其他直接责任人员也要承担相应的刑事责任,但除此之外的其他单位人员则不受刑事处罚。因此,作为这些个人的辩护律师,要熟练掌握刑法规定的直接负责的主管人员和其他直接责任人员的认定标准。如果自己的当事人不属于直接负责的主管人员或者其他直接责任人员的范畴,则可以进行无罪辩护;如果自己的当事人属于直接负责的主管人员或者其他直接责任人员的范畴,则应当分清其在单位犯罪中所起的作用和应当承担的责任,进行相应的罪轻辩护。

在单位走私犯罪活动中,根据单位人员所发挥的不同作用,直接负责的主管人员和其他直接责任人员,可以确定为一人,也可以确定为数人。所谓的"直接负责的主管人员",是指在企业事业单位、机关、团体中,对本单位实施走私犯罪起决定作用的、负有组织、决策、指挥责任的领导人员。单位的领导人如果没有参与单位走私的组织、决策、指挥,或者仅是一般参与,并不起决定作用的,则不应对单位的走私罪负刑事责任。所谓的"直接负责人员",是指直接实施本单位走私犯罪行为或者虽对单位走私犯罪负有部分组织责任,但对本单位走私犯罪行为不起决定作用,只是具体执行、积极参与的该单位的部门负责人或者一般工作人员。对于受单位领导指派或者奉命而参与实施了一定走私犯罪行为的人员,一般不宜作为直接责任人员追究刑事责任。但对于受单位领导指派而积极参与实施走私犯罪行为的人员,如果其行为在走私犯罪的主要环节起重要作用,则可以认定为直接责任人员。

3. 关于诉讼代表人的确定

在单位走私犯罪案件中,司法机关应当将单位列为犯罪嫌疑单位或者被告单位,并同时确定诉讼代表人与直接负责的主管人员和其他直接责任人员一起参与刑事诉讼。

接到出庭通知的被告单位的诉讼代表人应当出庭应诉。拒不出庭的,人民法院在必要的时候,可以拘传到庭。作为单位的辩护人,律师在庭前也应当与诉讼代表人进行充分的沟通。

(1) 单位的法定代表人或者主要负责人能够参加诉讼的,应当以法定代表人或者主要负责人作为单位走私犯罪案件的诉讼代表人参与刑事诉讼。

(2) 单位的法定代表人或者主要负责人被依法追究刑事责任或者因其他原因无法参与刑事诉讼的,司法机关应当另行确定单位的其他负责人作为诉讼代表人参与刑事诉讼。

(3) 单位走私犯罪后发生分立、合并或者其他资产重组等情况的,应当以承受原单位权利义务的单位法定代表人或者负责人作为诉讼代表人参与刑事诉讼。

(4) 直接负责的主管人员和其他直接责任人员均无法归案的,只要单位走私犯罪的事实清楚、证据确实充分,且能够确定诉讼代表人代表单位参与刑事诉讼的,可以先行追究该单位的刑事责任。

(5) 单位没有合适人选作为诉讼代表人出庭的,因不具备追究该单位刑事责任的诉讼条件,可按照单位犯罪的条款先行追究单位犯罪中直接负责的主管人员或者其他直接责任人员的刑事责任。人民法院在对单位犯罪中直接负责的主管人员或者直接责任人员进行判决时,对于扣押、冻结的走私货物、物品、违法所得以及属于犯罪单位所有的走私犯罪工具,应当一并判决予以追缴、没收。

4. 关于单位变更后的责任认定

单位实施走私犯罪后,可能发生分立、合并或者其他资产重组情形,以及被依法注销、宣告破产等情况,辩护律师应当认真审查是否存在承受原单位权利义务的单位。

(1) 承受原单位权利义务的单位存在的,可以追究单位走私犯罪的刑事责任,但如果原单位名称发生更改的,应以原单位(名称)作为被告单位,如果以名称发生变更后的新单位(名称)作为被告单位,辩护律师应当提出异议,必要时也可以进行无罪辩护。需要注意的是,如果构成犯罪,人民法院虽然是对原走私单位判处罚金,但还是以承受原单位权利义务的单位作为被执行人。如果罚金超出新单位所承受的财产,可以在执行中予以减除。

(2) 承受原单位的权利义务的单位不存在的,辩护律师对被追诉的单位可以进行无罪辩护。

(3) 无论承受该单位权利义务的单位是否存在,均可以追究原单位直接负责的主管人员和其他直接责任人员的刑事责任,辩护人不能以没有追究单位的刑事责任,就不能追究直接负责的主管人员和其他直接责任人员的刑事责任作为无罪辩护的理由。

5. 关于不具有法人地位的机构或部门的认定

单位犯罪的主体并不要求必须具有法人地位,根据最高人民法院有关司法解释的规定,不具有法人地位的单位的分支机构或者内设职能部门也可以成为单位犯罪的主体。因此,不具法人资格的分支机构或内设职能部门,以本机构或者本部门名义实施走私犯罪,违法所得亦归部门所有的,应当以该机构或部门作为单位走私犯罪的主体。

对于分公司、分支机构、内设职能部门或个人以集团(总)公司名义实施走私犯罪,违法所得全部或大部分归集团(总)公司所有的,应当区别如下情形,分别认定:

(1) 分公司、分支机构、内设职能部门或个人以集团(总)公司名义实施的走私犯罪行为,事前经集团(总)公司负责人或被授权的其他人员决定、同意的,违法所得全部或大部分归集团(总)公司所有的,应当认定为集团(总)公司实施的单位犯罪,而非分公司、分支机构、内设职能部门或个人犯罪。

(2) 分公司、分支机构、内设职能部门或者个人擅自以集团(总)公司名义实施走私犯罪行为,集团(总)公司事前不知情,事后亦未予追认甚至明确表示反对的,因部门或个人的行为不能体现集团(总)公司的意志,依照主客观一致的定罪原则,即使违法所得全部或大部分归集团(总)公司,也不应认定集团(总)公司为走私犯罪的主体,而应当认定具体实施走私犯罪行为的相关分公司、分支机构、内设职能部门或者个人为犯罪主体,违法所得归单位视为该内设部门或个人对违法所得的处置。在量刑时,可以考虑酌情从轻处罚。

(二) 国家工作人员

我国现行刑法虽然没有国家工作人员实施本章犯罪的特殊规定,但2003年8月14日最高人民检察院《关于认真贯彻全国打击走私工作会议精神依法严厉打击走私犯罪活动的通知》规定了坚决依法查办与走私犯罪活动相关联的职务犯罪案件,要求在打击走私工作中,各级检察机关要坚持把打击走私与反腐败结合起来,对于办理走私案件揭露出来的国家工作人员贪赃枉法、徇私舞弊、玩忽职守等职务犯罪案件线索，不论涉及什么单位、什么人，都要依法一查到底。特别是对于少数国家工作人员利用职权参与走私的犯罪案件，要从严查处。对行政执法人员依法应移交走私犯罪案件而不移交，情节严重的，也要依照刑法的有关规定立案查处。而且根据1990年12月28日全国人民代表大会常务委员会《关于惩治走私、制作、贩卖、传播淫秽物品的犯罪分子的决定》和1991年1月5日最高人民检察院《关于严格执行全国人大常务委员会〈关于禁毒的决定〉〈关于惩治走私、制作、贩卖、传播淫秽物品的犯罪分子的决定〉的通知》的规定，国家工作人员利用工作职务便利，走私、制作、复制、出版、贩卖、传播淫秽物品的，还要从重处罚。

因此，律师在进行走私犯罪的辩护工作中，也应当审查当事人的身份，看其是否具有国家工作人员的身份，审查其走私行为是否利用了职务上的便利，避免因其身份而加重量刑。

(三) 海上运输人

根据《刑法》第155条第(二)项的规定，在内海、领海、界河、界湖运输、收购、贩卖国家禁止进出口物品的，或者运输、收购、贩卖国家限制进出口货物、物品，数额较大，没有合法证明的，以走私罪论处，对实施这些海上走私犯罪行为的运输人、收购人或者贩卖人追究刑事责任。但对运输人，一般追究运输工具的负责人或者主要责任人的刑事责任，对于事先通谋的、集资走私的或者使用特殊的走私运输工具从事走私犯罪活动的，才可以追究其他参与人员的刑事责任。

因此，律师在为海上运输人进行辩护时，首先要审核当事人是不是运输工具的负责人或者主要责任人，如果不是，继续审核其是否参与事先通谋、集资走私或者使用特殊的走私运输工具从事走私犯罪活动，如果都没有，则可以进行无罪辩护。

(四) 华侨、港澳同胞

1980年7月17日国务院、中央军委批转工商行政管理总局等部门《关于加强对华侨、港澳、台湾同胞进口物品管理和打击走私、投机倒把活动的报告》针对华侨、港澳同胞涉嫌走私类犯罪作了特殊规定，辩护律师在为这类主体辩护时应当把握好这类特殊政策的精神并进行运用：

(1) 华侨、港澳同胞按海关规定带进的各种物品，应作为特殊物品对待，只限于自用或馈赠亲友，不准私自买卖，从中牟利。未经工商行政管理机关发给"经营许可证"的任何单位，都不得擅自经营华侨、港澳同胞携带进口的物品。

(2) 对台湾渔民向大陆出售物品要区别对待，区分是否属于正当的民间贸易，对台湾渔民要从宽处理并以教育为主，但对于串通走私倒卖的，要给予打击。

(3) 坚决取缔外货黑市交易,严禁金银、外币和"外汇兑换券"私自买卖。对走私、投机倒卖外货案件,海关和工商行政管理部门要认真查处,追根挖窝。非法收入必须追回。对惯犯、要犯和集团首犯,要狠狠打击。

辩点 9-2:主观方面

走私类犯罪要求行为人主观上具有逃避海关监管、逃避应缴税款或者逃避国家有关进出境的禁止性管理的故意,个别犯罪还要求行为人主观上具有牟利或者传播的目的。如果不具有犯罪故意或者犯罪目的,则可能无法构成本章犯罪。在有些犯罪中,虽然不要求具有犯罪目的,但是否具有犯罪目的会直接影响到量刑。可见,是否具有"犯罪故意"和"犯罪目的",不但可能直接影响到本章犯罪的成立,还可能影响到量刑,是律师进行辩护的切入点之一。

(一) 犯罪故意

1. 走私故意的认定

行为人明知自己的行为违反国家法律法规,逃避海关监管,偷逃进出境货物、物品的应缴税额,或者逃避国家有关进出境的禁止性管理,并且希望或者放任危害结果发生的,应认定具有走私的主观故意。

2. 主观明知的认定

(1) 总的认定原则

根据 2002 年《关于办理走私刑事案件适用法律若干问题的意见》第 5 条的规定,走私主观故意中的"明知"是指行为人知道或者应当知道所从事的行为是走私行为。

具有下列情形之一的,可以认定为"明知",但有证据证明确属被蒙骗的除外:

① 逃避海关监管,运输、携带、邮寄国家禁止进出境的货物、物品的;

② 用特制的设备或者运输工具走私货物、物品的;

③ 未经海关同意,在非设关的码头、海(河)岸、陆路边境等地点,运输(驳载)、收购或者贩卖非法进出境货物、物品的;

④ 提供虚假的合同、发票、证明等商业单证委托他人办理通关手续的;

⑤ 以明显低于货物正常进(出)口的应缴税额委托他人代理进(出)口业务的;

⑥ 曾因同一种走私行为受过刑事处罚或者行政处罚的;

⑦ 其他有证据证明的情形。

换句话说,如果行为人具备以上情形之一,即可认定其主观上知道或者应当知道其所从事的行为是走私行为。如果行为人认为自己没有走私的故意,是被他人蒙骗导致出现上述情形的,则需要提供证据予以证明。提供的证据能够证明其确属被蒙骗的,则可以认定其不具有走私的故意,不构成相关犯罪。所以,如果当事人提出自己是被蒙骗的,其不知道自己所从事的行为是走私行为,辩护律师在代理的过程中尤其是阅卷时就要特别留意是否存在能够证明当事人系被蒙骗的证据,如共犯的供述或者其他证人证言等,如果没有,还可以根据当事人提供的线索进行调查取证或者申请有关司法机关进行调查取证,为无罪辩护打好基础。

(2) 走私毒品案件的主观认定

由于毒品走私案件呈现多渠道、国际化、隐蔽化的特点,认定行为人具备走私主观故意中的"明知",除了遵循以上认定原则之外,对具有以下情形之一,且行为人不能做出合理解释的,也可推定其主观明知,但有证据证明其明属被蒙骗的除外:

① 进出设立海关地点时,以伪报、隐匿、伪装等手段逃避海关监管的;

② 通过邮递、快件等方式邮寄毒品,实施伪报、夹带、隐匿、伪装等逃避海关监管行为的;

③ 利用行李物品、人身、人体等,采用夹带、隐匿等方式携带毒品的。

(3) 团伙走私案件的主观认定

在走私犯罪案件中,不同的人员所起的作用和地位不同,案件中作为老板(一般是主要受益方,主犯)往往很难独立完成走私,需要借助其他人员(一般为次要受益方,从犯)才能完成,这些人员除了一些为主观故意明显的直接走私责任人员外,还有一些地位重要、作用突出的人员,他们为走私犯罪分子提供相关帮助和便利,但相互间不一定存在直白协商的情况。这些人员经常以"老板没有告诉是走私"或"只是打工,不管老板是否走私"为由进行辩解,否认其明知走私。对于这类辩解,办案人员通常会综合行为人的职业经历、参与走私活动的次数、在走私活动中的地位和作用、获取的报酬、抓获时的表现及是否曾因走私活动受过行政处罚等情形予以认定。

(4) 加工贸易案件的主观认定

在加工贸易中,回购是加工贸易企业将进口指标提供给他人,在对方用其指标进口料件后,加工贸易企业向其回购(部分或全部进口货物)的情况。对于存在回购情形的加工贸易企业提供指标的行为是否有走私的主观故意,应综合考虑以下情形予以认定:

① 提供指标者是否收取指标费;

② 提供指标者是否有假出口情形；
③ 是否有在生产中用国内料件顶替生产情形；
④ 是否有报高单耗情形；
⑤ 提供指标的数量和回购数量的比例；
⑥ 使用指标是否有内销情形；
⑦ 言词证据反映提供指标时的动机、目的。

> **案例 9-2**
>
> 被告人 Jack 是泰国人，将 14 根象牙放在行李箱内选择无申报通道通关进入中国境内，未向我国海关申报任何物品。被中国海关抓捕后，被告人 Jack 辩称不知道自身携带象牙进入中国国境的行为违反了中国的法律规定，其主观上并没有走私的犯罪故意。法院经审理查明，被告人 Jack 在本案被查获象牙之前曾先后 4 次从我国广州入境，"入境旅客行李申报表"是明确将动植物及其产品列入申报范围，填表须知中亦载明"禁止进境物品"中包括"动物产品"，被告人 Jack 曾先后多次入境我国，其对上述行李申报规定应当是清楚的，但其却将 14 根象牙放在行李箱内选择无申报通道通关，未向海关申报任何物品，其逃避海关监管的主观故意是明显的。

3. 明知范围的确定

在本章犯罪中，因走私对象不同，构成的罪名不同，量刑也有很大差异。对于一般的故意犯罪而言，行为人不但需要具备犯罪的故意，对于犯罪对象也应是明确的。但是，对于本章的犯罪，行为人只要主观上具有走私的犯罪故意，即使不明确其走私的具体对象，也不影响走私犯罪的构成，应当根据实际的走私对象定罪处罚。例如，将大麻叶误认为是珍稀植物而逃避海关监管运输大麻叶入境的，携带的大麻叶达到 30 千克以上的，则应当按照走私毒品罪定罪处罚，而不是按照走私国家禁止进出口的货物、物品罪处理。

但是，如果确有证据证明行为人因受蒙骗而对走私对象发生认识错误的，可以从轻处罚。例如，行为人确实不认识大麻叶，也完全不知道大麻叶是一种毒品，被他人蒙骗而认为大麻叶只是一种珍稀植物，最终逃避海关监管运输大麻叶入境的，虽然认定行为人构成走私毒品罪，但辩护律师可以提出当事人系受蒙骗而对走私对象发生认识错误，要求对其从轻处罚的辩护意见。

案例 9-3

2010年间,被告人张某为谋取非法利益,勾结境外人员"阿三",预谋将产于我国宁夏、甘肃的国家二级重点保护动物猎隼走私出境。经他人介绍,张某结识了机场从事安检工作的吴某,经商定,由吴某负责为走私猎隼联系订舱、保管以及机场安检时给予放行,并许诺每只5000元作为回报。接着,吴某联系上了从事货运代理的李某及在机场当班安检的同事钱某,商定由李某办理订舱、报关事宜,由钱某负责放行,随后将12只猎隼走私出境。之后由于钱某不再负责航线的安检工作,吴某、钱某又指使同事祝某利用当班安检之机,先后两次将20只猎隼予以放行出境。案发后,张某、吴某、李某、钱某、祝某均被以走私珍贵动物罪提起诉讼。

在庭审过程中,吴某、李某、钱某、祝某均辩称认为放行出境的只是一种鸟,他们不认识猎隼,更不知道这种鸟是珍贵动物,没有走私珍贵动物的故意。法院认为,本案相关证据足以认定被告人吴某、李某、钱某主观上具有走私的故意,又有鉴定报告证实他们走私的确系国家二级保护动物猎隼,就能够认定各被告人的行为构成走私珍贵动物罪,即使他们确实不明知走私的这种鸟是国家明令禁止出口的二级重点保护动物猎隼,但他们已经认识到走私的对象是鸟、鹰等一类的动物,对走私对象有一个模糊的认识范围,而实际走私的对象猎隼也没有超出各被告人对鸟、鹰等动物的认识范围,不管实际走私的是猎隼还是其他珍贵动物,都不会影响各被告人实施走私行为的意志,他们对走私猎隼在主观上是持放任或者容忍的态度,故对走私的具体对象不明确,不影响对他们以走私珍贵动物罪的定罪处罚。对于本案的祝某,事先未参与预谋,是在受同事吴某和钱某的蒙骗和指使下参与的,对走私对象确实存在错误认识,深信放行的只是普通的鸟,对其从轻处罚。

4. 明知的认定标准

(1) 走私毒品主观故意中的"明知",是指行为人知道或者应当知道所实施的是走私毒品行为。具有下列情形之一,结合行为人的供述和其他证据综合审查判断,可以认定其"应当知道",但有证据证明确属被蒙骗的除外:

A. 执法人员在口岸、机场、车站、港口、邮局和其他检查站点检查时,要求行为人申报携带、运输、寄递的物品和其他疑似毒品物,并告知其法律责任,而行为人未

如实申报,在其携带、运输、寄递的物品中查获毒品的;

B. 以伪报、藏匿、伪装等蒙蔽手段逃避海关、边防等检查,在其携带、运输、寄递的物品中查获毒品的;

C. 执法人员检查时,有逃跑、丢弃携带物品或者逃避、抗拒检查等行为,在其携带、藏匿或者丢弃的物品中查获毒品的;

D. 体内或者贴身隐秘处藏匿毒品的;

E. 为获取不同寻常的高额或者不等值的报酬为他人携带、运输、寄递、收取物品,从中查获毒品的;

F. 采用高度隐蔽的方式携带、运输物品,从中查获毒品的;

G. 采用高度隐蔽的方式交接物品,明显违背合法物品惯常交接方式,从中查获毒品的;

H. 行程路线故意绕开检查站点,在其携带、运输的物品中查获毒品的;

I. 以虚假身份、地址或者其他虚假方式办理托运、寄递手续,在托运、寄递的物品中查获毒品的;

J. 有其他证据足以证明行为人应当知道的。

(2) 实施走私制毒物品行为,有下列情形之一,且查获了易制毒化学品,结合行为人的供述和其他证据综合审查判断,可以认定其"明知"是制毒物品而走私或者非法买卖,但有证据证明确属被蒙骗的除外:

A. 改变产品形状、包装或者使用虚假标签、商标等产品标志的;

B. 以藏匿、夹带、伪装或者其他隐蔽方式运输、携带易制毒化学品逃避检查的;

C. 抗拒检查或者在检查时丢弃货物逃跑的;

D. 以伪报、藏匿、伪装等蒙蔽手段逃避海关、边防等检查的;

E. 选择不设海关或者边防检查站的路段绕行出入境的;

F. 以虚假身份、地址或者其他虚假方式办理托运、寄递手续的;

G. 以其他方法隐瞒真相,逃避对易制毒化学品依法监管的。

(二) 犯罪目的

本章犯罪均要求行为人在主观上具有犯罪的故意,过失不能构成本章犯罪。除此之外,本章还有一些犯罪要求行为人还必须同时具有牟利或者传播的目的,如走私淫秽物品罪,行为人虽然有走私的故意,但是如果不是以牟利或者传播为目的,例如以人体研究为目的而走私淫秽物品的,则不构成走私淫秽物品罪。因此,辩护律师除了审查当事人的犯罪故意外,还应当审查其犯罪的主观目的,因为是否具备某些犯罪目的,也会影响到定罪或者量刑。

1. 牟利目的

牟利是指行为人主观上为了谋取非法利益。是否以牟利为目的,不但影响犯罪的成立,还直接影响到量刑,辩护律师应当熟练掌握以下几点:

(1) 走私淫秽物品需要以牟利或者传播为目的,两种目的具备其中一个即可构成走私淫秽物品罪。

(2) 未经海关许可并且未补缴应缴税额,擅自将保税货物或者特定减税、免税进口的货物、物品在境内销售,也需要以牟利为目的,才能构成走私普通货物、物品罪。

(3) 不以牟利为目的,为留作纪念而走私珍贵动物制品进境,数额不满十万元的,可以免予刑事处罚;情节显著轻微的,不作为犯罪处理。

(4) 走私的仿真枪经鉴定为枪支,以走私武器罪定罪处罚。但不以牟利或者从事违法犯罪活动为目的,且无其他严重情节的,可以依法从轻处罚;情节轻微不需要判处刑罚的,可以免予刑事处罚。

需要注意的是,在以牟利目的为构成要件的走私犯罪中,行为人实际获利与否或者获利多少并不影响其定罪,只要其主观上为了谋取非法利益即可。

2. 传播目的

不以牟利为目的,而是以传播为目的走私淫秽物品的,也可以构成走私淫秽物品罪。所谓以传播为目的,是指行为人走私淫秽物品是为了意图在社会上进行扩散。行为人传播的目的是否最终实现,不影响本罪的成立,但如果行为人确实没有牟利或者传播的目的,只是为了个人使用,夹带少量淫秽物品出入境,即使其走私淫秽物品出于故意,也不构成本罪。

辩点9-3:走私行为

在本章犯罪中,虽然罗列了12个罪名,各个罪名对应的行为对象各不相同,但它们有一个共性,那就是在客观方面体现的都是走私行为,这是走私类犯罪区别于其他类犯罪的一个显著特征。因此,律师在对这类案件进行辩护时,首先需要搞清楚什么行为是"走私行为",如果当事人没有实施走私行为,就不可能构成本章项下的任何走私类犯罪,可以进行无罪辩护。

一般说来,所谓"走私",是指违反海关法规,逃避海关监管,偷逃进出境货物、物品的应缴税额,或者逃避国家有关进出境的禁止性管理的行为。实施前一种行为,一般构成普通型走私罪;实施后一种行为,一般构成特殊型走私罪。如果实施后一种行为,同时又偷逃应缴税额的,则依照处罚较重的规定定罪处罚。这也为律师进行罪轻辩护提供了空间。

在司法实践中,走私行为所体现出来的形式多种多样,纷繁复杂,辩护律师既要掌握理论上的概念,还要掌握实践中的状况,尤其是那些法律拟制的行为,这样才能更好地行使辩护权。

(一) 通关走私行为

这是指通过设立海关的进出口口岸,以隐蔽的方式逃避海关监管的走私行为。依照海关法律法规的规定,进出境的货物、物品和运输工具必须接受海关监管,因此,要想在通关环节逃避海关监管,达到走私的目的,一般会采用伪报、藏匿、蒙混和闯关等隐蔽而不被海关察觉的方法进行。

1. 伪报:是指表面上接受海关监管,但隐瞒真实情况向海关进行申报。伪报的内容通常有:货物和物品的名称、数量、规格、原产地、贸易性质等。

2. 藏匿:是将携运的进出境货物或物品隐藏在一个允许进出境物件的某一个部位,随该物件一同进出境,逃避海关监管。由于藏匿的部位和特点不同,它又分为四种形式:一是挖空藏匿。它是利用物件某个部位的一定的厚度,经过加工挖出一个适当的空位,藏入私货并弥合切口。二是夹藏。它是指利用物件结构的自然空隙藏入物品的方法。三是人体藏匿。它是利用人体外部和服饰隐藏或绑扎物品的方法。四是特制工具藏匿,它是利用专门为走私需要并经过专用设备加工而制成的特别物件隐藏走私物品的方法。

3. 蒙混:包括变形蒙混和伪装蒙混两种方式。前者是指利用走私物品的可塑性和延展性,改变物品的原来形象,如把黄金加工变形镀色制成日用器皿。后者是指运用同走私物品体形、色泽相似的物品包装、形状或颜色掩护走私物品进行蒙混。

4. 闯关:是指行为人既并不向海关申报,又未藏匿应申报货物或物品,利用海关监管某些制度或漏洞,乘机携运进出境的一种方法。闯关走私主要发生在旅客进出境过程中,走私者利用海关红绿色通道制度允许旅客选择绿色无申报通道进出境的便利,将国家应税、禁止或限制的货物物品携带进出境。

(二) 绕关走私行为

这是指不经过国家开放的进出口岸和准许进出境的国境、孔道而非法携运应税、禁止和限制货物或物品进出境的行为。采用绕关走私方式的走私者一般都具有一定的客观条件,他们在目的地或沿海都设有走私基地,熟悉边境双方的情况,并有一定的社会关系和方便的运输工具。绕关走私在我国常见于陆地边境和海上。从事陆地边境进行绕关走私的人，主要是走私集团、少数边民和合伙结帮者。从事海上绕关走私者，一般都拥有海上运输工具。

(三) 后续走私行为

这是指未经海关许可，擅自销售保税货物或特定减免税货物进行牟利的行为。后续走私是海关为适应新的贸易方式，监管由口岸向内陆延伸，在其后续监管中出现的逃避海关监管的行为。后续走私的对象主要是保税货物和特定减免税货物，其共同特征是在未办结海关进出境手续前，不得擅自销售或转让。

根据我国《刑法》第154条的规定，后续走私行为主要是指：(1) 未经海关许可并且未补缴应缴税额，擅自将批准进口的来料加工、来件装配、补偿贸易的原材料、零件、制成品、设备等保税货物，在境内销售牟利的；(2) 未经海关许可并且未补缴应缴税额，擅自将特定减税、免税进口的货物、物品，在境内销售牟利的。

在司法实践中，这类行为的表现方式纷繁复杂，由于加工贸易登记手册、特定减免税批文等涉税单证是海关根据国家法律法规以及有关政策性规定，给予特定企业用于保税货物经营管理和减免税优惠待遇的凭证，所以后续走私行为通常会涉及这些凭证，辩护律师应当熟练掌握以下规定。

1. 利用购买的加工贸易登记手册、特定减免税批文等涉税单证进口货物，实质是将一般贸易货物伪报为加工贸易保税货物或者特定减免税货物进口，以达到偷逃应缴税款的目的，应以走私普通货物、物品罪定罪处罚。

2. 与走私分子通谋出售加工贸易登记手册、特定减免税批文等涉税单证，或者在出卖批文后又以提供印章、向海关伪报保税货物、特定减免税货物等方式帮助买方办理进口通关手续的，对卖方以走私罪共犯定罪处罚。

3. 买卖加工贸易登记手册、特定减免税批文等涉税单证情节严重尚未进口货物的，以买卖国家机关公文、证件、印章罪定罪处罚。

4. 在加工贸易经营活动中，以假出口、假结转或者利用虚假单证等方式骗取海关核销，致使保税货物、物品脱离海关监管，造成国家税款流失，情节严重的，以走私普通货物、物品罪定罪处罚。但有证据证明因不可抗力原因导致保税货物脱离海关监管，经营人无法办理正常手续而骗取海关核销的，不认定为走私犯罪。

案例 9-4

2011年底到2012年初,被告人刘某担任上海A公司法定代表人兼总经理期间,通过他人认识了香港B公司上海办事处的负责人蔡某。双方经洽谈,均有进口涤纶短纤加工复出口的合作意向,决定签订《进出口代理协议》,香港B公司委托上海A公司代理涤纶短纤"进料加工复出口"业务,该协议约定,上海A公司负责代理香港B公司对外商签订进口合同和出口信用证的审证及交单,但不承担任何责任,并按照比例收取代理费,其他事项则均由香港B公司负责。嗣后,上海A公司向上海浦东海关申领了《进料加工登记手册》,经海关审查批准,免税进口涤纶短纤2 000吨。2012年1月,上海A公司为摆脱库存量高,来不及加工的困境,在未经海关许可,也未补缴应缴税额的情况下,经总经理刘某同意,以每吨1万至1.5万元不等的价格销售将免税进口的2 000吨涤纶短纤中的800吨销售给境内三家企业,偷逃应缴税额300万余元。后上海A公司和刘某被公诉机关以走私普通货物罪提起公诉。

在庭审过程中,被告人刘某的辩护人辩称,涉案的涤纶短纤属于进料加工,不是来料加工,刑法第154条第(一)项没有明确规定保税货物包括进料加工的保税货物,按照罪刑法定的原则,不应当按照犯罪处理。该辩护意见未被采纳。法院认为,虽然进料加工与来料加工有所区别,不能简单地进行等同。其中,进料的所有权属于境内单位,而来料则属于境(国)外单位。但它们都是加工贸易的具体形式,在实质上有共同之处,"两头在外",实行保税,未经许可并不缴税额,都不得在境内进行销售。擅自在境内销售进料加工的保税货物,不仅侵害了国家的海关监管制度,给国家税款造成损失,而且会造成不公平竞争,扰乱国家社会经济秩序,其危害与擅自在境内销售来料加工的保税货物的行为是完全相同的。何况司法解释也明确规定了经海关批准进口的进料加工的货物属于保税货物。因此,被告单位上海A公司及其总经理刘某构成走私普通货物罪。

(四) 变相走私行为

根据我国《刑法》第155条的规定,变相走私行为主要包括:(1)直接向走私人非法收购国家禁止进口物品的,或者直接向走私人非法收购走私进口的其他货物、物品,数额较大的;(2)在内海(包括内河的入海口水域)、领海、界河、界湖运输、收购、贩卖国家禁止进出口物品的,或者运输、收购、贩卖国家限制进出口货物、物品,数额较大,没有合法证明的。这两种行为或是在已逃避海关监管、私货已进境销售处理阶段或是在进出关境、逃避海关监管的预备阶段,所以称之为变相走私。

辩点9-4:走私对象

本章共涉及的12个罪名,客观方面都表现为走私行为,但因为走私对象的不同,确定的罪名也各不相同,是区别此罪与彼罪的关键。因此,在当事人确实存在走私行为的情况下,辩护律师要进一步审查走私的对象,尽量争取量刑较轻的罪名,以维护当事人的合法权益。

(一)走私武器、弹药罪

本罪的行为对象为"武器、弹药"。

1. 种类:根据2014年最高人民法院、最高人民检察院《关于办理走私刑事案件适用法律若干问题的解释》(2014年9月10日实施)第2条的规定,"武器、弹药"的种类,参照《中华人民共和国进口税则》及《中华人民共和国禁止进出境物品表》的有关规定确定。

2. 范围:这里的"武器、弹药"包括军用枪支也包括非军用枪支,包括以火药为动力发射枪弹的枪支也包括以压缩气体等非火药为动力发射枪弹的枪支,包括成套枪支散件也包括非成套枪支散件,包括军用子弹也包括非军用子弹,包括气枪铅弹也包括其他子弹,包括各类弹药的弹头也包括各类弹药的弹壳。

需要注意的是,在2014年《关于办理走私刑事案件适用法律若干问题的解释》实施之前,军用枪支和非军用枪支,军用子弹和非军用子弹的区分直接影响到量刑,甚至罪与非罪。例如:走私1支非军用枪支的,不够立案标准,但走私1支军用枪支的,则可以判处7年以上有期徒刑;走私军用子弹达到10发以上的即可构成犯罪,而走私非军用子弹需要达到100发以上才构成犯罪,如果走私的子弹是军用的且达到100发以上的,则可能被判处无期徒刑。但2014年《关于办理走私刑事案件适用法律若干问题的解释》在量刑标准上取消了军用和非军用的区分,而是以是以火药为动力还是以非火药为动力发射枪弹作为划分。因此,律师在对走私武器、弹药的案件进行辩护时,应当将区分军用与非军用的辩点转为关注枪支是否以火药为动力发射枪弹。

3. 除外:这里的"武器、弹药"不包括仿真枪、管制刀具和报废或者无法组装并使用的各种弹药的弹头、弹壳。走私以上这些物品的处罚如下:

(1)走私国家禁止或者限制进出口的仿真枪、管制刀具构成犯罪的,以走私国家禁止进出口的货物、物品罪定罪处罚,而不是按照走私普通货物、物品罪。2000 年《关于审理走私刑事案件具体应用法律若干问题的解释》已经被 2014 年《关于办理走私刑事案件适用法律若干问题的解释》所废止,律师在进行这类案件的辩护时应当注意相关司法解释的变更。当然,如果走私的仿真枪经鉴定为枪支的,仍可按走私武器罪定罪处罚。

(2) 走私报废或者无法组装并使用的各种弹药的弹头、弹壳,构成犯罪的,以走私普通货物、物品罪定罪处罚。是否属于"报废或者无法组装并使用"的弹头、弹壳,由国家有关技术部门进行鉴定。

(3) 走私报废或者无法组装并使用的各种弹药的弹头、弹壳,经国家有关技术部门鉴定为废物的,以走私废物罪定罪处罚。

(二) 走私核材料罪

本罪的行为对象为"核材料"。

所谓核材料,是指可以用来制造核武器的各种材料。核武器是利用原子核反应所放出的能量起杀伤破坏作用的武器,有原子弹、氢弹等,其杀伤破坏力量是毁灭性的,制造也极为复杂和特殊,需要专门的设备和材料。为了维护国家安全和社会公共利益,促进和平利用核能的国际合作,我们国家制定了《核出口管制条例》,对核出口实行严格的管制,核材料、核设备和反应堆用非核材料都在管制的范围内。但只有核材料才是本罪的行为对象,走私核设备和反应堆用非核材料都不能构成本罪。

根据《核出口管制条例》和《核出口管制清单》,核材料系指源材料和特种可裂变材料。其中:

1. 源材料系指天然铀、贫化铀和钍,呈金属、合金、化合物或浓缩物形态的上述各种材料。但不包括:

(1) 政府确信仅用于非核活动的源材料;

(2) 在 12 个月期间内向某一接受国出口:

① 少于 500 kg 的天然铀;

② 少于 1 000 kg 的贫化铀;

③ 少于 1 000 kg 的钍。

2. 特种可裂变材料系指钚-239、铀-233、含同位素铀-235 或铀-233 或兼含铀-233 和铀-235 其同位素总丰度与铀-238 的丰度比大于自然界中铀-235 与铀-238 的丰度比的铀,以及含有上述物质的任何材料。但不包括:

(1) 钚-238 同位素浓度超过 80% 的钚;

(2) 克量或克量以下用作仪器传感元件的特种可裂变材料；

(3) 在 12 个月期间内向某一接受国出口少于 50 有效克的特种可裂变材料。

(三) 走私假币罪

本罪的行为对象为"伪造的货币"。

所谓"伪造"，是指仿照真货币的图案、形状、色彩等特征非法制造假币，冒充真币的行为。所谓"货币"，是指正在流通的人民币和境外货币。两者必须同时具备，才属于走私假币罪中的行为对象。如果走私的是变造的货币或者伪造的货币已经不再流通，均不构成走私假币罪。例如，走私民国时期的货币就不能按照走私假币罪定罪处罚。

(四) 走私文物罪

本罪的行为对象为"国家禁止出口的文物"。

这里的"国家禁止出口的文物"，是指国家馆藏的一、二、三级珍贵文物和其他国家禁止出口的文物。其他国家禁止出口的文物一般是指因出口会有损于国家荣誉，有碍于民族团结，或者在政治上有不良影响的文物。对于除珍贵文物和其他国家规定禁止出口的文物以外的一般文物（指公元 1795 年乾隆六十年以后的文物），可以在文物商店出售的文物以及民间个人收藏的文物，则不属于走私文物罪的对象。

需要注意的是，这里的文物不包括"古生物化石"，但走私具有科学价值的古脊椎动物化石、古人类化石的，以走私文物罪定罪处罚。

案例 9-5

被告人山口君，日本人，个体美容师，喜欢收集古玩，经常出入中国。2005 年 7 月，被告人在北京市潘家园旧货市场购买了 10 件古生物化石，回日本时将这些化石分装在两个行李箱中，没有申报，在携带两个行李箱从无申报通道出境时被当场查获。经鉴定，被告人携带的古生物化石中有 1 件古脊椎动物化石视同国家三级文物，有 1 件古脊椎动物化石视同国家二级文物，其他 8 件属于一般保护的古生物化石，但科学研究价值很高。后公诉机关指控被告人走私文物共计 10 件。

在庭审过程中,被告人辩解其并不知道中国有关化石分级的情况,选择无申报通道出境不是出于逃避海关监管的目的,没有走私文物的故意。法院经审理认为,被告人多次出入中国边境,中国法律明确规定,所有出境文物在出境时须向海关申报,中国海关亦在出境通道处明示文物出境须申报,并在须申报物品展示柜中陈列了化石样品,被告人对上述规定和要求应当了解,其携带大量古生物化石选择无申报通道出境,系逃避海关监管,具有走私古生物化石的故意。至于被告人通过何种途径取得化石,其是否明知中国化石分级的情况,均不影响对其走私古生物化石的故意和行为的认定。

辩护人提出古生物化石不是文物,携带古生物化石出境不等于走私文物。法院经审理认为,《中华人民共和国文物保护法》第2条第3款明确规定,具有科学价值的古脊椎动物化石和古人类化石同文物一样受国家保护,故走私上述两种化石即属于走私文物。古脊椎动物化石和古人类化石以外的其他古生物化石,即使科学研究价值再高,也不属于文物,走私这些古生物化石不能构成走私文物罪。但这些古生物化石也是国家禁止进出口的,走私这些古生物化石可以按照走私国家禁止进出口的货物、物品罪定罪处罚,但对于一般保护的古生物化石,需要达到10件以上才够立案标准。因此,对被告人走私的另外8件古生物化石不应按照犯罪处理。采纳了辩护人的部分辩护意见。

最终,法院以走私文物罪,判处被告人有期徒刑5年,并处罚金7万元,附加驱逐出境。

(五) 走私贵重金属罪

本罪的行为对象为"国家禁止出口的黄金、白银和其他贵重金属"。

这里的"其他贵重金属",是指除黄金、白银之外的诸如铂、铱、锇、钌、铑、钛、钯等为国家禁止出口的贵重金属。一般的非贵重金属或虽为贵重金属但尚未为国家禁止出口的,不能构成本罪对象。当然,本罪所指的贵重金属,不仅指其自然本身,而且还包括含有贵重金属成分的各种制品、工艺品等。

(六) 走私珍贵动物、珍贵动物制品罪

本罪的行为对象为"国家禁止进出口的珍贵动物及其制品"。

这里的"珍贵动物",包括列入《国家重点保护野生动物名录》中的国家一、二级

保护野生动物,《濒危野生动植物种国际贸易公约》附录Ⅰ、附录Ⅱ中的野生动物,以及驯养繁殖的上述动物。"珍贵动物制品",是指珍贵野生动物的皮、毛、骨等制成品。虽属于珍贵动物及其制品,但不为国家禁止进出口,即使有走私行为,亦不能构成本罪。

(七) 走私国家禁止进出口的货物、物品罪

本罪的行为对象为"珍稀植物及其制品等国家禁止进出口的其他货物、物品"。

所谓"珍稀植物",是指国家重点保护的原生地天然生长的珍贵植物和原生地天然生长并具有重要经济、科学研究、文化价值的濒危稀有植物。根据国务院1996年9月30日发布的《野生植物保护条例》的规定,珍稀植物,分为国家一级保护野生植物和国家二级保护野生植物。所谓"珍稀植物制品",则是指来源于珍稀植物,经加工出来的制成品,如药材、木材、标本、器具等。除了珍稀植物及其制品,本罪的行为对象还包括国家禁止进出口的其他货物、物品。其与走私普通货物、物品罪的普通货物、物品的区别就在于是否被国家禁止进出口。

需要特别注意的是,本罪为《刑法修正案(七)》所修订,将走私的对象在原来珍稀植物和珍稀植物制品的基础上又增加了国家禁止进出口的其他货物、物品,并将罪名"走私珍稀植物、珍稀植物制品罪"变更为"走私国家禁止进出口的货物、物品罪"。这样的法律变化,可能会直接影响到当事人的定罪和量刑,律师在进行辩护时应当特别加以重视。

例如,2002年《关于办理走私刑事案件适用法律若干问题的意见》虽然没有像2000年《关于审理走私刑事案件具体应用法律若干问题的解释》和2006年《关于审理走私刑事案件具体应用法律若干问题的解释(二)》那样被废止,但其第8条关于"走私刑法第一百五十一条、第一百五十二条、第三百四十七条、第三百五十条规定的货物、物品以外的,已被国家明令禁止进出口的货物、物品,例如旧汽车、切割车、侵犯知识产权的货物、来自疫区的动植物及其产品等,应当依照刑法第一百五十三条的规定,以走私普通货物、物品罪追究刑事责任"的规定也应当随着《刑法修正案(七)》的实施而作废。对于走私旧汽车、切割车、侵犯知识产权的货物、来自疫区的动植物及其产品等已被国家明令禁止进出口的货物、物品,应当按照"走私国家禁止进出口的货物、物品罪"定罪处罚,而不应再按照"走私普通货物、物品罪"定罪处罚。2014年《关于办理走私刑事案件适用法律若干问题的解释》也已经对其相关的量刑标准作出了明确的规定。

(八) 走私淫秽物品罪

本罪的行为对象为"淫秽的影片、录像带、录音带、图片、书刊或者其他淫秽物品"。

所谓的"淫秽物品",是指具体描绘性行为或者露骨宣传色情的诲淫性的影片、录像带、录音带、图片、书刊或者其他淫秽物品。这里的"其他淫秽物品",是指除淫秽的影片、录像带、录音带、图片、书刊以外的,通过文字、声音、形象等形式表现淫秽内容的影碟、音碟、电子出版物等物品,也包括视频文件、音频文件、短信息等互联网、移动通讯终端电子信息和声讯台语音信息。

有关人体生理、医学知识的科学著作、电子信息和声讯语音信息不是淫秽物品。含有色情内容的有艺术价值的文学、艺术作品及电子文学、艺术作品不视为淫秽物品。

(九) 走私废物罪

本罪的行为对象为"境外固体废物、液态废物和气态废物"。

这里的"废物"包括国家禁止进口的废物以及国家限制进口的可用作原料的废物。从废物的形态上可以将废物分为固体废物、液态废物和气态废物;从国家对废物进口的限制程度上可以将废物分为国家禁止进口的废物和国家限制进口的可用作原料的废物;从废物的危险程度上可以将废物分为危险性废物和非危险性废物。

这里的废物一般需经国家有关技术部门鉴定,如果报废或者无法组装并使用的各种弹药的弹头、弹壳被鉴定为废物的,也属于本罪的行为对象。

(十) 走私毒品罪

本罪的行为对象是"毒品"。

所谓"毒品",是指鸦片、海洛因、甲基苯丙胺(冰毒)、吗啡、大麻、可卡因以及国家规定管制的其他能够使人形成瘾癖的麻醉药品和精神药品。详见本书第十章毒品类犯罪的相关内容。

(十一) 走私制毒物品罪

本罪的行为对象是"醋酸酐、乙醚、三氯甲烷或者其他用于制造毒品的原料或者配剂",具体品种范围按照国家关于易制毒化学品管理的规定确定。详见本书第十章毒品类犯罪的相关内容。

(十二) 走私普通货物、物品罪

本罪的行为对象是"以上 11 个罪名规定以外的货物、物品"。

1. 如何区分"货物"与"物品"

本罪属于选择性罪名,由于海关核税部门对入境"货物"和"物品"采用不同的计税方法征收税款(物品的税率一般低于货物的税率),故同一走私对象因定性不同必然导致核定的偷逃税额不一,从而影响到定罪和量刑。因此,律师在对走私类犯罪进行辩护时,即使已经确定了当事人走私的对象不是前面 11 个犯罪的行为对象,还应当进一步区分是"货物"还是"物品"。

依照《中华人民共和国海关行政处罚实施条例》第 64 条的规定,区分二者应当以是否"自用"为标准。即"物品"是指个人运输、携带进出境的行李,邮寄进出境的财物,包括货币、金银等。对于超出自用的合理数量的财物,应当视为"货物"。"自用",指供旅客或者收件人本人使用或用于馈赠亲友。"合理数量",指海关依照旅客或者收件人的情况、旅行目的和居留时间所确定的正常数量。相应的,"货物"系指上述"物品"以外的,行为人用于生产、经营或出租、出售的财物。

2. 关于"保税货物"及"减税、免税进口的货物、物品"

根据我国《刑法》第 154 条的规定,未经海关许可并且未补缴应缴税额,擅自将批准进口的来料加工、来件装配、补偿贸易的原材料、零件、制成品、设备等保税货物或者擅自将特定减税、免税进口的货物、物品,在境内销售牟利的,以走私普通货物、物品罪定罪处罚。根据 2014 年《关于办理走私刑事案件适用法律若干问题的解释》第 19 条的规定,这里的"保税货物",是指经海关批准,未办理纳税手续进境,在境内储存、加工、装配后应予复运出境的货物,包括通过加工贸易、补偿贸易等方式进口的货物,以及在保税仓库、保税工厂、保税区或者免税商店内等储存、加工、寄售的货物。

辩点 9-5:量刑标准

最高人民法院、最高人民检察院《关于办理走私刑事案件适用法律若干问题的解释》已于 2014 年 9 月 10 日开始实施,最高人民法院《关于审理走私刑事案件具体应用法律若干问题的解释》(法释〔2000〕30 号)、最高人民法院《关于审理走私刑事案件具体应用法律若干问题的解释(二)》(法释〔2006〕9 号)同时废止,律师在进行量刑辩护时一定要掌握最新的司法解释的规定。

(一)走私武器、弹药罪

罪名	量刑档次	量刑标准
走私武器、弹药罪	情节较轻,处3年以上7年以下有期徒刑,并处罚金	(一)走私以压缩气体等非火药为动力发射枪弹的枪支2支以上不满5支的; (二)走私气枪铅弹500发以上不满2500发,或者其他子弹10发以上不满50发的; (三)未达到上述数量标准,但属于犯罪集团的首要分子,使用特种车辆从事走私活动,或者走私的武器、弹药被用于实施犯罪等情形的; (四)走私各种口径在60毫米以下常规炮弹、手榴弹或者枪榴弹等分别或者合计不满5枚的。
	处7年以上有期徒刑,并处罚金或者没收财产	(一)走私以火药为动力发射枪弹的枪支1支,或者以压缩气体等非火药为动力发射枪弹的枪支5支以上不满10支的; (二)走私气枪铅弹2500发以上不满12500发,或者其他子弹50发以上不满250发的; (三)走私各种口径在60毫米以下常规炮弹、手榴弹或者枪榴弹等分别或者合计达到5枚以上不满10枚,或者各种口径超过60毫米以上常规炮弹合计不满5枚的; (四)走私武器、弹药达到"情节较轻"的数量标准,且属于犯罪集团的首要分子,使用特种车辆从事走私活动,或者走私的武器、弹药被用于实施犯罪等情形的。
	情节特别严重,处无期徒刑,并处没收财产	(一)走私以火药为动力发射枪弹的枪支超过1支,或者以压缩气体等非火药为动力发射枪弹的枪支超过10支的; (二)走私气枪铅弹超过12500发,或者其他子弹超过250发的; (三)走私各种口径在60毫米以下常规炮弹、手榴弹或者枪榴弹等分别或者合计超过10枚,或者走私各种口径超过60毫米以上常规炮弹合计超过5枚的,或者走私具有巨大杀伤力的非常规炮弹1枚以上的; (四)走私武器、弹药达到"判处七年以上有期徒刑"规定的数量标准,且属于犯罪集团的首要分子,使用特种车辆从事走私活动,或者走私的武器、弹药被用于实施犯罪等情形的。

走私武器、弹药罪的量刑标准如上述表格,律师在辩护时需要把握以下几个方面:

1. 枪支和子弹是军用还是非军用,不再直接影响定罪和量刑,但要重点审查枪支是以火药为动力发射枪弹还是以压缩气体等非火药为动力发射枪弹,子弹是气枪枪弹还是其他子弹,这些区分会直接影响到定罪和量刑。

2. 走私上述表格以外的其他武器、弹药的,参照各款规定的量刑标准处罚。

3. 走私成套枪支散件的,以走私相应数量的枪支计;走私非成套枪支散件的,以每30件为1套枪支散件计。

4. 走私各种弹药的弹头、弹壳的具体的定罪量刑标准,按照各种弹药的定罪量刑数量标准的5倍执行。

5. 走私国家禁止或者限制进出口的仿真枪、管制刀具,按照走私国家禁止进出口的货物、物品罪的定罪量刑标准执行,若走私的仿真枪经鉴定为枪支的,仍以走私武器罪定罪处罚。但不以牟利或者从事违法犯罪活动为目的,且无其他严重情节的,可以依法从轻处罚;情节轻微不需要判处刑罚的,可以免予刑事处罚。

6. 属于犯罪集团的首要分子,使用特种车辆从事走私活动,或者走私的武器、弹药被用于实施犯罪属于加重处罚的情节。

7.《刑法修正案(九)》已经废除了本罪的死刑。

8. 单位犯本罪的,依照表格中的标准定罪处罚。

(二) 走私核材料罪

《刑法修正案(九)》已经废除了本罪的死刑,但目前尚未有司法解释对走私核材料罪的量刑标准作出明确的规定,律师可以查找相关判例并根据案件的具体情节予以把握并进行辩护。

(三) 走私假币罪

罪名	量刑档次	量刑标准
走私假币罪	情节较轻,处7年以下有期徒刑,并处罚金	走私数额在2 000元以上不满2万元,或者数量在200张(枚)以上不满2 000张(枚)的。
	处7年以上有期徒刑,并处罚金或者没收财产	(一) 走私数额在2万元以上不满20万元,或者数量在2 000张(枚)以上不满2万张(枚)的; (二) 走私数额或者数量达到"情节较轻"规定的标准,且具有走私的伪造货币流入市场等情节的。
	情节特别严重处无期徒刑,并处没收财产	(一) 走私数额在20万元以上,或者数量在2万张(枚)以上的; (二) 走私数额或者数量达到"判处7年以上有期徒刑"规定的标准,且属于犯罪集团的首要分子,使用特种车辆从事走私活动,或者走私的伪造货币流入市场等情形的。

走私假币罪的量刑标准如上述表格,律师在辩护时需要把握以下几个方面:

1. "货币"包括正在流通的人民币和境外货币。

2. 伪造的境外货币数额,折合成人民币计算。

3. 《刑法修正案(九)》已经废除了本罪的死刑。

4. 单位犯本罪的,依照表格中的标准定罪处罚。

(四) 走私文物罪

罪名	量刑档次	量刑标准
走私文物罪	情节较轻,处5年以下有期徒刑,并处罚金	走私国家禁止出口的三级文物2件以下的。
	处5年以上10年以下有期徒刑,并处罚金	(一)走私国家禁止出口的二级文物不满3件,或者三级文物3件以上不满9件的; (二)走私国家禁止出口的三级文物不满3件,且具有造成文物严重毁损或者无法追回等情节的。
	情节特别严重,处10年以上有期徒刑或者无期徒刑,并处没收财产	(一)走私国家禁止出口的一级文物1件以上,或者二级文物3件以上,或者三级文物9件以上的; (二)走私国家禁止出口的二级文物不满3件,或者三级文物3件以上不满9件,且属于犯罪集团的首要分子,使用特种车辆从事走私活动,或者造成文物严重毁损、无法追回等情形的。

走私文物罪的量刑标准如上述表格,律师在辩护时需要把握以下几个方面:

1. 属于犯罪集团的首要分子,使用特种车辆从事走私活动,或者造成文物严重毁损、无法追回系加重情节。

2. 《刑法修正案(八)》废除了本罪的死刑。

3. 单位犯本罪的,依照表格中的标准定罪处罚。

(五) 走私贵重金属罪

《刑法修正案(八)》已经废除了本罪的死刑,2014年最高人民法院、最高人民检察院《关于办理走私刑事案件适用法律若干问题的解释》未对走私贵重金属罪的量刑标准作出明确的规定。最高人民法院、最高人民检察院、公安部、司法部1987年6月28日《关于严厉打击倒卖走私黄金犯罪活动的通知》曾经规定:非法收购、倒买倒卖、走私黄金数额较大,可视为情节严重的一个重要内容。非法收购、倒买倒卖、走私黄金累计50克以上的,一般可视为数额较大。非法收购、倒买倒卖、走私黄金累计500克以上的,一般可视为数额巨大。非法收购、倒买倒卖、走私黄金累计2 000克以上的,一般可视为数额特别巨大。"数额特别巨大"是认定投机倒把、走私黄金罪"情节特别严重"的一个重要内容。在量刑时,要把数额和其他严重情节结合起来认定。对从外地流入产金区进行非法收购、倒买倒卖、走私黄金的犯罪分子更要依法从重惩处。但该《通知》目前已经失效，律师可以查找相关判例并根据案件的具体情节予以把握并进行辩护。

（六）走私珍贵动物、珍贵动物制品罪

罪名	量刑档次	量刑标准
走私珍贵动物、珍贵动物制品罪	情节较轻，处5年以下有期徒刑，并处罚金	（一）走私国家一、二级保护动物未达到2014年《关于办理走私刑事案件适用法律若干问题的解释》附表中（一）规定的数量标准； （二）走私珍贵动物制品数额不满20万元的。
	处5年以上10年以下有期徒刑，并处罚金	（一）走私国家一、二级保护动物达到2014年《关于办理走私刑事案件适用法律若干问题的解释》附表中（一）规定的数量标准的； （二）走私国家一、二级保护动物未达到2014年《关于办理走私刑事案件适用法律若干问题的解释》附表中（一）规定的数量标准，但具有造成该珍贵动物死亡或者无法追回等情节的； （三）走私珍贵动物制品数额在20万元以上不满100万元的。
	情节特别严重，处10年以上有期徒刑或者无期徒刑，并处没收财产	（一）走私国家一、二级保护动物达到2014年《关于办理走私刑事案件适用法律若干问题的解释》附表中（二）规定的数量标准的； （二）走私国家一、二级保护动物达到2014年《关于办理走私刑事案件适用法律若干问题的解释》附表中（一）规定的数量标准，且属于犯罪集团的首要分子，使用特种车辆从事走私活动，或者造成该珍贵动物死亡、无法追回等情形的； （三）走私珍贵动物制品数额在100万元以上的。

走私珍贵动物、珍贵动物制品罪的量刑标准如上述表格，律师在辩护时需要把握以下几个方面：

1. 《刑法修正案（八）》废除了本罪的死刑。

2. 单位犯本罪的，依照表格中的标准定罪处罚。

3. "珍贵动物"，包括列入《国家重点保护野生动物名录》中的国家一、二级保护野生动物，《濒危野生动植物种国际贸易公约》附录Ⅰ、附录Ⅱ中的野生动物，以及驯养繁殖的上述动物。

4. 走私2014年最高人民法院、最高人民检察院《关于办理走私刑事案件适用法律若干问题的解释》附表中未规定的珍贵动物的，参照附表中规定的同属或者同科动物的数量标准执行。

5. 走私2014年最高人民法院、最高人民检察院《关于办理走私刑事案件适用法律若干问题的解释》附表中未规定珍贵动物的制品的,按照最高人民法院、最高人民检察院、国家林业局、公安部、海关总署《关于破坏野生动物资源刑事案件中涉及的CITES附录Ⅰ和附录Ⅱ所列陆生野生动物制品价值核定问题的通知》(林濒发〔2012〕239号)的有关规定核定价值。

6. 2014年最高人民法院、最高人民检察院《关于办理走私刑事案件适用法律若干问题的解释》附表如下,但删减了对应的拉丁文名:

中文名	级别	(一)	(二)	中文名	级别	(一)	(二)
蜂猴	Ⅰ	3	4	麋鹿	Ⅰ	1	2
熊猴	Ⅰ	2	3	野牛	Ⅰ	1	2
台湾猴	Ⅰ	1	2	野牦牛	Ⅰ	2	3
琢尾猴	Ⅰ	2	3	普氏原羚	Ⅰ	1	2
叶猴(所有种)	Ⅰ	1	2	藏羚	Ⅰ	2	3
金丝猴(所有种)	Ⅰ		1	高鼻羚羊	Ⅰ		1
长臂猿(所有种)	Ⅰ	1	2	扭角羚	Ⅰ	1	2
马来熊	Ⅰ	2	3	台湾鬣羚	Ⅰ	2	3
大熊猫	Ⅰ		1	赤斑羚	Ⅰ	2	3
紫貂	Ⅰ	3	4	塔尔羊	Ⅰ	2	4
貂熊	Ⅰ	2	3	北山羊	Ⅰ	2	4
熊狸	Ⅰ	1	2	河狸	Ⅰ	1	2
云豹	Ⅰ		1	短尾信天翁	Ⅰ	2	4
豹	Ⅰ		1	白腹军舰鸟	Ⅰ	2	4
雪豹	Ⅰ		1	白鹳	Ⅰ	2	4
虎	Ⅰ		1	黑鹳	Ⅰ	2	4
亚洲象	Ⅰ		1	朱鹮	Ⅰ		1
蒙古野驴	Ⅰ	2	3	中华沙秋鸭	Ⅰ	2	3
西藏野驴	Ⅰ	3	5	金雕	Ⅰ	2	4
野马	Ⅰ		1	白肩雕	Ⅰ	2	4
野骆驼	Ⅰ	1	2	玉带海雕	Ⅰ	2	4
鼷鹿	Ⅰ	2	3	白尾海雕	Ⅰ	2	3
黑麂	Ⅰ	1	2	虎头海雕	Ⅰ	2	4
白唇鹿	Ⅰ	1	2	拟兀鹫	Ⅰ	2	4
坡鹿	Ⅰ	1	2	胡兀鹫	Ⅰ	2	4
梅花鹿	Ⅰ	2	3	细嘴松鸡	Ⅰ	3	5

(续表)

中文名	级别	(一)	(二)	中文名	级别	(一)	(二)
琢鹿	I	2	3	雉鹑	I	3	5
四川山鹧鸪	I	3	5	藏酋猴	II	6	10
海南山鹧鸪	I	3	5	穿山甲	II	8	16
黑头角雉	I	2	3	豺	II	4	6
红胸角雉	I	2	4	黑熊	II	3	5
灰腹角雉	I	2	3	棕熊(包括马熊)	II	3	5
黄腹角雉	I	2	3	小熊猫	II	3	5
虹雉(所有种)	I	2	4	石貂	II	4	10
褐马鸡	I	2	3	黄喉貂	II	4	10
蓝鹇	I	2	3	斑林狸	II	4	8
黑颈长尾雉	I	2	4	大灵猫	II	3	5
白颈长尾雉	I	2	4	小灵猫	II	4	8
黑长尾雉	I	2	4	草原斑猫	II	4	8
孔雀雉	I	2	3	荒漠猫	II	4	10
绿孔雀	I	2	3	丛林猫	II	4	8
黑颈鹤	I	2	3	猞猁	II	2	3
白头鹤	I	2	3	兔狲	II	3	5
丹顶鹤	I	2	3	金猫	II	4	8
白鹤	I	2	3	渔猫	II	4	8
赤颈鹤	I	1	2	麝(所有种)	II	3	5
鸨(所有种)	I	4	6	河麂	II	4	8
遗鸥	I	2	4	马鹿(含白臀鹿)	II	4	6
四爪陆龟	I	4	8	水鹿	II	3	5
蜥鳄	I	2	4	驼鹿	II	3	5
巨蜥	I	2	4	黄羊	II	8	15
蟒	I	2	4	藏原羚	II	4	8
扬子鳄	I	1	2	鹅喉羚	II	4	8
中华蛩蠊	I	3	6	鬣羚	II	3	4
金斑喙凤蝶	I	3	6	斑羚	II	4	8
短尾猴	II	6	10	岩羊	II	4	8
猕猴	II	6	10	盘羊	II	3	5
海南兔	II	6	10	雪鸡(所有种)	II	10	20
雪兔	II	6	10	血雉	II	4	6
塔里木兔	II	20	40	红腹角雉	II	4	6

(续表)

中文名	级别	(一)	(二)	中文名	级别	(一)	(二)
巨松鼠	II	6	10	藏马鸡	II	4	6
角䴙䴘	II	6	10	蓝马鸡	II	4	10
赤颈䴙䴘	II	6	8	黑鹇	II	6	8
鹈鹕(所有种)	II	4	8	白鹇	II	6	10
鲣鸟(所有种)	II	6	10	原鸡	II	6	8
海鸬鹚	II	4	8	勺鸡	II	6	8
黑颈鸬鹚	II	4	8	白冠长尾雉	II	4	6
黄嘴白鹭	II	6	10	锦鸡(所有种)	II	4	8
岩鹭	II	6	20	灰鹤	II	4	8
海南虎斑	II	6	10	沙丘鹤	II	4	8
小苇	II	6	10	白枕鹤	II	4	8
彩鹳	II	3	4	蓑羽鹤	II	6	10
白环	II	4	8	长脚秧鸡	II	6	10
黑环	II	4	8	姬田鸡	II	6	10
彩环	II	4	8	棕背田鸡	II	6	10
白琵鹭	II	4	8	花田鸡	II	6	10
黑脸琵鹭	II	4	8	铜翅水雉	II	6	10
红胸黑雁	II	4	8	小杓鹬	II	8	15
白额雁	II	6	10	小青脚鹬	II	6	10
天鹅(所有种)	II	6	10	灰燕行	II	6	10
鸳鸯	II	6	10	小鸥	II	6	10
其他鹰类	II	4	8	黑浮鸥	II	6	10
隼科(所有种)	II	6	10	黄嘴河燕鸥	II	6	10
黑琴鸡	II	4	8	黑嘴端凤头燕鸥	II	4	8
柳雷鸟	II	4	8	黑腹沙鸡	II	4	8
岩雷鸟	II	6	10	绿鸠(所有种)	II	6	8
镰翅鸡	II	3	4	黑颏果鸠	II	6	10
花尾榛鸡	II	10	20	皇鸠(所有种)	II	6	10
斑尾林鸽	II	6	10	凹甲陆龟	II	6	10
鹃鸠(所有种)	II	6	10	大壁虎	II	10	20
鹦鹉科(所有种)	II	6	10	虎纹蛙	II	100	200
鸦鹃(所有种)	II	6	10	伟铗	II	6	10

(续表)

中文名	级别	(一)	(二)	中文名	级别	(一)	(二)
号形目(所有种)	II	6	10	尖板曦箭蜓	II	6	10
灰喉针尾雨燕	II	6	10	宽纹北箭蜓	II	6	10
凤头雨燕	II	6	10	中华缺翅虫	II	6	10
橙胸咬鹃	II	6	10	墨脱缺翅虫	II	6	10
蓝耳翠鸟	II	6	10	拉步甲	II	6	10
鹳嘴翠鸟	II	6	10	硕步甲	II	6	10
黑胸蜂虎	II	6	10	彩臂金龟(所有种)	II	6	10
绿喉蜂虎	II	6	10	叉犀金龟	II	6	10
犀鸟科(所有种)	II	4	8	双尾褐凤蝶	II	6	10
白腹黑啄木鸟	II	6	10	三尾褐凤蝶	II	6	10
阔嘴鸟科(所有种)	II	6	10	中华虎凤蝶	II	6	10
八色鸫科(所有种)	II	6	10	阿波罗绢蝶	II	6	10

(七) 走私国家禁止进出口的货物、物品罪

罪名	量刑档次	量刑标准
走私国家禁止进出口的货物、物品罪	处5年以下有期徒刑或者拘役,并处或者单处罚金	(一) 走私国家一级保护野生植物5株以上不满25株,国家二级保护野生植物10株以上不满50株,或者珍稀植物、珍稀植物制品数额在20万元以上不满100万元的; (二) 走私重点保护古生物化石或者未命名的古生物化石不满10件,或者一般保护古生物化石10件以上不满50件的; (三) 走私禁止进出口的有毒物质1吨以上不满5吨,或者数额在2万元以上不满10万元的; (四) 走私来自境外疫区的动植物及其产品5吨以上不满25吨,或者数额在5万元以上不满25万元的; (五) 走私木炭、硅砂等妨害环境、资源保护的货物、物品10吨以上不满50吨,或者数额在10万元以上不满50万元的; (六) 走私旧机动车、切割车、旧机电产品或者其他禁止进出口的货物、物品20吨以上不满100吨,或者数额在20万元以上不满100万元的; (七) 数量或者数额未达到以上六项规定的标准,但属于犯罪集团的首要分子,使用特种车辆从事走私活动,造成环境严重污染,或者引起甲类传染病传播、重大动植物疫情等情形的。

(续表)

罪名	量刑档次	量刑标准
走私国家禁止进出口的货物、物品罪	情节严重,处5年以上有期徒刑,并处罚金	(一) 走私国家一级保护野生植物25株以上,国家二级保护野生植物50株以上,或者珍稀植物、珍稀植物制品数额在100万元以上的; (二) 走私重点保护古生物化石或者未命名的古生物化石10件以上,或者一般保护古生物化石50件以上的; (三) 走私禁止进出口的有毒物质5吨以上,或者数额在10万元以上的; (四) 走私来自境外疫区的动植物及其产品25吨以上,或者数额在25万元以上的; (五) 走私木炭、硅砂等妨害环境、资源保护的货物、物品50吨以上,或者数额在50万元以上的; (六) 走私旧机动车、切割车、旧机电产品或者其他禁止进出口的货物、物品100吨以上,或者数额在100万元以上的; (七) 达到"处5年以下有期徒刑"的标准,且属于犯罪集团的首要分子,使用特种车辆从事走私活动,造成环境严重污染,或者引起甲类传染病传播、重大动植物疫情等情形的。

走私国家禁止进出口的货物、物品罪的量刑标准如上述表格,律师在辩护时需要把握以下几个方面:

1. "珍稀植物",包括列入《国家重点保护野生植物名录》《国家重点保护野生药材物种名录》《国家珍贵树种名录》中的国家一、二级保护野生植物、国家重点保护的野生药材、珍贵树木,《濒危野生动植物种国际贸易公约》附录Ⅰ、附录Ⅱ中的野生植物,以及人工培育的上述植物。

2. "古生物化石",按照《古生物化石保护条例》的规定予以认定。如果走私具有科学价值的古脊椎动物化石、古人类化石的,以走私文物罪定罪处罚。

3. 单位犯本罪的,依照表格中的标准定罪处罚。

(八) 走私淫秽物品罪

罪名	量刑档次	量刑标准
走私淫秽物品罪	情节较轻,处3年以下有期徒刑、拘役或者管制,并处罚金	(一) 走私淫秽录像带、影碟50盘(张)以上至100盘(张)的; (二) 走私淫秽录音带、音碟100盘(张)以上至200盘(张)的; (三) 走私淫秽扑克、书刊、画册100副(册)以上至200副(册)的; (四) 走私淫秽照片、画片500张以上至1000张的; (五) 走私其他淫秽物品相当于上述数量的。

（续表）

罪名	量刑档次	量刑标准
走私淫秽物品罪	处3年以上10年以下有期徒刑，并处罚金	（一）走私淫秽录像带、影碟100盘（张）以上至500盘（张）的； （二）走私淫秽录音带、音碟200盘（张）以上至1000盘（张）的； （三）走私淫秽扑克、书刊、画册200副（册）以上至1000副（册）的； （四）走私淫秽照片、画片1000张以上至5000张的； （五）走私其他淫秽物品相当于上述数量的。
	情节严重，处10年以上有期徒刑或者无期徒刑，并处罚金或者没收财产	（一）走私淫秽录像带、影碟500盘（张）以上的； （二）走私淫秽录音带、音碟1000盘（张）以上的； （三）走私淫秽扑克、书刊、画册1000副（册）以上的； （四）走私淫秽照片、画片5000张以上的； （五）走私淫秽物品达到"处3年以上10年以下有期徒刑"的标准，但属于犯罪集团的首要分子，使用特种车辆从事走私活动等情形的。

走私淫秽物品罪的量刑标准如上述表格，律师在辩护时需要把握以下几个方面：

1. "淫秽物品"，是指具体描绘性行为或者露骨宣传色情的诲淫性的影片、录像带、录音带、图片、书刊或者其他淫秽物品。

2. "其他淫秽物品"，是指除淫秽的影片、录像带、录音带、图片、书刊以外的，通过文字、声音、形象等形式表现淫秽内容的影碟、音碟、电子出版物等物品，也包括视频文件、音频文件、短信息等互联网、移动通讯终端电子信息和声讯台语音信息。

3. 单位犯本罪的，依照表格中的标准定罪处罚。

（九）走私废物罪

罪名	量刑档次	量刑标准
走私废物罪	情节严重，处5年以下有期徒刑，并处或者单处罚金	（一）走私国家禁止进口的危险性固体废物、液态废物分别或者合计达到1吨以上不满5吨的； （二）走私国家禁止进口的非危险性固体废物、液态废物分别或者合计达到5吨以上不满25吨的； （三）走私国家限制进口的可用作原料的固体废物、液态废物分别或者合计达到20吨以上不满100吨的； （四）未达到上述数量标准，但属于犯罪集团的首要分子，使用特种车辆从事走私活动，或者造成环境严重污染等情形的。

(续表)

罪名	量刑档次	量刑标准
走私废物罪	情节特别严重，处5年以上有期徒刑，并处罚金	（一）走私国家禁止进口的危险性固体废物、液态废物分别或者合计达到5吨以上的； （二）走私国家禁止进口的非危险性固体废物、液态废物分别或者合计达到25吨以上的； （三）走私国家限制进口的可用作原料的固体废物、液态废物分别或者合计达到100吨以上的； （四）走私废物的数量达到了"处5年以下有期徒刑"的标准，且属于犯罪集团的首要分子，使用特种车辆从事走私活动，或者造成环境严重污染等情形的； （五）走私废物的数量虽未达到"处5年以下有期徒刑"的标准，但造成环境严重污染且后果特别严重的。

走私废物罪的量刑标准如上述表格，律师在辩护时需要把握以下几个方面：

1. 走私置于容器中的气态废物的，参照以上"情节严重"和"情节特别严重"项下的标准处罚。

2. 国家限制进口的可用作原料的废物的具体种类，按照国家有关部门规定执行。

3. 单位犯本罪的，依照表格中的标准定罪处罚。

（十）走私毒品罪

详见本书第十章毒品类犯罪章节的相关内容。

（十一）走私制毒物品罪

详见本书第十章毒品类犯罪章节的相关内容。

（十二）走私普通货物、物品罪

犯罪主体	量刑档次	量刑标准
个人犯走私普通货物、物品罪	偷逃应缴税额较大或者其他情节，处3年以下有期徒刑或者拘役，并处罚金	（一）偷逃应缴税额在10万元以上不满50万元的； （二）1年内曾因走私被给予2次行政处罚后又走私的。
	偷逃应缴税额巨大或者有其他严重情节，处3年以上10年以下有期徒刑，并处罚金	（一）偷逃应缴税额在50万元以上不满250万元的； （二）偷逃应缴税额在30万元以上不满50万元，但具有下列情节之一的： 1. 犯罪集团的首要分子； 2. 使用特种车辆从事走私活动的； 3. 为实施走私犯罪，向国家机关工作人员行贿的； 4. 教唆、利用未成年人、孕妇等特殊人群走私的； 5. 聚众阻挠缉私的。

(续表)

犯罪主体	量刑档次	量刑标准
个人犯走私普通货物、物品罪	偷逃应缴税额特别巨大或者有其他特别严重情节，处10年以上有期徒刑或者无期徒刑，并处罚金或者没收财产	（一）偷逃应缴税额在250万元以上的； （二）偷逃应缴税额在150万元以上不满250万元，但具有下列情节之一的： 1. 犯罪集团的首要分子； 2. 使用特种车辆从事走私活动的； 3. 为实施走私犯罪，向国家机关工作人员行贿的； 4. 教唆、利用未成年人、孕妇等特殊人群走私的； 5. 聚众阻挠缉私的。
单位犯走私普通货物、物品罪	对单位判处罚金，并对其直接负责的主管人员和其他直接责任人员，处3年以下有期徒刑或者拘役	偷逃应缴税额在20万元以上不满100万元的。
	情节严重的，处3年以上10年以下有期徒刑	偷逃应缴税额在100万元以上不满500万元的。
	情节特别严重的，处10年以上有期徒刑	偷逃应缴税额在500万元以上的。

走私普通货物、物品罪的量刑标准如上述表格，律师在辩护时需要把握以下几个方面：

1. 关于"应缴税额"

"应缴税额"，包括进出口货物、物品应当缴纳的进出口关税和进口环节海关代征税的税额。应缴税额以走私行为实施时的税则、税率、汇率和完税价格计算；多次走私的，以每次走私行为实施时的税则、税率、汇率和完税价格逐票计算；走私行为实施时间不能确定的，以案发时的税则、税率、汇率和完税价格计算。

2. 关于"一年内曾因走私被给予二次行政处罚后又走私"

"一年内曾因走私被给予二次行政处罚后又走私"中的"一年内"，以因走私第一次受到行政处罚的生效之日与"又走私"行为实施之日的时间间隔计算确定；"被给予二次行政处罚"的走私行为，包括走私普通货物、物品以及其他货物、物品；"又走私"行为仅指走私普通货物、物品。

3. 关于"对多次走私未经处理的"

《刑法》第153条第3款规定的"多次走私未经处理",包括未经行政处理和刑事处理,不仅限于行政处罚。

4. 关于偷逃应缴税额的核定问题

在办理走私普通货物、物品刑事案件中,对走私行为人涉嫌偷逃应缴税额的核定,应当由走私犯罪案件管辖地的海关出具《涉嫌走私的货物、物品偷逃税款海关核定证明书》(以下简称《核定证明书》)。海关出具的《核定证明书》,经走私犯罪侦查机关、人民检察院、人民法院审查确认,可以作为办案的依据和定罪量刑的证据。

走私犯罪侦查机关、人民检察院和人民法院对《核定证明书》提出异议或者因核定偷逃税额的事实发生变化,认为需要补充核定或者重新核定的,可以要求原出具《核定证明书》的海关补充核定或者重新核定。

走私犯罪嫌疑人、被告人或者辩护人对《核定证明书》有异议,向走私犯罪侦查机关、人民检察院或者人民法院提出重新核定申请的,经走私犯罪侦查机关、人民检察院或者人民法院同意,可以重新核定。重新核定应当另行指派专人进行。

5. 关于伪报价格走私犯罪案件中实际成交价格的认定问题

走私犯罪案件中的伪报价格行为,是指犯罪嫌疑人、被告人在进出口货物、物品时,向海关申报进口或者出口的货物、物品的价格低于或者高于进出口货物的实际成交价格。

对实际成交价格的认定,在无法提取真、伪两套合同、发票等单证的情况下,可以根据犯罪嫌疑人、被告人的付汇渠道、资金流向、会计账册、境内外收发货人的真实交易方式,以及其他能够证明进出口货物实际成交价格的证据材料综合认定。

6. 关于出售走私货物已缴纳的增值税应否从走私偷逃应缴税额中扣除的问题

走私犯罪嫌疑人为出售走私货物而开具增值税专用发票并缴纳增值税,是其走私行为既遂后在流通领域获违法所得的一种手段,属于非法开具增值税专用发票。对走私犯罪嫌疑人因出售走私货物而实际缴纳走私货物增值税的,在核定走私货物偷逃应缴税额时,不应当将其已缴纳的增值税额从其走私偷逃应缴税额中扣除。

辩点9-6:犯罪形态

犯罪形态的辩护是所有案件的重要辩点,走私类犯罪案件也不例外。因为犯罪完成形态的犯罪既遂与犯罪未完成形态的犯罪未遂、犯罪预备和犯罪中止在量刑上有很大差异。对于预备犯,可以比照既遂犯从轻、减轻处罚或者免除处罚;对于未遂犯,可以比照既遂犯从轻或者减轻处罚;对于中止犯,没有造成损害的,应当免除处罚,造成损害的,应当减轻处罚。律师在进行辩护时,当然不能放过这些法定的从轻、减轻甚至免除处罚的情节。

2014年《关于办理走私刑事案件适用法律若干问题的解释》第23条对走私犯罪的既遂标准作了明确的认定,律师应当熟练掌握,并在这个基础之上,审查案件是否具有进行犯罪预备、犯罪未遂或者犯罪中止的辩护的空间。

根据上述司法解释的规定,实施走私犯罪,具有下列情形之一的,应当认定为犯罪既遂:

(1) 在海关监管现场被查获的;

(2) 以虚假申报方式走私,申报行为实施完毕的;

(3) 以保税货物或者特定减税、免税进口的货物、物品为对象走私,在境内销售的,或者申请核销行为实施完毕的。

案例9-6

2008年4月,被告人陈某某通过"QQ"网络聊天,决定向在美国的"CuTeBaBe"(QQ名)购买美国"秃鹰"气枪。双方商定以伪报品名、填写假收件人、假收件地址的方式逃避海关监管,将该枪支邮寄入境。同时,陈某某还购买了一个手机卡专门用于收件联络。2008年4月25日,"CuTeBaBe"收到被告人陈某某付给的货款后,从美国将一支口径为4.5毫米的"秃鹰"气枪以玩具的名义邮寄到中国某市给陈某某。陈某某于同年5月3日收到该枪支,并将枪支存放在其办公场所内。之后,被告人陈某某又通过"QQ"网络聊天向"CuTeBaBe"订购口径为5.5毫米的美国"秃鹰"气枪一支及"秃鹰"气枪配件一批,并约定采用相同的方法走私入境。在收到陈某某付给的货款后,"CuTeBaBe"分别于2008年5月21日、27日,分两次以相同方式从美国将一支口径为5.5毫米的"秃鹰"气枪及气枪配件,以玩具或其配件的名义邮寄给陈某某。同月28日,海关驻邮局办事处关员在快件进出境监管过程中将该口径为5.5毫米的"秃鹰"气枪查获后,即将案件移送海关缉私局侦办。次日,海关缉私局侦查员在快递公司配合下,采取控制下交付的手段在某市抓获前来取货的陈某某。根据陈某某的主动交代,海关缉私局于同日在陈某某的办公场所查获其先前走私入境的口径为4.5毫米的"秃鹰"气枪一支及用于犯罪的电脑主机、手机卡,并于同年6月1日,在海关驻邮局办事处查获该批邮寄入境的气枪配件。经某市公安局鉴定,上述两支枪支均是以气体为动力发射弹丸的制式气枪。后陈某某被人民检察院提起公诉。

在本案中,陈某某的辩护律师提出陈某某走私本案第二支枪支的行为应属犯罪未遂的辩护意见,法院经审理后认为,走私武器罪系行为犯,应以行为完成与否作为区分犯罪既、未遂的标准。在采取邮寄方式实施的走私武器犯罪中,是否犯罪既遂应视武器是否投递完成并报关入境。而本案第二支枪支系由美国邮寄入境后,在通关过程中被查获,故被告人陈某某通过邮寄手段将该枪支由美国走私入境的行为已经实施并完成,应认定为犯罪既遂。但被告人陈某某在实施走私武器犯罪行为的过程中被当场抓获后,能够如实交代司法机关尚未掌握的同种罪行,有较好的认罪悔罪表现,依法应从轻处罚。被告人陈某某归案后能如实供述,且当庭自愿认罪,依法亦可酌情从轻处罚。最终法院认定被告人陈某某犯走私武器罪,判处有期徒刑3年,缓刑3年,并处罚金人民币10万元。

辩点9-7:共同犯罪

在司法实践中,由于走私通常需要各个环节互相分工和配合,所以共同走私犯罪的现象普遍存在。我国刑法对共同犯罪进行了专节规定,规定了共同犯罪的含义以及对组织、领导犯罪集团的首要分子和首要分子以外的主犯还有从犯、胁从犯和教唆犯的处罚原则。但对于共同走私犯罪,刑法分则及相关司法解释还专门作出了规定。

(一) 共同走私犯罪认定的规定

1. 与走私罪犯通谋,为其提供贷款、资金、账号、发票、证明,或者为其提供运输、保管、邮寄或者其他方便的,以走私罪的共犯论处。(《刑法》第156条)

这里的"通谋"是指犯罪行为人之间事先或者事中形成的共同的走私故意。下列情形可以认定为通谋:

(1) 对明知他人从事走私活动而同意为其提供贷款、资金、账号、发票、证明、海关单证,提供运输、保管、邮寄或者其他方便的;

(2) 多次为同一走私犯罪分子的走私行为提供前项帮助的。

2. 明知他人实施走私制毒物品犯罪，而为其运输、储存、代理进出口或者以其他方式提供便利的，以走私制毒物品罪的共犯立案追诉。(2012年5月16日最高人民检察院、公安部《关于公安机关管辖的刑事案件立案追诉标准的规定(三)》)

3. 负有特定监管义务的海关工作人员与走私分子通谋，在放纵走私过程中以积极的行为配合走私分子逃避海关监管或者在放纵走私之后分得赃款的，应以共同走私犯罪追究刑事责任。

如果海关工作人员徇私舞弊，利用职权，放任、纵容走私犯罪行为，实施的只是消极的不作为，情节严重的，则可以单独构成放纵走私罪。(2002年7月8日最高人民法院、最高人民检察院、海关总署《关于办理走私刑事案件适用法律若干问题的意见》)

4. 对《刑法》第155条第(二)项规定的实施海上走私犯罪行为的运输人、收购人或者贩卖人应当追究刑事责任。对运输人，一般追究运输工具的负责人或者主要责任人的刑事责任，但对于事先通谋的、集资走私的或者使用特殊的走私运输工具从事走私犯罪活动的，可以追究其他参与人员的刑事责任。(2002年7月8日最高人民法院、最高人民检察院、海关总署《关于办理走私刑事案件适用法律若干问题的意见》)

(二) 单位和个人共同走私的处理

单位和个人共同走私的，单位和个人均应对共同走私所偷逃应缴税额承担刑事责任。一般而言，单位犯罪的起刑点较高，法定刑相对较轻。例如，个人犯走私普通货物、物品罪的，偷逃应缴税额达到10万元以上就可以构成犯罪，而单位则需要达到20万元以上才可以构成，此外，个人犯罪最高刑期是无期徒刑，且要并处财产刑，而单位犯罪中对单位直接负责的主管人员和其他直接责任人员的最高刑期为15年，且无需承担财产刑。由于单位犯罪和个人犯罪存在定罪和量刑上的差异，所以在单位和个人共同走私的情况下，就应当根据其在案件中所起的作用，区分不同情况做出处理。2002年7月8日最高人民法院、最高人民检察院、海关总署《关于办理走私刑事案件适用法律若干问题的意见》和2011年6月6日上海市高级人民法院《刑事法律适用问题解答(二)》对"单位与个人共同走私的处理"有过明确的规定和指导，但由于2014年9月10日最高人民法院、最高人民检察院《关于办理走私刑事案件适用法律若干问题的解释》对走私类犯罪的量刑标准作了重大调整，所以上述《意见》和《解答》中所涉及的"共同走私偷逃应缴税额"应当不再适用，但根据所起的作用并区分不同的情况进行处理的精神仍值得参考。

1. 2011年6月6日上海市高级人民法院《刑事法律适用问题解答(二)》关于单位与个人共同走私的处理

（1）单位和个人共同走私偷逃应缴税额为5万元以上不满25万元的,如果单位起主要作用,对单位和个人均不追究刑事责任,由海关予以行政处罚;如果个人起主要作用或者个人与单位作用相当,对个人依照刑法有关规定追究刑事责任,对单位由海关予以行政处罚。

（2）单位和个人共同走私偷逃应缴税额超过25万元的,以主要实行犯的定罪处罚标准为基点,区分下列三种情况分别处理:

① 单位为主实行走私犯罪,个人起次要或帮助作用的,定罪量刑均应适用单位犯罪的相关规定,以保证主从犯在处刑上的协调性。

② 个人为主实行走私犯罪,单位起次要或帮助作用的,由于犯罪单位无法适用个人犯罪所对应的自由刑或生命刑,且适用单位犯罪的法定刑一般不会加重犯罪单位中承担刑事责任的自然人的刑罚,故应当对犯罪单位和个人分别适用各自对应的法定刑。

③ 单位与个人共同出资、共同实施走私行为并按比例分成,难以区分主次作用的,应对犯罪单位和个人分别适用各自相应的法定刑。由于走私罪中单位与自然人各自对应的法定刑相差悬殊,有必要适当注意犯罪单位中承担刑事责任的自然人与作为共犯的个人在量刑上的平衡,对作为共犯的个人适度从轻处罚。

2. 2002年7月8日最高人民法院、最高人民检察院、海关总署《关于办理走私刑事案件适用法律若干问题的意见》关于单位与个人共同走私普通货物、物品案件的处理

对单位和个人共同走私偷逃应缴税额为5万元以上不满25万元的,应当根据其在案件中所起的作用,区分不同情况做出处理。单位起主要作用的,对单位和个人均不追究刑事责任,由海关予以行政处理;个人起主要作用的,对个人依照刑法有关规定追究刑事责任,对单位由海关予以行政处理。无法认定单位或个人起主要作用的,对个人和单位分别按个人犯罪和单位犯罪的标准处理。

单位和个人共同走私偷逃应缴税额超过25万元且能区分主、从犯的,应当按照刑法关于主、从犯的有关规定,对从犯从轻、减轻处罚或者免除处罚。

(三) 共同走私案件罚金刑的判处

根据2002年《关于办理走私刑事案件适用法律若干问题的意见》第22条的规

定,审理共同走私犯罪案件时,对各共同犯罪人判处罚金的总额应掌握在共同走私行为偷逃应缴税额的1倍以上5倍以下。

(四) 共同走私犯罪分子的处罚

1. 首要分子

根据刑法总则的规定,对组织、领导犯罪集团的首要分子,按照集团所犯的全部罪行处罚。在走私类犯罪中,犯罪集团的首要分子不但要按照集团所犯的全部罪行处罚,而且还可能成为加重一个量刑幅度处罚的情节,直接影响到定罪和量刑。例如,有的走私犯罪,即使数额或者数量没有达到立案标准,但仍然可以追究犯罪集团首要分子的刑事责任;有的走私犯罪,对应走私的数额或者数量,可以追究犯罪集团首要分子上一个量刑档次的刑事责任。因此,律师在进行辩护时,对当事人属于犯罪集团的首要分子还是首要分子以外的主犯,要进行准确界定。此外,掌握各类走私犯罪的具体规定有利于律师进行辩护。

(1) 走私武器、弹药罪:走私武器、弹药没有达到追诉所要求的数量标准,对犯罪集团的首要分子可以判处"三年以上七年以下有期徒刑";走私武器、弹药达到"判处三年以上七年以下有期徒刑"规定的数量标准,对犯罪集团的首要分子可以判处"七年以上有期徒刑";走私武器、弹药没有达到"判处七年以上有期徒刑"规定的数量标准,对犯罪集团的首要分子可以判处"无期徒刑"。

(2) 走私假币罪:走私假币的数额或者数量达到"判处七年以上有期徒刑"规定的标准,对犯罪集团的首要分子可以判处"无期徒刑"。

(3) 走私文物罪:走私文物的数量达到"判处五年以上十年以下有期徒刑"规定的标准,对犯罪集团的首要分子可以判处"十年以上有期徒刑或者无期徒刑"。

(4) 走私珍贵动物、珍贵动物制品罪:走私珍贵动物、珍贵动物制品的数量达到"判处五年以上十年以下有期徒刑"规定的标准,对犯罪集团的首要分子可以判处"十年以上有期徒刑或者无期徒刑"。

(5) 走私国家禁止出口的货物、物品罪:走私国家禁止出口的货物、物品的数量或者数额没有达到追诉所要求的标准,对犯罪集团的首要分子可以判处"五年以下有期徒刑";走私国家禁止出口的货物、物品的数量或者数额没有达到"判处五年以下有期徒刑"规定的标准,对犯罪集团的首要分子可以判处"五年以上有期徒刑"。

(6) 走私淫秽物品罪:走私淫秽物品达到"处三年以上十年以下有期徒刑"的标准,对犯罪集团的首要分子可以判处"十年以上有期徒刑或者无期徒刑"。

(7) 走私废物罪:走私废物没有达到追诉所要求的数量标准,对犯罪集团的首要分子可以判处"五年以下有期徒刑";走私废物达到"处五年以下有期徒刑"的数量标准,对犯罪集团的首要分子可以判处"五年以上有期徒刑"。

(8)走私普通货物、物品罪:个人走私普通货物、物品,要判处"三年以上十年以下有期徒刑",偷逃应缴税额应在 50 万元以上不满 250 万元,但如果是犯罪集团的首要分子,偷逃应缴税额即使不满 50 万元,但达到 30 万元以上即可;要判处"十年以上有期徒刑或者无期徒刑",偷逃应缴税额应达到 250 万元以上,但如果是犯罪集团的首要分子,偷逃应缴税额即使不满 250 万元,但达到 150 万元以上即可。

2. 首要分子以外的主犯

根据刑法总则的规定,组织、领导犯罪集团进行犯罪活动的或者在共同犯罪中起主要作用的,是主犯。对于犯罪集团首要分子以外的主犯,应当按照其参与的或者组织、指挥的全部犯罪处罚。组织、领导犯罪集团的首要分子肯定是主犯,但主犯并不一定都是犯罪集团的首要分子。在集团犯罪中,准确界定是组织、领导犯罪集团的首要分子还是首要分子以外的主犯非常重要,直接影响定罪和量刑,详见前面"首要分子"部分的内容。

3. 从犯和胁从犯

根据刑法总则的规定,在共同犯罪中起次要或者辅助作用的,是从犯。对于从犯,应当从轻、减轻处罚或者免除处罚。对于被胁迫参加犯罪的,应当按照他的犯罪情节减轻处罚或者免除处罚。在共同走私犯罪中,如果能够从当事人所起的作用认定为从犯或者胁从犯,属于法定的从轻、减轻以及免除处罚的情节,可以大幅度地减轻对当事人的量刑,是辩护律师应当审查的一个重要内容。

4. 教唆犯

根据刑法总则的规定,教唆他人犯罪的,应当按照他在共同犯罪中所起的作用处罚。教唆不满 18 周岁的人犯罪的,应当从重处罚。如果被教唆的人没有犯被教唆的罪,对于教唆犯,可以从轻或者减轻处罚。

除了刑法总则的规定外,司法解释对走私类犯罪也有更为具体的规定,如在 2014 年《关于办理走私刑事案件适用法律若干问题的解释》中,个人走私普通货物、物品偷逃应缴税额达到 250 万元以上的,才可以判处"十年以上有期徒刑或者无期徒刑",但如果教唆、利用未成年人、孕妇等特殊人群走私的,即使偷逃应缴税额不满 250 万元,只要达到 150 万元的,即可判处"十年以上有期徒刑或者无期徒刑"。由此可见,对于走私普通货物、物品罪,不但教唆未成年人走私会被从重处罚,教唆孕妇等其他特殊人群走私,也可能被从重处罚,辩护律师在辩护时要特别留意这些特殊规定。

案例 9-7

2007年3月上旬，被告人罗某某受台湾人陈某某之托，欲寻找渔船将一箱牌九（即骨牌）从金门运送到厦门，为此找到被告人苏某某帮忙。苏某某将此事告诉严某某后，严某某表示可以找人将货从金门专船运到厦门，并与罗某某商定运费为人民币3 600元；罗某某则向陈某某报价为人民币7 200元。同时，苏某某还让其金门朋友杨某某在金门接转货物。此后，陈某某告诉罗某某牌九中夹藏假人民币，不能让人拆开，并承诺如再将假币从厦门安全运到珠海，即可获得酬劳人民币20 000元。在货物运抵厦门之前，罗某某也将牌九内夹带假币的事实告诉了苏某某，并答应从报酬中分给苏某某10 000元。同月12日，陈某某将人民币7 500元汇入罗某某的银行卡内，次日，罗某某将其中人民币4 000元转入严某某的银行卡内作为运货费用。同月15日凌晨，根据严某某的安排，杨某某在金门提货后将货物从金门运到厦门。严某某在交接货物时，发现货物内有假人民币，于是将上述台湾产牌九13副及假百元面值人民币9 525张上交给厦门市公安边防支队。后被告人罗某某和苏某某被抓获并以共同犯罪被移送起诉。经中国人民银行厦门市中心支行鉴定，上述9 525张百元面值2005年版人民币均为假币。

在本案中，被告人苏某某辩解称其未参与走私共谋，事先也不知道牌九中夹带假币，与罗某某不存在共同走私的故意。法院经查认为，虽然被告人罗某某、苏某某在起初联系船只从金门走私牌九到厦门时，均不知道牌九中夹带假人民币，但在货物尚未从金门运往厦门之前，货主陈某某已将夹带假币的事实告知罗某某，罗某某也将实情告诉了苏某某。故苏某某关于其事先主观上不明知夹带假币，是在事后才知情的辩解，既与罗某某的供述不符，也与其在侦查阶段的供述不符。其次，罗某某、苏某某在货物尚在金门期间均知道其中夹带假币，此时走私假币入境的行为尚未具体实施，但二被告人均未采取积极手段予以阻止，为非法获利20 000元而放任走私假币行为的发生，并在货物到厦门后共同去取货。综上，苏某某在明知牌九中夹带假币后的行为，可以证实其与罗某某二人在主观上均有走私假币的故意。其辩解意见与事实不符，不予采信。

在庭审过程中,被告人罗某某的辩护律师提出罗某某在共同犯罪中起次要作用,应认定为从犯的辩护意见。法院经审理认为,首先,罗某某、苏某某的供述、严某某等人的证言及相关银行转款凭证均能从不同角度证实,涉案假币的货主并非罗某某、苏某某,而是陈某某。其次,罗某某、苏某某并未参与走私假币的前期策划,起初其主观上只是认为在代为联系走私牌九入境的人员、船只;在知道牌九中夹带假币后,也始终不清楚假币的数量。第三,罗某某系根据陈某某的委托,再转托苏某某联系、介绍运输人员,其二人均未具体实施运送货物入境的行为,所要牟取的也仅是陈某某许诺的2万元报酬。综上,应认定二被告人在共同犯罪中起次要作用,是从犯;罗某某辩护律师的辩护意见可以采纳。最终法院认定被告人罗某某犯走私假币罪,判处有期徒刑11年,并处没收个人财产人民币12万元;被告人苏某某犯走私假币罪,判处有期徒刑10年,并处没收个人财产人民币10万元。

辩点9-8:单位自首

自首是规定在我国刑法总则中法定的从轻处罚情节,对于自首的犯罪分子,可以从轻或者减轻处罚。其中,犯罪较轻的,甚至可以免除处罚。辩护律师代理走私案件时,也要充分考虑当事人是否具有自首情节,进而提出从轻处罚的意见。

本章的所有犯罪,既可以由个人构成,也可以由单位构成。那么对于单位犯罪,是否也可以认定为自首呢?根据2002年7月8日最高人民法院、最高人民检察院、海关总署《关于办理走私刑事案件适用法律若干问题的意见》第21条"关于单位走私犯罪案件自首的认定问题"的规定,单位走私也可认定自首。

在办理单位走私犯罪案件中,对单位集体决定自首的,或者单位直接负责的主管人员自首的,应当认定单位自首。认定单位自首后,如实交代主要犯罪事实的单位直接负责的主管人员和其他直接责任人员,可视为自首,但对拒不交代主要犯罪事实或逃避法律追究的人员,不以自首论。

由此可见,单位自首的认定,不但可以对单位的罚金从轻、减轻或者免除处罚,还可以对如实交代主要犯罪事实的单位直接负责的主管人员和其他直接责任人员从轻、减轻或者免除处罚。

在司法实践中,如何认定走私犯罪单位的自首,关键在于把握自首行为是否出于单位的意志以及自首者能否代表单位意志。一般可按以下三种情况进行认定:

1. 单位走私犯罪中直接负责的主管人员或者经授权的其他直接责任人员自动投案、如实交代单位走私犯罪事实的,应当认定单位自首,并依法对犯罪单位和其中的自然人给予从宽处罚;如果犯罪单位中有的自然人拒不到案或到案后不如实交代罪行的,对该自然人不能认定为自首。

2. 单位走私犯罪中的其他直接责任人员先行投案并如实交代罪行,直接负责的主管人员到案后亦能供述主要犯罪事实的,可以单位自首论;如果直接负责的主管人员拒不到案或到案后不如实交代罪行的,只能认定自动投案的其他直接责任人员成立自首。

3. 没有参与单位犯罪的单位负责人主动投案,参与单位犯罪的有关人员到案后能如实交代单位犯罪事实的,可以单位自首论,并依法对犯罪单位及其中的自然人给予从宽处罚;如果有的自然人拒不到案或到案后不如实交代罪行的,对其不予认定自首。

由此可见,在办理单位走私犯罪的案件中,单位被认定具有自首情节,其直接负责的主管人员或者经授权的其他直接责任人员并不必然也被认定为自首,辩护律师应当认真审查证据和细节,不要错失这个重要的辩点。

案例 9-8

被告单位某货运代理公司(以下简称 A 公司)是于 2010 年 1 月 20 日成立的有限责任公司,其经营范围是陆路、航空国际货运代理等,丁某担任该公司法定代表人和总经理,负责该公司的经营。为牟取非法利益,被告单位 A 公司在代理上海某有限公司进口机械及配件的过程中,该公司总经理丁某指使公司财务经理张某制作虚假的报关单证,以低报价格的方式,申报进口货物。后海关在稽查时发现报关单证与进口货物不符,电话通知被告单位 A 公司前往说明情况。公司总经理丁某接到电话后,授权公司财务经理张某前往海关如实说明情况。张某抵达海关后如实交代了 A 公司偷逃应缴税款的情况,并明确表示 A 公司愿意补缴所有偷逃税款。在张某的交代下,海关关税部门最终核定被告单位 A 公司共计偷逃应缴税额人民币 20 万余元。丁某被海关抓捕归案后,也如实交代了 A 公司走私普通货物、物品的犯罪事实。

在本案中,A 公司财务经理张某在总经理丁某的授权下自动投案,如实交代了 A 公司走私普通货物、物品的犯罪事实,应当认定 A 公司构成自首。财务

> 经理张某作为其他直接责任人员也应视为自首。A 公司总经理丁某虽然未自动投案,系被抓捕归案,但其之前授权张某前往海关说明情况,没有拒不到案的表现,而且其在到案后也如实供述了 A 公司走私的事实,其作为直接负责的主管人员也应认定为自首。

辩点 9-9:一罪数罪

(一) 一罪

1. 武装掩护走私的,依照《刑法》第 151 条第 1 款的规定从重处罚。(《刑法》第 157 条第 1 款)

2. 走私伪造的货币后又在市场上使用该宗伪造的货币的,以走私罪定罪,从重处罚。(最高人民法院《关于办理伪造国家货币、贩运伪造的国家货币、走私伪造的货币犯罪案件具体应用法律的若干问题的解释》)

3. 对在走私的货物、物品中藏匿《刑法》第 151 条、第 152 条、第 347 条、第 350 条规定的货物、物品,构成犯罪的,以实际走私的货物、物品定罪处罚。(最高人民法院、最高人民检察院《关于办理走私刑事案件适用法律若干问题的解释》)

4. 未经许可或者租用、借用或者使用购买的他人许可证,出口国家限制进出口的货物、物品,构成犯罪的,以走私国家禁止进出口的货物、物品罪等罪名定罪处罚;偷逃应缴税额,同时又构成走私普通货物、物品罪的,依照处罚较重的规定定罪处罚。

5. 取得许可,但超过许可数量进出口国家限制进出口的货物、物品,构成犯罪的,以走私普通货物、物品罪定罪处罚。

(二) 数罪

1. 以暴力、威胁方法抗拒缉私的,以走私罪和《刑法》第 277 条规定的阻碍国家机关工作人员依法执行职务罪,依照数罪并罚的规定处罚。(《刑法》第 157 条第 2 款;最高人民法院《关于深入开展严厉打击走私犯罪专项斗争的通知》)

2. 海关工作人员收受贿赂又放纵走私的,应以受贿罪和放纵走私罪数罪并罚。(最高人民法院、最高人民检察院、海关总署《关于办理走私刑事案件适用法律若干问题的意见》)

3. 对在走私的货物、物品中藏匿《刑法》第 151 条、第 152 条、第 347 条、第 350 条规定的货物、物品,构成数罪的,实行数罪并罚。(最高人民法院、最高人民检察院

《关于办理走私刑事案件适用法律若干问题的解释》)

针对当事人实施的数个行为,辩护律师首先要审查这数个行为是否已经被法律或者司法解释规定为一罪或者数罪,如果没有相关的规定,再运用刑法理论中的吸收犯、牵连犯、结果加重犯等规定确定是一罪还是数罪,以制定相应辩护策略。

附:本章相关法律规范性文件[①]

1. 法律

《中华人民共和国刑法》(2015年修正,法宝引证码:CLI.1.17010)第151—157条、第347、349、350条,第355条第2款、第411条

全国人民代表大会常务委员会《关于惩治走私、制作、贩卖、传播淫秽物品的犯罪分子的决定》(主席令第39号,1990.12.28实施,法宝引证码:(LI.3.233487)

2. 司法解释

最高人民法院、最高人民检察院《关于办理走私刑事案件适用法律若干问题的解释》(法释〔2014〕10号,2014.9.10实施,法宝引证码:CLI.3.233487)

最高人民检察院、公安部《关于公安机关管辖的刑事案件立案追诉标准的规定(三)》(公通字〔2012〕26号,2012.05.16实施,法宝引证码:CLI.4.174728)

最高人民检察院、公安部《关于公安机关管辖的刑事案件立案追诉标准的规定(二)的补充规定》(公通字〔2011〕47号,2011.11.14实施,法宝引证码:CLI.4.162601)

最高人民法院《关于审理走私犯罪案件适用法律有关问题的通知》(法〔2011〕163号,2011.05.01实施,法宝引证码:CLI.3.157655)

最高人民检察院、公安部《关于公安机关管辖的刑事案件立案追诉标准的规定(二)》(公通字〔2010〕23号,2010.05.07实施,法宝引证码:CLI.4.131249)

最高人民检察院、公安部《关于公安机关管辖的刑事案件立案追诉标准的规定(一)》(公通字〔2008〕36号,2008.06.25实施,法宝引证码:CLI.4.109511)

最高人民检察院《关于渎职侵权犯罪案件立案标准的规定》(高检发释字〔2006〕2号,2006.07.26实施,法宝引证码:CLI.3.78161)

最高人民检察院《关于认真贯彻全国打击走私工作会议精神依法严厉打击走私犯罪活动的通知》(2003.08.14实施,法宝引证码:CLI.3.55087)

[①] 所列法律规范性文件的详细内容,可登录"北大法宝"引证码查询系统(www.pkulaw.cn/fbm),输入所提供的相应的"法宝引证码",免费查询。

最高人民法院、最高人民检察院、海关总署《关于办理走私刑事案件适用法律若干问题的意见》(法〔2002〕139号,2002.07.08实施,法宝引证码:CLI.3.44905)

最高人民检察院《关于擅自销售进料加工保税货物的行为法律适用问题的解释》(高检发释字〔2000〕3号,2000.10.16实施,法宝引证码:CLI.3.31460)

最高人民检察院《关于严厉打击走私、骗汇等犯罪活动的通知》(〔1998〕高检办发第90号,1998.10.08实施,法宝引证码:CLI.3.22662)

最高人民检察院《关于严厉打击走私犯罪活动的通知》(高检发〔1996〕12号,1996.04.25实施,法宝引证码:CLI.3.15031)

最高人民法院、最高人民检察院《关于办理盗窃、盗掘、非法经营和走私文物的案件具体应用法律的若干问题的解释》(法(研)发〔1987〕32号,1987.11.27实施,法宝引证码:CLI.3.3592)

3. 其他

广东省高级人民法院、广东省人民检察院、海关总署广东分署《加强查办走私犯罪案件工作第八次联席会议纪要》(粤检会字〔2009〕12号,2009.12.08实施,法宝引证码:CLI.13.428838)

广东省高级人民法院、广东省人民检察院、海关总署广东分署《加强查办走私犯罪案件工作第七次联席会议纪要》(粤署缉发〔2008〕46号,2008.02.20实施,法宝引证码:CLI.13.239385)

上海市高级人民法院《刑事法律适用问题解答(二)》(2011.06.06发布)

《中华人民共和国海关计核涉嫌走私的货物、物品偷逃税款暂行办法》(海关总署令第97号,2002.11.10实施,法宝引证码:CLI.4.43997)

公安部《关于严厉打击走私机动车犯罪活动的通知》(公通字〔1998〕67号,1998.09.18实施,法宝引证码:CLI.4.31814)

广东、福建、浙江、四川、辽宁、北京、天津、上海等8省《八省市法院审判贪污、受贿、走私案件情况座谈会纪要》(1987.12.31发布)

国务院、中央军委批转工商行政管理总局等部门《关于加强对华侨、港澳、台湾同胞进口物品管理和打击走私、投机倒把活动的报告》(国发(1980)184号,1980.07.17实施,法宝引证码:CLI.9.30940)

第十章　毒品类犯罪

第一节　毒品类犯罪综述

一、毒品犯罪分类索引

类型	罪名	法条
1. 经营型	走私、贩卖、运输、制造毒品罪	第 347 条
	非法生产、买卖、运输制毒物品、走私制毒物品罪	第 350 条
	非法种植毒品原植物罪	第 351 条
	非法买卖、运输、携带、持有毒品原植物种子、幼苗罪	第 352 条
2. 消费型	引诱、教唆、欺骗他人吸毒罪	第 353 条第 1 款
	强迫他人吸毒罪	第 353 条第 2 款
	容留他人吸毒罪	第 354 条
	非法提供麻醉药品、精神药品罪	第 355 条
3. 包藏型	包庇毒品犯罪分子罪，窝藏、转移、隐瞒毒品、毒赃罪	第 349 条
4. 持有型	非法持有毒品罪	第 348 条

二、毒品犯罪《刑法》规定对照表

类型	罪名	法条	罪状	主刑	附加刑	辩点速查
经营型	走私、贩卖、运输、制造毒品罪	第 347 条	（一）走私、贩卖、运输、制造鸦片 1 000 g 以上、海洛因或者甲基苯丙胺 50 g 以上或者其他毒品数量大的；（二）走私、贩卖、运输、制造毒品集团的首要分子；（三）武装掩护走私、贩卖、运输、制造毒品的；（四）以暴力抗拒检查、拘留、逮捕，情节严重的；（五）参与有组织的国际贩毒活动的。	15 年以上有期徒刑、无期徒刑或者死刑	并处没收财产	1. 犯罪主体：自然人和单位，单位犯罪实行双罚制。 2. 犯罪对象：毒品。不以纯度折算；多次未经处理数量累计计算；同时实施走私、贩卖、运输、制造，不数罪并罚，毒品数量不累计计算。 3. 主观方面：是否明知。 4. 从轻情节：特情引诱。"犯意引诱"和"数量引诱"应从轻处罚，"双套引诱"应更大幅度地从宽或者免予刑事处罚。 5. 从重情节：利用、教唆未成年人，或向未成年人出售毒品的，从重处罚。 6. 此罪彼罪：向走私、贩卖毒品的犯罪分子提供成瘾麻醉药品、精神药品的以本罪论处；以牟利为目的，向吸食、注射毒品者提供成瘾麻醉、精神药品的以本罪论处。

(续表)

类型	罪名	法条	罪状	主刑	附加刑	辩点速查
经营型	走私、贩卖、运输、制造毒品罪	第347条	走私、贩卖、运输、制造鸦片200 g以上不满1 000 g、海洛因或者甲基苯丙胺10 g以上不满50 g或者其他毒品数量较大的	7年以上有期徒刑	并处罚金	7. 量刑标准:参见最高人民法院《关于审理毒品犯罪案件适用法律若干问题的解释》第1—4条。
			走私、贩卖、运输、制造鸦片不满200 g、海洛因或者甲基苯丙胺不满10 g或者其他少量毒品的	3年以下有期徒刑、拘役或者管制		
				情节严重,3—7年有期徒刑		
经营型	非法生产、买卖、运输制毒物品、走私制毒物品罪	第350条	违反国家规定,非法生产、买卖、运输醋酸酐、乙醚、三氯甲烷或者其他用于制造毒品的原料、配剂,或者携带上述物品进出境,情节较重的	3年以下有期徒刑、拘役或者管制	并处罚金	1. 犯罪主体:自然人和单位,单位犯罪实行双罚制。 2. 主观方面:详见《关于办理制毒物品犯罪案件适用法律若干问题的意见》第2条。 3. 犯罪对象:仅限制造毒品的原料或者配剂,详见《关于办理制毒物品犯罪案件适用法律若干问题的意见》第3条。 4. 犯罪行为:《刑法修正案(九)》将非法生产和运输制毒物品的行为也规定为犯罪,不再仅限于非法买卖和走私制毒物品的行为。 5. 此罪彼罪:明知他人制造毒品而为其生产、买卖、运输醋酸酐、乙醚、三氯甲烷或者其他用于制造毒品的原料或者配剂,以制造毒品罪的共犯论处。 6. 量刑标准:《刑法修正案(九)》对这两个罪名的量刑作了很大的修改,将量刑档次从原来的两档调整为三档,将最高刑期从原来的10年有期徒刑提高到了15年有期徒刑,将原来的数量犯调整为情节犯。具体参考最高人民法院《关于审理毒品犯罪案件适用法律若干问题的解释》第7—8条。
			情节严重的	3—7年有期徒刑	并处罚金	
			情节特别严重的	7年以上有期徒刑	并处罚金或者没收财产	

(续表)

类型	罪名	法条	罪状	主刑	附加刑	辩点速查
经营型	非法种植毒品原植物罪	第351条	1. 种植罂粟500株以上不满3000株或者其他毒品原植物数量较大的；2. 经公安机关处理后又种植的；3. 抗拒铲除的。	5年以下有期徒刑、拘役或者管制	并处罚金	1. 犯罪主体：仅限于自然人，本罪没有规定单位犯罪。2. 主观方面：故意犯罪，过失不构成，但也不要求以营利为目的。3. 客观方面：非法种植毒品原植物的行为，以下三种情况要特别注意：① 收获前自动铲除的，可以免除处罚；② 处理后又种植，2次间隔过长，不应当认定为是经处理后又种植；③ 用毒品原植物直接提炼和用化学方法加工、配制毒品的，按照制造毒品罪处理。4. 量刑标准：参见最高人民法院《关于审理毒品犯罪案件适用法律若干问题的解释》第9条。
			非法种植罂粟3000株以上或者其他毒品原植物数量大的	5年以上有期徒刑	并处罚金或者没收财产	
	非法买卖、运输、携带、持有毒品原植物种子、幼苗罪	第352条	非法买卖、运输、携带、持有未经灭活的罂粟等毒品原植物种子或者幼苗，数量较大的	3年以下有期徒刑、拘役或者管制	并处或者单处罚金	1. 犯罪主体：仅限于自然人，本罪没有规定单位犯罪。2. 犯罪对象：未经灭活的毒品原植物的种子或者幼苗，已经灭活的不是本罪的行为对象。3. 犯罪行为：非法买卖、运输、携带或者持有，实施其中一种行为即可构成本罪。4. 量刑标准：参见最高人民法院《关于审理毒品犯罪案件适用法律若干问题的解释》第10条。
消费型	引诱、教唆、欺骗他人吸毒罪	第353条第1款	引诱、教唆、欺骗他人吸食、注射毒品	3年以下有期徒刑、拘役或者管制	并处罚金	1. 犯罪主体：仅限于自然人，本罪没有规定单位犯罪。2. 行为对象：任何其他自然人均可，但如果引诱、教唆、欺骗或者强迫吸食、注射毒品的是未成年人，则从重处罚。3. 量刑标准：参见《关于公安机关管辖的刑事案件立案追诉标准的规定（三）》第9条和最高人民法院《关于审理毒品犯罪案件适用法律若干问题的解释》第11条。
			情节严重的	3—7年有期徒刑	并处罚金	
	强迫他人吸毒罪	第353条第2款	强迫他人吸食、注射毒品	3—10年有期徒刑	并处罚金	1. 犯罪主体：仅限于自然人，本罪没有规定单位犯罪。2. 行为结果：如果强迫他人吸食、注射小剂量的毒品但发生死亡结果的，应以本罪从重处罚；如果强迫他人吸食、注射大剂量毒品发生死亡结果的，可能构成故意杀人罪。3. 立案标准：参见《关于公安机关管辖的刑事案件立案追诉标准的规定（三）》第10条。

(续表)

类型	罪名	法条	罪状	主刑	附加刑	辩点速查
消费型	容留他人吸毒罪	第354条	容留他人吸食、注射毒品	3年以下有期徒刑、拘役或者管制	并处罚金	1. 犯罪主体：仅限于自然人，本罪没有规定单位犯罪。 2. 主观方面：主动容留还是被动容留，均不影响本罪的成立。 3. 客观方面：不论容留是收费还是免费，均不影响本罪的成立。 4. 量刑标准：参见最高人民法院《关于审理毒品犯罪案件适用法律若干问题的解释》第12条。
消费型	非法提供麻醉药品、精神药品罪	第355条	违反国家规定，向吸食、注射毒品的人提供国家规定管制的能够使人形成瘾癖的麻醉药品、精神药品	3年以下有期徒刑、拘役或者管制	并处罚金	1. 犯罪主体：包括自然人和单位，但要求是依法从事生产、运输、管理、使用国家管制的麻醉药品和精神药品的自然人和单位，属于特殊主体。单位实施本罪的，实行双罚制。 2. 主观方面：不能以牟利为目的，如果以牟利为目的，即使只是向吸食、注射毒品的人提供，也可能构成走私、贩卖、运输、制造毒品罪。 3. 提供人群：限于吸食、注射毒品的人，如果是向走私、贩卖毒品的人提供的，则可能构成走私、贩卖、运输、制造毒品罪。 4. 提供对象：限于国家规定管制的能够使人形成瘾癖的麻醉药品、精神药品。 5. 量刑标准：参见最高人民法院《关于审理毒品犯罪案件适用法律若干问题的解释》第13条。
消费型			情节严重的	3—7年有期徒刑	并处罚金	
包藏型	包庇毒品犯罪分子罪	第349条	包庇走私、贩卖、运输、制造毒品的犯罪分子	3年以下有期徒刑、拘役或者管制		1. 犯罪主体：仅限于自然人，本罪没有规定单位犯罪。缉毒人员或者其他国家工作人员犯本罪的，从重处罚。 2. 包庇对象：限于走私、贩卖、运输、制造毒品的犯罪分子，包庇其他犯罪的犯罪分子不能构成本罪，只能构成一般的包庇罪。 3. 从重情节：为包庇毒品犯罪分子而窝藏毒品、毒赃，应以包庇毒品犯罪分子罪从重处罚。 4. 量刑标准：参见最高人民检察院、公安部《关于公安机关管辖的刑事案件立案追诉标准的规定（三）》第3条和最高人民法院《关于审理毒品犯罪案件适用法律若干问题的解释》第6条。
包藏型			情节严重的	3—10年有期徒刑		

(续表)

类型	罪名	法条	罪状	主刑	附加刑	辩点速查
包藏型	窝藏、转移、隐瞒毒品、毒赃罪	第349条	为犯罪分子窝藏、转移、隐瞒毒品或者犯罪所得的财物	3年以下有期徒刑、拘役或者管制		1. 犯罪主体:仅限于自然人,本罪没有规定单位犯罪。 2. 犯罪行为:包括窝藏、转移和隐瞒行为。 3. 犯罪对象:限于毒品和毒赃,这是本罪与掩饰、隐瞒犯罪所得、犯罪所得收益罪的重要区别。 4. 量刑标准:参见最高人民检察院、公安部《关于公安机关管辖的刑事案件立案追诉标准的规定(三)》第4条和最高人民法院《关于审理毒品犯罪案件适用法律若干问题的解释》第6条。
			情节严重的	3—10年有期徒刑		
持有型	非法持有毒品罪	第348条	非法持有鸦片1 000 g以上、海洛因或者甲基苯丙胺50 g以上或者其他毒品数量大的	7年以上有期徒刑或者无期徒刑	并处罚金	1. 犯罪主体:仅限于自然人,本罪没有规定单位犯罪。 2. 主观方面:明知是毒品而非法持有,如果能查明具有其他毒品犯罪的动机、目的和故意时,按照其他毒品犯罪处理。 3. 犯罪行为:违反国家法律和国家主管部门的规定,占有、携带、藏有或者以其他方式持有毒品。 4. 量刑标准:参见最高人民法院《关于审理毒品犯罪案件适用法律若干问题的解释》第1、2、5条。
			非法持有鸦片200 g以上不满1 000 g、海洛因或者甲基苯丙胺10 g以上不满50 g的或者其他毒品数量较大的	3年以下有期徒刑、拘役或者管制 情节严重,3—7年有期徒刑		

第二节 辩点整理

辩点10-1:犯罪主体　　　　辩点10-2:主观方面　　　　辩点10-3:涉毒行为
辩点10-4:界定毒品　　　　辩点10-5:罪名认定　　　　辩点10-6:犯罪情节
辩点10-7:特情因素　　　　辩点10-8:犯罪形态　　　　辩点10-9:共同犯罪
辩点10-10:立功表现　　　　辩点10-11:量刑指导　　　　辩点10-12:死刑辩护
辩点10-13:程序辩护

辩点10-1:犯罪主体

(一) 主体年龄

根据我国刑法的规定,行为人达到刑事责任年龄的,才能承担刑事责任。一般情况下,已满16周岁属于完全负刑事责任年龄,已满14周岁不满16周岁属于限制刑事责任年龄,只有实施了刑法特别规定的部分犯罪,才能承担刑事责任,如毒品犯罪中的贩卖毒品罪就是其中的一种,《刑法》第17条有明确规定,已满14周岁不满16周岁的人,犯贩卖毒品罪的,应当负刑事责任。除贩卖毒品罪以外的其他毒品犯罪,都需要达到16周岁才能承担刑事责任。由此可见,主体年龄的审查直接影响到行为人是否应当承担刑事责任,因此是辩护中的一个重要切入点。

此外,我国《刑法》还规定,已满14周岁不满18周岁的人犯罪,应当从轻或者减轻处罚;已满75周岁故意犯罪的,可以从轻或减轻处罚,如果是过失犯罪的,还应当从轻或者减轻处罚。另外,我国《刑法》关于年龄对于死刑适用的限制也有明确规定,如对犯罪的时候不满18周岁的人不适用死刑;对审判的时候已满75周岁的人也不适用死刑,但以特别残忍手段致人死亡的除外。可见,主体年龄的审查还直接影响到能否对行为人从轻或者减轻处罚,影响到能否对行为人适用死刑。

综上,主体年龄的审查是毒品犯罪乃至其他犯罪的重要辩点之一,律师应当如何掌握并且运用好这个辩点呢?根据最高人民法院《关于审理未成年人刑事案件具体应用法律若干问题的解释》及相关刑法规定,笔者认为律师以行为人年龄为辩护切入点应注意以下几个问题。

1. 年龄的界定

(1)未成年人犯罪以犯罪时的年龄为准,老年人犯罪以审判时的年龄为准

举两个例子来说,犯罪嫌疑人李某因涉嫌贩卖毒品罪被公安机关抓获,当时已满14周岁,但如果查明李某参与贩卖毒品时不满14周岁,那么李某不应承担刑事责任;另外一个犯罪嫌疑人张某因容留他人吸毒被刑事拘留,被拘留时年满74周岁,待案件历经侦查阶段、审查起诉阶段最后到审判阶段时,张某已年满75周岁,那么可以对张某从轻或者减轻处罚。

因此,以年龄为切入点进行辩护首先要明确以什么时间为标准。

(2)年龄的界定以"周岁"为标准

我国刑法对于年龄都是以"周岁"为标准的,"周岁"是按照公历的年、月、日,从周岁生日第二天起算。在我国有很多地方,尤其是农村,通常以"虚岁"表述年龄,所以按照阴历的年、月、日登记户口簿或者身份证,这样就可能出现根据出生证明、户口簿、身份证上所记载的出生日期计算出来的年龄与刑法规定的年龄不一致的情况。因此,作为辩护律师,对于那些可能直接影响到定罪量刑的处于年龄界点左右的行为人,要特别注意审查司法机关认定年龄的证据,不能仅凭出生证明、身份证或

者户口簿登记的时间认定,而是要考察行为人实际出生的公历的年、月、日。

> **案例 10-1**
>
> 　　犯罪嫌疑人王某于 2012 年 5 月 15 日参与了一次贩卖毒品,身份证登记其出生日期为 1998 年 5 月 6 日,公诉机关指控王某已满 14 周岁,构成贩卖毒品罪并移送审判。后辩护律师通过调查取证发现,王某所在的出生地习惯使用阴历,其身份证上记载的出生时间是阴历的时间,转换为当年的公历实际上是 1998 年 6 月 29 日,按照公历计算,王某参与贩卖毒品时并不满 14 周岁,应当不负刑事责任。法院最终采纳了辩护人的意见,宣告王某无罪。

2. 年龄的鉴定

在司法实践中,存在犯罪嫌疑人不讲真实姓名、地址,无法也无从查实年龄的情况。对于这类案件,律师有很大的辩护空间,具体操作如下:

(1) 申请司法机关进行骨龄鉴定或者其他科学鉴定,如果鉴定意见不能准确确定行为人实施犯罪的年龄,即使能够表明行为人年龄在刑法规定的应负刑事责任年龄上下的,律师也可以作出"推定其没有达到应负刑事责任年龄"的辩护意见。

(2) 如果司法机关已经进行了骨龄鉴定或者其他科学鉴定,能够准确确定行为人实施犯罪行为时的年龄,并将其作为判断年龄的证据使用时,辩护律师还可以对鉴定意见进行质证,如果鉴定意见不被采纳,使得公诉机关证明行为人实施被指控的犯罪时已经达到刑法规定的应负刑事责任年龄的证据没有达到确实充分的程度的,律师也可以作出"推定其没有达到应负刑事责任年龄"的辩护意见。

3. 跨年龄段犯罪

对于跨年龄段犯罪的案件,辩护律师要准确把握犯罪行为发生时的时间,因为未成年时期和成年时期犯罪在定罪和量刑上会有所区别。

(1) 行为人在达到刑法规定的应负刑事责任年龄前后均实施了犯罪行为,只能依法追究其达到法定应负刑事责任年龄后实施的犯罪行为的刑事责任。例如,行为人从 12 周岁开始贩卖毒品,15 周岁时被抓获,只能追究行为人已满 14 周岁后到被抓获这期间贩卖毒品行为的刑事责任。

(2) 行为人在年满 18 周岁前后实施了不同种犯罪行为,对其年满 18 周岁以前实施的犯罪应当依法从轻或者减轻处罚。例如,行为人在 17 周岁时容留他人吸毒,

19周岁又强迫他人吸毒,对其容留他人吸毒的行为就应当依法从轻或者减轻处罚。

(3) 行为人在年满18周岁前后实施了同种犯罪行为,在量刑时应当考虑对年满18周岁以前实施的犯罪,适当给予从轻或者减轻处罚。例如,行为人从17周岁开始一直非法持有毒品,到20周岁被抓获,对其年满18周岁以前的非法持有毒品的行为,可以酌情予以从轻或者减轻处罚。

案例 10-2

犯罪嫌疑人田某在15周岁时非法持有毒品,17周岁时又为犯罪分子甲窝藏毒品,19周岁违反国家规定在境内非法购买制毒物品,20周岁时为犯罪分子乙窝藏毒品,21周岁时被公安机关抓获,公诉机关以非法持有毒品罪、窝藏毒品罪、非法买卖制毒物品罪移送审判。

本案中,辩护律师应当根据犯罪嫌疑人田某在犯罪时的年龄进行严格区分,对犯罪时不满16周岁实施的非法持有毒品的行为提出未达到法定应负刑事责任年龄不构成犯罪的辩护意见;对田某年满18周岁前后实施了窝藏毒品的同种犯罪行为,虽然构成窝藏毒品罪,但对其在17周岁时窝藏毒品的行为,可以提出给予从轻或者减轻处罚的量刑意见。

(二) 弱势群体

一些毒品犯罪分子为了逃避打击,组织、利用、教唆、雇用孕妇、哺乳期妇女、急性传染病人、残疾人或者未成年人等特定人员进行毒品犯罪活动。作为这种被利用、被诱骗甚至被胁迫参与毒品犯罪的特定人员的辩护律师,可以依据《刑法》《刑事诉讼法》《办理毒品犯罪案件适用法律若干问题的意见》《关于审理毒品犯罪案件适用法律若干问题的解释》和《全国部分法院审理毒品犯罪案件工作座谈会纪要》等法律、司法解释和刑事政策提出对特定人员从宽处理的意见,并根据实际情况申请变更强制措施或者解除强制措施。

1. 在定罪量刑方面

(1) 在定罪上,主要考虑被组织、利用、教唆、雇用的人员是否达到刑事责任年龄或者是否具备刑事责任能力,没有达到或者不具备的,应当提出行为人不应当承担刑事责任的无罪辩护意见。例如,利用不满14周岁的未成年人运输毒品的,被利用的未成年人不应对运输毒品的行为承担刑事责任。

(2) 在量刑上,一方面,要考虑这些被组织、利用、教唆、雇用的人员是否具备法律规定可以从宽处罚的身份,例如:如果被组织、利用、教唆、雇用的残疾人属于又聋又哑的人或者盲人,则可以从轻、减轻或者免除处罚;如果被组织、利用、教唆、雇用的是孕妇,则不应当适用死刑。另一方面,还要考虑这些特定人员是否具有自首、立功、坦白、从犯、胁从犯、犯罪预备、犯罪未遂、犯罪中止等依法可以从轻、减轻甚至免除处罚的情节,以便为其争取最好的量刑结果。

2. 在强制措施方面

考虑到这些被组织、利用、教唆、雇用的孕妇、哺乳期妇女、急性传染病人、残疾人或者未成年人等特定人员容易出现不适宜羁押的特殊情况,作为他们的辩护律师,应当根据实际的具体情况及时申请变更强制措施,要求从逮捕变更为取保候审或者监视居住,使其合法权益得到最大限度的保护。

> **案例 10-3**
>
> 崔某是一名怀孕 5 个月的准妈妈,但同时也是一名吸毒人员,为了赚取毒资,崔某按照毒贩郑某的指示在两个月的时间里,先后三次将毒品甲基苯丙胺(俗称冰毒)共 3.69 克卖给王某,然后用分得的毒资购买毒品供自己吸食。
>
> 本案中,崔某的行为虽然已构成贩卖毒品罪,但辩护律师从崔某是孕妇的主体身份出发,结合其在犯罪中所起的作用、具有坦白情节、认罪态度较好、确有悔罪表现,请求法院对其从轻处罚,最终得到法院的支持。

(三) 吸毒人员

在我国的刑法中,吸食毒品的行为本身并不构成犯罪,但吸毒人员在接触毒品的过程中容易触及其他毒品犯罪。所以,在有的毒品犯罪案件中,犯罪嫌疑人或者被告人本身也吸食毒品,律师在代理这类案件时,要特别注意审查当事人的吸毒史,考察其行为时的主观动机和目的,为进行罪轻辩护甚至无罪辩护做好准备。

一般说来,如果有证据证明吸毒人员实施了本章规定的毒品类犯罪行为,且达到追诉标准,则按相应的犯罪定罪处罚。但由于吸毒人员必然会接触到毒品,也可能为了吸食而购买、运输、存储毒品,不能因此就认定其构成贩卖、运输毒品罪或者非法持有毒品罪。因此,当吸毒人员存在以贩养吸、代购、托购、代收等情况或者在购买、运输、存储毒品的过程中被抓获时,辩护律师存在很大的无罪辩护或者罪轻辩护的空间,为了更好地维护当事人的合法权益,辩护人应当熟练掌握以下规则:

1. 吸毒人员在购买、存储毒品过程中被查获,没有证据证明其是为了实施贩卖毒品等其他犯罪,毒品数量达到《刑法》第 348 条规定的最低数量标准的,以非法持有毒品罪定罪处罚。

2. 吸毒人员在运输毒品过程中被查获,没有证据证明其是为了实施贩卖毒品等其他犯罪,毒品数量达到较大以上的,以运输毒品罪定罪处罚。

3. 行为人为吸毒人员代购毒品,在购买、存储毒品过程中被查获,没有证据证明其是为了实施贩卖毒品等其他犯罪,毒品数量达到《刑法》第 348 条规定的最低数量标准的,以非法持有毒品罪定罪处罚。

4. 行为人为吸毒人员代购毒品,在运输过程中被查获,没有证据证明托购者、代购者是为了实施贩卖毒品等其他犯罪,毒品数量达到较大以上的,对托购者、代购者以运输毒品罪的共犯论处。

5. 行为人为他人代购仅用于吸食的毒品,在交通、食宿等必要开销之外收取"介绍费""劳务费",或者以贩卖为目的收取部分毒品作为酬劳的,应视为从中牟利,属于变相加价贩卖毒品,以贩卖毒品罪定罪处罚。

6. 购毒者接收贩毒者通过物流寄递方式交付的毒品,没有证据证明其是为了实施贩卖毒品等其他犯罪,毒品数量达到《刑法》第 348 条规定的最低数量标准的,一般以非法持有毒品罪定罪处罚。

7. 代收者明知是物流寄递的毒品而代购毒者接收,没有证据证明其与购毒者有实施贩卖、运输毒品等犯罪的共同故意,毒品数量达到《刑法》第 348 条规定的最低数量标准的,对代收者以非法持有毒品罪定罪处罚。

如果以上情形都不具备,毒品数量也没有达到《刑法》第 348 条规定的最低数量标准的,便可以考虑进行无罪辩护。

案例 10-4

张某是吸毒人员,自 1996 年就开始吸食海洛因,1998 年曾因吸毒被劳动教养 1 年。后张某购买海洛因 300 多克被当场抓获。在庭审过程中,张某坚称此次购买是用于自己吸食。公诉机关认为,从数量上看,300 多克海洛因不可能全部用于个人吸食。张某辩称还有一部分是为他人代买的,也只是用于吸食的。辩护律师取证证明张某具有很长的吸毒史,并强调公诉机关没有举证证明张某有贩卖、运输毒品的目的,法院最终认定张某构成非法持有毒品罪。

（四）特殊主体

在本章的毒品类犯罪中，犯罪主体绝大部分为一般主体，即行为人只要达到刑事责任年龄和具备刑事责任能力即可构成犯罪，但部分犯罪还要求行为人必须具有特定的身份才能构成，属于特殊主体。例如，非法提供麻醉药品、精神药品罪，必须要求"依法从事生产、运输、管理、使用国家管制的麻醉药品、精神药品的人员"才能构成。行为人不具备这个特定身份的，肯定不构成非法提供麻醉药品、精神药品罪，但具备这个特定身份，也不必然就构成非法提供麻醉药品、精神药品罪，辩护律师需要结合案件具体情况进行分析，利用特定的主体身份进行辩护：

1. 行为人不符合上述主体要求，不属于"依法从事生产、运输、管理、使用国家管制的麻醉药品、精神药品的人员"，向吸食、注射毒品的人提供国家管制的能够使人形成瘾癖的麻醉药品、精神药品的，不能构成非法提供麻醉药品、精神药品罪，但有可能构成重罪即贩卖毒品罪，所以辩护时要尽量避免轻罪向重罪的转化。

2. 行为人即使符合上述主体要求，向走私、贩卖毒品的犯罪分子提供或者以牟利为目的，向吸食、注射毒品的人提供国家管制的能够使人形成瘾癖的麻醉药品、精神药品，也不构成非法提供麻醉药品、精神药品罪，以贩卖毒品罪定罪处罚。所以，律师除了审查犯罪主体，还要审查提供麻醉药品、精神药品的对象以及提供的目的，尽可能认定为轻罪而非重罪。例如，行为人仅是出于医疗目的，违反有关药品管理的国家规定，非法贩卖上述麻醉药品或者精神药品，扰乱市场秩序，情节严重的，律师应当提出构成非法经营罪的辩护意见。

那么，如何认定行为人属于"依法从事生产、运输、管理、使用国家管制的麻醉药品、精神药品的人员"呢？律师一般应当结合案中相关证据进行具体判断，看是否存在能够证明该特殊主体资质的证据，实践中主要有以下几种：

（1）国家主管部门颁发的生产、运输、管理、使用国家管制的精神药品、麻醉药品的"许可证"；

（2）有关单位对国家管制的精神药品和麻醉药品的来源、批号的证明及管理规定；

（3）特殊行业专营证；

（4）有关批文；

（5）有关个人的工作证、职称证明、授权书、职务任命书；

（6）其他文件。

（五）国家工作人员

根据2016年4月11日开始施行的最高人民法院《关于审理毒品犯罪案件适用

法律若干问题的解释》的规定,国家工作人员实施走私、贩卖、运输、制造毒品罪,非法持有毒品罪,非法生产、买卖、运输、制造制毒物品、走私制毒物品罪,引诱、教唆、欺骗他人吸食毒品罪,可以按照更高的量刑幅度进行量刑。例如,普通的人贩卖少量毒品,处3年以下有期徒刑、拘役或者管制,而国家工作人员贩卖少量毒品,则处3年以上7年以下有期徒刑。因此,律师在代理以上毒品犯罪案件时,要注意审查当事人是否具有国家工作人员身份,以排除适用更高的量刑。

(六) 近亲属

根据2016年4月11日开始施行的最高人民法院《关于审理毒品犯罪案件适用法律若干问题的解释》的规定,容留近亲属吸食、注射毒品,情节显著轻微危害不大的,不作为犯罪处理;需要追究刑事责任的,可以酌情从宽处罚;包庇走私、贩卖、运输、制造毒品的近亲属,或者为其窝藏、转移、隐瞒毒品或者毒品犯罪所得的财物,不具有"情节严重"情形,归案后认罪、悔罪、积极退赃,且系初犯、偶犯,犯罪情节轻微不需要判处刑罚的,可以免予刑事处罚。这是司法解释新增的内容,也为辩护律师对容留他人吸毒案和包庇毒品犯罪分子案以及窝藏、转移、隐瞒毒品、毒赃案提供了可以不作为犯罪处理或者免予刑事处罚的辩护空间。

在代理这两类案件时,要注意审查案件当事人与容留吸毒的对象,审查案件当事人与包庇的对象,审查案件当事人与窝藏、转移、隐瞒毒品、毒赃的对象之间是否具有近亲属的关系,如果具有近亲属关系,再结合案件其他情节,如归案后认罪、悔罪、积极退赃、初犯、偶犯等,提出不作为犯罪处理、免予刑事处罚或者从宽处罚的辩护意见。

辩点10-2:主观方面

本章的毒品类犯罪均为故意犯罪,要求行为人具有主观明知。如果行为人主观上不明知,比如被人蒙骗的情况下,则可能不构成犯罪,律师可以以此进行无罪辩护。但主观上是否明知毕竟是主观方面的要件,无法直接进行考察,通常需要根据案件的具体情况进行推断或者认定,律师在进行这方面的辩护时具有很大的空间。

针对司法实践中一些行为人为了逃避罪责而通常以不知道是毒品作为抗辩理由的情形,为了规范和打击犯罪,司法机关出台了一系列文件,明确只要具有规定情形之一的,就可以推断或者认定行为人属于"应当知道"或者具有"主观明知",例如:最高人民法院、最高人民检察院、公安部分别于2007年11月8日发布的《办理毒品犯罪案件适用法律若干问题的意见》,于2009年6月23日发布的《办理制毒物品犯罪案件适用法律若干问题的意见》以及于2012年6月18日发布的《关于办理走私、非法买卖麻黄碱类复方制剂等刑事案件适用法律若干问题的意见》，辩护律师应当熟练掌握。此外，有些地方司法机关也会出台一些工作指引，用以推断或者认定行为人属于"应当知道"或者具有"主观明知"，例如，浙江省高级人民法院、浙江省人民检察院、浙江省公安厅就曾于 2015 年 1 月 5 日联合发布过《重大毒品犯罪案件证据收集审查判断工作指引》（浙检发诉三字〔2015〕1 号），辩护律师也应当予以注意。

1. "走私、贩卖、运输、非法持有毒品"的情形

（1）执法人员在口岸、机场、车站、港口和其他检查站点检查时，要求行为人申报为他人携带的物品和其他疑似毒品物，并告知其法律责任，而行为人未如实申报，在其携带的物品中查获毒品的；

（2）以伪报、藏匿、伪装等蒙蔽手段，逃避海关、边防等检查，在其携带、运输、邮寄的物品中查获毒品的；

（3）执法人员检查时，有逃跑、丢弃携带物品或者逃避、抗拒检查等行为，在其携带或者丢弃的物品中查获毒品的；

（4）体内或者贴身隐秘处藏匿毒品的；

（5）为获取不同寻常的高额、不等值报酬为他人携带、运输物品，从中查获毒品的；

（6）采用高度隐蔽的方式携带、运输物品，从中查获毒品的；

（7）采用高度隐蔽的方式交接物品，明显违背合法物品惯常交接方式，从中查获毒品的；

（8）行程路线故意绕开检查站点，在其携带、运输的物品中查获毒品的；

（9）以虚假身份或者地址办理托运手续，在其托运的物品中查获毒品的；

（10）在实际控制的车辆、住所查获毒品的；

（11）专程驾车前往毒品源头地区，返程时在车上查获毒品的。

（12）有其他证据足以认定行为人应当知道的。

2. "走私、非法买卖制毒物品"的情形

（1）改变产品形状、包装或者使用虚假标签、商标等产品标志的；

（2）以藏匿、夹带或者其他隐蔽方式运输、携带易制毒化学品逃避检查的；

（3）抗拒检查或者在检查时丢弃货物逃跑的；

（4）以伪报、藏匿、伪装等蒙蔽手段逃避海关、边防等检查的；

（5）选择不设海关或者边防检查站的路段绕行出入境的；

（6）以虚假身份、地址办理托运、邮寄手续的；

（7）以其他方法隐瞒真相，逃避对易制毒化学品依法监管的。

3. "走私、非法买卖麻黄碱类复方制剂"的情形

（1）购买、销售麻黄碱类复方制剂的价格是否明显高于市场交易价格；

（2）是否采用虚假信息、隐蔽手段运输、寄递、存储麻黄碱类复方制剂；

（3）是否采用伪报、伪装、藏匿或者绕行进出境等手段逃避海关、边防等检查；

（4）提供相关帮助行为获得的报酬是否合理；

（5）此前是否实施过同类违法犯罪行为；

（6）其他相关因素。

在毒品犯罪案件中，司法机关以具有上述情形之一认定行为人具有主观明知时，辩护律师应当注意行为人或者相关证人是否对发生的情形作出过"解释"，如果作出过解释的，律师应当审查解释是否"合理"，并同时审查行为人是否确属被他人蒙骗，有无证据予以支持。如果行为人能够作出合理解释，也有证据证明确属被蒙骗，辩护律师应当及时提出行为人主观上不具有明知的故意，不构成犯罪的辩护意见。

案例 10-5

傅某持港澳居民来往内地通行证，从皇岗海关旅检大厅走无申报通道入境。经海关关员查验，在傅某随身携带的挎包内查获美沙酮药片 2 400 片、在其上衣左边口袋里发现美沙酮药片 140 片，总共 2 540 片。傅某被皇岗海关关员当场查获。经鉴定，上述 2 540 片药片为美沙酮片剂，共重 383.5 克。傅某称涉案毒品是在香港旺角一茶餐厅受朋友"阿东"的委托代运的"戒毒药"，约定将这些"戒毒药"带往深圳其住处，并事后可得酬劳港币 300 元。傅某坚称自己确实不知道其所携带的是毒品，不应受到刑事追究。后法院审理认定傅某的行为属于主观上明知是毒品而携带，理由如下：首先，傅某是一个心智正常的成年人，而且是阅历较为丰富的中年人，应当具有正常的辨认能力。其次，傅某供称"阿东"告诉其要带的物品是戒毒药，而且"阿东"将挎包交给他时，其看到了包内是一排排的药丸。再次，"阿东"叫傅某帮他带一些戒毒药入境，并承诺酬劳为港币 300 元。但"阿东"并非自己不到深圳，而是让傅某帮其把戒毒药带到深圳后"阿东"再打电话取货，随即"阿东"自己也由香港到深圳，但是这批物品他自己不带，却花钱"雇用"傅某来携带。傅某应当意识到"阿东"是在利用其持港澳居

> 民来往内地通行证,从皇岗海关旅检大厅走无申报通道入境的便利条件,"阿东"托其带此药片的目的就是逃避海关检查,该药片必定是违禁品。最后,海关检查傅某时,不仅从其拎包内查获了美沙酮药片,而且还在其上衣口袋发现藏有美沙酮药片。综上,虽然傅某辩称自己不知道携带的物品系毒品,但是根据一般的常识、常理和逻辑及本案的诸多细节进行分析判断,可以认定被告人傅某明知走私的物品美沙酮药片系毒品。
>
> 在本案中,被告人傅某对其为什么携带作出了解释,但解释不具有合理性,也没有其他证据证明其是被"阿东"蒙骗的,其携带物品进出海关也未进行申报,如果他人只是让其携带"戒毒药",他人承诺给予 300 港元的报酬也明显不等值,综上,法院认定其主观上应当知道其所携带的是毒品。

辩点10-3:涉毒行为

在本章的毒品犯罪中,存在行为对象相同、行为方式不同,导致适用罪名不同的情形,例如,针对于毒品,实施走私、贩卖、运输、制造、非法持有等不同行为的,适用的罪名也不同;针对于他人吸毒,实施引诱教唆、欺骗、强迫、容留等不同行为的,适用的罪名也不同。因此,辩护律师掌握好本章毒品犯罪涉及的行为方式,有利于厘清此罪与彼罪的界限,有利于更好地适用罪名进行辩护。

与此同时,行为方式相同,行为对象不同,也会导致适用罪名不同,辩护律师在掌握行为方式的情况下,还要继续审查行为的对象,例如,都是实施了走私行为,但走私物品不同的话,适用的罪名也各不相同,如走私毒品构成走私毒品罪,走私制毒物品构成走私制毒物品罪,走私毒品原植物种子、幼苗可能构成走私普通货物罪,这些也直接决定了此罪与彼罪的界限,也是辩护律师进行罪名辩护的一个切入点。

(一) 走私

本章涉及"走私"行为的有两个罪名,一个是走私毒品罪,一个是走私制毒物品罪,两者的行为方式是一样的,主要区别在于走私的对象不同,前者走私的是毒品,后者走私的是制毒物品。

这里所说的"走私"是指明知是毒品或者制毒物品而非法将其运输、携带、寄递进出国(边)境的行为。直接向走私人非法收购走私进口的毒品、制毒物品,或者在内海、领海、界河、界湖运输、收购、贩卖毒品、制毒物品的,也以走私论。至于走私的具体行为方式,可以参见第九章走私类犯罪第二节辩点 9-2 中的"走私行为"中的内容。

(二) 贩卖

本章涉及"贩卖"行为的是贩卖毒品罪。这里的"贩卖",是指明知是毒品而非法销售或者以贩卖为目的而非法收买的行为,既包括"卖"也包括"买"。但对于这里的"买",辩护律师要特别加以注意,应当强调的是以贩卖为目的的非法收买行为,如果不以牟利为目的,为了自己吸食、注射而购买毒品,不能认定为"贩卖"。

(三) 运输

本章涉及"运输"行为的有三个罪名,一个是运输毒品罪,一个是非法运输制毒物品罪,还有一个是非法运输毒品原植物种子、幼苗罪,三者的行为方式都是运输,因运输对象不同而适用不同的罪名。这里所说的"运输"是指明知是毒品、制毒物品、毒品原植物种子、幼苗而采用携带、寄递、托运、利用他人或者使用交通工具等方法非法运送的行为。对于制毒物品中的易制毒化学品,运输单位或者个人未办理许可证明或者备案证明,运输易制毒化学品虽然也属于非法运输行为,但如果有证据证明,确定用于合法生产、生活需要的,不以制毒物品犯罪论处。

在司法实践中,行为人通常不是为了运输而运输,可能是为了走私,也可能是为了贩卖,还有可能是为了生产或者制造,如果能够查明行为人是为了其他目的而运输的,则应对不同行为并列确定罪名,不实行数罪并罚。例如,为了贩卖毒品而运输毒品,则以贩卖、运输毒品罪定罪处罚;为了走私和制造毒品而运输毒品,则以走私、运输、制造毒品罪定罪处罚;为了走私、贩卖、制造毒品而运输毒品的,则以走私、贩卖、运输、制造毒品罪定罪处罚。需要注意的是,罪名不以行为实施的先后、毒品数量或者危害大小排列,而是一律以刑法条文规定的顺序表述。如果涉嫌走私、贩卖或者制造毒品而运输毒品,但认定走私、贩卖、制造的证据不够确实充分的,则只定走私毒品罪。对于非法生产、买卖、运输制毒物品罪以及非法买卖、运输、携带、持有毒品原植物种子、幼苗罪的适用也参照以上原则确定罪名。

(四) 制造

本章涉及"制造"行为的是制造毒品罪,这里的"制造",是指非法利用毒品原植物直接提炼或者用化学方法加工、配制毒品,或者以改变毒品成分和效用为目的,用混合等物理方法加工、配制毒品的行为。为了便于隐蔽运输、销售、使用、欺骗购买者,或者为了增重,对毒品掺杂使假,添加或者去除其他非毒品物质,不属于制造毒品的行为。

(五) 非法生产

本章涉及"非法生产"行为的是 2015 年《刑法修正案(九)》增设的非法生产制毒物品罪,这里的"非法生产"也有"制造"的含义,但因为有的制毒物品同时也是医用或者药用物品,有资格的生产者经过许可是可以进行合法生产的,刑法所规制的只是那些无资格的生产者未经许可的非法生产行为,所以使用了非法一词对生产进行限定。辩护律师在代理非法生产制毒物品案件中,除了关注是否存在生产行为,更要关注生产行为是否非法,有生产行为,但生产者是有生产资格的,生产行为是被许可的,都不是非法生产制毒物品罪规制的对象,律师可以从行为入手进行无罪辩护。此外,易制毒化学品生产单位或者个人未办理许可证明或者备案证明,生产易制毒化学品,虽然也属于非法生产行为,但如果有证据证明确实用于合法生产、生活需要的,不以制毒物品犯罪论处。

(六) 非法买卖

本章涉及"非法买卖"行为的有两个罪名,一个是非法买卖制毒物品罪,还有一个是非法买卖毒品原植物种子、幼苗罪。这里的"非法买卖"与贩卖毒品罪中的"贩卖"的含义大体是相同的,既包括了买,也包括了卖,只是在"买卖"前用"非法"进行了限定,因为经过许可或者备案,制毒物品和毒品原植物种子、幼苗是允许被合法买卖的,这种合法买卖的行为不是刑法所规制的。当然,这里的"买"同样需要强调的是以贩卖为目的的非法收买行为,如果为了做科学实验而购买制毒物品,或者为了自己种植观赏而购买毒品原植物种子、幼苗,都不能界定为本章规定的"买"的犯罪行为,不能以非法买卖制毒物品罪、非法买卖毒品原植物种子、幼苗罪定罪处罚,辩护律师可以以此作为切入点进行辩护。

对于易制毒化学品,如果违反国家规定,实施下列行为之一的,可以认定为非法买卖制毒物品行为:

1. 未经许可或者备案,擅自购买、销售易制毒化学品的;
2. 超出许可证明或者备案证明的品种、数量范围购买、销售易制毒化学品的;
3. 使用他人的或者伪造、变造、失效的许可证明或者备案证明购买、销售易制毒化学品的;
4. 经营单位违反规定,向无购买许可证明、备案证明的单位、个人销售易制毒化学品的,或者明知购买者使用他人的或者伪造、变造、失效的许可证明或者备案证明,向其销售易制毒化学品的;
5. 以其他方式非法买卖易制毒化学品的。

需要注意的是,易制毒化学品经营、购买单位或者个人,未办理许可证明或者备案证明,销售、购买易制毒化学品,虽然也属于非法买卖行为,但如果有证据证明确实用于合法生产、生活需要的,不以制毒物品犯罪论处。

(七) 非法种植

本章涉及"非法种植"行为的是非法种植毒品原植物罪,这里的"非法种植",是指违反国家法律和国家主管部门的规定,播种、育苗、移栽、插苗、施肥、灌溉、割取津液或者收取种子等行为。辩护律师在代理非法种植毒品原植物案件中,除了关注是否存在种植行为,更要关注种植行为是否非法,是否违反了国家法律或者国家主管部门的规定,如果种植者是有种植资格的,种植行为是被许可的,都不是非法种植毒品原植物罪规制的对象,律师可以从行为入手进行无罪辩护。

(八) 非法持有

本章涉及"非法持有"行为的有两个罪名,一个是非法持有毒品罪,一个是非法持有毒品原植物种子、幼苗罪。这里的"非法持有",是指违反国家法律和国家主管部门的规定,占有、携带、藏有或者以其他方式进行持有或者支配。持有不限于直接持有,也包括间接持有,既包括本人亲自控制、占有自己所有或者他人所有的毒品或者毒品原植物种子、幼苗,也包括本人拥有而实际上由他人直接保管、占有毒品或者毒品原植物种子、幼苗。

持有是一种持续行为,作为辩护律师,应当要注意考察持有时间的长短。一方面,持有时间的长短可以影响量刑,为量刑辩护做好准备;另一方面,如果持有时间过短,辩护律师也可以提出不足以证明行为人对毒品或者毒品原植物种子、幼苗形成了事实上的支配,不能认定为持有的辩护意见。

(九) 非法提供

本章涉及"非法提供"行为的是非法提供麻醉药品、精神药品罪,这里的"非法提供",是指违反国家规定,向吸食、注射毒品的人提供国家规定管制的能够使人形成瘾癖的麻醉药品、精神药品的行为。在代理这类案件的过程中,辩护律师首先要考察行为人的提供行为是否违反国家规定,如果基于符合国家规定的治疗行为所产生的提供不属于"非法提供";其次要考察行为人的提供行为是否以牟利为目的,如果以牟利目的,打着治疗的旗号进行提供,则不再属于本罪规制的"非法提供"行为,而属于"贩卖"行为;最后还要考察提供的对象是不是吸食、注射毒品的人,如果是向走私、贩卖毒品的犯罪分子提供,也不属于本罪规制的"非法提供"行为,而属于"走私"或者"贩卖"行为。

(十) 其他行为

以上所提行为主要是经营型和持有型毒品犯罪所涉及的行为,而消费型毒品犯罪主要涉及引诱、教唆、欺骗、强迫、容留等行为,包藏型毒品犯罪主要涉及包庇、窝藏、转移、隐瞒等行为,这些行为从字面上比较容易理解,也比较容易区分,下面仅作一些简单的介绍。

1. 引诱、教唆：是指通过宣传、传授、示范等手段诱使、唆使他人吸食、注射毒品的行为。

2. 欺骗：是指使用隐瞒事实真相或者制造假象等方法使他人吸食、注射毒品的行为。

3. 强迫：是指违背他人意志，使用暴力、胁迫或者其他方法，迫使他人吸食、注射毒品的行为。

4. 容留：是指为他人吸食、注射毒品提供场所的行为。

5. 包庇：是指明知是走私、贩卖、运输、制造毒品的犯罪分子，而向司法机关做虚假证明掩盖其罪行，使其逃避法律制裁的行为。

6. 窝藏、转移、隐瞒：是指明知是毒品或者毒品犯罪所得的财物而为犯罪分子窝藏、转移、隐瞒的行为。

辩点 10-4：界定毒品

在毒品犯罪中，行为指向的对象有毒品，有制毒物品，有毒品原植物，有毒品原植物种子、幼苗，还有麻醉药品、精神药品，广义地讲，这些都与毒品有关。因此，辩护律师代理毒品犯罪案件，必须要搞清楚哪些属于毒品，毒品有多少种类，有哪些名称，如何认定毒品的数量和含量，这些都直接影响到案件的定性和量刑，属于毒品犯罪的重要辩护要点之一。

(一) 毒品的种类和名称

一般说来，毒品可以分为麻醉类毒品和精神类毒品两种，麻醉类毒品指的是连续使用后易产生身体依赖性，能够形成瘾癖的毒品，又可细分为鸦片类、大麻类、可卡类和合成类。精神类毒品指的是直接作用于中枢神经系统，使之兴奋或抑制，连续使用会产生依赖性的毒品，具体分类可详见下图。

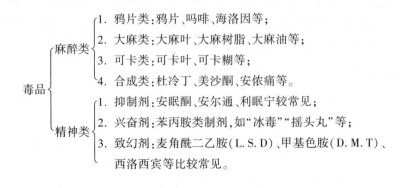

除了了解毒品的种类外,辩护律师还应当掌握毒品名称的表述。一般说来,毒品名称的表述应当以毒品的化学名称为依据,并与刑法、司法解释及相关规范性文件中的毒品名称保持一致。刑法、司法解释等没有规定的,可以参照《麻醉药品品种目录》《精神药品品种目录》中的毒品名称进行表述。对于含有两种以上毒品成分的混合型毒品,应当根据其主要毒品成分和具体形态认定毒品种类、确定名称。混合型毒品中含有海洛因、甲基苯丙胺的,一般应当以海洛因、甲基苯丙胺确定其毒品种类;不含海洛因、甲基苯丙胺,或者海洛因、甲基苯丙胺的含量极低的,可以根据其中定罪量刑数量标准较低且所占比例较大的毒品成分确定其毒品种类。混合型毒品成分复杂的,可以用括号注明其中所含的一至二种其他毒品成分。在实践中,有些毒品还有一些俗称,犯罪嫌疑人或者被告人在供述时也可能使用这些俗称,辩护律师应当掌握这些俗称对应的毒品,这样才能做好辩护工作。

2014年8月20日,最高人民法院、最高人民检察院、公安部印发的《关于规范毒品名称表述若干问题的意见》对毒品犯罪案件起诉意见书、起诉书、刑事判决书、刑事裁定书中的毒品名称表述作了以下规范,辩护律师应当有所了解。

1. 含甲基苯丙胺成分的毒品

(1) 对于含甲基苯丙胺成分的晶体状毒品,应当统一表述为甲基苯丙胺(冰毒),在下文中再次出现时可以直接表述为甲基苯丙胺。

(2) 对于以甲基苯丙胺为主要毒品成分的片剂状毒品,应当统一表述为甲基苯丙胺片剂。如果犯罪嫌疑人、被告人供述为"麻古""麻果"或者其他俗称的,可以在文书中第一次表述该类毒品时用括号注明,如表述为甲基苯丙胺片剂(俗称"麻古")等。

(3) 对于含甲基苯丙胺成分的液体、固液混合物、粉末等,应当根据其毒品成分和具体形态进行表述,如表述为含甲基苯丙胺成分的液体、含甲基苯丙胺成分的粉末等。

2. 含氯胺酮成分的毒品

(1) 对于含氯胺酮成分的粉末状毒品,应当统一表述为氯胺酮。如果犯罪嫌疑人、被告人供述为"K粉"等俗称的,可以在文书中第一次表述该类毒品时用括号注明,如表述为氯胺酮(俗称"K粉")等。

(2) 对于以氯胺酮为主要毒品成分的片剂状毒品,应当统一表述为氯胺酮片剂。

(3) 对于含氯胺酮成分的液体、固液混合物等,应当根据其毒品成分和具体形态进行表述,如表述为含氯胺酮成分的液体、含氯胺酮成分的固液混合物等。

3. 含 MDMA 等成分的毒品

对于以 MDMA、MDA、MDEA 等致幻性苯丙胺类兴奋剂为主要毒品成分的丸状、片剂状毒品,应当根据其主要毒品成分的中文化学名称和具体形态进行表述,并在文书中第一次表述该类毒品时用括号注明下文中使用的英文缩写简称,如表述为3,4-亚甲二氧基甲基苯丙胺片剂(以下简称 MDMA 片剂)、3,4-亚甲二氧基苯丙胺片剂(以下简称 MDA 片剂)、3,4-亚甲二氧基乙基苯丙胺片剂(以下简称 MDEA 片剂)等。如果犯罪嫌疑人、被告人供述为"摇头丸"等俗称的,可以在文书中第一次表述该类毒品时用括号注明,如表述为3,4-亚甲二氧基甲基苯丙胺片剂(以下简称 MDMA 片剂,俗称"摇头丸")等。

4. "神仙水"类毒品

对于俗称"神仙水"的液体状毒品,应当根据其主要毒品成分和具体形态进行表述。毒品成分复杂的,可以用括号注明其中所含的一至二种其他毒品成分,如表述为含氯胺酮(咖啡因、地西泮等)成分的液体等。如果犯罪嫌疑人、被告人供述为"神仙水"等俗称的,可以在文书中第一次表述该类毒品时用括号注明,如表述为含氯胺酮(咖啡因、地西泮等)成分的液体(俗称"神仙水")等。

5. 大麻类毒品

对于含四氢大麻酚、大麻二酚、大麻酚等天然大麻素类成分的毒品,应当根据其外形特征分别表述为大麻叶、大麻脂、大麻油或者大麻烟等。

(二) 毒品的数量

在毒品犯罪中,毒品的数量不但直接影响到量刑,也直接影响到是否构成犯罪。所以,辩护律师在确定了毒品的种类和名称之后,则应当继续审查毒品的数量,并把它作为毒品犯罪的一个重要辩点。

1. 数量的标准

我国刑法和司法解释对部分毒品犯罪中的部分毒品的定罪和量刑数量标准作了明确规定,根据毒品、制毒物品、毒品原植物、毒品原植物种子、幼苗、麻醉药品、精神药品的不同种类,根据不同的犯罪行为,规定了对应的数量标准,律师在代理这类案件时,应当熟练掌握这些数量标准,数量未达到追诉标准的,可以进行无罪辩护;数量达到追诉标准的,可以确定在哪一个量刑档次进行辩护。需要注意的是,最高人民法院《关于审理毒品犯罪案件适用法律若干问题的解释》已于 2016 年 4 月 11 日开始施行,最高人民法院《关于审理毒品案件定罪量刑标准有关问题的解释》(法释〔2000〕13号)已经被同时废止,此前发布的司法解释和规范性文件与《关于审理毒品犯罪案件适用法律若干问题的解释》不一致的,以该解释为准。所以,律师在代理毒品犯罪案件时,也要注意法律法规及司法解释的变更。下面,笔者根据刑法法条及最新的司法解释,将相关毒品犯罪涉及到的数量标准进行归纳总结,以供辩护律师在办理案件时予以参考。

(1) 走私、贩卖、运输、制造毒品罪的数量标准

罪名	毒品种类	"少量毒品"的标准	"数量较大"的标准	"数量大"的标准
走私、贩卖、运输、制造毒品罪	鸦片	<200克	200克≤数量<1000克	≥1000克
	海洛因、甲基苯丙胺	<10克	10克≤数量<50克	≥50克
	可卡因	<10克	10克≤数量<50克	≥50克
	3,4-亚甲二氧基甲基苯丙胺(MDMA)等苯丙胺类毒品(甲基苯丙胺除外)、吗啡	<20克	20克≤数量<100克	≥100克
	芬太尼	<25克	25克≤数量<125克	≥125克
	甲卡西酮	<40克	40克≤数量<200克	≥200克
	二氢埃托啡	<2毫克	2毫克≤数量<10毫克	≥10毫克
	哌替啶(度冷丁)	<50克	50克≤数量<250克	≥250克
	氯胺酮	<100克	100克≤数量<500克	≥500克
	美沙酮	<200克	200克≤数量<1000克	≥1000克
	曲马多、γ-羟丁酸	<400克	400克≤数量<2000克	≥2000克
	大麻油	<1000克	1000克≤数量<5000克	≥5000克
	大麻脂	<2000克	2000克≤数量<10千克	≥10千克
	大麻叶、大麻烟	<30千克	30千克≤数量<150千克	≥150千克
	可待因、丁丙诺啡	<1千克	1千克≤数量<5千克	≥5千克
	三唑仑、安眠酮	<10千克	10千克≤数量<50千克	≥50千克
	阿普唑仑、恰特草	<20千克	20千克≤数量<100千克	≥100千克
	咖啡因、罂粟壳	<40千克	40千克≤数量<200千克	≥200千克
	巴比妥、苯巴比妥、安钠咖、尼美西泮	<50千克	50千克≤数量<250千克	≥250千克
	氯氮卓、艾司唑仑、地西泮、溴西泮	<100千克	100千克≤数量<500千克	≥500千克

（2）非法持有毒品罪的数量标准

罪名	毒品种类	"数量较大"的标准	"数量大"的标准
非法持有毒品罪	鸦片	200 克≤数量＜1 000 克	≥1 000 克
	海洛因、甲基苯丙胺	10 克≤数量＜50 克	≥50 克
	可卡因	10 克≤数量＜50 克	≥50 克
	3,4-亚甲二氧基甲基苯丙胺（MDMA）等苯丙胺类毒品（甲基苯丙胺除外）、吗啡	20 克≤数量＜100 克	≥100 克
	芬太尼	25 克≤数量＜125 克	≥125 克
	甲卡西酮	40 克≤数量＜200 克	≥200 克
	二氢埃托啡	2 毫克≤数量＜10 毫克	≥10 毫克
	哌替啶（度冷丁）	50 克≤数量＜250 克	≥250 克
	氯胺酮	100 克≤数量＜500 克	≥500 克
	美沙酮	200 克≤数量＜1 000 克	≥1 000 克
	曲马多、γ-羟丁酸	400 克≤数量＜2 000 克	≥2 000 克
	大麻油	1 000 克≤数量＜5 000 克	≥5 000 克
	大麻脂	2 000 克≤数量＜10 千克	≥10 千克
	大麻叶、大麻烟	30 千克≤数量＜150 千克	≥150 千克
	可待因、丁丙诺啡	1 千克≤数量＜5 千克	≥5 千克
	三唑仑、安眠酮	10 千克≤数量＜50 千克	≥50 千克
	阿普唑仑、恰特草	20 千克≤数量＜100 千克	≥100 千克
	咖啡因、罂粟壳	40 千克≤数量＜200 千克	≥200 千克
	巴比妥、苯巴比妥、安钠咖、尼美西泮	50 千克≤数量＜250 千克	≥250 千克
	氯氮䓬、艾司唑仑、地西泮、溴西泮	100 千克≤数量＜500 千克	≥500 千克

(3) 非法生产、买卖、运输制毒物品、走私制毒物品罪的数量标准

罪名	原料或配剂	"情节较重"的数量标准	"情节严重"的数量标准	"情节特别严重"的数量标准
非法生产、买卖、运输制毒物品、走私制毒物品罪	麻黄碱(麻黄素)、伪麻黄碱(伪麻黄素)、消旋麻黄碱(消旋麻黄素)	1千克≤数量<5千克	5千克≤数量<25千克	≥25千克
	1-苯基-2-丙酮、1-苯基-2-溴-1-丙酮、3,4-亚甲基二氧苯基-2-丙酮、羟亚胺	2千克≤数量<10千克	10千克≤数量<50千克	≥50千克
	3-氧-2-苯基丁腈、邻氯苯基环戊酮、去甲麻黄碱(去甲麻黄素)、甲基麻黄碱(甲基麻黄素)	4千克≤数量<20千克	20千克≤数量<100千克	≥100千克
	醋酸酐	10千克≤数量<50千克	50千克≤数量<250千克	≥250千克
	麻黄浸膏、麻黄浸膏粉、胡椒醛、黄樟素、黄樟油、异黄樟素、麦角酸、麦角胺、麦角新碱、苯乙酸	20千克≤数量<100千克	100千克≤数量<500千克	≥500千克
	N-乙酰邻氨基苯酸、邻氨基苯甲酸、三氯甲烷、乙醚、哌啶	50千克≤数量<250千克	250千克≤数量<1 250千克	≥1 250千克
	甲苯、丙酮、甲基乙基酮、高锰酸钾、硫酸、盐酸	100千克≤数量<500千克	500千克≤数量<2 500千克	≥2 500千克

(4) 非法种植毒品原植物罪的数量标准

罪名	毒品原植物	"数量较大"的标准	"数量大"的标准
非法种植毒品原植物罪	大麻	5 000株≤数量<3万株	≥3万株
		2 000平方米≤面积<12 000平方米,尚未出苗	≥12 000平方米
	罂粟	500株≤数量<3 000株	≥3 000株
		200平方米≤面积<1 200平方米,尚未出苗	≥1 200平方米

(5) 非法买卖、运输、携带、持有毒品原植物种子、幼苗罪的数量标准

罪名	毒品原植物种子、幼苗	"数量较大"的标准
非法买卖、运输、携带、持有毒品原植物种子、幼苗罪	罂粟种子	≥50 克
	罂粟幼苗	≥5 000 株
	大麻种子	≥50 千克
	大麻幼苗	≥5 万株

(6) 非法提供麻醉药品、精神药品罪的数量标准

罪名	麻醉药品、精神药品种类	立案的数量标准	"情节严重"的数量标准
非法提供麻醉药品、精神药品罪	鸦片	100 克≤数量<200 克	≥200 克
	海洛因、甲基苯丙胺	5 克≤数量<10 克	≥10 克
	可卡因	5 克≤数量<10 克	≥10 克
	3,4-亚甲二氧基甲基苯丙胺（MDMA）等苯丙胺类毒品（甲基苯丙胺除外）、吗啡	10 克≤数量<20 克	≥20 克
	芬太尼	12.5 克≤数量<25 克	≥25 克
	甲卡西酮	20 克≤数量<40 克	≥40 克
	二氢埃托啡	1 毫克≤数量<2 毫克	≥20 毫克
	哌替啶（度冷丁）	25 克≤数量<50 克	≥50 克
	氯胺酮	50 克≤数量<100 克	≥100 克
	美沙酮	100 克≤数量<200 克	≥200 克
	曲马多、γ-羟丁酸	20 克≤数量<400 克	≥400 克
	大麻油	500 克≤数量<1 000 克	≥1 000 克
	大麻脂	1 000 克≤数量<2 000 克	≥2 000 克
	大麻叶、大麻烟	15 千克≤数量<30 千克	≥30 千克
	可待因、丁丙诺啡	500 克≤数量<1 000 克	≥1 000 克
	三唑仑、安眠酮	5 千克≤数量<10 千克	≥10 千克
	阿普唑仑、恰特草	10 千克≤数量<20 千克	≥20 千克
	咖啡因、罂粟壳	20 千克≤数量<40 千克	≥40 千克
	巴比妥、苯巴比妥、安钠咖、尼美西泮	25 千克≤数量<50 千克	≥50 千克
	氯氮卓、艾司唑仑、地西泮、溴西泮	50 千克≤数量<100 千克	≥100 千克

2. 数量的认定

在司法实践中,行为人涉及的毒品既可能不是单一的,也可能不存在列表当中,所以辩护律师仅掌握以上表格中的数量标准远远不够,还应当根据案件的具体情况,熟练掌握毒品数量的认定方法。

(1) 实施两种以上行为情形下的数量认定

这主要是针对走私、贩卖、运输、制造毒品罪和非法生产、买卖、运输制毒物品、走私制毒物品罪这两个选择性罪名而言的,前者以毒品为对象,后者以制毒物品为对象,如果实施了罪名中所要求的两种以上的犯罪行为,如何认定数量呢?一般应掌握以下规则:

① 对同一宗毒品或者制毒物品实施了两种以上犯罪行为并有相应确凿证据的:应当按照所实施的犯罪行为的性质并列确定罪名,毒品和制毒物品的数量不重复计算,不实行数罪并罚。例如,行为人走私了8克海洛因并将这8克海洛因贩卖给了吸毒人员,以走私、贩卖毒品罪定罪,不按照走私毒品罪和贩卖毒品罪实行数罪并罚;毒品数量认定为海洛因8克,不能累加为海洛因16克,不能在7年以上有期徒刑的幅度内进行量刑。

② 对同一宗毒品或者制毒物品可能实施了两种以上犯罪行为,但相应证据只能认定其中一种或者几种行为,认定其他行为的证据不够确实充分的:只按照依法能够认定的行为的性质定罪。例如,行为人涉嫌为贩卖而运输8克海洛因,但认定其贩卖的证据不足,则只能以运输毒品罪定罪处罚,不能认定为贩卖、运输毒品罪。

③ 对不同宗但同一种类的毒品分别实施了不同种犯罪行为的:应对不同行为并列确定罪名,累计毒品数量,不实行数罪并罚。例如,行为人从泰国走私了8克海洛因,又在中国境内从他人处购买了8克海洛因,则以走私、贩卖毒品罪定罪处罚,毒品数量累加计算认定为海洛因16克,应当在7年以上有期徒刑的幅度内进行量刑。

(2) 涉及两种以上毒品情形下的数量认定

这主要是针对走私、贩卖、运输、制造、非法持有两种以上毒品的情形,一般的原则是将不同种类的毒品分别折算为海洛因的数量,以折算后累加的毒品总量作为量刑的根据,这样的做法与最高人民法院研究室《关于被告人对不同种毒品实施同一犯罪行为是否按比例折算成一种毒品予以累加后量刑的答复》(法研〔2009〕146号)的规定是吻合。在司法实践中,具体操作如下:

① 对于刑法、司法解释或者其他规范性文件明确规定了定罪量刑数量标准的毒品,应当按照该毒品与海洛因定罪量刑数量标准的比例进行折算后累加。例如,行为人走私了400克鸦片和60克吗啡,那么根据鸦片和吗啡与海洛因定罪量刑数量标准的比例,可以将400克鸦片折算成20克海洛因,将60克吗啡折算成30克海洛

因,累加后按照走私50克海洛因进行定罪量刑。海洛因与其他毒品的折算比例如下:

1克海洛因等于	20克鸦片	5克哌替啶(度冷丁)
	1克甲基苯丙胺(俗称:冰毒)	0.0002克盐酸二氢埃托啡
	1克可卡因	10克氯胺酮
	2克吗啡	20克美沙酮
	2克苯丙胺类毒品	1000克三唑仑(俗称:蓝精灵、海乐神)
	100克大麻油	1000克安眠酮(又称甲喹酮)
	200克大麻脂	10000克氯氮卓(俗称:利眠宁、绿豆仔)
	3000克大麻叶	10000克艾西唑仑(俗称:舒乐安定)
	3000克大麻烟	10000克地西泮(俗称:安定)
	4000克咖啡因	10000克溴西泮(俗称:宁神定)
	4000克罂粟壳	

② 对于刑法、司法解释及其他规范性文件没有规定定罪量刑数量标准,但《非法药物折算表》规定了与海洛因的折算比例的毒品,可以按照《非法药物折算表》折算为海洛因后进行累加。例如,行为人贩卖500千克咖啡因和1千克麻黄碱,按照《非法药物折算表》分别可以折算为5克海洛因和10克海洛因,累加后按照贩卖15克海洛因进行定罪量刑。《非法药物折算表》的内容摘录如下:

一、阿片类					
(一)药物依赖性(身体依赖性和精神依赖性)很强且医疗上不准许使用的品种					
序号	药物名称	相当于海洛因	序号	药物名称	相当于海洛因
1	1克醋托啡	1克	9	1克海洛因	1克
2	1克乙酰阿法甲基芬太尼	10克	10	1克凯托米酮	1克
3	1克阿法甲基芬太尼	10克	11	1克3-甲基芬太尼	10克
4	1克阿法甲基硫代芬太尼	10克	12	1克3-甲基硫代芬太尼	10克
5	1克倍它羟基芬太尼	10克	13	1克1-甲基-4-苯基-4-哌啶丙盐酸	1克
6	1克倍它羟基-3-甲基芬太尼	10克	14	1克仲氟代芬太尼	10克
7	1克地索吗啡	1克	15	1克1-苯乙基-4-苯基-4-哌啶丙盐酸,PEPAP	1克

(续表)

序号	药物名称	相当于海洛因	序号	药物名称	相当于海洛因
8	1 克埃托啡	100 克	16	1 克硫代芬太尼	10 克

(二)药物依赖性强,但医疗上广泛使用的品种

序号	药物名称	相当于海洛因	序号	药物名称	相当于海洛因
1	1 克阿芬太尼	15 克	10	1 克吗啡	0.5 克
2	1 克安那度尔	0.05 克	11	1 克去甲吗啡	0.02 克
3	1 克二氢埃托啡	50 克	12	1 克阿片	0.05 克
4	1 克芬太尼	40 克	13	1 克羟考酮	0.5 克
5	1 克氢可酮	0.5 克	14	1 克羟吗啡酮	0.5 克
6	1 克氢吗啡酮	0.02 克	15	1 克哌替啶(度冷丁)	0.05 克
7	1 克氢吗啡醇	0.02 克	16	1 克瑞芬太尼	40 克
8	1 克左啡诺	0.2 克	17	1 克舒芬太尼	40 克
9	1 克美沙酮	0.5 克	18	1 克替利定	0.5 克

(三)药物依赖性相对较弱,且医疗上广泛使用的品种

序号	药物名称	相当于海洛因	序号	药物名称	相当于海洛因
1	1 克醋氢可待因	0.02 克	9	1 克地芬诺脂(苯乙哌啶)	0.05 克
2	1 克布桂嗪(强痛定)	0.005 克	10	1 克乙基吗啡	0.05 克
3	1 克丁丙诺啡	0.01 克	11	1 克尼可待因	0.02 克
4	1 克布托啡诺	0.005 克	12	1 克尼二可待因	0.02 克
5	1 克可待因	0.02 克	13	1 克去甲可待因	0.02 克
6	1 克右丙氧芬	0.02 克	14	1 克喷他佐辛(镇痛新)	0.005 克
7	1 克地唑辛	0.01 克	15	1 克吗啉乙基吗啡(福尔可定)	0.02 克
8	1 克双氢可待因	0.02 克	16	1 克丙吡胺	0.02 克

二、苯丙胺类(含致幻剂)

(一)致幻型苯丙胺类、致幻剂及甲喹酮:精神依赖性很强且医疗上不准使用的品种

序号	药物名称	相当于海洛因	序号	药物名称	相当于海洛因
1	1 克布苯丙胺(DOB)	1 克	16	1 克乙芬胺(MDA)	1 克

(续表)

序号	药物名称	相当于海洛因	序号	药物名称	相当于海洛因
2	1克卡西酮	1克	17	1克羟芬胺（MDA）	1克
3	1克二乙基色胺（DET）	1克	18	1克六氢大麻酚	1克
4	1克二甲氧基安非他明（DMA）	1克	19	1克副甲氧基安非他明（PMA）	1克
5	1克羟基四氢甲基二苯吡喃（DMHP）	1克	20	1克塞洛新	1克
6	1克二甲基色胺（DMT）	1克	21	1克塞洛西宾	1克
7	1克二甲氧基乙基安非他明（DOET）	1克	22	1克咯环利定	1克
8	1克乙环利定（PCE）	1克	23	1克二甲氧基甲苯异丙胺	1克
9	1克乙色胺	1克	24	1克替苯丙胺（MDA）	1克
10	1克麦角乙二胺	1克	25	1克替诺环定（TCP）	1克
11	1克麦司卡林	1克	26	1克四氢大麻酚	1克
12	1克二亚甲基双氧安非他明（MDMA）	1克	27	1克三甲氧基安非他明（TMA）	1克
13	1克甲卡西酮	1克	28	1克δ-9-四氢大麻酚	1克
14	1克甲米雷司	1克	29	1克4-甲基硫基安非他明	1克
15	1克甲羟芬胺（MMDA）	1克	30	1克甲喹酮（安眠酮）	0.007克
1	1克苯丙胺（安非他明）	0.2克	11	1克美索卡	0.025克
2	1克苄非他明	0.025克	12	1克去氧麻黄碱（冰毒）	1克
3	1克右苯丙胺	0.2克	13	1克去氧麻黄碱外消旋体	1克
4	1克芬乙茶碱	0.04克	14	1克哌醋甲酯（利他林）	0.1克
5	1克芬普雷司	0.025克	15	1克苯环利定（PCP）	0.1克
6	1克氯胺酮	0.1克	16	1克苯甲曲秦	0.025克
7	1克左苯丙胺	0.04克	17	1克芬美曲秦	0.025克
8	1克左甲苯丙胺	0.04克	18	1克吡咯戊酮	0.025克
9	1克甲氯喹酮	0.1克	19	1克γ-羟丁酸（GHB）	0.1克
10	1克美芬雷司	0.025克			

(续表)

\multicolumn{6}{c}{（三）弱苯丙胺类：精神依赖性相对较弱有医疗用途的品种}
序号	药物名称	相当于海洛因	序号	药物名称	相当于海洛因
1	1克安非拉酮	0.05克	5	1克氟苯丙胺（芬氟拉明）	0.05克
2	1克去甲麻黄碱（苯丙醇胺）	0.025克	6	1克马吲哚	0.025克
3	1克右旋氟苯丙胺	0.05克	7	1克匹莫林	0.05克
4	1克乙非他明	0.025克	8	1克芬特明	0.025克

\multicolumn{6}{c}{三、可卡因类}
序号	药物名称	相当于海洛因	序号	药物名称	相当于海洛因
1	1克可卡因	0.5克	2	1克可卡因碱	20克

\multicolumn{6}{c}{四、大麻类}
序号	药物名称	相当于海洛因	序号	药物名称	相当于海洛因
1	1克大麻	0.001克	2	1克大麻脂	0.005克

\multicolumn{6}{c}{五、其他兴奋剂}
序号	药物名称	相当于海洛因	序号	药物名称	相当于海洛因
1	1克咖啡因	0.00001克	3	1克莫达芬尼	0.01克
2	1克麻黄碱（左旋右旋）	0.01克			

\multicolumn{6}{c}{六、苯二氮卓类镇静安眠药}
序号	药物名称	相当于海洛因	序号	药物名称	相当于海洛因
1	1克溴西泮	0.0001克	16	1克劳拉西泮	0.0001克
2	1克溴替唑仑	0.0001克	17	1克氯甲西泮	0.0001克
3	1克卡马西泮	0.0001克	18	1克美达西泮	0.0001克
4	1克氯硝西泮	0.0001克	19	1克咪达唑仑	0.0001克
5	1克氯氮卓（利眠宁）	0.0001克	20	1克硝甲西泮	0.0001克
6	1克地洛西泮	0.0001克	21	1克硝西泮（硝基安定）	0.0001克
7	1克地西泮（安定）	0.0001克	22	1克去甲西泮	0.0001克
8	1克艾司唑仑（舒乐安定）	0.0001克	23	1克奥沙西泮	0.0001克
9	1克氟地西泮	0.001克	24	1克恶唑仑	0.0001克

(续表)

序号	药物名称	相当于海洛因	序号	药物名称	相当于海洛因
10	1克氟硝西泮	0.0001 克	25	1克匹那西泮	0.0001 克
11	1克氟西泮	0.0001 克	26	1克普拉西泮	0.0001 克
12	1克哈拉西泮	0.0001 克	27	1克替马西泮	0.0001 克
13	1克卤恶唑仑	0.0001 克	28	1克四氢西泮	0.0001 克
14	1克凯他唑仑	0.0001 克	29	1克三唑仑（海乐神）	0.001 克
15	1克氯普唑仑	0.0001 克	30	1克唑吡坦	0.0001 克

七、巴比妥类

序号	药物名称	相当于海洛因	序号	药物名称	相当于海洛因
1	1克阿洛巴比妥	0.0002 克	6	1克环已巴比妥	0.0002 克
2	1克异戊巴比妥	0.0002 克	7	1克甲苯巴比妥	0.0002 克
3	1克巴比妥	0.0002 克	8	1克戊巴比妥	0.0002 克
4	1克布他比妥	0.0002 克	9	1克苯巴比妥	0.0002 克
5	1克丁巴比妥	0.0002 克	10	1克司可巴比妥	0.002 克

八、其他类镇静安眠药

序号	药物名称	相当于海洛因	序号	药物名称	相当于海洛因
1	1克甲丙氨酯（眠尔通）	0.0002 克	2	1克扎来普隆	0.0002 克

③ 对于既未规定定罪量刑数量标准，又不具备折算条件的毒品，综合考虑其致瘾癖性、社会危害性、数量、纯度等因素依法量刑。司法机关在裁判文书中，应当客观表述涉案毒品的种类和数量，并综合认定为数量大、数量较大或者少量毒品等，不明确表述将不同种类毒品进行折算后累加的毒品总量。律师在代理这类案件时，应当考察司法机关考虑的因素是否合理，必要时也可以申请司法机关聘请专业的机构或者人员对毒品的毒效大小、有毒成分的多少、吸毒者的依赖程度进行鉴定或者出庭作证。

④ 对于未查获实物的甲基苯丙胺片剂（俗称"麻古"等）、MDMA 片剂（俗称"摇头丸"）等混合型毒品，可以根据在案证据证明的毒品粒数，参考本案或者本地区查获的同类毒品的平均重量计算出毒品数量。司法机关在裁判文书中，应当客观表述根据在案证据认定的毒品粒数。

（3）制造毒品案件中的数量认定

制造毒品案件中，毒品成品、半成品的数量应当全部认定为制造毒品的数量，对于无法再加工出成品、半成品的废液、废料则不应计入制造毒品的数量。对于废液、废料的认定,可以根据其毒品成分的含量、外观形态,结合被告人对制毒过程的供述等证据进行分析判断,必要时可以听取鉴定机构的意见。

(4) 吸毒者购买毒品的数量认定

吸毒者购买毒品,一般应当按照其购买的毒品数量认定其贩卖毒品的数量,量刑时酌情考虑其吸食毒品的情节;购买的毒品数量无法查明的,按照能够证明的贩卖数量及查获的毒品数量认定其贩毒数量;确有证据证明其购买的部分毒品并非用于贩卖的,不应计入其贩毒数量。

(5) 以贩养吸情况下的数量认定

对于以贩养吸的行为人,被查获的毒品数量应认定为其贩卖毒品的数量,但量刑时应考虑行为人吸食毒品的情节,酌情处理;行为人购买了一定数量的毒品后,部分已被其吸食的,应当按能够证明的贩卖数量及查获的毒品数量认定其贩卖毒品的数量,已被吸食部分不计入在内。

(6) 未查获毒品情况下的数量认定

在实践中,有些毒品被交易后可能被转卖、被吸食,原有状态已经不复存在或者无法查清,司法机关未能查获毒品实物的情况也大量存在。对于这类未查获到毒品实物的案件,毒品数量的认定会存在一定的难度,辩护律师一方面要了解侦查机关和检察机关的指控思路,一方面要全面审查案件的证据材料,审查认定毒品数量的证据是否确实充分,如果证据不足,可以提出无罪或者以数量较小的、有利于被告人的部分作出认定的罪轻辩护意见。

在这类案件中,由于缺乏毒品这一实物证据,言词证据就显得更加重要,控方试图通过言词证据认定毒品数量,辩方也必须从言词证据入手,重点审查被告人本人的供述前后是否一致,审查被告人与同案被告人之间的供述是否一致,审查被告人的供述与购毒人等证人的证言是否一致,还要审查这些言词证据是否存在诱供、逼供、串供等情形,只有在这些言词证据是合法取得,且供述吻合或者供证一致的情况下,才能作为定案的依据。

(三) 毒品的含量

办理毒品犯罪案件,一般说来,无论毒品纯度高低,含量多少,均应将查证属实的毒品数量认定为毒品犯罪的数量,并据此确定适用的法定刑幅度。但也存在例外的情形,如司法解释另有规定或者为了隐蔽运输而临时改变毒品常规形态的,毒品的含量则会直接影响到毒品数量的认定。此外,涉案毒品纯度明显低于同类毒品的正常纯度的,量刑时也可以酌情考虑。由此可见,毒品的含量也是律师对毒品犯罪进行辩护的一个重要切入点,不但影响到数量的认定,也是一个重要的量刑情节。

1. 毒品含量的鉴定

毒品犯罪虽然不以纯度折算,但对于特殊案件或者特殊情况下,辩护律师还是应当考虑毒品的含量,审查证据中是否存在毒品含量或者毒品纯度的鉴定意见。

（1）可能判处死刑的毒品案件

根据2007年11月8日《办理毒品犯罪案件适用法律若干问题的意见》的规定,"可能判处死刑的毒品犯罪案件,毒品鉴定结论中应有含量的结论"。2008年12月,最高人民法院印发的《全国部分法院审理毒品犯罪案件工作座谈会纪要》进一步重申,鉴于大量掺假毒品和成分复杂的新类型毒品不断出现,为做到罪刑相当、罚当其罪,保证毒品案件的审判质量,并考虑目前毒品鉴定的条件和现状,对可能判处被告人死刑的毒品犯罪案件,应当作出毒品含量鉴定。由此可见,辩护律师在代理可能判处死刑的毒品案件中,应当特别注意审查毒品含量的鉴定意见。对于行为人在毒品中掺假之后,毒品数量才达到死刑标准的,对其一般不判处死刑立即执行。

（2）涉案毒品大量掺假或者成分复杂

根据《全国部分法院审理毒品犯罪案件工作座谈会纪要》,对涉案毒品可能大量掺假或者系成分复杂的新类型毒品的,亦应当作出毒品含量鉴定。对于含有两种以上毒品成分的毒品混合物,应进一步作成分鉴定,确定所含的不同毒品成分及比例。对于毒品中含有海洛因、甲基苯丙胺的,应以海洛因、甲基苯丙胺分别确定其毒品种类;不含海洛因、甲基苯丙胺的,应以其中毒性较大的毒品成分确定其毒品种类;如果毒性相当或者难以确定毒性大小的,以其中比例较大的毒品成分确定其毒品种类,并在量刑时综合考虑其他毒品成分、含量和全案所涉毒品数量。

案例10-6

刘某将购得的130克海洛因掺入50克配料后压成三个圆块后,携带两小包海洛因样品到约定好的交易地点让买家验货,达成交易意向后,刘某取出加工好的海洛因圆块交给买家,被公安机关当场抓获,缴获海洛因圆块和样品共计180.5克。案件审理过程中,辩护律师提出毒品的数量虽然应当以查证属实的毒品数量计算,不以纯度折算,但在本案中,有证据证明行为人在海洛因中掺入了至少50克的非毒品物质,涉案毒品的含量明显偏低,遂提出了毒品含量鉴定的申请,最终得到了法院的支持。

(3) 为隐蔽运输而改变毒品常规形态

对于为隐蔽运输而临时改变毒品常规形态，例如，为了逃避海关监管，行为人将海洛因混入面粉中进行报关的，公安机关连同面粉一同查获，辩护律师可以主张不应将非毒品的其他物品如面粉计入毒品海洛因的数量。

2. "假毒品"的处理

在实践中，还存在将没有毒品含量的假毒品进行贩卖的案件，最高人民检察院于1991年4月2日作出《关于贩卖假毒品案件如何定性问题的批复》，最高人民法院于1994年12月20日作出《关于适用〈全国人民代表大会常务委员会关于禁毒的决定〉的若干问题的解释》，曾经明确了对这类案件的处理办法，即根据不同情况区别处理：(1) 明知是假毒品而以毒品进行贩卖的，应当以诈骗罪追究被告人的刑事责任；(2) 不知道是假毒品而当毒品贩卖的，最高人民检察院主张以贩卖毒品罪追究被告人的刑事责任，对其所贩卖的是假毒品的事实，可以作为从轻或者减轻情节，在处理时予以考虑，最高人民法院主张以贩卖毒品罪(未遂)定罪处罚。

虽然以上两个司法解释现已失效，但其对司法实践的处理仍具有一定的影响。对于不知道是假毒品而当毒品贩卖的案件，辩护律师应当从贩卖假毒品的行为是否具有现实的法益侵害性，客观上是否存在贩卖毒品罪的实行行为等方面并结合司法解释现已失效的情况进行辩护。

辩点10-5：罪名认定

在本章涉及的毒品犯罪中，不但行为方式存在竞合，行为对象也存在竞合，加上司法实践的错综复杂，辩护律师对于罪名的认定和适用就有了更大的辩护空间。由于不同罪名之间的量刑存在很大差异，律师除了罪与非罪的辩护、量刑轻重的辩护，还可以进行罪名变更的辩护。为了做好这方面的辩护，律师应当熟练掌握以下规则：

(一) 看主观明知

1. 明知他人制造毒品而为其提供制毒物品的，则以制造毒品罪的共犯论处，而不能以非法生产、买卖、运输制毒物品、走私毒品罪论处。

2. 明知他人实施走私制毒物品犯罪，而为其运输、储存、代理进出口或者以其他方式提供便利的，以走私制毒物品罪的共犯论处。

(二) 看动机目的

1. 以牟利为目的，向吸食、注射毒品的人提供国家规定管制的麻醉药品、精神药品的,以贩卖毒品罪论处。

2. 出于医疗目的,违反有关药品管理的国家规定,非法贩卖上述麻醉药品或者精神药品,扰乱市场秩序,情节严重的,以非法经营罪论处。

3. 以剥夺他人生命或者损害他人健康为目的,引诱、教唆、欺骗、强迫他人吸食、注射毒品的,以故意杀人罪或者故意伤害罪论处。

> **案例 10-7**
>
> 乐山制药厂是有权经营咖啡因的企业,其违反国家精神药品及咖啡因生产经营管理的有关规定,向同济药业非法出售大量咖啡因,同济药业购买后改变包装,直接出售给贩毒人员,使咖啡因流入社会,造成严重后果。
>
> 案发后,二审法院认定:乐山制药厂在不明知同济药业购买咖啡因是用于贩卖给吸毒人员的情况下,违反国家对精神药品及咖啡因生产经营的管理规定,非法大量出售咖啡因的行为不构成贩卖毒品罪,而应定性为非法经营罪。乐山制药副总经理王某因此由一审的贩卖毒品罪无期徒刑、剥夺政治权利终身,并处没收个人全部财产改判为二审的非法经营罪 5 年有期徒刑、并处罚金人民币 5 000 元。

(三) 看是否同谋

事先与走私、贩卖、运输、制造毒品的犯罪分子同谋,事后实施包庇毒品犯罪分子或者窝藏、转移、隐瞒毒品、毒赃行为的,以走私、贩卖、运输、制造毒品罪的共犯论处,而不是以包庇毒品犯罪分子罪或者窝藏、转移、隐瞒毒品、毒赃罪论处。

(四) 看特殊人员

1. 缉毒人员或者其他国家机关工作人员掩护、包庇走私、贩卖、运输、制造毒品的犯罪分子,以包庇毒品犯罪分子罪从重处罚。

2. 引诱、教唆、欺骗或者强迫未成年人吸食、注射毒品的,从重处罚。

3. 向走私、贩卖毒品的犯罪分子提供国家规定管制的麻醉药品、精神药品的,以贩卖毒品罪论处。

(五) 看犯罪行为

1. 因走私、贩卖、运输、制造、非法持有毒品罪被判过刑,又犯本章之罪的,从重处罚。

2. 非法种植毒品原植物，又以其为原料进行加工、提炼制造毒品的，以制造毒品罪从重处罚。

3. 通过中介机构将毒品犯罪所得及其产生的收益的来源和性质加以隐瞒和掩饰，以洗钱罪论处。

辩点 10-6：犯罪情节

对于毒品犯罪的辩护，律师除了考察犯罪主体、主观方面、行为方式、行为对象以及罪名的认定之外，还需要考察犯罪情节，因为具备某些情节，可以加重对行为人的处罚，具备有些情节，则可以减轻对行为人的处罚，甚至可以免除处罚。因此，律师在代理案件时，应当重点审查行为人是否具有可以从轻、减轻甚至免除处罚的情节，是否能够排除可能加重行为人处罚的情节。

2016 年 4 月 11 日开始施行的《最高人民法院关于审理毒品犯罪案件适用法律若干问题的解释》对毒品犯罪中的"情节较重"、"情节严重"、"情节特别严重"作了更加明确的规定，也对可以按照更高量刑幅度进行处罚的情节以及可以不按犯罪处理或者可以从宽处罚的情节作了规定，笔者对此进行了归纳和总结，以供辩护律师在进行情节辩护时提供参考。

（一）走私、贩卖、运输、制造毒品罪的情节辩护

1. 一般说来，走私、贩卖、运输、制造毒品，无论数量多少，都应予立案追诉。但如果数量非常微小，辩护律师可以使用刑法第 13 条，提出情节显著轻微危害不大，不认为是犯罪的辩护意见。

2. 走私、贩卖、运输、制造少量毒品，处 3 年以下有期徒刑、拘役或者管制，但如果具有以下严重情节之一的，则处 3 年以上 7 年以下有期徒刑：

（1）向多人贩卖毒品或者多次走私、贩卖、运输、制造毒品的；

（2）在戒毒场所、监管场所贩卖毒品的；

（3）向在校学生贩卖毒品的；

（4）组织、利用残疾人、严重疾病患者、怀孕或者正在哺乳自己婴儿的妇女走私、贩卖、运输、制造毒品的；

（5）国家工作人员走私、贩卖、运输、制造毒品的；

（6）其他情节严重的情形。

3. 走私、贩卖、运输、制造毒品数量大的，可以判处 15 年有期徒刑、无期徒刑或者死刑，但即使没有达到数量大的标准，但具有以下情节之一的，也可以判处 15 年

以上有期徒刑、无期徒刑或者死刑。

(1) 走私、贩卖、运输、制造毒品集团的首要分子;

(2) 武装掩护走私、贩卖、运输、制造毒品的;

(3) 以暴力抗拒检查、拘留、逮捕,情节严重的;

(4) 参与有组织的国际贩毒活动的。

根据2016年4月11日开始施行的最高人民法院《关于审理毒品犯罪案件适用法律若干问题的解释》第3条的规定,在实施走私、贩卖、运输、制造毒品犯罪的过程中,携带枪支、弹药或者爆炸物用于掩护的,应当认定为上述第(2)项中的"武装掩护走私、贩卖、运输、制造毒品"。枪支、弹药、爆炸物种类的认定,依照相关司法解释的规定执行;在实施走私、贩卖、运输、制造毒品犯罪的过程中,以暴力抗拒检查、拘留、逮捕,造成执法人员死亡、重伤、多人轻伤或者具有其他严重情节的,应当认定为上述第(3)项中的"以暴力抗拒检查、拘留、逮捕,情节严重"。

(二) 非法持有毒品罪的情节辩护

1. 一般说来,非法持有毒品必须达到数量较大的标准才能立案追诉。但持有时间的长短是可以直接影响到量刑的情节,如果时间过短,辩护律师可以提出持有过短的时间不足以证明行为人对毒品形成了事实上的支配,不能认定为持有的辩护意见。

2. 非法持有毒品达到刑法要求的"数量较大"标准,处3年以下有期徒刑、拘役或者管制,但如果具有以下严重情节之一的,则处3年以上7年以下有期徒刑:

(1) 在戒毒场所、监管场所非法持有毒品的;

(2) 利用、教唆未成年人非法持有毒品的;

(3) 国家工作人员非法持有毒品的;

(4) 其他情节严重的情形。

(三) 非法生产、买卖、运输制毒物品、走私制毒物品罪的情节辩护

1. 违反国家规定,非法生产、买卖、运输制毒物品、走私制毒物品,情节较重的,才能予以追诉。2016年4月11日施行的最高人民法院《关于审理毒品犯罪案件适用法律若干问题的解释》对本罪"情节较重"的数量标准作出了明确规定。一般情况下,如果没有达到司法解释所规定的数量标准,不能予以追诉。

2. 违反国家规定,非法生产、买卖、运输制毒物品、走私制毒物品,虽然没有达到"情节较重"的数量标准,但达到该标准最低值的50%,如麻黄碱、伪麻黄碱、消旋麻黄碱达到500克以上,1-苯基-2-丙酮、1-苯基-2-溴-1-丙酮、3,4-亚甲基二氧苯基-2-丙

酮、羟亚胺达到 1 000 克以上, 3-氧-2-苯基丁腈、邻氯苯基环戊酮、去甲麻黄碱、甲基麻黄碱达到 2 000 克以上,醋酸酐达到 5 000 克以上,麻黄浸膏、麻黄浸膏粉、胡椒醛、黄樟素、黄樟油、异黄樟素、麦角酸、麦角胺、麦角新碱、苯乙酸达到 10 千克以上,N-乙酰邻氨基苯酸、邻氨基苯甲酸、三氯甲烷、乙醚、哌啶达到 25 千克以上,甲苯、丙酮、甲基乙基酮、高锰酸钾、硫酸、盐酸达到 500 千克以上,且具有下列情形之一的,仍然可以予以追诉:

(1) 曾因非法生产、买卖、运输制毒物品、走私制毒物品受过刑事处罚的;

(2) 二年内曾因非法生产、买卖、运输制毒物品、走私制毒物品受过行政处罚的;

(3) 一次组织五人以上或者多次非法生产、买卖、运输制毒物品、走私制毒物品,或者在多个地点非法生产制毒物品的;

(4) 利用、教唆未成年人非法生产、买卖、运输制毒物品、走私制毒物品的;

(5) 国家工作人员非法生产、买卖、运输制毒物品、走私制毒物品的;

(6) 严重影响群众正常生产、生活秩序的;

(7) 其他情节较重的情形。

3. 违反国家规定,非法生产、买卖、运输制毒物品、走私制毒物品,具有以下情形之一的,达到"情节较重"的数量标准,按照"情节严重"的量刑幅度处罚;达到"情节严重"的数量标准,按照"情节特别严重"的量刑幅度处罚。

(1) 一次组织五人以上或者多次非法生产、买卖、运输制毒物品、走私制毒物品,或者在多个地点非法生产制毒物品的;

(2) 利用、教唆未成年人非法生产、买卖、运输制毒物品、走私制毒物品的;

(3) 国家工作人员非法生产、买卖、运输制毒物品、走私制毒物品的;

(4) 严重影响群众正常生产、生活秩序的。

(四) 非法种植毒品原植物罪的情节辩护

1. 一般说来,非法种植毒品原植物,数量较大的,才能予以追诉,如果种植的毒品原植物的数量没有达到追诉的标准,但具有以下情节之一的,也可以立案追诉:

(1) 经公安机关处理后又种植的;

(2) 抗拒铲除的。

2. 非法种植罂粟或者其他毒品原植物,在收获前自动铲除的,可以免除处罚。

(五) 引诱、教唆、欺骗他人吸毒罪的情节辩护

一般说来,引诱、教唆、欺骗他人吸食、注射毒品,处 3 年以下有期徒刑、拘役或

者管制,但如果具有以下严重情节之一的,则处3年以上7年以下有期徒刑:

(1)引诱、教唆、欺骗多人或者多次引诱、教唆、欺骗他人吸食、注射毒品的;

(2)对他人身体健康造成严重危害的;

(3)导致他人实施故意杀人、故意伤害、交通肇事等犯罪行为的;

(4)国家工作人员引诱、教唆、欺骗他人吸食、注射毒品的;

(5)其他情节严重的情形。

(六)容留他人吸毒罪的情节辩护

1. 只要实施了引诱、教唆、欺骗、强迫他人吸毒的行为即可立案追诉,但实容留他人吸毒的行为必须具备以下情节之一,才能予以立案追诉:

(1)一次容留多人吸食、注射毒品的;

(2)二年内多次容留他人吸食、注射毒品的;

(3)二年内曾因容留他人吸食、注射毒品受过行政处罚的;

(4)容留未成年人吸食、注射毒品的;

(5)以牟利为目的容留他人吸食、注射毒品的;

(6)容留他人吸食、注射毒品造成严重后果的;

(7)其他应当追究刑事责任的情形。

2. 容留近亲属吸食、注射毒品,情节显著轻微危害不大的,不作为犯罪处理;需要追究刑事责任的,可以酌情从宽处罚。

(七)非法提供麻醉药品、精神药品罪的情节辩护

1. 对于非法提供麻醉药品、精神药品罪,如果提供的药品数量没有达到立案的标准,但具有以下情节之一的,也可以立案追诉,处3年以下有期徒刑、拘役或者管制:

(1)二年内曾因非法提供麻醉药品、精神药品受过行政处罚的;

(2)向多人或者多次非法提供麻醉药品、精神药品的;

(3)向吸食、注射毒品的未成年人非法提供麻醉药品、精神药品的;

(4)非法提供麻醉药品、精神药品造成严重后果的;

(5)其他应当追究刑事责任的情形。

2. 非法提供麻醉药品、精神药品,数量没有达到"情节严重"的标准,但具有下列情形之一的,也应当认定为"情节严重",处3年以上7年以下有期徒刑:

(1)向多人或者多次非法提供麻醉药品、精神药品的;

(2)向吸食、注射毒品的未成年人非法提供麻醉药品、精神药品的;

(3) 非法提供麻醉药品、精神药品造成严重后果的;
(4) 其他情节严重的情形。

(八) 包庇毒品犯罪分子罪的情节辩护

1. 包庇走私、贩卖、运输、制造毒品的犯罪分子,涉嫌下列情形之一的,应予立案追诉,处3年以下有期徒刑、拘役或者管制:
(1) 作虚假证明,帮助掩盖罪行的;
(2) 帮助隐藏、转移或者毁灭证据的;
(3) 帮助取得虚假身份或者身份证件的;
(4) 以其他方式包庇犯罪分子的。

2. 包庇走私、贩卖、运输、制造毒品的犯罪分子,具有以下情节之一的,属于"情节严重",处3年以上10年以下有期徒刑:
(1) 被包庇的犯罪分子依法应当判处15年有期徒刑以上刑罚的;
(2) 包庇多名或者多次包庇走私、贩卖、运输、制造毒品的犯罪分子的;
(3) 严重妨害司法机关对被包庇的犯罪分子实施的毒品犯罪进行追究的;
(4) 其他情节严重的情形。

3. 包庇走私、贩卖、运输、制造毒品的近亲属,如果不具有以上"情节严重"的情形,归案后认罪、悔罪、积极退赃,且系初犯、偶犯,犯罪情节轻微不需要判处刑罚的,可以免予刑事处罚。

(九) 窝藏、转移、隐瞒毒品、毒赃罪的情节辩护

1. 一般说来,为走私、贩卖、运输、制造毒品的犯罪分子窝藏、转移、隐瞒毒品或者毒品犯罪所得的财物,处3年以下有期徒刑、拘役或者管制,但如果具有以下严重情节之一的,则处3年以上10年以下有期徒刑:
(1) 为犯罪分子窝藏、转移、隐瞒毒品达到走私、贩卖、运输、制造毒品罪中所规定的"数量大"标准的;
(2) 为犯罪分子窝藏、转移、隐瞒毒品犯罪所得的财物价值达到5万元以上的;
(3) 为多人或者多次为他人窝藏、转移、隐瞒毒品或者毒品犯罪所得的财物的;
(4) 严重妨害司法机关对该犯罪分子实施的毒品犯罪进行追究的;
(5) 其他情节严重的情形。

2. 为近亲属窝藏、转移、隐瞒毒品或者毒品犯罪所得的财物,不具有以上"情节严重"情形,归案后认罪、悔罪、积极退赃,且系初犯、偶犯,犯罪情节轻微不需要判处刑罚的,可以免予刑事处罚。

(十) 毒品再犯和累犯的情节辩护

根据《刑法》第356条规定，只要因走私、贩卖、运输、制造、非法持有毒品罪被判过刑，不论是在刑罚执行完毕后，还是在缓刑、假释或者暂予监外执行期间，又犯《刑法》分则第六章第七节规定的犯罪的，都是毒品再犯，应当从重处罚。因走私、贩卖、运输、制造、非法持有毒品罪被判刑的犯罪分子，在缓刑、假释或者暂予监外执行期间又犯《刑法》分则第六章第七节规定的犯罪的，应当在对其所犯新的毒品犯罪适用刑法第356条从重处罚的规定确定刑罚后，再依法数罪并罚。

根据《刑法》第65条第1款的规定，被判处有期徒刑以上刑罚的犯罪分子，刑罚执行完毕或者赦免以后，在五年内再犯应当判处有期徒刑以上刑罚之罪的，是累犯，应当从重处罚，但是过失犯罪和不满十八周岁的人犯罪的除外。根据《刑法》第66条的规定，如果危害国家安全犯罪、恐怖活动犯罪、黑社会性质的组织犯罪的犯罪分子，在刑罚执行完毕或者赦免以后，在任何时候再犯上述任一类罪的，都以累犯论处，不再有五年时间的限制。

可见，毒品再犯、累犯都是法定从重处罚的情节，如果具备这两个情节，即使本次毒品犯罪情节较轻，司法机关也会体现从严惩处的精神。尤其对于曾因实施严重暴力犯罪被判刑的累犯、刑满释放后短期内又实施毒品犯罪的再犯，以及在缓刑、假释、暂予监外执行期间又实施毒品犯罪的再犯，要求司法机关严格体现从重处罚。辩护律师对具有这两种情节的案件，要注意与当事人做好沟通工作。

对同时构成累犯和毒品再犯的被告人，司法机关会同时引用《刑法》关于累犯和毒品再犯的条款。但如果是因为同一毒品犯罪前科同时构成累犯和毒品再犯的被告人，在量刑时不得重复予以从重处罚。但对于因不同犯罪前科同时构成累犯和毒品再犯的被告人，量刑时的从重处罚幅度一般应大于前述情形。辩护律师对此一定要特别加以注意，这是进行量刑辩护的一个重要规则，下面举两个案例来说明。

例如，冯某在2001年因贩卖毒品罪被判处有期徒刑10年，2011年刑罚执行完毕被释放，到2013年又犯走私毒品罪，那么冯某在刑罚执行完毕后又犯走私毒品罪，且是在刑罚执行完毕五年内又犯的，所以既构成累犯，又同时构成毒品再犯，但都是基于贩卖毒品罪这同一毒品犯罪前科，司法机关在裁判文书上虽然应当同时引用《刑法》关于累犯和毒品再犯的条款，但在量刑时就不得重复予以从重处罚。

再如，李某在2001年因故意伤害罪被判处有期徒刑10年，2011年刑罚执行完毕被释放，2012年又因犯非法持有毒品罪被判处一年有期徒刑，缓期一年执行，在缓刑执行期间，即2013年李某又犯贩卖毒品罪，那么，李某因犯非法持有毒品罪又贩卖毒品,构成毒品再犯,同时,李某在故意伤害罪的刑罚执行完毕后五年内又犯,同时又构成累犯,虽然李某也同时构成毒品再犯和累犯,但是基于不同的犯罪前科,所以从重处罚的幅度应当大于冯某。

辩点 10-7:特情因素

运用特情侦破毒品案件,是依法打击毒品犯罪的有效手段,这种手段可以为侦查人员及时反映侦查工作所需要的信息,以及违法犯罪人员的内部信息,方便侦查人员侦查破案。辩护律师对于代理的毒品犯罪案件,要注意考察是否属于特情介入侦破的案件,我国《刑法》虽然没有明确规定特情因素对定罪量刑的影响,但《全国部分法院审理毒品犯罪案件工作座谈会纪要》针对特情因素还是区别了不同情形并作出了不同的处理规定,提出"对已持有毒品待售或者有证据证明已准备实施大宗毒品犯罪者,采取特情贴靠、接洽而破获的案件,不存在犯罪引诱,应当依法处理"。对于影响量刑的特情引诱,又细分为"犯意引诱"和"数量引诱"。对不能排除"犯意引诱"和"数量引诱"的案件,在考虑是否对被告人判处死刑立即执行时,也要留有余地。对被告人受特情间接引诱实施毒品犯罪的,参照上述原则依法处理。辩护律师代理具有特情介入的毒品犯罪案件,要根据案卷材料分析属于哪一种特情引诱,并根据上述会议纪要规定的原则提出从宽处罚或者免于处罚的辩护意见。

(一)犯意引诱

行为人本没有实施毒品犯罪的主观意图,而是在特情诱惑和促成下形成犯意,进而实施毒品犯罪的,属于"犯意引诱"。对因"犯意引诱"实施毒品犯罪的被告人,根据罪刑相适应原则,应当依法从轻处罚,无论涉案毒品数量多大,都不应判处死刑立即执行。

行为人在特情既为其安排上线,又提供下线的双重引诱,即"双套引诱"下才实施毒品犯罪的,处刑时可予以大幅度从宽处罚或者依法免予刑事处罚。

(二)数量引诱

行为人本来只有实施数量较小的毒品犯罪的故意,在特情引诱下实施了数量较大甚至达到实际掌握的死刑数量标准的毒品犯罪的,属于"数量引诱"。对因"数量引诱"实施毒品犯罪的被告人,应当依法从轻处罚,即使毒品数量超过实际掌握的死刑数量标准,一般也不判处死刑立即执行。

> **案例 10-8**
>
> 群众魏某向公安机关举报被告人于某贩卖毒品,后魏某在民警的安排下与于某打电话约购毒品,并由办案民警在北京市海淀区筹集了毒资人民币 2 000 元。次日 1 时许,被告人于某伙同被告人赵某,在北京市海淀区四季青某场馆门口,以人民币 2 000 元的价格向举报人魏某贩卖毒品时,被公安机关当场抓获。民警当场从被告人于某身上起获毒资 2 000 元,从举报人魏某身上起获白色晶体一包,经鉴定系毒品甲基苯丙胺,净重 0.59 克。
>
> 辩护律师认为本案系有特情介入侦破的毒品案件,且被告人系初犯,在庭审过程中认罪态度较好,并表示真诚悔罪;同时,于某协助公安机关抓获同案犯,有立功表现,故依法可以对于某依法从轻处罚。法院采纳了辩护律师的意见,以贩卖毒品罪,判处于某有期徒刑一年二个月,罚金人民币 4 000 元。

辩点 10-8:犯罪形态

在办理毒品案件中,掌握犯罪所处的形态是律师辩护的一个重要切入点。犯罪完成形态的犯罪既遂与犯罪未完成形态的犯罪未遂、犯罪预备和犯罪中止在量刑上有着重大区别。对于预备犯,可以比照既遂犯从轻、减轻处罚或者免除处罚;对于未遂犯,可以比照既遂犯从轻或者减轻处罚;对于中止犯,没有造成损害的,应当免除处罚,造成损害的,应当减轻处罚。如果犯罪处于未完成形态,行为人便具有了法定的从轻、减轻甚至免除处罚的情节。在未完成犯罪形态中,相比于犯罪预备和犯罪中止,犯罪未遂的标准更难掌握,现列举本章几个罪名的未遂判断标准如下。

(一) 走私毒品罪的未遂

走私毒品主要分为输入毒品与输出毒品,输入毒品分为陆路输入与海路、空路输入。陆路输入应当以越过国境线,使毒品进入国内领域内的时刻为既遂标准。海路、空路输入毒品,装载毒品的船舶到达本国港口或航空器到达本国领土内时为既遂,否则为未遂。

(二) 贩卖毒品罪的未遂

贩卖毒品以毒品实际上转移给买方为既遂。转移毒品后行为人是否已经获取了利益,并不影响既遂的成立。毒品实际上没有转移,即使已经达成转移的协议,或者行为人已经获得了利益,也不能认为是既遂。在贩卖毒品的案件中,由于毒品交易的隐蔽性高,侦查机关的惯常做法是使用特情引诱假装买家购买毒品。在这种情况下,行为人一般会构成贩卖毒品罪的未遂。

(三) 制造毒品罪的未遂

制造毒品罪应以实际上制造出毒品为既遂标准,至于制造出来的毒品数量多少、纯度高低等,都不影响既遂的成立。着手制造毒品后,没有实际上制造出毒品的,是制造毒品未遂。对于已经制造出粗制毒品或者半成品的,应以制造毒品罪的既遂论处。

(四) 引诱、教唆、欺骗、强迫他人吸毒罪的未遂

引诱、教唆、欺骗、强迫他人吸食毒品的案件中,如果被引诱、教唆、欺骗、强迫的一方最终并未吸食或者注射毒品的,行为人构成本罪的未遂。

> **案例 10-9**
>
> 苏某为转手出卖毒品牟利,主动找到公安机关的特情人员许某,要求许某代其联系购买甲基苯丙胺,并提出要向许某等人购买甲基苯丙胺35公斤。后苏某派人携带足额购毒款前往"交易"时被抓获。本案中,犯意的产生及交易细节均由苏某提出,故不属于"犯意引诱"或"数量引诱",但辩护律师提出,由于苏某的交易方系公安机关的特情人员,即涉案"交易"自始便是不可能完成的,属于因犯罪分子意志以外的因素而不可能实现其贩毒目的的情形,应当认定为犯罪未遂,比照既遂犯予以从轻或者减轻处罚。法院最终采纳了辩护律师的意见。

辩点10-9:共同犯罪

(一) 共同犯罪的认定与处罚

1. 毒品买卖的双方在客观行为上必然相互连接,但其分别实行的是买和卖两个不同的行为,其主观故意的内容也有区别,故毒品买卖双方的行为一般不能以共同犯罪论处。对于不能查明买方购买毒品的真实用途的案件,不能以系贩卖毒品者的帮助犯为由,认定为贩卖毒品罪的共犯;也不能单纯以所购买的毒品数量巨大一个事实为据,推定为贩卖毒品罪,该种情形一般应当以非法持有毒品罪定罪处刑。

2. 多人分别对同一宗毒品实施了购买、运输、窝藏、转移、出售等行为之一的,如果有证据证实其事前进行了共同贩卖毒品的合谋、商议,然后分工协作、分担实行不

同行为的,应当以其共同预谋实施的目的行为确定罪名,即应当认定为贩卖毒品罪的共同犯罪。如果没有证据证实其中的行为人参与了事前的共同谋议,现有证据只能证明其系临时受人雇佣或指使,单纯实施了运输、窝藏或转移毒品的行为,其主观上对雇佣者的贩毒行为也只是凭推测或估计而有所知悉的,则应当以其具体实施的行为确定罪名,即分别认定运输、窝藏或转移毒品罪。

3. 对于在毒品买卖双方之间倾力介绍、撮合,促成毒品交易的行为,无论是否从中牟利,均应以贩卖毒品罪的共犯论处。

(二) 正确区分主犯和从犯

区分主犯和从犯,应当以各共同犯罪人在毒品共同犯罪中的地位和作用为根据。要从犯意提起、具体行为分工、出资和实际分得毒赃多少以及共犯之间相互关系等方面,比较各个共同犯罪人在共同犯罪中的地位和作用。

在毒品共同犯罪中,主出资者、毒品所有者或者起意、策划、纠集、组织、雇用、指使他人参与犯罪以及其他起主要作用的是主犯;起次要或者辅助作用的是从犯。受雇用、受指使实施毒品犯罪的,应根据其在犯罪中实际发挥的作用具体认定为主犯或者从犯。对于确有证据证实只是受人雇佣或控制,单纯实施了接送毒品或收取毒赃等行为,从中获取少量非法利润的人,可以认定为从犯,依法给予从宽处罚。对于有充分证据证实在共同犯罪中所起作用不大的人,不能因为其他共同犯罪人逃逸而将其事实上按主犯判处刑罚。

(三) 认定共犯的犯罪数量

在毒品共同犯罪中,要正确认定共同犯罪案件中主犯和从犯的毒品犯罪数量。对于毒品犯罪集团的首要分子,应按集团毒品犯罪的总数量处罚;对一般共同犯罪的主犯,应按其所参与的或者组织、指挥的毒品犯罪数量处罚;对于从犯,应当按照其所参与的毒品犯罪的数量处罚。

二人以上共同受人雇佣或指使,同时实施了购买、运输或出售毒品行为之一的,原则上各行为人只对自己实施的行为及其毒品数量承担刑事责任。如果二人以上事前共同策划、商议,各人分别携带一部分毒品以便化整为零,在具体贩运毒品过程中又相互照应、彼此配合的,则各行为人均应对本次共同贩运毒品的总数量承担刑事责任。

(四) 确定共同犯罪人的刑罚

在毒品共同犯罪案件中,要根据行为人在共同犯罪中的作用和罪责大小确定刑罚。不同案件不能简单类比,一个案件的从犯参与犯罪的毒品数量可能比另一案件的主犯参与犯罪的毒品数量大,但对这一案件从犯的处罚不是必然重于另一案件的主犯。共同犯罪中能分清主从犯的,不能因为涉案的毒品数量特别巨大,就不分主从犯而一律将被告人认定为主犯或者实际上都按主犯处罚,一律判处重刑甚至死刑。对于共同犯罪中有多个主犯或者共同犯罪人的,处罚上也应做到区别对待。应当全面考察各主犯或者共同犯罪人在共同犯罪中实际发挥作用的差别,主观恶性和人身危险性方面的差异,对罪责或者人身危险性更大的主犯或者共同犯罪人依法判处更重的刑罚。

(五)其他特殊情况下的处理

1. 主犯在逃

对于确有证据证明在共同犯罪中起次要或者辅助作用的,不能因为其他共同犯罪人未到案而不认定为从犯,甚至将其认定为主犯或者按主犯处罚。只要认定为从犯,无论主犯是否到案,均应依照刑法关于从犯的规定从轻、减轻或者免除处罚。

辩护律师在办理主犯在逃的案件中,更应当结合证据证明当事人在共同犯罪中所处的地位和所起的作用,及时提出被告人属于从犯甚至胁从犯的辩护意见,争取从轻量刑。

2. 毒品犯罪上下家

没有实施毒品犯罪的共同故意,仅在客观上为相互关联的毒品犯罪上下家,不构成共同犯罪,但为了诉讼便利可并案审理。

3. 居间介绍人

毒品买卖活动并非都是由贩毒者与购毒者直接达成并完成交易,有的交易还需要通过居间介绍人完成。居间介绍人在毒品买卖活动中的作用,大体可分为三种基本形式:为购毒者介绍毒贩;为毒贩介绍买主;兼具两种介绍行为。

在司法实践中,辩护律师对于存在居间介绍人的案件,要特别注意以下三个问题:

(1)准确认定居间介绍买卖毒品行为

尤其注意与居中倒卖毒品行为相区别。居间介绍人在毒品交易中处于中间人地位,发挥介绍联络作用,通常与交易一方构成共同犯罪,但不以牟利为要件;居中倒卖者属于毒品交易主体,与前后环节的交易对象是上下家关系,直接参与毒品交易并从中获利。

(2) 准确认定居间介绍人的适用罪名

① 居间介绍人受贩毒者委托，为其介绍联络购毒者的，与贩毒者构成贩卖毒品罪的共同犯罪；

② 明知购毒者以贩卖为目的的购买毒品，受委托为其介绍联络贩毒者的，与购毒者构成贩卖毒品罪的共同犯罪；

③ 受以吸食为目的的购毒者委托，为其介绍联络贩毒者，毒品数量达到《刑法》第 348 条规定的最低数量标准的，一般与购毒者构成非法持有毒品罪的共同犯罪；

④ 同时与贩毒者、购毒者共谋，联络促成双方交易的，通常认定与贩毒者构成贩卖毒品罪的共同犯罪。

(3) 准确认定居间介绍人的主从犯地位

居间介绍人实施为毒品交易主体提供交易信息、介绍交易对象等帮助行为，对促成交易起次要、辅助作用的，应当认定为从犯；对于以居间介绍人的身份介入毒品交易，但在交易中超出居间介绍者的地位，对交易的发起和达成起重要作用的行为人，可以认定为主犯。

案例 10-10

王某是毒贩，委托马某为其寻找买家，马某将王某有毒品卖的情况又告诉了胡某，胡某之前受吸毒人员张某和另一个贩毒的人员亚某的委托联系卖家，最后马某和胡某促成张某、亚某与王某见面，并协商落实交易细节。后马某和胡某帮助张某和亚某携带购毒款去王某处进行毒品交易时被公安机关抓获。后马某和胡某被公诉机关以与王某共同贩卖毒品提起诉讼。

在本案中，辩护律师提出，马某受毒贩王某的委托寻找买家，并最终为王某介绍联络到了购毒者，司法机关认定其与王某构成贩卖毒品罪的共同犯罪是正确的，但胡某是受吸毒的张某和贩毒的亚某委托寻找卖家的，并未与王某形成贩卖毒品的犯意联络，其明知张某是以吸食为目的的购毒者，明知亚某是以贩卖为目的的购毒者，而居间介绍最终促成了张某、亚某与王某之间的毒品交易，是与张某和亚某存在犯意上的联络，应当与张某构成非法持有毒品罪的共同犯罪，与亚某构成贩卖毒品罪的共同犯罪，由于张某购买的毒品数量没有达到《刑法》第 348 条规定的最低数量标准，所以胡某不构成非法持有毒品罪，仅与亚某构成贩卖毒品罪的共同犯罪。此外,辩护律师还提出,由于胡某不是毒品的实际所有者,也没有贩卖毒品获利的目的,仅仅是居间介绍,起到的是帮助作用,应当认定为从犯,依法从轻或者减轻处罚。

4. 受雇运输人

两人以上同行运输毒品的,应当从是否明知他人带有毒品,有无共同运输毒品的意思联络,有无实施配合、掩护他人运输毒品的行为等方面综合审查认定是否构成共同犯罪。

（1）受雇于同一雇主同行运输毒品,但受雇者之间没有共同犯罪故意,不应认定为共同犯罪;

（2）虽然明知他人受雇运输毒品,但各自的运输行为相对独立,既没有实施配合、掩护他人运输毒品的行为,又分别按照各自运输的毒品数量领取报酬的,不应认定为共同犯罪;

（3）受雇于同一雇主分段运输同一宗毒品,但受雇者之间没有犯罪共谋的,不应认定为共同犯罪。

雇用他人运输毒品的雇主,及其他对受雇者起到一定组织、指挥作用的人员,与各受雇者分别构成运输毒品罪的共同犯罪,对运输的全部毒品数量承担刑事责任。

5. 家族犯罪

对于家庭成员集体参与毒品犯罪的案件,涉案毒品的数量不作为量刑考察的唯一依据,要根据案件的特点分析共同犯罪中各行为人的地位、作用,并从人道的角度出发,对涉案不深、主观恶性不大的家庭成员主张酌情从轻判处刑罚。

案例 10-11

阿明和阿伟是亲兄弟,阿明纠集多人组织贩卖海洛因,数量特别巨大,阿伟在阿明的指使和安排下,参与毒品的运输和贩卖共计 11 次,海洛因数量达 20784.01 克。一、二审法院均认定阿明、阿伟兄弟二人均为案中主犯,依法应适用死刑立即执行。在死刑复核阶段,辩护律师提出,阿伟虽然和阿明属于贩卖、运输毒品罪的共同犯罪,但其作用明显低于阿明,涉案行为具有一定的被动性;

而且考虑我国传统的人情伦理观念,基于人道主义精神,一般情况下对家庭成员应根据各自的地位、作用和社会危害程度区别量刑,不宜全部适用死刑立即执行。最后,最高人民法院复核后改判阿伟死刑,缓期两年执行。

案例 10-12

阿齐与儿子阿山、妹妹阿珍越境购买毒品,阿山负责驾车将毒品运输回国,阿齐与阿珍负责将毒品售出牟利,案发后,公诉机关指控,阿山从境外携带毒品入境并驾车运输至贩卖地点,涉及毒品数量巨大,在其家族共同犯罪中起主要作用,系主犯。但辩护律师提出,阿山毕竟不是家族共同犯罪的组织、领导者,而是在其父亲阿齐的带领下参与犯罪的,与阿齐相比,阿山所起作用相对较小、地位相对较低、主观恶性相对较小,虽同为主犯,但仍应区别对待,何况是这种家族式毒品共同犯罪,应从人道主义出发,不能将家族成员都同时处以极刑。法院最终采纳了辩护律师的意见,对阿山酌情予以从轻处罚。

辩点 10-10:立功表现

根据我国刑法的规定,犯罪分子有揭发他人犯罪行为,查证属实的,或者提供重要线索,从而得以侦破其他案件等立功表现的,可以从轻或者减轻处罚;有重大立功表现的,可以减轻或者免除处罚。行为人是否具有立功表现是毒品犯罪案件中律师进行量刑辩护的一个重要切入点。

(一)共同犯罪中的立功认定

1. 不应认定为立功的情况:共同犯罪中同案犯的基本情况,包括同案犯姓名、住址、体貌特征、联络方式等信息,属于被告人应当供述的范围。公安机关根据被告人供述抓获同案犯的,不应认定其有立功表现。

2. 应当认定为立功的情况:被告人在公安机关抓获同案犯过程中确实起到协助作用的,例如,经被告人现场指认、辨认抓获了同案犯;被告人带领公安人员抓获了同案犯;被告人提供了不为有关机关掌握或者有关机关按照正常工作程序无法掌握的同案犯藏匿的线索,有关机关据此抓获了同案犯;被告人交代了与同案犯的联系方式,又按要求与对方联络,积极协助公安机关抓获了同案犯等,属于协助司法机关抓获同案犯,应认定为立功。

(二) 立功从宽处罚把握的标准

1. 一般原则

关于立功从宽处罚的把握,应以功是否足以抵罪为标准。

2. 区分"马仔"与"毒枭"

在毒品共同犯罪案件中,毒枭、毒品犯罪集团首要分子、共同犯罪的主犯、职业毒犯、毒品惯犯等,由于掌握同案犯、从犯、马仔的犯罪情况和个人信息,被抓获后往往能协助抓捕同案犯,构成立功或者重大立功。对其是否从宽处罚以及从宽幅度的大小,应当主要看功是否足以抵罪,即应结合被告人罪行的严重程度、立功大小综合考虑。要充分注意毒品共同犯罪人以及上、下家之间的量刑平衡。

对于毒枭等严重毒品犯罪分子立功的,从轻或者减轻处罚应当从严掌握。如果其罪行极其严重,只有一般立功表现,功不足以抵罪的,可不予从轻处罚;如果其检举、揭发的是其他犯罪案件中罪行同样严重的犯罪分子,或者协助抓获的是同案中的其他首要分子、主犯,功足以抵罪的,原则上可以从轻或者减轻处罚;如果协助抓获的只是同案中的从犯或者马仔,功不足以抵罪,或者从轻处罚后全案处刑明显失衡的,不予从轻处罚。相反,对于从犯、马仔立功,特别是协助抓获毒枭、首要分子、主犯的,应当从轻处罚,甚至依法减轻或者免除处罚。

3. 家属"代为立功"

被告人亲属为了使被告人得到从轻处罚,检举、揭发他人犯罪或者协助司法机关抓捕其他犯罪人的,不能视为被告人立功。

被告人提供的在逃犯罪嫌疑人的藏匿地点与公安机关在被告人亲属协助下实际抓获地点不一致的,不能认定被告人立功。但家属"代为立功"的行为可根据案件的具体情节,从政策上权衡,可结合案情分析,符合条件的,酌以从轻。

4. 同监犯"帮助立功"

同监犯将本人或者他人尚未被司法机关掌握的犯罪事实告知被告人,由被告人检举揭发的,如经查证属实,虽可认定被告人立功,但是否从宽处罚、从宽幅度大小,应与通常的立功有所区别。

5. 其他情形

通过非法手段或者非法途径获取他人犯罪信息,如从国家工作人员处贿买他人犯罪信息,通过律师、看守人员等途径非法获取他人犯罪信息,由被告人检举揭发的,不能认定为立功,也不能作为酌情从轻处罚的情节。

> **案例 10-13**
>
> 　　毒贩刘某归案后向公安人员提供了毒品买家黄某的住处和活动情况,公安机关据此从买主的住处查缴海洛因 2 710 克、咖啡因 4 900 克。之后,刘某又带领公安人员前往黄某的藏匿地抓捕黄某,黄某拒捕并最终逃脱公安人员的抓捕,刘某在公安人员丧失对其控制的情况下,自己带着从黄某藏匿地取回的重达 540 克海洛因回到公安机关。
>
> 　　在案件审理过程中,辩护律师提出,刘某既有自首情节,也有立功情节,应依法对其减轻处罚。由于刘某及时提供了黄某的信息,使已经卖给黄某的 2 710 克海洛因和 4 900 克咖啡因全部被追回,防止了该部分毒品流入社会,其行为符合司法解释关于重大立功表现的规定。此外,刘某携带 540 克海洛因投案的行为属于自首。最后,法院在考察案件事实和听取律师意见的基础上,对于刘某判处有期徒刑 10 年。

辩点 10-11:量刑指导

　　在 2017 年 4 月 1 日开始实施的修改后的《最高人民法院关于常见犯罪的量刑指导意见》和 2017 年 5 月 1 日开始实施的《最高人民法院关于常见犯罪的量刑指导意见(二)(试行)》中,毒品类犯罪就涉及到三个,辩护律师掌握如何根据不同的情形在相应的幅度内确定量刑起点,有利于制定合理的辩护策略以及做好庭前辅导工作。

(一) 走私、贩卖、运输、制造毒品罪

　　1. 构成走私、贩卖、运输、制造毒品罪的,可以根据下列不同情形在相应的幅度内确定量刑起点:

　　(1) 走私、贩卖、运输、制造鸦片 1 千克,海洛因、甲基苯丙胺 50 克或者其它毒品数量达到数量大起点的,量刑起点为 15 年有期徒刑。依法应当判处无期徒刑以上刑罚的除外。

　　(2) 走私、贩卖、运输、制造鸦片 200 克,海洛因、甲基苯丙胺 10 克或者其它毒品数量达到数量较大起点的,可以在 7 年至 8 年有期徒刑幅度内确定量刑起点。

　　(3) 走私、贩卖、运输、制造鸦片不满 200 克,海洛因、甲基苯丙胺不满 10 克或者

其他少量毒品的,可以在 3 年以下有期徒刑、拘役幅度内确定量刑起点;情节严重的,可以在 3 年至 4 年有期徒刑幅度内确定量刑起点。

2. 在量刑起点的基础上,可以根据毒品犯罪次数、人次、毒品数量等其他影响犯罪构成的犯罪事实增加刑罚量,确定基准刑。

3. 有下列情节之一的,可以增加基准刑的 10%～30%:
(1)利用、教唆未成年人走私、贩卖、运输、制造毒品的;
(2)向未成年人出售毒品的;
(3)毒品再犯。

4. 有下列情节之一的,可以减少基准刑的 30% 以下:
(1)受雇运输毒品的;
(2)毒品含量明显偏低的;
(3)存在数量引诱情形的。

(二)非法持有毒品罪

1. 构成非法持有毒品罪的,可以根据下列不同情形在相应的幅度内确定量刑起点:
(1)非法持有鸦片 1 千克、海洛因或者甲基苯丙胺 50 克或者其他毒品数量大的,可以在 7 年至 9 年有期徒刑幅度内确定量刑起点。依法应当判处无期徒刑的除外。
(2)非法持有毒品情节严重的,可以在 3 年至 4 年有期徒刑幅度内确定量刑起点。
(3)非法持有鸦片 200 克、海洛因或者甲基苯丙胺 10 克或者其他毒品数量较大的,可以在 1 年以下有期徒刑、拘役幅度内确定量刑起点。

2. 在量刑起点的基础上,可以根据毒品数量等其他影响犯罪构成的犯罪事实增加刑罚量,确定基准刑。

(三)容留他人吸毒罪

1. 构成容留他人吸毒罪的,可以在 1 年以下有期徒刑、拘役幅度内确定量刑起点。

2. 在量刑起点的基础上,可以根据容留他人吸毒的人数、次数等其他影响犯罪构成的犯罪事实增加刑罚量,确定基准刑。

辩点 10-12：死刑辩护

毒品犯罪中涉及死刑的罪名只有走私、贩卖、运输、制造毒品罪。根据我国《刑法》第 347 条第 2 款的规定，走私、贩卖、运输、制造毒品，有下列情形之一的，处 15 年有期徒刑、无期徒刑或者死刑，并处没收财产：

（1）走私、贩卖、运输、制造鸦片 1 000 克以上、海洛因或者甲基苯丙胺 50 克以上或者其他毒品数量大的；

（2）走私、贩卖、运输、制造毒品集团的首要分子；

（3）武装掩护走私、贩卖、运输、制造毒品的；

（4）以暴力抗拒检查、拘留、逮捕，情节严重的；

（5）参与有组织的国际贩毒活动的。

因此，辩护律师在对走私、贩卖、运输、制造毒品罪进行死刑辩护时，要审查走私、贩卖、运输、制造的毒品数量是否达到死刑数量标准、被告人是否属于集团的首要分子、是否存在武装掩护的情形、是否存在以暴力拒查拒捕的情形以及是否参与有组织的国际贩毒活动等方面，以确定所代理的当事人是否可能适用死刑，如果可能适用死刑的，还要继续判断是否属于不宜判处死刑立即执行的案件。

（一）毒品犯罪死刑适用的原则

当前，我国毒品犯罪形势严峻，所以审判工作还会继续坚持依法从严惩处毒品犯罪的指导思想，充分发挥死刑对于预防和惩治毒品犯罪的重要作用。但为了突出毒品犯罪的打击重点，宽严相济一直是司法机关贯彻的刑事政策。毒枭、职业毒犯、再犯、累犯、惯犯、主犯等主观恶性深、人身危险性大、危害严重的毒品犯罪分子，以及具有将毒品走私入境，多次、大量或者向多人贩卖，诱使多人吸毒，武装掩护、暴力抗拒检查、拘留或者逮捕，或者参与有组织的国际贩毒活动等情节的毒品犯罪分子，都属于依法严惩的对象。对其中罪行极其严重的，则属于死刑适用的对象，辩护律师应当审查自己的当事人是否具有以上情节，罪行是否极其严重。

毒品数量是毒品犯罪案件量刑的重要情节，但不是唯一情节。司法机关在量刑时，还要综合考虑毒品数量、犯罪情节、危害后果、被告人的主观恶性、人身危险性以及当地禁毒形势等因素，体现区别对待，做到罚当其罪。对于死刑适用的标准，应当结合本地毒品犯罪的实际情况和依法惩治、预防毒品犯罪的需要，并参照最高人民法院复核的毒品死刑案件的典型案例，恰当把握。量刑既不能只片面考虑毒品数量，不考虑犯罪的其他情节，也不能只片面考虑其他情节，而忽视毒品数量。对虽然已达到实际掌握的判处死刑的毒品数量标准,但是具有法定、酌定从宽处罚情节的被告人,可以不判处死刑;反之,对毒品数量接近实际掌握的判处死刑的数量标准,但具有从重处罚情节的被告人,也可以判处死刑。毒品数量达到实际掌握的死刑数量标准,既有从重处罚情节,又有从宽处罚情节的,应当综合考虑各方面因素决定刑罚,判处死刑立即执行应当慎重。

因此,作为辩护律师,不但要熟练掌握死刑适用的法律、法规和司法解释,还要准确理解宽严相济的刑事政策,从毒品数量、犯罪情节、危害后果、被告人的主观恶性、人身危险性以及当地禁毒形势等因素入手,引导审判机关严格审慎地决定死刑适用,确保死刑只适用于极少数罪行极其严重的犯罪分子。

(二)不宜判处死刑立即执行的

对于可不适用死刑立即执行的案件,《全国部分法院审理毒品犯罪案件工作座谈会纪要》规定,毒品数量达到实际掌握的死刑数量标准,具有下列情形之一的,可以不判处被告人死刑立即执行:

(1) 具有自首、立功等法定从宽处罚情节的;

(2) 已查获的毒品数量未达到实际掌握的死刑数量标准,到案后坦白尚未被司法机关掌握的其他毒品犯罪,累计数量超过实际掌握的死刑数量标准的;

(3) 经鉴定毒品含量极低,掺假之后的数量才达到实际掌握的死刑数量标准的,或者有证据表明可能大量掺假但因故不能鉴定的;

(4) 因特情引诱毒品数量才达到实际掌握的死刑数量标准的;

(5) 以贩养吸的被告人,被查获的毒品数量刚达到实际掌握的死刑数量标准的;

(6) 毒品数量刚达到实际掌握的死刑数量标准,确属初次犯罪即被查获,未造成严重危害后果的;

(7) 共同犯罪毒品数量刚达到实际掌握的死刑数量标准,但各共同犯罪人作用相当,或者责任大小难以区分的;

(8) 家庭成员共同实施毒品犯罪,其中起主要作用的被告人已被判处死刑立即执行,其他被告人罪行相对较轻的;

(9) 其他不是必须判处死刑立即执行的。

作为毒品数量达到实际掌握的死刑数量标准案件的辩护律师,除了降低认定毒品的数量这一方案外,更要认真审查案件是否具有以上情形,具有以上情形的,即使最终没有能将毒品数量降低,也可以要求不判处被告人死刑立即执行。

有些地方司法机关也会对毒品犯罪出台一些量刑指南,规定一些一般不判处死刑立即执行的情形,作为辩护律师也应当予以把握,虽然这些指南不属于可以直接适用的司法解释,但可以作为量刑方面重要的参考。例如,上海市高级人民法院于2005年出台过一个《上海法院量刑指南——毒品犯罪之一(试行)》(沪高法〔2005〕56号),里面就规定了一般不判处死刑立即执行的几种情形:

(1) 受人指使、雇佣且非毒品所有人,但涉及的毒品数量超过可以判处死刑立即执行数量三倍的除外;

(2) 因特情介入,犯罪行为在公安机关的控制下,没有造成毒品流向社会等严重危害后果的,但涉及的毒品数量超过可以判处死刑立即执行数量三倍的除外;

(3) 单犯运输毒品罪或兼犯走私、贩卖、制造毒品罪、但系根据运输毒品的数量量刑的,但涉及的毒品数量超过可以判处死刑立即执行数量三倍的除外;

(4) 被告人被查证属实的毒品数量未达到可判处死刑立即执行的数量标准,但加上坦白交代的毒品数量后,才达到或超过可判处死刑立即执行的数量标准的;

(5) 因特情引诱毒品数量才达到或超过可判处死刑立即执行最低数量标准的;或者有证据证明有前述引诱犯罪的可能,尚不能排除的;

(6) 认定被告人毒品犯罪的数量主要根据被告人的口供与同案犯(包括上、下家)的供述互相印证,尚无其他证据佐证的;

(7) 认定主要犯罪事实的证据有瑕疵,量刑上需要留有余地的;

(8) 有证据证明涉案的海洛因含量低于25%的,但折合成含量为25%后,其数量仍达到或超过可以判处死刑立即执行数量标准的除外;

(9) 涉及的毒品系法律或司法解释没有规定量刑数量标准的;

(10) 共同犯罪不能区分主、从犯,但根据案件具体情况,可以不全部判处死刑立即执行);

(11) 其他不宜判处死刑立即执行的。

案例 10-14

赵某向毒贩购买了50包缅甸产"麻果"(甲基苯丙胺成分,并含其他杂质),公安机关查获后计算"麻果"的重量共计925.7649克。一审法院认为赵某贩卖毒品数量巨大,判处赵某死刑立即执行、剥夺政治权利终身,并处没收个人全部财产。在二审审理中,辩护律师提出"麻果"是一种新型软性毒品,成瘾性不明

> 显,在实践中,也已经发现在"麻果"中掺有大量淀粉、香料等成分而甲基苯丙胺含量极低的案例,本案中查获的"麻果"不仅外观与甲基苯丙胺差异明显,而且成分复杂,很难确定其中甲基苯丙胺的确切含量,又没有相应的司法鉴定意见,仅以查获"麻果"的重量作为认定甲基苯丙胺的数量对被告人量刑并判处死刑立即执行显然不公,最终二审法院采纳了辩护律师的意见并改判赵某死刑缓期2年执行。

(三) 可能判处死刑立即执行的

除了规定不宜判处被告人死刑立即执行的情形外,《全国部分法院审理毒品犯罪案件工作座谈会纪要》还规定了可以判处被告人死刑的情形,辩护律师应当比照自己代理的案件,尽量排除以下情形:

(1) 具有毒品犯罪集团首要分子、武装掩护毒品犯罪、暴力抗拒检查、拘留或者逮捕、参与有组织的国际贩毒活动等严重情节的;

(2) 毒品数量达到实际掌握的死刑数量标准,并具有毒品再犯、累犯、利用、教唆未成年人走私、贩卖、运输、制造毒品,或者向未成年人出售毒品等法定从重处罚情节的;

(3) 毒品数量达到实际掌握的死刑数量标准,并具有多次走私、贩卖、运输、制造毒品,向多人贩毒,在毒品犯罪中诱使、容留多人吸毒,在戒毒监管场所贩毒,国家工作人员利用职务便利实施毒品犯罪,或者职业犯、惯犯、主犯等情节的;

(4) 毒品数量达到实际掌握的死刑数量标准,并具有其他从重处罚情节的;

(5) 毒品数量超过实际掌握的死刑数量标准,且没有法定、酌定从轻处罚情节的。

(四) 具体罪名中的死刑适用问题

1. 制造毒品罪

对于制造毒品犯罪,鉴于毒品犯罪分子制造毒品的手段复杂多样、不断翻新,采用物理方法加工、配制毒品的情况大量出现,有必要进一步准确界定制造毒品的行为、方法。如果已经制成毒品,达到实际掌握的死刑数量标准的,可以判处死刑;数量特别巨大的,应当判处死刑。

2. 运输毒品罪

对于运输毒品犯罪,要注意重点打击指使、雇用他人运输毒品的犯罪分子和接应、接货的毒品所有者、买家或者卖家。对于运输毒品犯罪集团首要分子、组织、指使、雇用他人运输毒品的主犯或者毒枭、职业毒犯、毒品再犯,以及具有武装掩护、暴力抗拒检查、拘留或者逮捕、参与有组织的国际毒品犯罪、以运输毒品为业、多次运输毒品或者其他严重情节的,应当按照刑法、有关司法解释和司法实践实际掌握的数量标准,从严惩处,依法应判处死刑的必须坚决判处死刑。

毒品犯罪中,单纯的运输毒品行为具有从属性、辅助性特点,且情况复杂多样。2015年《全国法院毒品犯罪审判工作座谈会纪要》在2008年《全国部分法院审理毒品犯罪案件工作座谈会纪要》的基础上对运输毒品犯罪的死刑适用问题进行了调整和补充,要求对于受人指使、雇用参与运输毒品的被告人,应当综合考虑毒品数量、犯罪次数、犯罪的主动性和独立性、在共同犯罪中的地位作用、获利程度和方式及其主观恶性、人身危险性等因素,予以区别对待,慎重适用死刑。

(1) 对于有证据证明确属受人指使、雇用运输毒品,又系初犯、偶犯的被告人,即使毒品数量超过实际掌握的死刑数量标准,也可以不判处死刑。

(2) 对于其中被动参与犯罪,从属性、辅助性较强,获利程度较低的被告人,一般不应当判处死刑。

(3) 对于不能排除受人指使、雇用初次运输毒品的被告人,毒品数量超过实际掌握的死刑数量标准,但尚不属数量巨大的,一般也可以不判处死刑。

(4) 一案中有多人受雇运输毒品的,在决定死刑适用时,除各被告人运输毒品的数量外,还应结合其具体犯罪情节、参与犯罪程度、与雇用者关系的紧密性及其主观恶性、人身危险性等因素综合考虑,同时判处二人以上死刑要特别慎重。

需要注意的是,对于毒品数量超过实际掌握的死刑数量标准,不能证明或者不能排除受人指使、雇用参与运输毒品的被告人,2008年的《全国部分法院审理毒品犯罪案件工作座谈会纪要》规定可以依法判处重刑直至死刑,而2015年的《全国法院毒品犯罪审判工作座谈会纪要》则规定如果被告人是初次参与的,一般也可以不判处死刑。辩护律师对这些规定的变化一定要熟练掌握,政策导向的不同,会直接影响到当事人的生与死。

案例10-15

毒枭阿支找到妇人阿吉,让阿吉从昆明运输毒品回四川并许诺报酬,阿吉遂携带幼子二人,一起坐火车到昆明,后运输海洛因被公安民警查获。经查,运输的海洛因共3包,重1002克,经鉴定,海洛因含量为77.68%。法院依法判处阿吉死刑立即执行。

辩护律师在死刑复核阶段提出辩护意见,认为对于阿吉不应当适用死刑立即执行,因为阿吉是为了赚取少量运费而受雇运输毒品,归案后认罪态度较好,且系初犯,故其运输毒品尚不属于罪行极其严重,在刑罚适用上应与走私、贩卖、制造毒品的犯罪分子及其他具有严重情节的运输毒品犯罪分子有所区别,不应适用死刑立即执行。最高人民法院经复核认为对阿吉不宜适用死刑立即执行,改为死刑缓期两年执行。

(五) 特殊情节中的死刑适用问题

1. 毒品共同犯罪的死刑适用

毒品共同犯罪案件的死刑适用应当与该案的毒品数量、社会危害及被告人的犯罪情节、主观恶性、人身危险性相适应。涉案毒品数量刚超过实际掌握的死刑数量标准,依法应当适用死刑的,要尽量区分主犯间的罪责大小,一般只对其中罪责最大的一名主犯判处死刑;各共同犯罪人地位作用相当,或者罪责大小难以区分的,可以不判处被告人死刑;两名主犯的罪责均很突出,且均具有法定从重处罚情节的,也要尽可能比较其主观恶性、人身危险性方面的差异,判处二人死刑要特别慎重。涉案毒品数量达到巨大以上,两名以上主犯的罪责均很突出,或者罪责稍次的主犯具有法定、重大酌定从重处罚情节,判处二人以上死刑符合罪刑相适应原则,并有利于全案量刑平衡的,可以依法判处。

对于部分共同犯罪人未到案的案件,在案被告人与未到案共同犯罪人均属罪行极其严重,即使共同犯罪人到案也不影响对在案被告人适用死刑的,可以依法判处在案被告人死刑;在案被告人的罪行不足以判处死刑,或者共同犯罪人归案后全案只宜判处其一人死刑的,不能因为共同犯罪人未到案而对在案被告人适用死刑;在案被告人与未到案共同犯罪人的罪责大小难以准确认定,进而影响准确适用死刑的,不应对在案被告人判处死刑。

2. 上、下家犯罪的死刑适用

对于贩卖毒品案件中的上、下家,要结合其贩毒数量、次数及对象范围,犯罪的主动性,对促成交易所发挥的作用,犯罪行为的危害后果等因素,综合考虑其主观恶性和人身危险性,慎重、稳妥地决定死刑适用。对于买卖同宗毒品的上、下家,涉案毒品数量刚超过实际掌握的死刑数量标准的,一般不能同时判处死刑;上家主动联络销售毒品,积极促成毒品交易的,通常可以判处上家死刑;下家积极筹资,主动向上家约购毒品,对促成毒品交易起更大作用的,可以考虑判处下家死刑。涉案毒品数量达到巨大以上的,也要综合上述因素决定死刑适用,同时判处上、下家死刑符合罪刑相适应原则,并有利于全案量刑平衡的,可以依法判处。

3. 新类型、混合型毒品犯罪的死刑适用

（1）甲基苯丙胺片剂:俗称"麻古"等,是以甲基苯丙胺为主要毒品成分的混合型毒品,其甲基苯丙胺含量相对较低,危害性亦有所不同。为体现罚当其罪,甲基苯丙胺片剂的死刑数量标准一般可以按照甲基苯丙胺(冰毒)的2倍左右掌握,具体可以根据当地的毒品犯罪形势和涉案毒品含量等因素确定。

（2）氯胺酮:俗称"K粉"的,结合毒品数量、犯罪性质、情节及危害后果等因素,对符合死刑适用条件的被告人可以依法判处死刑。综合考虑氯胺酮的致瘾癖性、滥用范围和危害性等因素,其死刑数量标准一般可以按照海洛因的10倍掌握。

（3）其他:其他滥用范围和危害性相对较小的新类型、混合型毒品的,一般不宜判处被告人死刑。但对于司法解释、规范性文件明确规定了定罪量刑数量标准,且涉案毒品数量特别巨大,社会危害大,不判处死刑难以体现罚当其罪的,必要时可以判处被告人死刑。

辩点10-13:程序辩护

在毒品犯罪案件中,除了言词证据以外,实物证据也是非常重要的,直接决定了毒品的种类、名称、数量、含量等状况,直接影响到定罪和量刑。所以辩护律师对于毒品类案件中的实物证据应当重点进行审查,主要从毒品的提取、扣押、称量、取样、送检等程序切入。如果这些程序存在瑕疵,可能严重影响司法公正的,人民检察院、人民法院应当要求公安机关予以补正或者作出合理解释。经公安机关补正或者作出合理解释的,人民检察院、人民法院才可以采用相关证据;不能补正或者作出合理解释的,则对相关证据应当依法予以排除,不得作为批准逮捕、提起公诉或者判决的依据。辩护律师一定要把握住这个辩护的空间和机会,若能成功排除掉一些非法证据,可能会达到很好的辩护效果。那么,律师应当怎么做呢？其实,为规范毒品的提取、扣押、称量、取样和送检程序,提高办理毒品犯罪案件的质量和效率,最高人民法院、最高人民检察院、公安部于2016年5月24日共同颁布了《办理毒品犯罪案件毒品提取、扣押、称量、取样和送检程序若干问题的规定》,以确保毒品实物证据的收集、固定和保管工作严格依法进行,辩护律师若能熟练掌握这些规定,是非常有利于法庭质证和法庭辩论工作的。

(一) 毒品提取和扣押

在毒品类案件中,毒品是非常重要的物证之一,对毒品的提取和扣押则是认定毒品种类、名称、数量、含量的首要环节和基础,因此,律师在代理此类案件时,首先应当重点审查毒品的固定、提取、采集、扣押、封装、保管等程序是否符合法律规定,对于非法证据或者无法补正的瑕疵证据,辩护律师应当提出排除的辩护意见。在司法实践中,可以重点审查以下内容:

1. 审查是否固定、提取、采集了毒品及内外包装物上的附着痕迹、生物样本等物证,审查是否对查获毒品的原始状态进行了拍照或者录像,审查是否有其他无关人员接触过毒品或者包装物,审查不同包装物内的毒品是否被混合。

2. 审查扣押毒品的时候,犯罪嫌疑人是否在场,是否有见证人,是否由两名以上侦查人员执行,审查毒品的提取、扣押是否制作了笔录,是否当场开具了扣押清单,笔录和扣押清单是否有侦查人员、犯罪嫌疑人和见证人的签名。如果犯罪嫌疑人拒绝签名的,是否在笔录和扣押清单中注明。

3. 对同一案件在不同位置查获的两个以上包装的毒品,审查是否根据不同的查获位置进行了分组,审查分组是否按照以下方法进行:

(1) 毒品或者包装物的外观特征不一致的,根据毒品及包装物的外观特征进行分组;

(2) 毒品及包装物的外观特征一致,但犯罪嫌疑人供述非同一批次毒品的,根据犯罪嫌疑人供述的不同批次进行分组;

(3) 毒品及包装物的外观特征一致,但犯罪嫌疑人辩称其中部分不是毒品或者不知是否为毒品的,对犯罪嫌疑人辩解的部分疑似毒品单独分组。

4. 对于查获的毒品,审查是否按照其独立最小包装逐一编号或者命名,审查是否将毒品的编号、名称、数量、查获位置以及包装、颜色、形态等外观特征记录在笔录或者扣押清单中,审查是否分别独立封装,审查不同包装内的毒品是否存在混合的可能。

5. 对体内藏毒的案件,审查是否对提取、扣押犯罪嫌疑人排出体内的毒品的情况制作笔录,审查是否对排毒的主要过程进行拍照或者录像,审查拍照或者录像的时候是否保障了犯罪嫌疑人的隐私权和人格尊严。如果体内藏毒的犯罪嫌疑人是女性,还要审查是否是由女性工作人员或者医师检查其身体,是否由女性工作人员监控其排毒。

6. 审查现场提取、扣押等工作完成后是否是由两名以上的侦查人员对提取、扣押的毒品及包装物进行封装，审查是否是现场封装，是否是在犯罪嫌疑人在场并有见证人的情况下进行封装，是否使用封装袋封装毒品并加密封口，或者使用封条贴封包装，作好标记和编号，由侦查人员、犯罪嫌疑人和见证人在封口处、贴封处或者指定位置签名并签署封装日期。

7. 对于确因情况紧急、现场环境复杂等客观原因无法在现场实施封装的而需要将毒品带至公安机关办案场所或者其他适当的场所进行封装的，审查是否经公安机关办案部门负责人批准，审查是否对毒品移动前后的状态进行了拍照固定，审查是否对这些情况作出书面说明。

8. 审查是否对提取、扣押和封装的主要过程进行了拍照或者录像，审查照片和录像资料是否反映提取、扣押和封装活动的主要过程以及毒品的原始位置、存放状态和变动情况，审查照片是否附有相应的文字说明，文字说明是否与照片反映的情况相对应。

9. 审查提取、扣押后的毒品是否由专门的场所保管，是否指定专人保管封装后的毒品及包装物，是否采取措施防止毒品发生变质、泄漏、遗失、损毁或者受到污染。对易燃、易爆、具有毒害性以及对保管条件、保管场所有特殊要求的毒品，审查存放的场所是否符合条件。

(二) 毒品称量

提取和扣押毒品之后，就是对毒品进行称量了，因为毒品的重量直接决定了毒品犯罪应当适用的量刑幅度，甚至直接决定了当事人的生与死，所以辩护律师对这个环节也要特别予以重视，审查毒品的称量程序是否符合法律规定，适时提出排除证据的辩护意见。在司法实践中，可以重点审查以下内容：

1. 审查毒品的称量是否由两名以上侦查人员进行，是否在查获毒品的现场完成，如果是带至公安机关办案场所或者其他适当的场所进行称量的，审查是否不具备现场称量条件，审查是否按照法律规定对毒品及包装物进行的封装。

2. 审查称量是否在有犯罪嫌疑人在场并有见证人的情况下进行，审查对已经封装的毒品进行称量前，是否在有犯罪嫌疑人在场并有见证人的情况下拆封，审查是否制作有称量笔录，并将上述情况记录在称量笔录中，审查称量笔录中是否有称量人、犯罪嫌疑人和见证人的签名，如果犯罪嫌疑人拒绝签名的，是否在称量笔录中注明。

3. 审查称量是否使用适当精度和称量范围的衡器,审查使用的衡器分度值是否符合以下条件:

(1) 称的毒品质量不足 100 克的,衡器的分度值应当达到 0.01 克;

(2) 100 克以上且不足 1 千克的,衡器的分度值应当达到 0.1 克;

(3) 1 千克以上且不足 10 千克的,衡器的分度值应当达到 1 克;

(4) 10 千克以上且不足 100 千克的,分度值应当达到 10 克;

(5) 100 千克以上且不足 1 吨的,分度值应当达到 100 克;

(6) 1 吨以上的,分度值应当达到 1 千克。

4. 审查称量前衡器示数是否归零,是否处于正常的工作状态,审查称量所使用的衡器是否经过法定计量检定机构检定并在有效期内,审查法定计量检定机构出具的计量检定证书复印件是否归入证据材料卷,并随案移送。

5. 针对不同的案件情况,审查的内容也各不相同:

(1) 对两个以上包装的毒品,审查是否分别称量。

(2) 对同一组内的多个包装的毒品,审查是否采取全部毒品及包装物总质量减去包装物质量的方式确定毒品的净质量,审查称量时是否将不同包装物内的毒品混合。

(3) 对多个包装的毒品系包装完好、标识清晰完整的麻醉药品、精神药品制剂的,审查是否按照其包装、标识或者说明书上标注的麻醉药品、精神药品成分的含量计算全部毒品的质量,或者审查是否从相同批号的药品制剂中随机抽取三个包装进行称量后,根据麻醉药品、精神药品成分的含量计算全部毒品的质量。

(4) 对体内藏毒的案件,审查是否将犯罪嫌疑人排出体外的毒品逐一称量,犯罪嫌疑人供述所排出的毒品系同一批次或者毒品及包装物的外观特征相似的,审查是否采取全部毒品及包装物总质量减去包装物质量的方式确定毒品的净质量的方法。

(5) 对同一容器内的液态毒品或者固液混合状态毒品,审查是否采用拍照或者录像等方式对其原始状态进行固定后再统一称量,审查是否进行固液分离后分别称量。

6. 审查是否对称量的主要过程进行拍照或者录像,审查照片和录像资料是否清晰显示毒品的外观特征、衡器示数和犯罪嫌疑人对称量结果的指认情况,审查称量的毒品的编号、名称以及对毒品外观特征的描述是否与提取笔录和扣押清单保持一致,如果不一致的,是否有作出书面说明。

(三) 毒品取样

对毒品的称量工作完成之后,还要对毒品进行取样,一方面用作检材送至鉴定机构并委托鉴定机构进行鉴定,以确定毒品的种类、名称、含量、纯度等,另一方面还可能用作证据连同案卷材料移送相关司法机关。不管作为何种用途的取样,都应当严格按照法律程序进行,否则,辩护律师可以提出鉴定意见不能被采信或者作为证据使用的毒品不具有合法性的辩护意见。在司法实践中,可以重点审查以下内容:

1. 审查毒品的取样是否在称量工作完成之后进行,审查是否由两名以上侦查人员在查获毒品的现场或者公安机关办案场所完成,在查获毒品的现场或者公安机关办案场所取样的,审查是否是在有犯罪嫌疑人在场并有见证人的情况下进行的,对已经封装的毒品进行取样前,审查是否有犯罪嫌疑人在场并有见证人的情况下拆封,审查是否制作有取样笔录,取样笔录是否有取样人、犯罪嫌疑人和见证人的签名。如果犯罪嫌疑人拒绝签名的,是否在取样笔录中注明。

2. 审查取样人是否是由指派或者聘请的具有专门知识的人,如果是送至鉴定机构并委托鉴定机构进行取样的,审查查获毒品的现场或者公安机关办案场所是否不具备取样条件。如果是委托鉴定机构进行取样的,审查是否对毒品的取样方法、过程、结果等情况制作了取样笔录,审查鉴定意见是否包含了取样方法。

3. 对单个包装的毒品,审查是否按照下列方法选取或者随机抽取检材:

(1) 粉状。将毒品混合均匀,并随机抽取约 1 克作为检材;不足 1 克的全部取作检材。

(2) 颗粒状、块状。随机选择 3 个以上不同的部位,各抽取一部分混合作为检材,混合后的检材质量不少于 1 克;不足 1 克的全部取作检材。

(3) 膏状、胶状。随机选择 3 个以上不同的部位,各抽取一部分混合作为检材,混合后的检材质量不少于 3 克;不足 3 克的全部取作检材。

(4) 胶囊状、片剂状。先根据形状、颜色、大小、标识等外观特征进行分组;对于外观特征相似的一组,从中随机抽取 3 粒作为检材,不足 3 粒的全部取作检材。

(5) 液态。将毒品混合均匀,并随机抽取约 20 毫升作为检材;不足 20 毫升的全部取作检材。

(6) 固液混合状态。按照本款以上各项规定的方法,分别对固态毒品和液态毒品取样;能够混合均匀成溶液的,可以将其混合均匀后随机抽取约 20 毫升作为检材,不足 20 毫升的全部取作检材。

(7) 对其他形态毒品的取样,参照上述规定的取样方法进行。

4. 对同一组内两个以上包装的毒品,审查是否按照下列标准确定选取或者随机抽取独立最小包装的数量,再根据本法定的取样方法从单个包装中选取或者随机抽取检材:

(1) 少于 10 个包装的,应当选取所有的包装;

(2) 10 个以上包装且少于 100 个包装的,应当随机抽取其中的 10 个包装;

(3) 100 个以上包装的,应当随机抽取与包装总数的平方根数值最接近的整数个包装。

对选取或者随机抽取的多份检材,审查是否逐一编号或者命名,审查检材的编号、名称是否与其他笔录和扣押清单保持一致。

5. 对多个包装的毒品系包装完好、标识清晰完整的麻醉药品、精神药品制剂的,审查是否从相同批号的药品制剂中随机抽取 3 个包装,再根据本法定的取样方法从单个包装中选取或者随机抽取检材。

6. 在查获毒品的现场或者公安机关办案场所取样的,审查是否使用封装袋封装检材并加密封口,是否作好标记和编号,是否由取样人、犯罪嫌疑人和见证人在封口处或者指定位置签名并签署封装日期。如果犯罪嫌疑人拒绝签名的,侦查人员是否予以注明。

7. 委托鉴定机构进行取样的,审查是否使用封装袋封装取样后剩余的毒品及包装物并加密封口,是否作好标记和编号,是否由侦查人员和取样人在封口处签名并签署封装日期。

8. 审查选取或者随机抽取的检材是否及时送至公安机关毒品保管场所或者涉案财物管理场所进行妥善保管,是否由专人负责保管,审查在检材保管和送检过程中,是否采取妥善措施防止其发生变质、泄漏、遗失、损毁或者受到污染。

(四) 毒品送检

对查获的毒品取样后,应在法定期限内依照法定程序将检材送至鉴定机构进行鉴定,如果违反程序,辩护律师可以提出鉴定意见不能被采信的辩护意见。在司法实践中,可以重点审查以下内容:

1. 审查送检的侦查人员是否两名以上,审查送至鉴定机构的时间是否自毒品被查获之日起三日以内,如果具有案情复杂、查获毒品数量较多、异地办案、在交通不便地区办案等情形的,审查送检的时限是否超过七日,审查公安机关向鉴定机构提供的鉴定材料是否真实、完整、充分,是否与鉴定事项相关。

2. 审查委托的鉴定机构是否具备相应的资质,例如,对毒品原植物及其种子、幼苗的鉴定,是否委托具备相应资质的鉴定机构,当地如果没有具备相应资质的鉴定机构的,是否委托侦办案件的公安机关所在地的县级以上农牧、林业行政主管部门,或者设立农林相关专业的普通高等学校、科研院所。

3. 对于具有下列情形之一的案件,审查公安机关是否委托鉴定机构对查获的毒品进行含量鉴定:

(1) 犯罪嫌疑人、被告人可能被判处死刑的;

(2) 查获的毒品系液态、固液混合物或者系毒品半成品的;

(3) 查获的毒品可能大量掺假的;

(4) 查获的毒品系成分复杂的新类型毒品,且犯罪嫌疑人、被告人可能被判处七年以上有期徒刑的;

(5) 人民检察院、人民法院认为含量鉴定对定罪量刑有重大影响而书面要求进行含量鉴定的。

附:本章相关法律规范性文件[①]

1. 法律

《中华人民共和国刑法》(2015年修正,法宝引证码:CLI.1.17010)第347—355条

《中华人民共和国禁毒法》(2008.6.1实施,法宝引证码:CLI.1.100676)

2. 司法解释

最高人民法院《关于常见犯罪的量刑指导意见(二)(试行)》(2017.05.01实施,法宝引证吗:CLI.3.300153)

最高人民法院《关于常见犯罪的量刑指导意见》(法发[2017]7号,2017.04.01实施,法宝引证码:CLI.3.292969)

最高人民法院《关于审理毒品犯罪案件适用法律若干问题的解释》(法释[2016]8号,2016.04.11实施,法宝引证码:CLI.3.267769)

最高人民法院、最高人民检察院、公安部《关于办理邻氯苯基环戊酮等三种制毒物品犯罪案件定罪量刑数量标准的通知》(公通字[2014]32号,2014.09.05实施,法

[①] 所列法律规范性文件的详细内容,可登录"北大法宝"引证码查询系统(www.pkulaw.cn/fbm),输入所提供的相应"法宝引证码",免费查询。

宝引证码:CLI.4.234251)

最高人民法院、最高人民检察院、公安部《关于规范毒品名称表述若干问题的意见》(法〔2014〕224号,2014.08.20实施,法宝引证码:CLI.3.233967)

最高人民检察院、公安部《关于公安机关管辖的刑事案件立案追诉标准的规定(三)》(公通字〔2012〕26号,2012.05.16实施,法宝引证码:CLI.4.174728)

最高人民法院、最高人民检察院、公安部《关于办理走私、非法买卖麻黄碱类复方制剂等刑事案件适用法律若干问题的意见》(法发〔2012〕12号,2012.06.18实施,法宝引证码:CLI.3.177689)

最高人民法院、最高人民检察院、公安部《关于办理制毒物品犯罪案件适用法律若干问题的意见》(公通字〔2009〕33号,2009.06.23实施,法宝引证码:CLI.4.118464)

公安部《关于在成品药中非法添加阿普唑仑和曲马多进行销售能否认定为制造贩卖毒品有关问题的批复》(公通字〔2009〕1号,2009.03.19实施,法宝引证码:CLI.4.119131)

最高人民法院、最高人民检察院、公安部《办理毒品犯罪案件适用法律若干问题的意见》(公通字〔2007〕84号,2007.12.18实施,法宝引证码:CLI.4.101353)

最高人民检察院公诉庭《毒品犯罪案件公诉证据标准指导意见(试行)》(〔2005〕高检诉发第32号,2005.04.25实施,法宝引证码:CLI.3.230101)

最高人民检察院法律政策研究室《关于安定注射液是否属于刑法第三百五十条规定的精神药品问题的答复》(〔2002〕高检研发第23号,2002.10.24实施,法宝引证码:CLI.3.44250)

3. 其他

《全国法院毒品犯罪审判工作座谈会纪要》(法〔2015〕129号,2015.05.18实施,法宝引证码:CLI.3.249246)

《全国部分法院审理毒品犯罪案件工作座谈会纪要》(法〔2008〕324号,2008.12.01实施,法宝引证码:CLI.3.111630)

第十一章 黄赌类犯罪

第一节 黄赌类犯罪综述

一、黄赌犯罪分类索引

类型	罪名	法条
1. 淫乱类	组织卖淫罪、强迫卖淫罪	第358条第1款、第2款、第3款
	协助组织卖淫罪	第358条第4款
	引诱、容留、介绍卖淫罪	第359条第1款
	引诱幼女卖淫罪	第359条第2款
	传播性病罪	第360条
	聚众淫乱罪	第301条第1款
	引诱未成年人聚众淫乱罪	第301条第2款
2. 淫秽物品类	制作、复制、出版、贩卖、传播淫秽物品牟利罪	第363条第1款
	为他人提供书号出版淫秽书刊罪	第363条第2款
	传播淫秽物品罪	第364条第1款、第4款
	组织传播淫秽音像制品罪	第364条第2款、第3款
	组织淫秽表演罪	第365条
3. 性侵类	强奸罪	第236条
	强制猥亵、侮辱罪	第237条第1款、第2款
	猥亵儿童罪	第237条第3款
4. 赌博类	赌博罪	第303条第1款
	开设赌场罪	第303条第2款

二、《刑法》规定对照表

类型	罪名	法条	罪状	主刑	附加刑	辩点速查
淫乱类	组织卖淫罪、强迫卖淫罪	第358条第1款	组织、强迫他人卖淫的	5—10年有期徒刑	并处罚金	1. 犯罪行为:组织过程中的引诱、容留、介绍行为,都是组织卖淫罪中的实行行为,不再单独定引诱、容留、介绍卖淫罪。 2. 组织对象:被组织的他人,应是3人以上。 3. 从重情节:组织、强迫未成年人卖淫的,从重处罚。 4. 死刑辩护:《刑法修正案(九)》取消了这两个罪的死刑,但如果在组织、强迫卖淫的过程中,并有杀害、伤害、强奸、绑架等犯罪行为的,应数罪并罚。
			情节严重的	10年以上有期徒刑或者无期徒刑	并处罚金或者没收财产	
	协助组织卖淫罪	第358条第4款	为组织卖淫的人招募、运送人员或者有其他协助组织他人卖淫行为的	5年以下有期徒刑	并处罚金	1. 本罪特点:属于拟制的正犯,不适用总则关于从犯的处罚原则。 2. 协助范围:仅限于协助组织他人卖淫,不包括协助强迫他人卖淫,强迫卖淫中的协助犯不构成本罪,可按照强迫卖淫罪的从犯处罚。 3. 犯罪行为:仅限于协助组织他人卖淫的行为,如果协助组织后实际发挥组织者的作用,应以组织卖淫罪论处。
			情节严重的	5—10年有期徒刑	并处罚金	
	引诱、容留、介绍卖淫罪	第359条第1款	引诱、容留、介绍他人卖淫的	5年以下有期徒刑、拘役或者管制	并处罚金	1. 犯罪行为:包括引诱、容留、介绍的行为,有两种行为以上的,不实行数罪并罚。 2. 引诱对象:不包括不满14周岁的幼女。 3. 主观目的:是否以营利为目的,不影响本罪的成立。
			情节严重的	5年以上有期徒刑	并处罚金	
	引诱幼女卖淫罪	第359条第2款	引诱不满14周岁的幼女卖淫的	5年以上有期徒刑	并处罚金	1. 引诱对象:限于不满14周岁的幼女。 2. 一罪数罪:引诱幼女卖淫,与幼女发生性行为的,以引诱幼女卖淫罪与强奸罪并罚。 3. 此罪彼罪:为容留、介绍幼女卖淫而以带有诱惑性的语言挽留、劝说的,以容留、介绍卖淫罪处理。

(续表)

类型	罪名	法条	罪状	主刑	附加刑	辩点速查
淫乱类	传播性病罪	第360条第1款	明知自己患有梅毒、淋病等严重性病卖淫、嫖娼的	5年以下有期徒刑、拘役或者管制	并处罚金	1. 主观明知：不知道自己患有严重性病而卖淫、嫖娼的不能构成本罪。 2. 行为方式：必须是通过卖淫或者嫖娼的方式，通过其他方式如通奸传播性病的，不构成本罪。 3. 犯罪既遂：抽象危险犯，不要求目的。有足以造成性病传播的严重危险时即构成本罪既遂。明知自己有严重性病而采取了防止传播措施的，仍可以构成本罪。 4. 从重情节：明知自己患有艾滋病或者感染艾滋病病毒而卖淫、嫖娼的，从重处罚。 5. 此罪彼罪：明知自己感染艾滋病病毒而卖淫、嫖娼的或者故意不采取防范措施而与他人发生性关系，致使他人感染艾滋病病毒的，以故意伤害罪论处。
	聚众淫乱罪	第301条第1款	聚众进行淫乱活动的	5年以下有期徒刑、拘役或者管制		1. 犯罪主体：只处罚首要分子或多次参加者。 2. 犯罪行为：纠集三人以上（不论男女）群奸群宿或者进行其他淫乱活动，这种淫乱活动是自愿参加的，且不具有金钱交易。
	引诱未成年人聚众淫乱罪	第301条第2款	引诱未成年人参加聚众淫乱活动的	处5年以下有期徒刑、拘役或者管制，从重处罚		1. 想象竞合：以组织性交等淫秽表演的方式引诱未成年人的，构成本罪和组织淫秽表演罪想象竞合，择一重处罚。 2. 数罪并罚：引诱未成年人聚众淫乱，又以营利为目的致使卖淫的，构成本罪和组织卖淫罪，数罪并罚。
淫秽物品类	制作、复制、出版、贩卖、传播淫秽物品牟利罪	第363条第1款	以牟利为目的，制作、复制、出版、贩卖、传播淫秽物品的	3年以下有期徒刑、拘役或者管制	并处罚金	1. 主观方面：必须以牟利为目的，不以牟利为目的的传播，构成传播淫秽物品罪。 2. 犯罪行为：包括制作、复制、出版、贩卖、传播，实施两种行为以上的不数罪并罚。 3. 此罪彼罪：直接向走私人非法收购走私进口的淫秽物品或者内海、领海贩卖国家禁止进口的淫秽物品的，构成走私淫秽物品罪。
			情节严重的	3—10年有期徒刑	并处罚金	
			情节特别严重的	10年以上有期徒刑或者无期徒刑	并处罚金或者没收财产	

(续表)

类型	罪名	法条	罪状	主刑	附加刑	辩点速查
淫秽物品类	为他人提供书号出版淫秽书刊罪	第363条第2款	为他人提供书号,出版淫秽书刊的	3年以下有期徒刑、拘役或者管制	并处或者单处罚金	1. 主观方面：过失。 2. 共同犯罪：明知他人用于出版淫秽书刊而提供书号的,按照出版淫秽物品牟利罪的共犯处罚。
淫秽物品类	传播淫秽物品罪	第364条第1款	传播淫秽的书刊、影片、音像、图片或者其他淫秽物品,情节严重的	2年以下有期徒刑、拘役或者管制		1. 主观方面：不能以牟利为目的,否则构成传播淫秽物品牟利罪。 2. 追诉标准：情节犯,必须达到情节严重的程度。网络传播的,要注意相关司法解释的规定。 3. 从重情节：向不满18周岁的未成年人传播淫秽物品的,从重处罚。
淫秽物品类	组织播放淫秽音像制品罪	第364条第2款	组织播放淫秽的电影、录像等音像制品的	3年以下有期徒刑、拘役或者管制	并处罚金	1. 犯罪行为：组织和播放行为必须同时具备才能构成本罪,仅有播放行为而无组织行为不构成本罪,可以传播淫秽物品罪论处。 2. 主观方面：不以牟利为目的,否则可能构成传播淫秽物品牟利罪。 3. 从重情节：制作、复制淫秽的电影、录像等音像制品组织播放的,从重处罚。
淫秽物品类	组织播放淫秽音像制品罪		情节严重的	3—10年有期徒刑	并处罚金	
淫秽物品类	组织淫秽表演罪	第365条	组织淫秽表演的	3年以下有期徒刑、拘役或者管制	并处罚金	1. 本罪主体：只处罚组织者,一般的参与表演人员、观看淫秽表演者,不构成本罪。 2. 此罪彼罪：组织卖淫中为吸引嫖客进行表演只构成组织卖淫罪；聚众淫乱中组织参与者进行表演的只构成聚众淫乱罪；组织播放中又组织表演的可能构成数罪并罚,但是对仅为提高表演者技巧而播放的,只构成本罪。
淫秽物品类	组织淫秽表演罪		情节严重的	3—10年以下有期徒刑	并处罚金	
性侵类	强奸罪	第236条	以暴力、胁迫或者其他手段强奸妇女	3—10年有期徒刑		1. 犯罪对象：仅限于妇女,包括不满14周岁的幼女。 2. 犯罪手段：以暴力、胁迫或者其他手段。 3. 从重情节：① 奸淫不满14周岁的幼女,从重处罚。② 行为人既实施了强奸妇女行为又实施了强奸幼女行为的,以强奸罪从重处罚。
性侵类	强奸罪		有下列情形之一的：(一)强奸妇女、奸淫幼女情节恶劣的；(二)强奸妇女、奸淫幼女多人的；(三)在公共场合当众强奸妇女的；(四)二人以上轮奸的；(五)致使被害人重伤、死亡或者造成其他严重后果的。	10年以上有期徒刑、无期徒刑或者死刑		

(续表)

类型	罪名	法条	罪状	主刑	附加刑	辩点速查
性侵类	强制猥亵、侮辱罪	第237条第1款、第2款	以暴力、胁迫或者其他方法强制猥亵他人或者侮辱妇女	5年以下有期徒刑或者拘役		1. 犯罪对象:强制侮辱的对象仅限于妇女,强制猥亵的对象既包括妇女也包括男子,这是《刑法修正案(九)》增加的对象,但不包括儿童。 2. 犯罪手段:限于暴力、胁迫或者其他强制方法,非强制的手段不能构成。 3. 从重情节:见相关司法解释。
			聚众或者在公共场所当众犯前款罪的,或者有其他恶劣情节的	5年以上有期徒刑		
	猥亵儿童罪	第237条第3款	猥亵儿童的	5年以上有期徒刑,从重处罚		1. 犯罪对象:仅限于儿童。 2. 犯罪手段:猥亵,不要求使用强制手段。
赌博类	赌博罪	第303条第1款	以营利为目的,聚众赌博或者以赌博为业的	3年以下有期徒刑、拘役或者管制	并处罚金	1. 主观方面:必须以营利为目的,不以营利为目的的自娱自乐不构成本罪。 2. 网络犯罪:注意定罪量刑标准的确定;参赌人数、赌资数额、网站代理的认定;案件管辖的确定;电子数据的收集。 3. 从重情节:① 具有国家工作人员身份;② 组织国家工作人员赴境外赌博;③ 组织未成年人参与赌博或者开设赌场吸引未成年人参与赌博的;④ 参赌者识破骗局要求退还所输钱财,设赌者又使用暴力或者以暴力相威胁,拒绝退还的。
	开设赌场罪	第303条第2款	开设赌场的	3年以下有期徒刑、拘役或者管制	并处罚金	
			情节严重的	3—10年有期徒刑	并处罚金	

第二节 辩点整理

辩点 11-1:犯罪主体　　辩点 11-2:主观方面　　辩点 11-3:客观方面
辩点 11-4:追诉标准　　辩点 11-5:从重情节　　辩点 11-6:共同犯罪
辩点 11-7:罪与非罪　　辩点 11-8:此罪彼罪

辩点 11-1:犯罪主体

(一) 主体年龄

在本章黄赌类犯罪中,除了强奸罪外,其他犯罪的主体年龄都必须达到 16 周岁才能承担刑事责任,而强奸罪的主体年龄达到14周岁即可。律师在代理这类案件时,要注意考察主体的年龄,行为人没有达到应负刑事责任的年龄,即使实施了本章中的犯罪,也不应承担刑事责任。可见,主体的年龄直接影响到行为人是否承担刑事责任,这是一个重要辩点。

对于主体年龄的辩护,可以从年龄的界定、年龄的鉴定以及跨年龄段犯罪的认定等方面介入,具体规则可以参见第十章中的辩点10-1,在此不再赘述。

本章还需要注意一个问题,对于已满14周岁不满16周岁的人,与不满14周岁的幼女发生性行为构成犯罪的,以强奸罪论。但如果是偶尔与幼女发生性行为,情节轻微、未造成严重后果的,可以不认为是犯罪。这是最高人民法院于2006年1月11日颁布的《关于审理未成年人刑事案件具体应用法律若干问题的解释》中的明确规定,所以辩护律师可以从主体年龄以及犯罪情节等角度出发进行辩护,提出"不认为是犯罪"的无罪辩护意见。

(二)**主体性别**

在本章黄赌类犯罪中,主体多为一般主体,对主体性别没有特别要求。但因为有的犯罪侵犯的对象系妇女,所以犯罪主体多为男性,但并不表示只有男性才可以构成这些犯罪。

对于强奸罪,实行犯必须是男性,但也不排除女性单独构成强奸罪或者与男性共同构成强奸罪的情形。例如,妇女利用、唆使、帮助患有精神病等无刑事责任能力的男性强奸其他妇女的,患有精神病的男子由于不具有刑事责任能力,不承担刑事责任,但利用、唆使、帮助该男子的女性属于间接正犯,可以单独构成强奸罪。如果利用、唆使、帮助的男性具有刑事责任能力,则妇女与该男性共同构成强奸罪,可以认定为教唆犯或者帮助犯。

对于强制猥亵、侮辱罪,《刑法修正案(九)》将猥亵的对象扩大为"他人",不再仅限于妇女,其犯罪的主体仍为一般主体,包括男性和女性,只是在实践中,男性猥亵妇女的情形居多,但不排除具有同性恋倾向的妇女强行猥亵其他妇女,妇女出于变态心理猥亵其他妇女的情形,在以上情况下,妇女也可以构成强制猥亵罪。此外,如果以男性为猥亵对象,不管是女性强制猥亵男性,还是男性强制猥亵男性,也均可以构成本罪。但对于强制侮辱罪,犯罪对象还是仅限于妇女,强制侮辱男性的仍然不构成犯罪,但犯罪主体还是一般主体,包括男性和女性。

> **案例 11-1**
>
> 被告人谭某,因为自己怀孕无法与丈夫白某同房,在街上偶遇少女胡某,便以身体不适为由,骗取胡某的信任,让胡某送其回家。回到家中,谭某陪胡某聊天,谭某的丈夫白某将事先准备好的迷药放入饮料中让胡某喝下,胡某昏迷后,白某欲对胡某实施奸淫,见胡某正值生理期,白某对胡某实施了猥亵。事后,白某和谭某怕被人发现便心生杀念,将胡某杀害并用皮箱将胡某的尸体带出后掩埋。后白某数罪并罚后被决定执行死刑,谭某数罪并罚后决定执行无期徒刑。
>
> 在本案中,谭某引诱少女胡某回到家中供丈夫强奸,虽然其不能构成强奸罪的正犯,但可以与其丈夫构成共同犯罪。在共同犯罪中,谭某积极物色强奸对象,将被害人诱骗至家中,分散被害人注意力并使其喝下放有迷药的饮料,与丈夫白某积极实施犯罪行为,均起主要作用,系强奸罪的主犯。

(三) 主体身份

本章犯罪对主体身份一般没有进行限制性要求,但对于部分犯罪,如聚众类或者组织类犯罪,犯罪主体限于首要分子、多次参加者或者组织者,对这类犯罪进行辩护时要注意主体身份的审查,对于一般的参加者可以进行无罪辩护。此外,对于性侵类犯罪,还可以进一步考察行为人与被害人之间是否具有夫妻关系,然后根据具体的犯罪事实和情节提出无罪或者罪轻的意见。对于赌博类犯罪,则可以进一步考察参与人员的身份以及参与的程度。

1. 聚众类犯罪

本章有一个聚众类犯罪,就是聚众淫乱罪,刑法只惩罚聚众淫乱活动的首要分子和多次参加聚众淫乱活动的人。所谓"首要分子",是指在聚众淫乱犯罪中起组织、策划、指挥作用的人。所谓"多次参加",是指参加 3 次以上的聚众淫乱活动。对一般参加聚众淫乱活动的人或者偶尔参加聚众淫乱活动的人,不应以犯罪论处。因此,律师在代理这类案件时,要审查当事人的主体身份情况,如果不属于首要分子或者多次参加者的,可以进行无罪辩护。

2. 组织类犯罪

本章涉及三个组织类犯罪,一个是组织卖淫罪,一个是组织播放淫秽音像制品罪,还有一个是组织淫秽表演罪。对于这几个犯罪,正犯的主体要求一般都是组织者,协助组织者可以构成其他罪名(如协助组织卖淫罪)或者组织类犯罪的共犯。对于组织卖淫罪的主体,2017年7月25日开始实施的最高人民法院、最高人民检察院《关于办理组织、强迫、引诱、容留、介绍卖淫刑事案件适用法律若干问题的解释》有两条规定需要注意。一是明知他人实施组织卖淫犯罪活动而为其招募、运送人员或者充当保镖、打手、管账人等的,以协助组织卖淫罪定罪处罚,不以组织卖淫罪的从犯论处。这一条是区别此罪与彼罪。二是在具有营业执照的会所、洗浴中心等经营场所担任保洁员、收银员、保安员等,从事一般服务性、劳务性工作,仅领取正常薪酬,且无前面一条所列协助组织卖淫行为的,不认定为协助组织卖淫。这一条则是区别有罪与无罪,是进行无罪辩护的法律依据,主要审查经营场所是否具有营业执照,审查人员所从事的工作是否属于一般服务性或者劳务性工作,审查有无实施招募、运送人员或者充当保镖、打手、管账人等协助组织卖淫的行为,辩护律师要充分利用好这个条款。至于被组织者,由于现有法律尚未规定构成犯罪,所以还不能将被组织的卖淫人员或者被组织的淫秽表演人员作为单独的犯罪处理或者作为组织类犯罪的共犯处理,即使被组织的卖淫行为和淫秽表演行为也不为法律所允许。

3. 性侵类犯罪

对于性侵类犯罪中的强奸罪和强制猥亵、侮辱罪,需要特别注意审查行为人与被害人之间是否具有夫妻关系,这不但会影响到量刑,还可能影响到定罪。

(1) 关于婚内强奸

对于"婚内强奸"问题,理论上有诸多争议,相关法律及司法解释也未对此问题进行明确规定。但是理论和实践中通常认为,一般情况下丈夫奸淫妻子不构成强奸罪,但有以下情形之一者除外:① 男女双方虽已登记结婚,但并无感情且尚未同居,也未曾发生性关系,女方坚持要求离婚,男方进行强奸的;② 夫妻感情确已破裂,并且长期分居,丈夫进行强奸的;③ 离婚诉讼过程中,丈夫奸淫妻子的。

但是,即使在上述情况下,婚内强奸构成强奸罪,但是由于行为人与被害人之间夫妻关系尚未终结,婚内强奸与普通强奸在认定及处罚上还是会存在区别对待。首先,为保证家庭关系的平稳,婚内强奸原则上应当由妻子告诉才处理;其次,丈夫在对妻子实施奸淫行为时采取的手段,应排除平缓、非暴力的胁迫手段等;最后,婚内强奸的量刑,一般应轻于普通强奸。

因此,律师在代理婚内强奸案件时,首先应查明夫妻双方感情是否已经破裂,以及行为人在进行性行为时所采取的手段,如果并未采用暴力手段,且夫妻之间尚存感情,则进行不宜认定为强奸罪的无罪辩护;如果确实构成强奸罪,也可以做量刑区别于普通强奸的罪轻辩护。

> **案例 11-2**
>
> 被告人白某(男)与被害人姚某(女)于 2004 年 10 月 1 日结婚,婚后夫妻感情尚好。2005 年 2 月 27 日,姚某与白某因家庭琐事发生口角,姚某一气之下搬回娘家居住,并向白某提出离婚要求。2005 年 4 月 2 日晚白某到姚家找姚某时强行与其发生性关系。姚某认为白某对其实施了强奸,遂报警。在本案中,律师提出白某与姚某之间夫妻关系尚未解除,且夫妻感情还未破裂,不应认定为强奸罪的辩护意见。姚某也出具了谅解书。公诉机关最终对白某作出了不起诉决定。

(2) 关于丈夫强制猥亵、侮辱妻子

对于丈夫强制猥亵、侮辱妻子的情况,也应当区别对待。如果丈夫公然强制猥亵、侮辱妻子,可以构成强制猥亵、侮辱罪,因为这种可以使不特定人或者多数人目睹的行为,严重伤害了妻子关于性的羞耻心。但是,对于非公然强制猥亵、侮辱妻子的行为,因具有夫妻这种特殊关系,则不宜认定为犯罪。因此,律师代理这类案件时,除了需要考察夫妻之间的关系,还要考察猥亵、侮辱行为发生的场合,以便确定进行无罪辩护还是罪轻辩护。

4. 赌博类犯罪

对于利用赌博机开设赌场的案件,国家一般重点打击的是赌场的出资者和经营者。对受雇佣为赌场从事接送参赌人员、望风看场、发牌坐庄、兑换筹码等活动的人员,除参与赌场利润分成或者领取高额固定工资的以外,一般不追究刑事责任,可由公安机关依法给予治安管理处罚。对设置游戏机,单次换取少量奖品的娱乐活动,不以违法犯罪论处。所以辩护律师,应当注意考察这些人员的身份情况和参与程度。

辩点 11-2:主观方面

(一) 罪过形式

1. 犯罪故意

在黄赌类犯罪中,绝大多数是故意犯罪,即明知自己的行为会发生危害社会的结果,并且希望或者放任这种结果的发生。犯罪故意既包括直接故意,又包括间接故意。虽然黄赌类犯罪多为直接故意,但也存在间接故意的情形。

例如传播性病罪,行为人明知自己患有严重性病,为防止性病传播而采取避免传播的措施,然后卖淫、嫖娼的,虽然其在主观上不希望也不积极追求性病传播危害后果的发生,不属于直接故意,但仍具有放任危害后果发生的心态,属于间接故意,可以构成传播性病罪。需要特别注意的是,艾滋病也属于严重性病之一,相比于其他性病,对人体危害特别大,有可能产生死亡的后果。如果行为人明知自己感染的艾滋病病毒而卖淫、嫖娼或者故意不采取防范措施而与他人发生性关系,最终导致他人感染艾滋病病毒的,不管其是否有传播性病的故意,都认定为《刑法》第 95 条第(三)项"其他对于人身健康有重大伤害"所指的"重伤",依照《刑法》第 234 条第 2 款的规定,以故意伤害罪定罪处罚。这是 2017 年 7 月 25 日开始实施的最高人民法院、最高人民检察院《关于办理组织、强迫、引诱、容留、介绍卖淫刑事案件适用法律若干问题的解释》新增的内容,辩护律师要特别注意。当然,如果确实不知道自己患有严重性病而卖淫、嫖娼,即使造成他人染上严重性病,甚至染上艾滋病病毒的,虽然产生了严重后果,但因其不具有犯罪的故意,也不能构成传播性病罪。

此外,间接故意还体现在性侵类犯罪中,例如强奸罪,行为人明知是不满 14 周岁的幼女或者明知妇女是精神病患者或者程度严重的痴呆者,而与其发生性行为的,不论对象是否自愿,也不论行为人采取什么手段,都应以强奸罪论处。在这种情形下,行为人的主观心态也是一种放任危害后果发生的间接故意。又如猥亵儿童罪,行为人明知是不满 14 周岁的儿童仍进行猥亵的,不论对象是否自愿,也不论行为人是否采取强制手段,主观上属于间接故意,可以构成猥亵儿童罪。

综上所述,作为辩护律师,不但要审查行为人的主观方面,审查是直接故意还是间接故意,还要审查故意的内容,这不但可以作为主观恶性深浅的量刑情节进行辩护,甚至还可以作为此罪与彼罪、重罪与轻罪、有罪与无罪的辩护方向。

案例 11-3

2011 年 3 月某天,王某(男)与张某(女,1997 年 9 月出生)于夜总会认识,该夜总会管理严格,18 周岁以上成年人才能进入,且进入时需查验身份证件。张某通过假的身份证进入夜总会,且打扮极为成熟,后自愿与王某发生性关系,但后两人因琐事发生口角,张某便告诉王某自己还没满 14 周岁,以王某对其强奸为由报案。侦查机关证实了张某系自愿与王某发生性关系,但发生性关系时张某尚未满14周岁,故仍以强奸罪对王某移送审查起诉。

在本案中,辩护律师认为,在当时情况下,由于夜总会管理严格,只有成年人才能入内,且张某打扮与其实际年龄不符,且实际年龄也已接近14周岁,王某确实不知道也无法知道张某不满14周岁,且双方又是自愿发生性关系,没有造成严重后果,情节显著轻微,不应认定为犯罪。后公诉机关对王某作出了不起诉决定。

2. 犯罪过失

在黄赌类犯罪中,虽然绝大多数是故意犯罪,但也存在过失犯罪。所谓过失犯罪,是指应当预见自己的行为可能发生危害社会性的结果,因为疏忽大意而没有预见,或者已经预见而轻信能够避免,以致发生了危害结果。

例如,为他人提供书号出版淫秽书刊罪就是过失犯罪。虽然行为人为他人提供书号是故意,但对于他人使用该书号出版淫秽书刊的结果并未预见或者虽然预见但轻信能够避免,属于一种过失心态,按照为他人提供书号出版淫秽书刊罪定罪处罚。如果行为人明知他人用于出版淫秽书刊而提供书号的,其对于书号用于出版淫秽书刊的结果持积极追求或者放任态度,则属于故意犯罪,应认定为出版淫秽物品牟利罪。因此,律师在办理此类犯罪时,应当查明行为人对出版淫秽书刊是否明知,对淫秽书刊出版的后果是否存在过失,以便正确适用法条。

(二)认定明知

本章犯罪大多属于故意犯罪,要求具有明知的要件。如果行为人对应当"明知"的内容确实不知道,则会因缺失主观要件而不认定为犯罪。因此,律师在代理黄赌类犯罪案件时,可以从行为人是否具备"明知"的要件作为切入点进行辩护。由于"明知"是一种主观心态,行为人基于趋利避害的心理,在司法实践中经常会否认自己主观上明知的内容,为了正确认定行为人的主观心态,司法解释对有些犯罪中的"明知"作出了认定标准,辩护律师应当予以掌握,如果行为人不具备这些情形的,可以考虑以行为人不明知作为无罪的辩护理由。

1. 关于传播性病中的"明知"

具有以下情形之一的,可以认定为"明知":

(1)有证据证明曾到医院就医或者其他医疗机构就医或者检查,被诊断为患有

严重性病的;

(2) 根据本人的知识和经验,能够知道自己患有严重性病的;

(3) 通过其他方法能够证明行为人是"明知"的。

这里的"严重性病",包括梅毒、淋病等。其它性病是否认定为"严重性病",应当根据《中华人民共和国传染病防治法》《性病防治管理办法》的规定,在国家卫生与计划生育委员会规定实行性病监测的性病范围内,依照其危害、特点与梅毒、淋病相当的原则,从严掌握。根据这个标准,艾滋病当然属于严重性病的范围。前面已经分析了,行为人如果明知是患有艾滋病或者感染艾滋病病毒,不但可能影响量刑,而且可能影响定罪。所以,对于传播性病罪,我们不但要掌握"明知"的标准,还要掌握"明知"的内容。

2. 关于利用互联网、移动通讯终端、声讯台制作、复制、出版、贩卖、传播淫秽电子信息中的"明知"

以牟利为目的,网站建立者、直接负责的管理者明知他人制作、复制、出版、贩卖、传播的是淫秽电子信息,允许或者放任他人在自己所有、管理的网站或者网页上发布的,以传播淫秽物品牟利罪定罪处罚;网站建立者、直接负责的管理者明知他人制作、复制、出版、贩卖、传播的是淫秽电子信息,允许或者放任他人在自己所有、管理的网站或者网页上发布的,以传播淫秽物品罪定罪处罚;电信业务经营者、互联网信息服务提供者明知是淫秽网站,为其提供互联网接入、服务器托管、网络存储空间、通讯传输通道、代收费等服务,并收取服务费的,以传播淫秽物品牟利罪定罪处罚;明知是淫秽网站,以牟利为目的,通过投放广告等方式向其直接或者间接提供资金,或者提供费用结算服务的,以制作、复制、出版、贩卖、传播淫秽物品牟利罪定罪处罚。

行为人实施以上行为,具有下列情形之一的,应当认定行为人"明知",但是有证据证明确实不知道的除外:

(1) 行政主管机关书面告知后仍然实施上述行为的;

(2) 接到举报后不履行法定管理职责的;

(3) 为淫秽网站提供互联网接入、服务器托管、网络存储空间、通讯传输通道、代收费、费用结算等服务,收取服务费明显高于市场价格的;

(4) 向淫秽网站投放广告,广告点击率明显异常的;

(5) 其他能够认定行为人明知的情形。

3. 关于网上开设赌场中的"明知"

明知是赌博网站,而为其提供下列服务或者帮助的,属于开设赌场罪的共同犯

罪。具有下列情形之一的,应当认定行为人"明知",但是有证据证明确实不知道的除外:

(1) 收到行政主管机关书面等方式的告知后,仍然实施上述行为的;

(2) 为赌博网站提供互联网接入、服务器托管、网络存储空间、通讯传输通道、投放广告、软件开发、技术支持、资金支付结算等服务,收取服务费明显异常的;

(3) 在执法人员调查时,通过销毁、修改数据、账本等方式故意规避调查或者向犯罪嫌疑人通风报信的;

(4) 其他有证据证明行为人明知的。

需要注意的是,行为人具备以上情形之一,并不必然证明其一定就是明知的,行为人或者辩护律师如果能提供证据证明其确实不知道也可以认定为"不明知",这个举证责任在于辩方,所以辩护律师从行为人获知线索后可以进行调查取证,看能否取得行为人确实不知道的证据。

> **案例 11-4**
>
> 被告人张某、杜某系夫妻,二人长期将自己院内的五余间住房对外出租。2009年4月和6月,公安机关将在出租房内从事卖淫活动的承租人孙某、刘某等人抓获,并同时告知张某和杜某承租户中存在卖淫嫖娼的嫌疑。后张某和杜某在明知皮某和王某是卖淫女的情况下,仍将该院内的房屋出租给她们。同年10月,民警将从事卖淫活动的皮某和王某抓获,当日亦将二被告人抓获。
>
> 在本案中,被告人张某和杜某均辩称他们并不知道承租人从事卖淫活动,只是出租房屋,并没有任何容留他人卖淫的故意。公诉机关认为二被告人对于承租人在出租房内从事卖淫活动是明知的,理由如下:(1) 二被告人与承租人共同居住在同一个院内,多名承租人长期从事卖淫活动,二被告人对此已耳闻目睹,能够经常看到陌生男子进出卖淫女的房屋;(2) 出租房屋的租金明显高于其他承租人;(3) 民警两次告知被告人出租房内有卖淫嫖娼的嫌疑,但被告人仍然将房屋出租给卖淫女。

(三) 犯罪目的

犯罪目的,就是指行为人通过实施犯罪行为达到某种危害社会结果的希望或者追求。在本章犯罪中,有的犯罪要求必须同时具备某种犯罪目的才能构成,属于目的犯。律师代理这类案件,应当查明行为人是否具备构成要件所要求的犯罪目的,展开无罪辩护或者罪轻辩护。

1. 淫乱类犯罪——营利目的

在淫乱类犯罪中,组织、强迫、引诱、容留、介绍卖淫,通常是以营利为目的,但这些罪名并没有将"以营利为目的"作为构成要件之一,换句话说,行为人是否以营利为目的,并不影响犯罪的成立。尤其是对引诱、容留、介绍卖淫,2017年7月25日两高《关于办理组织、强迫、引诱、容留、介绍卖淫刑事案件适用法律若干问题的解释》第8条还做了"引诱、容留、介绍他人卖淫是否以营利为目的,不影响犯罪的成立"的明确规定。

2. 淫秽物品类犯罪——牟利目的

在淫秽物品类犯罪中,制作、复制、出版、贩卖、传播淫秽物品牟利罪是目的犯,要求行为人必须具有牟利的目的才能构成此罪。

如果行为人不具有牟利目的,传播淫秽的书刊、影片、音像、图片或者其他淫秽物品的,或者组织播放淫秽的电影、录像等音像制品的,则按照传播淫秽物品罪和组织播放淫秽音像制品罪定罪处罚。

制作、复制、出版、贩卖、传播淫秽物品牟利罪虽以具有牟利目的为要件,但是否实际获利以及牟利多少,并不影响该罪名的认定。但如果确实没有获利或者获利很少,辩护律师也可以作为量刑情节提出。

3. 性侵类犯罪——奸淫目的和性满足目的

在性侵类犯罪中,如果行为人具有奸淫目的,可定性为强奸罪;但如果行为人不具有奸淫目的,而是以性交以外的行为满足性欲,寻求性刺激、性满足的,则不构成强奸罪,如实施抠摸、搂抱的猥亵行为,可以构成强制猥亵罪或者猥亵儿童罪。强制侮辱罪与强制猥亵罪在犯罪目的上具有相似之处,即以寻求性刺激、性兴奋和性满足为目的,这也是强制侮辱罪与侮辱罪之间的主要区别,侮辱罪通常是基于私仇、泄愤、报复等动机,以贬低他人人格与名誉为目的,与性满足无关。

> **案例 11-5**
>
> 江某(女)为了报复以前与其有意见分歧的任某,经与蔡某(女)商量,由蔡某纠集何某(男)、陈某(男)将任某带到野外,并要求蔡某等三人扒光任某衣服

> 进行殴打侮辱。后蔡某等三人按照江某的要求对任某进行了扒光衣服、殴打、剪头发、裸体抛在野外等行为。当晚蔡某等三人将实施的上述行为告知了江某。最后公诉机关以江某构成强制侮辱罪移送起诉。
>
> 在本案中,辩护律师认为江某的行为不构成强制侮辱罪。作为指使者,江某主观上是出于个人恩怨,基于报复和泄私愤的目的,希望通过暴力侮辱行为贬低任某人格,破坏任某名誉,而非出于追求性满足或性刺激的目的,不符合强制侮辱罪的犯罪目的。从犯罪所针对的对象、侵犯的客体以及犯罪场合等角度分析,辩护律师认为江某等人的行为更符合侮辱罪的构成要件。

4. 赌博类犯罪——营利目的

以营利为目的,聚众赌博的或者以赌博为业的,构成赌博罪。开设赌场罪虽然在法条中没有明确以营利为目的,但开设赌场一般都具有营利目的。以营利为目的,在计算机网络上建立赌博网站,或者为赌博网站担任代理,接受投注的,都属于开设赌场。如果不以营利为目的,只是进行带有少量财物输赢的娱乐活动,或者提供棋牌室等娱乐场所并只收取固定的场所和服务费用的经营行为等,不得以赌博或者开设赌场论处。在代理赌博类案件中,辩护律师也应当从犯罪目的入手,严格区分赌博违法犯罪活动与群众正常文娱活动的界限。一般说来,以营利为目的的主要表现为:(1)通过在赌博活动中赢取财物的目的;(2)通过抽头渔利或者收取各种名义的手续费、入场费等获取财物的目的。

辩点11-3:客观方面

(一) 淫乱类犯罪

1. 组织、协助组织、强迫、引诱、容留、介绍他人卖淫

(1) 犯罪对象

这里的犯罪对象是"他人卖淫"。所谓"他人",主要是指女人,但也包括男人。如果是未成年甚至是幼女的话,则不但影响量刑,还可能影响定罪。例如,司法解释明确规定,组织、强迫未成年人卖淫,从重处罚,容留、介绍未成年人卖淫没有人数上的限制即可构成犯罪,引诱未满14周岁的幼女卖淫,按照引诱幼女卖淫罪定罪处罚,量刑比引诱卖淫罪重。因此,律师在进行辩护时应当要审核卖淫的主体情况。所谓"卖淫",是指以营利为目的,与不特定的人发生性交行为。这里的性交,不但包

括男女两性性交,也包括肛交、口交等进入式的性行为,但不包括手淫、乳推等相对开放式的性行为。

> **案例 11-6**
>
> 被告人李某系某公关礼仪服务中心负责人,为了营利,采取张贴广告、登报的方式招聘男青年做公关人员,并制定了《公关人员管理制度》。李某指使刘某、冷某对"公关先生"进行管理,并在其经营的酒吧内将多名"公关先生"多次介绍给男性顾客,由男性顾客将"公关先生"带至其他酒店从事同性卖淫活动。案发后,李某辩称自己的行为不构成犯罪,辩护人提出,刑法及相关司法解释对同性之间的性交易是否构成卖淫未作明文规定,而根据有关辞典的解释,卖淫是指"妇女出卖肉体"的行为。因此,组织男性从事同性卖淫活动的,不属于组织卖淫,不危害社会公共秩序和良好风尚,依照罪刑法定原则,李某的行为不构成犯罪。
>
> 法院经审理认为,组织他人卖淫中的"他人",主要是指女性,也包括男性。李某以营利为目的,组织"公关先生"从事金钱与性的交易活动,虽然该交易在同性之间进行,但该行为亦为卖淫行为,构成组织卖淫罪,判处李某有期徒刑8年,罚金6万元。

(2) 犯罪手段

① 组织卖淫,是指以招募、雇佣、纠集等手段,管理或者控制他人卖淫的行为,只要管理或者控制卖淫人员在三人以上即可,至于组织卖淫者是否设置固定的卖淫场所、组织卖淫者人数多少、规模大小,均不影响组织卖淫行为的认定。在组织卖淫犯罪活动中,对被组织卖淫的人有引诱、容留、介绍卖淫行为的,依照处罚较重的规定定罪处罚。但是,对被组织卖淫的人以外的其他人有引诱、容留、介绍卖淫行为的,应当分别定罪,实行数罪并罚。

② 协助组织卖淫,是指为组织卖淫的人招募、运送人员或者有其他协助组织他人卖淫行为的行为,与组织卖淫是一种共犯关系,在组织他人卖淫的共同犯罪中起帮助作用,如充当保镖、打手、管账人等。因为协助组织他人卖淫的行为,有具体的罪状和单独的法定刑,应当确定为独立的罪名,适用单独的法定刑处罚,所以不适用刑法总则关于从犯的处罚原则。

③ 强迫卖淫,是指采用暴力等手段,违背他人意志,迫使他人卖淫。以强奸作为强迫卖淫的手段或者强奸后迫使他人卖淫的,在《刑法修正案(九)》实施之前是强迫他人卖淫的法定从重情节,只需以强迫卖淫罪一罪处罚。但《刑法修正案(九)》实施之后,取消了强迫卖淫罪的死刑,并同时规定,犯强迫卖淫罪并有强奸等犯罪行为的,依照数罪并罚的规定处罚。

④ 引诱、容留、介绍卖淫罪是一个选择性罪名,引诱、容留、介绍他人卖淫这三种行为,不论是同时实施还是只实施其中一种行为,均构成本罪。引诱是指利用金钱、物质等手段诱使他人卖淫,容留是指提供场所给他人卖淫使用,介绍是指使卖淫人员与嫖客发生联系,得以实现卖淫嫖娼。

> **案例 11-7**
>
> 被告人林某在 2000 年 12 月至 2001 年 5 月间,通过家中电脑,在互联网上多次为卖淫女石某和郭某发布卖淫信息,介绍石某和郭某从事卖淫活动,致使多人到石某和郭某处进行嫖娼活动,并从石某和郭某处获得好处费共计 4 000 元。
>
> 本案的行为与传统的介绍卖淫行为有所区别,被告人林某没有直接与特定的嫖客进行接触,而是利用计算机,通过互联网为不特定的嫖客提供卖淫信息,但其行为实际上起到介绍卖淫的作用,也属于介绍卖淫的行为。

⑤ 引诱幼女卖淫是一种特殊的引诱卖淫,可以单独构成引诱幼女卖淫罪,量刑比引诱卖淫罪更重。

2. 传播性病

必须实施了卖淫、嫖娼的行为,至于实际是否已造成他人染上性病的结果,不影响本罪的成立。行为人通过其他方式(如通奸)等将性病传播给他人的,不构成传播性病罪。

3. 聚众淫乱和引诱未成年人聚众淫乱

所谓聚众,是指纠集特定或不特定多数人于一定时间聚集于同一地点。这里的"众"应至少是 3 人以上,如果仅有 2 人,不能构成犯罪。所谓淫乱,是指违反道德规范的性交行为,还包括其他刺激、兴奋、满足性欲的行为,如聚众从事手淫、口淫、鸡奸等行为。

引诱未成年人参加聚众淫乱活动的,单独构成引诱未成年人聚众淫乱罪,依照聚众淫乱罪的规定从重处罚。

(二)淫秽物品类犯罪

1. 制作、复制、出版、贩卖、传播淫秽物品牟利

(1)行为对象:这里限于"淫秽物品",是指具体描绘性行为或者露骨宣扬色情的诲淫性的书刊、影片、录像带、录音带、图片及视频文件、音频文件、电子刊物、图片、文章、短消息等互联网、移动通讯终端电子信息和声讯台语音信息等。可见,淫秽物品的载体多种多样,核心在于具体描绘性行为或者露骨宣扬色情。我国刑法明确将两种情形排除在外,一是有关人体生理、医学知识的科学著作不是淫秽物品,二是包含有色情内容的有艺术价值的文学、艺术作品不视为淫秽物品。制作、复制、出版、贩卖、传播这两类物品的,不构成本罪。

(2)行为方式:包括制作、复制、出版、贩卖、传播等方式。所谓制作淫秽物品,是指生产、录制、摄制、编写、绘画、印刷等产生淫秽物品的行为;所谓复制淫秽物品,是指以印制、复印、拓印、录音、录像、翻录、翻拍等方式将淫秽物品制作一份或者多份的行为。所谓出版淫秽物品,是指将淫秽物品编辑、印刷后,公开发行的行为。所谓贩卖淫秽物品,是指批发、零售、倒卖、销售淫秽物品的行为。所谓传播淫秽物品,是指通过播放、出租、出借、承运、邮寄、携带等方式致使淫秽物品流传的行为。在司法实践中,制作、复制、出版、贩卖、传播淫秽物品的手段很多,包括利用互联网、移动通讯终端、声讯台,还包括利用聊天室、论坛、即时通讯软件、电子邮件等方式。

> **案例 11-8**
>
> 被告人方某在2008下半年在网上注册了三个QQ号,并将三个QQ号挂于QQ聊天大厅的"激情岁月"的聊天室内,聊天中以发信息的形式告知好友进行色情聊天,招揽网友进行裸聊。在裸聊时,方某根据对方的付费情况,通过视频提供不同的裸聊内容。在一年的时间内,方某裸聊的范围达20余个省市,裸聊对象400余人,获得裸聊资金2万余元。
>
> 在本案中,方某实施的是网络裸聊行为,该行为所传递的信息与其他淫秽物品一样,具有强烈的淫秽性,虽然不具有直观的形,但同样具备了淫秽物品的

本质属性。此外,方某的裸聊行为不是点对点式的,而是点对面式的,不具有私密性,使得人类的各种性行为公开化,违背了人类的性羞耻感,严重侵害了社会风尚,构成传播行为。加上方某是以牟利为目的,因此构成传播淫秽物品牟利罪。辩护律师可以从传播的人次以及违法所得等情节入手,提出尚未达到情节严重的标准,并从方某认罪态度较好并且退还违法所得的角度出发,提出从轻处罚的辩护意见。

2. 为他人提供书号出版淫秽书刊

(1) 行为对象:不仅限于书号,还包括刊号、版号。

(2) 行为方式:违反国家关于书号、刊号、版号管理的规定,向其他单位或者个人提供书号、刊号、版号,致使淫秽书刊、淫秽音像制品得以出版。包括为他人提供书号、刊号,出版淫秽书刊,也包括为他人提供版号,出版淫秽音像制品。

3. 传播淫秽物品

这里的行为对象"淫秽物品"和行为方式"传播"与传播淫秽物品牟利罪是完全一致的,两个罪名之间的区别仅在于是否以牟利为目的。不以牟利为目的传播淫秽物品的,构成传播淫秽物品罪。

案例 11-9

2011年3月被告人高某通过QQ聊天与杨某认识,后两人约在宾馆见面并发生了性行为。同年12月,高某再次到宾馆与杨某发生性关系,高某用手机拍摄了两人性行为的视频片段。次年,高某欲保持与杨某的交往,被杨某拒绝。后高某将自己拍摄的与杨某发生性行为的视频上传到QQ个人博客上,并将视频网址告诉了自己的朋友。随后该视频被他人大量点击,点击率达到3万余人次。后高某在杨某的要求下删除了该视频。案发后,高某被公诉机关以传播淫秽物品罪提起公诉。

在庭审过程中,高某认为拍摄的视频是自己的个人视频,不属于淫秽物品,而且其只是将视频上传到自己的个人博客,也不属于传播,其行为不应当构成犯罪。这样的辩解是无法成立的。高某用手机拍摄自己与杨某的性行为片段,

> 是对性行为的直接描述。如果这一视频只是个人私藏，不进入公共视野，不会涉及淫秽物品的问题。但本案中，高某将该视频置于网络，任何访问该网址的人皆可看到，是对社会公序良俗的违背，当然属于淫秽物品。此外，个人博客虽是由个人管理，但可以被不特定人随意浏览或者转载，具有传播的可能性，所以高某将视频上传到博客的行为本身就是一种传播行为。由于高某是为泄私愤而非以牟利为目的，所以仅构成传播淫秽物品罪，而不是传播淫秽物品牟利罪。

4. 组织播放淫秽音像制品

（1）行为对象：仅限于淫秽的电影、录像等音像制品。

（2）行为方式：组织播放行为。如果制作、复制淫秽音像制品再组织播放的，只要不是以牟利为目的，仍按组织播放淫秽音像制品罪定罪，但需要从重处罚。如果是以牟利为目的，制作、复制淫秽音像制品再组织播放的，则仅按制作、复制、传播淫秽物品牟利罪一个罪定罪处罚。

5. 组织淫秽表演

（1）行为对象：淫秽表演，包括但不限于性交、手淫、口淫、诲淫性的裸体和脱衣舞表演等关于性行为或者裸露宣扬色情的淫秽性的表演。这种淫秽表演可以是现场面对面式的，也可以借助网络媒体进行视频面对面式的。

（2）行为方式：组织行为，包括但不限于策划表演过程、招募、管理表演者，提供表演场地和设备等行为。

（三）性侵类犯罪

1. 强奸

（1）行为对象：仅限于女性，包括妇女和幼女。对于既实施了强奸妇女行为又实施了奸淫幼女行为的，以强奸罪从重处罚。与男性强制发生性行为，不构成强奸罪。但是，在性行为过程中对男性造成伤害后果的，可能构成故意伤害罪。

（2）行为方式：以暴力、胁迫或者其他手段强行与妇女发生性关系。

① 违背妇女意志。如果妇女是自愿与行为人发生性关系，或者虽非自愿，但因有其他目的而与行为人相互利用的情况下，则不能认定为违背妇女意志。但是，如果行为对象为幼女或者精神病人、痴呆病人，由于其不具备相应的责任能力，不能自主决定其性行为，不管行为人采取什么手段，也不管行为对象是否自愿，都应认定为

违背妇女意志。在认定是否违背妇女意志时,不能以被害妇女作风好坏来划分。强行与作风不好的妇女发生性行为的,也应定强奸罪。

律师在代理行为人与精神病患者、痴呆病人等特殊病人发生性关系的案件时,应注意从以下几个方面入手来判断:A. 行为人明知是精神病患者或者痴呆病人,不论其采取什么手段,也不论行为人出于什么动机,只要与这些妇女发生了性行为的,一律以强奸罪论处。B. 行为人与间歇性精神病人在未发病期间或与精神病基本痊愈的妇女发生性交的,妇女本人同意或者主动追求要求发生性关系的,不以强奸罪处理。C. 行为人确实不知道妇女是精神病患者或者程度严重的痴呆症患者,女方自愿或者主动追求发生性关系的,不以强奸罪论处。

对于具有夫妻关系的案件,婚姻状况是确定是否构成强奸罪中违背妇女意志的法律依据。根据婚姻法的规定,合法的婚姻形成夫妻之间特定的人身和财产关系。双方自愿登记结婚,就是对同居和性生活的法律承诺。因此,从法律上讲,合法的夫妻之间不存在丈夫对妻子性权利自由的侵犯。在合法婚姻存续期间,丈夫不顾妻子反对、甚至采用暴力与妻子强行发生性关系的行为,不属于刑法意义上的"违背妇女意志",不能构成强奸罪。相反,如果是非法婚姻关系或者已经进入离婚诉讼程序,婚姻关系实际已处于不确定中,丈夫违背妻子的意志,采用暴力手段,强行与其发生性关系,可以构成强奸罪。但处理时与普通强奸案件有很大不同,应当特别慎重。

案例 11-10

2002 年 6 月,被告人王某经人介绍与钱某相识,2003 年 1 月登记结婚,2004 年生育一女。2006 年 10 月,钱某与王某分居,同时向法院起诉离婚。同年 12 月,法院认为双方感情尚未破裂,判决不准离婚,此后双方未曾同居。2007 年 8 月,钱某再次提起离婚诉讼。同年 11 月 10 日,法院判决准予离婚,并将判决书送达双方当事人。王某对判决离婚有意见,但迟迟也未上诉。同年 11 月 19 日晚 8 时许,王某到原居住地见钱某在房内整理衣服,即从背后抱住钱某欲与之发生性关系遭钱某拒绝,但王某不顾钱某的反抗,采用抓、咬等暴力手段,强行与钱某发生了性行为。后钱某报案,王某被公诉机关以强奸罪提起公诉。

在庭审过程中,辩护律师提出,虽然法院判决准许王某与钱某离婚,但王某不服判决,虽然未提出上诉,但上诉期尚未届满,而且案发当天该离婚判决也尚未发生法律效力,王某与钱某仍属于夫妻关系,发生性行为是夫妻之间的权利和义务,不应当构成强奸罪。法院认为,在法院判决离婚后,王某与钱某已属非正常的婚姻关系,双方已不再承诺履行夫妻间同居的义务,王某在此期间违背钱某的意志,强行与钱某发生性行为,侵犯了钱某的人身权利和性权利,其行为符合强奸罪的构成要件,但考虑到本案的具体情况,对王某定罪但免除刑事处罚。

② 强行发生性行为。是指行为人采取暴力、胁迫或者其他手段,使被害妇女不能反抗、不敢抗拒、不知抗拒,强行与妇女发生性关系的。

A. 所谓暴力手段,是指采用殴打、捆绑、卡脖子、按倒等危害人身安全或者人身自由,使妇女不能抗拒的方式。

B. 所谓胁迫手段,是指采取威胁、恫吓,达到精神上的强制的手段。如以扬言行凶报复、揭发隐私、加害亲属等相威胁,利用迷信进行恐吓、欺骗,利用教养关系、从属关系、职权以及孤立无援的环境条件,进行挟制、迫害等,迫使妇女忍辱屈从,不敢抗拒。

C. 所谓其他手段,是指采取暴力、胁迫以外的手段,使妇女不知抗拒或者无法抗拒,具体手段有:采用药物麻醉、醉酒等类似手段奸淫妇女;利用妇女自身处于醉酒、昏迷、熟睡、患重病等不知抗拒或无法抗拒状态奸淫妇女;利用妇女愚昧无知,采用假冒治病或者以邪教组织、迷信等方法骗奸妇女;采用其他类似手段。

需要注意的是,认定是否强行发生性行为,不能以妇女是否有反抗表示为要件,妇女未反抗或者反抗不明显的,要具体分析,精心区别。

案例 11-11

白某是某公司总经理,公司人力资源部招聘了一个女职员李某,人长得很漂亮,又识大体。一天夜里,李某加班很晚,公司里其他职员都下班了。白某于是把李某叫到自己办公室,表达了自己对李某的爱慕之心,并表示如果李某愿意与其发生性关系,他将提拔李某做人力资源部经理。李某考虑到公司没有其

> 他人,反抗也没有用,加上人力资源部经理职位的诱惑,于是在半推半就的情况下与白某发生了性关系。后因白某未实现自己的承诺,李某将白某告发,公诉机关将白某提起公诉,认为白某利用其职权关系及当时孤立无援的环境对李某实施了强奸。
>
> 在本案中,辩护律师认为白某虽然是李某的上司,两人之间具有职权关系,但案发当晚,白某只是利用自己的职权以提拔李某为人力资源部经理进行引诱,李某基于互相利用与白某发生了性行为,并不是处于不能反抗、不敢反抗、不知反抗的状况,遂不应认定为强奸罪。

2. 强制猥亵

(1) 行为对象:不限于妇女。《刑法修正案(九)》将强制猥亵罪的对象扩大为"他人",不再仅限于妇女,强制猥亵成年男性的,也构成犯罪。

(2) 行为方式:以暴力、胁迫或者其他方法强制猥亵他人,这里的猥亵,是指除性交以外的,以满足性欲为目的的淫秽行为。

3. 强制侮辱

(1) 行为对象:限于14周岁以上的少女和成年妇女,强制侮辱男性的,不构成犯罪。

(2) 行为方式:以暴力、胁迫或者其他方法强制侮辱妇女。这里的侮辱,是指为获得性刺激,以淫秽举止或者言语调戏妇女的行为,而不是基于泄愤、报复等动机,以侵害贬损妇女的名誉、人格为目的。如果仅以侵害贬损妇女的名誉、人格为目的进行侮辱,则应构成侮辱罪,而非本罪。需要注意的是,强制侮辱罪中的侮辱不要求以公然的方式进行,但必须当场对被侮辱的妇女实施,而侮辱罪中的侮辱则必须公然实施,但既可以当场进行,也可以非当场进行。

4. 猥亵儿童

(1) 行为对象:仅限不满14周岁的儿童。

(2) 行为方式:是指猥亵行为,这里的猥亵包括强制性的猥亵,也包括非强制性的猥亵。非强制性猥亵儿童的,构成猥亵儿童罪;非强制性与幼女发生性交行为的,构成强奸罪;非强制性猥亵他人的,则不构成犯罪。

(四) 赌博类犯罪

1. 赌博

客观方面体现为聚众赌博或者以赌博为业的行为。所谓聚众赌博,是指组织、招引多人进行赌博,本人从中抽头渔利。这种人俗称"赌头",赌头本人不一定直接参加赌博。所谓以赌博为业,是指嗜赌成性,一贯赌博,以赌博所得为其生活来源,这种人俗称"赌棍",只要具备聚众赌博或以赌博为业的其中一种行为,即符合赌博罪的客观要件。

赌博罪中存在暴力手段是从重处罚情节。行为人设置圈套诱骗他人参赌获取钱财,属赌博行为,构成犯罪的,应当以赌博定罪处罚。这里的"诱骗"是指以诱惑、欺骗等手段使他人愿意参与赌博,其实质是一种促使他人参加赌博的手段行为,而不是在赌博过程中的诱骗行为。当参赌者识破骗局要求退还基于射幸规则而输掉的赌资,设赌者又使用暴力或者以暴力相威胁,拒绝退还的,应以赌博罪从重处罚。如果设赌者完全没有遵守射幸规则,只是以赌博之名行诈骗之实,输掉赌资的参赌人及时识破骗局,要求索还所输财物,而设置圈套的设赌人以暴力或者暴力相威胁,那么便发生诈骗罪的转化,以抢劫罪定罪处罚。

2. 开设赌场

客观方面体现为开设赌场,行为方式主要有:

(1) 以营利为目的,设立、承包、租赁专门用于赌博的场所、用具提供赌博,让人赌博,场所的公开与否不影响犯罪的成立;

(2) 设置具有退币、退分、退钢珠等赌博功能的电子游戏设施设备,并以现金、有价证券等贵重款物作为奖品,或者以回购奖品方式给予他人现金、有价证券等贵重款物(简称为"设置赌博机")组织赌博活动的,应当认定为开设赌场;

(3) 以营利为目的,在计算机网络上建立赌博网站,或者为赌博网站担任代理,接受投注的,也属于开设赌场。

辩点 11-4:追诉标准

(一) 淫乱类犯罪

2008 年 6 月 25 日最高人民检察院、公安部《关于公安机关管辖的刑事案件立案追诉标准的规定(一)》对淫秽类犯罪的立案追诉标准做了规定,但有的规定比较笼统,2017 年 7 月 25 日最高人民法院、最高人民检察院《关于办理组织、强迫、引诱、容留、介绍卖淫刑事案件适用法律若干问题的解释》不但对有的追诉标准进行了细化,而且对各犯罪中"情节严重"的标准进行了细化,便于实践中的掌握和适用,作为辩护律师,应当进行熟练掌握。

1. 组织卖淫罪

(1) 追诉标准:以招募、雇佣、纠集等手段,管理或者控制3人以上卖淫的,应予立案追诉。

(2) "情节严重"标准

① 卖淫人员累计达10人以上的;

② 卖淫人员中未成年人、孕妇、智障人员、患有严重性病的人累计达5人以上的;

③ 组织境外人员在境内卖淫或者组织境内人员出境卖淫的;

④ 非法获利人民币100万元以上的;

⑤ 造成被组织卖淫的人自残、自杀或者其他严重后果的;

⑥ 其他情节严重的情形。

2. 协助组织卖淫罪

(1) 追诉标准:明知他人实施组织卖淫犯罪活动而为其招募、运送人员或者充当保镖、打手、管账人等,应予立案追诉。

(2) "情节严重"标准

① 招募、运送卖淫人员累计达10人以上的;

② 招募、运送的卖淫人员中未成年人、孕妇、智障人员、患有严重性病的人累计达5人以上的;

③ 协助组织境外人员在境内卖淫或者协助组织境内人员出境卖淫的;

④ 非法获利人民币50万元以上的;

⑤ 造成被招募、运送或者被组织卖淫的人自残、自杀或者其他严重后果的;

⑥ 其他情节严重的情形。

3. 强迫卖淫罪

(1) 追诉标准:以暴力、胁迫等手段强迫他人卖淫的,应予立案追诉。

(2) "情节严重"标准

① 卖淫人员累计达5人以上的;

② 卖淫人员中未成年人、孕妇、智障人员、患有严重性病的人累计达3人以上的;

③ 强迫不满14周岁的幼女卖淫的;

④ 造成被强迫卖淫的人自残、自杀或者其他严重后果的；

⑤ 其他情节严重的情形。

4. 引诱、容留、介绍卖淫罪

(1) 追诉标准：具有下列情形之一的，应予立案追诉：

① 引诱他人卖淫的；

② 容留、介绍 2 人以上卖淫的；

③ 容留、介绍未成年人、孕妇、智障人员、患有严重性病的人卖淫的；

④ 一年内曾因引诱、容留、介绍卖淫行为被行政处罚，又实施容留、介绍卖淫行为的；

⑤ 非法获利人民币 1 万元以上的。

(2) "情节严重"标准

① 引诱 5 人以上或者引诱、容留、介绍 10 人以上卖淫的；

② 引诱 3 人以上的未成年人、孕妇、智障人员、患有严重性病的人卖淫，或者引诱、容留、介绍 5 人以上该类人员卖淫的；

③ 非法获利人民币 5 万元以上的；

④ 其他情节严重的情形。

5. 引诱幼女卖淫罪：引诱不满 14 周岁的幼女卖淫的，应予立案追诉。

6. 传播性病罪：明知自己患有梅毒、淋病等严重性病卖淫、嫖娼的，应予立案追诉。

7. 聚众淫乱罪：组织、策划、指挥 3 人以上进行淫乱活动或者参加聚众淫乱活动 3 次以上的，应予立案追诉。

8. 引诱未成年人聚众淫乱罪：引诱未成年人参加聚众淫乱活动的，应予立案追诉。

(二) 淫秽物品类犯罪

1. 制作、复制、出版、贩卖、传播淫秽物品牟利罪

(1) 关于以牟利为目的，实施制作、复制、出版、贩卖淫秽影碟、软件、录像带、音碟、录音带、扑克、书刊、画册、照片、画片或者向他人传播淫秽物品、组织播放淫秽影、像等行为，其追诉标准见下表：

		数量标准				人次标准（向他人传播）	场次标准（组织播放淫秽影像）	获利标准
		影碟、软件、录像带	音碟、录音带	扑克、书刊、画册	照片、画片			
立案标准	制作复制出版	50~100张（盒）以上	100~200张（盒）以上	100~200副（册）以上	500~1000张以上			5000元至1万元以上
	贩卖	100~200张（盒）以上	200~400张（盒）以上	200~400副（册）以上	1000~2000张以上			
	传播					200~500人次以上	10~20场以上	
情节严重	制作复制出版	250~500张（盒）以上	500~1000张（盒）以上	500~1000副（册）以上	2500~5000张以上			3万~5万元以上
	贩卖	500~1000张（盒）以上	1000~2000张（盒）以上	1000~2000副（册）以上	5000张至1万张以上			
	传播					1000~2000人次以上	50~100场次以上	
情节特别严重	上述行为	数量（数额）达到"情节严重"规定的数量（数额）5倍以上的						

依据：《关于审理非法出版物刑事案件具体应用法律若干问题的解释》第8条

（2）关于以牟利为目的，利用互联网、移动通讯终端、聊天室、论坛、即时通讯软件、电子邮件制作实施制作、复制、出版、贩卖、传播淫秽电子信息等行为，其追诉标准见下表：

	制作、复制、出版、贩卖、传播淫秽电子信息的数量标准			制作、复制、出版、贩卖、传播的淫秽电子信息实际被点击数标准	以会员制方式出版、贩卖、传播淫秽电子信息的注册会员数标准	利用淫秽电子信息收取广告费、注册费或者其他费用的违法所得标准	其他标准	后果标准
	视频文件（电影、表演、动画）	音频文件	电子刊物、图片、文章、短信息					
立案标准	20个以上	100个以上	200件以上	1万次以上	200人以上	1万元以上	分别达到前两项以上标准50%以上	后果严重
情节严重	100个以上	500个以上	1000件以上	5万次以上	1000人以上	5万元以上		
情节特别严重	500个以上	2500个以上	5000件以上	25万次以上	5000人以上	25万元以上		

依据：《关于办理利用互联网、移动通讯终端、声讯台制作、复制、出版、贩卖、传播淫秽电子信息刑事案件具体应用法律若干问题的解释》第1条

(3)关于以牟利为目的,利用互联网、移动通讯终端、聊天室、论坛、即时通讯软件、电子邮件制作实施制作、复制、出版、贩卖、传播内容含有不满 14 周岁未成年人的淫秽电子信息等行为,其追诉标准见下表:

	制作、复制、出版、贩卖传播淫秽电子信息的数量标准			制作、复制、出版、贩卖、传播的淫秽电子信息实际被点击数标准	以会员制方式出版、贩卖、传播淫秽电子信息的注册会员数标准	利用淫秽电子信息收取广告费、注册费或者其他费用的违法所得标准	其他标准	后果标准
	视频文件(电影、表演、动画)	音频文件	电子刊物、图片、文章、短信息					
立案标准	10 个以上	50 个以上	100 件以上	5 000 次以上	100 人以上	5 000 元以上	分别达到前两项以上标准 50%以上	后果严重
情节严重	50 个以上	250 个以上	500 件以上	2.5 万次以上	500 人以上	2.5 万元以上		
情节特别严重	250 个以上	1 250 个以上	2 500 件以上	12.5 万次以上	2 500 人以上	12.5 万元以上		

依据:《关于办理利用互联网、移动通讯终端、声讯台制作、复制、出版、贩卖、传播淫秽电子信息刑事案件具体应用法律若干问题的解释(二)》第 1 条

(4)关于明知是淫秽网站,以牟利为目的,通过投放广告等方式向其直接或者间接提供资金,或者提供费用结算服务等共同犯罪的行为,其追诉标准见下表:

	投放广告或提供资金的网站数量标准	提供费用结算服务的网站数量标准	投放广告的条数标准	提供资金的数额标准	收取服务费的数额标准	后果标准
立案标准	向 10 个以上淫秽网站	向 10 个以上淫秽网站	20 条以上	5 万元以上	2 万元以上	造成严重后果
情节严重	向 50 个以上淫秽网站	向 50 个以上淫秽网站	100 条以上	25 万元以上	10 万元以上	
情节特别严重	向 250 个以上淫秽网站	向 250 个以上淫秽网站	500 条以上	125 万元以上	50 万元以上	

依据:《关于办理利用互联网、移动通讯终端、声讯台制作、复制、出版、贩卖、传播淫秽电子信息刑事案件具体应用法律若干问题的解释(二)》第 7 条

2. 传播淫秽物品牟利罪

(1)关于以牟利为目的,通过声讯台传播淫秽语音信息的行为,其追诉标准

见下表：

	人次标准	违法所得标准	后果标准
立案标准	向100人次以上传播	1万元以上	造成严重后果
情节严重	向500人次以上传播	5万元以上	
情节特别严重	向2 500人次以上传播	25万元以上	

依据：《关于办理利用互联网、移动通讯终端、声讯台制作、复制、出版、贩卖、传播淫秽电子信息刑事案件具体应用法律若干问题的解释》第5条

(2)关于以牟利为目的，网站建立者、直接负责的管理者明知他人制作、复制、出版、贩卖、传播的是淫秽电子信息，允许或者放任他人在自己所有、管理的网站或者网页上发布的行为，其追诉标准见下表：

	允许或者放任发布的淫秽电子信息数量标准			允许或者放任发布的淫秽电子信息被点击数标准	以会员制方式出版、贩卖、传播淫秽电子信息的注册会员数标准	利用淫秽电子信息收取广告费、注册费或者其他费用的违法所得标准	其他标准	后果标准
	视频文件（电影、表演、动画）	音频文件	电子刊物、图片、文章、短信息					
立案标准	50个以上	250个以上	500件以上	2.5万次以上	500人以上	2.5万元以上	分别达到前两项以上标准50%以上	后果严重
情节严重	250个以上	1250个以上	2 500件以上	12.5万次以上	2 500人以上	12.5万元以上		
情节特别严重	1 000个以上	5 000个以上	1万件以上	50万次以上	1万人以上	50万元以上		

依据：《关于办理利用互联网、移动通讯终端、声讯台制作、复制、出版、贩卖、传播淫秽电子信息刑事案件具体应用法律若干问题的解释(二)》第4条

(3)关于电信业务经营者、互联网信息服务提供者明知是淫秽网站，为其提供互联网接入、服务器托管、网络存储空间、通讯传输通道、代收费等服务，并收取服务费的行为，其追诉标准见下表：

服务的网站数量标准	收取服务费数额标准		后果标准
	提供互联网接入、服务器托管、网络存储空间、通讯传输通道服务	提供代收费服务	
立案标准	为5个以上淫秽网站提供服务	2万元以上	5万元以上	造成严重后果
情节严重	为25个以上淫秽网站提供服务	10万元以上	25万元以上	
情节特别严重	为125个以上淫秽网站提供服务	50万元以上	125万元以上	

依据:《关于办理利用互联网、移动通讯终端、声讯台制作、复制、出版、贩卖、传播淫秽电子信息刑事案件具体应用法律若干问题的解释(二)》第6条

案例 11-12

陈某开设黄色网站,发布大量淫秽色情图片、视频,其对会员注册后点击淫秽电子信息不收取任何费用,但陈某利用互联网传播淫秽电子信息时加入广告联盟,将广告信息链接到自己所建的淫秽网站,获取广告点击的经济收入。截至案发时,陈某广告收入共计15 000余元,注册的会员达280余名,淫秽电子信息实际被点击的次数达7 000次。公诉机关以陈某构成传播淫秽物品牟利罪移送起诉。

在本案中,陈某辩解自己所建网站虽然设有会员注册,但并未收取注册费,会员点击淫秽电子信息也是免费的,不具有牟利的目的,而且广告费、点击数和注册会员数三项均未达到传播淫秽物品牟利罪的立案标准。但是公诉机关认为,陈某虽然未收取注册费和点击淫秽信息的费用,但却利用电子淫秽信息收取广告费,具有牟利目的。且广告费和注册会员数这两项均超过立案标准的50%,所以仍然应当予以立案追诉。

3. 为他人提供书号出版淫秽书刊罪

根据最高人民检察院、公安部《关于公安机关管辖的刑事案件立案追诉标准的规定(一)》第83条的规定,为他人提供书号、刊号出版淫秽书刊,或者为他人提供版号出版淫秽音像制品的,应予立案追诉。

4. 传播淫秽物品罪

（1）关于向他人传播淫秽的书刊、影片、音像、图片等出版物的行为，其追诉标准见下表：

立案标准	人次标准	其他标准
立案标准	达 300~600 人次以上	造成恶劣社会影响
依据：《关于审理非法出版物刑事案件具体应用法律若干问题的解释》第 10 条		

（2）关于不以牟利为目的，利用互联网或者转移通讯终端传播淫秽电子信息的行为，其追诉标准见下表：

	制作、复制、出版、贩卖、传播淫秽电子信息的数量标准			制作、复制、出版、贩卖、传播的淫秽电子信息实际被点击数标准	以会员制方式出版、贩卖、传播淫秽电子信息的注册会员数标准	利用淫秽电子信息收取广告费、注册费或者其他费用的违法所得标准	其他标准	后果标准
	视频文件（电影、表演、动画）	音频文件	电子刊物、图片、文章、短信息					
立案标准	40 个以上	200 个以上	400 件以上	2 万次以上	400 人以上	2 万元以上分别达到前两项以上标准50%以上		后果严重
依据：《关于办理利用互联网、移动通讯终端、声讯台制作、复制、出版、贩卖、传播淫秽电子信息刑事案件具体应用法律若干问题的解释》第 3 条								

（3）关于利用互联网、移动通讯终端传播内容含有不满 14 周岁未成年人的淫秽电子信息的行为，其追诉标准见下表：

	制作、复制、出版、贩卖、传播淫秽电子信息的数量标准			制作、复制、出版、贩卖、传播的淫秽电子信息实际被点击数标准	以会员制方式出版、贩卖、传播淫秽电子信息的注册会员数标准	利用淫秽电子信息收取广告费、注册费或者其他费用的违法所得标准	其他标准	后果标准
	视频文件（电影、表演、动画）	音频文件	电子刊物、图片、文章、短信息					
立案标准	20 个以上	100 个以上	200 件以上	1 万次以上	200 人以上	1 万元以上	分别达到前两项以上标准50%以上	后果严重
依据：《关于办理利用互联网、移动通讯终端、声讯台制作、复制、出版、贩卖、传播淫秽电子信息刑事案件具体应用法律若干问题的解释（二）》第 2 条								

（4）关于建立者、管理者和主要传播者利用互联网建立主要用于传播淫秽电子信息群组的行为,其追诉标准见下表:

立案标准	成员人数标准	后果标准
	成员达 30 人以上	造成严重后果
依据:《关于办理利用互联网、移动通讯终端、声讯台制作、复制、出版、贩卖、传播淫秽电子信息刑事案件具体应用法律若干问题的解释(二)》第 3 条			

（5）关于网站建立者、直接负责的管理者明知他人制作、复制、出版、贩卖、传播的是淫秽电子信息,允许或者放任他人在自己所有、管理的网站或者网页上发布的行为,其追诉标准见下表:

立案标准	允许或者放任发布的淫秽电子信息数量标准			制作、复制、出版、贩卖、传播的淫秽电子信息实际被点击数标准	以会员制方式出版、贩卖、传播淫秽电子信息的注册会员数标准	利用淫秽电子信息收取广告费、注册费或者其他费用的违法所得标准	其他标准	后果标准
	视频文件(电影、表演、动画)	音频文件	电子刊物、图片、文章、短信息					
	100 个以上	500 个以上	1000 件以上	5 万次以上	1000 人以上	5 万元以上	分别达到前两项以上标准 50%以上	后果严重
依据:《关于办理利用互联网、移动通讯终端、声讯台制作、复制、出版、贩卖、传播淫秽电子信息刑事案件具体应用法律若干问题的解释(二)》第 5 条								

5. 组织播放淫秽音像制品罪

组织播放淫秽音像制品行为的追诉标准见下表:

立案标准	场次标准	其他标准
	15 至 30 场次以上	造成恶劣社会影响
依据:《关于公安机关管辖的刑事案件立案追诉标准的规定(一)》第 85 条		

6. 组织淫秽表演罪

组织淫秽表演行为的追诉标准见下表:

立案标准	① 组织表演者进行裸体表演; ② 组织表演者利用性器官进行诲淫性表演; ③ 组织表演者半裸体或者变相裸体表演并通过语言、动作具体描绘性行为; ④ 其他组织进行淫秽表演应予追究刑事责任的情形。
依据:《关于公安机关管辖的刑事案件立案追诉标准的规定(一)》第 86 条	

(三) 性侵类犯罪

1. 强奸罪

强奸行为的追诉标准见下表：

立案标准(3年以上10年以下有期徒刑)	以暴力、胁迫或者其他手段强奸妇女	注："强奸妇女、奸淫幼女1人1次的"，可以在3年至5年有期徒刑幅度内确定量刑起点。
10年以上有期徒刑、无期徒刑或者死刑	① 强奸妇女、奸淫妇女情节恶劣的； ② 强奸妇女、奸淫幼女多人的； ③ 在公共场所当众强奸妇女的； ④ 2人以上轮奸的； ⑤ 致使被害人重伤、死亡或者造成其他严重后果。	注：有以下情形之一的，可以在10年至12年有期徒刑幅度内确定量刑起点： ① 情节恶劣的； ② 2人以上轮奸的； ③ 致被害人重伤或者造成其他严重后果。
从重情节	奸淫不满14周岁的幼女	
依据:《刑法》第236条和《人民法院量刑指导意见(试行)》		

2. 强制猥亵、侮辱罪和猥亵儿童罪

立案标准(5年以下有期徒刑或者拘役)	以暴力、胁迫或者其他方法强制猥亵他人或者侮辱妇女
5年以上有期徒刑	聚众或者在公众场合强制猥亵他人或者侮辱妇女，或者有其他恶劣情节的
从重情节	猥亵儿童的
依据:《刑法》第237条	

(四) 赌博类犯罪

1. 赌博罪

（1）关于以营利为目的，聚众赌博的行为，其追诉标准见下表：

立案标准	① 组织3人以上赌博，抽头渔利数额累计5000元以上的； ② 组织3人以上赌博，赌资数额累计5万元以上的； ③ 组织3人以上赌博，参赌人数累计20人以上的； ④ 组织中华人民共和国公民10人以上赴境外赌博，从中收取回扣、介绍费的； ⑤ 其他聚众赌博应予追究刑事责任的情形。
依据:《关于公安机关管辖的刑事案件立案追诉标准的规定(一)》第43条	

（2）关于以营利为目的，以赌博为业的行为

只要实施了以营业为目的，以赌博为业的行为，即应予立案追诉。

案例 11-13

2002 年至 2005 年间，导游张某（中国人）一直从事着境外旅游服务，其与境外地接人员吕某（中国人）商量好，张某每次都交由吕某将旅游团带至当地一个合法开设的小赌场，赌场会记录下旅游团在赌场中发生的赌博费用，然后给吕某提取 20% 的提成，吕某拿到提成款后向张某支付提成款的 50% 作为介绍费。张某交给吕某的每个团人数都在 30 人左右，三年来获得介绍费累计 10 万余元。后张某的行为被公安机关发现，依法对张某的行为展开侦查。

在本案中，张某的行为是否构成赌博罪，是否达到"组织中华人民共和国公民 10 人以上赴境外赌博，从中收取回扣、介绍费"的立案标准，还需要看证据的进一步搜集。如果张某带团所到的境外赌场在当地系合法开设，参观赌场只是其旅游项目之一，不具有组织他人聚众赌博的故意，则张某的行为不构成赌博罪。

2. 开设赌场罪

（1）关于单独开设赌场的行为，其追诉标准见下表：

立案标准	开设赌场的，应予以立案追诉
依据:《关于公安机关管辖的刑事案件立案追诉标准的规定（一）》第 44 条	

（2）关于网上开设赌场的行为，其追诉标准见下表：

立案标准	利用互联网、移动通讯终端等传播赌博视频、数据，组织赌博活动的，具有下列情形之一的： ① 建立赌博网站并接受投注的； ② 建立赌博网站并提供给他人组织赌博的； ③ 为赌博网站担任代理并接受投注的； ④ 参与赌博网站利润分成的。

	(续表)
情节严重	① 抽头渔利数额累计达到 3 万元以上的； ② 赌资数额累计达到 30 万元以上的； ③ 参赌人数累计达到 120 人以上的； ④ 建立赌博网站后通过提供给他人组织赌博，违法所得数额在 3 万元以上； ⑤ 参与赌博网站利润分成，违法所得数额在 3 万元以上的； ⑥ 为赌博网站招募下级代理，由下级代理接受投注的； ⑦ 招揽未成年人参与网络赌博的； ⑧ 其他情节严重的情形。

依据：《刑法》第 303 条第 2 款，《关于办理网络赌博犯罪案件适用法律若干问题的意见》第 1 条

（3）关于利用赌博机开设赌场的行为，其追诉标准见下表：

立案标准	① 设置赌博机 10 台以上的； ② 设置赌博机 2 台以上，容留未成年人赌博的； ③ 在中小学校附近设置赌博机 2 台以上的； ④ 违法所得累计达到 5 000 元以上的； ⑤ 赌资数额累计达到 5 万元以上的； ⑥ 参赌人数累计达到 20 人以上的； ⑦ 因设置赌博机被行政处罚后，两年内再设置赌博机 5 台以上的； ⑧ 因赌博、开设赌场犯罪被刑事处罚后，五年内再设置赌博机 5 台以上的； ⑨ 其他应当追究刑事责任的情形。
情节严重	① 设置赌博机 60 台以上的； ② 设置赌博机 12 台以上，容留未成年人赌博的； ③ 在中小学校附近设置赌博机 12 台以上的； ④ 违法所得累计达到 3 万元以上的； ⑤ 赌资数额累计达到 30 万元以上的； ⑥ 参赌人数累计达到 120 人以上的； ⑦ 因设置赌博机被行政处罚后，两年内再设置赌博机 30 台以上的； ⑧ 因赌博、开设赌场犯罪被刑事处罚后，五年内再设置赌博机 30 台以上的； ⑨ 其他情节严重的情形。

依据：《关于办理利用赌博机开设赌场案件适用法律若干问题的意见》第 2 条

（4）关于明知是赌博网站，而为其提供服务或者帮助等网上开设赌场共同犯罪的行为，其追诉标准见下表：

立案标准	① 为赌博网站提供互联网接入、服务器托管、网络存储空间、通讯传输通道、投放广告、发展会员、软件开发、技术支持等服务,收取服务费数额在 2 万元以上的; ② 为赌博网站提供资金支付结算服务,收取服务费数额在 1 万元以上或者帮助收取赌资 20 万元以上的; ③ 为 10 个以上赌博网站投放与网址、赔率等信息有关的广告或者为赌博网站投放广告累计 100 条以上的。
情节严重	① 为赌博网站提供互联网接入、服务器托管、网络存储空间、通讯传输通道、投放广告、发展会员、软件开发、技术支持等服务,收取服务费数额在 10 万元以上的; ② 为赌博网站提供资金支付结算服务,收取服务费数额在 5 万元以上或者帮助收取赌资 100 万元以上的; ③ 为 50 个以上赌博网站投放与网址、赔率等信息有关的广告或者为赌博网站投放广告累计 500 条以上的。

依据:《关于办理网络赌博犯罪案件适用法律若干问题的意见》第 2 条

3. 认定标准

辩护律师在了解赌博类犯罪的追诉标准的同时,还应当准确掌握相关数额的认定标准,如赌资数额、参赌人数、赌博机的认定等。

(1) 关于赌资

① 概念和范围:赌资是指赌博犯罪中用作赌注的款物、换取筹码的款物和通过赌博赢取的款物。例如在利用赌博机开设赌场案件中,赌资主要包括:当场查获的用于赌博的款物;代币、有价证券、赌博积分等实际代表的金额;在赌博机上投注或赢取的点数实际代表的金额;等等。

② 认定标准:A. 通过计算机网络实施赌博犯罪的,赌资数额可以按照在计算机网络上投注或者赢取的点数乘以每一点实际代表的金额认定。B. 对于将资金直接或者间接兑换为虚拟货币、游戏道具等虚拟物品,并用其作为筹码投注的,赌资数额按照购买该虚拟物品所需资金数额或者实际支付资金数额认定。C. 对于开设赌场犯罪中用于接收、流转赌资的银行账户内的资金,犯罪嫌疑人、被告人不能说明合法来源的,可以认定为赌资。

(2) 关于参赌人数

① 概念:指参加赌博的人数。

② 认定标准:A. 在网络赌博犯罪中,赌博网站的会员账号数可以认定为参赌人数,如果查实一个账号多人使用或者多个账号一人使用的,应当按照实际使用的人数计算参赌人数。B. 向接收、流转赌资的银行转入、转出的银行账户数量可以认定

为参赌人数。如果查实一个账户多人使用或者多人账户一人使用的，应当按照实际使用的人数计算参赌人数。

> **案例 11-14**
>
> 　　犯罪嫌疑人刘某聚众赌博的行为，经公安机关侦查，其抽头渔利的数额尚未达到5 000元以上，赌资数额累计也未达到5万元以上，但公安机关查到累计有20人参与过刘某组织的赌博，公安机关以此移送审查起诉。
>
> 　　在审查起诉阶段，律师通过查阅案卷材料和会见犯罪嫌疑人发现，公安机关将参赌人员佟某认定为在不同时间段参赌5次，但相应的证人有的证明佟某参赌3次，有的证人证明佟某参赌5次。对此，律师在与犯罪嫌疑人刘某充分沟通后，向公诉机关提供了佟某有一次不在赌博现场的证据线索。后公诉机关调查核实佟某当时在单位上班确实不在赌博现场，参赌人数累计额由20次降为19次。后案件退回公安机关，公安机关作出撤销案件的处理。

（3）关于赌博机

在利用赌博机开设赌场的案件中，对于涉案的赌博机，公安机关应当采取拍照、摄像等方式及时固定证据，并予以认定。对于是否属于赌博机难以确定的，司法机关可以委托地市级以上公安机关出具检验报告。司法机关根据检验报告，并结合案件具体情况作出认定。必要时，人民法院可以依法通知检验人员出庭作出说明。

1. 对于可同时供多人使用的赌博机，台数按照能够独立供一人进行赌博活动的操作基本单元的数量认定。

2. 在两个以上地点设置赌博机，赌博机的数量、违法所得、赌资数额、参赌人数等均合并计算。

辩点 11-5：从重情节

　　辩点 11-4 详细列明了黄赌类犯罪各个罪名的立案标准以及其他量刑标准，辩护律师熟练掌握这些标准有利于准确评估自己当事人的量刑幅度。对于本章黄赌类犯罪，辩护律师还要特别注意一个特点，就是刑法和司法解释对有些黄赌类犯罪还规定了一些从重处罚的条款。有些虽然没有专门规定从重处罚的条款，但单独成立量刑更重的独立的罪名。行为人一旦具备这些规定的情节，都可能被判处更重的刑罚。因此，律师在代理这类案件时要努力排除这些情节，避免当事人被从重处罚，尤其要排查犯罪对象是否涉及未成年人,如果涉及未成年人,还要进一步排查未成年人是否已满14周岁,如果不满14周岁的,还要区别是儿童还是幼女,因为这些情节不但会直接影响到量刑,甚至可能会影响到定罪,具体情况简单介绍如下:

(一) 不满14周岁的儿童

猥亵不满14周岁儿童的,按照强制猥亵罪的规定从重处罚。

(二) 不满14周岁的幼女

1. 奸淫不满14周岁的幼女,按照强奸罪从重处罚。

2. 引诱幼女卖淫的,单独定引诱幼女卖淫罪,处5年以上有期徒刑并处罚金,而引诱已满14周岁的人卖淫,只有情节严重时,才处5年以上有期徒刑并处罚金。

3. 引诱幼女聚众淫乱的,单独构成引诱幼女聚众淫乱罪,只是引诱已满14周岁的人参加聚众淫乱但自己未参与聚众淫乱的,不构成犯罪。

(三) 不满18周岁的未成年人

1. 组织、强迫不满18周岁的未成年人卖淫的,按照组织卖淫罪、强迫卖淫罪从重处罚。

2. 向不满18周岁的未成年人传播淫秽物品的,按照传播淫秽物品牟利罪或者传播淫秽物品罪从重处罚。

3. 组织不满18周岁的未成年人参与赌博或者开设赌场吸引不满18周岁的未成年人参与赌博的,按照赌博罪或者开设赌场罪从重处罚。

(四) 从重、从严处罚的情形

从前面的阐述可以看出,针对未成年人实施强奸、猥亵犯罪的,应当从重处罚,如果存在以下法定情形之一的,更要依法从严惩处:

1. 对未成年人负有特殊职责的人员、与未成年人有共同家庭生活关系的人员、国家工作人员或者冒充国家工作人员,实施强奸、猥亵犯罪的;

2. 进入未成年人住所、学生集体宿舍实施强奸、猥亵犯罪的;

3. 采取暴力、胁迫、麻醉等强制手段实施奸淫幼女、猥亵儿童犯罪的;

4. 对不满十二周岁的儿童、农村留守儿童、严重残疾或者精神智力发育迟滞的未成年人,实施强奸、猥亵犯罪的;

5. 猥亵多名未成年人,或者多次实施强奸、猥亵犯罪的;

6. 造成未成年被害人轻伤、怀孕、感染性病等后果的;

7. 有强奸、猥亵犯罪前科劣迹的。

辩点 11-6：共同犯罪

在黄赌类犯罪中，由于犯罪行为的特殊性和参与主体的繁杂性，实践中共同犯罪的情形居多。律师在代理共同犯罪案件的过程中，首先应当明确自己的当事人是否与其他人构成共同犯罪，如果当事人对他人的犯罪行为起到次要或者帮助作用但缺乏共同犯罪故意，或者行为人具有共同犯罪故意但没有实施共同犯罪行为，则不构成共同犯罪。对于构成共同犯罪的案件而言，律师应当分清自己的当事人在共同犯罪中所起的作用，正确确定主犯、从犯或者胁从犯，以达到良好的辩护效果。

对于本章犯罪，除了掌握处理共同犯罪的一般原则，还要注意本章犯罪存在的特殊问题。例如，对于淫秽物品类和赌博类犯罪，应当重点把握网络共同犯罪的认定标准，如网络传播淫秽电子信息、网络赌博或者网上开设赌场等；对于淫乱类和性侵类犯罪，应当重点把握共同犯罪主体处罚的特殊规定，如聚众淫乱、协助组织卖淫或者女性强奸等。

（一）网络共同犯罪的认定

1. 主观要求：明知是淫秽网站或者明知是赌博网站。
2. 客观行为：（1）为网站提供网络接入、服务器托管、网络存储空间、通讯传输通道、发展会员、软件开发、技术支持等服务；（2）为网站提供资金支付结算、费用结算等服务；（3）为网站投放广告；（4）为网站直接或者间接提供资金。
3. 处罚原则：以制作、复制、出版、贩卖、传播淫秽物品牟利罪、传播淫秽物品罪、赌博罪、开设赌场罪的共同犯罪论处，是否构成犯罪，还要看是否达到司法解释关于网络共同犯罪每一种情形的立案标准。如果达到了立案标准，再看行为人在共同犯罪中所起的作用来区分是主犯、从犯还是胁从犯。需要注意的是，不是提供服务或者帮助的行为人就都是从犯，如明知是赌博网站而提供资金的，对于开设赌场起到决定性作用，则应将资金提供者认定为主犯。

（二）利用赌博机开设赌场共犯的认定

1. 主观要求：明知他人利用赌博机开设赌场。
2. 客观行为：（1）提供赌博机、资金、场地、技术支持、资金结算服务的；（2）受雇参与赌场经营管理并分成的；（3）为开设赌场者组织客源、收取回扣、手续费的；（4）参与赌场管理并领取高额固定工资的；（5）提供其他直接帮助的。

（三）犯罪主体的特殊处罚

1. 组织者：组织卖淫罪和组织淫秽表演罪的犯罪主体一般为卖淫的组织者和淫秽表演的组织者。卖淫和淫秽表演虽然也被我国法律所禁止，但卖淫者、淫秽表演者与组织者并不构成共同犯罪，也不单独构成犯罪。

2. 协助组织者：协助组织卖淫与组织卖淫是一种共犯关系，但是由于协助组织卖淫行为的常态化，刑法对该帮助犯予以特别规定，将协助组织卖淫规定为一个独立的罪名。因此，对于协助组织卖淫中的帮助犯不再按照组织卖淫罪的共同犯罪处理，而以单独的协助组织卖淫罪定罪处罚。

3. 首要分子和多次参加者：聚众淫乱罪的犯罪主体虽然是一般主体，构成本罪的仅限于聚众淫乱的首要分子和多次参加者，所谓首要分子，是指召集、唆使、首倡聚众淫乱活动的人；所谓多次参加者，指首要分子以外的参加聚众淫乱活动至少达3次以上。其他偶尔参加聚众淫乱活动的人员不能构成本罪，可依《治安管理处罚法》的规定追究责任。

4. 妇女：强奸罪的实行犯只能是男性，但是妇女教唆、帮助有责任能力的男性采取暴力、胁迫或其他手段强行奸淫其他妇女的行为也可构成强奸罪，为强奸罪共同犯罪的教唆犯或者帮助犯。如果妇女利用无责任能力的男性与其他妇女发生性关系，则构成强奸罪的间接正犯。

（四）共同强奸中的轮奸

按照刑法的规定，轮奸是二人以上轮流强奸被害人的一种行为，因此，轮奸必定属于共同强奸犯罪的一种形式。但是构成共同强奸却并不一定构成轮奸。在一起共同强奸犯罪中，虽然有二人以上的行为人参与，但可能最终实施奸淫行为的只有一人，其他人可能是仅仅提供了犯罪的预备或者辅助工作。进行预备或者辅助工作的人虽然也要认定为强奸犯罪既遂，但却并不能因此将其认定为奸淫行为的实施者，进而认定其与完成奸淫的行为人构成轮奸。轮奸是二人以上男子基于同一故意轮流奸淫同一妇女的行为，如果一人强奸既遂，其他人强奸未遂，或者共同强奸均未遂的，前者可以认定为共同强奸既遂，后者可以认定为共同强奸未遂，但都不能认定为轮奸。

由此可见，轮奸和其他共同强奸犯罪的重要区别就在于：轮奸共同犯罪应当具有两个或者两个以上亲自实施完成了奸淫的行为人，而一般共同强奸犯罪则无需这种要求。

> **案例 11-15**
>
> 2005年6月19日,被告人林某伙同吕某、张某乘坐一辆摩托车遇见被害人蔡某,被告人林某将蔡某硬拉上车,然后载到偏僻的小树林,要求与蔡某发生性关系,遭到拒绝后,三人强行脱掉蔡某内外裤,欲行强奸。因蔡某激烈反抗而未能得逞。后林某将蔡某载到自己家,采用口咬脸部和肩部的暴力手段,强行对蔡某实施了奸淫行为。一审法院认定林某系轮奸未遂,判处有期徒刑10年。宣判后,林某不服提起上诉。
>
> 在二审过程中,辩护律师提出林某与吕某、张某三人虽欲轮奸同一妇女,但因意志以外的因素均未得逞,没有完成奸淫行为,不能认定为轮奸,一审判决认定错误,导致量刑偏重。二审法院采纳了辩护律师的意见,改判林某有期徒刑7年。

辩点 11-7:罪与非罪

在司法实践中,有些行为的具体状况非常复杂,介于罪与非罪之间,律师在代理这类案件时要特别加以注意,认真分析案件具体情况,看是否符合本章犯罪的构成要件。不符合的,进行无罪辩护;符合的,也可以结合案件具体情况进行区别于一般犯罪的罪轻辩护。

(一) 通奸行为

所谓通奸,是指双方或一方有配偶的男女,自愿发生的不正当的性关系的行为。通奸是破坏他人家庭的不道德的行为,但不构成犯罪,其与强奸虽然都存在性行为,但区别也是非常明显的:首先,在客观方面,强奸行为是男方违背妇女意志而强行奸淫妇女的行为,通奸行为则是男女双方自愿发生的性行为,不存在男方违背妇女意志的问题;其次,在主观方面,强奸行为人具有强行奸淫妇女的目的,而通奸的男方并没有这样的目的,仅仅具有发生性关系的目的。律师应当运用以上标准,对将通奸行为指控为强奸罪的案件进行无罪辩护。但由于社会生活的复杂性,实践中仍然存在很多容易混淆的情形,如实为通奸的"强奸"、先强奸后通奸或者先通奸后强奸的,律师应当进行无罪辩护还是罪轻辩护,就需要具体情况具体分析,把握好相关的切入点和司法操作规则:

1. 实为通奸的"强奸"

有的妇女与他人通奸,由于某种情况导致该妇女翻脸,例如通奸的事情已经暴露后怕给家人丢面子,为洗刷自己,或者两人的关系恶化,或者为推卸责任,嫁祸于人,于是向司法机关告发他人,将通奸说成是强奸,这种情况一般不能认定为强奸罪。

2. 先强奸后通奸

对于第一次性交违背妇女意志,但事后并未告发,后来女方又多次自愿与该男子发生性交的,对于这种情况,按照1984年4月26日最高人民法院、最高人民检察院、公安部《关于当前办理强奸案件中具体应用法律的若干问题的解答》,一般不宜以强奸罪论处。

3. 先通奸后强奸

男女双方先是通奸,后来女方不愿意继续通奸,而男方纠缠不休,并以暴力或者以败坏名誉、当场实施暴力或者对其亲属实施暴力等手段相威胁,强行与女方发生性关系的,应当以强奸罪论处。

此外,对于通奸者,如果明知自己患有梅毒、淋病等严重性病而通奸的,即使造成他人染上性病的后果,也不构成传播性病罪。

> **案例 11-16**
>
> 张某(女,30岁)与王某(男,27岁)系同村邻居,王某依仗家中有钱,成天游手好闲。某日,王某趁张某一人在家偷偷溜到张某家中,并强行与张某发生了性关系。事后,张某碍于情面没有将此事说出,也没有报案。于是王某事后又多次对张某实施强暴,每次走时都会给张某留200元钱,张某从未报案,也不再反抗。渐渐地村民们都知道了他们的关系。后张某丈夫发现此事,便要求张某与王某断绝关系,否则便离婚。为了家庭关系,张某向王某表明从此不再与其来往,王某不依并强行与张某又发生了性行为,事后张某报警。公诉机关以强奸罪对王某提起公诉。
>
> 在本案中,王某第一次强行与张某发生性关系,系违背张某意志,属于强奸;但事后张某碍于情面没有将此事说出,此后还多次与王某发生性关系,应当

> 属于通奸行为。因此,对于王某先强奸后通奸的行为,不宜以强奸罪论处。但后来张某不愿意继续通奸,王某继续纠缠并再强行与张某发生性关系的,应以强奸罪论处。

(二) 半推半就的性行为

所谓"半推半就",是指强制手段不明显,妇女没有明显表示同意,但也没有明显表示反对的情况下发生的性行为。在司法实践中,"半推半就"案件的情况比较复杂,律师在代理这类案件时,要对双方平时的关系如何,性行为是在什么环境和情况下发生的,性行为发生后女方的态度怎样,又是在什么情况下告发的等事实和情节,认真审查核实,比照法律规定,进行全面具体的分析。一般来说,只要不是违背妇女意志的,一般不宜按强奸罪论处。例如:

1. 对于行为人利用职权引诱妇女,女方基于互相利用在半推半就的状态下发生性行为或者猥亵行为的,不能认定为强奸罪。见案件 11-11。

2. 对于未婚男女在恋爱过程中发生的性行为,如果男方采取强制手段与女方发生性行为,或者在"半推半就"的状态下发生性关系,女方当时并未告发,但后来男女双方感情破裂,女方告发男方的,也不宜认定为强奸罪。

(三) 对男性的性侵行为

1. 强行与妇女发生性关系或者奸淫幼女的,构成强奸罪。强行与男性(包括成年男性和未成年男性)发生性行为,不构成强奸罪,在发生性行为的过程中给男性造成伤害的,可能构成故意伤害罪。

2. 强行侮辱妇女的,构成强制侮辱罪。非公然强行侮辱成年男子的,不构成犯罪。

3. 强行猥亵妇女的,构成强制猥亵罪。强行猥亵成年男性的,也可以构成强制猥亵罪,这是《刑法修正案(九)》修订扩大的对象,《刑法修正案(九)》实施之前并未将强制猥亵成年男性的行为规定为犯罪。如果猥亵的是男性儿童,不论是否采用强制手段,均可以构成猥亵儿童罪。

4. 组织、协助组织、强迫、引诱、容留、介绍男性卖淫的,可以构成相应的罪名,与组织、协助组织、强迫、引诱、容留、介绍女性卖淫在定罪上没有任何区别。见案例 11-6。

5. 组织男性进行淫秽表演的,同样构成组织淫秽表演罪。

(四) 集体卖淫行为

所谓"集体卖淫",是指多名妇女或者多名男性同时向一个人卖淫的行为。在司法实践中,对这类行为如何处理存在一定的争议。由于这类行为在表面上看似具有聚众淫乱的特点,所以有人认为构成聚众淫乱罪。

律师在代理这类案件时,应当结合犯罪的主客观特征来分析,提出不构成聚众淫乱罪的辩护意见。从主观方面看,嫖娼者虽然具有寻求下流无耻精神刺激的主观动机,但卖淫者只具有牟利的目的,与嫖娼者的主观动机不同,没有聚众淫乱的目的。从客观方面看,聚众淫乱罪多表现为多人聚集在一起进行乱交、滥交的淫乱行为,具有行为对象的非专一性特征。而多名卖淫者同时向嫖娼者卖淫,并非是聚在一起进行乱交、滥交的淫乱行为,因而不具有聚众淫乱罪"淫乱"的特征。综上分析,对于这类集体卖淫的行为或者接受集体卖淫的嫖娼行为,不宜作为聚众淫乱罪处理,可依照《治安管理处罚法》予以行政处罚。

辩点11-8:此罪彼罪

在黄赌类犯罪中,罪与罪之间具有不同的构成要件,寻找构成要件上的区别是确定此罪与彼罪界限的关键。但由于有些犯罪的构成要件存在部分竞合,加上社会生活复杂多样,司法机关在适用法条或者罪名时可能会出现混淆和偏差,律师在进行辩护时要加以注意,如果司法机关将轻罪认定为重罪,将一罪认定为数罪,可以进行较轻罪名的辩护和只能认定为一个罪名的辩护。

(一) 存在暴力手段的案件

在黄赌类犯罪中,有的需要采用暴力手段强制被害人,以达到其犯罪目的。基于这种手段与目的的关系,刑法对暴力手段一般不单独进行评价。但是,如果其采用的暴力手段已经超过犯罪所需的必要限度,或者在前类犯罪成立之后另起犯意实施暴力行为,则需要对此暴力行为进行一定的评价。根据不同情况,可能成立想象竞合犯从一重罪处罚或者数罪并罚。

1. 强奸案件中的暴力

暴力是实施强奸行为的重要手段,所以强奸案件伴随着伤害、死亡结果的发生。一般说来,由于强奸罪本身包含了暴力手段,所以对产生的伤亡结果通常不再单独评价为故意伤害罪或者故意杀人罪,但如果暴力手段已经超出了强奸罪的限度,则需要具体情况具体分析。

(1) 因强奸行为造成被害人重伤或者死亡结果的,如强奸妇女导致被害人性器官严重损伤,或者其他严重伤害,甚至当场死亡或者经抢救无效死亡,或者造成被害妇女自杀身亡的情形,属于强奸罪的结果加重犯,只按照强奸罪一个犯罪论处,在量刑上可以判处十年以上有期徒刑、无期徒刑甚至死刑。

(2) 采用伤害或者杀人的暴力手段实施强奸行为造成被害人伤害、死亡的结果,属于想象竞合犯,即一行为触犯数罪名的情况,应当按照择一重罪处理的原则进行,不进行数罪并罚。

(3) 出于灭口或者掩盖罪行等动机,实施强奸行为后杀人、伤人的,符合两个犯罪的构成要件,应当按照强奸罪和故意杀人罪或者故意伤害罪实行数罪并罚。

(4) 在婚内强奸案件中,如果丈夫强行进行性行为无法构成强奸罪,但对妇女造成轻伤以上后果的,可以以故意伤害罪定罪处罚。

2. 强迫卖淫案件中的暴力

暴力也是实施强迫卖淫行为的重要手段之一,强迫的手段可以通过杀害、伤害、强奸、绑架等方式体现出来,在《刑法修正案(九)》实施以前,强奸他人后迫使其卖淫或者造成被强迫卖淫的人重伤、死亡或者其他严重后果的,都只按照强迫卖淫罪一罪处罚,属于强迫卖淫罪的结果加重犯,处十年以上有期徒刑或者无期徒刑,情节特别严重的,还可以判处死刑。

但《刑法修正案(九)》取消了强迫卖淫罪的死刑,如果在强迫卖淫的过程中有杀害、伤害、强奸、绑架等行为的,则应当按照强迫卖淫罪和故意杀人罪、故意伤害罪、强奸罪或者绑架罪数罪并罚,只按强迫卖淫罪定罪无法做到罪刑相适应。

3. 组织卖淫案件中的暴力

组织卖淫是指以招募、雇佣、纠集等手段,管理或者控制三人以上的人员卖淫。如果既有组织卖淫行为,又有使用暴力或者以暴力相威胁的方法强迫卖淫的行为,则以组织、强迫卖淫罪论处,不实行数罪并罚。如果犯组织、强迫卖淫罪,并有杀害、伤害、强奸、绑架等犯罪行为的,则依照数罪并罚的规定处罚。协助组织卖淫行为人参与实施上述行为的,以共同犯罪论处。

4. 强制猥亵、侮辱案件中的暴力

对于采用暴力手段强制猥亵他人或者强制侮辱妇女的案件,通常也会伴随伤害、死亡结果的发生。

(1) 基于猥亵他人、侮辱妇女的目的,其暴力手段造成被害人重伤、死亡的,则按照想象竞合犯的原则处理,择一重罪处罚。

(2) 另起犯意而故意实施伤害、杀人行为的,则应以强制猥亵、侮辱罪和故意伤害罪或者故意杀人罪数罪并罚。

5. 赌博案件中的暴力

暴力手段不是赌博罪所要求的犯罪手段,赌博案件中一般也不会出现暴力行为,但对于设置圈套诱骗他人参赌的情况要加以注意:

(1) 设置圈套诱骗他人参赌获取钱财,属赌博行为,构成犯罪的,应当以赌博定罪处罚。基于射幸规则,参赌者输掉钱财,识破骗局后要求退还所输钱财,设赌者又使用暴力或者以暴力相威胁,拒绝退还的,应以赌博罪从重处罚。如果致参赌者伤害或者死亡的,应以赌博罪和故意伤害罪或者故意杀人罪,实行数罪并罚。

(2) 如果设置圈套发生在参赌行为过程中,设赌者完全没有遵守射幸规则,是以赌博之名行诈骗之实,不应认定为赌博罪,而应认定为诈骗罪。如果输掉赌资的参赌者及时识破骗局,索要所输钱财,设赌者以暴力或者暴力相威胁,那么便发生诈骗罪的转化,应按抢劫罪定罪处罚。

(二) 赌博案件的特殊情形

1. 赌博中的圈套

在赌博案件中,存在设置圈套或者欺骗的方式,具体的定罪要看设置的圈套是为了诱骗他人参赌获取钱财还是为了控制赌博的输赢结果。如果只是为了诱骗他人参赌,但在赌博过程中完全遵守射幸规则,没有使用欺骗手段控制输赢结果,只能构成赌博罪;如果是在赌博的过程中设置圈套,完全不遵守射幸规则,而是使用欺骗的手段(如专门的工具)控制赌博输赢结果的,则构成诈骗罪。

2. 赌博中的彩票

彩票是指事先记入了号码的一种票证,发行后采用抽签、摇奖等方法,在购买者之间进行不平等的分配,持有中奖彩票的人将获得一定利益。

(1) 购买经过国家批准发行和销售的彩票遵守的是射幸规则,能否中奖有"赌"的成分,但属于合法行为,不构成任何犯罪。这种通过正规渠道发行彩票筹集的资金有利于社会财富的再分配。

(2) 我国将发行、销售彩票纳入了专营范围,进行规范管理,如果未经审批擅自发行、销售彩票的,必然扰乱了国家对彩票发行、销售的正常管理秩序,按照非法经营罪定罪处罚。

(3) 利用彩票的中奖号码或者中奖信息进行竞猜或者作为评判输赢的标准，为个人赌博提供获得非法所得的平台，与彩票经营机构之间不存在任何关联，不属于非法经营行为，应当按照赌博罪定罪处罚。

> **案例 11-17**
>
> 　　2010 年 9 月，被告人周某和吴某共谋组织他人对香港"六合彩"摇出的特别号码进行竞猜。之后，二人各自联系或者雇人联系购买"六合彩"的人员，按 1∶40 的比例对投注人员进行赔付。在半年的时间内，周某和吴某组织"六合彩"竞猜共 37 期，投注金额共计 70 万元，获利 7 万元。
>
> 　　在本案中，被告人周某和吴某与六合彩经营机构之间不存在任何关联，其只是借助六合彩信息这一形式，为庄家与赌博者之间的赌博提供一个判断输赢的衡量标准，不属于在境内兜售六合彩的经营行为，也不是通过非法经营行为获利，不符合非法经营罪的构成要件，应当按照赌博罪定罪处罚。

3. 赌博中的贿赂

由于赌博具有很大的不确定性和偶然性，在司法实践中，通过赌博的方式进行受贿或者行贿就显得更加隐蔽，如打牌时故意输牌，或者与行贿方心照不宣赢得赌资。为了正确适用法律，应当从以下因素综合判断或者认定贿赂与赌博之间的界限：

(1) 赌博的背景、场合、时间、次数；

(2) 赌资的来源；

(3) 其他赌博参与者有无事先预谋；

(4) 输赢钱物的具体情况和金额大小。

(三) 淫秽物品的出版传播

1. 淫秽物品的传播

传播淫秽物品涉及两个罪名，一个是传播淫秽物品牟利罪，一个是传播淫秽物品罪。这两个罪名最大的区别就在于行为人主观上是否具有牟利目的，具有牟利目的的，构成传播淫秽物品牟利罪，不具有牟利目的的，构成传播淫秽物品罪。最高人民法院《关于审理非法出版物刑事案件具体应用法律若干问题的解释》第 8 条第 3 款，对以牟利为目的传播淫秽物品构成犯罪的标准进行了明确的规定，只要以牟利为目的,实施了传播淫秽物品的行为,达到了传播数量标准,无论牟利多少,是否实际获利,都以传播淫秽物品牟利罪认定;而不以牟利目的为构成要件的传播淫秽物品罪,则以"情节严重"为构罪标准,具体参照最高人民法院《关于审理非法出版物刑事案件具体应用法律若干问题的解释》第10条的规定。

2. 淫秽物品的出版

出版淫秽物品也涉及两个罪名,一个是出版淫秽物品牟利罪,一个是为他人提供书号出版淫秽书刊罪。淫秽书刊属于淫秽物品的一种,不论是出版淫秽物品牟利的行为,还是为他人提供书号出版淫秽书刊的行为,都有可能造成淫秽书刊出版的结果,但两者的主观心态是完全不同的。出版淫秽物品牟利罪是故意犯罪,而且具有牟利的目的;但为他人提供书号出版淫秽书刊罪是过失犯罪,即应当预见为他人提供书号,可能用于淫秽书刊的出版,因为疏忽大意而没有预见,或者已经预见而轻信能够避免,以致淫秽书刊出版。

附:本章相关法律规范性文件①

1. 法律

《中华人民共和国刑法》(2015年修正,法宝引证码:CL1.1.17010)

2. 司法解释

最高人民法院、最高人民检察院《关于办理组织、强迫、引诱、容留、介绍卖淫刑事案件适用法律若干问题的解释》(法释〔2017〕13号,2017.07.25实施,法宝引证码:CLI.3.298564)

最高人民法院《关于常见犯罪的量刑指导意见(二)(试行)》(2017.05.01实施,法宝引证吗:CLI.3.300153)

最高人民法院《关于常见犯罪的量刑指导意见》(法发〔2017〕7号,2017.04.01实施,法宝引证码:CLI.3.292969)

最高人民法院、最高人民检察院、公安部《关于办理利用赌博机开设赌场案件适用法律若干问题的意见》(公通字〔2014〕17号,2014.03.26实施,法宝引证码:CLI.3.223810)

---

① 所列法律规范性文件的详细内容,可登录"北大法宝"引证码查询系统(www.pkulaw.cn/fbm),输入所提供的相应的"法宝引证码",免费查询。

最高人民法院、最高人民检察院、公安部、司法部《关于依法惩治性侵害未成年人犯罪的意见》(法发〔2013〕12 号,2013.10.23 实施,法宝引证码:CLI.3.211735)

最高人民法院、最高人民检察院、公安部《关于办理网络赌博犯罪案件适用法律若干问题的意见》(公通字〔2010〕40 号,2010.08.31 实施,法宝引证码:CLI.4.137968)

最高人民法院、最高人民检察院《关于办理利用互联网、移动通讯终端、声讯台制作、复制、出版、贩卖、传播淫秽电子信息刑事案件具体应用法律若干问题的解释(二)》(法释〔2010〕3 号,2010.02.04 实施,法宝引证码:CLI.3.126782)

最高人民法院、公安部《关于公安机关管辖的刑事案件立案追诉标准的规定(一)》(公通字〔2008〕36 号,2008.06.25 实施,法宝引证码:CLI.4.109511)

最高人民法院《关于审理未成年人刑事案件具体应用法律若干问题的解释》(法释〔2006〕1 号,2006.01.23 实施,法宝引证码:CLI.3.73233)

最高人民法院、最高人民检察院《关于办理赌博刑事案件具体应用法律若干问题的解释》(法释〔2005〕3 号,2005.05.13 实施,法宝引证码:CLI.3.58262)

最高人民法院、最高人民检察院、公安部《关于开展集中打击赌博违法犯罪活动专项行动有关工作的通知》(公通字〔2005〕2 号,2005.01.10 实施,法宝引证码:CLI.4.57704)

最高人民法院、最高人民检察院《关于办理利用互联网、移动通讯终端、声讯台制作、复制、出版、贩卖、传播淫秽电子信息刑事案件具体应用法律若干问题的解释(一)》(法释〔2004〕11 号,2004.09.06 实施,法宝引证码:CLI.3.55146)

最高人民法院《关于审理非法出版物刑事案件具体应用法律若干问题的解释》(法释〔1998〕30 号,1998.12.23 实施,法宝引证码:CLI.3.21066)

最高人民法院《关于对设置圈套诱骗他人参赌又向索还钱财的受骗者施以暴力或暴力威胁的行为应如何定罪的批复》(法复〔1995〕8 号,1995.11.06 实施,法宝引证码:CLI.3.13468)

书 评

每位刑辩律师自有他的办案经验，但是能够将个体经验上升为带有体系性的知识，则非极优秀的律师难以为之！《常见刑事案件辩护要点》就是一位卓越老辣的刑辩律师带给同行的优秀作品，这本书在带给同行律师办案智慧的同时，更是一次对真实流动的、而不仅是停留在课本上的刑法富有创造性的展示。

——大成律师事务所刑事业务专业委员会顾问　韩友谊

娄秋琴律师是我的博士同学，她被我们称为"走路带风的人"，因为她出现在人们面前总是那么的昂扬，充满激情和正能量。娄律师专注于刑事案件的辩护，是国内刑辩界著名律师，她在繁忙的实务工作和攻读博士期间笔耕不辍，先后出版多部个人专著，很多著作都成为相关领域的畅销书，这本《常见刑事案件辩护要点》就是其中的代表。这次出版已是本书的第三版，从内容到形式都比前两版更加完善、充实，一本书能够不断再版本身就说明了它的价值，相信这本书能为从事刑事案件辩护的朋友提供更多更大的帮助！

——北京市法学会社会工作部负责人　刘东阳

尽管我是检察官，但拿到一个案件的时候，我首先要做的事情却是寻找案件中的所有辩点。因为审查起诉以及支持公诉的过程是检察官运用证据推翻"无罪推定"的过程，案件中的辩点影响着这一过程的推进，进而影响着案件最终结果。很多辩点是高频出现的，把它们梳理出来并认真研究有利于提高刑事案件办案技能。娄秋琴律师的《常见刑事案件辩护要点》就是这样一本好书。当然，同一个辩点，律师和检察官的看法、理解以及对策不尽相同，结合我的《刑事出庭修炼手册》，可以从检察官的视角，更好地识别这些辩点并加以运用。

——北京市人民检察院第一分院公诉部副主任　赵鹏

刑事辩护一直是很多律师的痛处和短板，有效辩护一直是众多律师追求的目标，辩护要点又是律师实现有效辩护的必要手段，娄秋琴律师将自己十几年的辩护经验分享给广大律师，让大家的辩护之路更加通畅，有章可循，从这本书中我感受到了娄律师的胸怀和无私，我要借这个机会向娄律师说一声谢谢！

——四川省德阳市律师协会副会长　冷鑫鸿

作者娄秋琴，她像战士一样勇敢地捍卫当事人的合法权益，像学生一样孜孜不倦地追求探索，像学者一样思考。她是学者型知名律师，也是一位实务与理论相结合的"高产作家"，思行合一，著述不断。《常见刑事案件辩护要点》辩点精准，结构完善，是刑辩律师、警官、检察官、法官的必备参考书。

——山东省青岛市律师协会刑事专业委员会副主任　于凯

《常见刑事案件辩护要点》既有刑法法律依据，又有刑法理论支撑，同时，也有娄秋琴律师丰富的实务经验总结。这本书的再版，必定能够为刑事案件的办案人员带来深刻的启发，特别是能为年轻的刑辩律师在办理刑事案件时，迅速进入辩护人的角色带来捷径，非常值得研读与珍藏。

——江苏省常州市律师协会刑事业务委员会副主任　戴金强

来自"大成丽人刑辩营"的书评

对作者娄秋琴印象极好,她善良、聪慧、勤奋、敬业、善辩,年纪轻轻,却已在刑事辩护领域取得了骄人业绩,我总感觉,她是为刑辩而生的。这本书,案例多达150余个,对11类常见刑事犯罪的辩护要点进行了归纳总结提炼,是刑事辩护律师必备的参考书,也是刑事被告人自行辩护指导工具书,非常难得,值得推荐。

——河北省律师协会女律师工作委员会副主任、大成(石家庄)律师事务所刑事部主任 刘丽云

娄秋琴律师的《常见刑事案件辩护要点》已经成为我的办案必备参考书。我的团队在办案过程中经常借鉴其中的观点,开阔办案思路。这本书内容详实,实务性强,凝聚了作者多年实务经验,是一本非常难得的刑辩律师的办案指南。

——福建省福州市律师协会刑事法律专业委员会副主任、大成(福州)律师事务所刑事部主任 朱纪文

很早就结识了娄秋琴律师,但当看到《常见刑事案件辩护要点》时仍然非常震惊。她理论水平、刑事案件辩护技巧如此精湛,并能在工作之余,勤于写作,将其所学与大家分享,实为年轻律师的楷模。这本书既有刑法规范体系的解读,又有刑事辩护工作中多发、疑难问题的解析;不但有助于新律师快速掌握刑事辩护实践中的基本技巧,也便于老律师对部分刑事辩护案件疑难问题的处理进行借鉴。是一本值得刑事辩护律师认真学习、研讨的教材类读本。

——吉林省律师协会刑事法律专业委员会委员、大成(长春)律师事务所刑事业务部主任 马丽敏

初出茅庐,面对刑事案件难以上手?熟能生巧,但面对陌生罪名难觅辩点?精耕细作,但面对庞杂知识难于梳理?本书体系科学,辩点全面,深入浅出,是刑辩律师办理刑事案件的必备书目,能满足刑事律师各个执业阶段的需求,为更多年轻律师开启刑辩之门,走好刑辩之路!

——大成(深圳)律师事务所合伙人 胡珺

作为一名从事刑事案件审查起诉工作十年多的公诉人,一朝改行,转身做刑辩律师,最关键的是思维方式的转变。《常见刑事案件辩护要点》一书,对常见刑事案件从辩护角度进行了全方位解读,能够极大程度上帮助"转型"律师以辩护人的角度思考案件,找准辩护切入点。值得推荐。

——大成(哈尔滨)律师事务所顾问 肖瑞红

读过很多刑辩实务类书籍,再读《常见刑事案件辩护要点》,发现这是本让人耳目一新的书,一本能够真正触及刑辩实务深层内容的书,是每一位刑辩律师案头必备的书。娄秋琴律师以其自身丰富的实务经验,对辩护工作的切入要点进行细致、深入的总结,给了像我这样的新手刑辩律师很大的帮助,非常棒!

——大成(沈阳)律师事务所律师 张春微

《常见刑事案件辩护要点》一书实务性强,案例丰富,对常见犯罪进行深度梳理和全方位剖析,提炼出精细的辩护要点,并将案例融入其中,形象生动,使读者更易于消化、理解。本书的分类总结有利于辩护律师高效、精准地找到辩护要点,实现有效辩护和刑辩专业化,是刑事法律人不可多得的实用工具书,更是青年刑辩律师扎实办好刑事案件的向导。

——大成(济南)律师事务所律师 邓文娟